SHUIWU JICHA
YEWU NENGLI TISHENG FUDAO JI LIANXITI

（2024年版）

税务稽查

业务能力提升辅导及练习题

本书编写组 编写

梳理主要税收政策和相关法规

精选练习题强化重点知识 附两套模拟题及答案

中国财经出版传媒集团
中国财政经济出版社
·北京·

图书在版编目（CIP）数据

税务稽查业务能力提升辅导及练习题：2024年版 / 本书编写组编写. -- 北京：中国财政经济出版社，2024.5

ISBN 978-7-5223-3143-0

Ⅰ.①税… Ⅱ.①本… Ⅲ.①税务稽查－中国－岗位培训－习题集 Ⅳ.①F812.423-44

中国国家版本馆CIP数据核字（2024）第091853号

责任编辑：孙丛丛　　责任印制：史大鹏
封面设计：卜建辰　　责任校对：胡永立

中国财政经济出版社 出版
URL：http：//www.cfeph.cn
E-mail：cfeph@cfeph.cn

社址：北京市海淀区阜成路甲28号　邮政编码：100142
营销中心电话：010-88191522
天猫网店：中国财政经济出版社旗舰店
网址：https：//zgczjjcbs.tmall.com
北京中兴印刷有限公司印刷　各地新华书店经销
成品尺寸：185mm×260mm　16开　33.75印张　750 000字
2024年5月第1版　2024年5月北京第1次印刷
定价：109.00元
ISBN 978-7-5223-3143-0
（图书出现印装问题，本社负责调换，电话：010-88190548）
本社图书质量投诉电话：010-88190744
打击盗版举报热线：010-88191661　QQ：2242791300

Preface
前言

为满足广大税务稽查人员业务培训、练兵比武、人才选拔等各类稽查考试的需要，我们组织编写了税务稽查考试辅导用书《2024 年税务稽查练兵比武、业务能力提升辅导及练习题》。该辅导材料以练习题为主，以检查适用的税收政策、法规要点为辅，依据最新的税收政策、法规编写，分为上下两篇，上篇为稽查管理篇，包括税务稽查办案程序、稽查证据、稽查文书、稽查相关法律等内容。下篇为稽查方法篇，包括增值税、消费税、企业所得税、个人所得税等税种的检查以及出口退税、电子查账等内容。各部分练习题的编写站在培训考试的角度，力求提高应对税务稽查考试的针对性，先串联梳理主要税收政策和相关法规，再配合练习题强化重点知识，最后附两套模拟题及答案，便于考生对稽查知识点融会贯通、灵活运用。特别适合各地税务部门作为税务稽查、纳税评估、税收征管等岗位人员业务能力提升辅导和考试培训的参考用书。

本书的编写人员长期从事税收相关业务工作，具有丰富的理论和实践经验，拥有注册会计师、税务师、高级会计师等资格证书。本书在编写过程中，得到了有关专家、老师的大力支持，提出了大量的宝贵意见建议，在此表示衷心的感谢！

虽然我们尽了最大的努力，但由于水平有限及编写时间仓促，书中难免有疏漏和不足之处，敬请广大读者提出宝贵的批评意见，我们将虚心接受，使本书更趋完美。

本书编写组

2024年4月

Contents

目录

上　篇

税务稽查管理

第一章　税务稽查概述

本章导读

本章主要是《税务稽查案件办理程序规定》(国家税务总局令第52号，以下简称《程序规定》)总则的内容。包括税务稽查的实施主体、税务稽查局的主要职责、税务稽查的原则和管辖、税务稽查的回避制度、保密制度、执法全过程记录制度以及税务稽查的工作纪律。

学习指引

一、稽查概述

(一)税务稽查的实施主体	税务稽查由稽查局依法实施	
(二)稽查局主要职责	包括但不限于偷税、逃避追缴欠税、骗税、抗税案件的查处	
(三)稽查管辖	地域管辖	在税务局向社会公告的范围内实施税务稽查
	指定管辖	上级税务机关可以根据案件办理的需要指定管辖
	管辖争议	由争议各方本着有利于案件办理的原则逐级协商解决；不能协商一致的，报请共同的上级税务机关决定
(四)税务稽查纪律	税务稽查人员不得有下列行为： 1.违反法定程序、超越权限行使职权； 2.利用职权为自己或者他人牟取利益； 3.玩忽职守，不履行法定义务； 4.泄露国家秘密、工作秘密，向被查对象通风报信、泄露案情； 5.弄虚作假，故意夸大或者隐瞒案情； 6.接受被查对象的请客送礼等影响公正执行公务的行为	

二、税务稽查的法定制度

（一）稽查四环节分离制度	稽查局办理税务稽查案件时，实行选案、检查、审理、执行分工制约原则
（二）回避制度	被查对象申请税务稽查人员回避
	税务稽查人员自行申请回避
	稽查局要求税务稽查人员回避
（三）保密制度	税务稽查过程中知悉的国家秘密、商业秘密或者个人隐私、个人信息，应当依法予以保密
（四）执法全过程记录制度	税务稽查案件办理应当通过文字、音像等形式，对案件办理的启动、调查取证、审核、决定、送达、执行等进行全过程记录

本章练习及答案解析

一、单项选择题

1.稽查局主要职责是依法对纳税人、扣缴义务人和（　）履行纳税义务、扣缴义务情况及涉税事项进行检查处理，以及围绕检查处理开展的其他相关工作。

A.纳税担保人　　B.银行与其他金融机构

C.举报人　　D.其他涉税当事人

【答案】D

【解析】税务稽查对象包括纳税人、扣缴义务人和其他涉税当事人。ABC都不全面、完整。

2.稽查局办理税务稽查案件应当以事实为根据，以法律为准绳，坚持公平、公正、（　）、效率的原则。

A.法定　　B.公开　　C.诚信　　D.正当程序

【答案】B

【解析】办理税务稽查案件应当以事实为根据，以法律为准绳，坚持公平、公正、公开、效率的原则。稽查局在办案过程中一直强调公开原则，具体表现有事前的税务检查通知书、出示执法证件，事中的听证公开举行，税务行政处罚决定应当依法公开等。

3.稽查局应当在（　）的范围内实施税务稽查。

A.税务局向社会公告　　B.税务局所属

C.税务局指定　　D.税务局划分

【答案】A

【解析】2018年征管改革后，稽查体制出现了一个重大变化就是取消县级税务局稽查局，市级税务局的稽查体制分为市稽查局和跨区域稽查局，为了解决稽查局的管辖问题，《程序规定》第六条规定："稽查局应当在税务局向社会公告的范围内实施税务稽查"。

4.税务稽查管辖有争议不能协商一致的，报请（　）决定。

A.所属税务局稽查局　　B.共同的上一级稽查局

C.共同的上级税务机关　　D.税务局重大案件审理委员会

【答案】C

【解析】管辖异议分为积极的异议和消极的异议，为了便于税务稽查工作的开展，《程序规定》第七条规定："税务稽查管辖有争议的，由争议各方本着有利于案件办理的原则逐级协商解决；不能协商一致的，报请共同的上级税务机关决定。"

5.税务稽查人员在税务稽查过程中承担保密义务，但（　）不属于保密范围。

A.税收违法行为　　B.个人信息　　C.国家秘密　　D.商业秘密

【答案】A

【解析】纳税人、扣缴义务人和其他涉税当事人的税收违法行为不属于保密范围。

6.稽查局局长的回避，由（　）依法审查决定。

A.稽查局重大执法事项审理委员会　　B.所属税务局分管副局长

C.税务局重大案件审理委员会　　D.税务局局长

【答案】D

【解析】一般税务稽查人员的回避由稽查局局长决定，稽查局局长的回避由所属税务局局长决定。

二、多项选择题

1.税务稽查人员在进行税务检查、实施税务行政处罚时，与纳税人、扣缴义务人或者其法定代表人、直接责任人有（　），应当回避。

A.夫妻关系　　B.直系血亲关系

C.三代以内旁系血亲关系　　D.近姻亲关系

【答案】ABCD

【解析】为了保证税务稽查的公平公正，也为了降低税务稽查人员的执法风险，

《税收征收管理法实施细则》第八条规定：税务人员在核定应纳税额、调整税收定额、进行税务检查、实施税务行政处罚、办理税务行政复议时，与纳税人、扣缴义务人或者其法定代表人、直接责任人有下列关系之一的，应当回避：夫妻关系、直系血亲关系、三代以内旁系血亲关系、近姻亲关系、可能影响公正执法的其他利害关系。

2.稽查局办理税务稽查案件实行分工制约原则，即四环节分离制度。这四个环节指的是（　）。

A.选案　　B.检查　　C.审理　　D.执行

【答案】ABCD

【解析】根据《程序规定》第五条：稽查局办理税务稽查案件时，实行选案、检查、审理、执行分工制约原则。

3.稽查案件程序规定中对税务稽查管辖另有规定的，从其规定。另有规定的文件范围是（　）。

A.税收法律　　B.税收行政法规

C.国家税务总局规章　　D.省级税务局的规范性文件

【答案】ABC

【解析】规范性文件非法律渊源，也没有权限另行规定税务稽查的管辖问题。只能有法律、行政法规和国家税务总局的规章才可以另行规定。

4.纳税人涉税保密信息，是指税务机关在税收征收管理工作中依法制作或者采集的，以一定形式记录、保存的涉及纳税人商业秘密和个人隐私的信息。主要包括（　）。

A.纳税人的技术信息

B.纳税人的经营信息

C.纳税人不愿意公开的事项

D.纳税人、主要投资人以及经营者不愿公开的个人事项

【答案】ABD

【解析】纳税人涉税保密信息，是指税务机关在税收征收管理工作中依法制作或者采集的，以一定形式记录、保存的涉及纳税人商业秘密和个人隐私的信息。主要包括纳税人的技术信息、经营信息和纳税人、主要投资人以及经营者不愿公开的个人事项。

5.以下（　）属于稽查局的职责。

A.对甲公司偷税案件的查处　　B.对乙公司虚开发票案件的调查

C.对某个体工商户核定税款　　　　　D.对张某介绍虚开发票的事实进行处理

【答案】ABCD

【解析】《税收征收管理法实施细则》第九条规定："税收征管法第十四条所称按照国务院规定设立的并向社会公告的税务机构，是指省以下税务局的稽查局。稽查局专司偷税、逃避追缴欠税、骗税、抗税案件的查处。国家税务总局应当明确划分税务局和稽查局的职责，避免职责交叉。"国家税务总局依据该授权规定：稽查局主要职责是依法对纳税人、扣缴义务人和其他涉税当事人履行纳税义务、扣缴义务情况及涉税事项进行检查处理，以及围绕检查处理开展的其他相关工作。

三、判断题

1.税收执法全过程记录制度是指税务稽查案件办理应当通过音像，对案件办理的启动、调查取证、审核、决定、送达、执行等进行全过程记录。(　　)

【答案】×

【解析】执法全过程记录制度以文字、音像等形式，而且《优化税务执法方式全面推行"三项制度"实施方案》(税总发〔2019〕31号)要求：税务机关采取以文字记录为主、音像记录为辅的形式，对税务执法的启动、调查取证、审核决定、送达执行等全部过程进行记录，并全面系统归档保存，做到执法全过程留痕和可回溯管理。

2.《程序规定》对于税务稽查人员的保密范围包括个人信息，个人信息仅仅是指自然人的信息。(　　)

【答案】√

【解析】《民法典》规定：自然人的个人信息受法律保护。个人信息是以电子或者其他方式记录的能够单独或者与其他信息结合识别特定自然人的各种信息，包括自然人的姓名、出生日期、身份证件号码、生物识别信息、住址、电话号码、电子邮箱、健康信息、行踪信息等。

3.稽查案件办理程序所列稽查局，是指税务局稽查局。(　　)

【答案】×

【解析】稽查案件办理程序所列稽查局，是指税务局稽查局和跨区域稽查局。

4.税务稽查案件，上级税务机关可以根据案件办理的需要指定管辖。这个上级税务机关是指税务局和稽查局。(　　)

【答案】×

【解析】指定管辖的上级税务机关是指税务局。

5.税务稽查人员应当遵守工作纪律，恪守职业道德，遵守法定程序、不得超越权限行使职权。（　）

【答案】√

【解析】税务稽查人员应当遵守的纪律规定，正确。

第二章　选　案

本章导读

本章主要是《税务稽查案件办理程序规定》中选案环节的内容，包括案源信息管理、举报案件管理、协查管理办法、立案前检查等。

学习指引

一、税务案源信息管理

（一）案源信息的内容	纳税人自行申报的税收数据和信息，以及税务局在税收管理过程中形成的税务登记、发票使用、税收优惠、资格认定、出口退税、企业财务报表等涉税数据和信息
	税务局风险管理等部门在风险分析和识别工作中发现并推送的高风险纳税人风险信息
	上级党委、政府、纪检监察等单位和上级税务机关通过督办函、交办函等形式下发的督办、交办任务提供的税收违法线索
	检举人提供的税收违法线索
	受托协查事项形成的税收违法线索
	公安、检察、审计、纪检监察等外部单位以及税务局督察内审、纪检监察等部门提供的税收违法线索
	专项情报交换、自动情报交换和自发情报交换等过程中形成的国际税收情报信息
	稽查局执法过程中形成的案件线索、处理处罚等税务稽查数据
	政府部门和社会组织共享的涉税信息以及税务局收集的社会公共信息等第三方信息
	其他涉税数据、信息和税收违法线索

续表

（二）税务稽查案源的类型	推送案源	
	督办案源	特殊案源
	检举案源	
	协查案源	
	交办案源	
	转办案源	
	安排案源	
	自选案源	
	其他案源	
（三）案源处理	退回或者补正	
	移交税务局相关部门	
	暂存待查	1.纳税人状态为非正常或者注销的督办、交办案源信息，经督办、交办部门同意可以作暂存待查处理 2.纳税人状态为非正常、注销或者税收违法线索不清晰的检举案源信息可以作暂存待查处理 3.纳税人走逃而无法开展检查的可以作暂存待查处理 4.其他不宜开展检查又无法退回的情形
	调查核实	
	立案检查	1.督办、交办事项明确要求立案检查的案源 2.案源部门接收并确认的高风险纳税人风险信息案源，以及按照稽查任务和计划要求安排和自选的案源 3.举报受理部门受理的检举内容详细、线索清楚的案源 4.协查部门接收的协查案源信息涉及的纳税人状态正常，且存在下列情形之一的案源：委托方已开具《已证实虚开通知单》并提供相关证据的；委托方提供的证据资料能够证明协查对象存在税收违法嫌疑的；协查证实协查对象存在税收违法行为的 5.转办案源涉及的纳税人状态正常，且税收违法线索清晰的案源 6.经过调查核实（包括协查）发现纳税人存在税收违法行为的案源 7.其他经过识别判断后应当立案的案源 8.上级稽查局要求立案检查的案源

二、与案源相关的其他制度

<table>
<tr><td rowspan="6">（一）税收违法案件发票协查管理</td><td rowspan="3">委托方</td><td>确定协查对象，需要发起委托协查的，向受托方发出《税收违法案件协查函》</td></tr>
<tr><td>委托方收到协查回函后，根据协查回函信息依法对被查对象进行查处</td></tr>
<tr><td>已确定虚开发票案件的协查，委托方应当按照受托方一户一函的形式出具《已证实虚开通知单》及相关证据资料，并在所附发票清单上逐页加盖公章，随同《税收违法案件协查函》寄送受托方</td></tr>
<tr><td rowspan="3">受托方</td><td>受托方收到《税收违法案件协查函》后，应当根据协查请求，依照法定权限和程序调查，并按照要求及期限回函</td></tr>
<tr><td>受托方立案检查</td></tr>
<tr><td>受托方应当依据调查取证所掌握的情况及所获取的证据材料，向委托方出具《税收违法案件协查回复函》</td></tr>
<tr><td rowspan="4">（二）税收违法行为检举处理</td><td colspan="2">立案检查</td></tr>
<tr><td colspan="2">暂存待查</td></tr>
<tr><td colspan="2">合并处理</td></tr>
<tr><td colspan="2">转交有处理权的单位或者部门</td></tr>
<tr><td>（三）立案</td><td colspan="2">待查对象确定后，经稽查局局长批准实施立案检查</td></tr>
</table>

本章练习及答案解析

一、单项选择题

1. 已被抽查的随机抽查对象不再列入随机抽查范围的年限是（　）。

A. 1年内　　B. 2年内　　C. 3年内　　D. 5年内

【答案】C

【解析】根据《税务稽查案件办理程序规定》，稽查局应当统筹安排检查工作，严格控制对纳税人、扣缴义务人的检查次数。3年内已被抽查的随机抽查对象，不列入随机抽查范围。

2. 某县（区）税务局受理的检举事项，符合涉嫌偷税，逃避追缴欠税，骗税，虚开、伪造、变造发票，以及其他与逃避缴纳税款相关的税收违法行为，应当提交处理部门是（　）。

A. 所在县（区）局风险管理部门

B. 上一级税务局稽查局举报中心

C. 上一级税务局风险管理部门

D.违法企业或个人主管税务机关

【答案】B

【解析】根据《税收违法行为检举管理办法》（国家税务总局令第49号）第三条，本办法所称税收违法行为，是指涉嫌偷税（逃避缴纳税款），逃避追缴欠税，骗税，虚开、伪造、变造发票，以及其他与逃避缴纳税款相关的税收违法行为。根据《税收违法行为检举管理办法》第十八条，未设立稽查局的县税务局受理的检举事项，符合本办法第三条规定的，提交上一级税务局稽查局举报中心统一处理。

3.《税收违法行为检举管理办法》规定除特殊情况外，检举事项完成分级分类处理的一般期限应当是自受理之日起（　）。

A. 5个工作日内　B. 7个工作日内　C. 15个工作日内　D. 30天内

【答案】C

【解析】根据《税收违法行为检举管理办法》第二十二条，举报中心应当在检举事项受理之日起15个工作日内完成分级分类处理，特殊情况除外。

4.《税收违法行为检举管理办法》规定承办机关办理完毕的期限应当是在收到上级举报中心转来的检举材料之日起（　）。

A. 1个月内　B. 2个月内　C. 3个月内　D. 6个月内

【答案】C

【解析】根据《税收违法行为检举管理办法》第二十二条，查处部门应当在收到举报中心转来的检举材料之日起3个月内办理完毕；案情复杂无法在期限内办理完毕的，可以延期。

5. 12366纳税服务热线接收电话检举，对应开具而未开具发票的事项应当（　）。

A.转交有处理权的单位

B.转交举报中心

C.转交被检举人主管税务机关相关业务部门

D.转交风险管理部门

【答案】C

【解析】《税收违法行为检举管理办法》第十二条规定：12366纳税服务热线接收电话检举后，应当按照以下分类转交相关部门：涉嫌偷税（逃避缴纳税款），逃避追缴欠税，骗税，虚开、伪造、变造发票，以及其他与逃避缴纳税款相关的税收违法行为，应当及时转交举报中心；对应开具而未开具发票、未申报办理税务登记及其他轻微税收违法行为的检举事项，按照有关规定直接转交被检举人主管税务机关相关业务部门处理；其他检举事项转交有处理权的单位或者部门。税务机关的其他单位或者部门接到符合本办法第三条规定的检举材料后，应当及时转交举报中心。

6.《税收违法案件协查函》涉及的协查对象不属于受托方管辖范围的，受托方应当在收函之日起（ ）个工作日内，出具本辖区县（区）级主管税务机关证明材料，并将《税收违法案件协查函》退回委托方。

A. 5　　B. 10　　C. 7　　D. 15

【答案】A

【解析】《税收违法案件发票协查管理办法（试行）》（税总发〔2013〕66号）第十四条规定："《税收违法案件协查函》涉及的协查对象不属于受托方管辖范围的，受托方应当在收函之日起5个工作日内，出具本辖区县（区）级主管税务机关证明材料，并将《税收违法案件协查函》退回委托方"。

7.《税收违法案件发票协查管理办法》通过协查信息管理系统发出的协查函，受托方回函的时限是（ ）。

A. 60日　　B. 30日　　C.3个月　　D. 45日

【答案】B

【解析】《税收违法案件发票协查管理办法（试行）》第二十条规定："受托方应当在收到协查函后60日内回函。通过协查信息管理系统发出的协查函，受托方应当在收到协查函后30日内回函。国家税务总局对协查回函期限有特殊要求的，应当按照相关要求办理。"

8.《税务稽查案源管理办法（试行）》规定需要立案检查的案源，由案源部门制作《税务稽查立案审批表》，经（ ）批准或者案源管理集体审议会议审议决定立案。

A.案源选案部门负责人　　B.税务局分管稽查负责人

C.稽查局分管负责任人　　D.稽查局负责人

【答案】D

【解析】《税务稽查案源管理办法（试行）》（税总发〔2016〕71号）第二十五条规定：需要立案检查的案源，由案源部门制作《税务稽查立案审批表》，经稽查局负责人批准或者案源管理集体审议会议审议决定立案。

9.税务稽查案源分配计划经批准后，案源部门制作（　），列明检查所属期、检查疑点、检查时限和要求等内容，连同相关资料一并移交检查部门。

A.《税务稽查项目书》　　B.《税务稽查任务通知书》

C.《稽查事项通知书》　　D.《稽查检查通知函》

【答案】B

【解析】《税务稽查案源管理办法（试行）》第二十九条规定：案源分配计划经批准后，案源部门制作《税务稽查任务通知书》附《税务稽查项目书》，列明检查所属期、检查疑点、检查时限和要求等内容，连同相关资料一并移交检查部门。

10.检举对象明确，但其他检举事项不完整或者内容不清、线索不明的，可以（　）。

A.暂存待查　　B.查结处理　　C.不予受理　　D.立案检查

【答案】A

【解析】检举事项受理后，应当分级分类，按照以下方式处理：检举内容详细、税收违法行为线索清楚、证明资料充分的，由稽查局立案检查；检举内容与线索较明确但缺少必要证明资料，有可能存在税收违法行为的，由稽查局调查核实。发现存在税收违法行为的，立案检查；未发现的，作查结处理；检举对象明确，但其他检举事项不完整或者内容不清、线索不明的，可以暂存待查，待检举人将情况补充完整以后，再进行处理；已经受理尚未查结的检举事项，再次检举的，可以合并处理；涉嫌偷税（逃避缴纳税款），逃避追缴欠税，骗税，虚开、伪造、变造发票，以及其他与逃避缴纳税款相关的税收违法行为以外的检举事项，转交有处理权的单位或者部门。

二、多项选择题

1.根据《税务稽查案源管理办法（试行）》规定，下列选项中，属于特殊案源的有（　）。

A.督办案源　　B.交办案源　　C.转办案源　　D.检举案源

【答案】ABCD

【解析】《税务稽查案源管理办法（试行）》第十六条规定：督办案源、交办案源、转办案源、检举案源和协查案源由于来源渠道特殊，统称为特殊案源。对特殊案源应当由稽查局指定专人负责管理，严格遵守保密纪律，依法依规进行处理。

2.《税务稽查案源管理办法（试行）》规定，纳税人在（　）状态下可以作暂存待查处理。

A.正常　　B.非正常　　C.注销　　D.重整

【答案】BC

【解析】《税务稽查案源管理办法（试行）》第二十一条第一款第二项规定，纳税人状态为非正常、注销或者税收违法线索不清晰的检举案源信息可以作暂存待查处理。

3.案源立案的优先原则有（　）。

A.重要或者紧急的案源优先于一般案源

B.实名检举案源优先于匿名检举案源

C.督办案源优先于其他案源

D.虚开专票案源优于普通发票案源

【答案】ABC

【解析】根据《税务稽查案源管理办法（试行）》第二十六条，案源立案的优先原则有：督办案源优先于其他案源；重要或者紧急的案源优先于一般案源；实名检举案源优先于匿名检举案源。

4.《税务稽查案源管理办法（试行）》规定，可以撤销案源的法定情形有（　）。

A.案源重复的　　B.多个部门同时入户的

C.不符合上级政策规定　　D.上级机关要求撤销案源

【答案】ACD

【解析】根据《税务稽查案源管理办法（试行）》第三十条，符合下列情形之一的，提请撤销案源的部门填写《税务稽查案源撤销审批表》，经稽查局负责人批准或者案源管理集体审议会议决定，可以撤销案源：案源登记有误或者案源重复的；多个部门同时入户，经所属税务局负责人决定稽查局停止实施检查的；不符合上级政策规定或者上级机关要求撤销案源的。

5.《税收违法案件发票协查管理办法（试行）》规定，受托方应当立案检查的情形有（　）。

A.委托方已开具《已证实虚开通知单》的

B.委托方提供的证据资料证明协查对象没有税收违法嫌疑的

C.受托方检查发现协查对象有税收违法嫌疑的

D.上级税务局稽查局要求立案检查的

【答案】ACD

【解析】《税收违法案件发票协查管理办法（试行）》第十五条规定：有下列情形之一的，受托方应当按照有关规定立案检查：（1）委托方已开具《已证实虚开通知单》的；（2）委托方提供的证据资料证明协查对象有税收违法嫌疑的；（3）受托方检查发现协查对象有税收违法嫌疑的；（4）上级税务局稽查局要求立案检查的。

6.下列处理税务协查案件的作法，正确的有（　　）。

A.委托方收到协查回函后，根据协查回函信息依法对被查对象进行查处

B.国家税务总局督办的案件，受托方在回函期限前不能完成检查工作的，可以直报国家税务总局申请延期，在得到国家税务总局同意后，在延期期限内给予回复

C.委托方应当及时登记《委托协查台账》，跟踪协查函的发出、回复和处理情况

D.受托方通过协查信息管理系统收到的协查函，应当通过协查信息管理系统进行函复。委托方要求寄送取证材料的，应当在回复协查结果后5个自然日内将相关证据材料及文书复制，注明“与原件核对无误”，注明原件存放处，并加盖本单位印章后一并寄送委托方

【答案】AC

【解析】国家税务总局督办的案件，受托方在回函期限前不能完成检查工作的，可以逐级上报国家税务总局申请延期，在得到国家税务总局同意后，在延期期限内给予回复；受托方通过协查信息管理系统收到的协查函，应当通过协查信息管理系统进行函复。经检查有问题的以及委托方要求寄送取证材料的，应当在回复协查结果后5个工作日内将相关证据材料及文书复制，注明“与原件核对无误”，注明原件存放处，并加盖本单位印章后一并寄送委托方。

7.下列处理税务稽查案源信息正确的有（　　）。

A.案源信息涉及特别纳税调整事项的，经税务局负责人批准移交反避税部门处理

B.纳税人走逃而无法开展检查的可以作暂存待查处理

C.督办、交办的工作任务只涉及协助取证等事项，通过调查核实（包括协查）可以完成，经督办、交办部门同意的经稽查局负责人批准进行调查核实

D.检举案源信息线索较明确但缺少必要证明资料，举报受理部门退回案源信息

【答案】ABC

【解析】检举案源信息线索较明确但缺少必要证明资料，举报受理部门认为需要

通过调查核实（包括协查）确认的，经稽查局负责人批准进行调查核实而不是退回案源信息。

8. 下列处理税收违法行为检举事项正确的有（　）。

A. 举报中心可以以自己的名义向下级税务机关督办、交办检举事项

B. 举报中心可以应实名检举人要求，视情况采取口头解释不予受理原因

C. 各级跨区域稽查局受理的检举事项，涉嫌偷税，提交同级税务局稽查局备案后处理

D. 暂存待查的检举材料，若在受理之日起两年内未收到有价值的补充材料，应当销毁

【答案】ABC

【解析】举报中心可以税务机关或者以自己的名义向下级税务机关督办、交办检举事项；暂存待查的检举材料，若在受理之日起两年内未收到有价值的补充材料，可以销毁；各级跨区域稽查局受理的检举事项，涉嫌偷税（逃避缴纳税款），逃避追缴欠税，骗税，虚开、伪造、变造发票，以及其他与逃避缴纳税款相关的税收违法行为，提交同级税务局稽查局备案后处理；举报中心可以应实名检举人要求，视情况采取口头或者书面方式解释不予受理原因。

9. 委托方对税收违法案件中需调查取证的发票采取的协查方式有（　）。

A. 自行调查　　B. 请求上级稽查局调查

C. 派人参与　　D. 发函

【答案】CD

【解析】委托方对税收违法案件中需调查取证的发票采取发函或者派人参与的方式进行协查。发函是指委托方向受托方发出《税收违法案件协查函》，包括寄送纸质协查函和通过协查信息管理系统发出协查函。纸质协查函原则上采取同级发函的方式进行。派人参与是指重大案件或者有特殊要求的案件，委托方可派人参与受托方的调查取证，提出取证要求。

10. 举报中心对接收的检举事项，应当及时审查，有下列（　）情形之一的，不予受理。

A. 无法确定被检举对象，或者不能提供税收违法行为线索的

B. 检举事项已经或者依法应当通过诉讼、仲裁、行政复议以及其他法定途径解决的

C. 对已经查结的同一检举事项再次检举，没有提供新的有效线索的

D.检举内容详细、税收违法行为线索清楚、证明资料充分的

【答案】ABC

【解析】检举内容详细、税收违法行为线索清楚、证明资料充分的，由稽查局立案检查。无法确定被检举对象，或者不能提供税收违法行为线索的；检举事项已经或者依法应当通过诉讼、仲裁、行政复议以及其他法定途径解决的；对已经查结的同一检举事项再次检举，没有提供新的有效线索的不予受理。

三、判断题

1.检举税收违法行为是检举人的自愿行为，检举人因检举而产生的支出应当由受理稽查局承担。（　）

【答案】×

【解析】检举税收违法行为是检举人的自愿行为，检举人因检举而产生的支出应当由自己自行承担。

2.《税务稽查案件办理程序规定》规定，必要时，依照法律法规的规定，稽查局可以在立案前进行检查。（　）

【答案】√

【解析】《税务稽查案件办理程序规定》规定了立案前检查，但注意立案前检查检查人员的一致性等。

3.立案前实施税务稽查可以没有《税务检查通知书》。（　）

【答案】×

【解析】立案前检查也应当送达或者出示《税务检查通知书》，否则被查对象可以拒绝接受检查。

4.《税收违法行为检举管理办法》规定：检举人实名检举只能以个人名义。（　）

【答案】×

【解析】《税收违法行为检举管理办法》规定：检举人以个人名义实名检举应当由其本人提出；以单位名义实名检举应当委托本单位工作人员提出。

5.《税收违法行为检举管理办法》规定：接收电话、来访检举，可以录音、录像。（　）

【答案】×

【解析】接收电话、来访检举，经告知检举人后可以录音、录像。

6.《税收违法行为检举管理办法》规定：举报中心应当向来访的实名检举人出具接收回执。(　)

【答案】×

【解析】举报中心可以应来访的实名检举人要求出具接收回执。

7.稽查局已接收的检举材料原则上不予退还。(　)

【答案】√

【解析】已接收的检举材料原则上不予退还。不予受理的检举材料，登记检举事项的基本信息和不予受理原因后，经本级稽查局负责人批准可以销毁。

8.举报中心可以应来访的实名检举人要求出具接收回执；对多人联名进行实名来访检举的，向其确定的第一联系人或者第一署名人出具接收回执。(　)

【答案】√

【解析】出具回执属于依申请的裁量行政行为，对于多人联名的不是向每个检举人都出具回执。

9.已确定虚开发票案件的协查，委托方应当按照受托方一户一函的形式出具《已证实虚开通知单》寄送受托方。(　)

【答案】×

【解析】已确定虚开发票案件的协查，委托方应当按照受托方一户一函的形式出具《已证实虚开通知单》及相关证据资料，并在所附发票清单上逐页加盖公章，随同《税收违法案件协查函》寄送受托方。不能出具《已证实虚开通知单》。

10.通过协查信息管理系统发出的协查函，受托方应当在收到协查函后60日内回函。(　)

【答案】×

【解析】受托方应当在收到协查函后60日内回函。通过协查信息管理系统发出的协查函，受托方应当在收到协查函后30日内回函。国家税务总局对协查回函期限有特殊要求的，应当按照相关要求办理。

第三章　检　查

本章导读

本章是稽查检查环节的规定，主要有税务检查的法定程序与权限，检查中的强制措施、中止检查、终结检查和检查结束后的告知。

学习指引

（一）税务检查的程序	检查前告知	被查对象检查时间、需要准备的资料等，但预先通知有碍检查的除外
		应当由两名以上具有执法资格的检查人员共同实施，并向被查对象出示税务检查证件、出示或者送达税务检查通知书，告知其权利和义务
	实施检查	
	检查结束前告知	检查人员可以将发现的税收违法事实和依据告知被查对象
（二）税务检查的权限	采取实地检查、调取账簿资料、询问、查询存款账户或者储蓄存款、异地协查等方法	
（三）调取账簿、记账凭证、报表和其他有关资料	向被查对象出具调取账簿资料通知书，并填写调取账簿资料清单交其核对后签章确认	
	调取纳税人、扣缴义务人以前会计年度的账簿、记账凭证、报表和其他有关资料的，应当经县以上税务局局长批准，并在3个月内完整退还	
	调取纳税人、扣缴义务人当年的账簿、记账凭证、报表和其他有关资料的，应当经设区的市、自治州以上税务局局长批准，并在30日内退还	
	退还账簿资料时，应当由被查对象核对调取账簿资料清单，并签章确认	
（四）提取证据材料原件	出具提取证据专用收据，由当事人核对后签章确认	
	已开具的纸质发票调出查验时，应当向被查验的单位或者个人开具发票换票证	
	将空白纸质发票调出查验时，应当向被查验的单位或者个人开具调验空白发票收据	
	若退还，履行相关签收手续	
	证据材料复制件，应当由当事人或者原件保存单位（个人）在复制件上注明“与原件核对无误”及原件存放地点，并签章	

续表

<table>
<tr><td rowspan="7">（五）询问</td><td>询问人数</td><td colspan="2">两名以上检查人员</td></tr>
<tr><td>地点</td><td colspan="2">被查对象生产、经营、办公场所、税务机关办公场所或者其他合适的场所</td></tr>
<tr><td>时间</td><td colspan="2">工作时间</td></tr>
<tr><td rowspan="4">程序</td><td colspan="2">告知环节</td></tr>
<tr><td colspan="2">被询问人身份和经历核对环节</td></tr>
<tr><td colspan="2">涉税事实调查环节</td></tr>
<tr><td colspan="2">核对确认环节</td></tr>
<tr><td rowspan="4">（六）录音、录像等视听资料</td><td>制作</td><td colspan="2">注明制作方法、制作时间、制作人和证明对象等内容</td></tr>
<tr><td>调取</td><td colspan="2">有关资料的原始载体；难以调取原始载体的，可以调取复制件，但应当说明复制方法、人员、时间和原件存放处等事项</td></tr>
<tr><td>声音</td><td colspan="2">附有该声音内容的文字记录</td></tr>
<tr><td>图像</td><td colspan="2">附有必要的文字说明</td></tr>
<tr><td rowspan="4">（七）电子数据</td><td>电子数据打印成纸质资料</td><td colspan="2">在纸质资料上注明数据出处、打印场所、打印时间或者提供时间，注明“与电子数据核对无误”，并由当事人签章</td></tr>
<tr><td>有形载体形式固定电子数据</td><td colspan="2">复制到存储介质上并封存，同时在封存包装物上注明制作方法、制作时间、制作人、文件格式及大小等，注明“与原始载体记载的电子数据核对无误”，并由电子数据提供人签章</td></tr>
<tr><td rowspan="2"></td><td colspan="2">应当制作现场笔录，注明电子数据的来源、事由、证明目的或者对象，提取时间、地点、方法、过程，原始存储介质的存放地点以及对电子数据存储介质的签封情况等</td></tr>
<tr><td colspan="2">进行数据压缩的，应当在笔录中注明压缩方法和完整性校验值</td></tr>
<tr><td rowspan="2">（八）实地调查</td><td colspan="3">可以制作现场笔录、勘验笔录，对实地调查取证情况予以记录</td></tr>
<tr><td colspan="3">制作现场笔录、勘验笔录，应当载明时间、地点和事件等内容，并由检查人员签名和当事人签章</td></tr>
<tr><td rowspan="2">（九）异地调查取证</td><td colspan="3">发函委托</td></tr>
<tr><td colspan="3">可以派人参与</td></tr>
<tr><td rowspan="2">（十）查询</td><td>从事生产、经营的纳税人、扣缴义务人</td><td colspan="2">县以上税务局局长批准</td></tr>
<tr><td>查询案件涉嫌人员</td><td colspan="2">设区的市、自治州以上税务局局长批准</td></tr>
<tr><td rowspan="6">（十一）检查中的强制</td><td rowspan="4">纳税期之前</td><td>责令限期缴纳应纳税款</td><td rowspan="4">不得超过30日</td></tr>
<tr><td>责成纳税人提供纳税担保</td></tr>
<tr><td>县以上税务局局长批准</td></tr>
<tr><td>采取税收强制措施</td></tr>
<tr><td rowspan="2">以前纳税期</td><td>县以上税务局局长批准</td><td rowspan="2">查封、扣押措施不得超过6个月。冻结存款30日</td></tr>
<tr><td>采取税收强制措施</td></tr>
</table>

续表

（十二）中止检查	当事人被有关机关依法限制人身自由的
	账簿、记账凭证及有关资料被其他国家机关依法调取且尚未归还的
	与税收违法行为直接相关的事实需要人民法院或者其他国家机关确认的
	法律、行政法规或者国家税务总局规定的其他可以中止检查的
（十三）终结检查	被查对象死亡或者被依法宣告死亡或者依法注销，且有证据表明无财产可抵缴税款或者无法定税收义务承担主体的
	被查对象税收违法行为均已超过法定追究期限的
	法律、行政法规或者国家税务总局规定的其他可以终结检查的

本章练习及答案解析

一、单项选择题

1. 检查人员检查电子信息系统时，被查对象拒不打开的，经（　）批准，可以对该电子信息系统进行直接检查。

A. 税务局分管稽查的副局长　　B. 稽查局局长

C. 稽查局分管检查副局长　　D. 所属税务局局长

【答案】B

【解析】对采用电子信息系统进行管理和核算的被查对象，检查人员可以要求其打开该电子信息系统，或者提供与原始电子数据、电子信息系统技术资料一致的复制件。被查对象拒不打开或者拒不提供的，经稽查局局长批准，可以采用适当的技术手段对该电子信息系统进行直接检查，或者提取、复制电子数据进行检查，但所采用的技术手段不得破坏该电子信息系统原始电子数据，或者影响该电子信息系统正常运行。

2. 检查人员调取账簿、记账凭证、报表和其他有关资料时，应当向被查对象出具（　）。

A. 调取账簿资料通知书　　B. 调账清单

C. 税务事项通知书　　D. 调取涉税资料通知书

【答案】A

【解析】调取账簿、记账凭证、报表和其他有关资料时，应当向被查对象出具调取账簿资料通知书，并填写调取账簿资料清单交其核对后签章确认。

3.检查人员调取纳税人、扣缴义务人以前会计年度的账簿、记账凭证、报表和其他有关资料的，应当经（ ）批准。

A.稽查局局长 B.县以上税务局局长

C.设区的市税务局局长 D.省以上税务局局长

【答案】B

【解析】调取纳税人、扣缴义务人以前会计年度的账簿、记账凭证、报表和其他有关资料的，应当经县以上税务局局长批准，并在3个月内完整退还。

4.检查人员调取纳税人、扣缴义务人当年的账簿、记账凭证、报表和其他有关资料的，应当经（ ）批准。

A.稽查局局长

B.县以上税务局局长

C.设区的市、自治州以上税务局局长

D.省以上税务局局长

【答案】C

【解析】调取纳税人、扣缴义务人当年的账簿、记账凭证、报表和其他有关资料的，应当经设区的市、自治州以上税务局局长批准，并在30日内退还。

5.检查人员需要提取证据材料原件的，应当向当事人出具（ ），由当事人核对后签章确认。

A.发票换票证 B.空白发票收据 C.收据和清单 D.提取证据专用收据

【答案】D

【解析】需要提取证据材料原件的，应当向当事人出具“提取证据专用收据”，由当事人核对后签章确认。对需要退还的证据材料原件，检查结束后应当及时退还，并履行相关签收手续。

6.检查过程中需要将空白纸质发票调出查验时，应当向被查验的单位或者个人开具（ ）。

A.发票换票证 B.调验空白发票收据

C.收据和清单 D.提取证据专用收据

【答案】B

【解析】稽查时需要将空白纸质发票调出查验时，应当向被查验的单位或者个人开具调验空白发票收据。经查无问题的，应当及时退还，并履行相关签收手续。

7.除在被查对象生产、经营、办公场所询问外，检查人员询问应当向被询问人送达（　）。

A.讯问通知书　　B.协助检查通知书

C.询问通知书　　D.检查通知书

【答案】C

【解析】询问应当由两名以上检查人员实施。除在被查对象生产、经营、办公场所询问外，应当向被询问人送达询问通知书。

8.稽查局采取税收强制措施时，应当向纳税人、扣缴义务人、纳税担保人（　）税收强制措施决定书。

A.告知　　B.受领　　C.送达　　D.交付

【答案】D

【解析】稽查局采取税收强制措施时，应当向纳税人、扣缴义务人、纳税担保人交付税收强制措施决定书。

9.稽查局采取冻结纳税人在开户银行或者其他金融机构的存款措施时，应当向纳税人开户银行或者其他金融机构交付（　）。

A.冻结存款通知书　　B.强制措施决定书

C.冻结存款决定书　　D.税收保全决定书

【答案】A

【解析】稽查局采取冻结纳税人在开户银行或者其他金融机构的存款措施时，应当向纳税人开户银行或者其他金融机构交付冻结存款通知书。

10.稽查局采取冻结纳税人在开户银行或者其他金融机构的存款措施时，冻结其相当于应纳税款的存款，并于作出冻结决定之日起（　）内，向纳税人交付冻结决定书。

A.3日　　B.3个工作日　　C.5日　　D.5个工作日

【答案】B

【解析】稽查局采取冻结纳税人在开户银行或者其他金融机构的存款措施时，应当向纳税人开户银行或者其他金融机构交付冻结存款通知书，冻结其相当于应纳税款的存款；并于作出冻结决定之日起3个工作日内，向纳税人交付冻结决定书。

11.稽查局采取查封、扣押有产权证件的动产或者不动产措施时，应当依法向有关单位送达（ ）。

A.税务协助执行通知书　　B.强制措施决定书

C.查封决定书　　D.扣押决定书税务协助执行通知书

【答案】A

【解析】稽查局采取查封、扣押有产权证件的动产或者不动产措施时，应当依法向有关单位送达税务协助执行通知书，通知其在查封、扣押期间不再办理该动产或者不动产的过户手续。

12.稽查局检查从事生产、经营的纳税人以前纳税期的纳税情况时，依法采取查封、扣押措施的，不得超过（ ）个月。

A. 3　　B. 6　　C. 1　　D. 2

【答案】B

【解析】稽查局检查从事生产、经营的纳税人以前纳税期的纳税情况时，发现纳税人有逃避纳税义务行为，并有明显的转移、隐匿其应纳税的商品、货物以及其他财产或者应纳税收入迹象的，经县以上税务局局长批准，可以依法采取税收强制措施，期限一般不超过6个月。

13.税务机关有根据认为从事生产、经营的纳税人有逃避纳税义务行为，可以在规定的纳税期之前依法采取扣押措施，期限不得超过（ ）。

A. 3个月　　B. 6个月　　C. 30日　　D. 20日

【答案】C

【解析】除税务机关检查从事生产、经营的纳税人以前纳税期的纳税情况时，发现纳税人有逃避纳税义务行为，并有明显的转移、隐匿其应纳税的商品、货物以及其他财产或者应纳税收入迹象的，经县以上税务局局长批准，可以依法采取税收强制措施，期限不超过6个月外，其他情形下采取查封、扣押、冻结措施的，期限不得超过30日。

14.稽查局中止检查的批准权限授予（ ）。

A.稽查局局长　　B.稽查局检查科科长

C.市税务局局长　　D.县级以上税务局局长

【答案】A

【解析】符合法定情形，致使检查暂时无法进行的，经稽查局局长批准后，稽查局中止检查。

15.稽查局检查结束前，检查人员（　）将发现的税收违法事实和依据告知被查对象。

A.必须　　B.不得　　C.可以　　D.应当

【答案】C

【解析】稽查局检查结束前，检查人员可以将发现的税收违法事实和依据告知被查对象。

16.证人口头提出变更证言的，检查人员应当（　），注明原因，由证人逐页签章、捺指印，并注明日期。

A.退回原笔录　　B.作废原笔录重新制作笔录

C.就变更部分录音保存　　D.就变更部分重新制作笔录

【答案】D

【解析】证人可以口头提出变更证言的，检查人员应当就变更部分重新制作笔录，注明原因，由证人逐页签章、捺指印，并注明日期。

17.自然人代表单位或者法人提供证言的，属于（　）。

A.证人证言　　B.书证　　C.当事人的陈述　　D.第三人的供述

【答案】A

【解析】从证件种类上看，自然人代表单位或者法人提供证言的，属于证人证言；以单位或者法人名义出具证明文件的，属于书证。

18.稽查人员对于甲公司法定代表人郭某做的笔录属于（　）。

A.调查笔录　　B.询问笔录　　C.现场笔录　　D.勘验笔录

【答案】B

【解析】依据《税收征管法》授权，检查人员在进行检查时，可以对法定代表人进行询问，这个笔录属于询问笔录。对于证人的询问属于调查笔录。

19.税务检查证实行定期审验制度，每（　）年审验一次。临时税务检查证不在审验范围。

A.一　　B.两　　C.三　　D.五

【答案】B

【解析】税务检查证实行定期审验制度，每两年审验一次。临时税务检查证不在审验范围。

20.稽查局依法中止检查的情形消失后，经（　）批准后，恢复检查。

A.稽查局局长　　B. 县以上税务局局长

C.市以上税务局局长　　D.稽查局负责人

【答案】A

【解析】稽查局依法中止检查的，如果中止情形消失了，经稽查局局长批准后，恢复检查。

二、多项选择题

1.稽查局在实施检查时，下列关于调取被查单位的账簿、记账凭证、报表和其他有关资料说法正确的是（　）。

A.调取被查单位以前会计年度的账簿、记账凭证、报表和其他有关资料的，应当经所属税务局局长批准，并在3个月内完整退还

B.调取被查单位以前会计年度的账簿、记账凭证、报表和其他有关资料的，应当经稽查局局长批准，并在3个月内完整退还

C.调取被查单位当年的账簿、记账凭证、报表和其他有关资料的，应当经所属设区的市、自治州以上税务局局长批准，并在30日内完整退还

D.调取被查单位当年的账簿、记账凭证、报表和其他有关资料的，应当经所属税务稽查局局长批准，并在30日内退还

【答案】AC

【解析】稽查局调取账簿、记账凭证、报表和其他有关资料时，应当向被查对象出具调取账簿资料通知书，并填写调取账簿资料清单交其核对后签章确认。调取纳税人、扣缴义务人以前会计年度的账簿、记账凭证、报表和其他有关资料的，应当经县以上税务局局长批准，并在3个月内完整退还；调取纳税人、扣缴义务人当年的账簿、记账凭证、报表和其他有关资料的，应当经设区的市、自治州以上税务局局长批准，并在30日内退还。

2.稽查局提取证据材料，下列说法有误的是：（　）

A.应当向当事人出具提取专用收据，由当事人核对后签章确认

B.检查结束后应当及时退还材料原件，并履行相关签收手续

C.需要将空白纸质发票调出查验时，应当向被查验的单位或者个人提取证据专用收据

D.需要将空白纸质发票调出查验时，经查无问题的，可以退还，并履行相关签收手续

【答案】AD

【解析】需要提取证据材料原件的，应当向当事人出具提取证据专用收据，由当事人核对后签章确认。对需要退还的证据材料原件，检查结束后应当及时退还，并履行相关签收手续。需要将已开具的纸质发票调出查验时，应当向被查验的单位或者个人开具发票换票证；需要将空白纸质发票调出查验时，应当向被查验的单位或者个人开具调验空白发票收据。经查无问题的，应当及时退还，并履行相关签收手续。

3.稽查局实施检查，采取询问取证时，关于询问下列说法正确的是（　　）。

A.询问应当由两名以上检查人员实施

B.在被查对象办公室询问法定代表人，无须向被询问人送达《询问通知书》

C.在被查对象的生产车间询问销售经理时，无须向被询问人送达《询问通知书》

D.所有询问应当向被询问人送达《询问通知书》

【答案】ABC

【解析】询问应当由两名以上检查人员实施。除在被查对象生产、经营、办公场所询问外，应当向被询问人送达询问通知书。

4.关于陈述或者证言，下列说法不正确的是（　　）。

A.当事人、证人只能采取口头方式陈述或者提供证言。

B.笔录不可以使用计算机记录并打印，由当事人或者证人逐页签章、捺指印。

C.由当事人或者证人在页末签章、捺指印

D.当事人、证人变更书面陈述或者证言的，变更前的笔录不予退回

【答案】ABC

【解析】当事人、证人可以采取书面或者口头方式陈述或者提供证言。当事人、证人口头陈述或者提供证言的，检查人员应当以笔录、录音、录像等形式进行记录。笔录可以手写或者使用计算机记录并打印，由当事人或者证人逐页签章、捺指印。当事人、证人口头提出变更陈述或者证言的，检查人员应当就变更部分重新制作笔录，注明原因，由当事人或者证人逐页签章、捺指印。当事人、证人变更书面陈述或者证言的，变更前的笔录不予退回。

5.关于制作录音、录像等视听资料的，注明（　　）证明对象等内容。

A.制作方法　　B.制作时间　　C.制作地点　　D.制作人

【答案】ABD

【解析】制作录音、录像等视听资料的，应当注明制作方法、制作时间、制作人和证明对象等内容。

6.关于调取视听资料，下列说法正确的有（　）。

A.调取视听资料时，应当调取有关资料的复制载体

B.调取视听资料时，应当调取有关资料的原始载体

C.难以调取原始载体的，可以调取复制件，但应当说明复制方法、人员、时间和原件存放处等事项

D.难以调取原始载体的，可以调取复制件

【答案】BC

【解析】调取视听资料时，应当调取有关资料的原始载体；难以调取原始载体的，可以调取复制件，但应当说明复制方法、人员、时间和原件存放处等事项。

7.关于电子数据资料，下列说法不正确的是（　）。

A.检查人员可以要求当事人将电子数据打印成纸质资料，在纸质资料上注明数据出处、打印场所、打印时间或者提供时间，注明“与电子数据核对无误”，并由当事人签章

B.需要以有形载体形式固定电子数据的，检查人员应当与提供电子数据的个人、单位的法定代表人或者财务负责人或者经单位授权的其他人员一起将电子数据复制到存储介质上并封存

C.收集电子数据，检查人员可以制作现场笔录

D.提取电子数据，检查人员可以制作现场笔录

【答案】AB

【解析】以电子数据的内容证明案件事实的，检查人员可以要求当事人将电子数据打印成纸质资料，在纸质资料上注明数据出处、打印场所、打印时间或者提供时间，注明“与电子数据核对无误”，并由当事人签章。需要以有形载体形式固定电子数据的，检查人员应当与提供电子数据的个人、单位的法定代表人或者财务负责人或者经单位授权的其他人员一起将电子数据复制到存储介质上并封存。收集、提取电子数据，检查人员应当制作现场笔录。

8.检查人员在实地调查取证时，（ ）。

A.应当制作现场笔录，检查人与记录者为不同人员

B.可以制作现场笔录

C.制作现场笔录、勘验笔录，应当载明时间、地点和事件等内容，并由检查人员签名和当事人签章

D.当事人拒绝在现场笔录、勘验笔录上签章的，检查人员应当在笔录上注明原因

【答案】BCD

【解析】检查人员实地调查取证时，可以制作现场笔录、勘验笔录，对实地调查取证情况予以记录。制作现场笔录、勘验笔录，应当载明时间、地点和事件等内容，并由检查人员签名和当事人签章。当事人经通知不到场或者拒绝在现场笔录、勘验笔录上签章的，检查人员应当在笔录上注明原因；如有其他人员在场，可以由其签章证明。

9.关于异地调查取证，下列说法正确的是（ ）。

A.检查人员异地调查取证的，当地税务机关可以予以协助

B.可以发函委托相关稽查局调查取证

C.必要时可以派人参与受托地稽查局的调查取证

D.受托地稽查局应当根据协查请求，依照法定权限和程序调查

【答案】BCD

【解析】检查人员异地调查取证的，当地税务机关应当予以协助；发函委托相关稽查局调查取证的，必要时可以派人参与受托地稽查局的调查取证，受托地稽查局应当根据协查请求，依照法定权限和程序调查。

10.下列关于查询账户和存款，说法正确的是（ ）。

A.查询从事生产、经营的纳税人、扣缴义务人存款账户的，应当经税务局稽查局局长批准，凭《检查存款账户许可证明》向相关银行或其他金融机构查询

B.查询从事生产、经营的纳税人、扣缴义务人存款账户，应当经县以上税务局局长批准，凭检查存款账户许可证明向相关银行或者其他金融机构查询

C.查询案件涉嫌人员储蓄存款的，应当经稽查局局长批准，凭《检查存款账户许可证明》向相关银行或其他金融机构查询

D.查询案件涉嫌人员储蓄存款的，应当经设区的市、自治州以上税务局局长批准，凭检查存款账户许可证明向相关银行或其他金融机构查询

【答案】BD

【解析】查询从事生产、经营的纳税人、扣缴义务人存款账户，应当经县以上税务局局长批准，凭检查存款账户许可证明向相关银行或者其他金融机构查询。查询案件涉嫌人员储蓄存款的，应当经设区的市、自治州以上税务局局长批准，凭检查存款账户许可证明向相关银行或者其他金融机构查询。

11.稽查局检查从事生产、经营的纳税人以前纳税期的纳税情况时，依法采取税收强制措施的条件和程序是（ ）。

A.经稽查局局长批准

B.有明显的转移、隐匿其应纳税的商品、货物以及其他财产或者应纳税收入迹象的

C.经县以上税务局局长批准

D.发现纳税人有逃避纳税义务行为

【答案】BCD

【解析】检查从事生产、经营的纳税人以前纳税期的纳税情况时，发现纳税人有逃避纳税义务行为，并有明显的转移、隐匿其应纳税的商品、货物以及其他财产或者应纳税收入迹象的，经县以上税务局局长批准，可以依法采取税收强制措施。

12.稽查局采取税收强制措施时，应当（ ）。

A.向纳税人、扣缴义务人、纳税担保人交付税收强制措施决定书

B.告知其采取税收强制措施的内容、理由、依据以及依法享有的权利、救济途径

C.向纳税人、扣缴义务人、纳税担保人以及其代理人交付税收强制措施决定书

D.告知其采取税收强制措施的内容、理由、依据以及依法享有的权利、救济途径和申请听证的权利

【答案】AB

【解析】稽查局采取税收强制措施时，应当向纳税人、扣缴义务人、纳税担保人交付税收强制措施决定书，告知其采取税收强制措施的内容、理由、依据以及依法享有的权利、救济途径，并履行法律、法规规定的其他程序。

13.关于稽查局采取税收强制措施，下列合法的是（ ）。

A.采取冻结纳税人在开户银行或者其他金融机构的存款措施时，应当向纳税人开户银行或者其他金融机构交付冻结存款通知书

B.采取查封、扣押商品、货物或者其他财产措施时，应当向纳税人、扣缴义务

人、纳税担保人当场交付查封、扣押决定书，填写查封商品、货物或者其他财产清单或者出具扣押商品、货物或者其他财产专用收据，由当事人核对后签章

C.查封清单、扣押收据一式二份，由当事人和稽查局分别保存

D.查封清单、扣押收据一份，由稽查局保存

【答案】ABC

【解析】稽查局采取冻结纳税人在开户银行或者其他金融机构的存款措施时，应当向纳税人开户银行或者其他金融机构交付冻结存款通知书，冻结其相当于应纳税款的存款；并于作出冻结决定之日起3个工作日内，向纳税人交付冻结决定书。采取查封、扣押商品、货物或者其他财产措施时，应当向纳税人、扣缴义务人、纳税担保人当场交付查封、扣押决定书，填写查封商品、货物或者其他财产清单或者出具扣押商品、货物或者其他财产专用收据，由当事人核对后签章。查封清单、扣押收据一式二份，由当事人和稽查局分别保存。

14.有下列（　）情形之一的，稽查局应当依法及时解除税收强制措施。

A.税收强制措施被复议机关决定撤销的

B.其他法定应当解除税收强制措施的

C.纳税人已按履行期限缴纳税款、扣缴义务人已按履行期限解缴税款、纳税担保人已按履行期限缴纳所担保税款的

D.税收强制措施被人民法院判决撤销的

【答案】ABCD

【解析】纳税人已按履行期限缴纳税款、扣缴义务人已按履行期限解缴税款、纳税担保人已按履行期限缴纳所担保税款的；税收强制措施被复议机关决定撤销的；税收强制措施被人民法院判决撤销的；其他法定应当解除税收强制措施的。稽查局应当依法及时解除税收强制措施。

15.下列关于稽查局解除税收保全措施，说法正确的是（　）。

A.告知其解除税收强制措施的时间、内容和依据，并通知其在规定时间内办理解除税收强制措施的有关事宜

B.采取冻结存款措施的，应当向冻结存款的纳税人开户银行或者其他金融机构送达解除冻结存款通知书，解除冻结

C.解除税收强制措施时，应当向纳税人、扣缴义务人、纳税担保人送达解除税收强制措施决定书

D.采取扣押商品、货物或者其他财产措施的，应当予以返还并收回扣押商品、货物或者其他财产专用收据

【答案】ABCD

【解析】解除税收强制措施时，应当向纳税人、扣缴义务人、纳税担保人送达解除税收强制措施决定书，告知其解除税收强制措施的时间、内容和依据，并通知其在规定时间内办理解除税收强制措施的有关事宜：采取冻结存款措施的，应当向冻结存款的纳税人开户银行或者其他金融机构送达解除冻结存款通知书，解除冻结；采取查封商品、货物或者其他财产措施的，应当解除查封并收回查封商品、货物或者其他财产清单；采取扣押商品、货物或者其他财产措施的，应当予以返还并收回扣押商品、货物或者其他财产专用收据。

16.稽查局查处重大案件有下列（　）情形之一，需要延长查封、扣押期限的，应当报国家税务总局批准。

A.被查对象转移、隐匿、销毁账簿、记账凭证或者其他证据材料的

B.在查封、扣押期限内确实难以查明案件事实的

C.解除查封、扣押措施可能使纳税人转移、隐匿、损毁或者违法处置财产

D.被查对象拒不提供相关情况或者以其他方式拒绝、阻挠检查的

【答案】AD

【解析】稽查局查处重大案件有下列情形之一，需要延长强制期限的，应当报国家税务总局批准：案情复杂，在查封、扣押期限内确实难以查明案件事实的；被查对象转移、隐匿、销毁账簿、记账凭证或者其他证据材料的；被查对象拒不提供相关情况或者以其他方式拒绝、阻挠检查的；解除查封、扣押措施可能使纳税人转移、隐匿、损毁或者违法处置财产，从而导致税款无法追缴的。

17.被查对象有下列（　）情形之一的，依照《税收征管法》和《税收征管法实施细则》有关逃避、拒绝或者以其他方式阻挠税务检查的规定处理。

A.提供虚假资料，不如实反映情况，或者拒绝提供有关资料的

B.拒绝或者阻止检查人员记录、录音、录像、照相、复制与税收违法案件有关资料的

C.在检查期间转移、隐匿、损毁有关资料的

D.恐吓检查人员的

【答案】ABC

【解析】被查对象有下列情形之一的，依照《税收征管法》和《税收征管法实施细则》有关逃避、拒绝或者以其他方式阻挠税务检查的规定处理：提供虚假资料，不如实反映情况，或者拒绝提供有关资料的；拒绝或者阻止税务机关记录、录音、录像、照相和复制与案件有关的情况和资料的；在检查期间转移、隐匿、销毁有关资料的；有不依法接受税务检查的其他情形的。

18.有下列（　）情形之一，致使检查暂时无法进行的，中止检查。

A.当事人被监委依法留置的

B.账簿、记账凭证及有关资料被其他国家机关依法调取且已经归还的

C.与税收违法行为直接相关的事实需要人民法院确认的

D.省级税务机关规定的其他可以中止检查的

【答案】AC

【解析】稽查局实施检查是遇到下列情形之一，致使检查暂时无法进行的，经稽查局局长批准后，中止检查：当事人被有关机关依法限制人身自由的；账簿、记账凭证及有关资料被其他国家机关依法调取且尚未归还的；与税收违法行为直接相关的事实需要人民法院或者其他国家机关确认的；法律、行政法规或者国家税务总局规定的其他可以中止检查的。

19.稽查局终结检查的情形有（　）。

A.被查对象被依法注销

B.被查对象被依法注销，且有证据表明无财产可抵缴税款或者无法定税收义务承担主体的

C.被查对象税收违法行为均已超过法定追究期限的

D.法律规定的其他可以终结检查的

【答案】BCD

【解析】稽查局实施检查遇到下列情形之一，致使检查确实无法进行的，经稽查局局长批准后，终结检查：被查对象死亡或者被依法宣告死亡或者依法注销，且有证据表明无财产可抵缴税款或者无法定税收义务承担主体的；被查对象税收违法行为均已超过法定追究期限的；法律、行政法规或者国家税务总局规定的其他可以终结检查的。

20.下列属于稽查局检查前告知内容的是（　）。

A.有权向税务机关了解国家税收法律、行政法规的规定以及与纳税程序有关的

情况

B.认为稽查人员与案件有利害关系的，有权向税务机关要求回避

C.有权要求稽查人员为自己的商业秘密及个人隐私、个人信息保密

D.有权控告和检举税务机关、税务人员的违法违纪行为

【答案】ABCD

【解析】纳税人、扣缴义务人有权向税务机关了解国家税收法律、行政法规的规定以及与纳税程序有关的情况。纳税人、扣缴义务人有权要求税务机关为纳税人、扣缴义务人的情况保密。税务机关应当依法为纳税人、扣缴义务人的情况保密。纳税人、扣缴义务人有权控告和检举税务机关、税务人员的违法违纪行为。税务人员在进行税务检查时有利害关系应当回避。

三、判断题

1.实施检查前，为了保证被查对象的知情权，稽查局一律必须告知被查对象检查时间、需要准备的资料等。(　)

【答案】×

【解析】对于举报类等案件预先通知有碍检查的，实施检查前可以不履行告知步骤。

2.无论是立案前检查，还是立案后检查都必须出示或者送达税务检查通知书。(　)

【答案】√

【解析】依据《税收征管法》，出示或者送达税务检查通知是税务检查的法定步骤，不出示或者送达检查通知属于程序违法，所以立案前检查也必须履行，否则被查对象可以拒绝检查。

3.稽查局实施税务检查不得对第三方调查取证。(　)

【答案】×

【解析】依据《税收征管法》的授权，稽查局在实施对被查对象检查时，可以对与被查对象有关的单位和个人进行调查取证。

4.稽查局对与被查对象有关的单位和个人进行调查取证时，适用的文书是《税务检查通知书二》。(　)

【答案】×

【解析】稽查局对与被查对象有关的单位和个人进行调查取证时，适用的文书是《税务协助检查通知书》。

5.对采用电子信息系统进行管理和核算的被查对象，检查人员可以要求其打开该电子信息系统，或者提供与原始电子数据、电子信息系统技术资料一致的复制件。（　）

【答案】√

【解析】检查人员具有对电子信息的检查权，检查的方式包括进入电子信息系统实施检查或者复制数据、资料进行检查。

6.检查人员依法调取资料后，应当在法定的时限内退还账簿资料时，应当由被查对象核对调取账簿资料清单，并签章确认。（　）

【答案】√

【解析】调取账簿资料有一定的时限，检查人员必须在法定时限内退还，并核对调账时的清单，保证归还的完整性。

7.对提取证据材料原件，检查结束后都应当及时退还，并履行相关签收手续。（　）

【答案】×

【解析】对需要退还的证据材料原件，检查结束后应当及时退还，并履行相关签收手续。伪造的证据原件这一类不能退还，作为证据入卷。

8.询问笔录有修改的，应当由被询问人在改动处捺指印。（　）

【答案】√

【解析】这是保证证据真实性与合法性的基本步骤。

9.被询问人拒绝在询问笔录上签章、捺指印的，该笔录不能作为证据。（　）

【答案】×

【解析】不能简单地以是否有被询问人的签章、捺指印认定证据是否有效，规范取证的作法是：被询问人拒绝在询问笔录上签章、捺指印的，检查人员应当在笔录上注明。是否作为证据还需要证据审查步骤认定。

10.证人可以采取书面或者口头方式陈述或者提供证言。（　）

【答案】√

【解析】证人证言有书面和口头两种方式，形成了自书和笔录。

11.检查人员实地调查取证时，应当制作现场笔录，对实地调查取证情况予以记录。( )

【答案】×

【解析】稽查案件办理程序规定对于实地调查的规定是可以制作现场笔录。

12.检查人员实地调查取证制作现场笔录时，当事人拒绝在现场笔录签章的，在场其他人员，可以由其签章证明。( )

【答案】√

【解析】当事人拒绝在现场笔录签章的，第三人在场的可以签章，这样第三人属于见证人。

13.检查过程中需要取得境外资料的，稽查局可以提请国际税收管理部门依照有关规定程序获取。( )

【答案】√

【解析】这属于对稽查局域外证据的一个授权，也是取证的一个程序规定。

14.稽查局只能对往期税款实施稽查，对当期税款无权检查。( )

【答案】×

【解析】稽查案件办理程序规定对于税务机关期前强制的规定，间接证明授权稽查局对于当期税款的检查权。

15.检查结束前，检查人员应当将发现的税收违法事实和依据告知被查对象。( )

【答案】×

【解析】检查结束前，检查人员可以将发现的税收违法事实和依据告知被查对象。检查人员具有裁量权。

16.稽查局采取的查封扣押措施一般期限是6个月。( )

【答案】×

【解析】稽查局的查封扣押期限有两种，一是对于往期税款的检查，一般期限是6个月；其余情形下查封扣押的期限是30日。

17.稽查局采取冻结存款的期限是30日。（　）

【答案】√

【解析】这是《行政强制法》规定的一般期限。税务稽查案件程序规定遵循不抵触原则规定了30日的期限。

18.检查存款账户包括独资企业投资人、合伙企业合伙人、个体工商户的储蓄存款以及股东资金账户中的资金等。（　）

【答案】√

【解析】对于稽查局实施检查账户的授权范围。

19.检查人员有责任为被查对象保守秘密，查询所获取的资料，不得用于税收以外的用途。（　）

【答案】√

【解析】被查对象请求保密权的体现，也是检查人员保密义务的表现。

20.被查对象对违法事实和依据有异议的，应当在限期内提供说明及证据材料。被查对象口头说明的，检查人员应当制作笔录，由当事人签章。（　）

【答案】√

【解析】这属于被查对象陈述权、申辩权的行使，也是稽查局对于被查对象权益的保障。

四、案例分析题

2023年7月21日，某市稽查局（以下简称稽查局）制作《税务稽查立案审批表》，决定对YL园林公司（以下简称园林公司）2021年1月1日至2022年12月31日期间涉税情况进行立案检查。7月28日，稽查局作出《税务检查通知书》并于次日向园林公司送达，告知园林公司自2023年7月29日起对园林公司2021年1月1日至2022年12月31日期间（如检查发现此期间以外明显的税收违法嫌疑或线索不受此限）涉税情况进行检查，并出示了检查人员杨某、朱某的税务检查证件。

园林公司向稽查局提交了2021—2022年税款缴纳情况表、2021—2022年养护经费收款情况、记账凭证及承包合同、2022年预收账明细说明及记账凭证、情况说明等材料。

稽查局在检查过程中，一是有的执法文书只有一名检查人员签字，二是未出示任何文书，强行复制园林公司的电子账册，调回税务机关检查。园林公司按稽查人员的要求，提供了其所需的资料，稽查人员拷贝的园林公司历年电子账册中除了涉税信息外，还有大量的非涉税信息，以及大量的商业秘密，与纳税毫无关系。

最后稽查局认定园林公司存在如下违法事实：未按规定缴纳增值税及其附加、未计入收入总额计算缴纳企业所得税；均未按规定缴纳增值税及其附加；未按规定代扣代缴“其他所得”个人所得税，目前均已无法对应到个人追缴。

依据上述资料回答问题：

1.上述税务稽查中关于检查人员的作法，符合规定的有（　　）。

A.检查应当由两名以上具有执法资格的检查人员共同实施

B.杨某、朱某实施检查时向被查对象出示税务检查证件

C.检查人员杨某、朱某如果在检查过程中变更应当告知园林公司

D.检查人员杨某、朱某如果在检查过程中变更可以告知园林公司

【答案】ABC

【解析】对于园林公司的检查人数符合法律规定，也送达了检查通知书，也符合法定程序，检查人员的变更应当通知被查对象。

2.关于检查证件的说法，正确的有（　　）。

A.税务检查证是具有法定执法权限的税务人员，对纳税人、扣缴义务人及其他当事人进行检查时，证明其执法身份、职责权限和执法范围的专用证件

B.检查人员实施税务稽查，应被查对象要求出示检查证件

C.稽查部门专用税务检查证，适用于稽查人员开展稽查工作，由稽查部门归口管理

D.首次申领税务检查证的，应当取得税务执法资格

【答案】ACD

【解析】税务检查证是具有法定执法权限的税务人员，对纳税人、扣缴义务人及其他当事人进行检查时，证明其执法身份、职责权限和执法范围的专用证件。检查人员实施检查时应当主动出示检查证件。关于检查证件的规定有税务检查证分为稽查部门专用税务检查证和征收管理部门专用税务检查证，首次申领税务检查证的，应当取得税务执法资格。

3.杨某和朱某出示税务检查通知书和税务检查证件的规定有（　　）。

A.出示税务检查证和税务检查通知书，应当以文字或音像形式记录出示情况

B.出示税务检查证和税务检查通知书，可以以文字或音像形式记录出示情况

C.税务人员出示税务检查证时，应当告知被检查人或其他当事人通过扫描二维码

查验持证人身份

D.税务人员出示税务检查证时，可以告知被检查人或其他当事人通过扫描二维码查验持证人身份

【答案】BD

【解析】税务人员进行检查时，应当出示税务检查证和税务检查通知书，可以以文字或音像形式记录出示情况。税务人员出示税务检查证时，可以告知被检查人或其他当事人通过扫描二维码查验持证人身份。

4.杨某、朱某复制园林公司的电子账册，从证件种类上属于（　）。

A.书证　　B.物证　　C.视听资料　　D.电子数据

【答案】D

【解析】电子账册属于电子证据。电子数据是以数字化形式存储、处理、传输的，能够证明案件事实的数据。电子数据包括但不限于下列信息、电子文件：网页、博客、微博客、朋友圈、贴吧、网盘等网络平台发布的信息；手机短信、电子邮件、即时通信、通信群组等网络应用服务的通信信息；用户注册信息、身份认证信息、电子交易记录、通信记录、登录日志等信息；文档、图片、音视频、数字证书、计算机程序等电子文件。

5.本案中关于杨某、朱某的电子取证，符合法律规定的有（　）。

A.杨某、朱某可以要求其打开该电子信息系统

B.杨某、朱某可以要求园林公司提供与原始电子数据、电子信息系统技术资料一致的复制件

C.杨某、朱某未经稽查局局长批准，复制电子数据进行检查违法

D.杨某、朱某取得电子数据违法，因为涉及园林公司的商业秘密

【答案】AB

【解析】对采用电子信息系统进行管理和核算的被查对象，检查人员可以要求其打开该电子信息系统，或者提供与原始电子数据、电子信息系统技术资料一致的复制件。被查对象拒不打开或者拒不提供的，经稽查局局长批准，可以采用适当的技术手段对该电子信息系统进行直接检查，或者提取、复制电子数据进行检查，但所采用的技术手段不得破坏该电子信息系统原始电子数据，或者影响该电子信息系统正常运行。本案中园林公司配合检查提供了电子账册，所以不需要稽查局局长的批准程序。对于企业的商业秘密在检查人员承担保密义务就可以。

第四章　审　理

本章导读

本章是稽查案件办理程序中的审理环节。主要涉及稽查审理内容、审理程序和重大税务案件审理，审理后作出决定的情形和适用条件以及优化税收执法三项制度。

学习指引

一、审理内容

<table>
<tr><td>（一）审理方式</td><td colspan="2">稽查局审理，审理人员不得与选案人员、检查人员交叉重复</td><td rowspan="2">初次从事行政处罚决定审核的人员，应当通过国家统一法律职业资格考试取得法律职业资格</td></tr>
<tr><td></td><td colspan="2">符合重大税务案件标准的，稽查局审理后提请税务局重大税务案件审理委员会审理</td></tr>
<tr><td rowspan="10">（二）审理内容</td><td rowspan="5">执法主体是否正确</td><td colspan="2">职责范围</td></tr>
<tr><td colspan="2">管辖范围</td></tr>
<tr><td colspan="2">检查人员与稽查局的所属性</td></tr>
<tr><td colspan="2">检查人员人数和资格</td></tr>
<tr><td colspan="2">检查人员是否回避</td></tr>
<tr><td rowspan="5">被查对象是否准确</td><td colspan="2">名称的一致性</td></tr>
<tr><td colspan="2">责任主体与行为主体的一致性</td></tr>
<tr><td rowspan="3">经营状态</td><td>正常</td></tr>
<tr><td>走逃失联、注销、非正常户</td></tr>
<tr><td>变更</td></tr>
</table>

续表

<table>
<tr><td rowspan="24">（二）审理内容</td><td rowspan="5">税收违法事实是否清楚，证据是否充分，数据是否准确，资料是否齐全</td><td colspan="2" rowspan="3">证据</td><td>关联性</td></tr>
<tr><td>合法性</td></tr>
<tr><td>真实性</td></tr>
<tr><td colspan="2">数据</td><td>准确性</td></tr>
<tr><td colspan="2">资料</td><td>齐全性</td></tr>
<tr><td rowspan="8">适用法律、行政法规、规章及其他规范性文件是否适当，定性是否正确</td><td colspan="3">适用法律条文是否准确</td></tr>
<tr><td colspan="3">定性是否准确</td></tr>
<tr><td colspan="3">时效的运用</td></tr>
<tr><td rowspan="5">法律适用</td><td colspan="2">法律的效力高于行政法规、地方性法规、规章。行政法规的效力高于地方性法规、规章</td></tr>
<tr><td colspan="2">部门规章之间、部门规章与地方政府规章之间具有同等效力，在各自的权限范围内施行</td></tr>
<tr><td colspan="2">同一机关制定的法律、行政法规、地方性法规、自治条例和单行条例、规章，特别规定与一般规定不一致的，适用特别规定；新的规定与旧的规定不一致的，适用新的规定</td></tr>
<tr><td colspan="2">法律、行政法规、地方性法规、自治条例和单行条例、规章不溯及既往，但为了更好地保护公民、法人和其他组织的权利和利益而作的特别规定除外</td></tr>
<tr><td colspan="2">法律之间对同一事项的新的一般规定与旧的特别规定不一致，不能确定如何适用时，由全国人民代表大会常务委员会裁决。 行政法规之间对同一事项的新的一般规定与旧的特别规定不一致，不能确定如何适用时，由国务院裁决</td></tr>
<tr><td rowspan="6">是否符合法定程序</td><td colspan="3">取证程序</td></tr>
<tr><td colspan="3">调账程序</td></tr>
<tr><td colspan="3">送达程序</td></tr>
<tr><td colspan="3">强制程序</td></tr>
<tr><td colspan="3">查询程序</td></tr>
<tr><td colspan="3">其他程序</td></tr>
<tr><td colspan="4">是否超越或者滥用职权</td></tr>
<tr><td colspan="4">税务处理、处罚建议是否适当</td></tr>
<tr><td rowspan="3">其他应当审核确认的事项或者问题</td><td colspan="3">追征期</td></tr>
<tr><td colspan="3">处罚时效</td></tr>
<tr><td colspan="3">滞纳金是否加收</td></tr>
<tr><td rowspan="5">（三）补正或者补充调查</td><td colspan="4">被查对象认定错误的</td></tr>
<tr><td colspan="4">税收违法事实不清、证据不足的</td></tr>
<tr><td colspan="4">不符合法定程序的</td></tr>
<tr><td colspan="4">税务文书不规范、不完整的</td></tr>
<tr><td colspan="4">其他需要补正或者补充调查的</td></tr>
</table>

二、告知与听取意见

<table>
<tr><td rowspan="3">（一）告知</td><td colspan="4">拟对被查对象或者其他涉税当事人作出税务行政处罚的</td></tr>
<tr><td colspan="4">送达税务行政处罚事项告知书，告知其依法享有陈述、申辩及要求听证的权利</td></tr>
<tr><td colspan="4">税务行政处罚事项告知书应当包括以下内容：
1.被查对象或者其他涉税当事人姓名或者名称、有效身份证件号码或者统一社会信用代码、地址。没有统一社会信用代码的，以税务机关赋予的纳税人识别号代替；
2.认定的税收违法事实和性质；
3.适用的法律、行政法规、规章及其他规范性文件；
4.拟作出的税务行政处罚；
5.当事人依法享有的权利；
6.告知书的文号、制作日期、税务机关名称及印章；
7.其他相关事项</td></tr>
<tr><td rowspan="3">（二）听取意见</td><td rowspan="2">陈述、申辩</td><td colspan="3">书面</td></tr>
<tr><td>口头</td><td colspan="2">制作陈述申辩笔录，如实记录，由陈述人、申辩人签章</td></tr>
<tr><td colspan="4">应当充分听取当事人的陈述、申辩意见；经复核，当事人提出的事实、理由或者证据成立的，应当采纳</td></tr>
<tr><td rowspan="15">（三）听证程序</td><td rowspan="3">申请听证</td><td colspan="3">应当在《税务行政处罚事项告知书》送达后5个工作日内向税务机关书面提出听证</td></tr>
<tr><td colspan="3">逾期不提出的，视为放弃听证权利</td></tr>
<tr><td colspan="3">税务机关发现自己拟作的行政处罚决定对事实认定有错误或者偏差，应当予以改变，并及时向当事人说明</td></tr>
<tr><td rowspan="12">举行听证</td><td colspan="3">应当在收到当事人听证要求后15日内举行听证</td></tr>
<tr><td colspan="3">举行听证的7个工作日前将《税务行政处罚听证通知书》送达当事人</td></tr>
<tr><td rowspan="2">听证主持人</td><td colspan="2">非本案调查机构的人员</td></tr>
<tr><td colspan="2">听证主持人与本案有直接利害关系的应当回避</td></tr>
<tr><td rowspan="2">听证参加人</td><td colspan="2">当事人可以亲自参加听证，也可以委托一至二名代理人</td></tr>
<tr><td colspan="2">调查人员</td></tr>
<tr><td rowspan="2">听证方式</td><td colspan="2">公开</td></tr>
<tr><td colspan="2">“三秘密”的不公开</td></tr>
<tr><td>听证开始时</td><td colspan="2">声明并出示授权主持听证的决定，查明当事人或者其代理人、本案调查人员、证人及其他有关人员是否到场，宣布案由；宣布听证会的组成人员名单；告知当事人有关的权利义务。记录员宣读听证会场纪律</td></tr>
<tr><td rowspan="3">听证过程中</td><td rowspan="3">质证</td><td>指控，并出示事实证据材料</td></tr>
<tr><td>申辩和质证</td></tr>
<tr><td>辩论与相互辩论</td></tr>
</table>

续表

<table>
<tr><td rowspan="3">（三）听证程序</td><td rowspan="3">举行听证</td><td rowspan="2">听证过程中</td><td>听证终止</td></tr>
<tr><td>听证的全部活动，应当由记录员写成笔录</td></tr>
<tr><td colspan="2">听证结束后，听证主持人应当将听证情况和处理意见报告税务机关负责人</td></tr>
</table>

三、重大税务案件审理

<table>
<tr><td rowspan="3">（一）组织架构</td><td rowspan="2">委员会制</td><td>省以下各级税务局设立重大税务案件审理委员会</td></tr>
<tr><td>审理委员会由主任、副主任和成员单位组成，实行主任负责制</td></tr>
<tr><td>成员单位制</td><td>政策法规、税政业务、纳税服务、征管科技、大企业税收管理、税务稽查、督察内审部门。各级税务局可以根据实际需要，增加其他与案件审理有关的部门作为成员单位</td></tr>
<tr><td rowspan="4">（二）决策机制</td><td colspan="2">主任负责制</td></tr>
<tr><td colspan="2">审理委员会成员单位根据部门职责参加案件审理，提出审理意见</td></tr>
<tr><td colspan="2">稽查局负责提交重大税务案件证据材料、拟作税务处理处罚意见、举行听证</td></tr>
<tr><td colspan="2">稽查局对其提交的案件材料的真实性、合法性、准确性负责</td></tr>
<tr><td rowspan="2">（三）审理范围</td><td colspan="2">重大税务案件包括：
1.重大税务行政处罚案件，具体标准由各省、自治区、直辖市和计划单列市税务局根据本地情况自行制定，报国家税务总局备案；
2.根据《重大税收违法案件督办管理暂行办法》督办的案件；
3.应监察、司法机关要求出具认定意见的案件；
4.拟移送公安机关处理的案件；
5.审理委员会成员单位认为案情重大、复杂，需要审理的案件；
6.其他需要审理委员会审理的案件</td></tr>
<tr><td colspan="2">下列情形之一的案件，不属于重大税务案件审理范围：
1.公安机关已就税收违法行为立案的；
2.公安机关尚未就税收违法行为立案，但被查对象为走逃（失联）企业，并且涉嫌犯罪的；
3.国家税务总局规定的其他情形</td></tr>
<tr><td rowspan="5">（四）提请和受理</td><td colspan="2">稽查局应当在内部审理程序终结后5日内，将重大税务案件提请审理委员会审理</td></tr>
<tr><td colspan="2">审理委员会办公室收到稽查局提请审理的案件材料后，应当在重大税务案件审理案卷交接单上注明接收部门和收到日期，并由接收人签名</td></tr>
<tr><td rowspan="3">审理委员会办公室收到稽查局提请审理的案件材料后，应当在5日内进行审核</td><td>建议受理</td></tr>
<tr><td>建议补正材料</td></tr>
<tr><td>建议不予受理</td></tr>
</table>

续表

<table>
<tr><td rowspan="12">（五）审理程序</td><td rowspan="3">书面审理</td><td colspan="2">审理委员会办公室自批准受理重大税务案件之日起5日内，将重大税务案件审理提请书及必要的案件材料分送审理委员会成员单位</td></tr>
<tr><td colspan="2">审理委员会成员单位自收到审理委员会办公室分送的案件材料之日起10日内，提出书面审理意见送审理委员会办公室</td></tr>
<tr><td colspan="2">审理委员会成员单位书面审理意见一致，或者经审理委员会办公室协调后达成一致意见的，由审理委员会办公室起草审理意见书，报审理委员会主任批准</td></tr>
<tr><td rowspan="8">会议审理</td><td colspan="2">审理委员会成员单位书面审理意见存在较大分歧，经审理委员会办公室协调仍不能达成一致意见的，由审理委员会办公室向审理委员会主任或其授权的副主任报告，提请审理委员会会议审理</td></tr>
<tr><td colspan="2">成员单位应当派员参加会议，三分之二以上成员单位到会方可开会。审理委员会办公室以及其他与案件相关的成员单位应当出席会议</td></tr>
<tr><td colspan="2">案件调查人员、审理委员会办公室承办人员应当列席会议。必要时，审理委员会可要求调查对象所在地主管税务机关参加会议</td></tr>
<tr><td colspan="2">审理委员会会议由审理委员会主任或其授权的副主任主持。首先由稽查局汇报案情及拟处理意见。审理委员会办公室汇报初审意见后，各成员单位发表意见并陈述理由
审理委员会办公室应当做好会议记录</td></tr>
<tr><td rowspan="4">作出以下处理</td><td>依法确定审理意见</td></tr>
<tr><td>由稽查局对案件重新调查</td></tr>
<tr><td>由稽查局对案件重新处理</td></tr>
<tr><td>按规定程序请示上级机关或征求有权机关的意见</td></tr>
<tr><td colspan="3">重大税务案件应当自批准受理之日起30日内作出审理决定，不能在规定期限内作出审理决定的，经审理委员会主任或其授权的副主任批准，可以适当延长，但延长期限最多不超过15日</td></tr>
<tr><td>（六）审理意见书</td><td colspan="3">审理委员会办公室根据会议审理情况制作审理纪要和审理意见书
审理纪要由审理委员会主任或其授权的副主任签发。会议参加人员有保留意见或者特殊声明的，应当在审理纪要中载明
审理意见书由审理委员会主任签发</td></tr>
<tr><td>（七）执行</td><td colspan="3">稽查局应当按照重大税务案件审理意见书制作税务处理处罚决定等相关文书，加盖稽查局印章后送达执行</td></tr>
</table>

四、决定

（一）决定种类	有税收违法行为，应当作出税务处理决定的，制作税务处理决定书
	有税收违法行为，应当作出税务行政处罚决定的，制作税务行政处罚决定书
	税收违法行为轻微，依法可以不予税务行政处罚的，制作不予税务行政处罚决定书
	没有税收违法行为的，制作税务稽查结论
	税收违法行为涉嫌犯罪的，填制涉嫌犯罪案件移送书，经税务局局长批准后，依法移送公安机关
（二）决定时限	稽查局应当自立案之日起90日内作出行政处理、处罚决定或者无税收违法行为结论。案情复杂需要延期的，经税务局局长批准，可以延长不超过90日；特殊情况或者发生不可抗力需要继续延期的，应当经上一级税务局分管副局长批准

五、主要危害税收征管罪

（一）逃税罪	1.纳税人采取欺骗、隐瞒手段进行虚假纳税申报或者不申报，逃避缴纳税款数额较大并且占应纳税额百分之十以上的，处三年以下有期徒刑或者拘役，并处罚金；数额巨大并且占应纳税额百分之三十以上的，处三年以上七年以下有期徒刑，并处罚金 2.扣缴义务人采取前款所列手段，不缴或者少缴已扣、已收税款，数额较大的，依照前款的规定处罚 3.对多次实施前两款行为，未经处理的，按照累计数额计算 4.有第一款行为，经税务机关依法下达追缴通知后，补缴应纳税款，缴纳滞纳金，已受行政处罚的，不予追究刑事责任；但是，五年内因逃避缴纳税款受过刑事处罚或者被税务机关给予二次以上行政处罚的除外
	1.纳税人采取欺骗、隐瞒手段进行虚假纳税申报或者不申报，逃避缴纳税款，数额在十万元以上并且占各税种应纳税总额百分之十以上，经税务机关依法下达追缴通知后，不补缴应纳税款、不缴纳滞纳金或者不接受行政处罚的 2.纳税人五年内因逃避缴纳税款受过刑事处罚或者被税务机关给予二次以上行政处罚，又逃避缴纳税款，数额在十万元以上并且占各税种应纳税总额百分之十以上的 3.扣缴义务人采取欺骗、隐瞒手段，不缴或者少缴已扣、已收税款，数额在十万元以上的。纳税人在公安机关立案后再补缴应纳税款、缴纳滞纳金或者接受行政处罚的，不影响刑事责任的追究
（二）抗税罪	以暴力、威胁方法拒不缴纳税款的，处三年以下有期徒刑或者拘役，并处拒缴税款一倍以上五倍以下罚金；情节严重的，处三年以上七年以下有期徒刑，并处拒缴税款一倍以上五倍以下罚金
	以暴力、威胁方法拒不缴纳税款，涉嫌下列情形之一的，应予立案追诉： 1.造成税务工作人员轻微伤以上的； 2.以给税务工作人员及其亲友的生命、健康、财产等造成损害为威胁，抗拒缴纳税款的； 3.聚众抗拒缴纳税款的； 4.以其他暴力、威胁方法拒不缴纳税款的

续表

（三）逃避追缴欠税罪	纳税人欠缴应纳税款，采取转移或者隐匿财产的手段，致使税务机关无法追缴欠缴的税款，数额在一万元以上不满十万元的，处三年以下有期徒刑或者拘役，并处或者单处欠缴税款一倍以上五倍以下罚金；数额在十万元以上的，处三年以上七年以下有期徒刑，并处欠缴税款一倍以上五倍以下罚金
	纳税人欠缴应纳税款，采取转移或者隐匿财产的手段，致使税务机关无法追缴欠缴的税款，数额在一万元以上的，应予立案追诉
（四）骗取出口退税罪、逃税罪	以假报出口或者其他欺骗手段，骗取国家出口退税款，数额较大的，处五年以下有期徒刑或者拘役，并处骗取税款一倍以上五倍以下罚金；数额巨大或者有其他严重情节的，处五年以上十年以下有期徒刑，并处骗取税款一倍以上五倍以下罚金；数额特别巨大或者有其他特别严重情节的，处十年以上有期徒刑或者无期徒刑，并处骗取税款一倍以上五倍以下罚金或者没收财产 纳税人缴纳税款后，采取前款规定的欺骗方法，骗取所缴纳的税款的，依照逃税罪定罪处罚；骗取税款超过所缴纳的税款部分，依照前款的规定处罚
	以假报出口或者其他欺骗手段，骗取国家出口退税款，数额在十万元以上的，应予立案追诉
（五）虚开增值税专用发票、用于骗取出口退税、抵扣税款发票罪；虚开发票罪	虚开增值税专用发票或者虚开用于骗取出口退税、抵扣税款的其他发票的，处三年以下有期徒刑或者拘役，并处二万元以上二十万元以下罚金；虚开的税款数额较大或者有其他严重情节的，处三年以上十年以下有期徒刑，并处五万元以上五十万元以下罚金；虚开的税款数额巨大或者有其他特别严重情节的，处十年以上有期徒刑或者无期徒刑，并处五万元以上五十万元以下罚金或者没收财产
	虚开增值税专用发票或者虚开用于骗取出口退税、抵扣税款的其他发票，虚开的税款数额在十万元以上或者造成国家税款损失数额在五万元以上的，应予立案追诉
（六）虚开发票罪	情节严重的，处二年以下有期徒刑、拘役或者管制，并处罚金；情节特别严重的，处二年以上七年以下有期徒刑，并处罚金
	虚开《刑法》第二百零五条规定以外的其他发票，涉嫌下列情形之一的，应予立案追诉： 1.虚开发票金额累计在五十万元以上的； 2.虚开发票一百份以上且票面金额在三十万元以上的； 3.五年内因虚开发票受过刑事处罚或者二次以上行政处罚，又虚开发票，数额达到第一、二项标准百分之六十以上的
（七）持有伪造的发票罪	明知是伪造的发票而持有，数量较大的，处二年以下有期徒刑、拘役或者管制，并处罚金；数量巨大的，处二年以上七年以下有期徒刑，并处罚金
	明知是伪造的发票而持有，涉嫌下列情形之一的，应予立案追诉： 1.持有伪造的增值税专用发票或者可以用于骗取出口退税、抵扣税款的其他发票五十份以上且票面税额累计在二十五万元以上的； 2.持有伪造的增值税专用发票或者可以用于骗取出口退税、抵扣税款的其他发票票面税额累计在五十万元以上的； 3.持有伪造的第一项规定以外的其他发票一百份以上且票面金额在五十万元以上的； 4.持有伪造的第一项规定以外的其他发票票面金额累计在一百万元以上的

六、优化税务执法方式全面推行“三项制度”实施方案

（一）行政执法公示制度	事前公示	主动公开税务执法主体、人员、职责、权限、依据、程序、救济渠道等基本信息，随机抽查事项、“最多跑一次”“全程网上办”等清单信息，办税指南等办税信息。因法律法规及机构职能发生变化而引起公示信息变化的，应当及时进行动态调整
	事中公示	税务执法人员执法时要按规定着装、佩戴标识，着装，佩戴标识可能有碍执法的除外
		在进行税务检查、调查取证、采取强制措施和强制执行、送达执法文书等执法活动时，必须主动出示税务检查证，向当事人和相关人员表明身份
		在税务执法时，要出具执法文书，主动告知当事人执法事由、执法依据、权利义务等内容
	事后公示	税务机关按规定时限、内容和有关要求，向社会主动公开非正常户认定、欠税公告、税收减免、纳税信用等级评定等执法信息，公示税务行政许可决定、行政处罚决定信息
		建立健全税务执法决定信息公开发布、撤销和更新机制。已公开的税务执法决定被依法撤销、确认违法或者要求重新作出的，要及时从信息公示平台撤下原执法决定信息
	公示途径	执法信息公示平台、官方网站、政务新媒体、办税服务厅公示栏、服务窗口等渠道
（二）执法全过程记录制度	完善文字记录，规范税务执法文书	
	规范音像记录	税务机关通过照相机、录音机、摄像机、执法记录仪、视频监控等记录设备，实时对执法活动进行音像记录
		做好音像记录与文字记录的衔接，对文字记录能够全面有效记录执法行为的，可以不进行音像记录
		对查封扣押财产等直接涉及重大财产权益的现场执法活动，要推行全程音像记录；对现场检查、调查取证、举行听证、留置送达和公告送达等容易引发争议的执法过程，根据实际情况进行音像记录
	严格记录归档	
（三）重大执法决定法制审核制度	明确审核主体	县以上税务机关负责法制工作的机构、稽查局审理部门是重大执法决定法制审核机构，法制审核机构要确保专人负责本单位重大执法决定法制审核工作
		对稽查案件实施集中审理的地区，市税务局稽查局审理部门同时负责同级跨区域稽查局重大执法决定法制审核工作
	明确审核事项	涉及重大公共利益
		直接关系行政相对人或第三人重大权益
		案件情况疑难复杂的
		涉及多个法律关系的
		可能造成重大社会影响或引发社会风险
		经过听证程序作出税务执法决定
		应当进行法制审核的其他情形

续表

<table>
<tr><td rowspan="4">（三）重大执法决定法制审核制度</td><td colspan="2">审核内容</td></tr>
<tr><td rowspan="3">审核责任</td><td>各级税务机关主要负责人是推动落实本单位重大执法决定法制审核制度的第一责任人，对本单位作出的行政执法决定负责</td></tr>
<tr><td>税务执法承办机构应及时将符合法制审核范围的重大执法事项提交法制审核，并对送审材料的真实性、准确性、完整性，以及执法的事实、证据、法律适用、程序的合法性负责</td></tr>
<tr><td>法制审核机构对重大执法决定的法制审核意见负责</td></tr>
</table>

本章练习及答案解析

一、单项选择题

1.稽查局（　）审核的人员，应当通过国家统一法律职业资格考试取得法律职业资格。

A.审理　　B.检查监督

C.从事行政处罚决定　　D.初次从事行政处罚决定

【答案】D

【解析】行政机关中初次从事行政处罚决定法制审核的人员，应当通过国家统一法律职业资格考试取得法律职业资格。

2.国家税务总局规定各级税务机关的法制审核人员原则上不少于本单位从事行政处罚、行政强制、行政检查、行政征收、行政许可等执法活动的人员总数的（　）。

A. 5%　　B. 3%　　C. 8%　　D. 1%

【答案】A

【解析】国家税务总局在优化税务执法方式全面推行“三项制度”实施方案中明确各级税务机关的法制审核人员原则上不少于本单位从事行政处罚、行政强制、行政检查、行政征收、行政许可等执法活动的人员总数的5%，同时把政治素质高、业务能力强、具有法律专业背景的人员调整充实到法制审核岗位。

3.稽查局补缴和追征税款、滞纳金的期限，自（　）起计算。

A.税务稽查立案之日

B.税务稽查决定作出之日

C.纳税人、扣缴义务人应缴未缴或者少缴税款之日

D.税务稽查决定书送达之日

【答案】C

【解析】纳税人、扣缴义务人应当按时履行纳税义务、扣缴义务。所以追征的起点是纳税人、扣缴义务人应缴未缴或者少缴税款之日。

4.因税务机关的责任，致使纳税人、扣缴义务人未缴或者少缴税款的，税务机关在（　）年内可以要求纳税人、扣缴义务人补缴税款。

A.一般为3年，特殊情况是5年　　B.无期限

C.5　　D.3

【答案】D

【解析】因税务机关的责任，致使纳税人、扣缴义务人未缴或者少缴税款的，税务机关在3年内可以要求纳税人、扣缴义务人补缴税款，但是不得加收滞纳金。

5.违反税收法律、行政法规应当给予行政处罚的行为，在（　）年内未被发现的，不再给予行政处罚。

A.一般为2年，特殊情况是5年　　B.2

C.5　　D.3

【答案】C

【解析】违反税收法律、行政法规应当给予行政处罚的行为，在5年内未被发现的，不再给予行政处罚。

6.稽查局依照《中华人民共和国企业所得税法》有关规定作出纳税调整，需要补征税款，并按照国务院规定加收（　）。

A.滞纳金　　B.利息　　C.罚息　　D.加处罚款

【答案】B

【解析】依据《企业所得税法》规定，作出特别纳税调整的，加收利息。

7.同一机关制定的法律、行政法规、地方性法规、自治条例和单行条例、规章，特别规定与一般规定不一致的，适用（　）规定。

A.一般　　B.特别　　C.新　　D.实体从旧的

【答案】B

【解析】同一机关制定的法律、行政法规、地方性法规、自治条例和单行条例、规章，特别规定与一般规定不一致的，适用特别规定；新的规定与旧的规定不一致的，

适用新的规定。

8.稽查案件办理应当自立案之日起（ ）日内作出行政处理、处罚决定或者无税收违法行为结论。

A. 90　B. 45　C. 30　D. 120

【答案】A

【解析】稽查案件办理应当自立案之日起90日内作出行政处理、处罚决定或者无税收违法行为结论。确需延长案件办理时限的，依法延长。

9.属于重大税务案件审理范围的，稽查局应当在内部审理程序终结后（ ）个工作日内，将重大税务案件提请重大税务案件审理委员会审理。

A. 3　B. 5　C. 7　D. 10

【答案】B

【解析】稽查局应当在内部审理程序终结后5个工作日内，将重大税务案件提请重大税务案件审理委员会审理。

10.稽查局对公民作出（ ）元以上（含本数）罚款，应当向当事人送达《税务行政处罚事项告知书》，告知当事人已经查明的违法事实、证据、行政处罚的法律依据和拟将给予的行政处罚，并告知有要求举行听证的权利。

A. 5 000　B. 3 000　C. 10 000　D. 2 000

【答案】D

【解析】对于处罚对象是自然人的，申请听证的法定标准是2 000元以上。

11.稽查局对法人或者其他组织作出（ ）元以上（含本数）罚款的行政处罚之前，应当向当事人送达《税务行政处罚事项告知书》，告知当事人已经查明的违法事实、证据、行政处罚的法律依据和拟将给予的行政处罚，并告知有要求举行听证的权利。

A. 5 000　B. 3 000　C. 10 000　D. 2 000

【答案】C

【解析】听证程序的条件，既考虑到对象，又考虑到数额。国家税务总局目前规定对于单位纳税人的法定标准还是1万元以上。

12. 2024年2月2日（周五）某稽查局对纳税人张三送达《税务处罚事项告知书》，张三申请听证的截止时间是2月（ ）日。（注2月4日正常上班）

A. 7　　B. 8　　C. 9　　D. 6

【答案】B

【解析】要求听证的当事人，应当在《税务行政处罚事项告知书》送达后5个工作日内向税务机关书面提出听证；逾期不提出的、视为放弃听证权利。3日是周六不计算，4日上班是第一天，那么最后一天就是8日。

13.稽查局应当在收到当事人听证要求后（　　）日内举行听证。

A. 7　　B. 10　　C. 12　　D. 15

【答案】D

【解析】国家税务总局规定法定举行听证的时间是提出要求后的15日内。

14.税务机关应当在收到当事人听证要求后法定时间内举行听证，并在举行听证的（　　）前将《税务行政处罚听证通知书》送达当事人，通知当事人举行听证的时间、地点、听证主持人的姓名及有关事项。

A. 7个工作日　　B. 7日　　C. 5日　　D. 5个工作日

【答案】A

【解析】国家税务总局规定法定时间是7个工作日前将《税务行政处罚听证通知书》送达当事人。

15.对应当进行听证的案件，稽查局不组织听证，行政处罚决定（　　）。

A.无效　　B.可撤销　　C.不能成立　　D.效力待定

【答案】C

【解析】达到了听证条件，稽查局不组织听证，行政处罚不具备成立的条件，所以不能成立。行政行为成立后才会涉及是否合法的问题。

16.稽查局在实施听证过程中，下列（　　）视为放弃听证权利。

A.听证主持人认为证据有疑问无法听证辨明，可能影响税务行政处罚的准确公正的

B.当事人或者其代理人可以申请对有关证据进行重新核实

C.当事人或者其代理人应当按照税务机关的通知参加听证，无正当理由不参加的

D.听证过程中，当事人或者其代理人放弃申辩和质证权利，声明退出听证会的

【答案】C

【解析】A属于中止听证的情形，B属于可能延期听证的情形，D属于终止听证的

情形。

17.某税务局对于某第一稽查局的一个案件进行重大税务案件审理，参与审理的大企业税收管理科人员的回避，由（ ）决定。

A.某税务局重案审理委员会的主任

B.某税务局重案审理委员会主任授权的副主任

C.重案审理委员会办公室即政策法规部门的主任

D.大企业税收管理科科长

【答案】D

【解析】参与重大税务案件审理的人员有法律法规规定的回避情形的，应当回避。重大税务案件审理参与人员的回避，由其所在部门的负责人决定；审理委员会成员单位负责人的回避，由审理委员会主任或其授权的副主任决定。

18.重大税务案件审理的一般期限是应当自批准受理之日起（ ）日内作出审理决定。

A. 30　　B. 45　　C. 15　　D. 20

【答案】A

【解析】重大税务案件应当自批准受理之日起30日内作出审理决定，不能在规定期限内作出审理决定的，经审理委员会主任或其授权的副主任批准，可以适当延长，但延长期限最多不超过15日。

19.重大税务案件审理，需要补充调查的，稽查局补充调查不应超过（ ）日。

A. 30　　B. 45　　C. 15　　D. 20

【答案】A

【解析】稽查局补充调查不应超过30日，有特殊情况的，经稽查局局长批准可以适当延长，但延长期限最多不超过30日。

20.稽查局调查的案件，经过税务局重大税务案件审理，审理意见书由（ ）签发。

A.稽查局局长　　B.重大税务案件审理办公室主任

C.审理委员会主任授权的副主任　　D.审理委员会主任

【答案】D

【解析】审理委员会办公室根据会议审理情况制作审理纪要和审理意见书。审理纪要由审理委员会主任或其授权的副主任签发。会议参加人员有保留意见或者特殊声明的，应当在审理纪要中载明。审理意见书由审理委员会主任签发。

21.稽查局应当按照重大税务案件审理意见书制作税务处理处罚决定等相关文书，加盖（　）印章后送达执行。

A.稽查局　　B.重大税务案件审理办公室

C.审理委员会　　D.税务局

【答案】A

【解析】稽查局应当按照重大税务案件审理意见书制作税务处理处罚决定等相关文书，加盖稽查局印章后送达执行。文书送达后5日内，由稽查局送审理委员会办公室备案。

22.纳税人采取欺骗、隐瞒手段进行虚假纳税申报或者不申报，逃避缴纳税款，数额在（　）万元以上并且占各税种应纳税总额百分之十以上，经税务机关依法下达追缴通知后，不补缴应纳税款、不缴纳滞纳金或者不接受行政处罚的，应予立案追诉。

A.三　　B.一　　C.十　　D.五

【答案】C

【解析】逃税罪按照最新的立案标准是税款数额达到10万元以上。

23.纳税人欠缴应纳税款，采取转移或者隐匿财产的手段，致使税务机关无法追缴欠缴的税款，数额在（　）万以上的，应予逃避追缴欠税罪立案追诉。

A.三　　B.一　　C.十　　D.五

【答案】B

【解析】纳税人欠缴应纳税款，采取转移或者隐匿财产的手段，致使税务机关无法追缴欠缴的税款，数额在一万元以上的，应予立案追诉。

二、多项选择题

1.行政执法公示是保障行政相对人和社会公众的（　）、参与权、（　）、监督权的重要措施。

A.知情权　　B.表达权　　C.检举权　　D.救济权

【答案】AB

【解析】行政执法公示是保障行政相对人和社会公众的知情权、参与权、表达权、监督权的重要措施。各级税务机关按照“谁执法、谁公示、谁负责”的原则。

2.税务机关作出重大执法决定之前，要严格进行法制审核，(　　)，不得作出决定。

A.审核通过　　B.审核未通过　　C.经过依法审核　　D.未经法制审核

【答案】BD

【解析】税务机关作出重大执法决定之前，要严格进行法制审核，未经法制审核或审核未通过的，不得作出决定。

3.下列（　　）属于重大法制审核事项。

A.税务稽查案件审理　　B.税收行政复议

C.延期缴纳税款的核准　　D.重大税务案件审理

【答案】AD

【解析】国家税务总局规定税务稽查案件审理、重大税务案件审理属于法制审核，其审核范围、内容、程序等分别适用《税务稽查案件办理程序规定》《重大税务案件审理办法》的有关规定。

4.(　　)是重大执法决定法制审核机构，法制审核机构要确保专人负责本单位重大执法决定法制审核工作。

A.县以上税务机关的复议委员会

B.县以上税务机关负责法制工作的机构

C.稽查局审理部门

D.稽查局的公职律师

【答案】BC

【解析】县以上税务机关负责法制工作的机构、稽查局审理部门是重大执法决定法制审核机构，法制审核机构要确保专人负责本单位重大执法决定法制审核工作。

5.(　　)都要进行法制审核。

A.案件情况疑难复杂的

B.凡涉及重大公共利益

C.经过听证程序作出税务执法决定

D.直接关系行政相对人或第三人重大权益

【答案】ABCD

【解析】凡涉及重大公共利益，可能造成重大社会影响或引发社会风险，直接关系行政相对人或第三人重大权益，经过听证程序作出税务执法决定，以及案件情况疑难复杂、涉及多个法律关系的，都要进行法制审核。税务总局明确重大执法决定法制审核事项基础清单。省税务机关可结合实际增加法制审核事项。

6.《行政处罚法》规定处罚的追究时效期限从违法行为发生之日起计算，违法行为有（　）或者状态的，自行为终了之日起计算。

A.继续　　B.持续　　C.竞合　　D.连续

【答案】AD

【解析】违反税收法律、行政法规应当给予行政处罚的行为，在五年内未被发现的，不再给予行政处罚。该期限，从违法行为发生之日起计算；违法行为有连续或者继续状态的，从行为终了之日起计算。

7.（　）属于税务行政处罚时效的发现之日。

A.任何机关启动了调查程序之日　　B.税务机关启动了立案程序之日

C.被举报之日　　D.税务机关启动调查程序

【答案】ABD

【解析】对于发现之日任何机关启动立案、调查、取证都可以视为发现。但举报需要调查是否属实，所以举报之日不属于发现之日。

8.（　）情形不加收滞纳金。

A.纳税人善意取得虚开的增值税专用发票被依法追缴已抵扣税款的

B.纳税人根据《中华人民共和国税收征收管理法》的规定，经税务机关核准，延期申报并按规定预缴税款的，在核准的延期内办理税款结算的

C.扣缴义务人应扣未扣、应收而未收税款的，由税务机关向纳税人追缴税款

D.纳税人按规定预缴土地增值税后，清算补缴的土地增值税在主管税务机关规定的期限内补缴的

【答案】ABCD

【解析】根据《国家税务总局关于纳税人善意取得虚开增值税专用发票已抵扣税款加收滞纳金问题的批复》（国税函〔2007〕1240号），纳税人善意取得的增值税专用发票抵扣的税款不属于《税收征管法》中纳税人需加收滞纳金的条件。BD属于税务机关依法核准的。C属于《税收征管法》规定只追征税款的情形。

9.稽查局作出（ ）行政行为之前应该进行合法性审核。

A.税收保全　　B.追缴税款　　C.加收滞纳金　　D.阻止出境

【答案】AD

【解析】稽查局作出与案件相关的税收保全、强制执行、阻止出境、暂缓或者分期缴纳罚款等执法决定前，应对决定的合法性进行审核。

10.稽查局提请重大税务案件审理委员会审理案件，应当提交的案件材料有（ ）。

A.听证材料　　B.税务稽查审理报告

C.税务稽查报告　　D.重大税务案件审理提请书

【答案】ABCD

【解析】稽查局提请审理委员会审理案件，应当提交以下案件材料：重大税务案件审理案卷交接单、重大税务案件审理提请书、税务稽查报告、税务稽查审理报告、听证材料、相关证据材料。

11.稽查局拟作出下列（ ）行政处罚决定，应当告知当事人有要求听证的权利，当事人要求听证的，稽查局应当组织听证。

A.稽查局对被处罚对象作出没收较大数额违法所得的

B.稽查局对公民作出2 000元以上（含本数）罚款

C.稽查局对法人或者其他组织作出2 000元以上（含本数）罚款的行政处罚

D.稽查局对法人或者其他组织作出1万元以上（含本数）罚款的行政处罚

【答案】ABD

【解析】国家税务总局规定税务机关对公民作出2 000元以上（含本数）罚款或者对法人或者其他组织作出1万元以上（含本数）罚款的行政处罚之前，应当向当事人送达《税务行政处罚事项告知书》，告知当事人已经查明的违法事实、证据、行政处罚的法律依据和拟将给予的行政处罚，并告知有要求举行听证的权利。新的《行政处罚法》又扩大到了没收较大数额违法所得、没收较大价值非法财物。

12.稽查局组织税务行政处罚的听证会，下列说法正确的是（ ）。

A.税务行政处罚听证应当公开进行，但是涉及国家秘密、商业秘密或者个人隐私的，听证不公开进行

B.对公开听证的案件，应当先期公告当事人和本案调查人员的姓名、案由和听证

的时间、地点

C.公开进行的听证，应当允许群众旁听。经听证主持人许可，旁听群众可以发表意见

D.对不公开听证的案件，可以不宣布不公开听证的理由

【答案】ABC

【解析】税务行政处罚听证应当公开进行。但是涉及国家秘密、商业秘密或者个人隐私的，听证不公开进行。对公开听证的案件，应当先期公告当事人和本案调查人员的姓名、案由和听证的时间、地点。公开进行的听证，应当允许群众旁听。经听证主持人许可，旁听群众可以发表意见。对不公开听证的案件，应当宣布不公开听证的理由。

13.重大税务案件审理时，稽查局对其提交的案件材料的（　　）负责。

A.准确性　　B.合法性　　C.完整性　　D.真实性

【答案】ABD

【解析】稽查局负责提交重大税务案件证据材料、拟作税务处理处罚意见、举行听证。稽查局对其提交的案件材料的真实性、合法性、准确性负责。

14.重大税务案件包括（　　）。

A.拟移送公安机关处理的案件

B.应监察、司法机关要求出具认定意见的案件

C.公安机关已就税收违法行为立案的

D.公安机关尚未就税收违法行为立案，但被查对象为走逃（失联）企业，并且涉嫌犯罪的

【答案】AB

【解析】重大税务案件包括：重大税务行政处罚案件，具体标准由各省、自治区、直辖市和计划单列市税务局根据本地情况自行制定，报国家税务总局备案；根据《重大税收违法案件督办管理暂行办法》督办的案件；应监察、司法机关要求出具认定意见的案件；拟移送公安机关处理的案件；审理委员会成员单位认为案情重大、复杂，需要审理的案件；其他需要审理委员会审理的案件。有下列情形之一的案件，不属于重大税务案件审理范围：公安机关已就税收违法行为立案的；公安机关尚未就税收违法行为立案，但被查对象为走逃（失联）企业，并且涉嫌犯罪的；国家税务总局规定的其他情形。

15.稽查局办理的案件，经过重案会议审理的，审理委员会办公室根据会议审理情况制作（　）。

A.拟移送公安机关处理的决定　　B.审理纪要

C.认定意见　　D.审理意见书

【答案】BD

【解析】审理委员会办公室根据会议审理情况制作审理纪要和审理意见书。

16.稽查局经过重大税务案件会议审理的，审理纪要由（　）签发。

A.审理委员会主任　　B.审理委员会主任授权的副主任

C.审理委员会办公室主任　　D.稽查局局长

【答案】AB

【解析】稽查局处理的案件，经过重大税务案件审理的，审理委员会办公室根据会议审理情况制作审理纪要和审理意见书。审理纪要由审理委员会主任或其授权的副主任签发。会议参加人员有保留意见或者特殊声明的，应当在审理纪要中载明。审理意见书由审理委员会主任签发。

17.参与重大税务案件审理的人员应当严格遵守国家保密规定和工作纪律，依法为纳税人缴费人等税务行政相对人的（　）保密。

A.偷税数额　　B.个人隐私　　C.商业秘密　　D.个人信息

【答案】BCD

【解析】参与重大税务案件审理的人员应当严格遵守国家保密规定和工作纪律，依法为纳税人缴费人等税务行政相对人的商业秘密、个人隐私和个人信息保密。

18.某企业已经缴纳税款50万元，以假报出口或者其他欺骗手段，骗取国家出口退税款，数额在200万元的，该企业涉嫌（　）。

A.逃税罪　　B.骗取出口退税罪

C.偷税罪　　D.诈骗罪

【答案】AB

【解析】纳税人缴纳税款后，采取假报出口或者其他欺骗手段，骗取所缴纳的税款的，依照逃税罪规定定罪处罚；骗取税款超过所缴纳的税款部分，依照骗取出口退税罪处罚。

19.虚开增值税专用发票或者虚开用于骗取出口退税、抵扣税款的其他发票，

（　），应予立案追诉。

A.造成国家税款损失数额在一万元以上的

B.虚开的税款数额在五万元以上的

C.造成国家税款损失数额在五万元以上的

D.虚开的税款数额在十万元以上的

【答案】CD

【解析】虚开增值税专用发票或者虚开用于骗取出口退税、抵扣税款的其他发票，虚开的税款数额在十万元以上或者造成国家税款损失数额在五万元以上的，应予立案追诉。

20.虚开发票案涉嫌下列（　）情形之一的，应予立案追诉。

A.虚开发票金额累计在五十万元以上的

B.虚开发票一百份以上且票面金额在三十万元以上的

C.五年内因虚开发票受过刑事处罚或者二次以上行政处罚，又虚开发票，数额达到虚开发票金额累计在三十万元以上的虚开发票一百份以上且票面金额在十八万元以上的

D.一次虚开发票金额在五十万元以上的

【答案】ABC

【解析】虚开《刑法》第二百零五条规定以外的其他发票，涉嫌下列情形之一的，应予立案追诉：虚开发票金额累计在五十万元以上的、虚开发票一百份以上且票面金额在三十万元以上的、五年内因虚开发票受过刑事处罚或者二次以上行政处罚，又虚开发票，数额达到第一、二项标准百分之六十以上的。

21.稽查局应当在法定时间内作出行政处理，但下列（　）时间不计算在内。

A.组织听证的时间

B.纳税人、扣缴义务人超期提供资料的时间

C.提请重大税务案件审理的时间

D.中止检查的时间

【答案】ABCD

【解析】稽查局应当自立案之日起90日内作出行政处理、处罚决定或者无税收违法行为结论。案情复杂需要延期的，经税务局局长批准，可以延长不超过90日；特殊情况或者发生不可抗力需要继续延期的，应当经上一级税务局分管副局长批准，并确

定合理的延长期限。但下列时间不计算在内：中止检查的时间；请示上级机关或者征求有权机关意见的时间；提请重大税务案件审理的时间；因其他方式无法送达，公告送达文书的时间；组织听证的时间；纳税人、扣缴义务人超期提供资料的时间；移送司法机关后，税务机关需根据司法文书决定是否处罚的案件，从司法机关接受移送到司法文书生效的时间。

22.税收违法行为涉嫌犯罪的，填制涉嫌犯罪案件移送书，经税务局局长批准后，依法移送公安机关，并附送（　）资料。

A.涉嫌犯罪案件情况的调查报告　　B.涉嫌犯罪的主要证据材料复制件

C.其他有关涉嫌犯罪的材料　　D.重大税务案件审理纪要

【答案】ABC

【解析】税收违法行为涉嫌犯罪的，填制涉嫌犯罪案件移送书，经税务局局长批准后，依法移送公安机关，并附送以下资料：涉嫌犯罪案件情况的调查报告；涉嫌犯罪的主要证据材料复制件；其他有关涉嫌犯罪的材料。

三、判断题

1.涉及国家秘密、商业秘密、个人隐私等不宜公开的信息，要作适当处理后公开。（　）

【答案】×

【解析】涉及国家秘密、商业秘密、个人隐私等不宜公开的信息，依法确需公开的，要作适当处理后公开。

2.行政执法全过程记录是指税务机关采取以文字记录为主、音像记录为辅的形式，对税务执法的启动、调查取证、审核决定、送达执行等全部过程进行记录，并全面系统归档保存，做到执法全过程留痕和可回溯管理。（　）

【答案】√

【解析】行政执法全过程记录不是简单的音像记录，而是以文字记录为主，音像记录为辅。

3.对文字记录能够全面有效记录执法行为的，可以不进行音像记录。（　）

【答案】√

【解析】执法全过程记录是文字和音像记录都可以，而且以文字记录为主。所以，对文字记录能够全面有效记录执法行为的，可以不进行音像记录。

4.符合重大税务案件审理委员会条件的，应当在稽查局审理后提请。（　）

【答案】√

【解析】检查结束后，稽查局应当对案件进行审理。符合重大税务案件标准的，稽查局审理后提请税务局重大税务案件审理委员会审理。

5.公安机关已就税收违法行为立案的不属于重大税务案件审理范围。（　）

【答案】√

【解析】拟移送公安机关处理的案件属于重大税务案件审理范围，但公安机关已就税收违法行为立案的不属于重大税务案件审理范围。

6.听证费用由组织听证的税务机关支付，不得由要求听证的当事人承担或者变相承担。（　）

【答案】√

【解析】《行政处罚法》规定，当事人不承担听证费用。

7.对应当进行听证的案件，稽查局不组织听证，行政处罚决定不能成立；当事人放弃听证权利或者被正当取消听证权利的除外。（　）

【答案】√

【解析】听证属于正当程序的范围。稽查局组织听证首先是当事人提出听证要求，在法定时间内没有提出视为放弃听证权利。在听证过程中，当事人或者其代理人有严重违反听证秩序的行为致使听证无法进行的，听证主持人或者税务机关可以终止听证。

8.稽查局组织听证，稽查局的调查人员应当按照税务机关的通知参加听证，无正当理由不参加的，听证应当予以终止。（　）

【答案】×

【解析】当事人或者其代理人应当按照税务机关的通知参加听证，无正当理由不参加的，视为放弃听证权利。听证应当予以终止。本案调查人员有上述情形的，不影响听证的进行。

9.稽查局的调查人员可以亲自参加听证，也可以委托一至二人代理。（　）

【答案】×

【解析】当事人可以委托代理人参与听证，调查人员必须本人参加。

10.听证结束后，听证主持人可以依据听证情形作出处罚决定。(　)

【答案】×

【解析】听证结束后，听证主持人应当将听证情况和处理意见报告税务机关负责人。

11.重大税务案件审理程序终结后，审理委员会办公室应当将相关证据材料装订入卷。(　)

【答案】×

【解析】重大税务案件审理程序终结后，审理委员会办公室应当将相关证据材料退回稽查局。

12.重大税务案件审理采取书面审理和会议审理相结合的方式。(　)

【答案】√

【解析】重大税务案件先进行书面审理，审理委员会成员单位书面审理意见一致，或者经审理委员会办公室协调后达成一致意见的，由审理委员会办公室起草审理意见书，报审理委员会主任批准。审理委员会成员单位书面审理意见存在较大分歧，经审理委员会办公室协调仍不能达成一致意见的，由审理委员会办公室向审理委员会主任或其授权的副主任报告，提请审理委员会会议审理。

13.重大税务案件审理，退回稽查局补充调查的，稽查局补充调查不应超过法定日期，有特殊情况的，经重案审理委员会主任批准可以适当延长。(　)

【答案】×

【解析】稽查局补充调查不应超过30日，有特殊情况的，经稽查局局长批准可以适当延长，但延长期限最多不超过30日。

14.案件调查人员、审理委员会办公室承办人员应当列席重大税务案件审理会议。(　)

【答案】√

【解析】重大税务案件会议审理时，成员单位应当派员参加会议，三分之二以上成员单位到会方可开会。审理委员会办公室以及其他与案件相关的成员单位应当出席会议。案件调查人员、审理委员会办公室承办人员应当列席会议。必要时，审理委员会可要求调查对象所在地主管税务机关参加会议。

15.经审理委员会会议审理，案件执法程序违法的，由稽查局对案件调查。（　）

【答案】×

【解析】经审理委员会会议审理，根据不同情况，作出以下处理：案件事实清楚、证据确凿、程序合法、法律依据明确的，依法确定审理意见；案件事实不清、证据不足的，由稽查局对案件重新调查；案件执法程序违法的，由稽查局对案件重新处理；案件适用法律依据不明确，或者需要处理的有关事项超出本机关权限的，按规定程序请示上级机关或征求有权机关的意见。

16.调查终结后，行政机关负责人应当对调查结果进行审查，根据不同情况，作出决定，对情节复杂或者重大违法行为给予行政处罚，行政机关负责人应当集体讨论决定。（　）

【答案】√

【解析】调查终结后，作出决定有两种：一是独任制，二是合议制。调查终结，行政机关负责人应当对调查结果进行审查，根据不同情况，分别作出如下决定：确有应受行政处罚的违法行为的，根据情节轻重及具体情况，作出行政处罚决定；违法行为轻微，依法可以不予行政处罚的，不予行政处罚；违法事实不能成立的，不予行政处罚；违法行为涉嫌犯罪的，移送司法机关。对情节复杂或者重大违法行为给予行政处罚，行政机关负责人应当集体讨论决定。

17.纳税人涉嫌逃税罪，在公安机关立案后再补缴应纳税款、缴纳滞纳金或者接受行政处罚的，不追究刑事责任。（　）

【答案】×

【解析】纳税人涉嫌逃税罪，纳税人在公安机关立案后再补缴应纳税款、缴纳滞纳金或者接受行政处罚的，不影响刑事责任的追究。

18.扣缴义务人逃税达到了刑事责任标准，经税务机关依法下达追缴通知后，补缴应纳税款，缴纳滞纳金，已受行政处罚的，不予追究刑事责任。（　）

【答案】×

【解析】纳税人达到了逃税罪的刑事责任标准，经税务机关依法下达追缴通知后，补缴应纳税款，缴纳滞纳金，已受行政处罚的，不予追究刑事责任；但是，五年内因逃避缴纳税款受过刑事处罚或者被税务机关给予二次以上行政处罚的除外。扣缴义务人没有这样的规定。

19.危害税务征管罪都是故意犯罪。(　　)

【答案】√

【解析】从犯罪构成要件看危害税收征管罪都是故意犯罪，而且是直接故意。

20.所有的危害税收征管罪都可以是单位构成。(　　)

【答案】×

【解析】抗税罪的犯罪主体只能是自然人。

四、案例分析题

2021年12月2日，某稽查局收到甲公司涉嫌税收违法的举报，对甲公司进行立案检查。2022年8月5日，某稽查局又受理了他人检举，对甲公司进行立案检查，并于2021年12月2日立案检查案件作并案处理。两次立案检查所属期间均为2019年1月1日至2019年12月31日，检查的范围均为甲公司收购乙公司自然人股东股权涉税违法行为。稽查局立案检查中，经查询，甲公司向股东转账总额为57 338 973元，丙公司向股东转账总额为84 488 440.8元。2021年立案检查中，稽查局对耿某、肖某等原股东进行了询问，2022年立案检查中，稽查局再次对耿某、刘某等原股东进行了询问。2022年9月20日，乙公司法定代表人向某经通知到稽查局，当时因大部分工作人员外出办公，仅有王某2、王某1在单位，为及时展开调查工作，由王某2询问，王某1在询问笔录上签名作了调查。鉴于数额巨大，稽查局向局重大税务案件审理委员会提请重案审理。2023年2月7日，稽查局通过公告向甲公司送达了税稽罚告〔2023〕8号《税务行政处罚事项告知书》，告知对甲公司已扣未缴“个人所得税——财产转让所得”处以一倍的罚款计25 255 191.49元，并告知了陈述和申辩的权利。2023年3月12日，甲公司提交税务行政处罚听证申请。2023年3月15日，稽查局对处罚听证进行了公告并通知了甲公司听证，2023年3月23日，稽查局举行听证会，王某1受稽查局局长委托主持听证会，甲委托代理人及调查人员均参与了听证，形成了听证笔录。2023年3月27日，稽查局形成了听证报告，再次向局重案审理委员会报告了听证相关内容。2023年6月4日，重大税务案件审理委员会形成重审决字〔2023〕1号意见书。2023年6月7日，稽查局作出税稽罚〔2023〕1号税务行政处罚决定书，对甲公司处以已扣未缴个人所得税1倍的罚款计25 255 191.49元，并于2023年6月26日向甲公司送达。

依据上述资料回答如下问题。

1. 2022年8月5日，某稽查局收到对甲公司同一事项的再次检举，某稽查局可以（　）。

A.合并处理　B.查结处理　C.暂存待查　D.转交主管税务局

【答案】A

【解析】对于已经受理尚未查结的检举事项，再次检举的，可以合并处理。

2.对甲公司的违法事实，依据《税收征管法》的规定，稽查局的处理与处罚是（　）。

A.定性偷税

B.税务机关追缴其不缴或者少缴的税款、滞纳金

C.处不缴或者少缴的税款百分之五十以上五倍以下的罚款

D.税务机关向纳税人追缴税款，对扣缴义务人处应扣未扣、应收未收税款百分之五十以上三倍以下的罚款。

【答案】ABC

【解析】扣缴义务人不缴或者少缴已扣、已收税款，由税务机关追缴其不缴或者少缴的税款、滞纳金，并处不缴或者少缴的税款百分之五十以上五倍以下的罚款；构成犯罪的，依法追究刑事责任。

3.王某2、王某1对向某的询问，（　）情形符合询问取证规则。

A.王某2询问，王某1记录

B.王某1、王某2询问，王某1同时为记录人

C.王某1、王某2询问，另一个人为记录人

D.王某2询问、记录，王某1未参加询问，为了人数合法在笔录签字

【答案】BC

【解析】询问人不少于2人，其中一个可以同时为记录人。

4.稽查局审理阶段的听证程序与重案审理程序的关系（　）。

A.没有次序要求

B.先重案审理，稽查局再听证，内容有变化的再重案审理

C.先重案审理，再听证

D.先听证，后重案审理

【答案】D

【解析】因为重案审理时，稽查局需要提供听证材料，所以先听证后重案审理。本案虽然开始不符合次序，先进行了重案审理，但听证后又进行了重案审理，形成重案审理意见，步骤合法。

5.本案听证程序违法，因为（　）。

A.重案审理与听证程序颠倒顺序

B.听证申请没有在法定时间提出

C.听证没有在法定时间举行

D.听证主持人与调查人员没有分离

【答案】D

【解析】税务行政处罚的听证，由税务机关负责人指定的非本案调查机构的人员主持，王某1既是调查人员，又是听证主持人，违反了职权分离原则，侵犯了甲公司的听证权，所以听证程序违法。

第五章　执　行

本章导读

本章主要讲授税务稽查文书的送达方式，对于稽查各项决定的执行方式，以及其他的税收保障措施。

学习指引

一、税务文书的送达

<table>
<tr><td rowspan="2">（一）直接送达</td><td>受送达人是公民的</td><td>本人直接签收；本人不在的，交其同住成年家属签收</td><td rowspan="2">受送达人有代理人的，可以送交其代理人签收</td></tr>
<tr><td>受送达人是法人或者其他组织的</td><td>法人的法定代表人、其他组织的主要负责人或者该法人、组织的财务负责人、负责收件的人签收</td></tr>
<tr><td>（二）留置送达</td><td colspan="3">签收人拒绝签收税务文书的，送达人应当在送达回证上记明拒收理由和日期，并由送达人和见证人签名或者盖章，将税务文书留在受送达人处，即视为送达</td></tr>
<tr><td>（三）委托送达</td><td colspan="3">可以委托其他有关机关或者其他单位代为送达</td></tr>
<tr><td>（四）邮寄送达</td><td colspan="3">挂号函件回执上注明的收件日期</td></tr>
<tr><td rowspan="2">（五）公告送达</td><td colspan="3">1.同一送达事项的受送达人众多
2.采用直接、留置、邮寄、委托等其他送达方式无法送达</td></tr>
<tr><td colspan="3">自公告之日起满30日，即视为送达</td></tr>
<tr><td rowspan="2">（六）电子送达</td><td colspan="2">行政处罚决定书应当在宣告后当场交付当事人；当事人不在场的，行政机关应当在7日内依照《中华人民共和国民事诉讼法》的有关规定，将行政处罚决定书送达当事人。当事人同意并签订确认书的，行政机关可以采用传真、电子邮件等方式，将行政处罚决定书等送达当事人</td><td rowspan="2">经受送达人同意，人民法院可以采用能够确认其收悉的电子方式送达诉讼文书</td></tr>
<tr><td colspan="2">催告书、行政强制执行决定书应当直接送达当事人。当事人拒绝接收或者无法直接送达当事人的，应当依照《中华人民共和国民事诉讼法》的有关规定送达</td></tr>
</table>

二、强制执行

<table>
<tr><td>（一）执行的方式</td><td colspan="3">稽查局可以依法强制执行，或者依法申请人民法院强制执行</td></tr>
<tr><td>（二）强制执行的条件</td><td colspan="3">1. 纳税人、扣缴义务人未按照规定的期限缴纳或者解缴税款、滞纳金，责令限期缴纳逾期仍未缴纳的；
2. 经稽查局确认的纳税担保人未按照规定的期限缴纳所担保的税款、滞纳金，责令限期缴纳逾期仍未缴纳的；
3. 当事人对处罚决定逾期不申请行政复议也不向人民法院起诉，又不履行的；
4. 其他可以依法强制执行的</td></tr>
<tr><td rowspan="4">（三）强制执行的程序</td><td colspan="3">催告</td></tr>
<tr><td colspan="3">听取当事人陈述、申辩意见</td></tr>
<tr><td colspan="3">经县以上税务局局长批准</td></tr>
<tr><td colspan="3">实施强制执行，向被执行人送达强制执行决定书，告知其实施强制执行的内容、理由及依据，并告知其享有依法申请行政复议或者提起行政诉讼的权利</td></tr>
<tr><td rowspan="8">（四）拍卖、变卖</td><td colspan="3">税务机关按照拍卖优先的原则确定抵税财物拍卖、变卖的顺序：
1. 委托依法成立的拍卖机构拍卖
2. 无法委托拍卖或者不适于拍卖的，可以委托当地商业企业代为销售，或者责令被执行人限期处理
3. 无法委托商业企业销售，被执行人也无法处理的，由税务机关变价处理</td></tr>
<tr><td rowspan="7">拍卖变卖抵税财物程序</td><td>制作拍卖（变卖）抵税财物决定书，经县以上税务局（分局）局长批准后，对被执行人下达拍卖（变卖）抵税财物决定书</td><td rowspan="7">拍卖、变卖所得不足抵缴税款、滞纳金的，税务机关应当继续追缴</td></tr>
<tr><td>查实需要拍卖或者变卖的商品、货物或者其他财产。在拍卖或者变卖前，应当审查所扣押商品、货物、财产专用收据和所查封商品、货物、财产清单，查实被执行人与抵税财物的权利关系，核对盘点需要拍卖或者变卖的商品、货物或者其他财产是否与收据或清单一致</td></tr>
<tr><td>委托拍卖、变卖，填写拍卖（变卖）财产清单，与拍卖机构签订委托拍卖合同，与受委托的商业企业签订委托变卖合同，对被执行人下达税务事项通知书，并按规定结算价款</td></tr>
<tr><td>以拍卖、变卖所得支付应由被执行人依法承担的扣押、查封以及拍卖、变卖过程中的费用</td></tr>
<tr><td>以拍卖、变卖所得支付应由被执行人依法承担的扣押、查封、保管以及拍卖、变卖过程中的费用</td></tr>
<tr><td>拍卖、变卖所得支付扣押、查封、拍卖、变卖等费用并抵缴税款、滞纳金后，剩余部分应当在3个工作日内退还被执行人</td></tr>
<tr><td>税务机关应当通知被执行人将拍卖、变卖全部收入计入当期销售收入额并在当期申报缴纳各种应纳税款</td></tr>
</table>

续表

（五）拍卖、变卖收入抵缴的顺序	1.拍卖、变卖费用 2.未缴的税款、滞纳金 3.罚款
（六）中止执行	1.当事人死亡或者被依法宣告死亡，尚未确定可执行财产的 2.当事人进入破产清算程序尚未终结的 3.可执行财产被司法机关或者其他国家机关依法查封、扣押、冻结，致使执行暂时无法进行的 4.可供执行的标的物需要人民法院或者仲裁机构确定权属的 5.法律、行政法规和国家税务总局规定其他可以中止执行的
（七）终结执行	当事人确无财产可供抵缴税款、滞纳金、罚款或者依照破产清算程序确实无法清缴税款、滞纳金、罚款，或者有其他法定终结执行情形的，经税务局局长批准

三、其他保障措施

<table>
<tr><td rowspan="3">（一）阻止出境</td><td>对象</td><td>欠税人为自然人的，阻止出境的对象为当事人本人
欠税人为法人的，阻止出境对象为其法定代表人
欠税人为其他经济组织的，阻止出境对象为其负责人
上述法定代表人或负责人变更时，以变更后的法定代表人或负责人为阻止出境对象</td></tr>
<tr><td rowspan="2">程序</td><td>县级以上(含县级下同)税务机关申请，报省、自治区、直辖市税务机关审核批准</td></tr>
<tr><td>由审批机关填写《边控对象通知书》，函请同级公安厅、局办理边控手续</td></tr>
<tr><td rowspan="3">（二）纳税担保</td><td colspan="2">纳税人有下列情况之一的，适用纳税担保：
1.税务机关有根据认为从事生产、经营的纳税人有逃避纳税义务行为，在规定的纳税期之前经责令其限期缴纳应纳税款，在限期内发现纳税人有明显的转移、隐匿其应纳税的商品、货物以及其他财产或者应纳税收入的迹象，责成纳税人提供纳税担保的
2.欠缴税款、滞纳金的纳税人或者其法定代表人需要出境的
3.纳税人同税务机关在纳税上发生争议而未缴清税款，需要申请行政复议的
4.税收法律、行政法规规定可以提供纳税担保的其他情形</td></tr>
<tr><td>纳税保证</td><td>纳税保证人未按照规定的履行保证责任的期限缴纳税款及滞纳金的，由税务机关发出责令限期缴纳通知书，责令纳税保证人在限期15日内缴纳；逾期仍未缴纳的，经县以上税务局（分局）局长批准，对纳税保证人采取强制执行措施，通知其开户银行或其他金融机构从其存款中扣缴所担保的纳税人应缴纳的税款、滞纳金，或扣押、查封、拍卖、变卖其价值相当于所担保的纳税人应缴纳的税款、滞纳金的商品、货物或者其他财产，以拍卖、变卖所得抵缴担保的税款、滞纳金</td></tr>
<tr><td>纳税抵押</td><td>纳税担保人未按照规定的期限缴纳所担保的税款、滞纳金的，由税务机关责令限期在15日内缴纳；逾期仍未缴纳的，经县以上税务局（分局）局长批准，税务机关依法拍卖、变卖抵押物，抵缴税款、滞纳金</td></tr>
</table>

续表

<table>
<tr><td>（二）纳税担保</td><td>纳税质押</td><td colspan="2">纳税人在规定的期限内未缴清税款、滞纳金的，税务机关应当在期限届满之日起15日内书面通知纳税担保人自收到纳税通知书之日起15日内缴纳担保的税款、滞纳金
纳税担保人未按照前款规定的期限缴纳所担保的税款、滞纳金，由税务机关责令限期在15日内缴纳；缴清税款、滞纳金的，税务机关自纳税担保人缴清税款及滞纳金之日起3个工作日内返还质物、解除质押关系；逾期仍未缴纳的，经县以上税务局（分局）局长批准，税务机关依法拍卖、变卖质物，抵缴税款、滞纳金</td></tr>
<tr><td rowspan="7">（三）欠税公告</td><td>公告地点</td><td colspan="2">在办税场所或者广播、电视、报纸、期刊、网络等新闻媒体</td></tr>
<tr><td rowspan="3">公告周期</td><td colspan="2">企业或单位欠税的，每季公告一次</td></tr>
<tr><td colspan="2">个体工商户和其他个人欠税的，每半年公告一次</td></tr>
<tr><td colspan="2">走逃、失踪的纳税户以及其他经税务机关查无下落的非正常户欠税的，随时公告</td></tr>
<tr><td rowspan="3">公告内容</td><td colspan="2">企业或单位欠税的，公告企业或单位的名称、纳税人识别号、法定代表人或负责人姓名、居民身份证或其他有效身份证件号码、经营地点、欠税税种、欠税余额和当期新发生的欠税金额</td></tr>
<tr><td colspan="2">个体工商户欠税的，公告业户名称、业主姓名、纳税人识别号、居民身份证或其他有效身份证件号码、经营地点、欠税税种、欠税余额和当期新发生的欠税金额</td></tr>
<tr><td colspan="2">个人(不含个体工商户)欠税的，公告其姓名、居民身份证或其他有效身份证件号码、欠税税种、欠税余额和当期新发生的欠税金额</td></tr>
<tr><td rowspan="2">（四)代位权与撤销权</td><td>代位权</td><td>怠于行使到期债权</td><td rowspan="2">对国家税收造成损害的</td></tr>
<tr><td>撤销权</td><td>1.放弃到期债权
2.无偿转让财产
3.以明显不合理的低价转让财产而受让人知道该情形</td></tr>
<tr><td rowspan="3">（五）税收的优先权</td><td colspan="3">税务机关征收税款，税收优先于无担保债权，法律另有规定的除外</td></tr>
<tr><td colspan="3">纳税人欠缴的税款发生在纳税人以其财产设定抵押、质押或者纳税人的财产被留置之前的，税收应当先于抵押权、质权、留置权执行</td></tr>
<tr><td colspan="3">纳税人欠缴税款，同时又被行政机关决定处以罚款、没收违法所得的，税收优先于罚款、没收违法所得</td></tr>
<tr><td rowspan="4">（六）重大税收违法失信主体信息公布程序</td><td colspan="3">税务机关应当在作出确定失信主体决定前向当事人送达告知文书，告知其依法享有陈述、申辩的权利</td></tr>
<tr><td colspan="3">当事人在税务机关告知后5日内，可以书面或者口头提出陈述、申辩意见。当事人口头提出陈述、申辩意见的，税务机关应当制作陈述申辩笔录，并由当事人签章
税务机关应当充分听取当事人陈述、申辩意见，对当事人提出的事实、理由和证据进行复核。当事人提出的事实、理由或者证据成立的，应当采纳</td></tr>
<tr><td colspan="3">经设区的市、自治州以上税务局局长或者其授权的税务局领导批准，税务机关符合法定条件的申请行政复议或提起行政诉讼期限届满，或者行政复议决定、人民法院判决或裁定生效后，于30日内制作失信主体确定文书，并依法送达当事人</td></tr>
<tr><td colspan="3">税务机关应当在失信主体确定文书送达后的次月15日内，向社会公布信息</td></tr>
</table>

本章练习及答案解析

一、单项选择题

1.按照《税收征收管理法实施细则》的规定，同一送达事项的受送达人众多，可采用（　）。

A.委托送达方式　B.直接送达方　C.公告送达方式　D.邮寄送达方式

【答案】C

【解析】根据《税收征收管理法实施细则》第一百零六条规定，有下列情形之一的，税务机关可以公告送达税务文书：①同一送达事项的受送达人众多；②采用其他送达方式无法送达。

2.按照《税收征收管理法实施细则》的规定，税务文书受送达人是个人的，应当由本人直接签收；本人不在的，交（　）签收。

A.其配偶　B.其未成年子女　C.其邻居　D.其同事

【答案】A

【解析】稽查局送达税务文书，受送达人是公民的，应当由本人直接签收；本人不在的，交其同住成年家属签收。并应当注明与受送达人的关系。

3.稽查局填写《税务文书送达回证》时，如果受送达人为法人单位，在“受送达人签名或盖章”一栏签名没有法律效力的是（　）。

A.企业法定代表人　B.企业项目部经理

C.企业财务负责人　D.企业收发室收件人

【答案】B

【解析】受送达人是法人或者其他组织的，应当由法人的法定代表人、其他组织的主要负责人或者该法人、组织的财务负责人、负责收件的人签收；受送达人是个人的，应当由本人直接签收。

4.稽查局采取直接送达稽查文书的，送达日期为（　）。

A.稽查文书作出的日期

B.稽查局局长审批的日期

C.签收人在《税务文书送达回证》上记明的收到日期

D.稽查人员拟稿的日期

【答案】C

【解析】税务文书的生效时间是受领生效，采取直接送达的，自签收人在送达回证上签收的时间为收到的时间，也是生效的时间。

5.稽查局采取邮寄送达税务文书的，以（ ）挂号函件回执上注明的收件日期为送达日期。

A.挂号函件回执上注明的收件日期　　B.稽查局邮寄之日

C.邮政机构收到邮件之日　　D.邮政机构投递之日

【答案】A

【解析】邮寄送达的，以挂号函件回执上注明的收件日期为送达日期，并视为已送达。

6.稽查局采取公告送达的法定公告期限是（ ）。

A. 20日　　B. 15日　　C. 30日　　D. 60日

【答案】C

【解析】税务机关可以公告送达税务文书，自公告之日起满30日，即视为送达。

7.当事人确有经济困难，需要延期或者分期缴纳罚款的，可向稽查局提出申请，经（ ）批准后，可以暂缓或者分期缴纳。

A.稽查局分管执行副局长　　B.税务局分管稽查局长

C.稽查局局长　　D.税务局局长

【答案】D

【解析】根据《行政处罚法》，当事人确有经济困难，需要延期或者分期缴纳罚款的，经当事人申请和行政机关批准，可以暂缓或者分期缴纳。《税务稽查案件办证程序规定》将该权力授予税务局局长。

8.纳税保证期间为纳税人应缴纳税款期限届满之日起（ ）日。

A. 30　　B. 60　　C. 15　　D. 20

【答案】B

【解析】纳税保证期间为纳税人应缴纳税款期限届满之日起60日，即稽查局自纳税人应缴纳税款的期限届满之日起60日内有权要求纳税保证人承担保证责任，缴纳税款、滞纳金。

9.纳税保证期间届满之后，稽查局有权要求纳税保证人承担保证责任，缴纳税款、滞纳金。履行保证责任的期限为（　）日。

A. 30　　B. 60　　C. 15　　D. 20

【答案】C

【解析】履行保证责任的期限为15日，即纳税保证人应当自收到稽查局的纳税通知书之日起15日内履行保证责任，缴纳税款及滞纳金。纳税保证期间内税务机关未通知纳税保证人缴纳税款及滞纳金以及承担担保责任的，纳税保证人免除担保责任。

10.纳税人按照规定期限缴纳税款的，稽查局应当自收到税款或者银行转回的完税凭证之日起（　）日内解除税收措施。

A. 2　　B. 3　　C. 5　　D. 1

【答案】D

【解析】纳税人按照规定期限缴纳税款的，稽查局应当自收到税款或者银行转回的完税凭证之日起1日内解除税收强制措施。

11.情况紧急，需要当场实施税收保全措施的，稽查人员应当在（　）内向稽查局所属县以上税务局局长报告，并补办批准手续。

A. 2日　　B. 12小时　　C. 24小时　　D. 1日

【答案】C

【解析】《行政强制法》规定的应急性原则，可以先采取税收保全，24小时补办批准手续。

12.依据《行政强制法》的要求，稽查人员实施税收的强制执行需要制作现场笔录，现场笔录由当事人和执行人员签名或者盖章，当事人拒绝的，（　）。

A.在笔录中予以注明　　B.强制当事人签名

C.向稽查局局长汇报　　D.执行中止

【答案】A

【解析】对于当事人不配合税收执法的不在现场笔录中签名的，稽查人员予以注明就可以。

13.稽查局拍卖或者变卖实现后，应当在结算并收取价款后（　）内，办理税款、滞纳金、罚款的入库手续。

A. 24小时　　B. 1日　　C. 3日　　D. 3个工作日

【答案】D

【解析】稽查局拍卖或者变卖实现后，应当在结算并收取价款后3个工作日内，办理税款、滞纳金、罚款的入库手续。

14.稽查局在执行过程中发现涉嫌犯罪的，(　　)。

A.移送公安机关

B.填制涉嫌犯罪案件移送书，经税务局局长批准后，依法移送公安机关

C.退回审理环节进行重案审理

D.填制涉嫌犯罪案件移送书，经稽查局局长批准后，依法移送公安机关

【答案】B

【解析】稽查局在执行过程中发现税收违法行为涉嫌犯罪的，填制涉嫌犯罪案件移送书，经税务局局长批准后，依法移送公安机关，并附送以下资料：涉嫌犯罪案件情况的调查报告；涉嫌犯罪的主要证据材料复制件；其他有关涉嫌犯罪的材料。

15.稽查局执行过程中发现有法定中止情形的，经（　　）批准后，中止执行。

A.税务局局长　　B.税务局分管副局长

C.稽查局局长　　D.稽查局分管执行副局长

【答案】C

【解析】稽查局执行过程中发现有中止情形的，经稽查局局长批准后，中止执行。

16.稽查局拍卖变卖抵税财物时制作拍卖（变卖）抵税财物决定书，经（　　）批准后，对被执行人下达拍卖（变卖）抵税财物决定书。

A.县以上税务局（分局）局长

B.县级税务局分管副局长

C.稽查局局长

D.稽查局分管执行副局长

【答案】A

【解析】税务机关拍卖变卖抵税财物时按下列程序进行制作拍卖（变卖）抵税财物决定书，经县以上税务局（分局）局长批准后，对被执行人下达拍卖（变卖）抵税财物决定书。

17.稽查局委托拍卖的文物，在拍卖前，应当经（　　）依法鉴定、许可。

A.市场监督部门　　B.博物馆　　C.省一级税务局　　D.文物行政管理部门

【答案】D

【解析】稽查局委托拍卖的文物，在拍卖前，应当经文物行政管理部门依法鉴定、许可。

18.经拍卖流拍的抵税财物，其变卖价格应当不低于最后一次拍卖保留价的（　）。

A.1/3　　B.2/3　　C.1/2　　D.1/4

【答案】B

【解析】经拍卖流拍的抵税财物，其变卖价格应当不低于最后一次拍卖保留价的2/3。

19.被执行人在拍卖、变卖成交前缴清了税款、滞纳金的，税务机关应当终止拍卖或者变卖活动，税务机关将商品、货物或其他财产退还被执行人，拍卖或者变卖已经产生的费用由（　）承担。

A.税务机关　　B.拍卖机构　　C.被执行人　　D.拍卖经纪公司

【答案】C

【解析】被执行人在拍卖、变卖成交前缴清了税款、滞纳金的，税务机关应当终止拍卖或者变卖活动，税务机关将商品、货物或其他财产退还被执行人，扣押、查封以及拍卖或者变卖已经产生的费用由被执行人承担。

二、多项选择题

1.稽查局送达税务文书的方式有（　）。

A.委托送达方式　　B.直接送达方式　　C.公告送达方式　　D.邮寄送达方式

【答案】ABCD

【解析】稽查局送达税务文书有直接送达、留置送达、委托送达、邮寄送达、公告送达和电子送达。

2.某稽查局对张三送达《税务检查通知书》，张三拒签，该稽查局正确的做法是（　）。

A.送达人应当在送达回证上记明拒收理由和日期

B.由送达人和见证人签名或者盖章，将税务文书留在受送达人处，即视为送达

C.公告送达方式

D.邮寄送达方式

【答案】AB

【解析】受送达人拒绝签收稽查文书的，送达人应当在送达回证上记明拒收理由和日期，并由送达人和见证人签名或者盖章，将税务文书留在受送达人处，即视为送达。

3.某稽查局直接送达税务文书有困难，可以委托（ ）送达。

A.有关机关

B.受送达人的领导

C.受送达人所在的公司

D.对受送达人采取限制人身自由措施的机关

【答案】ACD

【解析】稽查局直接送达税务文书有困难的，可以委托有关机关和单位送达。但不能委托个人。

4.稽查局送达税务文书，视为已经送达的方式有（ ）。

A.直接送达 B.邮寄送达 C.公告送达 D.委托送达

【答案】BC

【解析】直接或者委托送达税务文书的，以签收人或者见证人在送达回证上的签收或者注明的收件日期为送达日期；邮寄送达的，以挂号函件回执上注明的收件日期为送达日期，并视为已送达。公告送达的，公告之日起满即视为送达。

5.已经与税务机关签订《税务文书电子送达确认书》的纳税人，税务机关可以采取电子送达的税务文书有（ ）。

A.催告书 B.强制执行决定书

C.税务行政处罚决定书 D.税务事项通知书

【答案】ABCD

【解析】受送达人签订了《税务文书电子送达确认书》的，表明其同意接受电子送达方式，税务机关可以对其进行电子送达；受送达人不同意签订《税务文书电子送达确认书》的，税务机关以其他送达方式送达税务文书。电子送达采取的是自愿原则。税务事项通知书可以采取电子送达。新修订的《民事诉讼法》和《行政处罚法》把电子送达扩大到了税务行政处罚决定书和催告书、强制执行决定书。

6.稽查局送达税务文书，具有送达回证的有（　　）。

A.直接送达　　B.留置送达　　C.公告送达　　D.邮寄送达

【答案】AB

【解析】公告送达和邮寄送达属于视为送达没有送达回证。

7.某稽查局对张三留置送达税务文书，（　　）可以作见证人。

A.该稽查局选案科李四

B.该稽查局所属税务局副局长王五

C.张三所在的村委会委员马六

D.张三的邻居赵七

【答案】CD

【解析】税务机关人员鉴于利害关系不能作留置送达的见证人。基层组织人员以及其他第三人可以作见证人。

8.纳税担保的方式有（　　）。

A.纳税保证　　B.纳税抵押　　C.纳税质押　　D.纳税定金

【答案】ABC

【解析】法定的纳税担保形式就是纳税保证、纳税抵押、纳税质押。

9.纳税担保的范围有（　　）。

A.税款　　B.滞纳金

C.罚款　　D.实现税款、滞纳金的费用

【答案】ABD

【解析】纳税担保的范围包括税款、滞纳金和实现税款、滞纳金的费用。费用包括抵押、质押登记费用，拍卖、变卖担保财产等相关费用支出。用于纳税担保的财产、权利的价值不得低于应当缴纳的税款、滞纳金，并应当考虑相关的费用。不包括罚款。

10.（　　）不得作为纳税保证人。

A.纳税信用级别被评为C级以下的

B.在主管税务机关所在地的市（地、州）没有住所的自然人

C.与纳税人存在担保关联关系的

D.有欠税行为的

【答案】ABCD

【解析】有以下情形之一的，不得作为纳税保证人：有偷税、抗税、骗税、逃避追缴欠税行为被税务机关、司法机关追究过法律责任未满2年的；因有税收违法行为正在被税务机关立案处理或者涉嫌刑事犯罪被司法机关立案侦查的；纳税信用级别被评为C级以下的；在主管税务机关所在地的市（地、州）没有住所的自然人或者税务登记不在本市（地、州）的企业；无民事行为能力或者限制民事行为能力的自然人；与纳税人存在担保关联关系的；有欠税行为的。

11.纳税抵押财产范围包括（　）。

A.抵押人所有的房屋和其他地上定着物

B.土地所有权

C.抵押人所有的机器、交通运输工具和其他财产

D.抵押人依法有权处分的国有的机器

【答案】ACD

【解析】下列财产不得抵押：土地所有权；土地使用权（以依法取得的国有土地上的房屋抵押的，该房屋占用范围内的国有土地使用权同时抵押的除外）；学校、幼儿园、医院等以公益为目的的事业单位、社会团体、民办非企业单位的教育设施、医疗卫生设施和其他社会公益设施；所有权、使用权不明或者有争议的财产；依法被查封、扣押、监管的财产；依法定程序确认为违法、违章的建筑物；法律、法规规定禁止流通的财产或者不可转让的财产；经设区的市、自治州以上税务机关确认的其他不予抵押的财产。

12.纳税质押分为（　）。

A.保质质押　　B.动产质押　　C.定金质押　　D.权利质押

【答案】BD

【解析】纳税质押分为动产质押和权利质押。动产质押包括现金以及其他除不动产以外的财产提供的质押。汇票、支票、本票、债券、存款单等权利凭证可以质押。

13.阻止出境的执行对象是（　）。

A.欠税人为自然人的，阻止出境对象为当事人本人

B.欠税是法人的，阻止出境对象为其法定代表人

C.欠税人为其他经济组织的，阻止出境对象为其负责人

D.法定代表人变更时，以变更前的法定代表人

【答案】ABC

【解析】阻止出境的执行对象：欠税人为自然人的，阻止出境对象为当事人本人；欠税是法人的，阻止出境对象为其法定代表人；欠税人为其他经济组织的，阻止出境对象为其负责人；法定代表人或者负责人变更时，以变更后的法定代表人或者负责人为阻止出境对象。

14.稽查局实施扣押、查封时，对有产权证件的动产或者不动产，可以（　　）。

A.直接强制执行

B.责令当事人将产权证件交税务机关保管

C.变卖该财产

D.向有关机关发出协助执行通知书，有关机关在扣押、查封期间不再办理该动产或者不动产的过户手续

【答案】BD

【解析】税务机关执行时，实施扣押、查封时，对有产权证件的动产或者不动产，税务机关可以责令当事人将产权证件交税务机关保管，同时可以向有关机关发出协助执行通知书，有关机关在扣押、查封期间不再办理该动产或者不动产的过户手续。

15.稽查局执行时，扣押、查封价值相当于应纳税款的商品、货物或者其他财产时，参照同类商品的（　　）。

A.市场价　　B.出厂价　　C.协议价　　D.评估价

【答案】ABD

【解析】稽查局依法强制执行，扣押、查封价值相当于应纳税款的商品、货物或者其他财产时，参照同类商品的市场价、出厂价或者评估价估算。税务机关确定应扣押、查封的商品、货物或者其他财产的价值时，还应当包括滞纳金和拍卖、变卖所发生的费用。

16.稽查局以拍卖或者变卖所得抵缴税款、滞纳金、罚款和拍卖、变卖等费用后，尚有剩余的财产或者无法进行拍卖、变卖的财产的，应当（　　）。

A.采取税收保全措施

B.制作返还商品、货物或者其他财产通知书，附返还商品、货物或者其他财产清单，送达被执行人

C.自办理税款、滞纳金、罚款入库手续之日起3个工作日内退还被执行人

D.自办理税款、滞纳金、罚款入库手续之日起3日内退还被执行人

【答案】BC

【解析】稽查局以拍卖或者变卖所得抵缴税款、滞纳金、罚款和拍卖、变卖等费用后，尚有剩余的财产或者无法进行拍卖、变卖的财产的，应当制作返还商品、货物或者其他财产通知书，附返还商品、货物或者其他财产清单，送达被执行人，并自办理税款、滞纳金、罚款入库手续之日起3个工作日内退还被执行人。

17.稽查局执行过程中，中止执行的情形有（ ）。

A.当事人死亡或者被依法宣告死亡，尚未确定可执行财产的

B.当事人进入破产清算程序尚未终结的

C.可执行财产被司法机关或者其他国家机关依法查封、扣押、冻结，致使执行暂时无法进行的

D.可供执行的标的物需要人民法院或者仲裁机构确定权属的

【答案】ABCD

【解析】执行过程中发现有下列情形之一的，经稽查局局长批准后，中止执行：（1）当事人死亡或者被依法宣告死亡，尚未确定可执行财产的。（2）当事人进入破产清算程序尚未终结的；可执行财产被司法机关或者其他国家机关依法查封、扣押、冻结，致使执行暂时无法进行的。（3）可供执行的标的物需要人民法院或者仲裁机构确定权属的。（4）法律、行政法规和国家税务总局规定其他可以中止执行的。

18.税务处理决定书、税务行政处罚决定书等决定性文书送达后，有下列情形（ ）的，稽查局可以依法重新作出。

A.决定性文书被人民法院判决撤销的

B.决定性文书被行政复议机关决定撤销的

C.税务机关认为需要变更或者撤销原决定性文书的

D.其他依法需要变更或者撤销原决定性文书的

【答案】ABCD

【解析】税务处理决定书、税务行政处罚决定书等决定性文书送达后，被依法撤销的，稽查局可以依法重新作出：被人民法院判决撤销的；被行政复议机关决定撤销的；税务机关认为需要变更或者撤销原决定性文书的；其他依法需要变更或者撤销原决定性文书的。

19.税务稽查过程中的签章是指（ ）。

A.被查对象属于法人或者其他组织的，由相关人员签名，加盖单位印章并注明

日期

B.被查对象属于个人的，由个人签名并注明日期

C.被查对象属于法人的，加盖单位印章并注明日期

D.被查对象属于其他组织的，加盖单位印章并注明日期

【答案】AB

【解析】稽查过程签章，区分以下情况确定：属于法人或者其他组织的，由相关人员签名，加盖单位印章并注明日期；属于个人的，由个人签名并注明日期。

20.稽查局对于作出的税务处罚决定（　）可以采取强制执行。

A.当事人对稽查局的处罚决定逾期不申请行政复议

B.当事人对稽查局的处理决定逾期不向人民法院起诉

C.当事人对稽查局的处罚决定逾期不向人民法院起诉

D.当事人对稽查局的处罚决定逾期不履行的

【答案】ACD

【解析】当事人对稽查局的处罚决定逾期不申请行政复议也不向人民法院起诉，又不履行的，稽查局采取强制执行。

21.税收优先权包括（　）。

A.税收优先于无担保债权，法律另有规定的除外

B.纳税人欠缴的税款发生在纳税人以其财产设定抵押、质押或者纳税人的财产被留置之前的，税收应当先于抵押权、质权、留置权执行

C.纳税人欠缴税款，同时又被行政机关决定处以罚款、没收违法所得的，税收优先于罚款、没收违法所得

D.税收优先于无担保债权

【答案】ABC

【解析】税务机关征收税款，税收优先于无担保债权，法律另有规定的除外；纳税人欠缴的税款发生在纳税人以其财产设定抵押、质押或者纳税人的财产被留置之前的，税收应当先于抵押权、质权、留置权执行。纳税人欠缴税款，同时又被行政机关决定处以罚款、没收违法所得的，税收优先于罚款、没收违法所得。

22.稽查局可以通过民事诉讼途径行使的权力有（　）。

A.税务保全　　B.税收强制执行　　C.代位权　　D.撤销权

【答案】CD

【解析】欠缴税款的纳税人因怠于行使到期债权，或者放弃到期债权，或者无偿转让财产，或者以明显不合理的低价转让财产而受让人知道该情形，对国家税收造成损害的，税务机关可以依照《民法典》的规定行使代位权、撤销权。税务机关作为原告行使代位权和撤销权。

三、判断题

1.稽查局在执行阶段的催告期间，不得作出强制执行决定。(　　)

【答案】×

【解析】稽查局在催告期间，对有证据证明有转移或者隐匿财物迹象的，可以作出立即强制执行决定。

2.纳税保证期间内稽查局未通知纳税保证人缴纳税款及滞纳金以及承担担保责任的，纳税保证人免除担保责任。(　　)

【答案】√

【解析】履行保证责任的期限为15日，即纳税保证人应当自收到稽查局的纳税通知书之日起15 日内履行保证责任，缴纳税款及滞纳金。纳税保证期间内稽查局未通知纳税保证人缴纳税款及滞纳金以及承担担保责任的，纳税保证人免除担保责。税务机关应当及时履行职责。

3.现金可以作纳税质押。(　　)

【答案】√

【解析】动产质押包括现金以及其他除不动产以外的财产提供的质押。不动产只能作抵押。

4.从事生产、经营的纳税人、扣缴义务人未按稽查局的税务处理书所规定的期限缴清应补缴的税款、滞纳金的，稽查局可以作出收缴、停止发售发票的措施。(　　)

【答案】×

【解析】所属主管税务机关收缴或者停止发售发票，而不是稽查局作出。

5.稽查局采取阻止出境的执行对象只能是中国公民。(　　)

【答案】×

【解析】稽查局采取阻止出境的纳税人或者其法定代表人不仅包括中国公民，还包括符合阻止出境条件的外国人、无国籍人等非我国公民在内。

6.稽查局有根据认为从事生产、经营的纳税人有逃避纳税义务行为的，不可以在规定的纳税期之前采取税收保全。（　）

【答案】×

【解析】税务机关有根据认为从事生产、经营的纳税人有逃避纳税义务行为，可以在规定的纳税期之前，责令限期缴纳应纳税款；在限期内发现纳税人有明显的转移、隐匿其应纳税的商品、货物以及其他财产或者应纳税收入迹象的，可以责成纳税人提供纳税担保。如果纳税人不能提供纳税担保，经县以上税务局局长批准，可以依法采取税收强制措施。税务机关包括稽查局。

7.稽查局在强制执行时，不得查封、扣押个人及其所扶养家属维持生活必需的住房和用品。（　）

【答案】√

【解析】为了保护个人的生存权，保障个人的基本生活需要，《税收征管法》规定税务机关在税收强制执行时不得查封、扣押个人及其所扶养家属维持生活必需的住房和用品。

8.对于查封的财产，稽查局不允许当事人继续使用。（　）

【答案】×

【解析】对于查封的财产，继续使用被查封的财产不会减少其价值的，稽查局可以允许当事人继续使用。

9.对查封的商品、货物或者其他财产，稽查局可以指令被执行人负责保管。（　）

【答案】√

【解析】对查封的商品、货物或者其他财产，税务机关可以指令被执行人负责保管，保管责任由被执行人承担。

10.稽查局拍卖、变卖被执行人商品、货物或者其他财产，以拍卖、变卖所得抵缴税款、滞纳金、罚款的，在拍卖、变卖前不可以查封、扣押。（　）

【答案】×

【解析】稽查局拍卖、变卖被执行人商品、货物或者其他财产，以拍卖、变卖所得抵缴税款、滞纳金、罚款的，在拍卖、变卖前应当依法进行查封、扣押。

11.稽查局中止执行情形消失后，经稽查局局长批准，恢复执行。（　）

【答案】√

【解析】稽查局中止执行的批准权在稽查局局长，恢复执行的权限也是稽查局局长。

12.稽查局执行过程中，出现了终结执行的情形，经稽查局局长批准后，终结执行。(　　)

【答案】×

【解析】稽查局终结执行需经过税务局局长批准。

13.稽查局按照拍卖优先的原则确定抵税财物拍卖、变卖的顺序。(　　)

【答案】√

【解析】税务机关按照拍卖优先的原则确定抵税财物拍卖、变卖的顺序，以便保护各方合法权益。

14.税务机关及其工作人员不得参与被拍卖或者变卖商品、货物或者其他财产的竞买或收购，可以委托他人为其竞买或收购。(　　)

【答案】×

【解析】税务机关及其工作人员不得参与被拍卖或者变卖商品、货物或者其他财产的竞买或收购，也不得委托他人为其竞买或收购。

15.拍卖一次流拍后，稽查局可以决定将抵税财物进行变卖。(　　)

【答案】×

【解析】拍卖一次流拍后，税务机关经与被执行人协商同意，可以将抵税财物进行变卖；被执行人不同意变卖的，应当进行第二次拍卖。不动产和文物应当进行第二次拍卖。

16.欠缴税款的纳税人以明显不合理的低价转让财产而受让人知道该情形，对国家税收造成损害的，税务机关可以依照《民法典》的规定行使代位权。(　　)

【答案】×

【解析】欠缴税款的纳税人以明显不合理的低价转让财产而受让人知道该情形，对国家税收造成损害的，税务机关可以依照《民法典》的规定行使撤销权。

17.稽查局向张三送达税务文书，张三不在的，交其十四周岁的儿子签收。(　　)

【答案】×

【解析】受送达人是公民的，应当由本人直接签收；本人不在的，交其同住成年家属签收。

18.稽查人员到甲公司送达税务文书，发现甲公司大门紧闭，将文书张贴在大门，这属于留置送达。（　）

【答案】×

【解析】留置送达必须见到了法定签收人；签收人拒绝签字时，没有见到甲公司的人员就采取留置送达错误。

19.稽查局强制执行决定书的公告送达期限是60日。（　）

【答案】×

【解析】新修订的《民事诉讼法》将公告送达统一为30日的期限。

四、案例分析

某稽查局对甲公司作出税务处理决定，甲公司不服向市税务局申请税务行政复议，根据《税收征收管理法》第八十八条规定，纳税人申请行政复议，必须先依照税务机关的纳税决定缴纳或者解缴税款及滞纳金或者提供相应的担保。甲公司于2022年8月19日提出纳税担保申请。稽查局于2022年8月31日下达了《责成提供的纳税担保通知书》，并于当日为该公司办理了纳税担保。陈某以三辆小汽车，评估价值合计约25万元人民币，郑某某以一套商品房，评估价值约50.8万元人民币，共同为甲公司应缴纳的税款及滞纳金提供了纳税担保。税务复议机关依法审理维持了税务处理决定。

在担保期限内，纳税人未缴纳税款及滞纳金。根据《纳税担保试行办法》第三十条第一款规定："纳税担保人以其动产或财产权利为纳税人提供纳税质押担保的，按照纳税人提供质押担保的规定执行。"第三款规定："纳税人在规定的期限内未缴清税款、滞纳金的，税务机关应当在期限届满之日起15日内书面通知纳税担保人自收到纳税通知书之日起15日内缴纳担保的税款、滞纳金。"根据《纳税担保试行办法》第三十条规定："纳税担保人未按照前款规定的期限缴纳所担保的税款、滞纳金，由税务机关责令限期在15日内缴纳；缴清税款、滞纳金的，税务机关自纳税担保人缴清税款及滞纳金之日起3个工作日内返还质物、解除质押关系；逾期仍未缴纳的，经县以上税务局（分局）局长批准，税务机关依法拍卖、变卖质物，抵缴税款、滞纳金。"根据《行政强制法》第三十四条规定："行政机关依法作出行政决定后，当事人在行政机关决定的期限内不履行义务的，具有行政强制执行权的行政机关依照本章规定强制执行”。依据以上法律法规规定，纳税人在规定期限内未缴清税款及滞纳金，稽查局对纳税担保人提供的担保财物采取强制执行措施。稽查局因为采取其他送达方式无法送达，就在《某某日报》上向陈某公告送达“某税强拍〔2022〕001号”税收强制执行决定书，决定对纳税担保的三辆汽车，依法予以拍卖或者变卖，以拍卖或变卖所得抵缴税款、滞纳金。稽查局于2023年7月11日作出税收强制执行决定，后于2023年9月5日作出催告书。催告书未载明当事人依法享有的陈述权和申辩权。

依据上述资料回答如下问题：

1.甲公司对于稽查局作出的税务处理决定不服，可以采取的合规方式有（ ）。

A.先复议，对复议决定不服才能提起行政诉讼

B.申请复议前必须先提供纳税担保

C.可以直接提起行政诉讼

D.可以直接申请行政复议

【答案】AB

【解析】对于税务处理决定不服，必须先申请行政复议，对复议决定不服才可以提起行政诉讼，而且申请复议前必须提供纳税担保或者清缴税款。

2.甲公司提供的纳税担保，审查确认的主体是（ ）。

A.税务行政复议机关

B.某稽查局和税务行政复议机关共同确定

C.某稽查局

D.人民法院

【答案】C

【解析】申请人申请行政复议的，必须依照税务机关根据法律、法规确定的税额、期限，先行缴纳或者解缴税款和滞纳金，或者提供相应的担保，才可以在缴清税款和滞纳金以后或者所提供的担保得到作出具体行政行为的税务机关确认之日起60日内提出行政复议申请。

3.本案中陈某的纳税担保形式属于（ ）。

A.纳税保证 B.纳税抵押 C.纳税质押 D.代位权

【答案】C

【解析】车辆属于有形动产，从描述的信息可以看出，属于纳税质押。

4.该稽查局的催告书应当具备的内容有（ ）。

A.履行义务的期限

B.履行义务的方式

C.明确的金额和给付方式

D.当事人依法享有的陈述权和申辩权

【答案】ABCD

【解析】行政机关作出强制执行决定前，应当事先催告当事人履行义务。催告应当以书面形式作出，并载明下列事项：履行义务的期限；履行义务的方式；涉及金钱给付的，应当有明确的金额和给付方式；当事人依法享有的陈述权和申辩权。

5.某稽查局的强制执行决定无效，理由是（　）。

A.送达不合法

B.以拍卖或变卖所得抵缴税款、滞纳金

C.没有强制执行郑某某的房产

D.先作出强制执行决定再催告

【答案】D

【解析】行政机关作出强制执行决定前，应当事先催告当事人履行义务。

第六章　税务稽查相关法律

本章导读

本章主要涉及税务稽查过程中的相关法律，包括：税务稽查属于税收管理的一种方式，必然遵守《税收征管法》及其实施细则的规定，同时在税务稽查检查环节涉及《行政强制法》，在执行环节涉及《行政处罚法》和《行政强制法》，税务稽查作出的行政行为当事人可以行使救济权利，涉及《行政复议法》和《行政诉讼法》。

学习指引

一、《税收征管法》及其实施细则

（一）税款核定	纳税人有下列情形之一的，税务机关有权核定其应纳税额： 1.依照法律、行政法规的规定可以不设置账簿的 2.依照法律、行政法规的规定应当设置账簿但未设置的 3.擅自销毁账簿或者拒不提供纳税资料的 4.虽设置账簿，但账目混乱或者成本资料、收入凭证、费用凭证残缺不全，难以查账的 5.发生纳税义务，未按照规定的期限办理纳税申报，经税务机关责令限期申报，逾期仍不申报的 6.纳税人申报的计税依据明显偏低，又无正当理由的
	税务机关有权采用下列任何一种方法核定其应纳税额： 1.参照当地同类行业或者类似行业中经营规模和收入水平相近的纳税人的税负水平核定 2.按照营业收入或者成本加合理的费用和利润的方法核定 3.按照耗用的原材料、燃料、动力等推算或者测算核定 4.按照其他合理方法核定
	纳税人对税务机关采取本条规定的方法核定的应纳税额有异议的，应当提供相关证据，经税务机关认定后，调整应纳税额
（二）紧急避险的税收保全	税务机关有根据认为从事生产、经营的纳税人有逃避纳税义务行为的，可以在规定的纳税期之前，责令限期缴纳应纳税款；在限期内发现纳税人有明显的转移、隐匿其应纳税的商品、货物以及其他财产或者应纳税的收入的迹象的，税务机关可以责成纳税人提供纳税担保。如果纳税人不能提供纳税担保，经县以上税务局（分局）局长批准，税务机关可以采取税收保全措施

续表

（三）保全的标的	存款	
	商品、货物和其他财产	纳税人的房地产、现金、有价证券等不动产和动产
		机动车辆、金银饰品、古玩字画、豪华住宅或者一处以外的住房不属于个人及其所扶养家属维持生活必需的住房和用品
		税务机关对单价5 000元以下的其他生活用品，不采取税收保全措施和强制执行措施
（四）强制执行	从事生产、经营的纳税人、扣缴义务人未按照规定的期限缴纳或者解缴税款，纳税担保人未按照规定的期限缴纳所担保的税款，由税务机关责令限期缴纳，逾期仍未缴纳的，经县以上税务局（分局）局长批准，税务机关可以采取下列强制执行措施： 1.书面通知其开户银行或者其他金融机构从其存款中扣缴税款 2.扣押、查封、依法拍卖或者变卖其价值相当于应纳税款的商品、货物或者其他财产，以拍卖或者变卖所得抵缴税款 税务机关采取强制执行措施时，对前款所列纳税人、扣缴义务人、纳税担保人未缴纳的滞纳金同时强制执行	
（五）税务检查	1.检查纳税人的账簿、记账凭证、报表和有关资料，检查扣缴义务人代扣代缴、代收代缴税款账簿、记账凭证和有关资料 2.到纳税人的生产、经营场所和货物存放地检查纳税人应纳税的商品、货物或者其他财产，检查扣缴义务人与代扣代缴、代收代缴税款有关的经营情况 3.责成纳税人、扣缴义务人提供与纳税或者代扣代缴、代收代缴税款有关的文件、证明材料和有关资料 4.询问纳税人、扣缴义务人与纳税或者代扣代缴、代收代缴税款有关的问题和情况 5.到车站、码头、机场、邮政企业及其分支机构检查纳税人托运、邮寄应纳税商品、货物或者其他财产的有关单据、凭证和有关资料 6.经县以上税务局（分局）局长批准，凭全国统一格式的检查存款账户许可证明，查询从事生产、经营的纳税人、扣缴义务人在银行或者其他金融机构的存款账户。税务机关在调查税收违法案件时，经设区的市、自治州以上税务局（分局）局长批准，可以查询案件涉嫌人员的储蓄存款。税务机关查询所获得的资料，不得用于税收以外的用途	

二、《行政处罚法》

（一）税务处罚的种类	罚款	
	没收违法所得、没收非法财物	
	停止出口退税权	
（二）行政处罚的规则	对当事人的同一个违法行为，不得给予两次以上罚款的行政处罚。同一个违法行为违反多个法律规范应当给予罚款处罚的，按照罚款数额高的规定处罚	
	不予处罚	不满十四周岁的未成年人有违法行为的
		精神病人、智力残疾人在不能辨认或者不能控制自己行为时有违法行为的
		违法行为轻微并及时改正，没有造成危害后果的
		当事人有证据足以证明没有主观过错的，不予行政处罚
		超过处罚时效的

续表

<table>
<tr><td>（二）行政处罚的规则</td><td>从轻、减轻处罚</td><td colspan="2">1. 主动消除或者减轻违法行为危害后果的
2. 受他人胁迫或者诱骗实施违法行为的
3. 主动供述行政机关尚未掌握的违法行为的
4. 配合行政机关查处违法行为有立功表现的
5. 法律、法规、规章规定其他应当从轻或者减轻行政处罚的</td></tr>
<tr><td rowspan="9">（三）行政处罚的程序</td><td rowspan="2">简易程序</td><td colspan="2">违法事实确凿并有法定依据，对公民处以二百元以下、对法人或者其他组织处以三千元以下罚款或者警告的行政处罚的，可以当场作出行政处罚决定</td></tr>
<tr><td colspan="2">亮证——填写预定格式、编有号码的行政处罚决定书——交付——备案</td></tr>
<tr><td rowspan="6">普通程序</td><td colspan="2">立案</td></tr>
<tr><td colspan="2">检查、调查</td></tr>
<tr><td colspan="2">告知与听取意见</td></tr>
<tr><td colspan="2">法制审核</td></tr>
<tr><td colspan="2">作出决定</td></tr>
<tr><td colspan="2">送达</td></tr>
<tr><td>听证程序</td><td colspan="2">见本书第四章审理</td></tr>
<tr><td rowspan="5">（四）行政处罚的执行</td><td colspan="3">予以履行</td></tr>
<tr><td rowspan="4">强制执行</td><td>到期不缴纳罚款的，每日按罚款数额的百分之三加处罚款</td><td>加处罚款的数额不得超出罚款的数额</td></tr>
<tr><td colspan="2">根据法律规定，将查封、扣押的财物拍卖、依法处理或者将冻结的存款、汇款划拨抵缴罚款</td></tr>
<tr><td colspan="2">根据法律规定，采取其他行政强制执行方式</td></tr>
<tr><td colspan="2">依照《中华人民共和国行政强制法》的规定，申请人民法院强制执行</td></tr>
<tr><td>（五）期间计算</td><td colspan="3">《行政处罚法》中的“二日”“三日”“五日”“七日”的规定是指工作日，不含法定节假日</td></tr>
</table>

三、《行政强制法》

<table>
<tr><td>（一）行政强制措施</td><td>查封、扣押的程序</td><td>1. 实施前须向行政机关负责人报告并经批准
2. 由两名以上行政执法人员实施
3. 出示执法身份证件
4. 通知当事人到场
5. 当场告知当事人采取行政强制措施的理由、依据以及当事人依法享有的权利、救济途径
6. 听取当事人的陈述和申辩
7. 制作现场笔录
8. 现场笔录由当事人和行政执法人员签名或者盖章，当事人拒绝的，在笔录中予以注明
9. 当事人不到场的，邀请见证人到场，由见证人和行政执法人员在现场笔录上签名或者盖章
10. 法律、法规规定的其他程序</td></tr>
</table>

续表

<table>
<tr><td rowspan="1">（一）行政强制措施</td><td>冻结存款的程序</td><td>1.实施前须向行政机关负责人报告并经批准
2.由两名以上行政执法人员实施
3.出示执法身份证件
4.制作现场笔录</td></tr>
<tr><td rowspan="3">（二）行政强制执行程序</td><td colspan="2">催告</td></tr>
<tr><td colspan="2">陈述、申辩</td></tr>
<tr><td colspan="2">作出执行决定</td></tr>
<tr><td rowspan="3">（三）非诉执行</td><td colspan="2">当事人在法定期限内不申请行政复议或者提起行政诉讼，又不履行行政决定的，没有行政强制执行权的行政机关可以自期限届满之日起3个月内，依照《行政强制法》第五章规定申请人民法院强制执行</td></tr>
<tr><td colspan="2">行政机关申请人民法院强制执行前，应当催告当事人履行义务。催告书送达10日后当事人仍未履行义务的，行政机关可以向所在地有管辖权的人民法院申请强制执行；执行对象是不动产的，向不动产所在地有管辖权的人民法院申请强制执行</td></tr>
<tr><td colspan="2">人民法院接到行政机关强制执行的申请，应当在5日内受理</td></tr>
</table>

四、《行政救济法》

<table>
<tr><td rowspan="3">（一）行政复议与行政诉讼的关系</td><td rowspan="2">复议前置</td><td colspan="2">征税行为</td></tr>
<tr><td colspan="2">1.对当场作出的行政处罚决定不服
2.申请政府信息公开，行政机关不予公开
3.法律、行政法规规定应当先向行政复议机关申请行政复议的其他情形</td></tr>
<tr><td>或复议或诉讼</td><td colspan="2">除复议前置以外的税务行政行为</td></tr>
<tr><td rowspan="7">（二）《行政复议法》</td><td rowspan="7">税务复议管辖</td><td colspan="2">对各级税务局的具体行政行为不服的，向其上一级税务局申请行政复议</td></tr>
<tr><td colspan="2">对计划单列市税务局的具体行政行为不服的，向国家税务总局申请行政复议</td></tr>
<tr><td colspan="2">对税务所（分局）、各级税务局的稽查局的具体行政行为不服的，向其所属税务局申请行政复议</td></tr>
<tr><td colspan="2">对国家税务总局的具体行政行为不服的，向国家税务总局申请行政复议。对行政复议决定不服，申请人可以向人民法院提起行政诉讼，也可以向国务院申请裁决。国务院的裁决为最终裁决</td></tr>
<tr><td rowspan="3">对税务机关的其他行政行为不服的</td><td>对两个以上税务机关以共同的名义作出的具体行政行为不服的，向共同上一级税务机关申请行政复议；对税务机关与其他行政机关以共同的名义作出的具体行政行为不服的，向其共同上一级行政机关申请行政复议</td></tr>
<tr><td>对被撤销的税务机关在撤销以前所作出的具体行政行为不服的，向继续行使其职权的税务机关的上一级税务机关申请行政复议</td></tr>
<tr><td>对税务机关作出逾期不缴纳罚款加处罚款的决定不服的，向作出行政处罚决定的税务机关申请行政复议。但是对已处罚款和加处罚款都不服的，一并向作出行政处罚决定的税务机关的上一级税务机关申请行政复议</td></tr>
</table>

续表

<table>
<tr><td rowspan="17">（二）《行政复议法》</td><td rowspan="8">税务行政复议参加人</td><td rowspan="2">申请人</td><td colspan="2">行政行为的行政管理相对人</td></tr>
<tr><td colspan="2">非行政行为的行政管理相对人，但其权利直接被该具体行政行为所剥夺、限制或者被赋予义务的公民、法人或其他组织</td></tr>
<tr><td rowspan="5">被申请人</td><td colspan="2">申请人对具体行政行为不服申请行政复议的，作出该具体行政行为的税务机关</td></tr>
<tr><td colspan="2">申请人对扣缴义务人的扣缴税款行为不服的，该扣缴义务人的主管税务机关</td></tr>
<tr><td colspan="2">税务机关依照法律、法规和规章规定，经上级税务机关批准作出具体行政行为的，批准机关</td></tr>
<tr><td colspan="2">申请人对经重大税务案件审理程序作出的决定不服的，审理委员会所在税务机关</td></tr>
<tr><td colspan="2">税务机关设立的派出机构、内设机构或者其他组织，未经法律、法规授权，以自己名义对外作出具体行政行为的，该税务机关</td></tr>
<tr><td colspan="3">第三人</td></tr>
<tr><td rowspan="9">税务行政复议的程序</td><td>申请</td><td colspan="2">申请人可以在知道税务机关作出具体行政行为之日起60日内提出行政复议申请</td></tr>
<tr><td rowspan="2"></td><td colspan="2">复议前置的，必须依照税务机关根据法律、法规确定的税额、期限，先行缴纳或者解缴税款和滞纳金，或者提供相应的担保，才可以在缴清税款和滞纳金以后或者所提供的担保得到作出具体行政行为的税务机关确认之日起60日内提出行政复议申请</td></tr>
<tr><td colspan="2">可以书面申请；书面申请有困难的，也可以口头申请</td></tr>
<tr><td colspan="3">行政复议机关收到行政复议申请后，应当在5日内进行审查。对符合规定的，行政复议机关应当予以受理</td></tr>
<tr><td rowspan="5">审理</td><td rowspan="4">普通程序</td><td>送达文书</td></tr>
<tr><td>被申请人应当自收到行政复议申请书副本或者行政复议申请笔录复印件之日起10日内，提出书面答复，并提交作出行政行为的证据、依据和其他有关材料</td></tr>
<tr><td>行政复议机构应当当面或者通过互联网、电话等方式听取当事人的意见，并将听取的意见记录在案。因当事人原因不能听取意见的，可以书面审理</td></tr>
<tr><td>审理重大、疑难、复杂的行政复议案件，行政复议机构应当组织听证</td></tr>
<tr><td>简易程序</td><td>1.被申请行政复议的行政行为是当场作出
2.被申请行政复议的行政行为是警告或者通报批评
3.案件涉及款额三千元以下
4.属于政府信息公开案件
5.当事人各方同意适用简易程序的，可以适用简易程序</td></tr>
</table>

续表

（二）《行政复议法》	税务行政复议的程序	审理	简易程序	行政复议机构应当自受理行政复议申请之日起3日内，将行政复议申请书副本或者行政复议申请笔录复印件发送被申请人。被申请人应当自收到行政复议申请书副本或者行政复议申请笔录复印件之日起5日内，提出书面答复，并提交作出行政行为的证据、依据和其他有关材料。可以书面审理
		行政复议决定		
（三）《行政诉讼法》	地域管辖	行政案件由最初作出行政行为的行政机关所在地人民法院管辖		
		经复议的案件，也可以由复议机关所在地人民法院管辖		
	被告	作出行政行为的行政机关是被告		
		经复议的案件，复议机关决定维持原行政行为的，作出原行政行为的行政机关和复议机关是共同被告；复议机关改变原行政行为的，复议机关是被告		
		复议机关在法定期限内未作出复议决定，公民、法人或者其他组织起诉原行政行为的，作出原行政行为的行政机关是被告；起诉复议机关不作为的，复议机关是被告		
	一审	起诉	公民、法人或者其他组织直接向人民法院提起诉讼的，应当自知道或者应当知道作出行政行为之日起6个月内提出	
			公民、法人或者其他组织不服复议决定的，可以在收到复议决定书之日起15日内向人民法院提起诉讼。复议机关逾期不作决定的，申请人可以在复议期满之日起15日内向人民法院提起诉讼	
		审理		
	二审	上诉：当事人不服人民法院第一审判决的，有权在判决书送达之日起15日内向上一级人民法院提起上诉。当事人不服人民法院第一审裁定的，有权在裁定书送达之日起10日内向上一级人民法院提起上诉		
		判决		
（四）税务行政应诉规程	出庭诉人员	包括负责人和委托代理人		
		主要负责人不能出庭的，由分管被诉行政行为承办机构的负责人出庭应诉。分管被诉行政行为承办机构的负责人也不能出庭的，主要负责人指定其他负责人出庭应诉 负责人不能出庭应诉的，应当委托本机关相应的工作人员出庭		
		涉及重大事项的案件及人民法院书面建议负责人出庭应诉的案件，税务机关负责人应当出庭应诉 对于因纳税发生的案件，地市级税务局负责人应当出庭应诉。县级税务局和县级以下税务机构负责人对所有案件均应当出庭应诉		

本章练习及答案解析

一、单项选择题

1.稽查局核定应纳税额的对象不包括（　）。

A.依照法律行政法规的规定，可以不设账簿的

B.擅自销毁账簿或拒不提供纳税资料的

C.虽设置账簿但账簿混乱或成本资料、收入凭证、费用凭证残缺不全，难以查账的

D.纳税人申报的计税依据偏低但有正当理由的

【答案】D

【解析】纳税人有下列情形之一的，税务机关有权核定其应纳税额：①依照法律、行政法规的规定可以不设置账簿的；②依照法律、行政法规的规定应当设置但未设置账簿的；③擅自销毁账簿或者拒不提供纳税资料的；④虽设置账簿，但账目混乱或者成本资料、收入凭证、费用凭证残缺不全，难以查账的；⑤发生纳税义务，未按照规定的期限办理纳税申报，经税务机关责令限期申报，逾期仍不申报的；⑥纳税人申报的计税依据明显偏低，又无正当理由的。

2.纳税人在税务机关采取税收保全措施后，按照税务机关规定的期限缴纳税款的，（　）。

A.由税务机关决定是否解除税收保全措施

B.应纳税人的要求解除税收保全措施

C.税务机关应在开出完税凭证后24小时内解除税收保全措施

D.在收到税款或银行转回的完税凭证之日起1日内解除税收保全

【答案】D

【解析】纳税人在税务机关采取税收保全措施后，按照税务机关规定的期限缴纳税款的，税务机关应当自收到税款或者银行转回的完税凭证之日起1日内解除税收保全。

3.某县国家税务局在2023年8月4日发现，因税务人员政策理解的错误造成凯泰公司2021年8月少缴了12万元税款。对此，税务部门正确的处理意见是（　）。

A.已经超过规定的追缴期间，所以不可以要求纳税人补缴税款

B.可以要求纳税人补缴税款，并计算滞纳金，但是不应该对纳税人实施处罚

C.可以要求纳税人补缴税款，但对纳税人不应该计算滞纳金和罚款

D.纳税人并没有错误或者失误，因此纳税人没有补缴税款的义务

【答案】C

【解析】因税务机关的责任，致使纳税人、扣缴义务人未缴或者少缴税款的，税务机关在3年内可以要求纳税人、扣缴义务人补缴税款，但是不得加收滞纳金。根据《税收征管法实施细则》第八十三条，税收征管法第五十二条规定的补缴和追征税款、滞纳金的期限，自纳税人、扣缴义务人应缴未缴或者少缴税款之日起计算。

4.因纳税人或扣缴义务人计算错误等失误，未缴或者少缴税款的，税务机关在（　　）可以追征。

A. 3年内　　B. 5年内　　C. 10年内　　D.无限期

【答案】A

【解析】因纳税人、扣缴义务人计算错误等失误，未缴或者少缴税款的，税务机关在3年内可以追征税款、滞纳金；有特殊情况的，追征期可以延长到5年。

5.某电器公司由于运用公式错误而在去年多缴了增值税，关于是否退还税款，下列说法中正确的是（　　）。

A.税务机关发现纳税人多缴税款的，应当自发现之日起30日查实并办理退还手续

B.税务机关发现纳税人多缴税款的，退还税款时，不加算多缴税款的银行利息

C.纳税人发现多缴税款，要求退还的，税务机关应自接到纳税人退还申请之日起10日内办理退还手续

D.加算银行同期存款利息的多缴税款退税，包括依法预缴税款形成的结算退税、出口退税和各种减免退税

【答案】B

【解析】税务机关发现纳税人多缴税款的，应当自发现之日起10日内办理退还手续；纳税人发现多缴税款，要求退还的，税务机关应当自接到纳税人退还申请之日起30日内查实并办理退还手续。《税收征管法》第五十一条规定的加算银行同期存款利息的多缴税款退税，不包括依法预缴税款形成的结算退税、出口退税和各种减免退税。《税收征管法》第五十一条第一款规定，纳税人超过应纳税额缴纳的税款，税务机关发现后应当立即退还；纳税人自结算缴纳税款之日起3年内发现的，可以向税务机关要求退还多缴的税款并加算银行同期存款利息，税务机关及时查实后应当立即退

还。本条款中强调纳税人发现多缴税可以要求退还税款和利息，而税务机关发现的只提及退还税款，因此B选项正确。

6.纳税人自（　）之日起3年内发现多缴税款的，可以向税务机关要求退还多缴的税款。

A.结算缴纳税款　B.会计记账　C.办理纳税申报　D.计算应纳税款

【答案】A

【解析】同上。

7.纳税人自结算缴纳税款之日起3年内发现多缴税款的，可以向税务机关要求退还多缴的税款并加算银行同期存款利息。这里的存款利息是按（　）的利率计算的。

A.活期存款　B.与多缴税款同期的存款利息

C. 1年期存款利息　D. 1年期贷款存款

【答案】A

【解析】退税利息按照税务机关办理退税手续当天中国人民银行规定的活期存款利率计算。

8.纳税人或者扣缴义务人因计算错误等失误，未缴或者少缴、未扣或者少扣、未收或者少收税款，累计数额在（　）万元以上的，税款追征期可以延长到5年。

A. 1　B. 2　C. 5　D. 10

【答案】D

【解析】《税收征管法》所称特殊情况，是指纳税人或者扣缴义务人因计算错误等失误，未缴或者少缴、未扣或者少扣、未收或者少收税款，累计数额在10万元以上的。

9.税务机关在采取税收保全措施时（　）不在保全措施的范围之内。

A.古玩字画

B.豪华住宅

C.个人及其所扶养家属维持生活必须的住房和用品

D.金银首饰

【答案】C

【解析】其他财产，包括纳税人的房地产、现金、有价证券等不动产和动产。机动车辆、金银饰品、古玩字画、豪华住宅或者一处以外的住房不属于《税收征管法》

第三十八条、第四十条、第四十二条所称个人及其所扶养家属维持生活必需的住房和用品。

10.税务机关对单价（　）元以下的其他生活用品，不得采取税收保全措施和强制执行措施。

A. 2 000　　B. 5 000　　C. 10 000　　D. 50 000

【答案】B

【解析】税务机关对单价5 000元以下的其他生活用品，不采取税收保全措施和强制执行措施。

11.享受减税、免税优惠的纳税人，减税、免税条件发生变化的，应当自发生变化之日起（　）日内向税务机关报告。

A. 10　　B. 15　　C. 20　　D. 30

【答案】B

【解析】享受减税、免税优惠的纳税人，减税、免税条件发生变化的，应当自发生变化之日起15日内向税务机关报告；不再符合减税、免税条件的，应当依法履行纳税义务；未依法纳税的，税务机关应当予以追缴。

12.欠缴税款数额较大的纳税人在处分其不动产或者大额资产之前，应当向税务机关报告。欠缴税款数额较大，是指欠缴税款（　）元以上。

A. 5 000　　B. 10 000　　C. 20 000　　D. 50 000

【答案】D

【解析】所称欠缴税款数额较大，是指欠缴税款5万元以上。

13.下列违法行为中，属于偷税的是（　）。

A.未按规定办理税务登记，造成未纳税的事实

B.未按规定期限申报纳税的

C.未按规定申报纳税，经通知申报而拒不申报，少缴税款的

D.因计算错误，造成税款少缴的

【答案】C

【解析】A选项纳税人有两项违法行为，分别是《税收征管法》第六十条第一款第一项规定的未按规定办理税务登记和《税收征管法》第六十四条第二款规定的不申报不缴纳税款；B选项是《税收征管法》第六十二条规定的未按期纳税申报的行为；

C选项满足《税收征管法》第六十三条规定的经通知申报而拒不申报的手段，也具备少缴税款的结果，是正确答案；D选项不存在主观故意，不是税收违法行为。

14.为纳税人、扣缴义务人非法提供银行账户、发票、证明或者其他方便，导致未缴、少缴税款或者骗取国家出口退税款的，税务机关除没收违法所得外，可以处未缴、少缴或者骗取的税款（　）的罚款。

A.百分之五十以上五倍以下　　B.百分之五十以上三倍以下

C.一倍以上五倍以下　　D.一倍以下

【答案】D

【解析】为纳税人、扣缴义务人非法提供银行账户、发票、证明或者其他方便，导致未缴、少缴税款或者骗取国家出口退税款的，税务机关除没收其违法所得外，可以处未缴、少缴或者骗取的税款1倍以下的罚款。

15.税务代理人违反税收法律、行政法规，造成纳税人未缴或者少缴税款的，除由纳税人缴纳或者补缴应纳税款、滞纳金外，对税务代理人处纳税人未缴或者少缴税款50%以上（　）倍以下的罚款。

A. 1　　B. 2　　C. 3　　D. 5

【答案】C

【解析】税务代理人违反税收法律、行政法规，造成纳税人未缴或者少缴税款的，除由纳税人缴纳或者补缴应纳税款、滞纳金外，对税务代理人处纳税人未缴或者少缴税款50%以上3倍以下的罚款。

16.稽查局实施行政处罚必须以事实为依据，与违法行为的事实、性质、情节以及社会危害程度相当，体现的是行政处罚的（　）原则。

A.法定　　B.过罚相当　　C.三公　　D.柔性

【答案】B

【解析】稽查局实施行政处罚时，必须考虑到违法行为的事实、性质、情节以及社会危害程度相当，体现过罚相当。

17.两个以上稽查局对于税务处罚案件都有管辖权的，由（　）的稽查局管辖。

A.最先立案　　B.协商商定　　C.指定　　D.开票方所在

【答案】A

【解析】对于行政处罚案件，两个以上行政机关都有管辖权的，由最先立案的行政机关管辖。对管辖发生争议的，应当协商解决，协商不成的，报请共同的上一级行政机关指定管辖；也可以直接由共同的上一级行政机关指定管辖。

18.某企业为了达到少缴税款的目的，在没有真实交易的情况下，让另一家企业为自己开具普通发票。某稽查局拟对其偷税行为处三倍罚款60万元，对其虚开行为处10万元罚款。正确的处罚数额是（　）元。

A. 60万　　B. 10万　　C. 70万　　D. 50万

【答案】A

【解析】对当事人的同一个违法行为，不得给予两次以上罚款的行政处罚。同一个违法行为违反多个法律规范应当给予罚款处罚的，按照罚款数额高的规定处罚。

19.《行政处罚法》规定实施行政处罚，适用违法行为发生时的法律、法规、规章的规定。但是，作出行政处罚决定时，法律、法规、规章已被修改或者废止，且新的规定处罚较轻或者不认为是违法的，适用新的规定。体现法的适用的（　）原则。

A.实体从旧　　B.程序从新　　C.从旧兼从轻　　D.无追溯

【答案】C

【解析】法律原则上没有追溯力，不溯及既往的原则，但新的规定轻的可以追溯，这就是从旧兼从轻原则。

20.《行政处罚法》规定当事人到期不缴纳罚款的，每日按罚款数额的百分之三加处罚款。该加处罚款属于（　）。

A.行政的强制措施　　B.行政处罚

C.税收的保全措施　　D.行政的强制执行

【答案】D

【解析】行政强制执行的方式：加处罚款或者滞纳金；划拨存款、汇款；拍卖或者依法处理查封、扣押的场所、设施或者财物；排除妨碍、恢复原状；代履行；其他强制执行方式。

21.当事人在法定期限内不申请行政复议或者提起行政诉讼，又不履行行政决定的，没有行政强制执行权的行政机关可以自期限届满之日起（　）个月内，申请人民法院强制执行。

A. 3　　B. 6　　C. 1　　D. 2

【答案】A

【解析】当事人在法定期限内不申请行政复议或者提起行政诉讼，又不履行行政决定的，没有行政强制执行权的行政机关可以自期限届满之日起3个月内，申请人民法院强制执行。

22.稽查局申请人民法院强制执行前，应当催告当事人履行义务。该催告期限是（　）日。

A. 15　　B. 10　　C. 7　　D. 5

【答案】B

【解析】行政机关申请人民法院强制执行前，应当催告当事人履行义务。催告书送达10日后当事人仍未履行义务的，行政机关可以向所在地有管辖权的人民法院申请强制执行。

23.非诉执行，人民法院应当自受理之日起（　）日内作出是否执行的裁定。

A. 15　　B. 10　　C. 7　　D. 30

【答案】D

【解析】人民法院应当自受理之日起30日内作出是否执行的裁定。裁定不予执行的，应当说明理由，并在5日内将不予执行的裁定送达行政机关。

24.某稽查局对甲公司作出了征税的决定，甲公司不服提起复议申请，在复议时可以一并提出申请的是（　）。

A.国家税务总局的规章　　B.省政府的规章

C.市税务局的规定　　D.该省人大制定的地方性法规

【答案】C

【解析】公民、法人或者其他组织认为行政机关的行政行为所依据的下列规范性文件不合法，在对行政行为申请行政复议时，可以一并向行政复议机关提出对该规范性文件的附带审查申请：国务院部门的规范性文件；县级以上地方各级人民政府及其工作部门的规范性文件；乡、镇人民政府的规范性文件；法律、法规、规章授权的组织的规范性文件。前款所列规范性文件不含规章。

25.申请人可以在知道税务机关作出具体行政行为之日起（　）日内提出行政复议申请。

A. 30　　B. 15　　C. 75　　D. 60

【答案】D

【解析】申请人可以在知道税务机关作出具体行政行为之日起60日内提出行政复议申请。

26.对甲稽查局已处罚款和加处罚款都不服的，一并向（　）申请行政复议。

A.甲稽查局

B.甲稽查局所属的税务局

C.选择甲稽查局和所属税务局一个机关

D.向甲稽查局所属税务局的上一级税务局

【答案】B

【解析】对税务机关作出逾期不缴纳罚款加处罚款的决定不服的，向作出行政处罚决定的税务机关申请行政复议。但是对已处罚款和加处罚款都不服的，一并向作出行政处罚决定的税务机关的上一级税务机关申请行政复议。

27.适用普通程序审理的行政复议案件，行政复议机关应当自受理申请之日起（　）日内作出行政复议决定。

A. 60　　B. 30　　C. 45　　D. 90

【答案】A

【解析】适用普通程序审理的行政复议案件，行政复议机关应当自受理申请之日起60日内作出行政复议决定；但是法律规定的行政复议期限少于60日的除外。情况复杂，不能在规定期限内作出行政复议决定的，经行政复议机构的负责人批准，可以适当延长，并书面告知当事人；但是延长期限最多不得超过30日。适用简易程序审理的行政复议案件，行政复议机关应当自受理申请之日起30日内作出行政复议决定。

28.下列（　）不属于行政诉讼的受案范围。

A.税务处罚　　B.税收保全　　C.停售发票　　D.已证实虚开通知单

【答案】D

【解析】已证实虚开通知单属于稽查局之间的信息沟通行为，即内部行政行为。

29.税务行政诉讼中，复议机关作共同被告的案件，以（　）确定案件的级别管辖。

A.复议机关

B.作出原行政行为的行政机关

C.原告选择的复议机关或者作出行政行为的行政机关

D.复议机关的上一级行政机关

【答案】B

【解析】复议机关作共同被告的案件，以作出原行政行为的行政机关确定案件的级别管辖。

二、多项选择题

1.税务人员在进行（　　）时，与纳税人、扣缴义务人或者其法定代表人、直接责任人有利害关系的，应当按照规定实行回避。

A.核定税款或调整税收定额　　B.办理税务行政复议

C.征收税款　　D.查处税收违法案件

【答案】ABCD

【解析】税务人员征收税款和查处税收违法案件，与纳税人、扣缴义务人或者税收违法案件有利害关系的，应当回避。因此CD选项正确。《税收征管法实施细则》第八条规定，税务人员在核定应纳税额、调整税收定额、进行税务检查、实施税务行政处罚、办理税务行政复议时，与纳税人、扣缴义务人或者其法定代表人、直接责任人有下列关系之一的，应当回避：（1）夫妻关系；（2）直系血亲关系；（3）三代以内旁系血亲关系；（4）近姻亲关系；（5）可能影响公正执法的其他利害关系。

2.税务机关依法核定纳税人的应纳税额时，有权采用下列（　　）方法核定其应纳税额。

A.参照当地同类行业或者类似行业中经营规模和收入水平相近的纳税人的收入额和利润水平核定

B.按照营业收入或者成本加合理的费用和利润的方法核定

C.按照耗用的原材料、燃料、动力等推算或者测算核定

D.采用所列一种方法不足以正确核定应纳税额时，可以同时采用两种以上的方法核定

【答案】BCD

【解析】税务机关有权采用下列任何一种方法核定其应纳税额：①参照当地同类行业或者类似行业中经营规模和收入水平相近的纳税人的税负水平核定；②按照营业收入或者成本加合理的费用和利润的方法核定；③按照耗用的原材料、燃料、动力等推算或者测算核定；④按照其他合理方法核定。采用前款所列一种方法不足以正确核

定应纳税额时，可以同时采用两种以上的方法核定。

3.某企业因偷税被税务机关处以20 000元罚款，该企业逾期未申请行政复议，也未向人民法院起诉，又不履行处罚决定。对此税务机关可（　）。

A.每日按罚款额加收3%的罚款

B.申请人民法院强制执行

C.依法通知开户银行扣缴罚款

D.查封、依法拍卖企业价值相当于罚款的财产抵缴罚款

【答案】ABCD

【解析】当事人对税务机关的处罚决定逾期不申请行政复议也不向人民法院起诉、又不履行的，作出处罚决定的税务机关可以采取《税收征管法》第四十条规定的强制执行措施，或者申请人民法院强制执行。

4.稽查局对从事生产、经营的纳税人、扣缴义务人、纳税担保人发生下列（　）情形，经责令限期缴纳，逾期仍未缴纳的，可采取强制执行措施。

A.未按照规定的期限缴纳或者解缴税款

B.未按照规定的期限缴纳所担保的税款

C.未按照规定的期限缴纳滞纳金

D.未按照规定的期限缴纳罚款

【答案】ABC

【解析】税务机关采取强制执行措施时，对所列纳税人、扣缴义务人、纳税担保人未缴纳的滞纳金同时强制执行。因此税款和滞纳金在责令限期期满后即可采取强制执行措施，而罚款按照《税收征管法》第八十八条第三款规定，应在处罚决定逾期不申请行政复议也不向人民法院起诉、又不履行时才可以采取强制执行措施。

5.纳税人、扣缴义务人在规定期限内不缴或者少缴应纳或者应解缴的税款，经税务机关责令限期缴纳，逾期仍未缴纳的，税务机关可以（　）。

A.依法冻结纳税人金额相当于应纳税款的银行存款

B.经县以上税务局（分局）局长批准，书面通知银行从其存款中扣缴税款

C.经县以上税务局（分局）局长批准，变卖纳税人相当于应纳税款的商品，抵缴税款

D.依法处不缴或者少缴的税款百分之五十以上五倍以下的罚款

【答案】BCD

【解析】从事生产、经营的纳税人、扣缴义务人未按照规定的期限缴纳或者解缴税款，纳税担保人未按照规定的期限缴纳所担保的税款，由税务机关责令限期缴纳，逾期仍未缴纳的，经县以上税务局（分局）局长批准，税务机关可以采取下列强制执行措施：①书面通知其开户银行或者其他金融机构从其存款中扣缴税款；②扣押、查封、依法拍卖或者变卖其价值相当于应纳税款的商品、货物或者其他财产，以拍卖或者变卖所得抵缴税款。《税收征管法》第六十八条规定，纳税人、扣缴义务人在规定期限内不缴或者少缴应纳或者应解缴的税款，经税务机关责令限期缴纳，逾期仍未缴纳的，税务机关除依照本法第四十条的规定采取强制执行措施追缴其不缴或者少缴的税款外，可以处不缴或者少缴的税款百分之五十以上五倍以下的罚款。

6.《税收征管法》所称的其他金融机构，是指（　）。

A.信托投资公司

B.信用合作社

C.邮政储蓄机构

D.经中国人民银行、中国证券监督管理委员会等批准设立的其他非银行金融机构。

【答案】ABCD

【解析】税收征管法所称其他金融机构，是指信托投资公司、信用合作社、邮政储蓄机构以及经中国人民银行、中国证券监督管理委员会等批准设立的其他金融机构。

7.《税收征管法》所称存款，包括（　）。

A.纳税人银行账户中的存款

B.独资企业投资人、企业合伙人、个体工商户的储蓄存款

C.独资企业投资人、企业合伙人、个体工商户的股东资金账户中的资金

D.纳税人的股票、债券

【答案】ABC

【解析】《税收征管法》所称存款，包括独资企业投资人、合伙企业合伙人、个体工商户的储蓄存款以及股东资金账户中的资金等。

8.税务机关对欠缴税款的纳税人依法行使代位权应同时具备以下（　）条件。

A.纳税人的债权必须是到期债权

B.纳税人怠于行使到期债权

C.对国家税收造成了损害

D.必须由税务机关向人民法院提起民事诉讼

【答案】ABCD

【解析】欠缴税款的纳税人因怠于行使到期债权，或者放弃到期债权，或者无偿转让财产，或者以明显不合理的低价转让财产而受让人知道该情形，对国家税收造成损害的，税务机关可以行使代位权、撤销权。

9.关于检查存款账户，下列说法正确的是（　）。

A.税务机关应当指定专人负责，凭全国统一格式的检查存款账户许可证明进行

B.税务机关有责任为被检查人保守秘密

C.检查存款账户许可证明，由国家税务总局制定

D.税务机关查询的内容不仅包括纳税人存款账户余额，还包括纳税人的资金往来情况。

【答案】ABCD

【解析】经县以上税务局（分局）局长批准，凭全国统一格式的检查存款账户许可证明，查询从事生产、经营的纳税人、扣缴义务人在银行或者其他金融机构的存款账户。税务机关在调查税收违法案件时，经设区的市、自治州以上税务局（分局）局长批准，可以查询案件涉嫌人员的储蓄存款。税务机关查询所获得的资料，不得用于税收以外的用途。《税收征管法实施细则》第八十七条规定，税务机关行使税收征管法第五十四条第（六）项职权时，应当指定专人负责，凭全国统一格式的检查存款账户许可证明进行，并有责任为被检查人保守秘密。检查存款账户许可证明，由国家税务总局制定。税务机关查询的内容，包括纳税人存款账户余额和资金往来情况。

10.税务检查人员在进行税务检查时应遵守的规定有（　）。

A.必须出示税务检查证和税务检查通知书

B.为纳税人保密

C.对与案件有关的情况和资料，可以记录、录音、录像、照相和复制

D.询问的问题及情况应与纳税或代扣代缴税款有关

【答案】ABCD

【解析】税务机关调查税务违法案件时，对与案件有关的情况和资料，可以记录、录音、录像、照相和复制。《税收征管法》第五十九条规定，税务机关派出的人员进

行税务检查时，应当出示税务检查证和税务检查通知书，并有责任为被检查人保守秘密；未出示税务检查证和税务检查通知书的，被检查人有权拒绝检查。《税收征管法》第五十四条第一款第四项规定，应询问纳税人、扣缴义务人与纳税或者代扣代缴、代收代缴税款有关的问题和情况。

11.对骗取国家出口退税款的行为，税务机关（　　）。

A.追缴其骗取的退税款

B.并处骗取税款一倍以上五倍以下的罚款

C.处骗取税款一倍以上三倍以下的罚款

D.可以在规定期间内停止为其办理出口退税

【答案】ABD

【解析】以假报出口或者其他欺骗手段，骗取国家出口退税款，由税务机关追缴其骗取的退税款，并处骗取税款一倍以上五倍以下的罚款；构成犯罪的，依法追究刑事责任。对骗取国家出口退税款的，税务机关可以在规定期间内停止为其办理出口退税。

12.稽查局在实施行政处罚时，当事人享有的权利有（　　）。

A.陈述权　　B.申辩权

C.申请行政复议权　　D.提起行政诉讼权

【答案】ABCD

【解析】公民、法人或者其他组织对行政机关所给予的行政处罚，享有陈述权、申辩权；对行政处罚不服的，有权依法申请行政复议或者提起行政诉讼。公民、法人或者其他组织因行政机关违法给予行政处罚受到损害的，有权依法提出赔偿要求。

13.国家税务总局的规章可以设定（　　）。

A.警告　　B.吊销营业执照　　C.一定数额罚款　　D.通报批评

【答案】ACD

【解析】法律行政处罚的设定权是无限的，行政法规可以设定除限制人身自由以外的行政处罚。地方性法规可以设定除限制人身自由、吊销营业执照以外的行政处罚。国务院部门规章对违反行政管理秩序的行为，可以设定警告、通报批评或者一定数额罚款的行政处罚。罚款的限额由国务院规定。

14.税务行政处罚的种类有（　　）。

A.罚款 B.没收违法所得

C.停止出口退税权 D.停售发票

【答案】ABC

【解析】《税务行政复议规则》规定了税务复议的范围，其中行政处罚行为包括：罚款；没收财物和违法所得；停止出口退税权。停售发票属于发票管理行为。

15.稽查局在实施处罚时，（ ）应当从轻或者减轻行政处罚。

A.主动消除或者减轻违法行为危害后果的

B.受他人胁迫或者诱骗实施违法行为的

C.主动供述行政机关尚未掌握的违法行为的

D.配合行政机关查处违法行为有立功表现的

【答案】ABCD

【解析】当事人有下列情形之一，应当从轻或者减轻行政处罚：主动消除或者减轻违法行为危害后果的；受他人胁迫或者诱骗实施违法行为的；主动供述行政机关尚未掌握的违法行为的；配合行政机关查处违法行为有立功表现的；法律、法规、规章规定其他应当从轻或者减轻行政处罚的。

16.税务机关实施首违不罚的条件是（ ）。

A.首次发生首违不罚清单中所列事项

B.危害后果轻微

C.偷税税额小

D.在税务机关发现前主动改正或者在税务机关责令限期改正的期限内改正的

【答案】ABD

【解析】对于首次发生清单中所列事项且危害后果轻微，在税务机关发现前主动改正或者在税务机关责令限期改正的期限内改正的，不予行政处罚。

17.稽查局采取查封扣押，应该履行的步骤有（ ）。

A.实施前须向行政机关负责人报告并经批准

B.由两名以上行政执法人员实施

C.出示执法身份证件

D.通知当事人到场

【答案】ABCD

【解析】稽查局实施查封扣押应当遵守下列规定：实施前须向行政机关负责人报

告并经批准；由两名以上行政执法人员实施；出示执法身份证件；通知当事人到场；当场告知当事人采取行政强制措施的理由、依据以及当事人依法享有的权利、救济途径；听取当事人的陈述和申辩；制作现场笔录；现场笔录由当事人和行政执法人员签名或者盖章，当事人拒绝的，在笔录中予以注明；当事人不到场的，邀请见证人到场，由见证人和行政执法人员在现场笔录上签名或者盖章；法律、法规规定的其他程序。

18.（　）属于稽查局中止执行情形。

A.第三人对执行标的主张权利，确有理由的

B.公民死亡，无遗产可供执行，又无义务承受人的

C.执行可能造成难以弥补的损失，且中止执行不损害公共利益的

D.据以执行的行政决定被撤销的

【答案】AC

【解析】稽查局中止执行的情形有：①当事人履行行政决定确有困难或者暂无履行能力的；②第三人对执行标的主张权利，确有理由的；③执行可能造成难以弥补的损失，且中止执行不损害公共利益的；④行政机关认为需要中止执行的其他情形。

19.稽查局执行完毕后，据以执行的行政决定被撤销、变更，或者执行错误的，应当（　）。

A.恢复原状

B.执行终结

C.退还财物

D.不能恢复原状或者退还财物的，依法给予赔偿

【答案】ACD

【解析】在执行中或者执行完毕后，据以执行的行政决定被撤销、变更，或者执行错误的，应当恢复原状或者退还财物；不能恢复原状或者退还财物的，依法给予赔偿。

20.行政相对人对于稽查局的（　）行为可以申请复议。

A.行政处罚　　B.强制措施　　C.强制执行　　D.行政处分

【答案】ABC

【解析】行政机关对行政机关工作人员的奖惩、任免等决定不属于行政复议范围。

21.申请人可以委托（　　）代为参加税务行政复议。

A.只能一名律师　　B.一至二名律师

C.基层法律服务工作者　　D.其他代理人

【答案】BCD

【解析】申请人、第三人可以委托一至二名律师、基层法律服务工作者或者其他代理人代为参加行政复议。

22.申请人对（　　）行为不服的，应当先向行政复议机关申请行政复议；对行政复议决定不服的，可以向人民法院提起行政诉讼。

A.征收税款

B.申请政府信息公开，行政机关不予公开

C.对当场作出的行政处罚决定不服

D.加收滞纳金

【答案】ABCD

【解析】对于征税行为和加收滞纳金的行为依据《税收征管法》规定属于复议前置。《行政复议法》规定对当场作出的行政处罚决定不服，对申请政府信息公开，行政机关不予公开的，申请人应当先向行政复议机关申请行政复议，对行政复议决定不服的，可以再依法向人民法院提起行政诉讼。

23.行政复议期间稽查局作出的具体行政行为不停止执行，但是有下列（　　），可以停止执行。

A.稽查局认为需要停止执行的

B.稽查局所属税务局认为需要停止执行的

C.申请人申请停止执行，稽查局所属税务局认为其要求合理，决定停止执行的

D.法律、行政法规规定停止执行的。

【答案】ABCD

【解析】行政复议期间行政行为不停止执行；但是被申请人认为需要停止执行；行政复议机关认为需要停止执行；申请人、第三人申请停止执行，行政复议机关认为其要求合理，决定停止执行；法律、法规、规章规定停止执行的其他情形，应当停止执行。

24.下列符合《行政复议法》关于听证规定的是（　　）。

A.审理重大、疑难、复杂的行政复议案件，行政复议机构应当组织听证

B.行政复议机构认为有必要听证，或者申请人请求听证的，行政复议机构可以组织听证

C.听证由一名行政复议人员任主持人，两名以上行政复议人员任听证员，一名记录员制作听证笔录

D.审理重大、疑难、复杂的行政复议案件，行政复议机构应当组成专家委员会组织听证

【答案】ABC

【解析】审理重大、疑难、复杂的行政复议案件，行政复议机构应当组织听证。行政复议机构认为有必要听证，或者申请人请求听证的，行政复议机构可以组织听证。听证由一名行政复议人员任主持人，两名以上行政复议人员任听证员，一名记录员制作听证笔录。

25.行政复议机关审理（ ）行政复议案件，可以适用简易程序。

A.事实清楚 B.对规定一并提出复议申请的

C.权利义务关系明确 D.争议不大

【答案】ACD

【解析】行政复议机关审理下列行政复议案件，认为事实清楚、权利义务关系明确、争议不大的，可以适用简易程序。

26.下列（ ）税务行政复议案件，可以适用简易程序。

A.稽查局当场作出的行政处罚 B.税款数额五千元以下

C.税款数额三千元以下 D.属于政府信息公开案件

【答案】ACD

【解析】行政复议机关审理下列行政复议案件，认为事实清楚、权利义务关系明确、争议不大的，可以适用简易程序：被申请行政复议的行政行为是当场作出；被申请行政复议的行政行为是警告或者通报批评；案件涉及款额三千元以下；属于政府信息公开案件。

27.稽查局有下列（ ）情形之一的，行政复议机关不撤销该行政行为，但是确认该行政行为违法。

A.依法应予撤销，但是撤销会给国家利益、社会公共利益造成重大损害

B.程序轻微违法，但是对申请人权利不产生实际影响

C.违反法定程序

D.主要事实不清、证据不足

【答案】AB

【解析】行政行为有下列情形之一的，行政复议机关不撤销该行政行为，但是确认该行政行为违法：依法应予撤销，但是撤销会给国家利益、社会公共利益造成重大损害；程序轻微违法，但是对申请人权利不产生实际影响。

28.对下列（　）事项，按照自愿、合法的原则，申请人和被申请人在行政复议机关作出行政复议决定以前可以达成和解，行政复议机关也可以调解。

A.税务行政处罚

B.行政赔偿

C.行政奖励

D.存在其他合理性问题的具体行政行为

【答案】ABCD

【解析】对下列行政复议事项，按照自愿、合法的原则，申请人和被申请人在行政复议机关作出行政复议决定以前可以达成和解，行政复议机关也可以调解：行使自由裁量权作出的具体行政行为，如行政处罚、核定税额、确定应税所得率等；行政赔偿；行政奖励；存在其他合理性问题的具体行政行为。

29.行政诉讼中的“复议机关改变原行政行为”，是指（　）。

A.复议机关改变原行政行为的处理结果

B.改变原行政行为所适用的规范依据，同时改变原行政行为处理结果的

C.改变原行政行为所适用的规范依据，但未改变原行政行为处理结果的

D.复议机关改变原行政行为所认定的主要事实和证据

【答案】ABD

【解析】“复议机关改变原行政行为”，是指复议机关改变原行政行为的处理结果。复议机关改变原行政行为所认定的主要事实和证据、改变原行政行为所适用的规范依据，但未改变原行政行为处理结果的，视为复议机关维持原行政行为。复议机关确认原行政行为无效，属于改变原行政行为。复议机关确认原行政行为违法，属于改变原行政行为，但复议机关以违反法定程序为由确认原行政行为违法的除外。

30.人民法院审理行政案件，以（　　）为依据。地方性法规适用于本行政区域内发生的行政案件。

A.规章　　B.法律　　C.行政法规　　D.地方性法规

【答案】BCD

【解析】人民法院审理行政案件，以法律和行政法规、地方性法规为依据。地方性法规适用于本行政区域内发生的行政案件。

三、判断题

1.《税收征管法》第八条所称为纳税人、扣缴义务人保密的情况，是指纳税人、扣缴义务人的商业秘密及税收违法行为。（　　）

【答案】×

【解析】《税收征管法》第八条所称为纳税人、扣缴义务人保密的情况，是指纳税人、扣缴义务人的商业秘密及个人隐私。纳税人、扣缴义务人的税收违法行为不属于保密范围。

2.对查封的商品、货物或者其他财产，稽查局可以指令被执行人负责保管，保管责任由被执行人承担。（　　）

【答案】√

【解析】对查封的商品、货物或者其他财产，税务机关可以指令被执行人负责保管，保管责任由被执行人承担。继续使用被查封的财产不会减少其价值的，税务机关可以允许被执行人继续使用；因被执行人保管或者使用的过错造成的损失，由被执行人承担。

3.稽查局查封或扣押纳税人的商品、货物时，必须开具清单。（　　）

【答案】×

【解析】税务机关扣押商品、货物或者其他财产时，必须开付收据；查封商品、货物或者其他财产时，必须开付清单。

4.欠缴税款的纳税人放弃到期债权，或者无偿转让财产，税务机关可以行使撤销权。（　　）

【答案】×

【解析】只有行为不一定可以行使撤销权，必须对国家税收造成损害时才可以行使撤销权。

5. 对偷税加收滞纳金的起止时间规定为，从查出税款后的限缴期限届满次日起到实际缴纳之日止。（　）

【答案】×

【解析】加收滞纳金的起止时间，为法律、行政法规规定或者税务机关依照法律、行政法规的规定确定的税款缴纳期限届满次日起至纳税人、扣缴义务人实际缴纳或者解缴税款之日止。

6. 扣缴义务人依法履行代扣、代收税款义务时，纳税人拒绝的，扣缴义务人可以依照法定程序采取税收保全或强制执行措施。（　）

【答案】×

【解析】税收保全措施、强制执行措施的权力，不得由法定的税务机关以外的单位和个人行使。

7. 因税务机关的责任，使纳税人、扣缴义务人或者纳税担保人的合法利益遭受的直接损失、间接损失及精神损失，税务机关应当承担赔偿责任。（　）

【答案】×

【解析】税务机关滥用职权违法采取税收保全措施、强制执行措施，或者采取税收保全措施、强制执行措施不当，使纳税人、扣缴义务人或者纳税担保人的合法权益遭受损失的，应当依法承担赔偿责任。所谓损失，是指因税务机关的责任，使纳税人、扣缴义务人或者纳税担保人的合法利益遭受的直接损失。

8. 对有《税收征管法》规定的税收违法行为的纳税人，税务机关可以收缴其发票或者停止向其发售发票。（　）

【答案】×

【解析】《税收征管法》第七十二条规定，从事生产、经营的纳税人、扣缴义务人有本法规定的税收违法行为，拒不接受税务机关处理的，税务机关可以收缴其发票或者停止向其发售发票。

9.《税收征管法》规定的行政处罚，一般应由县以上税务局（分局）决定，但罚款额在3 000元以下的，可以由税务所决定。（　）

【答案】×

【解析】罚款额在二千元以下的，可以由税务所决定。

10.对非法印制发票的行为，税务机关应销毁非法印制的发票，没收违法所得和作案工具，并处10 000元以下罚款。(　　)

【答案】×

【解析】非法印制发票的，由税务机关销毁非法印制的发票，没收违法所得和作案工具，并处一万元以上五万元以下的罚款；构成犯罪的，依法追究刑事责任。

11.违法行为构成犯罪，应当依法追究刑事责任的，不得以行政处罚代替刑事处罚。(　　)

【答案】√

【解析】稽查局在查处涉税案件时，税务违法行为涉嫌犯罪，追究刑事责任的，必须移交公安机关追究刑事责任，不得以行政处罚代替刑事处罚。

12.对违法行为给予行政处罚的规定必须公布；未经公布的，不得作为行政处罚的依据。(　　)

【答案】√

【解析】行政处罚的依据必须依法予以公布的，未经公布的，不得作为行政处罚的依据。

13.违法行为涉嫌犯罪的，稽查局应当及时将案件移送司法机关，依法追究刑事责任。对依法不需要追究刑事责任或者免予刑事处罚，但应当给予行政处罚的，司法机关应当及时将案件移送有关稽查局。(　　)

【答案】√

【解析】《行政处罚法》确立了双移送制度，从而保证行政责任与刑事责任的衔接。

14.当事人有违法所得，除依法应当退赔的外，应当予以没收。违法所得是指实施违法行为所取得的利润。(　　)

【答案】×

【解析】当事人有违法所得，除依法应当退赔的外，应当予以没收。违法所得是指实施违法行为所取得的款项。法律、行政法规、部门规章对违法所得的计算另有规定的，从其规定。

15.违法行为涉嫌犯罪应当移送司法机关的，稽查局应当将查封、扣押、冻结的财物一并移送，不需要告知当事人。(　　)

【答案】×

【解析】违法行为涉嫌犯罪应当移送司法机关的，行政机关应当将查封、扣押、冻结的财物一并移送，并书面告知当事人。

16.当事人的场所、设施或者财物已被其他国家机关依法查封的，不得重复查封。（　）

【答案】√

【解析】不得重复查封是查封的基本规则，因为重复查封达不到强制的目的。

17.稽查局在采取查封、扣押时，因查封、扣押发生的保管费用由当事人承担。（　）

【答案】×

【解析】因查封、扣押发生的保管费用由行政机关承担。应该由稽查局承担保管费用。

18.实施行政强制执行，稽查局不得与当事人达成执行协议。（　）

【答案】×

【解析】实施行政强制执行，行政机关可以在不损害公共利益和他人合法权益的情况下，与当事人达成执行协议。

19.某稽查局向人民法院申请强制执行，强制执行申请书应当由稽查局局长签名，加盖稽查局的印章，并注明日期。（　）

【答案】√

【解析】非诉执行的强制执行申请书应当由行政机关负责人签名，加盖行政机关的印章，并注明日期。

20.第三人不参加税务行政复议，税务行政复议案件应中止审理。（　）

【答案】×

【解析】第三人不参加行政复议，不影响行政复议案件的审理。

21.行政复议机构组织听证的，应当于举行听证的五日前将听证的时间、地点和拟听证事项书面通知当事人。（　）

【答案】√

【解析】新《行政复议法》规定听证的通知时间是举行听证的5日前。

22.对于稽查局作出的行政处罚不服申请行政复议，稽查局局长应当参加听证。不能参加的，应当说明理由并委托相应的工作人员参加听证。（　）

【答案】√

【解析】新《行政复议法》规定被申请人的负责人应当参加听证。不能参加的，应当说明理由并委托相应的工作人员参加听证。

23.当事人各方同意适用简易程序的，应当适用简易程序。（　）

【答案】×

【解析】当事人各方同意适用简易程序的，可以适用简易程序。

24.行政行为认定事实清楚，证据确凿，适用依据正确，程序合法，内容适当的，行政复议机关决定维持该行政行为。（　）

【答案】√

【解析】新《行政复议法》规定行政行为认定事实清楚，证据确凿，适用依据正确，程序合法，内容适当的，行政复议机关决定维持该行政行为。

25.行政复议机关受理申请人认为被申请人不履行法定职责的行政复议申请后，发现被申请人没有相应法定职责或者在受理前已经履行法定职责的，行政复议机关决定维持该行政行为。（　）

【答案】×

【解析】行政复议机关受理申请人认为被申请人不履行法定职责的行政复议申请后，发现被申请人没有相应法定职责或者在受理前已经履行法定职责的，决定驳回申请人的行政复议请求。

26.某公司对某稽查局的税务处罚告知书提起行政诉讼，人民法院应当不予受理。（　）

【答案】√

【解析】行政机关为作出行政行为而实施的准备、论证、研究、层报、咨询等过程性行为以及对公民、法人或者其他组织权利义务不产生实际影响的行为不属于人民法院行政诉讼的受案范围。

27.人民法院受理案件后，被告提出管辖异议的，应当在收到起诉状副本之日起15日内提出。（　）

【答案】√

【解析】提出管辖异议的时间是收到起诉状副本之日起15日内。

28.复议机关确认原行政行为违法，属于改变原行政行为。（　）

【答案】×

【解析】复议机关确认原行政行为违法，属于改变原行政行为，但复议机关以违反法定程序为由确认原行政行为违法的除外。

29.稽查局作被告的税务行政诉讼，出庭的负责人，包括稽查局局长、副局长以及其他参与分管的负责人。（　）

【答案】√

【解析】行政诉讼出庭的行政机关负责人，包括行政机关的正职、副职负责人以及其他参与分管的负责人。

30.行政诉讼中“行政机关相应的工作人员”，包括该行政机关具有国家行政编制身份的工作人员，其他依法履行公职的人员以及劳务派遣人员。（　）

【答案】×

【解析】出庭的“行政机关相应的工作人员”，包括该行政机关具有国家行政编制身份的工作人员以及其他依法履行公职的人员。

31.公民、法人或者其他组织直接向人民法院提起诉讼的，应当自知道或者应当知道作出行政行为之日起3个月内提出。（　）

【答案】×

【解析】公民、法人或者其他组织不服复议决定的，可以在收到复议决定书之日起15日内向人民法院提起诉讼。复议机关逾期不作决定的，申请人可以在复议期满之日起15日内向人民法院提起诉讼。法律另有规定的除外。公民、法人或者其他组织直接向人民法院提起诉讼的，应当自知道或者应当知道作出行政行为之日起6个月内提出。法律另有规定的除外。

四、案例分析

NBASK有限公司（以下简称K公司）成立于1995年，主要经营范围为电子元器件及电子引线框架、接插件的生产、制造；灯具的批发；自营和代理各类商品和技术的进出口业务。

2022年8月28日，K公司与L公司签订了买卖合同，由K公司向L公司购买“冲床、模具及配件”，合同总金额为250万元（含增值税）。合同签订后，K公司向L公司付清了款项，L公司亦将该批货物送达给K公司。因销售方L公司无法开具冲床的增值税专用发票，只开具了110万冲床的增值税普通发票，无法用于进项税额抵扣，K公司遂要求L公司提供增值税专用发票。后L公司联系与其有铜带业务往来的T公司，由T公司向K公司开具货物名称为“铜带”的增值税专用发票26份，价税合计250万元，其中增值税进项税额363 247.89元，K公司已于同期向税务机关申报抵扣。2023年1—2月，K公司按常态进行财务审计，会计师事务所发现K公司上述250万元发票存在实物与账面库存不符的情况，要求K公司按照相关规定进行纠错。后K公司在没有与L公司进行“铜带”交易的情况下，向L公司开具了货物名称为“铜带”的增值税专用发票10份，价税合计250万元。

针对K公司的上述行为，国家税务总局NB市税务局稽查局（以下简称NB稽查局）于2023年6月28日经审查予以立案查处。2023年8月29日，作出N税稽通一〔2023〕48号《税务检查通知书》，并于同年8月30日向K公司送达。2023年8月21日，NB稽查局作出N国税稽罚告〔2023〕6号《税务行政处罚事项告知书》，告知K公司拟作出的处罚及其享有陈述、申辩和听证的权利，并于次日向K公司送达。2023年8月22日，K公司向NB稽查局就本案申请听证。2023年9月5日，NB稽查局根据K公司的申请召开了听证会。2023年9月15日，NB稽查局提请NB税务局（计划单列市税务局）进行重案审理，重案审理委员会作出审理意见，稽查局依据重案审理意见作出N税稽罚〔2023〕7号《税务行政处罚决定书》，并于同年9月19日向K公司送达了该处罚决定书。K公司不服，向法院提起行政诉讼。

依据上述材料回答问题：

1.本案中，T公司向K公司开具货物名称为“铜带”的增值税专用发票26份，价税合计250万元属于（　）。

A.虚开增值税专用发票　　B.未按照规定开具发票

C.偷税　　D.善意取得

【答案】A

【解析】《发票管理办法》规定虚开发票的行为有：为他人、为自己开具与实际经营业务情况不符的发票；让他人为自己开具与实际经营业务情况不符的发票；介绍他人开具与实际经营业务情况不符的发票。

2. 国家税务总局NB市税务局稽查局（以下简称NB稽查局）于2023年6月28日经审查予以立案查处，依据《行政处罚法》和《税务稽查案件办理程序规定》，稽查局应当自立案之日起（　）日内作出行政处理、处罚决定。

A. 30　　B. 45　　C. 60　　D. 90

【答案】D

【解析】稽查局应当自立案之日起90日内作出行政处理、处罚决定或者无税收违法行为结论。案情复杂需要延期的，经税务局局长批准，可以延长不超过90日；特殊情况或者发生不可抗力需要继续延期的，应当经上一级税务局分管副局长批准，并确定合理的延长期限。

3. NB稽查局送达的《税务行政处罚事项告知书》应当包括（　）。

A. 认定的税收违法事实和性质

B. 适用的法律、行政法规、规章及其他规范性文件

C. 拟作出的税务行政处罚

D. 告知书的文号、制作日期、税务机关名称及印章

【答案】ABCD

【解析】《税务行政处罚事项告知书》应当包括以下内容：被查对象或者其他涉税当事人姓名或者名称、有效身份证件号码或者统一社会信用代码、地址。没有统一社会信用代码的，以税务机关赋予的纳税人识别号代替；认定的税收违法事实和性质；适用的法律、行政法规、规章及其他规范性文件；拟作出的税务行政处罚；当事人依法享有的权利；告知书的文号、制作日期、税务机关名称及印章；其他相关事项。

4. 当事人向NB稽查局就本案申请听证，下列说法正确的是（　）。

A. K公司要求听证的，稽查局应当依法组织听证

B. 稽查局应当在收到K公司听证要求后15日内举行听证

C. 稽查局应当在举行听证的7日前将《税务行政处罚听证通知书》送达K公司

D. NB稽查局的听证，由稽查局负责人指定的非本案调查机构的人员主持

【答案】ABCD

【解析】税务机关应当在收到当事人听证要求后15日内举行听证，并在举行听证的7日前将《税务行政处罚听证通知书》送达当事人，通知当事人举行听证的时间、地点，听证主持人的姓名及有关事项。当事人由于不可抗力或者其他特殊情况而耽误提出听证期限的，在障碍消除后5日以内，可以申请延长期限。申请是否准许，由组

织听证的税务机关决定。税务行政处罚的听证，由税务机关负责人指定的非本案调查机构的人员主持，当事人、本案调查人员及其他有关人员参加。

5. NB稽查局提请审理委员会审理案件，应当提交以下（　）案件材料。

A. 重大税务案件审理提请书

B. 税务稽查报告

C. 税务稽查审理报告

D. 听证材料

【答案】ABCD

【解析】稽查局提请审理委员会审理案件，应当提交以下案件材料：重大税务案件审理案卷交接单；重大税务案件审理提请书；税务稽查报告；税务稽查审理报告；听证材料；相关证据材料（重大税务案件审理提请书应当写明拟处理意见，所认定的案件事实应当标明证据指向；证据材料应当制作证据目录）。

6. 审理委员会办公室收到NB稽查局提请审理的案件材料后，应当在（　）日内进行审核。

A. 5　　B. 7　　C. 10　　D. 15

【答案】A

【解析】审理委员会办公室收到稽查局提请审理的案件材料后，应当在5日内进行审核。

7. 重案审理委员会对于K公司的重大税务案件应当自批准受理之日起（　）日内作出审理决定。

A. 5　　B. 7　　C. 30　　D. 15

【答案】C

【解析】重大税务案件应当自批准受理之日起30日内作出审理决定，不能在规定期限内作出审理决定的，经审理委员会主任或其授权的副主任批准，可以适当延长，但延长期限最多不超过15日。

8. 重案审理委员会审理以下（　）的时间不计入审理期限。

A. 成员单位讨论

B. 拟处理意见报上一级税务局审理委员会备案

C. 成员单位查阅材料

D.请示上级机关或征求有权机关意见

【答案】BD

【解析】补充调查、请示上级机关或征求有权机关意见、拟处理意见报上一级税务局审理委员会备案的时间不计入重大税务案件审理期限。

9. NB稽查局应当按照重大税务案件审理意见书制作税务处理处罚决定等相关文书，加盖（　）印章后送达执行。

A.重案审理委员会　　B. NB稽查局

C.重案审理委员会所在的税务局　　D.重案审理委员会审理办公室

【答案】B

【解析】稽查局应当按照重大税务案件审理意见书制作税务处理处罚决定等相关文书，加盖稽查局印章后送达执行。

10.当事人对N税稽罚〔2023〕7号《税务行政处罚决定书》申请行政复议，复议机关是（　）。

A. NB税务局　　B. NB稽查局

C.国家税务总局　　D. NB市政府

【答案】C

【解析】N税稽罚〔2023〕7号《税务行政处罚决定书》经过了重大税务案件审理的，被申请人是NB税务局，NB市属于计划单列市，所以复议机关是国家税务总局。

第七章　税务稽查证据

本章导读

本章涉及证据特征，稽查局取证的一般规则，稽查局取证的规范要求以及证据的审查运用规定，稽查局在税务检查时遇到的主要税收违法行为的证据（比如偷税、虚开发票等）。

学习指引

一、证据的特征

（一）税务稽查证据的概念和特征	税务稽查局在法定职权范围内，为查明涉税违法事实，根据法定程序，收集相关证据的税务行政执法行为	
	特征	关联性是指证据和证明对象之间应当有内在联系
		真实性是指证据必须是客观存在的事实材料
		合法性是指证据的形式和收集程序应当合法
（二）证据的种类	书证、物证、视听资料、电子证据、证人证言、当事人的陈述、鉴定意见、勘验笔录和现场笔录	

二、稽查局取证的一般规则

（一）取证时间	稽查局调查取证应在作出税务处理决定、税务行政处罚决定或者对当事人权利产生实质影响的具体行政行为前进行
（二）取证一般规则	1.调查取证应当2人以上，并出示执法证件 2.所取得的证据应当注明来源、提取时间和地点，并有证据提供人、提取人的签名 3.检查人员与当事人有利害关系的，应当回避 4.告知当事人或者证据提供人对涉及国家秘密、商业秘密、个人隐私、个人信息的证据作出明确标注 5.告知当事人或者有关人员不如实提供证据、证言和作伪证或者隐匿证据应负的法律责任 6.单份证据多页的，应当逐页签章或者捺指印，并在骑缝处加盖印章或者捺指印 7.检查人员既要收集被查对象有违法行为、有从重处罚情节的证据，也要收集被查对象没有违法行为的证据，以及有法定从轻、减轻或者不予处罚情节的证据

三、稽查局取证的规范要求

（一）书证	1.提供书证的原件，原本、正本和副本均属于书证的原件。提供原件确有困难的，可以提供与原件核对无误的复印件、照片、节录本 2.提供由有关部门保管的书证原件的复制件、影印件或者抄录件的，应当注明出处，经该部门核对无异后加盖其印章 3.提供报表、图纸、会计账册、专业技术资料、科技文献等书证的，应当附有说明材料 4.被告提供的被诉具体行政行为所依据的询问、陈述、谈话类笔录，应当有行政执法人员、被询问人、陈述人、谈话人签名或者盖章
（二）物证	1.提供原物。提供原物确有困难的，可以提供与原物核对无误的复制件或者证明该物证的照片、录像等其他证据 2.原物为数量较多的种类物的，提供其中的一部分
（三）视听资料	1.提供有关资料的原始载体。提供原始载体确有困难的，可以提供复制件 2.注明制作方法、制作时间、制作人和证明对象等 3.声音资料应当附有该声音内容的文字记录
（四）电子证据	见第三章电子数据
（五）证人证言	1.写明证人的姓名、年龄、性别、职业、住址等基本情况 2.有证人的签名，不能签名的，应当以盖章等方式证明 3.注明出具日期 4.有居民身份证复印件等证明证人身份的文件
（六）当事人的陈述	当事人自述材料、询问笔录、陈述申辩笔录及其他说明材料等
（七）鉴定意见	应当载明委托人和委托鉴定的事项、向鉴定部门提交的相关材料、鉴定的依据和使用的科学技术手段、鉴定部门和鉴定人鉴定资格的说明，并应有鉴定人的签名和鉴定部门的盖章。通过分析获得的鉴定意见，应当说明分析过程
（八）现场笔录、勘验笔录	应当载明时间、地点和事件等内容，并由执法人员和当事人签名。当事人拒绝签名或者不能签名的，应当注明原因。有其他人在现场的，可由其他人签名

四、稽查局审查运用证据的规则

（一）优势证据规则	1.国家机关以及其他职能部门依职权制作的公文文书优于其他书证 2.鉴定结论、勘验笔录、档案材料以及经过公证或者登记的书证优于其他书证、视听资料和证人证言 3.原件、原物优于复制件、复制品，原始证据优于传来证据 4.数个种类不同、内容一致的证据优于一个孤立的证据
（二）非法证据排除规则	1.严重违反法定程序收集的证据材料 2.以偷拍、偷录、窃听等手段获取侵害他人合法权益的证据材料 3.以利诱、欺诈、胁迫、暴力等不正当手段获取的证据材料 4.在中华人民共和国领域以外或者在中华人民共和国香港特别行政区、澳门特别行政区和台湾地区形成的未办理法定证明手续的证据材料 5.无其他证据印证，且当事人不予认可的证据的复印件或复制品 6.被进行技术处理而无法辨明真伪的证据材料 7.不能正确表达意志的证人的证言 8.不具备合法性和真实性的其他证据材料

续表

（三）自认证据规则	在不受外力影响的情况下，当事人明确表示认可的，可以认定该证据的证明效力；对方当事人予以否认，但不能提供充分的证据进行反驳的，可以综合全案情况审查认定该证据的证明效力
（四）司法认知规则	1.众所周知的事实 2.自然规律及定理 3.按照法律规定推定的事实 4.已经依法证明的事实 5.根据日常生活经验法则推定的事实 前款1、3、4、5项，当事人有相反证据足以推翻的除外
（五）补强证据规则	下列证据不能单独作为定案证据： 1.未成年人所做的与其年龄和智力状况不相适应的证言 2.与当事人有亲属关系或者其他密切关系的证人所做的对该当事人有利的证言，或者与当事人有不利关系的证人所作的对该当事人不利的证言 3.难以识别是否经过修改的视听资料 4.无法与原件、原物核对的复制件或者复制品 5.经改动但当事人不予认可的证据资料 6.其他不能单独作为定案依据的证据材料

五、主要税务违法行为的证据

（一）偷税	主体：纳税人、扣缴义务人	
	主观方面：故意	
	偷税手段	伪造、变造、隐匿和擅自销毁账簿、记账凭证（包括用于记账的发票等原始凭证）： 伪造，是指被查对象依照真账簿、真凭证的式样制造虚假的账簿和记账凭证，以假充真的行为 变造，是指被查对象对账簿、记账凭证进行挖补、涂改、拼接等方式，制作假账、假凭证，以假乱真的行为 隐匿，是指被查对象将账簿、记账凭证故意隐藏起来，使稽查局难以查实计税依据的行为 擅自销毁，是指在法定的保存期间内，擅自将正在使用中或者未过期的账簿、记账凭证销毁处理的行为
		在账簿上多列支出或者不列、少列收入： 对于在账簿上多列支出或者不列、少列收入的手段，应当结合被查对象主观故意认定以及行为的总体纳税影响情况进行综合分析。多列支出，是指在账簿上填写超出实际支出的数额，以冲抵或者减少实际收入的数额，虚增成本，乱摊费用，缩小利润数额等行为
		经税务机关通知申报而拒不申报： 经税务机关通知申报而拒不申报是指应当依法办理纳税申报的被查对象，不按照法律、行政法规的规定办理纳税申报，经税务机关通知后，仍拒不申报的行为。经税务机关通知申报包括：①被查对象已经依法办理税务登记的；②依法不需要办理税务登记的，经税务机关依法书面通知其申报的；③尚未依法办理税务登记的被查对象，经税务机关依法书面通知其申报的

续表

（一）偷税	偷税手段	进行虚假的纳税申报： 虚假的纳税申报，是指被查对象进行纳税申报过程中，制造虚假情况，如不实填写或者提供纳税申报表、财务会计报表以及其他的纳税资料等，少报、隐瞒应税项目、销售收入和经营利润等行为
	偷税结果反映偷税行为对国家税收的危害及其程度，是偷税行为认定的基本要素。根据相关司法解释，偷税数额是指在确定的纳税期间，不缴或者少缴各税种税款的总额	
（二）骗取出口退税	以假报出口或者其他欺骗手段，骗取国家出口退税款： 1.假报出口，是指以虚构已税货物出口事实为目的，具有下列情形之一的行为：伪造或者签订虚假的买卖合同；以伪造、变造或者其他非法手段取得出口货物报关单、出口货物专用缴款书等有关出口退税单据、凭证；虚开、伪造、非法购买增值税专用发票或者其他可以用于出口退税的发票；其他虚构已税货物出口事实的行为 2.其他欺骗手段，是指下列行为：骗取出口货物退税资格的；将未纳税或者免税货物作为已税货物出口的；虽有货物出口，但虚构该出口货物的品名、数量、单价等要素，骗取未实际纳税部分出口退税款的；以其他手段骗取出口退税款的	
（三）虚开发票	1.为他人、为自己开具与实际经营业务情况不符的发票 2.让他人为自己开具与实际经营业务情况不符的发票 3.介绍他人开具与实际经营业务情况不符的发票	

本章练习及答案解析

一、单项选择题

1.《行政处罚法》规定：证据必须经查证属实，方可作为认定案件事实的根据。这体现了证据的（　）。

A.合法性　　B.关联性　　C.真实性　　D.合理性

【答案】C

【解析】所谓证据的真实性，是指证据作为已发生的案件事实的客观遗留，是不以人们的主观意志为转移的客观存在，真实性也叫作证据的客观性或者确实性。

2.《行政处罚法》规定以非法手段取得的证据，不得作为认定案件事实的根据。这体现了证据的（　）。

A.合法性　　B.关联性　　C.真实性　　D.合理性

【答案】A

【解析】证据的合法性．是指提供证据的主体、证据的形式、证据的取得手段和证据的收集程序或提取方法必须符合法律的有关规定。

3.稽查局取得的纳税人虚开发票的复印件属于（ ）。

A.原始证据　　B.传来证据　　C.非法证据　　D.言词证据

【答案】B

【解析】凡是直接来源于案件事实本身的证据材料为原始证据，即通常所说的“第一手证据材料”。凡是经过中间传抄、转述环节获取的证据材料即为传来证据。

4.稽查局取证使用的声音资料，（ ）。

A.税务机关认为需要的，应当附有该声音内容的文字记录

B.被检查对象认为重要的，可以附有该声音内容的文字记录

C.无论是税务机关或者被查对象，均可以根据需要附有该声音内容的文字记录

D.应当附有该声音内容的文字记录

【答案】D

【解析】声音资料应当附有该声音内容的文字记录。

5.从有关部门提取书证的规范要求是（ ）。

A.由有关部门保管的书证原件的复制件、影印件或者抄录件

B.提供由有关部门保管的书证原件的复制件、影印件或者抄录件，经该部门加盖其印章

C.提供由有关部门保管的书证原件的复制件、影印件或者抄录件，应当注明出处，经该部门核对无异后加盖其印章

D.经该部门核对，提供原件的复制件、影印件或者抄录件

【答案】C

【解析】提供由有关部门保管的书证原件的复制件、影印件或者抄录件的，应当注明出处，经该部门核对无异后加盖其印章，这样证明证据的真实性与合法性。

6.企业提供报表、图纸、会计账册、专业技术资料、科技文献等书证的，（ ）。

A.应当附有说明材料　　B.可以附有说明材料

C.依据稽查局的要求作出说明　　D.不需要附有说明材料

【答案】A

【解析】企业提供报表、图纸、会计账册、专业技术资料、科技文献等书证的应当附有说明材料，这样证明对象很明确。

7.稽查局处理行政案件，应当以（ ）为依据。

A.客观事实　　B.证据证明的案件事实

C.推定事实　　D.众所周知事实

【答案】B

【解析】稽查局必须以法律事实为依据，那就是以证据证明的事实为依据，稽查局办理案件重证据，重调查研究。

8.证据所证明的事实必须与待证案件事实具有内在的联系是指证据的（　）。

A.合法性　　B.真实性　　C.关联性　　D.效益性

【答案】C

【解析】证据与证明事实的内在联系是指证据的关联性。

9.对于当事人拒绝在现场笔录、勘验笔录上签章的，检查人员（　）。

A.应当在笔录上注明原因

B.认为当事人有正当理由的，可以不在笔录上注明原因

C.应当在第三人在场的情况下，在笔录上注明原因，并由第三人签字作证

D.可以在笔录上注明原因，并提出相应的处罚建议

【答案】A

【解析】检查人员在笔录中予以注明就可以，第三人的见证属于可以而不是应当的要求。

10.检查人员作的询问笔录被询问人核对无误后，由被询问人在尾页结束处写明（　）。

A.“以上笔录我看过，与我说的相符”

B.“以上笔录向我宣读过，与事实相符”

C.“以上笔录经核对，与我说的相符”

D.“以上笔录经核对，与事实相符”

【答案】A

【解析】A的表述一是证明了记录内容的真实性；二是证明了询问形式的合法性。

11.制作录音、录像等视听资料的，（　）。

A.可以不注明制作时间　　B.应该注明制作人

C.应该注明制作成本　　D.可以不注明制作方法

【答案】B

【解析】制作人就是录音、录像等视听资料的责任人，保证视听资料的合法性与真实性。

12.某稽查人员在对某公司虚开增值税发票案件调查取证中，（　　）证据材料。

A.不得违反法定程序收集

B.可以偷拍获取非侵害他人合法权益的

C.可以偷录获取侵害他人合法权益的

D.可以以举报奖励为名诱导被查对象获取

【答案】A

【解析】取证的程序必须合法才能具备证据的合法性。不得采取偷录、偷拍侵犯他人的合法权益。

13.稽查人员张某、胡某在某公司检查其纳税情况时，发生下列行为：①张某与胡某在某公司对其财务人员进行了询问；②向被询问人送达《询问通知书》；③制作了询问笔录，并按规定要求办理了签字手续。以上符合税务稽查案件取证程序的是：（　　）。

A.①②③　　B.①③　　C.①②　　D.②③

【答案】B

【解析】在某公司询问不需要送达《询问通知书》。

14.某稽查局对某公司实施检查，在检查过程中发现被查对象业务人员的取证至关重要，稽查人员张某、胡某对该业务员进行询问，询问的行为如下：①下达《询问通知书》，通知该业务员到税务机关的询问室进行询问；②制作询问笔录；③该业务员逐页签章；④捺指印。符合稽查案件办理程序的是（　　）。

A.①②　　B.②③　　C.②③④　　D.①②③④

【答案】D

【解析】询问应当由两名以上检查人员实施。除在被查对象生产、经营、办公场所询问外，应当向被询问人送达《询问通知书》。询问时应当告知被询问人有关权利义务。询问笔录应当交被询问人核对或者向其宣读；询问笔录有修改的，应当由被询问人在改动处捺指印；核对无误后，由被询问人在尾页结束处写明“以上笔录我看过（或者向我宣读过），与我说的相符”，并逐页签章、捺指印。被询问人拒绝在询问笔录上签章、捺指印的，检查人员应当在笔录上注明。

二、多项选择题

1.稽查案件在审理环节从（　）审查证据的合法性。

A.证据是否符合法定形式

B.证据的取得是否符合法律、法规、规章和司法解释的规定

C.是否有影响证据效力的其他违法情形

D.证据形成的原因

【答案】ABC

【解析】D属于审查证据真实性的范围。

2.（　）证据材料不得作为定案依据。

A.违反法定程序收集的证据材料

B.以偷拍、偷录和窃听等手段获取的没有侵犯当事人合法权益的证据材料

C.以利诱、欺诈、胁迫和暴力等不正当手段获取的证据材料

D.不能正确表达意志的证人提供的证言

【答案】ACD

【解析】偷拍、偷录和窃听等手段在没有侵犯当事人合法权益的情况下可以作为证据。

3.在稽查局作为被告的诉讼过程中，（　）不得自行向原告和证人收集证据。

A.被告　　B.被告的诉讼代理人

C.稽查局所属的复议机关　　D.人民法院

【答案】AB

【解析】在诉讼过程中，被告及其诉讼代理人不得自行向原告和证人收集证据。因为证据应当在作出被诉行政行为前取得。

4.作为稽查局行政行为证据的询问、陈述、谈话类笔录，应当有（　）签名或者盖章。

A.谈话人　　B.行政执法人员　　C.被询问人　　D.陈述人

【答案】ABCD

【解析】行政行为所依据的询问、陈述、谈话类笔录，应当有行政执法人员、被

询问人、陈述人、谈话人签名或者盖章。

5.证人证言的，应当符合下列（　）要求。

A.写明证人的姓名、年龄、性别、职业、住址等基本情况

B.有证人的签名，不能签名的，应当以盖章等方式证明

C.注明出具日期

D.附有居民身份证复印件等证明证人身份的文件

【答案】ABCD

【解析】证人证言的规范取证要求就是四个要素具备。

6.证人应当陈述其亲历的具体事实。证人根据其经历所作的（　），不能作为定案的依据。

A.判断　B.推测　C.亲历　D.评论

【答案】ABD

【解析】证人作证只能是亲历的事实。

7.以（　）取得的证据，不能作为认定案件事实的依据。

A.违反法律禁止性规定

B.符合法定形式

C.符合法律、法规、司法解释和规章的要求

D.侵犯他人合法权益的方法

【答案】AD

【解析】以违反法律禁止性规定或者侵犯他人合法权益的方法取得的证据，不能作为认定案件事实的依据。

8.证明同一事实的数个证据，其证明效力一般可以按照（　）分别认定。

A.国家机关以及其他职能部门依职权制作的公文文书优于其他书证

B.原件、原物优于复制件、复制品

C.原始证据优于传来证据

D.作出行政行为前收集的证据优于复议机关取得的证据

【答案】ABC

【解析】证据必须在作出行政行为前取得，复议机关在复议程序中收集和补充的证据，或者作出原行政行为的行政机关在复议程序中未向复议机关提交的证据，不能

作为认定原行政行为合法的依据。

9.稽查局在行政程序中非法剥夺公民、法人或者其他组织依法享有的（　）权利所采用的证据，不能作为认定行政行为合法的依据。

A.救济　　B.陈述　　C.申辩　　D.听证

【答案】BCD

【解析】稽查局在行政程序过程中要充分保证当事人的陈述权、申辩权以及要求举行听证权，否则证据不具备合法性。

10.下列（　）证据不能单独作为定案依据。

A.不能正确表达意志的证人提供的证言

B.被当事人或者他人进行技术处理而无法辨明真伪的证据材料

C.与一方当事人有亲属关系或者其他密切关系的证人所作的对该当事人有利的证言，或者与一方当事人有不利关系的证人所作的对该当事人不利的证言

D.无法与原件、原物核对的复制件或者复制品

【答案】CD

【解析】A、B属于非法证据予以排除，不属于不能单独作为定案依据的证据。

11.下列（　）属于税务稽查证据。

A.证人证言　　B.当事人的陈述　　C.鉴定结论　　D.书证

【答案】ABD

【解析】新的证据规范没有鉴定结论，以鉴定意见代替鉴定结论。

三、判断题

1.无正当理由拒不提供原件、原物，又无其他证据印证，且对方不予认可的证据的复制件、复制品不能作证据，因为它不具备证据的合法性。（　）

【答案】×

【解析】无正当理由拒不提供原件、原物，又无其他证据印证，且对方不予认可的证据的复制件、复制品不能作证据，因为它不具备证据的真实性。

2.在以稽查局为被告的行政赔偿诉讼中，原告应当对被诉具体行政行为造成损害的事实提供证据。（　）

【答案】√

【解析】在行政赔偿诉讼中，原告应当对被诉具体行政行为造成损害的事实提供证据。

3.复印件不能作证据。( )

【答案】×

【解析】提供原件确有困难的，可以提供与原件核对无误的复印件、照片、节录本。

4.现场笔录，应当载明时间、地点和事件等内容，必须由执法人员和当事人签名。( )

【答案】×

【解析】现场笔录当事人拒绝签名或者不能签名的，应当注明原因。有其他人在现场的，可由其他人签名。

5.在不受外力影响的情况下，受票方提供的证据，开票方明确表示认可的，可以认定该证据的证明效力；开票方予以否认的就不能作证据使用了。( )

【答案】×

【解析】在不受外力影响的情况下，一方当事人提供的证据，对方当事人明确表示认可的，可以认定该证据的证明效力；对方当事人予以否认，但不能提供充分的证据进行反驳的，可以综合全案情况审查认定该证据的证明效力。

6.稽查局按照法律规定推定的事实，当事人有相反证据足以推翻的就不能作为证据。( )

【答案】√

【解析】举证责任在当事人，而且证据足以推翻稽查局推定的事实，那就不具备证据的真实性。

7.生效的人民法院裁判文书确认的事实，可以作为定案。( )

【答案】√

【解析】生效的人民法院的文书确认的事实属于已经依法确认的事实。

8.外文书证或者外国语视听资料，应当附有由具有翻译资质的机构翻译的或者其他翻译准确的中文译本，由翻译机构盖章或者翻译人员签名。( )

【答案】√

【解析】提供外文证据的基本要求。

9. 自然人代表单位或者法人提供证言的，属于证人证言；以单位或者法人名义出具证明文件的，属于书证。（　）

【答案】√

【解析】身份不同证据种类不同，注意书证与证人证言的区分。

10. 稽查局需要异地调查取证的，可以发函委托相关稽查局调查取证；但不得派人参与受托地稽查局的调查取证。（　）

【答案】×

【解析】检查人员异地调查取证的，当地税务机关应当予以协助；发函委托相关稽查局调查取证的，必要时可以派人参与受托地稽查局的调查取证，受托地稽查局应当根据协查请求，依照法定权限和程序调查。

第八章　税务稽查文书

本章导读

本章介绍税务稽查选案、检查、审理、执行四环节的税务稽查案源审批表、税务稽查任务通知书、税务稽查项目书、税务行政执法审批表、税务稽查立案审批表、税务检查通知书、税务协助检查通知书、调取账簿资料通知书、询问通知书、询问（调查）笔录、税务事项通知书、税务文书送达回证、税务稽查工作底稿、税务稽查报告、税务稽查审理报告、税务稽查审理审批表、税收违法案件集体审理纪要、税务处理决定书、税务行政处罚事项告知书、税务行政处罚决定书、现场笔录、检查存款账户许可证明、催告书、税收强制执行决定书、涉嫌犯罪案件移送书、税务稽查执行报告等主要稽查文书。

学习指引

一、文书主要来源依据（按时间倒序排列）

（一）《国家税务总局关于修订部分税务执法文书的公告》（国家税务总局公告2024年第1号），2024年1月25日起施行	与新修订的《中华人民共和国行政复议法》（2024年1月1日起施行）衔接，税务总局对国税发〔2005〕179号和2021年第23号公告中的税务执法文书进行修改调整。涉及7个： 1.税务处理决定书 2.催告书（申请人民法院强制执行适用） 3.税收强制执行决定书（扣缴税收款项适用） 4.扣缴税收款项通知书 5.强制执行申请书 6.税务行政处罚决定书（简易） 7.社会保险费行政处罚决定书（简易）

续表

（二）《国家税务总局关于修订部分税务执法文书的公告》（国家税务总局公告2021年第23号），2021年8月11日起施行	该文件施行之日起，国税发〔2005〕179号以及国家税务总局公告2012年第2号、2015年第98号、2017年第33号中附件对应的文书同时废止，涉及33个文书： 1.税务行政处罚事项告知书 2.税务行政处罚决定书 3.不予税务行政处罚决定书 4.暂缓或者分期缴纳罚款通知书 5.税务行政处罚决定书（简易） 6.税收保全措施决定书（冻结存款适用） 7.税收保全措施决定书（扣押/查封适用） 8.税收强制执行决定书（扣缴税收款项适用） 9.税收强制执行决定书（拍卖/变卖适用） 10.解除税收保全措施决定书（冻结存款适用） 11.解除税收保全措施决定书（扣押/查封适用） 12.强制执行申请书 13.税务稽查结论 14.涉嫌犯罪案件移送书 15.涉嫌犯罪案件情况调查报告 16.现场笔录 17.勘验笔录 18.税务事项通知书 19.责令限期改正通知书 20.税务检查通知书 21.税务协助检查通知书 22.税务处理决定书 23.税务文书送达回证 24.催告书（行政强制执行适用） 25.催告书（申请人民法院强制执行适用） 26.冻结存款通知书 27.解除冻结存款通知书 28.提取证据专用收据 29.税务行政处罚听证通知书 30.社会保险费行政处罚事项告知书 31.社会保险费行政处罚听证通知书 32.社会保险费行政处罚决定书 33.社会保险费行政处罚决定书（简易）
（三）《税务稽查案件办理程序规定》（国家税务总局令第52号），2021年8月11日起施行	共六章六十一条，对稽查四环节案件办理程序等做了进一步规范

续表

（四）《国家税务总局关于印发〈部分税务稽查内部管理文书式样〉的通知》（税总发〔2018〕133号），2018年8月17日起执行	涉及文书《指定管辖申请》: 1.适用范围：各方税务机关因税务稽查管辖发生争议、协商未果，报请共同的上级税务机关协调或者决定时使用 2.抬头填写管辖权争议各方共同的上级税务机关，包括国家税务总局、国家税务总局各省级税务局、国家税务总局各市级税务局 涉及文书《指定管辖决定书》: 1.适用范围：上级税务机关对下级税务机关提交的《指定管辖申请》作出决定时使用 2.抬头填写提交《指定管辖申请》的税务机关，包括国家税务总局各级税务局 3."由________管辖"横线处填写实施稽查的税务稽查机构
（五）《国家税务总局关于修改〈纳税人存款账户账号报告表〉式样的公告》（国家税务总局公告2018年第35号），2018年7月5日起施行	涉及1个文书:《纳税人存款账户账号报告表》
（六）《国家税务总局关于修订税务行政处罚（简易）执法文书的公告》（国家税务总局公告2017年第33号），2017年11月1日起施行	该文件施行之日起，国税发〔2005〕179号附件1中的《税务行政处罚决定书（简易）》同时废止
（七）国家税务总局关于印发《税务稽查案源管理办法（试行）》的通知（税总发〔2016〕71号），2016年7月1日起施行	共7个税务稽查文书: 1.税务稽查案源审批表 2.案源信息退回（补正）函 3.税务稽查调查核实（包括协查）任务通知书 4.税务稽查调查核实（包括协查）报告 5.税务稽查案源清册 6.税务稽查案源撤销审批表 7.案源处理结果反馈单
（八）《国家税务总局关于发布〈税务稽查执法文书式样〉的公告》（国家税务总局公告2012年第2号），2012年3月1日起施行	共11个税务稽查执法文书，附件部分文书废止
（九）《国家税务总局关于印发〈税务稽查内部管理文书式样〉和〈税务稽查文书式样标准〉的通知》（国税发〔2011〕122号），2012年3月1日起执行	涉及45个税务稽查文书，部分文书废止

续表

（十）《国家税务总局关于印发〈全国统一税收执法文书式样〉的通知》（国税发〔2005〕179号），2006年5月1日起施行	部分有效。本次制定、修改的税收执法文书共67个
（十一）《中华人民共和国税收征收管理法》（主席令第49号），2001年5月1日起施行《中华人民共和国税收征收管理法实施细则》（国务院令第362号），2002年10月15日起施行	对各环节工作程序、要求、基本文书等做了系统规定

二、主要税务稽查文书

（一）税务稽查案源审批表（税总发〔2016〕71号）	1.适用范围：选案部门对案源信息进行识别判断后，提出分类处理意见，报请稽查局负责人批准时使用 2.案源信息类型：根据案源信息来源不同，具体包括：推送案源信息、督办案源信息、交办案源信息、安排案源信息、自选案源信息、检举案源信息、协查案源信息、转办案源信息和其他案源信息 3.关键字：填列与案源信息有关的关键信息，以便于检索和分类统计，具体包含所属行业、企业登记注册类型、敏感人员、专案标识、专项工作标识等内容 4.案源处理意见：填写处理意见和原因，处理意见具体包括：退回或者补正、移交税务局相关部门处理、暂存待查、调查核实（包括协查）和立案检查等
（二）税务稽查任务通知书（国税发〔2011〕122号）	1.适用范围：选案部门通知检查部门对经稽查局局长批准立案检查的稽查对象实施检查 2.并连同相关资料（如：税务稽查项目书）一并向检查部门移交时使用 3.明确稽查对象，明确检查完成时限
（三）税务稽查项目书（国税发〔2011〕122号）	1.适用范围：选案部门记录选案分析意见及向检查部门传递该意见时使用 2.为《税务稽查任务通知书》附件 3.选案结束后，根据所分析的选案项目、依据、意见进行编制。包括稽查对象名称、纳税识别号、电话、地址、分析项目、分析依据、分析意见等内容
（四）税务行政执法审批表（国税发〔2005〕179号）	1.适用于税务机关内部审批税收执法行为时使用。各级税务稽查局在拟采取税收执法行为时，依照规定的审批程序和权限由税务局（分局）局长批准税务执法行为时使用。 2.不能直接作为税收执法行为的法律文书 3.税务执法行为：是指拟采取的具体税务执法行为，如调取账簿、检查存款账户、税收保全措施、税收强制执行措施等需要由税务局局长审批的执法行为 4.需逐级分别填写及审批。申请单位：查办案件部门或下级税务机关名称；承办部门意见：稽查局或者其他主管部门意见；局长意见：有审批权限的同级税务局（分局）局长意见

续表

（五）税务稽查立案审批表（国税发〔2011〕122号）	1.适用范围：待查对象确定后，选案部门报请稽查局领导批准立案检查时使用 2.选案部门对案源信息进行分析筛选的方法（包括：计算机分析、人工分析、人机结合分析等）、经分析筛选认为存在税收违法嫌疑的项目或者情形，以及据以进行立案的法律、行政法规、规章及其他规范性文件依据 3.稽查局局长审批
（六）税务检查通知书（国家税务总局公告2021年第23号）	1.适用范围：税务检查人员在依法对纳税人、扣缴义务人实施税务检查时使用 2.注明开始检查时间、检查所属期间 3.检查人员应当两名以上 4.与《税务文书送达回证》一并使用 5.告知内容：检查人员应当出示税务检查证和税务检查通知书，并有责任为被检查人保守秘密；未出示税务检查证和税务检查通知书的，被检查人有权拒绝检查
（七）税务协助检查通知书（国家税务总局公告2021年第23号）	1.适用范围：检查人员在向有关单位和个人调查取证、协查案件时使用 2.需要调查取证的涉税事项要填写 3.告知内容：税务机关派出的人员进行税务调查时，应当出示税务检查证和税务协助检查通知书。未出示税务检查证和税务协助检查通知书的，被调查人有权拒绝为税务机关提供有关资料及证明材料；有权拒绝协助税务机关调查取证
（八）调取账簿资料通知书（国税发〔2005〕179号）	1.适用范围：检查人员在调取纳税人、扣缴义务人的账簿凭证等资料时使用 2.调取以前会计年度的账簿、记账凭证、报表和其他有关资料时，应由县以上税务局（分局）局长批准；调取当年的账簿、记账凭证、报表和其他有关资料时，应由设区的市、自治州以上税务局局长批准 3.调取账簿、记账凭证、报表和其他资料，可以通知纳税人、扣缴义务人送到税务机关，也可以在下达本通知书后由税务人员带回税务机关 4.与《税务文书送达回证》一并使用
（九）税务事项通知书（国家税务总局公告2021年第23号）	1.适用范围：税务机关对纳税人、扣缴义务人通知有关税务事项时使用。除法定的专用通知书外，税务机关在通知纳税人缴纳税款、滞纳金，要求当事人提供有关资料，办理留抵退税，异常增值税扣税凭证处理，变更检查人员、变更检查所属期，办理有关涉税事项时均可使用此文书 2.由“抬头、事由、依据、通知内容”四部分组成 3.通知内容：办理通知事项的时限、资料、地点、税款及滞纳金的数额、所属期等具体内容。（1）通知纳税人、扣缴义务人、纳税担保人缴纳税款、滞纳金的，应告知被通知人：若同税务机关在纳税上有争议，必须先依照本通知的期限缴纳税款及滞纳金或者提供相应的担保，然后可自上述款项缴清或者提供相应的担保被税务机关确认之日起60日内依法向税务机关申请行政复议；（2）其他通知事项需要告知被通知人申请行政复议或者提起行政诉讼权利的，应告知被通知人：如对本通知不服，可自收到本通知之日起60日内依法向税务机关申请行政复议，或者自收到本通知之日起6个月内依法向人民法院起诉。告知税务行政复议的，应写明税务复议机关名称
（十）询问通知书（国税发〔2005〕179号）	1.适用范围：检查人员就涉税事宜向有关人员进行询问时使用 2.询问应当由两名以上检查人员实施。除在被查对象生产、经营、办公场所询问外，应当向被询问人送达该文书 3.与《税务文书送达回证》一并使用

续表

（十一）询问（调查）笔录（国税发〔2005〕179号）	1.适用范围：检查人员在询问（调查）当事人及有关人员涉税情况时使用 2.应当用钢笔（碳素笔）、毛笔书写或计算机制作，不得使用圆珠笔、铅笔 3.笔录主页上方已设定的内容应逐项填写 4.正文部分采用问答形式。一般可以分为四个环节，分别是告知环节、被询问（调查）当事人身份和经历核对环节、涉税事实调查环节和核对确认环节。（1）正文告知环节一般包括但不限于以下事项：向被询问人表明身份，并出示税务检查证件；告知被询问（调查）人本次询问（调查）的事由；告知被询问（调查）人接受询问（调查）、申请回避等权利义务的法律依据；告知被询问（调查）人享有的法定权利、承担的法定义务和责任；请被询问（调查）人确认是否清楚告知事项和是否需要申请检查人员回避。（2）正文被询问人身份和经历核对环节中一般应当对被询问（调查）人身份、工作经历、与被查对象关系等事实进行询问调查，应当注意围绕被询问（调查）人与案件待证事实的关系进行询问。（3）正文涉税事实调查环节中应当就待调查了解的案件事实进行询问，记录询问（调查）的内容要真实、准确、详细、具体，不能随意取舍。询问（调查）人措辞应当做到意思表达清晰、明确，不得使用暗示性或者隐喻性的言辞；涉及重要事实、情节、数字、日期等问题时，应当要求被询问（调查）人准确回答，避免含糊，尽量记下原话，以保持其原意不变，应当记录被询问（调查）人核对资料的情况或者对数字、日期等关键事项作出答复所依据的资料和资料来源；对被询问（调查）人提供的物证、书证等，应当在记录中反映并记明证据的来源；询问（调查）人出示证据的，应当注明出示何物 5.询问（调查）结束，应将笔录交由被询问（调查）人核对或向其宣读。如被询问（调查）人认为笔录有遗漏或差错，应允许其补充或改正。修改过的笔录，应当由被询问（调查）人在改动处押印。被询问（调查）人认为笔录无误后，由被询问（调查）人在尾页结束处写明“以上笔录我看过（或者向我宣读过），与我说的相符”，逐页签章、捺指印，并在《询问（调查）笔录》骑缝处捺指印；被询问（调查）人拒绝的，检查人员应当在笔录上注明，同时可以通过制作《现场笔录》、音像记录等适当方式记录现场情况应当注明 6.询问（调查）人、记录人要逐页签署日期并签名，不得相互代签名；检查人员可以同时担任询问（调查）人和记录人，但应当分别签名；询问（调查）人签字处应当由 2 名以上检查人员签名 7.询问（调查）工作一般应当在工作时间内进行；若确实无法在工作时间内完成的，在征得被询问人同意后，可以继续进行，但应当在笔录中予以确认
（十二）税务文书送达回证（国家税务总局公告2021年第23号）	1.适用范围：向当事人送达税务文书时使用 2.送达文书名称：送达文书名称及文号 3.受送达人：受送达人为单位的，填写单位名称、统一社会信用代码，没有统一社会信用代码的，以纳税人识别号代替；受送达人为个人的，填写姓名、有效身份证件号码 4.送达地点：送达税务文书的具体地点 5.受送达人签名或盖章：受送达人是法人或其他组织的，应当由法人的法定代表人、其他组织的主要负责人或者该法人、组织的财务负责人、负责收件的人签收；受送达人是公民的，应当由本人直接签收 6.代收人代收理由及签名或盖章：受送达人为个人的，本人不在由其同住成年家属在此栏签名，并注明与受送达人关系；受送达人为单位的，法定代表人不在的，由其代理人或其他负责人或负责收件的人员在此栏签字 7.受送达人拒收理由：受送达人或其他法定签收人拒收时，由送达人填写此栏 8.见证人签名或盖章：受送达人拒收时，邀请有关基层组织或其所在单位的代表作为见证人到场，由见证人在此栏签名或盖章，不应由税务人员签名或盖章

续表

（十二）税务文书送达回证（国家税务总局公告2021年第23号）	9.送达时间：年月日时分 10.送达人两名以上，不得相互代签 11.直接送达、留置送达和委托送达应当制作该文书
（十三）税务稽查工作底稿（国家税务总局公告2012年第2号）	1.适用范围：税务稽查人员实施检查中，记录调查事实，归集相关证据材料时使用 2.《税务稽查工作底稿（一）》主要用于记录从被查对象的账簿凭证资料中摘录的内容；《税务稽查工作底稿（二）》主要用于记录案件具体事实 3.本工作底稿填写完毕后，由税务稽查人员签名，并交被查对象（当事人）核对无误、陈述意见后签章。被查对象为法人或者其他组织的，由相关人员签名，加盖单位印章并注明日期；被查对象为个人的，由个人签名并注明日期 4. 填写必须数据准确，项目填写齐全，字迹清楚，不得随意涂改；确需改正的，应当在改动处逐一签名、捺指印
（十四）税务稽查报告（国税发〔2011〕122号）	1.适用范围：检查部门实施检查完毕后，全面反映检查过程、结果，提出对税务稽查对象税收违法或者其他涉税问题的处理、处罚依据及建议时使用 2.报告标题“×××”处概括点明税务稽查对象名称及其主要税收违法或者其他涉税问题 3.报告内容构成：（1）报告开头部分。主要包括案件来源、检查人员、检查时间、检查对象、纳税人识别号、检查所属期间等。（2）基本情况。被查对象基本情况，实施检查基本情况。（3）检查情况及发现问题。（4）税务处理、处罚依据及建议。（5）其他情况说明。（6）附件《拟查补、退税款汇总表（一）》用于增值税，《拟查补、退税款汇总表（二）》用于其他税种，都要明细列明报告中拟提的查补、退税款情况 4.检查结束，检查人员、检查部门负责人签名，注明报告日期，填写《税务稽查案卷文件材料交接清单》，将报告连同《税务稽查工作底稿（一）》《税务稽查工作底稿（二）》《税务稽查项目书》及相关文件材料在5个工作日内移交审理部门
（十五）税务稽查审理报告（国税发〔2011〕122号）	1.适用范围：审理部门对检查部门移交审理的税务稽查事项或者案件审理完毕，就审理情况及意见提出报告时使用 2.主要审查八个方面内容：执法主体、被查对象、稽查程序、时效及期限、税务稽查项目、税款计算结果、不予加收滞纳金、证据 3.报告标题“×××”处概括点明税务稽查对象名称及其主要税收违法或者其他涉税问题 4.报告正文包括三部分，基本情况、审理意见、其他情况说明。其中“审理意见”部分主要包括：（1）检查人员查明的事实及相关证据；（2）税务稽查对象或者其他涉税当事人的陈述、申辩情况；（3）审理认定的事实及相关证据；（4）税务处理、处罚意见及依据 5.在听证过程中检查部门或者当事人又提供了新的可能影响原先拟定的处理、处罚意见的证据材料时，应当重新进行审理，并制作《税务稽查审理报告》。重新审理并制作的《税务稽查审理报告》，应当根据原有的证据材料、听证情况、当事人提供的新证据材料等情况形成相应的审理意见
（十六）税务稽查审理审批表（国税发〔2011〕122号）	1.适用范围：审理部门对检查部门移交的《税务稽查报告》及相关证据材料审核完毕，并拟定的审理意见报请稽查局局长审批时使用 2.提出审理意见，稽查局局长审核 3.案情复杂需要稽查局集体审理，或者案情重大需要报请稽查局所属税务局集体审理的，应当明确提出分级审理意见。凡需要报请稽查局所属税务局集体审理的，稽查局必须先行集体审理

续表

（十七）税收违法案件集体审理纪要（国税发〔2011〕122号）	1.适用范围：稽查局集体审理税收违法案件，对集体审理讨论和决定内容予以记载时使用 2.本纪要由审理部门根据稽查局集体审理会议记录拟制，由稽查局局长签发 3.主要内容包括：案件情况，议定意见 4.主持人、出席人后列明具体人员姓名及职务；缺席人后应当列明具体人员姓名、职务及缺席原因；列席人、记录人列明具体人员姓名
（十八）税务处理决定书（国家税务总局公告2024年第1号）	1.适用范围：税务机关对各类税收违法行为依据有关税收法律、行政法规、规章作出处理决定时使用 2. 应当包括如下内容：被处理对象名称、查证的违法事实及违法所属期间、处理依据、处理决定、作出处理决定的税务机关名称及印章、作出处理决定日期、处理决定文号、告知申请行政复议的时限、途径 3.受送达人处填写纳税人、扣缴义务人等税务行政相对人名称或者姓名，统一社会信用代码或者有效身份证件号码，没有统一社会信用代码的，填写纳税人识别号。地址填写注册登记地址或者有效身份证件上的地址 4.决定书主体部分，必须抓住税收违法行为的主要事实，简明扼要地加以叙述，然后列举处理的依据，写明处理结论。若违法事实复杂，应当分类分项叙述 5.决定书所援引的处理依据，必须是税收及其他相关法律、行政法规或者规章，并应当注明文件名称、文号和有关条款 6.限期到指定税务机关办理税款及滞纳金缴纳入库，并按照规定进行相关账务调整。逾期未缴清的，将依照《税收征收管理法》第四十条规定强制执行。其中强制执行措施仅限于对从事生产、经营的纳税人、扣缴义务人适用，对非从事生产、经营的纳税人、扣缴义务人可以申请人民法院强制执行 7.与《税务文书送达回证》一并使用
（十九）税务行政处罚事项告知书（国家税务总局公告2021年第23号）	1.适用范围：税务机关对税收违法行为调查取证后，依法应给予行政处罚前使用，依法当场给予行政处罚决定的除外 2.有关告知事项：（1）税务行政处罚的事实、理由、依据及拟作出的处罚决定；（2）有陈述、申辩的权利。在税务机关作出税务行政处罚决定之前，个人（单位）到税务机关进行陈述、申辩或自行提供陈述、申辩材料；逾期不进行陈述、申辩的，视同放弃权利 3.若拟对个人罚款2 000元（含2 000元）以上，拟对单位罚款10 000元（含10 000 元）以上，或符合《行政处罚法》第六十三条规定的其他情形的，个人（单位）有要求听证的权利。可自收到本告知书之日起5个工作日内书面提出听证申请；逾期不提出，视为放弃听证权利 4. 受送达人处填写纳税人、扣缴义务人等税务行政相对人名称或者姓名，统一社会信用代码或者有效身份证件号码，没有统一社会信用代码的，填写纳税人识别号；地址填写注册登记地址或者有效身份证件上的地址 5. 本告知书由税务人员在对当事人作出税务行政处罚决定前根据拟作出的处罚决定填写 6. 本告知书与《税务文书送达回证》一并使用
（二十）税务行政处罚决定书（简易）（国家税务总局公告2024年第1号）	1.适用范围：在对公民处以 200 元（含 200 元）以下、对法人或者其他组织处以 3 000 元（含3 000 元）以下罚款，当场作出税务行政处罚时使用 2.处罚地点、处罚时间、违法事实及处罚依据、缴纳方式（当场缴纳或指定缴纳）、罚款金额，要填写正确、清楚 3.告知当事人事项：终止违法行为并予以纠正；申请行政复议的权利；到期不缴纳罚款的，每日按罚款数额的百分之三加处罚款，加处罚款的数额不超过罚款本数；对处罚决定逾期不申请行政复议又不履行的，税务机关有权依法采取强制执行措施或者申请人民法院强制执行

续表

（二十）税务行政处罚决定书（简易）（国家税务总局公告2024年第1号）	4.经办人：填写具体经办被处罚事项，能代表被处罚人陈述申辩及签收文书的人员，被处罚人是单位的，要同时加盖单位公章
（二十一）税务行政处罚决定书（国家税务总局公告2021年第23号）	1.适用范围：税务机关在对纳税人、扣缴义务人及其他当事人作出税务行政处罚决定时使用 2.正文内容分两部分：违法事实及证据，处罚决定。必须抓住税收违法的主要违法事实，简明扼要地加以陈述并说明主要证据，然后列举处罚的法律依据和具体情节轻重，写明处罚结论。若违法事实及证据复杂，应给予分类分项陈述。所援引的处罚依据，必须是税收法律、行政法规或者规章，并应当注明文件名称、文号和有关条款 3.列明：应缴款项、缴款期限、缴纳地点、入库账号、有权受理行政复议申请的上级税务机关的具体名称 4.如对本决定不服，依法申请行政复议或者依法向人民法院起诉的权利 5.如对处罚决定逾期不申请复议也不向人民法院起诉、又不履行的，税务机关有权采取强制执行措施或者申请人民法院强制执行 6.与《税务文书送达回证》一并使用
（二十二）现场笔录（国家税务总局公告2021年第23号）	1.适用范围：税务稽查人员或者其他税收执法人员依法进行实地调查、实施查封（扣押）或者实施冻结存款，就与案件事实确认等相关的现场执法情况、违法事实等事项进行当场客观记载时使用 2.本笔录应当在现场检查时当场制作，不能事后补充制作 3.本笔录应当使用能够长期保持字迹的书写工具书写，也可使用计算机记录并打印，并保证字迹清楚 4.本笔录主页上方设定的内容应当逐项填写。若当事人为单位的，写明单位名称及法定代表人（负责人）姓名 5."时间"项应当完整填写起止时间，并具体到"分"，即年月日时分至年月日时分 6.本笔录主体部分内容应当按照纪实、叙述的写作要求，客观、真实、全面地反映现场的实际所见、所闻情况，并避免对有关情况、内容进行评判、推断 7."现场情况记录"一般包括现场执法的经过、现场执法主要情况，并可根据需要附绘制的图样、照片、录像等其他证明材料。填写应当注意如下内容：（1）应该记录执法人员（二人以上）进入现场时出示税务检查证、《税务检查通知书》情况。（2）查封、扣押财产，或者冻结存款等税收执法文书的送达情况。（3）应当当场告知当事人采取税务行政执法行为的理由、依据，以及当事人依法应当履行的义务、享有的权利等事项。（4）应当记录执法现场相关人员姓名、身份、职务以及相关证件等情况。（5）应当记录现场执法的过程，过程记录应当详略得当。（6）应当记录现场执法所采取的措施，书证、物证等证据材料的来源、出处、名称、数量以及采集、抽样过程等情况；采取拍照、绘图的，还应当记录现场拍照的内容、数量、绘制现场图的种类、数量、绘制时间、方位以及测绘人姓名、身份等内容。（7）实地执法结束时，应当将笔录交当事人核对或者向其宣读；笔录有修改的，应当由当事人在改动处捺指印；核对无误后，由当事人在尾页结束处写明"以上笔录我看过（或者向我宣读过），与现场情形相符"，并逐页签章。当事人经通知不到场或者拒绝在现场笔录上签章的，执法人员应当注明原因，并由执法人员签名。有第三方人员在现场的，可由其签名见证

续表

（二十三）检查存款账户许可证明（国税发〔2005〕179号）	1.适用范围：检查人员在对纳税人、扣缴义务人在银行或者其他金融机构的存款账户及案件涉嫌人员在银行或者其他金融机构的储蓄存款账户进行查询时使用 2.查询纳税人、扣缴义务人存款账户由县以上税务局（分局）局长签发，查询案件涉嫌人员的储蓄存款由设区的市、自治州以上税务局（分局）局长签发 3.需要填写检查人员的姓名和税务检查证号码 4.与《税务文书送达回证》一并使用
（二十四）催告书（税收强制执行适用）（国家税务总局公告2021年第23号）	1.依据《行政强制法》第三十五条规定制作，是税务机关对当事人在法定期限内不履行行政决定，在依法强制执行前，事先催告当事人履行义务而制作的执法文书 2.当事人应当在规定期限内履行的义务，涉及金钱给付的，应当有明确的金额和给付方式；依法申请人民法院强制执行的行政决定不得在此填写 3.逾期仍未履行义务的，税务机关将依法强制执行 4.个人（单位）在收到催告书后有权进行陈述和申辩，在收到之日起3日内提出陈述和申辩，逾期不陈述、申辩的视为放弃陈述和申辩的权利
（二十五）催告书（申请人民法院强制执行适用）（国家税务总局公告2024年第1号）	1.依据《行政强制法》第五十四条规定制作，是税务机关在申请人民法院依法强制执行前，事先催告当事人履行义务而制作的执法文书 2.收到本催告书之日起10日内履行义务 3.逾期仍未履行义务的，本机关将依法申请人民法院强制执行 4.个人（单位）在收到本催告书之日起3日内提出陈述和申辩，逾期不陈述、申辩的视为放弃陈述和申辩的权利 5.执法人员应为两名以上，签名（盖章）并注明税务检查证件号码
（二十六）税收强制执行决定书（扣缴税收款项适用）（国家税务总局公告2024年第1号）	1. 适用范围：（1）税务机关对从事生产、经营的纳税人已采取税收保全措施，但纳税人逾期未缴纳税款时使用；（2）从事生产、经营的纳税人、扣缴义务人未按规定的期限缴纳或者解缴税款，纳税担保人未按规定的期限缴纳所担保的税款，由税务机关责令限期缴纳，逾期仍未缴纳时使用；（3）税务机关对从事生产、经营的纳税人以前纳税期的纳税情况依法进行税务检查时，发现纳税人有逃避纳税义务行为，并有明显的转移、隐匿其应纳税的商品、货物以及其他财产或者应纳税的收入的迹象时使用；（4）当事人对税务机关当场作出的处罚决定逾期不申请行政复议又不履行时，或者对税务机关作出的其他处罚决定逾期不申请行政复议也不向人民法院起诉、又不履行时使用 2.本决定书应与《扣缴税收款项通知书》，由县以上税务局（分局）局长批准后使用 3.填列明确的扣款期限、扣款账户账号、税款、滞纳金、罚款、没收违法所得具体数额，告知申请行政复议或者向人民法院起诉的权利 4.填列有权受理行政复议申请的上级税务机关的具体名称 5.本决定书与《税务文书送达回证》一并使用，在送达金融机构后送达纳税人一份
（二十七）涉嫌犯罪案件移送书（国家税务总局公告2021年第23号）	1. 适用范围：税务机关向公安机关移送涉嫌犯罪的税收违法案件时使用 2. 本移送书抬头填写受移送案件的公安机关名称 3. 依法向公安机关移送案件时，应当附送以下资料：（1）《关于案件的调查报告》；（2）作出处理决定的，应附送《税务处理决定书》的复制件；作出处罚决定的，应附送《税务行政处罚决定书》的复制件；（3）涉嫌犯罪的主要证据材料复制件；（4）其他有关涉嫌犯罪的材料。对有一定的涉嫌犯罪线索，但依税务机关法定职权无法查证并作出税务处理、处罚决定的税收违法行为，税务机关可以依法移送公安机关

续表

（二十七）涉嫌犯罪案件移送书（国家税务总局公告2021年第23号）	4.用于证明税务处理、处罚等税收执法行为的证据材料原件不得移交 5.《税务稽查报告》《税务稽查审理报告》《税收违法案件集体审理纪要》等税务机关内部研究相关材料不得移送 6.本移送书与《税务文书送达回证》一并使用 7.经稽查局集体审理或者所属税务局重大税务案件审理决定移送的案件，在行政执法机关正职负责人或者主持工作的负责人作出批准决定的24小时内向同级公安机关移送；决定不批准的，应当将不予批准的理由记录在案
（二十八）税务稽查执行报告（国税发〔2011〕122号）	1.适用范围：执行部门采取相关执行措施后，报告执行过程、执行结果时使用 2.执行文书及附件：应当列明执行文书、税收缴款书或者其他完税证明名称，以及相关文书文号、税收缴款书或者其他完税证明编号 3.执行方式：应当填写自动履行、行政强制执行、司法强制执行 4.执行内容：应当简要填写《税务处理决定书》和《税务行政处罚决定书》中需要执行的事项 5.执行情况：主要填写执行过程中相关税务文书的送达情况（包括送达方式、送达日期）、采取的税收保全措施或者强制执行措施及税款、滞纳金、罚款、没收违法所得等执行结果

本章练习及答案解析

一、单项选择题

1.税务稽查执法文书尺寸，除有个别要求的外，统一使用（　）幅面纸张（210mm×297mm）印制。

A. A3　　B. A4　　C. B3　　D. B4

【答案】B

【解析】本题考核的是税务稽查执法文书标准。根据《国家税务总局关于印发全国统一税收执法文书式样的通知》（国税发〔2005〕179号）附件2《税务执法文书标准》——技术规范：文书尺寸，除有个别要求的文书外，统一使用A4幅面纸张（210mm×297mm）印制。

2.稽查局使用《调取账簿资料通知书》调取纳税人、扣缴义务人以前会计年度的账簿、记账凭证、报表和其他有关资料的，应及时完整退还，调取期限不超过（　）。

A. 6个月　　B. 3个月　　C. 2个月　　D. 30天

【答案】B

【解析】本题考核的是税务稽查的调取账簿资料时限。根据《税务稽查案件办理程序规定》（国家税务总局令第52号）第十八条：调取纳税人、扣缴义务人以前会计年度的账簿、记账凭证、报表和其他有关资料的，应当经县以上税务局局长批准，并在3个月内完整退还；调取纳税人、扣缴义务人当年的账簿、记账凭证、报表和其他有关资料的，应当经设区的市、自治州以上税务局局长批准，并在30日内退还。

3.《税务稽查工作底稿（一）》主要用于记录（　）。

A.被查对象税收违法行为应补缴税费情况

B.被查对象的陈述意见

C.被查对象的账簿凭证资料中摘录的内容

D.案件具体事实

【答案】C

【解析】本题考核《税务稽查工作底稿》的适用范围。根据《国家税务总局关于发布〈税务稽查执法文书式样〉的公告》（国家税务总局公告2012年第2号）——《税务稽查工作底稿》使用说明3:《税务稽查工作底稿（一）》主要用于记录从被查对象的账簿凭证资料中摘录的内容;《税务稽查工作底稿（二）》主要用于记录案件具体事实。

4.稽查局开展下列（　）工作时使用《税务检查通知书》。

A.需要纳税人、扣缴义务人配合协助调查

B.对纳税人、扣缴义务人开展纳税评估

C.依法对纳税人、扣缴义务人实施税务检查

D.调查取证与纳税、代扣代缴、代收代缴税款有关情况

【答案】C

【解析】本题考核《税务检查通知书》适用范围。根据《国家税务总局关于修订部分税务执法文书的公告》（国家税务总局公告2021年第23号）附件中《税务检查通知书》适用范围：税务检查人员在依法对纳税人、扣缴义务人实施税务检查时使用。

5.被查对象可自收到（　）之日起5个工作日内向税务局稽查局书面提出听证申请；逾期不提出，视为放弃听证权利。

A.《税收保全措施决定书》

B.《税务处理决定书》

C.《税务处罚决定书》

D.《税务行政处罚事项告知书》

【答案】D

【解析】本题考核税务听证内容。根据《国家税务总局关于修订部分税务执法文书的公告》（国家税务总局公告2021年第23号）附件中《税务行政处罚事项告知书》第三项内容：若拟对你罚款2 000元（含2 000元）以上，拟对你单位罚款10 000元（含10 000元）以上，或符合《中华人民共和国行政处罚法》第六十三条规定的其他情形的，你（单位）有要求听证的权利。可自收到本告知书之日起5个工作日内向我局书面提出听证申请；逾期不提出，视为放弃听证权利。

6.税务稽查部门拟对被查对象或者其他涉税当事人作出（　　）之前，向其下达《税务行政处罚事项告知书》。

A.税收保全措施决定　　B.税务强制执行决定

C.税务处理决定　　D.税务行政处罚决定

【答案】D

【解析】本题考核《税务行政处罚事项告知书》的适用范围。根据《国家税务总局关于修订部分税务执法文书的公告》（国家税务总局公告2021年第23号）附件中《税务行政处罚事项告知书》使用说明2适用范围：税务机关对税收违法行为调查取证后，依法应给予行政处罚前使用，依法当场给予行政处罚决定的除外。

7.《税务稽查报告》中“其他情况说明”不包括以下哪项内容（　　）。

A.被查对象对调查事实的意见

B.拟出具的稽查建议

C.检查人员对税收征管问题的意见

D.税收违法行为是否涉嫌犯罪

【答案】B

【解析】本题考核《税务稽查报告》的相关内容。根据《税务稽查内部管理文书式样》（国税发〔2011〕122号）的规定，《税务稽查报告》中“其他情况说明”主要填写：税收违法行为是否涉嫌犯罪，被查对象对调查事实的意见，以及检查人员对税收征管问题的建议等内容。

8.《指定管辖申请》适用于各方税务机关因税务稽查管辖发生争议、协商未果，报请（　　）。

A.共同的上级稽查局协调或者决定时使用

B.共同的上级税务局协调或者决定时使用

C.国家税务总局各省级税务局协调或者决定时使用

D.国家税务总局稽查局协调或者决定时使用

【答案】B

【解析】本题考核《指定管辖申请》的适用范围。根据《国家税务总局关于印发〈部分税务稽查内部管理文书式样〉的通知》（税总发〔2018〕133号）中《指定管辖申请》使用说明2适用范围：各方税务机关因税务稽查管辖发生争议、协商未果，报请共同的上级税务局协调或者决定时使用。

9.根据《全国税务稽查规范（1.2版）》的规定，案源管理部门通过筛选案源信息确定待查对象后，应填制《税务稽查立案审批表》并附有关资料报请审批，审批人为（　　）。

A.案源管理部门负责人　　B.稽查局分管领导

C.稽查局局长　　D.所属税务局局长

【答案】C

【解析】本题考核税务稽查立案的审批权限。根据《全国税务稽查规范（1.2版）》规定，需要本局立案检查的案源，案源管理岗应当根据确定的待查对象制作《税务稽查立案审批表》，依次经案源部门领导岗、稽查局分管领导审核后，报请稽查局局长审批。

10.应与《税务检查通知书》一并使用的文书为（　　）。

A.《税务稽查立案审批表》

B.《税务行政执法审批表》

C.《税务文书送达回证》

D.《税务稽查人员廉政告知书》

【答案】C

【解析】本题考核税务检查程序。根据《全国统一税收执法文书式样》（国税发〔2005〕179号）的规定，《税务检查通知书》应与《税务文书送达回证》一并使用。

11.《税务行政处罚决定书》中不包括以下哪项内容（　　）。

A.税收违法事实及所属期间　　B.行政处罚种类和依据

C.告知书面提请听证权　　D.行政处罚履行方式和地点

【答案】C

【解析】本题考核《税务行政处罚决定书》的内容。根据《税务稽查案件办理程序规定》（国家税务总局令第52号）第四十四条，《税务行政处罚决定书》应当包括以下主要内容：（一）被查对象或者其他涉税当事人姓名或者名称、有效身份证件号码或者统一社会信用代码、地址。没有统一社会信用代码的，以税务机关赋予的纳税人识别号代替；（二）检查范围和内容；（三）税收违法事实、证据及所属期间；（四）行政处罚种类和依据；（五）行政处罚履行方式、期限和地点；（六）当事人不按期履行行政处罚决定应当承担的责任；（七）申请行政复议或者提起行政诉讼的途径和期限；（八）行政处罚决定书的文号、制作日期、税务机关名称及印章。

12.稽查局在向公安机关移送涉嫌犯罪案件时，下列材料中不属于移交范围的是（　）。

A.《税务稽查报告》的复制件、《税务稽查审理报告》的复制件

B.《税务处理决定书》、《税务行政处罚决定书》的复制件

C.涉嫌犯罪的主要证据材料复制件

D.补缴应纳税款、缴纳滞纳金、已受行政处罚情况明细表及凭据复制件

【答案】A

【解析】本题考核稽查局向公安机关移送涉嫌犯罪案件的内容。根据《国家税务总局关于修订部分税务执法文书的公告》（国家税务总局公告2021年第23号）附件中《涉税犯罪案件移送书》使用说明6，依法向公安机关移送案件时，应当附送以下资料：（1）《关于案件的调查报告》；（2）作出处理决定的，应附送《税务处理决定书》的复制件；作出处罚决定的，应附送《税务行政处罚决定书》的复制件；（3）涉嫌犯罪的主要证据材料复制件；（4）其他有关涉嫌犯罪的材料。使用说明7，用于证明税务处理、处罚等税收执法行为的证据材料原件不得移交。使用说明8，《税务稽查报告》《税务稽查审理报告》《税收违法案件集体审理纪要》等税务机关内部研究相关材料不得移送。

13.采取邮寄送达方式送达税务文书时，下列关于视为已送达的说法正确的是（　）。

A.文书送达日期以收到挂号函件回执的日期为准

B.文书送达日期以挂号函件上注明的发件日期为准

C.文书送达日期以挂号函件回执上注明的收件日期为准

D.文书送达日期以挂号函件实际发件日期为准

【答案】C

【解析】本题考核税务文书送达生效的相关规定。根据《全国税务稽查规范（1.2版）》，邮寄送达以挂号函件回执上注明的收件日期为送达日期，并视为已送达。

14.需要变更或者撤销已经送达生效的决定性文书的，应当经（　）。

A.稽查局集体审理通过

B.所属税务局局长批准

C.案件审理部门负责人批准

D.稽查局局长批准

【答案】A

【解析】本题考核决定性文书的变更或撤销。根据《全国税务稽查规范（1.2版）》规定，重大复杂案件以及拟对情节复杂或者重大违法行为给予较重的行政处罚或者拟对已经送达生效的决定性文书变更或者撤销的，稽查局应当集体审理。

15.某稽查局于2023年9月1日在本地主流新闻媒体上公告了对41位纳税人的《税务处理决定书》，相关《税务处理决定书》视为送达的日期为2023年（　），2023年10月1—6日国庆节放假。

A.9月30日　　B.10月1日

C.10月6日　　D.10月7日

【答案】D

【解析】本题考核公告送达起止日期的计算。根据《全国税务稽查规范（1.2版）》的规定，同一送达事项的受送达人众多，或者采用前述其他送达方式无法送达税务文书的，可以公告送达税务文书。除法律、法规另有规定外，税务文书公告期限为30日。发出公告日期以最后张贴或者刊登的日期为准。公告期限自公告次日起计算，期限届满即视为送达。期限届满的最后一日是节假日的，以节假日后的第一日为期限届满的日期。

16.经鉴定或者查验确认为伪造的空白发票后，稽查局使用《提取证据专用收据》调取证据原件，同时换回原先交付给证据提供单位或者个人的（　）。

A.《调验空白发票收据》　　B.《发票换票证》

C.《调取账簿资料通知书》　　D.《调取账簿资料清单》

【答案】A

【解析】本题考核调取空白发票使用的税务文书。根据《发票管理办法》（国函〔1993〕174号，2023年修订）第三十一条第二款规定：税务机关需要将空白发票调出查验时，应当开具收据；经查无问题的，应当及时发还。根据《全国税务稽查规范（1.2版）》相关规定，调验空白发票时，检查人员应当向被查验对象出具《调验空白发票收据》。

17.税收违法行为涉嫌犯罪的，税务机关填制涉嫌犯罪案件移送书，经税务局局长批准后，依法移送公安机关，并附送的资料不包括（　　）。

A.税务稽查审理报告复制件　　B.涉嫌犯罪的主要证据材料复制件

C.涉嫌犯罪案件情况的调查报告　　D.其他有关涉嫌犯罪的材料

【答案】A

【解析】本题考核税务机关向公安机关移送涉税犯罪案件的内容。根据《税务稽查案件办理程序规定》（国家税务总局令第52号）第四十八条，税收违法行为涉嫌犯罪的，填制涉嫌犯罪案件移送书，经税务局局长批准后，依法移送公安机关，并附送以下资料：（一）涉嫌犯罪案件情况的调查报告；（二）涉嫌犯罪的主要证据材料复制件；（三）其他有关涉嫌犯罪的材料。根据《国家税务总局关于修订部分税务执法文书的公告》（国家税务总局公告2021年第23号）附件中《涉税犯罪案件移送书》使用说明6，依法向公安机关移送案件时，应当附送以下资料：（1）《关于案件的调查报告》；（2）作出处理决定的，应附送《税务处理决定书》的复制件；作出处罚决定的，应附送《税务行政处罚决定书》的复制件；（3）涉嫌犯罪的主要证据材料复制件；（4）其他有关涉嫌犯罪的材料。使用说明8,《税务稽查报告》《税务稽查审理报告》《税收违法案件集体审理纪要》等税务机关内部研究相关材料不得移送。

18.检查结束时，检查人员应当根据（　　）及有关资料，制作《税务稽查报告》，由检查部门负责人审核。

A.《税务稽查结论》　　B.《税务事项通知书》

C.《税务检查通知书》　　D.《税务稽查工作底稿》

【答案】D

【解析】本题考核税务稽查检查环节工作内容。根据《全国税务稽查规范（1.2版）》的相关规定。

19.某税务局稽查局查实某机械制造公司存在账外经营少缴企业所得税50 000元的问题，于2022年8月25日向该公司送达《税务行政处罚事项告知书》，拟对其处以罚款25 000元。该公司法定代表人当场表示接受处罚，并在《税务文书送达回证》上注明："接受处罚，没有陈述申辩意见，不申请回避，不申请听证。"并签字、盖章。该稽查局遂于2022年8月26日将《税务行政处罚决定书》送达给该公司，该公司按时缴纳了罚款。对于该稽查局作出《税务行政处罚决定书》的程序，下列说法正确的是（　　）。

A.该公司已经履行，稽查局作出决定书的程序合法有效

B.该公司已经签字不申请听证，稽查局作出决定书的程序并不违法

C.损害了该公司的听证申请权，稽查局作出决定书的程序不合法

D.该公司不享受听证申请权，稽查局作出决定书的程序合法有效

【答案】C

【解析】本题考核税务稽查法定程序的相关规定。根据《税务行政处罚听证程序实施办法（试行）》规定：要求听证的当事人，应当在《税务行政处罚事项告知书》送达后3日内向税务机关书面提出听证；逾期不提出的、视为放弃听证权利。税务机关在提起听证期限内即下达《税务行政处罚决定书》，明显违反程序。

20.按照《全国税务稽查规范（1.2版）》的规定，执行部门接到相关税务文书后，应当依法及时将税务文书送达被执行人。"相关文书"不包括（　　）。

A.《税务稽查工作底稿》

B.《税务处理决定书》

C.《税务行政处罚决定书》

D.《不予税务行政处罚决定书》

【答案】A

【解析】本题考核执行环节送达文书的范围。根据《全国税务稽查规范（1.2版）》的相关规定，《税务稽查工作底稿》属于内部文书。

21.稽查局按法定程序进行公告送达各类执法文书，下列表述错误的是（　　）。

A.公告送达可以在主管税务机关办税服务厅、纳税人注册登记地址张贴公告

B.在直接送达方式无法送达的情况下，税务机关应首选公告送达方式送达各类执法文书

C.在纳税人注册登记地址张贴公告的，应当采取拍照、录像等方式记录张贴过程

D.公告送达可以通过主管税务机关门户网站、当地主流新闻媒体发布公告

【答案】B

【解析】本题考核税务文书公告送达的基本规定。根据《全国税务稽查规范（1.2版》相关规定：采用其他送达方式无法送达税务文书的情况下，税务机关应通过公告

送达方式送达。公告送达可以在受送达人住所地、生产经营地或者注册登记地张贴公告，或者通过税务机关门户网站、当地主流新闻媒体发布公告（具体发布渠道由各单位根据实际情况选择）。采取上述方式公告送达的，可以同时在主管税务机关办税服务厅张贴公告。张贴公告的，应当使用音像设备记录张贴过程。

22.市局稽查局向本级跨区域稽查局统筹推送各类案源信息时，应填制的文书是（　）。

A.《案源信息传递单》　　B.《转办函》

C.《协办函》　　D.《交办函》

【答案】A

【解析】本题考核推送案源信息文书的使用。根据《全国税务稽查规范（1.2版）》的规定，省、市局稽查局向本级跨区域稽查局统筹推送各类案源信息时，应填制《案源信息传递单》，通过其他案源处理流程传递给跨区域稽查局。

23.督办的检举案件，除有特定时限的以外，承办机关的检举管理岗应在收到上级举报中心转来的督办函和检举材料之日起3个月内填制并报送（　）。

A.《税务稽查调查核实（包括协查）报告》

B.《税务处理决定书》

C.《税收违法检举案件情况报告表》

D.《税务稽查报告》

【答案】C

【解析】本题考核税务稽查检举案件跟踪管理内容。根据《全国税务稽查规范（1.2版）》案件跟踪管理的相关规定，督办的检举案件，除有特定时限的以外，承办机关的检举管理岗应当在收到上级举报中心转来的督办函和检举材料之日起3个月内填制《税收违法检举案件情况报告表》及督办机关要求报送的材料，经税务局稽查局局长或者税务局稽查局分管领导批准后上报查办结果。

24.属于上级督办的重大税收违法案件，稽查局在接到督办机关《重大税收违法案件督办函》后，应在（　）个工作日内尽快制订（　），并做好检查前准备。

A. 10，《税收违法案件查处方案》　　B. 5，《税收违法案件检查实施方案》

C. 5，《税收违法案件查处方案》　　D. 10，《税收违法案件检查实施方案》

【答案】A

【解析】本题考核上级督办案件相关规定。根据《重大税收违法案件督办管理暂行办法》（国税发〔2010〕103号）的规定，属于上级督办的重大税收违法案件，在接到督办机关《重大税收违法案件督办函》后，应当在10个工作日内制订《税收违法案件查处方案》，并做好检查前准备。

25.跨区域稽查局审理部门对本局查办的稽查案件进行审理后，拟处理意见达到重点案件标准的，审理实施岗应当在（　）提出将案件提交税务局稽查局进行集体审理的理由及建议，经审理部门领导岗、跨区域稽查局分管领导审核后，报跨区域稽查局局长审批。

A.《税务稽查审理审批表》　　B.《重大税收违法案件拟处理意见报告》

C.《税收违法案件集体审理纪要》　　D.《税务稽查审理报告》

【答案】A

【解析】本题考核《税务稽查审理审批表》的使用。根据《全国税务稽查规范（1.2版）》的规定，跨区域稽查局审理部门对本局查办的稽查案件进行审理后，拟处理意见达到重点案件标准的，审理实施岗应当在《税务稽查审理审批表》提出将案件提交税务局稽查局进行集体审理的理由及建议。

26.稽查局对需要立案检查的随机抽查对象，案源管理岗及时制作（　），提出是否立案检查的拟处理意见。

A.《税务稽查立案审批表》　　B.《税务稽查案源审批表》

C.《税务稽查任务通知书》　　D.《税务稽查项目书》

【答案】B

【解析】本题考核案源部门对立案检查的随机抽查对象的文书使用。根据《全国税务稽查规范（1.2版）》的规定，对需要立案检查的随机抽查对象，案源管理岗及时制作《税务稽查案源审批表》，提出是否立案检查的拟处理意见；立案处理的，意见中应当明确本级立案查处或者下级稽查局立案查处，报案源部门领导岗审核。

27.稽查局如果决定受理当事人的听证申请，由审理实施岗制作（　）送达当事人。

A.《税务事项通知书》　　B.《听证申请登记表》

C.《税务行政处罚听证通知书》　　D.《听证主持授权委托书》

【答案】C

【解析】本题考核《税务行政处罚听证通知书》的使用。根据《税务行政处罚听证程序实施办法》(国税发〔1996〕190号)第五条的规定，税务机关应当在收到当事人听证要求后15日内举行听证，并在举行听证的7日前将《税务行政处罚听证通知书》送达当事人，通知当事人举行听证的时间、地点，听证主持人的姓名及有关事项。根据《全国税务稽查规范(1.2版)》的规定，收到当事人的听证申请后，审理实施岗应当填制《听证申请登记表》，审核听证申请是否符合受理条件，经审理部门领导岗与稽查局分管领导审核后，报稽查局局长决定是否受理。如果不予受理，由审理实施岗制作《税务事项通知书》告知当事人；如果决定受理，由审理实施岗制作《税务行政处罚听证通知书》送达当事人。

28.纳税保证人同意为纳税人提供纳税担保的，应当填写(　　)。

A.《纳税担保书》　　B.《纳税保证书》

C.《纳税担保财产清单》　　D.《纳税保证财产清单》

【答案】A

【解析】本题考核《纳税担保书》的使用。根据《全国税务稽查规范(1.2版)》的规定，纳税保证人同意为纳税人提供纳税担保的，应当填写《纳税担保书》。《纳税担保书》须经纳税人、纳税保证人签字盖章并经稽查局同意方为有效。纳税担保从稽查局对《纳税担保书》予以确认之日起生效。纳税担保人提供抵押担保的，应当填写《纳税担保书》和《纳税担保财产清单》。

29.稽查局申请人民法院强制执行前，应当催告当事人履行义务。由执行实施岗逐级报稽查局局长或者稽查局分管领导批准后，制作(　　)，送达当事人。

A.《强制执行申请书(催告)》

B.《税收强制执行决定书(催告适用)》

C.《催告书(申请人民法院强制执行适用)》

D.《税务事项通知书(催告适用)》

【答案】C

【解析】本题考核《催告书(申请人民法院强制执行适用)》文书使用。根据《全国税务稽查规范(1.2版)》的规定，稽查局申请人民法院强制执行前，应当催告当事人履行义务。由执行实施岗逐级报稽查局局长或者稽查局分管领导批准后，制作《催告书(申请人民法院强制执行适用)》，送达当事人。

30.在实施检查过程中，被查对象的法定代表人宫某被检察院批捕了，致使检查无法进行，检查人员可以制作的文书是（　）。

A.《税收违法案件终结检查审批表》　B.《税收违法案件中止检查审批表》

C.《税收违法案件终止检查审批表》　D.《税收违法案件中结检查审批表》

【答案】B

【解析】本题考核中止检查的适用情形。根据《全国税务稽查规范（1.2版）》的规定，实施检查过程中，被查对象有下列情形之一，致使检查暂时无法进行的，检查实施岗可以填制《税收违法案件中止检查审批表》，附相关证据材料，经稽查局局长批准后，中止检查：（1）当事人被有关国家机关依法限制人身自由的；（2）账簿、记账凭证及有关资料被其他国家机关依法调取且尚未归还的；（3）与税收违法行为直接相关的事实需要人民法院或者其他国家机关确认的；（4）法律、行政法规或者国家税务总局规定的其他可以中止检查的。

二、多项选择题

1.稽查局派出的人员进行税务检查时，应当出示（　）和（　），并有责任为被检查人（　）；未出示的，被检查人有权拒绝（　）。

A.提供资料　B.税务检查证

C.税务检查通知书　D.保守秘密

E.检查

【答案】BCDE

【解析】本题考核的是税务检查执法程序。根据《税收征收管理法》第五十九条的规定，税务机关派出的人员进行税务检查时，应当出示税务检查证和税务检查通知书，并有责任为被检查人保守秘密；未出示税务检查证和税务检查通知书的，被检查人有权拒绝检查。

2.税务稽查人员应当依照法定权限和程序开展检查，检查可采取（　）等方法。

A.异地协查　B.查询存款账户或者储蓄存款

C.实地检查　D.调取账簿资料

【答案】ABCD

【解析】本题考核税务检查的基本方法。根据《税务稽查案件办理程序规定》（国家税务总局令第52号）第十六条的规定，检查应当依照法定权限和程序，采取实地检查、调取账簿资料、询问、查询存款账户或者储蓄存款、异地协查等方法。

3.《税务行政处罚事项告知书》告知被查对象的有关事项包括（　　）。

A.拟作出的税务行政处罚决定　　B.税务行政处罚的事实、理由、依据

C.要求听证的权利　　D.陈述的权利

E.申辩的权利

【答案】ABCDE

【解析】本题考核税务行政处罚事项告知书的有关告知事项。根据《国家税务总局关于修订部分税务执法文书的公告》（国家税务总局公告2021年第23号）附件中《税务处罚事项告知书》的有关告知事项规定。

4.使用《提取证据专用收据》用于证据原件提取的情形包括（　　）。

A.伪造、变造、虚开的发票及其他税款抵扣、出口退税等凭证

B.伪造、变造的账簿、凭证及有关资料

C.不提取原件可能导致灭失或者被转移、藏匿的其他证据材料

D.伪造、变造的金融票据及其他收付款凭证

E.纳税人所拥有的空白发票

【答案】ABCD

【解析】本题考核《提取证据专用收据》的使用。根据《国家税务总局关于印发〈全国统一税收执法文书式样〉的通知》（国税发〔2005〕179号）和《国家税务总局关于发布〈税务稽查执法文书式样〉的公告》（国家税务总局公告2012年第2号）的规定，《提取证据专用收据》中证据原件的提取范围应当包括但不限于以下类型：（1）伪造、变造、虚开的发票及其他税款抵扣、出口退税等凭证；（2）伪造、变造的金融票据及其他收付款凭证；（3）伪造、变造的账簿、凭证及有关资料；（4）不提取原件可能导致灭失或者被转移、藏匿的其他证据材料。

5.根据《国家税务总局关于发布〈税务稽查执法文书式样〉的公告》（国家税务总局公告2012年第2号）的规定，税务稽查文书中的税务稽查工作底稿包括（　　）。

A.《税务稽查工作底稿（一）》　　B.《分税种工作底稿》

C.《税务稽查工作底稿（二）》　　D.《信息化稽查工作底稿》

E.《税务稽查税款计算底稿》

【答案】AC

【解析】本题考核《税务稽查工作底稿》的使用。根据《国家税务总局关于发布〈税务稽查执法文书式样〉的公告》（国家税务总局公告2012年第2号）的规定，《税

务稽查工作底稿（一）》主要用于记录被查对象的账簿凭证资料中摘录的内容；《税务稽查工作底稿（二）》主要用于记录案件具体事实。

6.税务稽查人员使用《调取账簿资料清单》可调取的资料包括（　　）。

A.记账凭证　　B.财务报表

C.已开具的发票存根联　　D.账簿

E.空白发票

【答案】ABD

【解析】本题考核稽查局调取被查对象相关资料时的文书使用规范。《全国税务稽查规范（1.2版）》的相关规定，需要将已开具的发票调出查验的，应当向被查对象开具《发票换票证》；需要将空白发票调出查验的，应当向被查对象开具《调验空白发票收据》。

7.根据《国家税务总局关于修订部分税务执法文书的公告》（国家税务总局公告2021年第23号）的规定，检查人员在实施下列（　　）行为时应使用《现场笔录》对现场执法情况、违法事实等事项进行当场客观记载。

A.实地调查　　B.实施冻结存款

C.调查询问　　D.实施查封

E.实地扣押

【答案】ABDE

【解析】本题考核《现场笔录》的使用。根据《国家税务总局关于修订部分税务执法文书的公告》（国家税务总局公告2021年第23号）的规定，《现场笔录》的适用范围：税务稽查人员或者其他税收执法人员依法进行实地调查、实施查封（扣押）或者实施冻结存款，就与案件事实确认等相关的现场执法情况、违法事实等事项进行当场客观记载时使用。

8.税务稽查人员直接送达税务文书时，受送达人为法人的，在《税务文书送达回证》上的签收人可以是（　　）。

A.该法人的法定代表人　　B.该法人的法定代表人的成年家属

C.该法人的法定代表人的代理人　　D.该法人的财务负责人

E.该法人的负责收件的人

【答案】ACDE

【解析】本题考核税务文书送达法人时的签收人范围。根据《税收征收管理法实施细则》第八章第一百零一条的规定，税务机关送达税务文书，应当直接送交受送达人。受送达人是法人或者其他组织的，应当由法人的法定代表人、其他组织的主要人负责或者该法人、组织的财务负责人、负责收件的人签收。受送达人有代理人的，可以送交其代理人签收。

9.税务稽查执行人员在填写《阻止欠税人出境布控申请表》时，下列说法正确的是（　）。

A.本文书的适用范围为欠税人所在地县级以上（含县级）税务机关申请阻止欠税人出境，连同有关书面材料报国家税务总局审批

B.申请单位必须按照要求认真填写申请表中所列项目，其中姓名、国籍、性别、出生日期、证件种类、号码等基本项目必须填写清楚、完整

C."出境口岸"栏填写需部署边控的口岸名称。控制期限一般不超过6个月

D."阻止出境理由（欠税额）"栏填写阻止欠税人出境的理由、事实依据及具体欠税额

E."联系人"及"电话"栏需填写24小时可联系到的人员及电话

【答案】BDE

【解析】本题考核欠税人出境布控的相关规定。根据《国家税务总局关于印发〈全国统一税收执法文书式样〉的通知》（国税发〔2005〕179号）的规定，《阻止欠税人出境布控申请表》适用范围为：欠税人所在地县级以上（含县级）税务机关申请阻止欠税人出境，连同有关书面材料报省、自治区、直辖市税务机关审批。申请单位必须按照要求认真填写申请表中所列项目，其中姓名、国籍、性别、出生日期、证件种类、号码等基本项目必须填写清楚、完整。"出境口岸"栏填写需部署边控的口岸名称。控制期限一般不超过1个月。"阻止出境理由（欠税额）"栏填写阻止欠税人出境的理由、事实依据及具体欠税额。"联系人"及"电话"栏需填写24小时可联系到的人员及电话。

10.以下应填写在《拟查补、退税款汇总表（二）》中的税种为（　）。

A.企业所得税　　B.个人所得税

C.增值税　　D.城镇土地使用税

E.城市维护建设税

【答案】ABDE

【解析】本题考核《税务稽查报告》所附明细表《拟查补、退税款汇总表》的使用。根据国税发〔2011〕122号文件的规定，《税务稽查报告》后所附的《拟查补、退税款汇总表》明细列明报告中拟提的查补、退税款情况。其中《拟查补、退税款汇总表（一）》用于增值税，《拟查补、退税款汇总表（二）》用于其他税种。

11.下列哪些行为属于稽查局使用《税务行政执法审批表》的“税务执法行为”（　）。

A.调取账簿　　B.检查存款账户

C.税收保全措施　　D.税收强制执行措施

E.复制纳税人电子账簿资料

【答案】ABCD

【解析】本题考核《税务行政执法审批表》的适用事项。根据《国家税务总局关于印发〈全国统一税收执法文书式样〉的通知》（国税发〔2005〕179号）的规定，《税务行政执法审批表》中的“税务执法行为”，是指拟采取的具体税务执法行为，如调取账簿、检查存款账户、税收保全措施、税收强制执行措施等需要税务局局长审批的执法行为。

12.具有下列（　）情形之一的，税务稽查执行人员应当制作《税务稽查执行报告》。

A.决定性文书载明无查补税收款项的

B.决定性文书载明既无查补税收款项，又无其他履行事项的

C.决定性文书载明查补税收款项，被执行人在期限内缴清查补税收款项或者稽查局依法采取强制执行追缴全部查补税收款项的

D.符合“查补税款和罚款变更”所列情形，相关决定性文书载明的税收款项均已结清的

E.决定性文书依法被撤销或者变更，行政复议决定或者人民法院判决、裁定生效并执行完毕的

【答案】CDE

【解析】本题考核制作《税务稽查执行报告》的条件。根据《全国税务稽查规范（1.2）》的规定，具有以下情形之一的，执行人员应当制作《税务稽查执行报告》：（1）决定性文书载明查补税收款项，当事人在期限内缴清查补税收款项或者稽查局依法采取强制执行追缴全部查补税收款项的；（2）决定性文书载明无查补税收款项，

其他事项履行完毕的；（3）决定性文书载明既无查补税收款项，又无其他履行事项，送达回证销号的；（4）符合本规范“4.5.16查补税款和罚款变更”所列情形，相关决定性文书载明的税收款项均已结清的；（5）决定性文书依法被撤销或者变更，行政复议决定或者人民法院判决、裁定生效并执行完毕的；（6）应当制作《税务稽查执行报告》的其他情形。

13.《税务稽查立案审批表》的“选案分析及立案依据”栏填写内容包括下列哪几项（ ）。

A.选案部门对案源信息进行分析筛选的方法

B.经分析筛选认为存在税收违法嫌疑的项目

C.据以进行立案的法律、行政法规、规章及其他规范性文件依据

D.经分析筛选认为存在税收违法嫌疑的情形

E.向检查部门传递的选案部门分析意见

【答案】ABCD

【解析】本题考核《税务稽查立案审批表》的使用。根据《国家税务总局关于印发〈税务稽查内部管理文书式样〉和〈税务稽查文书式样标准〉的通知》（国税发〔2011〕122号），附件《税务稽查内部管理文书式样》中的《税务稽查立案审批表》使用说明：4.“选案分析及立案依据”栏填写选案部门对案源信息进行分析筛选的方法（包括：计算机分析、人工分析、人机结合分析等）、经分析筛选认为存在税收违法嫌疑的项目或者情形，以及据以进行立案的法律、行政法规、规章及其他规范性文件依据。

14.下列关于《税务稽查项目书》的说法正确的有（ ）。

A.选案部门记录选案分析意见及向检查部门传递该意见时使用

B.资产利润率异常、增值税税收负担率异常填写在“分析项目”栏

C.“零申报”或者“低申报”填写在“分析意见”栏

D.所得税税前扣除项目、扣除金额填写在“分析项目”栏

E.某年某月增值税纳税申报表、某年某月资产负债表填写在“分析依据”栏

【答案】ADE

【解析】本题考核《税务稽查项目书》的使用。根据《国家税务总局关于印发〈税务稽查内部管理文书式样〉和〈税务稽查文书式样标准〉的通知》（国税发〔2011〕122号），附件《税务稽查内部管理文书式样》中《税务稽查项目书》使用说

明：2.适用范围：选案部门记录选案分析意见及向检查部门传递该意见时使用。5.“分析项目”栏填写实际分析的项目。如：申报类分析中的“零申报”或者“低申报”；增值税类分析中的进项、销项税额增减变化；所得税税前扣除项目、扣除金额、涉嫌多列支出、虚报亏损；以及其他申报、核算项目异常等情形。6.“分析依据”栏填写对各具体分析项目进行分析的资料来源及其所属期间。如：某年某月（次）纳税申报、某年某月资产负债表（损益标）、企业所得税月（季）预缴纳税申报表、某年度企业所得税纳税申报表等。7.本项目书“分析意见”是指对该项目实际分析得出的意见。如：资产利润率异常、总资产周转率异常、存货变动率异常、主营业务收入（利润、成本、费用）变动率异常、增值税税收负担率与行业负担率异常等。

15.以下符合使用《税务行政处罚决定书（简易）》条件的有（　　）。

A.对公民处以200元（含200元）以下罚款

B.对公民处以50元（含50元）以下罚款

C.对法人或者其他组织处以3 000元（含3 000元）以下罚款

D.对法人或者其他组织处以2 000元（含2 000元）以下罚款

E.当场作出税务行政处罚

【答案】ABCDE

【解析】本题考核《税务行政处罚决定书（简易）》的适用范围。根据《国家税务总局关于修订部分税务执法文书的公告》（国家税务总局公告2024年第1号）规定了《税务行政处罚决定书（简易）》适用范围：在对公民处以200元（含200元）以下、对法人或者其他组织处以3 000元（含3 000元）以下罚款，当场作出税务行政处罚时使用。

16.下列各项属于《税务行政处罚事项告知书》应当包括的内容是（　　）。

A.拟作出的税务行政处罚决定

B.适用的法律、行政法规、规章及其他规范性文件

C.认定的税收违法事实和性质

D.申请行政复议或者提起行政诉讼的途径和期限

【答案】ABC

【解析】本题考核的是《税务行政处罚事项告知书》的相关内容。根据《国家税务总局关于修订部分税务执法文书的公告》（国家税务总局公告2021年第23号）附件中《税务行政处罚事项告知书》的告知内容：税务行政处罚的事实、理由、依据及拟

作出的处罚决定；你（单位）有陈述、申辩的权利；你（单位）有要求听证的权利。《税务行政处罚决定书》的内容：违法事实及证据；处罚决定；行政处罚履行方式、期限和地点；申请行政复议或者向人民法院起诉。

17.下列（　）情形符合税务稽查检查部门可以填制《税收违法案件终结检查审批表》的条件。

A.当事人被有关机关依法限制人身自由的

B.被查对象税收违法行为均已超过法定追究期限的

C.账簿、记账凭证及有关资料被其他国家机关依法调取且尚未归还的

D.被查对象死亡或者被依法宣告死亡或者依法注销，且无财产可抵缴税款或者无法定税收义务承担主体的

E.法律、行政法规或者国家税务总局规定的其他可以终结检查的

【答案】BDE

【解析】本题考核税收违法案件终结检查条件。根据《全国税务稽查规范（1.2版）》的规定，检查案件有下列情形之一，致使检查确实无法进行的，检查部门可以填制《税收违法案件终结检查审批表》，附相关证据材料，移交审理部门审核，经稽查局局长批准后，终结检查：（1）被查对象死亡或者被依法宣告死亡或者依法注销，且无财产可抵缴税款或者无法定税收义务承担主体的；（2）被查对象税收违法行为均已超过法定追究期限的；（3）法律、行政法规或者国家税务总局规定的其他可以终结检查的。

18.税务稽查审理部门下列做法正确的有（　）。

A.认为没有税收违法行为的，拟制《不予税务行政处罚决定书》

B.认为没有税收违法行为的，拟制《税务稽查结论》

C.认为税收违法行为轻微，依法可以不予税务行政处罚的，拟制《不予税务行政处罚决定书》

D.认为有税收违法行为，应当进行税务处理的，拟制《税务处理决定书》

E.认为有税收违法行为，应当进行税务行政处罚的，拟制《税务行政处罚决定书》

【答案】BCDE

【解析】本题考核税务稽查审理部门区分不同情形作出处理的内容。根据《全国税务稽查规范（1.2版）》的规定，审理部门区分下列情形分别作出处理：（1）认为

有税收违法行为，应当进行税务处理的，拟制《税务处理决定书》；（2）认为有税收违法行为，应当进行税务行政处罚的，拟制《税务行政处罚决定书》；（3）认为税收违法行为轻微，依法可以不予税务行政处罚的，拟制《不予税务行政处罚决定书》；（4）认为没有税收违法行为的，拟制《税务稽查结论》。

19.稽查局依法公告送达下列哪些文书的公告期限为60日（　）。

A.《税务事项通知书》　　B.《催告书》

C.《税务处罚决定书》　　D.《税务强制执行决定书》

【答案】BD

【解析】本题考核部分特殊文书的公告送达期限规定。根据《行政强制法》《民事诉讼法》《全国税务稽查规范（1.2版）》的有关规定，《催告书》《税收强制执行决定书》的公告期限为60日。

20.下列关于稽查局制作的《催告书（申请人民法院强制执行适用）》说法正确的有（　）。

A.当事人自收到本催告书之日起10日内履行相关义务

B.当事人收到本催告书之日起3日内提出陈述和申辩

C.当事人自愿放弃陈述申辩权利的，税务机关应当作出相应记录

D.执法人员（检查证号）由执法人员签名（盖章）并注明税务检查证件号码

E.执法人员应为两名以上

【答案】ABCDE

【解析】本题考核《催告书（申请人民法院强制执行适用）》的使用。根据《国家税务总局关于修订部分税务执法文书的公告》（国家税务总局公告2024年第1号）的规定。

21.重点案件集体审理委员会办公室对跨区域稽查局提交的重点案件及有关资料进行初步审核，符合接收条件的，应当明确专人负责重点案件审理的相关工作，接收跨区域稽查局提交的（　），办理交接手续，组织集体审理。

A.《税务稽查审理审批表》　　B.《税务稽查报告》

C.《税务稽查审理报告》　　D.证据目录

E.有关案卷材料

【答案】ABCDE

【解析】本题考核重点案件集体审理时跨区域稽查局提交的资料范围。根据《全国税务稽查规范（1.2版）》的规定，重点案件集体审理委员会办公室对跨区域稽查局提交的重点案件及有关资料进行初步审核，不符合接收条件的，将案件及有关资料退回跨区域稽查局；符合接收条件的，应当明确专人负责重点案件审理的相关工作，接收跨区域稽查局提交的《税务稽查审理审批表》《税务稽查报告》《税务稽查审理报告》、证据目录及有关案卷材料，办理交接手续，组织集体审理。

22.经检查发现有税收违法事实的，《税务稽查报告》应当包括的主要内容有（　）。

A.被查对象基本情况及实施检查基本情况

B.其他情况说明

C.检查情况及发现问题

D.案件来源及检查所属期、检查人员、检查时间、检查对象

E.税务处理、处罚依据及建议

【答案】ABCDE

【解析】本题考核《税务稽查报告》的内容组成。根据《全国税务稽查规范（1.2版）》中制作《税务稽查报告》的有关规定，经检查发现有税收违法事实的，《税务稽查报告》应当包括以下主要内容：（1）报告开头部分。主要包括案件来源、检查人员、检查时间、检查对象、纳税人识别号、检查所属期间等。（2）基本情况。被查对象基本情况，实施检查基本情况。（3）检查情况及发现问题。（4）税务处理、处罚依据及建议。（5）其他情况说明。（6）《拟查补、退税款汇总表》的使用规定。（7）检查人员签名和报告时间。

23.下列（　）情形下稽查局应当或者可以使用《税务事项通知书》。

A.稽查局不予受理当事人的听证申请时，应当制作《税务事项通知书》

B.纳税保证人未按照规定的履行保证责任的期限缴纳税款及滞纳金的，由稽查局发出《税务事项通知书（限期缴纳税款通知）》

C.在税收保全期内，已采取税收保全措施的财物有季节性的商品、货物情形的，稽查局可以制作《税务事项通知书》

D.拍卖、变卖所得，由稽查局保存价款，继续实施税收保全措施，并以《税务事项通知书》的形式书面通知纳税人

E.立案前检查结束后，对于不需要立案检查的，经批准，由检查人员制作《税务

事项通知书》

F.被查对象无正当理由未在稽查局规定的时限内领回账簿资料的，检查人员可以向被查对象送达《税务事项通知书》

G.检查过程中，检查人员发生变更的，检查部门应当制作《税务事项通知书》

H.走逃（失联）企业涉嫌虚开增值税专用发票案件，检查人员公告送达《税务检查通知书》的，可以同时公告送达《税务事项通知书》

I.稽查所属期间发生变更的，可以向被查对象送达《税务事项通知书》

【答案】ABCDEFGHI

【解析】本题考核《税务事项通知书》的使用情形。根据《全国税务稽查规范（1.2版）》中的相关规定。

24.已确定虚开发票案件的协查，委托方应当按照受托方一户一函的形式出具（　）及（　），并在所附（　）上逐页加盖公章，随同（　）寄送受托方。

A.《已证实虚开通知单》

B.《税收违法案件协查函》

C.发票清单

D.相关证据资料

E.《税务稽查报告》

【答案】ABCD

【解析】本题考核委托协查寄送受托方的资料内容。根据《税收违法案件发票协查管理办法（试行）》（税总发〔2013〕66号）第九条的规定，已确定虚开发票案件的协查，委托方应当按照受托方一户一函的形式出具《已证实虚开通知单》及相关证据资料，并在所附发票清单上逐页加盖公章，随同《税收违法案件协查函》寄送受托方。

25.稽查局派出的协查人员需携带加盖本单位公章的（　）以及相关身份证明，参与受托方的调查取证，提出取证要求。

A.《税务协助检查通知书》

B.《介绍信》

C.《税务检查证》

D.《税务文书送达回证》

E.《税收违法案件协查函》

【答案】BCE

【解析】本题考核委托协查寄送受托方的资料内容。根据《税收违法案件发票协查管理办法（试行）》（税总发〔2013〕66号）第十一条的规定，稽查局派出的协查人员需携带加盖本单位公章的《介绍信》和《税收违法案件协查函》《税务检查证》以及相关身份证明，参与受托方的调查取证，提出取证要求。

26.《税务稽查审理报告》应当包括以下哪几项主要内容（　）。

A.审理基本情况

B.检查人员查明的事实及相关证据

C.被查对象或者其他涉税当事人的陈述、申辩情况

D.审理人员及审理日期

E.经审理认定的事实及相关证据

F.税务行政处理、处罚意见及依据

【答案】ABCDEF

【解析】本题考核《税务稽查审理报告》的内容。根据《全国税务稽查规范（1.2版）》的规定，《税务稽查审理报告》应当包括以下主要内容：审理基本情况；检查人员查明的事实及相关证据；被查对象或者其他涉税当事人的陈述、申辩情况；经审理认定的事实及相关证据；税务行政处理、处罚意见及依据；审理人员及审理日期。

27.稽查局采取下列（　）执法行为时需要制作《税务行政执法审批表》。

A.冻结从事生产的纳税人存款

B.查封当事人的商品、货物或者其他财产

C.扣押当事人的商品、货物或者其他财产

D.阻止欠税人出境

E.调取被查对象以前会计年度的账簿、记账凭证、报表和其他有关资料

F.查询从事生产、经营的纳税人、扣缴义务人在银行或者其他金融机构的存款账户

G.向公安部门移送涉税犯罪案件

【答案】ABCDEFG

【解析】本题考核《税务行政执法审批表》的适用情形。根据《全国税务稽查规范（1.2版）》的相关规定。

28.下列关于国家税务总局公告2024年第1号修订后的《税务处理决定书》表述正确的有（　）。

A.处理决定对象加上了“纳税识别号”、注明了“地址”

B.“处理决定”修改为“处理决定及依据”

C.删除“（账号____）”

D.“逾期未缴的”修改为“逾期未缴清的”

E.你（单位）若同我局（所）在纳税上有争议，必须先缴纳税款及滞纳金或者提供相应的担保

【答案】ABCDE

【解析】本题考核现行规定下《税务处理决定书》的内容。根据《国家税务总局关于修订部分税务执法文书的公告》（国家税务总局公告2024年第1号）的相关规定。

29.下列属于稽查局局长签发的税务文书包括（　）。

A.《税务稽查审理报告》

B.《税务稽查审理审批表》

C.《税收违法案件集体审理纪要》

D.《税收违法案件集体审理意见书》

E.《重大税收执法事项集体审议纪要》

【答案】CDE

【解析】本题考核稽查局局长签发的税务文书。根据《全国税务稽查规范（1.2版）》的规定，税务局稽查局局长，负责主持集体审议会议，签发《重大税收执法事项集体审议纪要》，负责主持重点案件集体审理会议，签发《税收违法案件集体审理纪要》《税收违法案件集体审理意见书》。

30.稽查局提请重大税务案件审理委员会审理案件，应当提交以下案件材料（　）。

A.《重大税务案件审理案卷交接单》

B.《重大税务案件审理提请书》或《税收违法案件集体审理意见书》及相关证据材料

C.《税务稽查报告》《税务稽查审理报告》

D.听证材料

E.《税收违法案件集体审理纪要》

F.《税务行政处罚事项告知书》

【答案】ABCDEF

【解析】本题考核稽查局提请重大案件审理时需要提交的材料。根据《全国税务稽查规范（1.2版）》的规定，稽查局提请重大税务案件审理委员会审理案件，应当提交以下案件材料：《重大税务案件审理案卷交接单》《重大税务案件审理提请书》《税

务稽查报告》《税务稽查审理报告》《税收违法案件集体审理纪要》或者《税收违法案件集体审理意见书》及相关证据材料；案件涉及拟处罚事项的，应当同时提交《税务行政处罚事项告知书》及听取被查对象陈述申辩意见的有关文书及材料，涉及听证的，应当同时提交听证材料。

三、判断题

1.税务稽查执法文书字号、年份和序号一律使用阿拉伯数字，序号前要加“第”字和虚位“0”。( )

【答案】×

【解析】本题考核的是税务稽查执法文书标准。根据《国家税务总局关于印发全国统一税收执法文书式样的通知》(国税发〔2005〕年179号)附件2《税务执法文书标准》——“文书字号”中明确提出：税务稽查执法文书字号，年份和序号一律使用阿拉伯数码；序号前一律不加“第”字和虚位“0”。

2.稽查局派出的人员进行税务调查时，未出示《税务检查证》和《税务协助检查通知书》的，被调查人有权拒绝为税务机关提供有关资料及证明材料；有权拒绝协助税务机关调查取证。( )

【答案】√

【解析】本题考核的是税务协助检查执法程序。根据《国家税务总局关于修订部分税务执法文书的公告》(国家税务总局公告2021年第23号)附件中《税务协助检查通知书》的告知内容。

3.《税务稽查工作底稿》填写必须数据准确，项目填写齐全，字迹清楚，不得随意涂改；确需改正的，应当在改动处逐一签名、捺指印。( )

【答案】√

【解析】本题考核的是《税务稽查工作底稿》的填写要求。根据《国家税务总局关于发布〈税务稽查执法文书式样〉的公告》(国家税务总局公告2012年第2号)——《税务稽查工作底稿》使用说明5。

4.需要将空白发票调出查验时，应当向被查验的单位或者个人开具《发票换票证》，经查无问题的，应当及时退还。( )

【答案】×

【解析】本题考核稽查局对被查对象空白发票调出查验规定。根据《全国税务稽查规范（1.2版）》的相关规定，需要将已开具的发票调出查验的，应当向被查对象开具《发票换票证》；需要将空白发票调出查验的，应当向被查对象开具《调验空白发票收据》，需要退还的账簿资料、证据材料原件或者经查无问题的发票，应当及时退还。

5.调取账簿、记账凭证、报表和其他有关资料时，应当向被查对象出具《调取账簿资料通知书》，并填写《调取账簿资料清单》交其核对后签章确认。（　）

【答案】√

【解析】本题考核稽查局调取账簿资料时的文书使用。根据《税务稽查案件办理程序规定》（国家税务总局令第52号）第十八条的规定，调取账簿、记账凭证、报表和其他有关资料时，应当向被查对象出具《调取账簿资料通知书》，并填写《调取账簿资料清单》交其核对后签章确认。

6.根据《税收违法检举案件情况报告表》相关要求，税收违法检举案件已经结案的，简要填写税收违法检举案件的立案情况、查处方案以及组织实施检查情况。（　）

【答案】×

【解析】本题考核《税收违法检举案件情况报告表》的填写要求。根据国税发〔2011〕122号文件附件中《税收违法检举案件情况报告表》的使用说明：税收违法检举案件已经结案的，简要填写税收违法检举案件总体查处及执行情况。

7.检查人员实地调查取证时，可以制作现场笔录、勘验笔录，对实地调查情况予以记录。（　）

【答案】√

【解析】本题考核税务稽查人员实地检查取证可以采取的方法。根据《税务稽查案件办理程序规定》（国家税务总局令第52号）第二十四条的规定，检查人员实地调查取证时，可以制作现场笔录、勘验笔录，对实地调查情况予以记录。

8.税务稽查人员在制作《询问（调查）笔录》时，当事人、证人口头提出变更陈述或者证言的，稽查人员应当就变更部分重新制作笔录，注明原因，由当事人、证人逐页签章、捺手印。当事人、证人变更书面陈述或者证言的，应当退回原件。（　）

【答案】×

【解析】本题考核当事人、证人口头提出《询问（调查）笔录》变更的处理。根据《税务稽查案件办理程序规定》（国家税务总局令第52号）第二十一条的规定，当事人、证人口头提出变更陈述或者证言的，检查人员应当就变更部分重新制作笔录，注明原因，由当事人、证人逐页签章、捺手印。当事人、证人变更书面陈述或者证言的，变更前额笔录不予退回。

9.《税务稽查工作底稿》适用于税务稽查人员实施检查中，记录调查事实，归集相关证据材料时使用。其中，《税务稽查工作底稿（二）主要用于记录从被查对象的账簿凭证资料中摘录的内容。（　）

【答案】×

【解析】本题考核《税务稽查工作底稿》的内容。根据《国家税务总局关于发布〈税务稽查执法文书式样〉的公告》（国家税务总局公告2012年第2号）的规定，《税务稽查工作底稿（一）》主要用于记录被查对象的账簿凭证资料中摘录的内容；《税务稽查工作底稿（二）》主要用于记录案件具体事实。

10.检查结束时，经检查没有发现税收违法事实的，应当在《税务稽查报告》中说明检查内容、过程、事实情况，并提出稽查结论意见建议。（　）

【答案】√

【解析】本题考核未发现税收违法行为事实时在《税务稽查报告》中的情况说明。根据《全国税务稽查规范（1.2版）》的规定，检查结束时，经检查没有发现税收违法事实的，应当在《税务稽查报告》中说明检查内容、过程、事实情况等，并提出稽查结论意见建议。

11.检查结束，检查人员填写《税收违法案件证据及其他资料交接清单》，连同《税务稽查报告》《税务稽查工作底稿（一）》《税务稽查工作底稿（二）》《税务稽查项目书》及相关材料在5个工作日内移交审理部门。（　）

【答案】×

【解析】本题考核检查实施岗需要填制的移交审理部门税务文书。根据《全国税务稽查规范（1.2版）》的规定，检查实施岗填写《税务稽查案卷文件材料交接清单》（不再使用《税收违法案件证据及其他资料交接清单》），连同《税务稽查报告》《税务稽查工作底稿（一）》《税务稽查工作底稿（二）》《税务稽查项目书》及相关文件材料在5个工作日内移交审理部门。

12.采取冻结纳税人在开户银行或者其他金融机构的存款措施时，税务稽查执行

人员应当向纳税人开户银行或者其他金融机构送达《税务协助执行通知书》，冻结其相当于应纳税款的存款。（ ）

【答案】×

【解析】本题考核税收保全措施中冻结存款的文书使用。根据《全国税务稽查规范（1.2版）》中税收保全措施——冻结存款的适用程序规定，采取冻结纳税人在开户银行或者其他金融机构的存款措施时，应当由2名以上税务稽查执行人员向纳税人开户银行或者其他金融机构送达《冻结存款通知书》及《税收保全措施决定书（冻结存款适用）》，冻结其相当于应纳税款的存款。

13.税务稽查审理人员应当依据法律、行政法规、规章及其他规范性文件，对检查部门移交的《税务稽查报告》及相关材料进行逐项审核，提出书面审理意见，制作《税务稽查审理报告》等，由审理部门负责人审核。（ ）

【答案】√

【解析】本题考核审理部门需要制作的税务文书。根据《全国税务稽查规范（1.2版）》的规定，审理部门依据法律、行政法规、规章及其他规范性文件，通过对检查部门移交的《税务稽查报告》及其他相关资料进行审查，核实案件事实、审查鉴别证据、依法认定税收违法行为性质，制作《税务稽查审理报告》等。

14.税务稽查随机抽查工作中，纳税人凭《税务事项通知书》和《随机抽查对象自行补税明细表》自行补缴税款和滞纳金。（ ）

【答案】√

【解析】本题考核税务稽查随机抽查工作文书的使用。根据《全国税务稽查规范（1.2版）》的规定，根据本级和上级随机抽查方案，对先行自查的抽查对象，制作《税务事项通知书》，通知纳税人随机抽取结果，告知其随机抽查程序及自查内容、期限、联系人等。自查督促部门督促纳税人在自查期限内开展自查工作；督促纳税人根据自查结果填写《随机抽查对象自行补税明细表》，纳税人凭《税务事项通知书》和《随机抽查对象自行补税明细表》自行补缴税款和滞纳金，告知纳税人按照规定进行账务、纳税申报表调整。

15.稽查局办理协查案件时，委托方向受托方发出《税收违法案件协查函》，包括寄送纸质协查函和通过协查信息管理系统发出协查函。（ ）

【答案】√

【解析】本题考核《税收违法案件协查函》的使用。根据《税收违法案件发票协查管理办法（试行）》（税总发〔2013〕66号）第六条的规定，委托方对税收违法案件中需调查取证的发票采取发函或者派人参与的方式进行协查。发函是指委托方向受托方发出《税收违法案件协查函》，包括寄送纸质协查函和通过协查信息管理系统发出协查函。纸质协查函原则上采取同级发函的方式进行。

16.检查结束后，稽查局应当对案件进行审理。经审理，没有税收违法行为的，制作税务稽查结论。（　）

【答案】√

【解析】本题考核《税务稽查结论》的使用。根据《税务稽查案件办理程序规定》（国家税务总局令第52号）第四十二条第一款第（四）项的规定，经审理，没有税收违法行为的，制作税务稽查结论。

17.稽查局采取税收强制措施时，应当向纳税人、扣缴义务人、纳税担保人交付《冻结存款通知书》，冻结其相当于应纳税款的存款。（　）

【答案】×

【解析】本题考核税收强制执行时的文书使用。根据《税务稽查案件办理程序规定》（国家税务总局令第52号）第二十九条的规定，稽查局采取税收强制措施时，应当向纳税人、扣缴义务人、纳税担保人交付《税收强制措施决定书》，告知其采取税收强制措施的内容、理由、依据以及依法享有的权利、救济途径，并履行法律、法规规定的其他程序。采取冻结纳税人在开户银行或者其他金融机构的存款措施时，应当向纳税人开户银行或者其他金融机构交付《冻结存款通知书》，冻结其相当于应纳税款的存款。并于作出冻结决定之日起3个工作日内，向纳税人交付《冻结决定书》。

18.稽查局采取税收强制措施时，应当向纳税人、扣缴义务人、纳税担保人交付《冻结存款通知书》，冻结其相当于应纳税款的存款。（　）

【答案】×

【解析】本题考核税收强制执行相关文书的使用。根据《税务稽查案件办理程序规定》（国家税务总局令第52号）第二十九条第一款的规定，稽查局采取税收强制措施时，应当向纳税人、扣缴义务人、纳税担保人交付《税收强制措施决定书》，告知其采取税收强制措施的内容、理由、依据以及依法享有的权利、救济途径，并履行法律、法规规定的其他程序。

19.《指定管辖申请》和《指定管辖申请决定书》的“对________案件”横线处均填写“当事人”或者“当事人+案由”。

【答案】√

【解析】本题考核稽查指定管辖文书的填写内容。根据《国家税务总局关于印发〈部分税务稽查内部管理文书式样〉的通知》（税总发〔2018〕133号）附件中关于《指定管辖申请》和《指定管辖决定书》的填写规定是相同的：“对________案件”横线处填写“当事人”或者“当事人+案由”。

20.检查人员在向有关单位和个人调查取证、协查案件时使用《税务协助检查通知书》。（　）

【答案】√

【解析】本题考核《税务协助检查通知书》的适用范围。根据《国家税务总局关于修订部分税务执法文书的公告》（国家税务总局公告2021年第23号）附件中《税务协助检查通知书》使用说明2适用范围的规定，检查人员在向有关单位和个人调查取证、协查案件时使用。

21.稽查局检查人员在对被查对象实施询问时，应当由两名以上检查人员实施，可以在被询问人办公场所、税务机关办公场所或者其他合适的场所进行，应当向被询问人送达《询问通知书》。（　）

【答案】×

【解析】本题考核税务稽查人员实施询问的有关规定。根据《税务稽查案件办理程序规定》（国家税务总局令第52号）第二十条第一款的规定，询问应当由两名以上检查人员实施。除在被查对象生产、经营、办公场所询问外，应当向被询问人送达《询问通知书》。

22.稽查局调取被查对象账簿资料时，须由2名以上检查人员实施，填制《调取账簿资料清单》，《调取账簿资料清单》中“数量”和“页（号）数”栏应当使用中文大写数字填写。《调取账簿资料清单》由检查人员和被查对象有关人员共同核对后在清单上签名确认，一份交被查对象，另一份由税务机关存档。（　）

【答案】√

【解析】本题考核《调取账簿资料清单》的使用规范。根据《全国税务稽查规范（1.2版）》的相关规定。

23.稽查局立案前检查结束后，对于不需要立案检查的，由案源部门提请案源撤销，经批准后，由检查人员制作并于15日内送达《税务事项通知书》；经批准立案检查的，不再送达《税务检查通知书》，已取得的证据资料可以作为立案后检查的证据资料使用。（　）

【答案】√

【解析】本题考核立案前检查的有关文书使用。根据《全国税务稽查规范（1.2版）》的相关规定，立案前检查结束后，对于不需要立案检查的，由案源部门提请案源撤销，经批准后，由检查人员制作并于15日内送达《税务事项通知书》，告知其事由、依据及内容（暂未发现税收违法行为等）；经批准立案检查的，不再送达《税务检查通知书》，已取得的证据资料可以作为立案后检查的证据资料使用。

24.税收违法案件协查工作要求，委托方应当及时登记《委托协查台账》，受托方应及时登记《受托协查台账》。（　）

【答案】√

【解析】本题考核协查台账的登记要求。根据《税收违法案件发票协查管理办法（试行）》（税总发〔2013〕66号）第十二条、第十三条的规定。

25.稽查局集体审理委员会办公室自稽查局局长审批通过之日起3个工作日内，将《税务稽查审理报告》《税务稽查报告》分送集体审理委员会全体成员。（　）

【答案】√

【解析】本题考核税务稽查审理部门分送集体审理委员会的税务文书内容。根据《全国税务稽查规范（1.2版）》的规定，稽查局集体审理委员会办公室自稽查局局长审批通过之日起3个工作日内，将《税务稽查审理报告》《税务稽查报告》分送集体审理委员会全体成员。

26.稽查局检举案件承办单位检举管理岗经审批同意后，应当制作《税务事项通知书》，通知检举人到指定地点领奖。（　）

【答案】×

【解析】本题考核稽查局通知检举人领取举报奖励的税务文书。根据《检举纳税人税收违法行为奖励暂行办法》（国家税务总局 财政部令第18号）第十五条和《全国税务稽查规范（1.2版）》的规定，稽查局检举案件承办单位检举管理岗经审批同意后，应当制作《检举纳税人税收违法行为领奖通知书》，通知检举人到指定地点领奖。

27.《检举纳税人税收违法行为奖金付款专用凭证》和委托人的授权委托书由税收违法案件举报中心作为密件存档。（　）

【答案】√

【解析】本题考核税收违法行为检举案件资料的存档要求。根据《检举纳税人税收违法行为奖励暂行办法》（国家税务总局　财政部令第18号）第十八条的规定，《检举纳税人税收违法行为奖金付款专用凭证》和委托人的授权委托书由税收违法案件举报中心作为密件存档。

28.根据现行规定，《税务行政处罚决定书（简易）》的文书告知事项不包括“向人民法院起诉”事项。（　）

【答案】√

【解析】本题考核国家税务总局2024年第1号公告中对有关税务执法文书的修改。根据《国家税务总局关于修订部分税务执法文书的公告》（国家税务总局公告2024年第1号）的相关规定，《税务行政处罚决定书（简易）》《社会保险费行政处罚决定书（简易）》文书告知事项中不再包括“向人民法院起诉”事项。

29.稽查局选案、检查、审理、执行四环节的稽查人员存在回避情形时，均需要遵守回避制度、提出回避申请并制作《回避申请书》。（　）

【答案】√

【解析】本题考核按照规定需要制作《回避申请书》的稽查人员范围。根据《全国税务稽查规范（1.2版）》的相关规定。

30.稽查案件办理确需延长案件办理时限的，由相应实施岗在办理时限届满次日提出申请，填制《延长稽查案件办理时限审批表》，写明申请延长的时间和理由。（　）

【答案】×

【解析】本题考核不能在规定时限内完成案件办理时需要制作的税务文书。根据《全国税务稽查规范（1.2版）》的规定，稽查案件办理应当自立案之日起90日内作出行政处理、处罚决定或者无税收违法行为结论。确需延长案件办理时限的，由检查实施岗或者审理实施岗在办理时限届满之前提出申请，填制《延长稽查案件办理时限审批表》，写明申请延长的时间和理由。

下　篇

税务稽查方法

第九章　税务稽查基本方法

本章导读

税务稽查基本方法一般有账务检查方法、调查验证方法、对比分析方法等。

学习指引

税务稽查基本方法	（一）账务检查方法	按查账的详细程度分	1. 全查法
			2. 抽查法
		按查账的顺序分	3. 顺查法
			4. 逆查法
		按查账的技术方法分	5. 审阅法
			6. 核对法
	（二）调查验证方法	1. 实地盘存法	直盘法、监盘法
		2. 外调法	外部调查取证
		3. 观察法	深入现场检查
		4. 查询法	面询法、函询法
	（三）对比分析方法	1. 比较分析法	绝对数比较分析法、相关比率比较分析法、构成比率比较分析法
		2. 控制计算法	以产控耗、以耗控产、以产控销、以支控销
		3. 因素分析法	连环替代、差额分析、指标分解、定基替代
		4. 相关分析法	经济与税收关系分析、经济活动间的关联关系、分析和把握问题的本质

本章练习及答案解析

一、单项选择题

1.税务账务检查的方法按照查账的顺序分为（　　）。

A.顺查法和逆查法　　B.全查法和抽查法

C.审阅法和核对法　　D.审阅法和核查法

【答案】A

【解析】账务检查方法按照查账的顺序分为顺查法和逆查法。

2.税务账务检查的方法按照查账的技术方法分为（　　）。

A.顺查法和逆查法　　B.全查法和抽查法

C.审阅法和核对法　　D.审阅法和核查法

【答案】C

【解析】账务检查的方法按照查账的技术方法分为审阅法和核对法。

二、多项选择题

1.税务稽查调查验证方法一般有（　　）。

A.实地盘存法　　B.外调法　　C.观察法　　D.查询法

【答案】ABCD

【解析】税务稽查调查验证方法一般有实地盘存法、外调法、观察法和查询法。

2.税务稽查对比分析方法一般有（　　）。

A.比较分析法　　B.控制计算法　　C.因素分析法　　D.相关分析法

【答案】ABCD

【解析】税务稽查对比分析方法一般有比较分析法、控制计算法、因素分析法和相关分析法。

第十章　增值税检查

本章导读

纳税人和扣缴义务人的检查、征税范围的检查、税率与征收率的检查、销项税额的检查、进项税额的检查、留抵退税检查、税收优惠政策的检查。

学习指引

一、增值税纳税人和扣缴义务人的检查

（一）一般纳税人与小规模纳税人认定标准		
一般规定	年应税销售额＞500万元	一般纳税人
	年应税销售额≤500万元	小规模纳税人 【提示】会计核算健全可以申请为一般纳税人
特殊规定1	不经常发生应税行为的单位、个体工商户	可选择小规模纳税人
	非企业性单位	
	不经常发生应税行为的企业	
特殊规定2	其他个人（自然人）	小规模纳税人

（二）一般纳税人与小规模纳税人计税方法		
一般纳税人	适用一般计税方法	应纳增值税额＝当期销项税额－当期进项税额 当期销项税额＝当期销售额（不含税）×税率
	选择简易计税方法	应纳增值税额＝当期销售额（不含税）×征收率
小规模纳税人	适用简易计税方法	
一般纳税人提供财政部和国家税务总局规定的特定应税行为，可以选择适用简易计税方法计税，但一经选择，36个月内不得变更		

二、征税范围的检查

（一）征税范围一般规定	
1.销售（进口）货物	货物、动产（含电力、热力、气体）
2.销售劳务	加工、修理修配
3.销售服务	交通运输服务、邮政服务、电信服务、建筑服务、金融服务、现代服务、生活服务
4.销售无形资产	所有权、使用权
5.销售不动产	房地产所有权
（二）不征增值税项目	
1.财政补贴	纳税人取得的与销售收入或数量不直接挂钩的财政补贴收入，不征增值税
2.执法罚没物品变价或拍卖收入	罚没物品变价或拍卖收入如数上缴财政的，不征增值税
3.存款利息	不征增值税
4.被保险人获得保险赔付	
5.房管部门收取的住宅专项维修资金	
6.资产重组中，涉及的货物和无形资产转让	纳税人在资产重组过程中，通过合并、分立、出售、置换等方式，将全部或者部分实物资产、无形资产以及与其相关联的债权，转让受让方与劳动力接收方为同一单位和个人的，不征收增值税

三、税率与征收率的检查

（一）税率	
13%	销售或进口货物、提供应税劳务、提供动产租赁服务
9%	销售不动产、转让土地使用权、提供交通运输服务、邮政服务、基础电信服务、建筑服务、不动产租赁服务
6%	提供现代服务（租赁除外）、增值电信服务、金融服务、生活服务、销售无形资产（转让土地使用权除外）
零税率	出口货物、劳务、境内单位和个人发生的跨境应税行为

（二）征收率		
征收率	优惠政策	适用范围
3%	1%	小规模纳税人销售货物或加工、修理修配劳务，销售应税服务、无形资产
	—	一般纳税人选择适用简易计税方法的
	2%	小规模纳税人销售自己使用过的固定资产
	0.5%	从事二手车经销业务的纳税人销售其收购的二手车
5%	—	销售、出租其取得的不动产，一般纳税人劳务派遣、安全保护服务选择差额纳税，一般纳税人人力资源外包服务
	1.5%	个人出租住房

四、销项税额检查

（一）销售额

包 括	不包括
1.全部价款 2.价外费用：手续费、补贴、基金、集资费、返还利润、奖励费、违约金、延期付款利息、滞纳金、赔偿金、包装费、包装物租金、储备费、优质费、运输装卸费、代收款项、代垫款项及其他各种性质的价外收费 3.消费税	1.向购买方收取的销项税额 2.受托加工应征消费税的消费品所代收代缴的消费税 3.代垫运费同时符合承运方开具发票给购买方；纳税人将此发票转交给购买方 4.代为收取的政府批准的政府性基金和行政事业性收费，开具财政票据，收取款项全额上缴财政 5.销货同时代办保险收取的保险费、向购买方收取的代购买方缴纳的车辆购置税、车辆牌照费

（二）以折扣方式销售货物的销售额

税法名称	会计名称	税法处理	备注
1.折扣销售	商业折扣	同一张发票上分别注明，可以按折扣后的销售额	金额栏注明而不是备注栏注明
		折扣额另开发票，不得从销售额中减除折扣额	
2.销售折扣	现金折扣	不扣减销售额	会计处理“总价法”
3.销售折让	销售折让	冲减发生折让时销售额	开红字发票

（三）特殊销售方式的销售额

1.以旧换新	按新货物的同期售价计税，不得扣减旧货收购价；收购旧货按购进商品处理	销项税额＝销售额×税率
	金银首饰按实收全部价款计税（差价部分）	销项税额＝（售价－回收价）/（1+税率）×税率
2.还本销售	销售额为货物销售价格，不得从销售额中减除还本支出	销项税额＝销售额×税率
3.以物易物	双方按购销处理	销项税额＝销售额×税率
4.以货抵账	按销售核算处理	销项税额＝应付账款/（1+税率）×税率

（四）价格明显偏低销售额确定

1.销售货物与劳务价格明显偏低	（1）按纳税人最近时期同类货物平均售价确定
	（2）按其他纳税人最近时期同类货物平均售价确定
	（3）按组成计税价格确定，公式为： 组成计税价格＝成本×（1+成本利润率） 属于应征消费税的货物，公式为： 组成计税价格＝成本×（1+成本利润率）/（1－消费税税率） 组价公式中成本利润率为10%
2.销售服务、无形资产与不动产价格明显偏低	（1）按纳税人近期同类服务、无形资产或不动产的平均售价确定

续表

（四）价格明显偏低销售额确定	
2.销售服务、无形资产与不动产价格明显偏低	（2）按其他纳税人近期同类服务、无形资产或不动产的平均售价确定
	（3）按组成计税价格确定，公式为： 组成计税价格＝成本×（1+成本利润率） 成本利润率由国家税务总局确定

（五）视同销售的货物、服务、无形资产或不动产	
1.将货物交付其他单位或个人代销	代销中的委托方销售额确认：收到代销清单、收到货款、发货期满180天当天
2.销售代销货物	代销中的受托方计税：（1）加价代销时，应纳增值税＝销项税额－进项税额；（2）平价代销时，手续费按“现代服务——商务服务（经纪代理）”计提增值税
3.设两个以上机构并实行统一核算的纳税人，将货物从一个机构移送其他机构用于销售，但相关机构设在同一县（市）的除外	其他机构指受货机构，若受货机构的货物移送行为存在：（1）向购货方开具发票。（2）向购货方收取货款两项情形之一的，受货机构应当向所在地税务机关缴纳增值税；未发生上述情形的，则应由总机构统一缴纳增值税
4.将自产或委托加工的货物用于非增值税应税项目	销售额确定： （1）按纳税人最近时期同类货物平均售价确定；（2）按其他纳税人最近时期同类货物平均售价确定；（3）按组成计税价格确定
5.将自产、委托加工的货物用于集体福利或个人消费	
6.将自产、委托加工或购进的货物作为投资，提供给其他单位或个体户	
7.将自产、委托加工或购进的货物分配给股东或投资者	
8.将自产、委托加工或购进的货物无偿赠送其他单位或个人	销售额确定同上。（无偿赠送视同销售应界定为赠送行为单独发生，与企业一项销售行为没有任何关联的赠与行为。如：制药厂将产品无偿赠送给灾区等。但如果赠与行为与经营业务不可分割，相当于价格优惠，这种赠与行为不视同销售处理。如：商场促销“买一赠一”活动等）
9.单位或者个体工商户向其他单位或个人无偿提供服务	但用于公益事业或者以社会公众为对象的除外
10.单位或者个人向其他单位或个人无偿转让无形资产或者不动产	

（六）混合销售	
一项销售行为如果既涉及货物又涉及服务，为混合销售	从事货物的生产、批发或者零售的单位或个体工商户按销售货物计提增值税
	其他单位或个体工商户按销售服务计提增值税
不属于混合销售	
纳税人销售活动板房、机器设备、钢结构件等自产货物的同时提供建筑、安装服务不属于混合销售，应分别核算货物和建筑服务的销售额，分别适用不同税率或征收率计算增值税	

续表

（七）兼营	
纳税人销售货物、加工修理修配劳务、服务、无形资产或者不动产适用不同税率或者征收率的，应当分别核算适用不同税率或征收率销售额，未分别核算的，按以下方法适用税率或征收率	1.兼有不同税率的销售货物、加工修理修配劳务、服务、无形资产或不动产，从高适用税率
	2.兼有不同征收率的销售货物、加工修理修配劳务、服务、无形资产或不动产，从高适用征收率
	3.兼有不同税率和征收率的销售货物、加工修理修配劳务、服务、无形资产或不动产，从高适用税率
（八）包装物押金的销售额确定	
1.包装物随同货物销售	直接计入货物的销售收入
2.销售货物同时收取包装物租金	属价外费用并入货物销售收入
3.包装物押金（一般货物包装物押金+啤酒、黄酒包装物押金）	没有逾期的，不计提增值税
	逾期或超过1年未收回不再退还的包装物押金，并入货物销售收入
4 酒类包装物押金（除啤酒、黄酒以外的其他酒）	无论是否返还，以及会计上如何核算，均并入当期销售额征税
（九）部分差额征税项目	
1.金融商品转让	销售额=（卖出价－买入价）÷（1+6%）
2.经纪代理服务	销售额=（全部价款和价外费用－向委托方收取并代为支付的政府性基金或者行政事业性收费）÷（1+6%）
3.客运场站	销售额=（全部价款和价外费用－支付给承运方的运费）÷（1+6%）
4.旅游服务	销售额=（全部价款和价外费用－支付给其他单位或者个人的住宿费、餐饮费、交通费、签证费、门票费和支付给其他接团旅游企业的旅游费用）÷（1+6%）
5.转让2016年4月30日前取得的土地使用权	销售额=（全部价款和价外费用－取得土地使用权的原价）/（1+5%）
（十）销售货物、劳务纳税义务发生时间	
1.直接收款	收到销售款或取得索取销售款凭据的当天
2.托收承付和委托银行收款	办妥托收手续当天
3.赊销和分期收款	书面合同约定的收款日期的当天，无书面合同或未约定收款日期的，为货物发出的当天
4.预收货款	货物发出的当天，但销售生产工期超过12个月的大型机器设备、船舶、飞机等货物，为收到预收款或书面合同约定的收款日期的当天
5.委托他人代销货物	收到代销单位的代销清单或者收到货款的当天。未收到代销清单或货款的，为发出代销货物满180天的当天
6.销售劳务	提供劳务同时收讫销售款或取得索取销售款凭据的当天
7.视同销售	货物移送当天

续表

（十一）提供服务、转让无形资产等纳税义务发生时间		
1.提供服务	直接收款	发生应税行为并收讫销售款项或取得索取销售款凭据的当天；先开发票的，为开具发票的当天
2.转让无形资产		
3.销售不动产		
4.租赁服务	预收款	收到预收款的当天
5.金融商品转让		金融商品所有权转移的当天
6.视同销售		提供服务、无形资产转让完成的当天或不动产权属变更的当天

五、进项税额检查

（一）准予以票抵扣的进项税额	
1.增值税专用发票	勾选确认，认证、比对合格后按发票注明的税额抵扣（2017年1月1日后开具的发票无认证期限限制）
2.机动车销售统一发票	
3.海关进口增值税专用缴款书	
4.公路通行费增值税电子普通发票	
5.代扣代缴增值税完税凭证	凭票按注明的税额抵扣
6.旅客运输增值税电子普通发票	
（二）准予凭票计算抵扣的进项税额	
1.农产品收购发票或销售发票	进项税额＝买价 ×9%
	进项税额＝买价 ×（9%+1%）（生产13%税率货物的农产品，生产领用时加计扣除1%）
2.高速公路通行费发票	进项税额＝发票金额/（1+3%）×3%
3.一级、二级公路通行费发票	进项税额＝发票金额/（1+5%）×5%
4.桥、闸通行费发票	
5.注明旅客身份航空运输电子客票	进项税额＝（票价＋燃油附加费）/（1+9%）×9%
6.注明旅客身份信息的铁路车票	进项税额＝票价/（1+9%）×9%
7.注明旅客身份信息的公路、水路等其他客票	进项税额＝票价/（1+3%）×3%

（三）农产品核定扣除（投入产出法）
1.当期允许抵扣农产品增值税进项税额＝当期销售货物数量（不含采购除农产品以外的半成品生产的货物数量）× 农产品单耗数量 × 农产品平均购买单价 × 扣除率/（1+扣除率） 2.期末平均买价＝（期初库存农产品数量 × 期初平均买价＋当期购进农产品数量 × 当期买价）/（期初库存农产品数量＋当期购进农产品数量） 3.扣除率为销售货物的适用税率 4.农产品单耗数量按财政部、国家税务总局及各省财政厅、省税务局公告执行

续表

（四）不得抵扣不符合规定的扣税凭证	
1.防伪税控认证系统发现涉嫌违规发票	无法认证、认证不符、密文有误、重复认证、认证时失控、认证后失控、纳税人识别号认证不符
2.取得虚开增值税专用发票	（1）发票开具的内容与其实际经营业务情况不符
	（2）在货物交易中，取得第三方开具的发票，或从销货地以外地区取得的专用发票
3.取得异常增值税扣税凭证	（1）走逃（失联）企业的异常凭证
	（2）税收风险分析评估中发现的异常凭证
	（3）发票开具和纳税申报数据监控发现的异常凭证
	（4）非正常户的失控发票
	（5）稽核比对结果异常抵扣凭证
（五）不得抵扣用途不符合规定的进项税额	
1.用于简易计税方法计税项目、免征增值税项目、集体福利或者个人消费的购进货物、加工修理修配劳务、服务、无形资产和不动产	其中涉及的固定资产、无形资产、不动产，仅指专用于上述项目的固定资产、无形资产（不包括其他权益性无形资产）、不动产 纳税人的交际应酬消费属于个人消费
2.非正常损失的购进货物，以及相关的加工修理修配劳务和交通运输服务	非正常损失：指因管理不善造成货物被盗、丢失、霉烂变质，以及因违反法律法规造成货物或不动产被依法没收、销毁、拆除的情形
3.非正常损失的在产品、产成品所耗用的购进货物（不包括固定资产）、加工修理修配劳务和交通运输服务	
4.非正常损失的不动产，以及该不动产所耗用购进货物、设计服务和建筑服务	第4、第5项所称货物，是指构成不动产实体的材料和设备，包括建筑装饰材料和给排水、采暖、卫生、通风、照明、通信、煤气、消防、中央空调、电梯、电气、智能化楼宇设备及配套设施
5.非正常损失的不动产在建工程所耗用的购进货物、设计服务和建筑服务	纳税人新建、改建、扩建、修缮、装饰不动产，均属于不动产在建工程
6.购进的贷款服务、餐饮服务、居民日常服务和娱乐服务	纳税人接受贷款服务向贷款方支付与该笔贷款直接相关的投融资顾问费、手续费、咨询费等费用，其进项税额不得抵扣
7.财政部和国家税务总局规定的其他情形	
（六）不得抵扣进项税额的其他情形	
1.一般纳税人核算不健全	一般纳税人会计核算不健全，或者不能提供准确税务资料的，应按销售额依照增值税税率计算应纳税额，不得抵扣进项税额，也不得使用增值税专用发票（财税〔2016〕36号）

续表

（六）不得抵扣进项税额的其他情形	
2.应办未办一般纳税人资格的	纳税人销售额超过小规模纳税人标准，未申请办理一般纳税人资格登记手续的，应按销售额依照增值税税率计算应纳税额，不得抵扣进项税额，也不得使用增值税专用发票
3.保险公司以现金赔付方式承担被保险车辆保险责任	提供保险服务的纳税人以现金赔付方式承担机动车保险责任的，将应付给被保险人的赔偿金直接支付给车辆维修劳务提供方，不属于保险公司购进车辆修理劳务，其进项税额不得从保险公司销项税额中抵扣（国家税务总局公告2019年第31号）
4.支付税控专用设备及技术维护费	一般纳税人购买增值税税控系统专用设备支付的费用以及缴纳的技术维护费在增值税应纳税额中全额抵减的，其增值税专用发票不作为增值税抵扣凭证，不得抵扣（财税〔2012〕15号）
5.开票方向与付款方向不一致	纳税人购进货物或应税劳务，支付运输费用，所支付款项的单位，必须与开具抵扣凭证的销货单位、提供劳务的单位一致，才能申报抵扣进项税额，否则不予抵扣（国税发〔1995〕192号）
（七）扣减当期进项税额的规定	
1.纳税人适用一般计税方法计税的，因销售折让、中止或者退回而退还给购买方的增值税额，应当从当期的销项税额中扣减；因销售折让、中止或者退回而收回的增值税额，应当从当期的进项税额中扣减	如不按规定扣减，造成不纳或少纳增值税，按偷税处罚（财税〔2016〕36号）
2.对商业企业向供货方收取的与商品销售数量、销售额挂钩的各种返还收入，均应按平销返利行为有关规定冲减当期增值税进项税额。计算公式如下： 当期应冲减进项税额=当期取得的返还资金/（1+适用税率）×所购货物适用税率	商业企业向供货方收取的各种收入，一律不得开具增值税专用发票 （国税发〔2016〕136号）
（八）已抵扣转为不得抵扣的进项税额	
1.适用一般计税方法的纳税人，兼营简易计税方法计税项目、免征增值税项目而无法划分不得抵扣的进项税额，按公式计算不得抵扣进项税额。主管税务机关可以按照公式依年度数据对不得抵扣的进项税额进行清算	不得抵扣的进项税额=当期无法划分的全部进项税额×（当期简易计税方法计税项目销售额+免征增值税项目销售额）/当期全部销售额
2.已抵扣进项税额的购进货物（不含固定资产）、劳务、服务，发生不得抵扣进项情形（简易计税方法计税项目、免征增值税项目除外）的，应当将该进项税额从当期进项税额中扣减；无法确定该进项税额的，按照当期实际成本计算应扣减的进项税额	实际成本=买价+运费+保险费+其他有关费用

续表

（八）已抵扣转为不得抵扣的进项税额	
3.已抵扣进项税额的固定资产、无形资产，发生不得抵扣进项情形的，按照公式计算不得抵扣的进项税额	不得抵扣的进项税额=固定资产、无形资产净值×适用税率 固定资产净值=原值-折旧 无形资产净值=原值-摊销
4.已抵扣进项税额的不动产，发生非正常损失，或改变用途专用于简易计税方法计税项目、免征增值税项目、集体福利或个人消费的，按公式计算不得抵扣的进项税额，并从当期进项税额中扣减	不得抵扣的进项税额=已抵扣进项税额×不动产净值率 不动产净值率=（不动产净值÷不动产原值）×100% （国家税务总局公告2019年第14号）
5.一般纳税人销售自行开发的房地产项目，兼有一般计税方法计税、简易计税方法计税、免征增值税的房地产项目而无法划分不得抵扣的进项税额的，应以《建筑工程施工许可证》注明的“建设规模”为依据进行划分	不得抵扣的进项税额=当期无法划分的全部进项税额×（简易计税、免税房地产项目建设规模）÷房地产项目总建设规模 （国家税务总局公告2016年第18号）
（九）不得抵扣转为允许抵扣的进项税额	
1.按照规定不得抵扣且未抵扣进项税额的固定资产、无形资产，发生用途改变，用于允许抵扣进项税额的应税项目，可在用途改变的次月按照公式计算可以抵扣的进项税额	可以抵扣的进项税额=固定资产、无形资产净值÷（1+适用税率）×适用税率 （财税〔2016〕36号附件2）
2.按照规定不得抵扣进项税额的不动产，发生用途改变，用于允许抵扣进项税额项目的，按照公式在改变用途的次月计算可抵扣的进项税额	可抵扣的进项税额=增值税扣税凭证注明或计算的进项税额×不动产净值率 不动产净值率=（不动产净值÷不动产原值）×100% （国家税务总局公告2019年第14号）

六、留抵退税检查

（一）留抵退税主体			
退税主体	划分标准（工信部联企业〔2011〕300号）	增量留抵退税时间	存量留抵退税时间
1.微型企业（含个体户）	年增值税销售额＜100万元	自2022年4月起实施	自2022年4月起实施
2.小型企业（含个体户）	年增值税销售额＜2 000万元		自2022年5月起实施
3.中型企业	年增值税销售额＜1亿元		自2022年7月起实施
4.大型企业	年增值税销售额≥1亿元		自2022年10月起实施
存量留抵税额： 当期期末留抵税额大于或等于2019年3月31日期末留抵税额的，存量留抵税额为2019年3月31日期末留抵税额；当期期末留抵税额小于2019年3月31日期末留抵税额的，存量留抵税额为当期期末留抵税额 增量留抵税额： 为当期期末留抵税额与2019年3月31日相比新增加的留抵税额			

续表

（二）留抵退税涉及的行业					
序号	行 业	序号	行 业	序号	行 业
1	农、林、牧、渔业	6	住宿和餐饮业	11	教育
2	制造业	7	信息传输、软件和信息技术服务业	12	卫生和社会工作
3	电力、热力、燃气及水生产和供应业	8	科学研究和技术服务业	13	文化、体育和娱乐业
4	批发和零售业	9	水利、环境和公共设施管理业	（财政部 税务总局公告2022年第14号和第21号）	
5	交通运输、仓储和邮政业	10	居民服务和修理服务业		

（三）留抵退税条件
1.纳税信用等级为A级或者B级
2.申请退税前36个月未发生骗取留抵退税、骗取出口退税或虚开增值税专用发票情形
3.申请退税前36个月未因偷税被税务机关处罚两次及以上
4. 2019年4月1日起未享受即征即退、先征后返（退）政策

（四）留抵退税计算	
计算公式	政策规定
1.允许退还的增量留抵税额=增量留抵税额×进项构成比例×100%	进项构成比例，为2019年4月至申请退税前已抵扣的增值税专用发票注明的增值税额占同期全部已抵扣进项税额的比重，增值税专用发票指：
	（1）增值税专用发票
	（2）带有“增值税专用发票”字样数字化电子发票
2.允许退还的存量留抵税额=存量留抵税额×进项构成比例×100%	（3）税控机动车销售统一发票
	（4）收费公路通行费增值税电子普通发票
	（5）海关进口增值税专用缴款书
	（6）解缴税款完税凭证

七、税收优惠政策检查

（一）免征增值税		
1.小规模纳税人（含个体工商户）	月销售额未超过10万元（含本数）免征增值税（财政部 税务总局公告2023年第19号）	2023年1月1日至2027年12月31日
2.快递收派服务	对纳税人为居民提供必须生活物资快递收派服务取得的收入，免征增值税	2022年5月1日至2022年12月31日
3.公共交通运输服务	对纳税人提供公共交通运输服务取得的收入，免征增值税	

续表

<table>
<tr><th colspan="4">（一）免征增值税</th></tr>
<tr><td colspan="2">4.金融机构向小微企业小额贷款利息收入</td><td>对金融机构向小型企业、微型企业及个体工商户发放小额贷款取得的利息收入，免征增值税
（财政部 税务总局公告2023年第13号）</td><td rowspan="2">至2027年12月31日</td></tr>
<tr><td colspan="2">5.纳税人为农户、小微企业提供融资担保取得的担保费收入</td><td>纳税人为农户、小型企业、微型企业及个体工商户借款、发行债券提供融资担保取得的担保费收入，以及为原担保提供再担保取得的再担保费收入，免征增值税
（财政部 税务总局公告2023年第18号）</td></tr>
<tr><th colspan="4">（二）退还增值税</th></tr>
<tr><td colspan="2">研发机构采购国产设备退税</td><td>研发机构采购国产设备，全额退还增值税。应退税额为增值税专用发票上注明的税额。已抵扣的，不得申报退税；已退税的，不得用于进项税额抵扣
（国家税务总局公告2023年第20号）</td><td>自2024年1月1日起实施</td></tr>
<tr><th colspan="4">（三）加计抵减</th></tr>
<tr><td rowspan="3">生产性企业</td><td>先进制造业企业（5%）</td><td>允许先进制造企业（高新技术企业）按照当期可抵扣的进项税额加计5%抵减应纳增值税税额
（财政部 税务总局公告2023年第43号）</td><td rowspan="3">2023年1月1日至2027年12月31日</td></tr>
<tr><td>集成电路企业（15%）</td><td>允许集成电路设计、生产、封测、装备、材料企业，按照当期可抵扣进项税额加计15%抵减应纳增值税税额
（财税〔2023〕17号）</td></tr>
<tr><td>工业母机企业（15%）</td><td>对生产销售先进工业母机主机、关键功能部件、数控系统的增值税一般纳税人，允许按当期可抵扣进项税额加计15%抵减企业应纳增值税税额
（财税〔2023〕25号）</td></tr>
<tr><td rowspan="3">生产性服务业</td><td>邮政服务</td><td rowspan="3">允许生产性服务业纳税人按照当期可抵扣进项税额加计5%，抵减应纳税额
（财政部 税务总局公告2023年第1号）</td><td rowspan="3">2023年1月1日至2023年12月31日（按5%）
2019年4月1日至2022年12月31日（按10%）</td></tr>
<tr><td>电信服务</td></tr>
<tr><td>现代服务</td></tr>
<tr><td rowspan="5">生活性服务业</td><td>文化体育</td><td rowspan="5">允许生活性服务业纳税人按照当期可抵扣进项税额加计10%，抵减应纳税额
（财政部 税务总局公告2023年第1号、财税〔2019〕39号）</td><td rowspan="3">2023年1月1日至2023年12月31日（按10%）</td></tr>
<tr><td>教育医疗</td></tr>
<tr><td>旅游娱乐</td></tr>
<tr><td>餐饮住宿</td><td rowspan="2">2019年4月1日至9月30日（按10%）
2019年10月1日至2022年12月31日（按15%）</td></tr>
<tr><td>居民日常</td></tr>
</table>

续表

（四）即征即退	
1. 限额即征即退	对安置残疾人的单位和个体工商户，实行由税务机关按纳税人安置残疾人员人数，限额即征即退增值税 月应退增值税=本月安置残疾人员人数×当地最低工资标准的4倍
2. 超税负即征即退	一般纳税人销售自行开发的软件产品，按13%税率征收增值税后，对其税负超3%部分实行即征即退
	经批准从事融资租赁业务的一般纳税人，提供有形动产融资租赁服务和融资性售后回租业务，对其增值税实际税负超过3%的部分实行增值税即征即退
	一般纳税人提供管道运输服务，对其增值税实际税负超过3%的部分实行增值税即征即退
	对飞机维修劳务增值税实际税负超过6%的部分实行增值税即征即退
3. 按比例即征即退	销售自产的资源综合利用产品和提供资源综合利用服务，可享受增值税即征即退政策
	销售自产的列入《享受增值税即征即退政策的新型墙体材料目录》的新型墙体材料，实行增值税即征即退50%的政策
	自2015年7月1日起，对纳税人销售自产的利用风力生产的电力产品，实行增值税即征即退50%的政策

本章练习及答案解析

一、单项选择题

1. 下列承包经营的情形中，应以发包人为增值税纳税人的是（　）。

A. 以承包人名义对外经营，由承包人承担法律责任的

B. 以发包人名义对外经营，由发包人承担法律责任的

C. 以发包人名义对外经营，由承包人承担法律责任的

D. 以承包人名义对外经营，由发包人承担法律责任的

【答案】B

【解析】根据财税〔2016〕36号文件“单位以承包、承租、挂靠方式经营的，承包人、承租人、挂靠人（以下简称承包人）以发包人、出租人、被挂靠人（以下简称发包人）名义对外经营并由发包人承担相关法律责任的，以该发包人为纳税人，否则，以承包人为纳税人”。只有同时满足以发包人名义对外经营，且发包人承担法律责任这两个条件，才以发包人作为纳税义务人，在税务检查时应注意是否有纳税人适用错误的情形。

2.关于增值税纳税人的规定，说法正确的是（　　）。

A.单位租赁或承包给其他单位或个人经营的，以出租人为纳税人

B.资管产品运营过程中发生的增值税行为，以资管产品管理人为纳税人

C.境外单位在境内提供应税劳务，一律以购买者为纳税人

D.报关进口货物，以进口货物的发货人为纳税人

【答案】B

【解析】选项A，根据财税〔2016〕36号文件相关规定，应以承包人为纳税人。选项C，根据《增值税暂行条例》第十八条“中国境外的单位或者个人在境内销售劳务，在境内未设有经营机构的，以其境内代理人为扣缴义务人；在境内没有代理人的，以购买方为扣缴义务人”。选项D，国税发〔1993〕155号文件“进口货物的收货人或办理报关手续的单位和个人，为进口货物增值税、消费税的纳税义务人”。要注意纳税义务人的辨析。

3.根据增值税纳税人登记管理的规定，下列说法错误的是（　　）。

A.个体工商户年应税销售额超过小规模纳税人标准的，不能登记为一般纳税人

B.增值税纳税人应税销售额超过小规模纳税人标准的，除另有规定外，应当向主管税务机关办理一般纳税人登记

C.非企业性单位、不经常发生应税行为的企业，可以选择按照小规模纳税人纳税

D.纳税人偶然发生的销售无形资产、转让不动产的销售额，不计入应税行为年应税销售额

【答案】A

【解析】根据《增值税暂行条例实施细则》第二十九条“年应税销售额超过小规模纳税人标准的其他个人按小规模纳税人纳税；非企业性单位、不经常发生应税行为的企业可选择按小规模纳税人纳税”。个体工商户不属于其他个人，超过小规模纳税人标准需要按规定办理一般纳税人登记，检查时应注意是否有应登记未登记情形。

4.下列纳税人中，年应税销售额超过规定标准需要办理增值税一般纳税人登记的是（　　）。

A.会计核算健全的单位　　B.非企业性单位

C.不经常发生应税行为的企业　　D.不经常发生应税行为的个体工商户

【答案】A

【解析】根据《增值税暂行条例实施细则》第二十九条、财税〔2016〕36号文件

规定，年应税销售额超过规定标准但不经常发生应税行为的单位和个体工商户可选择按照小规模纳税人纳税。要注意不经常发生应税行为的个体工商户也可以选择按照小规模纳税人纳税。

5.下列情形中应按“销售无形资产”计征增值税的是（　）。

A.融资性售后回租　　B.车身广告位出租

C.授权他人特许经营连锁饭店　　D.运输工具舱位承包业务

【答案】C

【解析】根据财税〔2016〕36号文件规定，融资性售后回租属于“金融服务——贷款服务”；车身广告位出租，属于“租赁服务”；“经营权（包括特许经营权、连锁经营权、其他经营权）属于销售无形资产”。根据国家税务总局公告2019年第31号文件“在运输工具舱位承包业务中，发包方以其向承包方收取的全部价款和价外费用为销售额，按照‘交通运输服务’缴纳增值税。承包方以其向托运人收取的全部价款和价外费用为销售额，按照‘交通运输服务’缴纳增值税”。要注意对销售无形资产和销售服务的辨析。

6.下列有关增值税征税范围表述不正确的是（　）。

A.出租车公司向使用本公司自有出租车的出租车司机收取的管理费用，属于“陆路运输服务”

B.航空运输的湿租业务，属于“航空运输服务”

C.停车费，属于“不动产经营租赁服务”

D.航空地面服务，属于“航空运输服务”

【答案】D

【解析】根据财税〔2016〕36号文件，“销售服务、无形资产、不动产注释”，航空地面服务，属于“物流辅助服务”。税务检查时要注意是否有适用服务类型错误而导致税率计算错误的情形。

7.下列行为应视同销售缴纳增值税的有（　）。

A.在线教育平台向特定学员提供免费试听课程

B.健身俱乐部向本单位员工免费提供健身服务

C.煤矿公司为员工购买瓦斯报警装置

D.食品有限公司将外购食品给员工发放福利

【答案】A

【解析】根据财税〔2016〕36号文件，“下列情形视同销售服务、无形资产或者不动产：单位或者个体工商户向其他单位或者个人无偿提供服务，但用于公益事业或者以社会公众为对象的除外”。选项A虽然是无偿提供服务，但并不是用于公益事业或者以社会公众为对象，而是为特定学员提供的，因此要作视同销售处理。检查中要注意是否有发生视同销售行为但未作收入从而隐匿销售收入的情形。

8.甲企业为增值税一般纳税人，2023年10月销售自产饮料灌装设备取得收入600万元，同时取得安装费收入30万元。当月另对安装运行后的设备提供维护保养取得收入10万元，提供设备维修服务取得收入20万元，上述收入均为不含税收入，会计上均分别核算。采用一般计税方法。甲企业当月增值税销项税额（　　）万元。

A. 83.90　　B. 83.40　　C. 85.10　　D. 84.60

【答案】A

【解析】根据国家税务总局公告2017年第11号“纳税人销售活动板房、机器设备、钢结构件等自产货物的同时，提供建筑、安装服务，不属于混合销售，应分别核算销售货物和建筑服务的销售额”。国家税务总局公告2018年第42号规定：“纳税人对安装运行后的机器设备提供的维护保养服务，按照‘其他现代服务’缴纳增值税”。甲企业当月增值税销项税额$=600\times13\%+30\times9\%+10\times6\%+20\times13\%=83.9$（万元）。本题分别考核了混合销售和安装运行后的维护保养服务两个知识点，难度较大，应注意区分。

9.某大型超市2023年4月发生下列业务，其中属于视同销售应缴纳增值税的是（　　）。

A.为厂家代销服装　　B.外购的部分饮料用于业务招待

C.外购金银首饰因管理不善被盗　　D.外购的床单用于职工福利

【答案】A

【解析】《增值税暂行条例实施细则》第四条“单位或者个体工商户的下列行为，视同销售货物：（一）将货物交付其他单位或者个人代销；（二）销售代销货物；（三）设有两个以上机构并实行统一核算的纳税人，将货物从一个机构移送其他机构用于销售，但相关机构设在同一县（市）的除外；（四）将自产或者委托加工的货物用于非增值税应税项目；（五）将自产、委托加工的货物用于集体福利或者个人消费；（六）将自产、委托加工或者购进的货物作为投资，提供给其他单位或者个体工商户；（七）将自产、委托加工或者购进的货物分配给股东或者投资者；（八）将自产、委托加工或者购进的货物无偿赠送其他单位或者个人”。

10.甲商场为增值税一般纳税人，2023年9月受托代销某品牌服装，当月销售取得收入11.3万元（含税），并与委托方进行结算，支付委托方代销货款，取得增值税专用发票上注明税额0.9万元，A商场此业务应缴纳的增值税是（　）万元。

A. 1.3　　B. 0.4　　C. 0.9　　D. 2.2

【答案】B

【解析】A商场应纳增值税额=实际不含税售价×税率－进项税额=11.3/（1+13%）×13%−0.9=0.4（万元）。

11.下列属于视同销售行为的是（　）。

A.某公司将自己的货物从A市仓库移送到B市仓库

B.位于北京市的总公司将其生产的一批货物移送至位于上海市的分公司用于对外销售

C.位于某县的公司将其生产的一批货物移送至位于该县某乡镇的网点

D.甲公司将其生产的一批货物运至外省的乙公司

【答案】B

【解析】根据《增值税暂行条例实施细则》第四条，本条强调是同一纳税人设有两个以上机构以及货物移送以后，必须用于销售才属于视同销售行为。检查中要注意是否有发生视同销售行为但未作收入从而隐匿销售收入偷税的情形。

12.根据增值税相关规定，下列行为不属于视同销售的有（　）。

A.将自产、委托加工的货物用于个人消费

B.将自产、委托加工或者购进的货物分配给股东或者投资者

C.将自产、委托加工或者购进的货物作为投资，提供给其他单位

D.将自产、委托加工或者购进的货物用于集体福利

【答案】D

【解析】根据《增值税暂行条例实施细则》第四条，要注意是否是购进的货物，购进的货物用于个人消费或集体福利不属于视同销售，其对应的进项税额不得抵扣。

13.根据增值税相关规定，自2019年4月1日起，下列产品适用9%税率的是（　）。

A.酸奶　　B.鱼罐头　　C.茶饮料　　D.玉米胚芽

【答案】D

【解析】根据财税〔2017〕37号规定，玉米胚芽属于农产品，适用9%的增值税税率。要注意农产品的区分，在核算税率时以免出错。

14.增值税一般纳税人发生的下列业务中，不可以选择简易方法计算缴纳增值税的是（　　）。

A.以清包工方式提供的建筑服务　　B.提供的非学历教育服务

C.增值电信服务　　D.提供的人力资源外包服务

【答案】C

【解析】根据财税〔2016〕36号“一般纳税人以清包工方式提供的建筑服务，可以选择适用简易计税方法计税”。财税〔2016〕47号“一般纳税人提供人力资源外包服务，可以选择适用简易计税方法，按照5%的征收率计算缴纳增值税”。财税〔2016〕68号“一般纳税人提供非学历教育服务，可以选择适用简易计税方法按照3%征收率计算应纳税额”。应注意一般纳税人是否有违规适用简易计税方法逃避缴纳税款的行为。

15.增值税一般纳税人提供下列服务，可以选择简易计税方法按5%征收率计算缴纳增值税的是（　　）。（不考虑疫情期间的税收优惠政策）

A.公共交通运输服务　　B.不动产经营租赁

C.建筑服务　　D.文化体育服务

【答案】B

【解析】根据财税〔2016〕36号文规定，公共交通运输服务、文化体育服务、建筑服务，一般纳税人可以选择简易计税，适用3%的征收率。国家税务总局公告2016年第16号“一般纳税人出租其2016年4月30日前取得的不动产，可以选择适用简易计税方法，按照5%的征收率计算应纳税额”。检查中应注意一般纳税人出租的不动产是否存在违规适用简易计税方法的情形。

16.关于增值税的销售额，下列说法正确的是（　　）。

A.经纪代理服务，以取得全部价款和价外费用为销售额

B.旅游服务，一律以取得的全部价款和价外费用为销售额

C.航空运输企业的销售额，不包括收取的机场建设费

D.劳务派遣服务，一律以取得全部价款和价外费用为销售额

【答案】C

【解析】根据财税〔2016〕36号“经纪代理服务，以取得的全部价款和价外费用，扣除向委托方收取并代为支付的政府性基金或者行政事业性收费后的余额为销售额。向委托方收取的政府性基金或者行政事业性收费，不得开具增值税专用发票。旅游服务，可以选择以取得的全部价款和价外费用，扣除向旅游服务购买方收取并支付给其他单位或者个人的住宿费、餐饮费、交通费、签证费、门票费和支付给其他接团旅游企业的旅游费用后的余额为销售额。航空运输企业的销售额，不包括代收的机场建设费和代售其他航空运输企业客票而代收转付的价款”。

财税〔2016〕47号“一般纳税人提供劳务派遣服务，可以按照财税〔2016〕36号的有关规定，以取得的全部价款和价外费用为销售额，按照一般计税方法计算缴纳增值税；也可以选择差额纳税，以取得的全部价款和价外费用，扣除代用工单位支付给劳务派遣员工的工资、福利和为其办理社会保险及住房公积金后的余额为销售额，按照简易计税方法依5%的征收率计算缴纳增值税”。注意差额计税项目的辨析。

17.甲建筑施工企业为增值税一般纳税人，2023年7月收入项目如下：平整土地收入1 000万元，塔吊出租收入40万元，建筑物外墙清理修复收入60万元。上述收入均不包含增值税。甲企业当月增值税销项税额（　）万元。

A. 96　　B. 68.8　　C. 98.8　　D. 100.6

【答案】D

【解析】根据财税〔2016〕36号文规定，建筑施工企业平整土地属于“其他建筑服务”，建筑物外墙清理修复属于“修缮服务”适用的增值税税率为9%，根据《增值税暂行条例》第二条，有形动产租赁适用的增值税税率为13%，故：甲企业当月增值税销项税额=（1 000+60）×9% +40×13% =100.6（万元）。要注意税率的区分，是否存在违规适用低税率从而偷逃税款的行为。

18. A航空运输公司于2023年3月取得航空运输服务不含税收入500万元，并按照A与B航空运输公司签订的飞机货机舱位互换协议，当月A公司利用自有货机舱位为B公司提供货运服务，取得不含税收入50万元。A利用B公司货机舱位提供货运服务，支付B公司不含税运费40万元。上述企业均为一般纳税人，A公司当月增值税销项税额（　）万元。

A. 48　　B. 49.5　　C. 45　　D. 45.95

【答案】B

【解析】根据国家税务总局公告2019年第31号“在运输工具舱位互换业务中，互换运输工具舱位的双方均以各自换出运输工具舱位确认的全部价款和价外费用为销售额，按照‘交通运输服务’缴纳增值税”。A公司当月增值税销项税额=（500+50）×9%=49.5（万元）。

19.下列关于增值税纳税义务发生时间的表述中，不正确的有（　）。

A.视同销售货物，为货物移送的当天

B.委托他人代销商品的，为商品发出的当天

C.采用赊销方式销售机器设备的，为书面合同约定的收款日期的当天

D.进口货物，为报关进口的当天

【答案】B

【解析】根据《增值税暂行条例实施细则》第三十八条：“收讫销售款项或者取得索取销售款项凭据的当天，按销售结算方式的不同，具体为：（一）采取直接收款方式销售货物，不论货物是否发出，均为收到销售款或者取得索取销售款凭据的当天；（二）采取托收承付和委托银行收款方式销售货物，为发出货物并办妥托收手续的当天；（三）采取赊销和分期收款方式销售货物，为书面合同约定的收款日期的当天，无书面合同的或者书面合同没有约定收款日期的，为货物发出的当天；（四）采取预收货款方式销售货物，为货物发出的当天，但生产销售生产工期超过12个月的大型机械设备、船舶、飞机等货物，为收到预收款或者书面合同约定的收款日期的当天；（五）委托其他纳税人代销货物，为收到代销单位的代销清单或者收到全部或者部分货款的当天。未收到代销清单及货款的，为发出代销货物满180天的当天；（六）销售应税劳务，为提供劳务同时收讫销售款或者取得索取销售款的凭据的当天；（七）纳税人发生视同销售货物行为，为货物移送的当天。”

检查时要注意是否存在满足纳税义务时间的规定而不确认收入的情形。

20.下列关于增值税特殊销售方式的说法中，表述不正确的有（　）。

A.纳税人采取折扣方式销售货物，如果销售额和折扣额在同一张发票上的“金额”栏分别注明，可以按折扣后的销售额征收增值税

B.直销企业通过直销员向消费者销售货物，直接向消费者收取货款，直销企业的销售额为其向消费者收取的全部价款和价外费用

C.纳税人为销售货物而出租出借包装物收取的押金，单独记账的、时间在1年内

未过期的，不并入销售额征税

D.包装物租金不并入销售额征税

【答案】D

【解析】本题考核的是关于增值税价外费用的相关规定，包装物押金与包装物租金不能混淆，包装物租金属于价外费用，在收取时要并入销售额征税。

21.增值税纳税人下列项目中，应缴纳增值税的有（　　）。

A.代省级政府收取的全额上缴财政的费用

B.随同货物销售收取的包装物租金

C.未逾期的黄酒包装物押金

D.收取的啤酒包装物押金

【答案】B

【解析】根据财税〔2016〕36号文件“纳税人代有关行政管理部门收取的费用，符合规定条件的，不属于价外费用，不征收增值税”。国税发〔1995〕192号“对销售除啤酒、黄酒外的其他酒类产品而收取的包装物押金，无论是否返还以及会计上如何核算，均应并入当期销售额征税”。检查中要注意销售除啤酒、黄酒以外的酒类产品收取的包装物押金是否计征销项税额。

22.甲啤酒厂（增值税一般纳税人），2023年3月销售A型啤酒23吨给乙食品公司，开具增值税专用发票收取不含税价款80 900元，收取包装物押金4 600元；销售B型白酒15吨给宾馆，开具普通发票收取含税价款50 000元，收取包装物押金6 500元。甲啤酒厂应缴纳的增值税税额是（　　）元。

A. 15 807.08　　B. 17 017　　C. 17 546.2　　D. 17 862

【答案】B

【解析】根据国税发〔1995〕192号文件，甲啤酒厂应缴纳的增值税=80 900 × 13%+（50 000+6 500）/（1+13%）× 13%=17 017（元）

23. B公司是A公司（增值税一般纳税人）的母公司，2023年5月A公司将自产的10辆小汽车以不含税价格10万元/辆的价格销售给了B公司，当月A公司向市场上其他客户销售的同类型小汽车不含税价格为20万元/辆，A公司将小汽车销售给B公司的行为应纳增值税税额是（　　）万元。

A. 1.3　　B. 13　　C. 2.6　　D. 26

【答案】D

【解析】根据财税〔2016〕36号“纳税人发生应税行为价格明显偏低或者偏高且不具有合理商业目的的，或者发生视同销售行为而无销售额的，主管税务机关有权按照下列顺序确定销售额：（一）按照纳税人最近时期销售同类服务、无形资产或者不动产的平均价格确定”。应纳增值税额=20×10×13%=26（万元），检查时要注意纳税人销售给关联方的货物是否价格明显偏低且不具有合理商业目的。

24. 甲公司成立于2020年，为增值税小规模纳税人，按季度申报。2022年，该公司取得增值税收入情况为，2022年—3月，取得含税销售收入40万元，2022年4—6月，取得含税销售收入80万元，2022年7—9月，取得含税销售收入20万元，2022年10—12月，取得含税销售收入45万元，甲公司2022年全年应纳增值税额是（　）元。

A. 0　　B. 7 920.78　　C. 23 300.97　　D. 16 336.63

【答案】A

【解析】根据财政部 税务总局公告2022年第15号“自2022年4月1日至2022年12月31日，小规模纳税人适用3%征收率的应税销售收入，免征增值税”。国家税务总局公告2021年第5号“小规模纳税人发生增值税应税销售行为，合计月销售额未超过15万元（以1个季度为1个纳税期的，季度销售额未超过45万元）的，免征增值税”。要注意政策执行期间的规定。

25. 甲公司为小规模纳税人，按季度申报。2023年第1季度，该公司开具增值税普通发票价税合计10万元，开具增值税专用发票不含税金额10万元，甲公司第1季度应纳增值税额是（　）元。

A. 0　　B. 1 000　　C. 1 990.10　　D. 3 000

【答案】B

【解析】根据国家税务总局公告2023年第1号“自2023年1月1日起，小规模纳税人发生增值税应税销售行为，合计月销售额未超过10万元（以1个季度为1个纳税期的，季度销售额未超过30万元）的，免征增值税”。需要注意的是，小规模纳税人虽季度收入合计数未超过30万元，但如果其开具了增值税专用发票，也应按开具增值税专用发票不含税金额计算缴纳相应的税额。甲公司第1季度应纳增值税额=100 000×1%=1 000（元）。

26. 甲企业与乙企业同为P集团下属两家企业，丙企业与P集团不存在关联关系，下列选项中免征增值税的是（　）。

A.甲企业无偿借款给乙企业使用

B.甲企业借款给乙企业使用（未签订统借统还协议），并按市场利率收取利息

C.甲企业无偿借款给丙企业使用

D.甲企业借款给丙企业使用，并按市场利率收取利息

【答案】A

【解析】根据财税〔2019〕20号“对企业集团内单位（含企业集团之间）的资金无偿借贷行为，免征增值税”。应注意，文件规定的是企业集团内单位的无偿借贷行为，非企业集团内部无偿借贷资金，应按规定缴纳增值税。

27.某生产企业为增值税一般纳税人，2023年4月其员工因公出差取得如下票据：注明本单位员工身份信息的铁路车票，票价共计10万元；注明本单位员工身份信息的公路客票，票价共计3万元；道路通行费增值税电子普通发票，注明税额共计2万元。该企业当月可以抵扣增值税进项税额（　　）万元。

A. 0.83　　B. 2.91　　C. 0.91　　D. 3.07

【答案】B

【解析】根据财政部 税务总局 海关总署公告2019年第39号文第六条“纳税人购进国内旅客运输服务，其进项税额允许从销项税额中抵扣。1.取得增值税电子普通发票的，为发票上注明的税额；2.取得注明旅客身份信息的航空运输电子客票行程单的，为按照下列公式计算的进项税额：航空旅客运输进项税额=（票价+燃油附加费）÷（1+9%）×9%；3.取得注明旅客身份信息的铁路车票的，为按照下列公式计算的进项税额：铁路旅客运输进项税额=票面金额÷（1+9%）×9%；4.取得注明旅客身份信息的公路、水路等其他客票的，按照下列公式计算进项税额：公路、水路等其他旅客运输进项税额=票面金额÷（1+3%）×3%”。

该企业当月可抵扣进项税额=10÷（1+9%）×9%+3÷（1+3%）×3%+2=2.91（万元）。

28.下列项目，允许抵扣增值税进项税额的是（　　）。

A.纳税人取得增值税电子普通发票的道路通行费

B.个人消费的购进货物

C.纳税人购进的娱乐服务

D.纳税人支付的贷款利息

【答案】A

【解析】根据财政部 税务总局 海关总署公告2019年第39号，购进的国内旅客运

输服务，其进项税额允许从销项税额中抵扣。根据《增值税暂行条例》第十条，购进货物用于个人消费，不得抵扣进项税额。根据财税〔2016〕36号第二十七条，购进贷款服务、娱乐服务，不得抵扣进项税。应注意纳税人是否存在将不得抵扣的进项税额认证抵扣的情形。

29.一般纳税人购进货物发生下列情况，其进项税额不得从销项税额中抵扣的是（　）。

A.用于分配给股东　B.用于集体福利　C.用于对外投资　D.发生正常损失

【答案】B

【解析】根据《增值税暂行条例》第十条“下列项目的进项税额不得从销项税额中抵扣：（一）用于简易计税方法计税项目、免征增值税项目、集体福利或者个人消费的购进货物、劳务、服务、无形资产和不动产；（二）非正常损失的购进货物，以及相关的劳务和交通运输服务；（三）非正常损失的在产品、产成品所耗用的购进货物（不包括固定资产）、劳务和交通运输服务；（四）国务院规定的其他项目。”

30.某农药厂为增值税一般纳税人，2023年3月销售应税农药取得不含税收入100万元，销售免税农药取得收入50万元，当月购入原材料一批，取得增值税专用发票，注明税款6.8万元；应税药品与免税农药无法划分耗料情况。该农药厂当月应缴纳增值税（　）万元。

A. 6.20　B. 8.47　C. 10.73　D. 13.00

【答案】B

【解析】根据财税〔2016〕36号“不得抵扣的进项税额=当期无法划分的全部进项税额×（当期简易计税方法计税项目销售额+免征增值税项目销售额）÷当期全部销售额”。当月应缴纳增值税=100×13%-｛6.8-6.8×［50/（100+50）］｝=8.47（万元）。

检查时要注意是否存在未划分不得抵扣的进项税额而将全部进项税额都抵扣的情形。

31.甲公司为生产农业机械的增值税一般纳税人，2023年5月销售情况如下：销售复式播种机3台开具增值税专用发票并注明金额190万元，销售农用挖掘机1台开具增值税专用发票注明金额20万元，销售农机零部件若干并开具普通发票注明金额100万元，当月没有可抵扣的进项税额。2023年5月甲公司应缴纳的增值税（　）万元。

A. 41.83　B. 38.83　C. 45.12　D. 30.40

【答案】D

【解析】根据财税〔2017〕37号文规定，复式播种机和农用挖掘机属于农机范围适用9%的税率，农机零部件适用13%的税率。当月应缴纳增值税=（190+20）×9%+100/（1+13%）×13%=30.40（万元）。

32.下列关于进项税额加计抵减政策说法正确的是（　）。

A. 2023年1月1日至2023年12月31日，允许生产性服务业纳税人按照当期可抵扣进项税额加计15%抵减应纳税额

B. 2023年1月1日至2023年12月31日，允许生活性服务业纳税人按照当期可抵扣进项税额加计5%抵减应纳税额

C.抵减前的应纳税额等于零的，当期可抵减加计抵减额全部结转下期抵减

D.当期可抵减加计抵减额=上期末加计抵减额余额+当期计提加计抵减额

【答案】C

【解析】根据财政部 税务总局公告2023年第1号“（一）允许生产性服务业纳税人按照当期可抵扣进项税额加计5%抵减应纳税额。（二）允许生活性服务业纳税人按照当期可抵扣进项税额加计10%抵减应纳税额”。财政部 税务总局 海关总署公告2019年第39号“当期可抵减加计抵减额=上期末加计抵减额余额+当期计提加计抵减额-当期调减加计抵减额”。应注意是否有违规适用加计抵减政策的情形。

33.甲公司（增值税一般纳税人）2023年6月销售货物不含税金额300万元，购进增值税税控专用设备并缴纳技术维护费合计9万元，取得的增值税专用发票上标注的税额0.9万元，当月其他准予抵扣的进项税额5万元，甲公司当月应缴纳的增值税税额是（　）万元。

A. 33.1　　B. 34　　C. 25　　D. 15.1

【答案】C

【解析】根据财税〔2012〕15号“自2011年12月1日起，增值税纳税人购买增值税税控系统专用设备支付的费用以及缴纳的技术维护费（以下简称二项费用）可在增值税应纳税额中全额抵减。增值税一般纳税人支付的二项费用在增值税应纳税额中全额抵减的，其增值税专用发票不作为增值税抵扣凭证，其进项税额不得从销项税额中抵扣”。检查时应注意是否将增值税专用发票进项税额重复抵扣的情形。甲公司当月应缴纳的增值税=300×13%-5-9=25（万元）。

34.下列说法正确的是（　）。

A.甲公司已超过小规模纳税人标准，但尚未办理一般纳税人登记，其当月申报时取得的进项税额准予抵扣

B.一般纳税人会计核算不健全，或者不能够提供准确税务资料的，不能抵扣进项税额

C.乙公司2023年3月购买的货物，进项税额已抵扣。4月发现货物不符合质量标准，退回卖家，相关进项税额不用转出

D.丙公司购进的一批原材料，因管理不善被盗，已抵扣的进项税额不用转出

【答案】B

【解析】根据《增值税暂行条例实施细则》第十一条、第二十四条、财税〔2016〕36号文规定“应当办理一般纳税人资格登记而未办理的，不得抵扣进项税额，也不得使用增值税专用发票”。应重点检查纳税人是否存在发生非正常损失的货物未转出进项税额的情形。

35.某食品生产企业为增值税一般纳税人，2023年3月从农户手中收购1 000公斤山核桃，收购发票上注明收购价款10万元，当期全部耗用，加工成盐焗核桃仁零食对外销售。当月又从小规模纳税人手中收购了5 000公斤小米，取得增值税专用发票，增值税专用发票注明金额5万元，税额0.15万元，当月该食品生产加工企业将小米简单清洗、包装后直接对外销售，当期全部销售。不考虑其他条件，该食品生产企业2022年3月收购农产品允许抵扣的进项税额为（ ）元。

A. 11 500　　B. 13 500　　C. 14 500　　D. 15 000

【答案】C

【解析】根据《增值税暂行条例》第八条及财税〔2017〕37号和财政部 税务总局 海关总署公告2019年第39号“从按照简易计税方法依照3%征收率计算缴纳增值税的小规模纳税人取得增值税专用发票的，以增值税专用发票上注明的金额和9%的扣除率计算进项税额；取得（开具）农产品销售发票或收购发票的，以农产品销售发票或收购发票上注明的农产品买价和9%的扣除率计算进项税额”。

检查时应注意从小规模纳税人处取得增值税专用发票才能按9%税率抵扣。

二、多项选择题

1.境外单位和个人的下列业务中，应在我国境内缴纳增值税的是（ ）。

A.转让位于境内的写字楼

B.派出咨询顾问到境内提供咨询服务

C.在境外出租汽车给境内考察团在境外使用

D.向境内考察团在境外提供住宿服务

【答案】AB

【解析】根据财税〔2016〕36号“下列情形不属于在境内销售服务或者无形资产：（一）境外单位或者个人向境内单位或者个人销售完全在境外发生的服务。（二）境外单位或者个人向境内单位或者个人销售完全在境外使用的无形资产。（三）境外单位或者个人向境内单位或者个人出租完全在境外使用的有形动产”。应注意区分纳税义务发生地。

2.根据增值税规定，下列行为应视同销售征收增值税的有（　　）。

A.将自产的家具用于办公使用　　B.将外购的服装作为福利发给员工

C.将委托加工收回的卷烟赠送客户　　D.将新研发的玩具交付某商场代销

【答案】CD

【解析】根据《增值税暂行条例实施细则》第四条规定。

3.资管产品运营过程中发生的增值税应税行为，以资管产品管理人为增值税纳税人。资管产品管理人包括（　　）。

A.公募基金管理公司　　B.银行

C.上市公司　　D.期货公司

E.信托公司

【答案】ABDE

【解析】根据财税〔2016〕140号规定，资管产品管理人，包括银行、信托公司、公募基金管理公司及其子公司、证券公司及其子公司、期货公司及其子公司、私募基金管理人、保险资产管理公司、专业保险资产管理机构、养老保险公司。因此，选项C错误。

4.下列属于增值税征税范围的有（　　）。

A.单位聘用的员工为本单位提供的运输业务

B.航空运输企业提供湿租的业务

C.房地产评估咨询公司提供的房地产评估业务

D.广告公司提供的广告代理业务

【答案】BCD

【解析】根据财税〔2016〕36号文件，航空运输企业湿租业务，指航空运输企业将配备有机组人员的飞机承租给他人使用一定期限，收取租赁费的业务，按航空运输服务征收增值税。单位或者个体工商户聘用的员工为本单位或者雇主提供取得工资的服务为非经营活动，不征收增值税。

5.下列各项中应计入年应税销售额的有（　）。

A.偶然发生的销售无形资产的销售额　　B.免税销售额

C.稽查查补销售额　　D.税务机关代开发票销售额

【答案】BCD

【解析】根据国家税务总局令第43号“年应税销售额，是指连续不超过12个月或4个季度的经营期内累计应征增值税销售额，包括纳税申报销售额（含免税销售额和税务机关代开发票销售额）、稽查查补销售额、纳税评估调整销售额。纳税人偶然发生的销售无形资产、转让不动产的销售额，不计入年应税销售额”。

6.下列购进的货物或服务中，不得作为进项税额抵扣的有（　）。

A.一般纳税人购进公务用豪华小轿车1台，取得机动车销售统一发票

B.一般纳税人租入1栋建筑物经改造后专门用于职工食堂，取得了出租方开具的增值税专用发票

C.小规模纳税人委托会计师事务所提供审计服务，取得了增值税专用发票

D.一般纳税人购入的危险化学品，取得增值税专用发票，因存放不当违反相关法律法规，被安全生产部门罚款并依法没收

【答案】BCD

【解析】本题考核“不得从销项税额中抵扣的进项税额”知识点。《增值税暂行条例实施细则》第十一条、第二十四条规定。应注意，被安全生产部门依法没收属于非正常损失。

7.下列行为中，免征增值税的有（　）。

A.个人转让著作权　　B.残疾人个人提供应税服务

C.航空公司提供飞机播洒农药服务　　D.会计师事务所提供管理咨询服务

【答案】ABC

【解析】根据《增值税暂行条例》第十五条，财税〔2016〕36号“个人转让著作

权免征增值税、残疾人员本人为社会提供的服务、农业机耕、排灌、病虫害防治、植物保护、农牧保险以及相关技术培训业务，家禽、牲畜、水生动物的配种和疾病防治免征增值税”。注意掌握免征增值税项目。

8.下列金融业务中，免征增值税的有（　　）。

A.商业银行间的同业存款利息收入

B.融资租赁公司从事的融资性售后回租业务

C.商业银行提供国家助学贷款业务

D.人民银行对金融机构提供贷款业务

【答案】ACD

【解析】根据财税〔2016〕36号“金融同业往来利息收入、国家助学贷款、人民银行对金融机构的贷款免征增值税”。

9.下列增值税一般纳税人发生的业务中，享受增值税实际税负超过3%的部分即征即退政策的有（　　）。

A.销售自行开发生产的软件产品　　B.提供管道运输服务

C.提供有形动产融资性售后回租服务　　D.销售自产的资源综合利用产品

【答案】ABC

【解析】根据财税〔2011〕100号“增值税一般纳税人销售其自行开发生产的软件产品，对其增值税实际税负超过3%的部分实行即征即退政策”。财税〔2016〕36号“一般纳税人提供管道运输服务，对其增值税实际税负超过3%的部分实行增值税即征即退政策。经人民银行、银监会或者商务部批准从事融资租赁业务的试点纳税人中的一般纳税人，提供有形动产融资租赁服务和有形动产融资性售后回租服务，对其增值税实际税负超过3%的部分实行增值税即征即退政策”。注意增值税即征即退政策的掌握，检查纳税人是否违规享受政策。

10.下列情形中的增值税专用发票，应列入异常凭证范围的有（　　）。

A.纳税人丢失的税控设备中已开具并上传的增值税专用发票

B.经国家税务总局大数据分析发现纳税人未按规定缴纳消费税的增值税专用发票

C.非正常户纳税人未向税务机关申报缴纳税款的增值税专用发票

D.经国家税务总局大数据分析发现纳税人涉嫌虚开的增值税专用发票

【答案】BCD

【解析】根据国家税务总局公告2019年第38号“一、符合下列情形之一的增值税专用发票，列入异常凭证范围：纳税人丢失、被盗税控专用设备中未开具或已开具未上传的增值税专用发票；非正常户纳税人未向税务机关申报或未按规定缴纳税款的增值税专用发票；经税务总局、省税务局大数据分析发现，纳税人开具的增值税专用发票存在涉嫌虚开、未按规定缴纳消费税等情形的”。注意只有已开具未上传的增值税专用发票才列入异常凭证范围。

11.下列新办纳税人中实行增值税专用发票电子化的有关事项中，正确的有（　）。

A.增值税电子专用发票由各省税务局监制，属于增值税专用发票

B.增值税电子专用发票应加盖发票专用章

C.增值税电子专用发票与纸质增值税专用发票具有相同效力，受票方索取纸质专票的，开票方可以开具其中任意一种

D.增值税电子专用发票和纸质增值税专用发票的最高开票限额应当相同

【答案】AD

【解析】根据国家税务总局2020年第22号公告“电子专票由各省税务局监制，采用电子签名代替发票专用章，属于增值税专用发票，其法律效力、基本用途、基本使用规定等与增值税纸质专用发票相同”。注意受票方索取纸质专票的，开票方应当开具纸质专票。

12.关于小规模纳税人月销售未超过10万元增值税免税政策，下列说法正确的有（　）。

A.自2023年1月1日到2023年12月31日，小规模纳税人月销售额扣除本期发生的销售不动产销售额后，未超过10万元的，其销售货物、劳务、服务、无形资产取得的销售额免征增值税

B.自2023年1月1日到2023年12月31日，月销售额10万元以下（含本数）的增值税小规模纳税人，免征增值税

C.自2023年1月1日到2023年12月31日，适用增值税差额征税政策的小规模纳税人，以差额后的销售额确定是否可以享受月销售额10万元及以下免征增值税的政策

D.自2023年1月1日到2023年12月31日，按规定应当预缴增值税税款的小规模纳税人，凡在预缴地实现的月销售额未超过10万元的，当期无须预缴税款

【答案】ABCD

【解析】根据国家税务总局公告2023年第1号“一、增值税小规模纳税人发生增值税应税销售行为，合计月销售额未超过10万元（以1个季度为1个纳税期的，季度销售额未超过30万元，下同）的，免征增值税。小规模纳税人发生增值税应税销售行为，合计月销售额超过10万元，但扣除本期发生的销售不动产的销售额后未超过10万元的，其销售货物、劳务、服务、无形资产取得的销售额免征增值税。二、适用增值税差额征税政策的小规模纳税人，以差额后的销售额确定是否可以享受1号公告第一条规定的免征增值税政策。按照现行规定应当预缴增值税税款的小规模纳税人，凡在预缴地实现的月销售额未超过10万元的，当期无需预缴税款”。

13.增值税一般纳税人收取的下列款项中，应作为价外费用并入销售额计算增值税销项税额的有（　）。

A.商业企业销售货物时收取的优质服务费

B.生产企业销售货物时收取的包装费

C. 4S店销售汽车同时向购买方收取的代购买方缴纳的车辆购置税、车辆牌照费

D.设计企业提供设计服务向客户收取的提前完成奖励费

【答案】ABD

【解析】根据《增值税暂行条例》第十二条“销货同时代办保险收取的保险费、向购买方收取的代购买方缴纳的车辆购置税、车辆牌照费不属于价外费用”，检查时注意是否有隐匿价外费用情形。

14.关于增值税一般纳税人购进和租用固定资产进项税额抵扣，下列说法正确的有（　）。

A.购进固定资产，既用于一般计税方法计税项目，又用于免征增值税项目，进项税额可以全额从销项税额中抵扣

B.购进固定资产，专用于简易计税方法计税项目，进项税额不得从销项税额中抵扣

C.购进固定资产，既用于一般计税方法计税项目，又用于免征增值税项目，进项税额不得从销项税额中抵扣

D.租入固定资产，既用于一般计税方法计税项目，又用于免征增值税项目，其进项税额准予从销项税额中全额抵扣

【答案】ABD

【解析】根据财税〔2017〕90号“自2018年1月1日起，纳税人租入固定资产、

不动产，既用于一般计税方法计税项目，又用于简易计税方法计税项目、免征增值税项目、集体福利或者个人消费的，其进项税额准予从销项税额中全额抵扣”，检查时注意是否将不得抵扣的进项税额申报抵扣。

15.数电票破除特定版式要求，增加了（ ）的数据电文格式便利交付，同时保留（ ）等格式，降低发票使用成本，提升纳税人用票的便利度和获得感。

A. XML B. PDF C. OFD D. XLS

【答案】ABC

【解析】国家税务总局山东省税务局公告2023年第2号解读“数电票破除特定版式要求，增加了XML的数据电文格式便利交付，同时保留PDF、OFD等格式，降低发票使用成本，提升纳税人用票的便利度和获得感。数电票样式根据不同业务进行差异化展示，为纳税人提供更优质的个性化服务”。注意发票格式的变化。

16.数电票无联次，票面信息包括（ ）。

A.发票号码、开票日期

B.购买方信息、销售方信息、项目名称、规格型号、单位、数量、单价、金额

C.税率/征收率、税额、合计

D.价税合计（大写、小写）、备注、开票人

【答案】ABCD

【解析】根据国家税务总局山东省税务局公告2023年第2号“数电票无联次，基本内容包括：发票号码、开票日期、购买方信息、销售方信息、项目名称、规格型号、单位、数量、单价、金额、税率/征收率、税额、合计、价税合计（大写、小写）、备注、开票人等”。

17.纳税人应在年应税销售额超过规定标准的月份（季度）所属申报期结束后（ ）日内办理增值税一般纳税人登记或者选择按照小规模纳税人纳税的手续；未按规定时限办理的，主管税务机关应当在规定时限结束后（ ）日内制作《税务事项通知书》，告知纳税人应当（ ）日内向主管税务机关办理相关手续；逾期未办理的，次月起按销售额依照增值税税率计算应纳税额，不得抵扣进项税额，直至办理相关手续为止。

A. 15 B. 5 C. 5 D. 10

【答案】ABC

【解析】根据国家税务总局令第43号“纳税人在年应税销售额超过规定标准的月份（季度）所属申报期结束后15日内办理增值税一般纳税人登记或者选择按照小规模纳税人纳税的手续；未按规定时限办理的，主管税务机关应当在规定时限结束后5日内制作《税务事项通知书》，告知纳税人应当在5日内向主管税务机关办理相关手续；逾期仍不办理的，次月起按销售额依照增值税税率计算应纳税额，不得抵扣进项税额，直至纳税人办理相关手续为止”。

18.纳税人为（　）借款、发行债券提供融资担保取得的担保费收入，以及为上述融资担保提供再担保取得的再担保费收入，免征增值税。

A.农户　B.小型企业　C.微型企业　D.个体工商户

【答案】ABCD

【解析】根据财政部 税务总局公告2023年第18号“纳税人为农户、小型企业、微型企业及个体工商户借款、发行债券提供融资担保取得的担保费收入，以及为上述融资担保（以下称原担保）提供再担保取得的再担保费收入，免征增值税”。要注意是否有违规享受免征增值税政策的情形。

19.先进制造业企业应单独核算加计抵减额的（　）等变动情况。

A.计提　B.抵减　C.调减　D.结余

【答案】ABCD

【解析】根据财政部 税务总局公告2023年第43号“先进制造业企业应单独核算加计抵减额的计提、抵减、调减、结余等变动情况”，要注意是否存在骗取适用加计抵减政策或虚增加计抵减额的情形。

20.对从事二手车经销的纳税人销售其收购的二手车，按照简易办法依3%征收率减按（　）征收增值税，该政策延期至（　）。

A. 0.5%　B. 2027年12月31日

C. 2%　D. 2025年12月31日

【答案】AB

【解析】根据财政部 税务总局公告2023年第63号“对从事二手车经销的纳税人销售其收购的二手车，按照简易办法依3%征收率减按0.5%征收增值税。本公告所称二手车，是指从办理完注册登记手续至达到国家强制报废标准之前进行交易并转移所有权的车辆，具体范围按照国务院商务主管部门出台的二手车流通管理办法执行。本公告执行至2027年12月31日”。注意政策执行范围及二手车资格认定。

三、判断题

1.纳税人确定适用加计抵减政策后，当年内不再调整，以后年度是否适用，根据上年度销售额计算确定。纳税人可计提但未计提的加计抵减额，可在确定适用加计抵减政策当期一并计提。(　　)

【答案】√

【解析】根据财政部 税务总局 海关总署公告2019年第39号“纳税人确定适用加计抵减政策后，当年内不再调整，以后年度是否适用，根据上年度销售额计算确定。纳税人可计提但未计提的加计抵减额，可在确定适用加计抵减政策当期一并计提”。注意加计抵减政策的适用条件，是否存在违规享受的情形。

2.养老机构提供的养老服务减按50%计算缴纳增值税。

【答案】×

【解析】根据财税〔2016〕36号“养老机构提供的养老服务免征增值税”。

3.纳税人向国内海关特殊监管区域内的单位或者个人销售服务、无形资产，不属于跨境应税行为，应照章征收增值税。

【答案】√

【解析】根据国家税务总局公告2016年第29号“纳税人向国内海关特殊监管区域内的单位或者个人销售服务、无形资产，不属于跨境应税行为，应照章征收增值税”。注意是否存在违规享受免征增值税政策的情形。

4.军队空余房产租赁收入减按0.5%计算缴纳增值税。

【答案】×

【解析】根据财税〔2016〕36号“军队空余房产租赁收入免征增值税”。应注意根据财税〔2004〕123号“暂免征收增值税军队空余房产，在出租时必须悬挂《军队房地产租赁许可证》，以备查验”。

5.纳税人以电子专票的纸质打印件作为税收凭证的，必须同时保存打印该纸质件的电子专票。

【答案】√

【解析】根据国家税务总局公告2020年第22号解读“纳税人如果需要以电子发

票的纸质打印件作为报销入账归档依据的，应当同时保存打印该纸质件的电子发票”，检查时注意纳税人会计档案的完整性。

6.纳税人将发票用途误确认为申报抵扣且已申报抵扣后，如果要改为用于申报出口退税或代办退税，纳税人可以向主管税务机关申请更正。主管税务机关在核实确认相关进项税额已转出后，为纳税人调整发票用途。

【答案】√

【解析】根据《国家税务总局关于增值税发票综合服务平台等事项的公告》的解读“纳税人将发票用途误确认为申报抵扣，如果要改用于出口退税或代办退税，纳税人可以向主管税务机关提出申请。主管税务机关核实情况后，即可为纳税人调整发票用途。纳税人将发票用途误确认为申请出口退税、代办退税的，可以向主管税务机关提出申请。主管税务机关核实尚未申报出口退税并帮助纳税人回退发票电子信息后，纳税人可以通过综合服务平台重新确认发票用途”。

7.纳税人为客户办理退票而向客户收取的退票费，属于纳税人购进国内旅客运输服务，应按照现行规定凭增值税专用发票抵扣进项税。

【答案】×

【解析】根据财税〔2017〕90号“纳税人为客户办理退票而向客户收取的退票费、手续费等收入，按照‘其他现代服务’缴纳增值税”。应注意退票费收入的适用税率，检查是否存在将其作为购进国内旅客运输服务违规抵扣进项税额的情形。

8.中国共产党和各民主党派的各级组织的机关报纸和机关期刊，各级人大、政协、政府、工会、共青团、妇联、残联、科协的机关报纸和机关期刊。对上述出版物在出版环节执行增值税50%先征后退的政策。

【答案】×

【解析】根据财政部 税务总局公告2023年第60号“对下列出版物在出版环节执行增值税100%先征后退的政策：中国共产党和各民主党派的各级组织的机关报纸和机关期刊，各级人大、政协、政府、工会、共青团、妇联、残联、科协的机关报纸和机关期刊，新华社的机关报纸和机关期刊，军事部门的机关报纸和机关期刊”。注意执行先征后退政策的环节是出版环节。

9.对国产抗艾滋病病毒药品，可选择按照简易办法依照3%征收率计算缴纳增值税。

【答案】×

【解析】根据财政部 税务总局公告2023年第62号“继续对国产抗艾滋病病毒药品免征生产环节和流通环节增值税”。注意只有在国产抗艾滋病病毒药物免税品种清单的药品才免征增值税。

10.提供保险服务的纳税人以现金赔付方式承担机动车辆保险责任的，将应付给被保险人的赔偿金直接支付给车辆修理劳务提供方，不属于保险公司购进车辆修理劳务，其进项税额不得从保险公司销项税额中抵扣。

【答案】√

【解析】根据国家税务总局公告2019年第31号“（1）提供保险服务的纳税人以实物赔付方式承担机动车辆保险责任的，自行向车辆修理劳务提供方购进的车辆修理劳务，其进项税额可以按规定从保险公司销项税额中抵扣。（2）提供保险服务的纳税人以现金赔付方式承担机动车辆保险责任的，将应付给被保险人的赔偿金直接支付给车辆修理劳务提供方，不属于保险公司购进车辆修理劳务，其进项税额不得从保险公司销项税额中抵扣”。

注意赔付方式不同进项税额处理方式不同。

11.增值税一般纳税人销售其2016年4月30日前取得（不含自建）的不动产，可以选择适用简易计税方法，以取得的全部价款和价外费用减去该项不动产购置原价或者取得不动产时的作价后的余额为销售额，按照3%的征收率计算应纳税额。

【答案】×

【解析】根据财税〔2016〕36号“一般纳税人销售其2016年4月30日前取得（不含自建）的不动产，可以选择适用简易计税方法，以取得的全部价款和价外费用减去该项不动产购置原价或者取得不动产时的作价后的余额为销售额，按照5%的征收率计算应纳税额”。注意不动产取得的时间及方式。

12.对经省级地方金融监督管理部门批准成立的小额贷款公司取得的农户小额贷款利息收入，可以选择适用简易计税方法按照3%的征收率计算缴纳增值税。

【答案】×

【解析】根据财政部 税务总局公告2023年第54号“对经省级地方金融监督管理部门批准成立的小额贷款公司取得的农户小额贷款利息收入，免征增值税”。注意适用免征增值税政策的主体是经省级地方金融监督管理部门批准成立的小额贷款公司。

13.实行免抵退税办法的退（免）税计税依据，以铁路运输方式载运旅客的，为按照铁路合作组织清算规则清算后的实际运输收入。

【答案】√

【解析】根据国家税务总局公告2014年第11号规定“实行免抵退税办法的退（免）税计税依据，以铁路运输方式载运旅客的，为按照铁路合作组织清算规则清算后的实际运输收入”。

14.纳税人采取填埋、焚烧等方式进行专业化处理后产生货物，且货物归属于委托方的，收取的处理费应适用6%的增值税税率。

【答案】×

【解析】根据国家税务总局公告2020年第9号规定“采取填埋、焚烧等方式进行专业化处理后产生货物，且货物归属委托方的，受托方属于提供“加工劳务”，其收取的处理费用适用13%的增值税税率”。应重点关注是否存在适用税率错误的情形。

15.银行业金融机构、金融资产管理公司中的一般纳税人处置抵债不动产，可选择以取得的全部价款和价外费用“扣除取得该抵债不动产时的作价”为销售额，适用5%税率计算缴纳增值税。

【答案】×

【解析】根据财政部 税务总局公告2023年第35号“银行业金融机构、金融资产管理公司中的增值税一般纳税人处置抵债不动产，可选择以取得的全部价款和价外费用扣除取得该抵债不动产时的作价为销售额，适用9%税率计算缴纳增值税”，应注意，按照上述规定从全部价款和价外费用中扣除抵债不动产的作价，应当取得人民法院、仲裁机构生效的法律文书。

16.小规模纳税人会计核算健全，能够提供准确税务资料的，可以向主管税务机关办理一般纳税人资格登记，成为增值税一般纳税人。

【答案】√

【解析】根据财税〔2016〕36号“年应税销售额未超过规定标准的纳税人，会计核算健全，能够提供准确税务资料的，可以向主管税务机关办理一般纳税人资格登记，成为一般纳税人”。应注意即使登记为一般纳税人，如果会计核算不健全，或者不能提供准确税务资料的，也不予抵扣进项税额。

17.一般纳税人通过省级土地行政主管部门设立的交易平台转让补充耕地指标按

照“销售无形资产”缴纳增值税，适用增值税税率为9%。

【答案】×

【解析】根据国家税务总局公告2018年第42号“纳税人通过省级土地行政主管部门设立的交易平台转让补充耕地指标，按照销售无形资产缴纳增值税，税率为6%”，注意是否有税率适用错误的情形。

18.纳税人采取还本销售方式销售货物，可以从销售额中减除还本支出。

【答案】×

【解析】根据国税发〔1993〕154号“纳税人采取还本销售方式销售货物，不得从销售额中减除还本支出”。应注意是否存在多列支还本支出少缴税款的情形。

19.飞机清洗消毒收入适用9%税率。

【答案】×

【解析】根据财税〔2016〕36号“飞机清洗消毒服务属于物流辅助服务，适用6%税率”，注意税率的适用。

20.个人将其购买2年以上（含2年）的位于北、上、广、深的别墅对外销售的，以销售收入减去购买住房价款后的差额按照5%的征收率缴纳增值税。

【答案】√

【解析】根据财税〔2016〕36号“个人将购买2年以上（含2年）的非普通住房对外销售的，以销售收入减去购买住房价款后的差额按照5%的征收率缴纳增值税”，注意区分普通住房还是非普通住房。【普通住宅标准】小区建筑容积率1.0以上，单套建筑面积在144平米以下，实际成交价低于同级住宅平均交易价1.44倍以下。（鲁建房字〔2005〕27号）

四、计算题

1.某电梯销售公司为增值税一般纳税人，2023年7月发生如下业务：

（1）与某企业签订一份销售合同，合同约定销售5部电梯并提供安装服务，合同中注明电梯不含税金额为450万元，安装费不含税金额为120万元。该公司对安装费收入选择采用简易计税方法，该业务当月已收到全部款项并分别开具增值税专用发票和普通发票。

（2）为老客户提供电梯维护保养服务，开具增值税普通发票，发票上注明维护费价税合计金额10.6万元、保养费价税合计金额5.3万元，当月未收到款项。

（3）自一般纳税人购进5部电梯，取得的增值税专用发票注明价款400万元、税额52万元；自小规模纳税人采购零配件，取得的增值税专用发票注明价款9万元、税额0.27万元。

要求：根据上述资料，计算该电梯销售公司7月当期的应纳增值税税额。

【答案】该公司7月应缴纳的增值税10.73万元。

【解析】

（1）一般计税方法下，业务（1）销售电梯的销项税额=450×13%=58.5（万元）

简易计税方法下，业务（1）安装费的应纳税额=120×3%=3.6（万元）

说明：一般纳税人销售机器设备的同时提供安装服务，应分别核算机器设备和安装服务的销售额，安装服务可以选择适用简易计税方法按照3%征收率计算纳税。

（2）业务（2）的销项税额=（10.6+5.3）÷（1+6%）×6%=0.9（万元）

说明：对安装运行后的电梯提供的维护保养服务，应按照“现代服务——其他现代服务”适用6%的税率计算纳税。同时，相关业务均已开具发票，纳税义务均已发生。

（3）该公司7月应缴纳的增值税=58.5+0.9−52−0.27+3.6=10.73（万元）。

2.某物业公司为增值税一般纳税人，2023年12月取得的收入及支出情况如下：

（1）向业主收取物业服务费7 816万元；

（2）为业主提供的装修服务，收取装修费965万元；

（3）代收的住宅专项维修资金890万元；

（4）向业主收取的自来水水费103万元，支付给自来水公司的自来水水费92.7万元。自来水公司开具了增值税专用发票；

（5）提供车辆停放服务，收取车位费400万元；

（6）将小区的墙面作为广告位出租用于广告发布，取得80万元；

（7）取得增值税专用发票上注明的税额45万元，其中含业务（4）中自来水公司开具的增值税专用发票上注明的税额2.7万元。

（其他相关资料：以上列明的金额均为含税收入）

要求：根据上述资料，计算该物业公司12月当期的应纳增值税税额。

【答案】该物业公司12月当期的应纳增值税为519.74万元。

【解析】

（1）业务（1）的销项税额=7 816÷（1+6%）×6%=442.42（万元）

说明：物业服务费应按照“现代服务——商务辅助服务”适用6%税率计算纳税。

（2）业务（2）的销项税额=965÷（1+9%）×9%=79.68（万元）

说明：物业服务企业为业主提供的装修服务应按照“建筑服务——装饰服务”适用9%税率计算纳税。

（3）物业管理单位代收的住宅专项维修资金，不属于增值税征税范围，无须缴纳增值税

（4）业务（4）的应纳税额=（103–92.7）÷（1+3%）×3%=0.3（万元）

说明：提供物业管理服务的纳税人，向服务接受方收取的自来水水费，以扣除其对外支付的自来水水费后的余额为销售额，适用简易计税方法，按照3%征收率计算纳税。

（5）业务（5）的销项税额=400÷（1+9%）×9%=33.03（万元）

说明：车辆停放服务应按照“不动产经营租赁服务”适用9%税率计算纳税。

（6）业务（6）的销项税额=80÷（1+9%）×9%=6.61（万元）

说明：将墙面作为广告位出租取得的收入应按照“不动产经营租赁服务”适用9%税率计算纳税。

（7）业务（4）采取简易计税方法，进项税额不得抵扣。因此该业务公司可抵扣的进项税额=45–2.7=42.3（万元）。

综上，一般计税方法下应纳税额=当期销项税额–当期进项税额=（442.42+79.68+33.03+6.61）–42.3=519.44（万元），简易计税方法下应纳税额=0.3（万元）。

该物业公司12月当期的应纳增值税税额=519.44+0.3=519.74（万元）。

3.某机床生产企业为增值税一般纳税人。2023年9月发生如下购进业务：

（1）购进生产用原材料，取得增值税专用发票上注明的价款420万元、税额54.6万元；支付运输费用取得运输公司开具的增值税专用发票上注明价款3.47万元、税额0.29万元；支付桥、闸过路通行费，取得通行费发票上注明的金额0.80万元。

（2）为本单位员工报销差旅费用，取得的国内铁路客票的票面金额共计1.09万元，因招待客户为客户公司雇员购买国内旅客机票，取得的电子客票行程单上注明机票款2.80万元，燃油附加费0.75万元，机场建设费0.60万元。上述客票均注明了旅客身份信息。

（3）购进两辆货车，取得机动车销售统一发票上注明的价款24万元、税额3.12万元，其中一辆用于生产经营，另一辆用于生产经营的同时也为职工食堂提供运输服务。

（4）进口一台机器设备，取得海关进口增值税专用缴款书上注明的税额80.97万元。

要求：根据上述资料，计算该企业9月允许抵扣的进项税额。

【答案】该企业9月允许抵扣的进项税额139.11万元。

【解析】

业务（1）的进项税额=54.6+0.29+0.80÷（1+5%）×5%=54.93（万元）

说明：取得的增值税专用发票上注明的税额允许抵扣；纳税人支付的桥、闸过路通行费，按照取得的通行费发票上的金额按5%征收率计算抵扣。

业务（2）的进项税额=1.09÷（1+9%）×9%=0.09（万元）

说明：国内旅客运输服务计算抵扣仅限于本单位的雇员，以及本单位接受的劳务派遣员工实际发生的国内旅客运输服务且注明了旅客身份信息的客票及航空电子行程单。为招待客户公司雇员而购买的机票，不得计算进项税额抵扣。

业务（3）的进项税额=3.12（万元）

说明：纳税人购进的货车，属于固定资产项目，专门用于简易计税项目、免税项目、集体福利和个人消费的，进项税额不得抵扣；但是兼用的，进项税额可以全额抵扣。

业务（4）的进项税额=80.97（万元）

说明：一般纳税人进口货物的时候，取得的海关进口增值税专用缴款书，可以凭票抵扣进项税额。

综上，当期准予抵扣的进项税额合计=54.93+0.09+3.12+80.97=139.11（万元）

4.某生产企业为增值税一般纳税人，货物适用税率13%，2023年10月发生以下业务：（1）销售货物，开具增值税专用发票，注明金额200万元，款项尚未收到。

（2）购进货物，支付价税合计金额90万元，取得一般纳税人开具的增值税专用发票注明进项税额10.35万元，支付运费价税合计2万元，取得一般纳税人运输企业开具的增值税专用发票注明进项税额0.17万元。

（3）转让2015年购入的商铺，取得价税合计1 000万元，商铺原购入价为500万元，该企业选择简易计税方法计税。

（4）期初留抵进项税额5万元。

已知：该企业当月购进项目的增值税专用发票均已申报抵扣。

要求：根据上述资料，计算该企业10月应缴纳的增值税。

【答案】该企业10月应缴纳的增值税为34.29万元。

【解析】

业务（1）销项税额=200×13%=26（万元）

业务（2）可抵扣进项税额=10.35+0.17=10.52万元。准予抵扣的进项税额=10.52+5=15.52（万元）

业务（3）应缴纳的增值税=（1 000−500）÷（1+5%）×5%=23.81（万元）

综上，3月应缴纳增值税=26−15.52+23.81=34.29（万元）

5.甲公司月末盘点库存材料时发现，上月购进的已抵扣进项税额的免税农产品（未纳入核定扣除范围）发生非正常损失，该批农产品成本80万元（含一般纳税人运输企业提供的运输服务成本1.5万元）；假设本月无其他应作进项税额转出的事项。请计算甲公司当月应转出的进项税额。

【答案】甲公司当月应转出的进项税额为7.9万元。

【解析】根据题干“月末盘点库存材料时发现……”，可以理解为发生非正常损失的免税农产品是以原材料的形式存在的，即还未生产领用，所以计算进项税额转出额的扣除率为9%。应转出的进项税额=（80−1.5）÷（1−9%）×9%+1.5×9%=7.9（万元）

6.某企业为生活服务业的增值税一般纳税人，2022年经营情况如下：

（1）10月销售额950万元，当月购买办公用品取得增值税专用发票上注明的税额50万元。

（2）11月销售额1 000万元，当月购进货物取得增值税专用发票上注明的税额为60万元。当月发现10月采购的一批办公用品因为保管不善发生了非正常损失，损失的办公用品对应的已抵扣进项税额为10万元。

假设不存在期初留抵税额和加计抵减期初余额。

要求：（1）计算该纳税人享受加计抵减后10月份应缴纳的增值税税额。

（2）计算该纳税人享受加计抵减后11月份应缴纳的增值税税额。

【答案】（1）0；（2）2万元。

【解析】

（1）10月份考虑加计抵减之前应缴纳的增值税额=950×6%−50=7（万元）

当月可以抵减的加计抵减额=50×15%=7.5（万元）

故加计抵减额可以全额进行抵减，剩余部分7.5−7=0.5（万元）结转下期继续抵减。当月应缴纳的增值税额为0。

说明：2022年生活性服务业加计抵减比例为15%，2023年为10%。

（2）11月考虑加计抵减之前应缴纳的增值税额=1 000×6%-（60-10）=10（万元）。

11月可抵减的加计抵减额=0.5（上期结转的加计抵减额）+60×15%-10×15%=8（万元）

故11月考虑加计抵减后应缴纳的增值税税额=10-8=2（万元）。

说明：生活性服务业纳税人应按照当期可抵扣进项税额的15%计提当期加计抵减额。按照现行规定不得从销项税额中抵扣的进项税额，不得计提加计抵减额；已按照15%计提加计抵减额的进项税额，按规定作进项税额转出的，应在进项税额转出当期，相应调减加计抵减额。

7. A省的甲建筑公司为增值税一般纳税人，2023年3月发生如下业务：将B省2015年自建的一栋办公楼出售，取得收入840万元（含税，下同），该办公楼账面价值200万元，该项目选择简易计税方法。在C省提供建筑服务取得收入1 635万元，支付分包款545万元，取得增值税专用发票注明进项税额45万元，该项目适用一般计税方法。

要求：

（1）计算上述两项业务分别在B省和C省预缴的增值税税额。

（2）计算上述两项业务在A省应补缴的增值税税额。

【答案】（1）40万元，20万元；（2）70万元。

【解析】

（1）在B省预缴的增值税=840÷（1+5%）×5%=40（万元）

在C省预缴的增值税=（1 635-545）÷（1+9%）×2%=20（万元）

说明：一般纳税人转让其2016年4月30日前自建的不动产，可以选择适用简易计税方法计税，以取得的全部价款和价外费用为销售额，按照5%的征收率计算应纳税额和预缴税款。一般纳税人跨县（市、区）提供建筑服务，适用一般计税方法计税的，以取得的全部价款和价外费用扣除支付的分包款后的余额，按照2%的预征率计算应预缴税款。

（2）出售办公楼应补缴税额=840÷（1+5%）×5%-40=0（万元）

提供建筑服务采用一般计税方法，支付分包款取得增值税专用发票上的税额可以抵扣。因此，提供建筑服务应补缴税额=1 635÷（1+9%）×9%-45-20=70（万元）

说明：纳税人在C省预缴的增值税税款，可以在当期增值税应纳税额中抵减。

8.某金融机构为增值税一般纳税人，按季申报缴纳增值税。2023年第二季度经营业务如下：

（1）向企业发放贷款取得利息收入8 000万元，利息支出1 600万元。

（2）转让债券，卖出价2 200万元，该债券于2018年6月买入，买入价1 400万元；该金融机构2023年第一季度转让债券亏损80万元。2022年底转让债券仍有负差100万元。

（3）为企业客户提供金融服务取得手续费收入53万元；代理发行国债取得手续费收入67万元。

（4）承租居民贾某门市房作为营业网点，租赁期限为3年，合同规定按季度支付租金。支付本季度租金价税合计4.2万元，取得税务机关代开的增值税专用发票注明进项税额0.2万元；购进自动存取款设备，取得增值税专用发票，注明金额100万元、税额13万元，该设备已按固定资产入账。

上述收入均为含税收入。本季度取得的相关票据均按规定申报抵扣进项税额。

要求：根据上述资料，回答下列问题：

（1）业务（1）销项税额为（　　）万元。

A. 362.26　　B. 480.00　　C. 384.00　　D. 452.83

（2）业务（2）销项税额为（　　）万元。

A. 35.09　　B. 40.75　　C. 43.20　　D. 124.53

（3）业务（3）销项税额为（　　）万元。

A. 6.79　　B. 3.18　　C. 3.00　　D. 7.20

（4）该金融机构本季度应缴纳增值税（　　）万元。

A. 486.54　　B. 487.17　　C. 477.72　　D. 487.35

【答案】（1）D；（2）B；（3）A；（4）B。

【解析】

（1）业务（1）销项税额=8 000÷（1+6%）×6%=452.83（万元）

（2）金融商品转让，按照卖出价扣除买入价后的余额为销售额，转让金融商品出现的正负差，按盈亏相抵后的余额为销售额，若相抵后出现负差，可结转下一纳税期与下期转让金融商品销售额相抵，但年末时仍出现负差的，不得转入下一个会计年度。

业务（2）销项税额=（2 200−1 400−80）÷（1+6%）×6%=40.75（万元）

（3）业务（3）销项税额=（53+67）÷（1+6%）×6%=6.79（万元）

（4）销项税额合计=452.83+40.75+6.79=500.37（万元）

准予抵扣的进项税=0.2+13=13.2（万元）

该金融机构本季度应缴纳增值税=500.37−13.2=487.17（万元）

五、综合题

1.甲公司为增值税一般纳税人，主要经营交通运输服务，兼营驾驶员培训（培训收入单独核算，并选择简易办法计税）。2022年3月发生如下业务：

（1）购进经营用油料及其他物料，取得增值税专用发票注明金额为12万元，税额1.56万元。

（2）购进1栋写字楼取得增值税专用发票注明金额200万元，税额18万元。装修该写字楼购进材料，取得增值税专用发票注明金额50万元、税额6.5万元。装修后80%用作运输部办公室，其余20%用作驾驶员培训部办公室。驾驶员培训部购进办公用品取得增值税专用发票注明金额6万元、税额0.78万元。

（3）运输部更新运输车辆，自某汽车厂（一般纳税人）购进货车取得机动车销售统一发票注明金额80万元、税额10.4万元；另支付牌照费0.8万元和保险费1万元，取得公司开具的普通发票。

（4）为客户提供货物运输服务与装卸搬运服务共取得服务费460万元（不含税），其中，运输服务费400万元、装卸搬运服务费60万元（装卸搬运服务企业选择了简易计税方法）。

（5）与具有网络平台公路货物运输资质的乙公司（一般纳税人）建立合作关系，乙公司以自己的名义通过网络平台承揽公路货物运输服务并承担运输人责任，取得不含税服务费100万元，并向客户开具了增值税专用发票。之后乙公司将运输业务交给甲公司负责承运，甲公司取得乙公司支付的不含税运输费90万元，向乙公司开具了增值税专用发票注明税额8.1万元。

（6）驾驶员培训部取得不含税培训收入60万元。

（7）疫情防控期间甲公司组成车队为当地疫情防控工作无偿提供运输服务，车队成本为35万元、同类运输服务销售额为42万元（不含税）。

已知：甲公司取得的相关凭证全符合税法规定并在当月勾选抵扣。根据以上资料回答下列问题：

（1）甲公司业务（2）准予从销项税额中抵扣的进项税额（　）万元。

A. 24.5　　B. 25.28　　C. 19.6　　D. 20.38

（2）甲公司业务（4）应计算增值税销项税额（　）万元。

A. 41.46　　B. 39.60　　C. 36　　D. 29.46

（3）关于网络货物运输业务的税务处理，下列说法正确的有（　）。

A. 乙公司应计算增值税销项税额9万元

B. 乙公司通过网络平台承揽公路货物运输业务取得的收入，应按照“信息中介服务”计算缴纳增值税

C. 乙公司通过网络平台承揽公路货物运输业务取得的收入，应按照“交通运输服务”计算缴纳增值税

D. 乙公司可以从销项税额中抵扣进项税额8.1万元

E. 甲公司应计算增值税销项税额8.1万元

（4）关于业务（6）和业务（7）的税务处理，下列说法正确的有（　）。

A. 驾驶员培训业务收入应缴纳增值税1.8万元

B. 为当地疫情防控工作无偿提供运输服务的进项税额不得从销项税额中抵扣

C. 为当地疫情防控工作无偿提供运输服务应计算增值税销项税额3.78万元

D. 为当地疫情防控工作无偿提供运输服务免征增值税

E. 驾驶员培训业务的进项税不得从销项税额中抵扣

（5）甲公司本月不得抵扣的进项税额（　）万元。

A. 9.25　　B. 5.83　　C. 1.09　　D. 7.33

（6）甲公司本月应缴纳增值税（　）万元。

A. 15.02　　B. 11.55　　C. 22.35　　D. 18.57

【答案】（1）A（2）C（3）ACDE（4）AE（5）C（6）B

【解析】

（1）驾驶员培训业务选择简易计税，所以驾驶员培训部购进办公用品进项税额不得抵扣。业务（2）准予抵扣的进项税额=18+6.5=24.5（万元）。

（2）装卸搬运服务选择简易计税方法计算应纳税额。业务（4）应计算销项税额=400×9%=36（万元）。

（3）乙网络平台公路货物运输公司（一般纳税人）具有货物运输资质，且以自己的名义承揽业务并承担法律责任，因此，正确答案选ACDE。

（4）选项A，驾驶员培训业务收入属于非学历教育，可以选择简易计税，征收率

3%，应缴纳的增值税=60×3%=1.8（万元）；选项BCD，单位或者个体工商户向其他单位或者个人无偿提供服务用于公益事业或者以社会公众为对象的，无需视同销售服务，不用缴纳增值税，注意不是免税概念。甲公司为当地疫情防控工作无偿提供运输服务，属于无偿提供服务用于公益事业或者以社会公众为对象，无需视同销售，不缴纳增值税。选项E，驾驶员培训业务选择简易计税，其进项不得从销项税额中抵扣。因此，正确答案选AE。

（5）本题中业务（2）的购进写字楼及其装修的进项税额24.5万元（18+6.5）与业务（3）中购进运输车辆的进项税额10.4万元可以全额抵扣。业务（2）驾驶员培训部购进办公用品的进项税额0.78万元不得抵扣。业务（1）购进经营油料及其他物料的进项税额1.56万元，需要分摊计算不可抵扣的进项税额。

甲公司本月不得抵扣的进项税额=1.56×（60+60）÷（400+60+90+60）+0.78=1.09（万元）

（6）业务（4）销项税额=400×9%=36（万元），业务（5）销项税额=90×9%=8.1（万元）。本月可以抵扣的进项税额合计=1.25+18+6.5+80×13%=36.15（万元）。

【提示】业务（1）分摊的可以抵扣进项税额=1.56×（400+90）÷（400+60+90+60）=1.25（万元）

一般计税方法下应缴纳的增值税=36+8.1−36.15=7.95（万元）

简易计税方法应缴纳的增值税=60×3%（业务4）+60×3%（业务6）=3.6（万元）

因此，甲公司本月应缴纳增值税=7.95+3.6=11.55（万元）。

第十一章　消费税检查

本章导读

纳税人和扣缴义务人的检查、适用税目税率的检查、纳税环节与纳税义务发生时间的检查、计税依据及应纳税额的检查、消费税税额扣减的检查。

学习指引

一、纳税人和扣缴义务人的检查

纳税人	在中华人民共和国境内从事生产、委托加工和进口应税消费品的单位和个人，以及国务院确定的销售应税消费品的其他单位和个人
扣缴义务人	委托加工的应税消费品，除受托方为个人外，由受托方在向委托方交货时代收代缴税款

二、适用税目税率的检查

税目	子目	征税环节	计税标准	税率	备注
（一）烟	1.卷烟	生产环节	甲类卷烟（每条价格≥70元）	56%，0.003元/支	
			乙类卷烟（每条价格<70元）	36%，0.003元/支	
		批发环节		11%，0.005元/支	
	2.雪茄烟	生产环节		36%	
	3.烟丝			30%	
	4.电子烟			36%	
		批发环节		11%	

续表

税目	子目	征税环节	计税标准	税率	备注
（二）酒	1.白酒	生产环节		20%，0.5元/斤（500毫升）	
	2.黄酒			240元/吨	
	3.啤酒		（1）出厂价（含包装物及押金）≥3 000元/吨	250元/吨	
			（2）出厂价<3 000元/吨	220元/吨	
			（3）娱乐业和饮食业自制的	250元/吨	
	4.其他酒			10%	
（三）高档化妆品		生产环节	在10元/毫升或15元/片以上的属高档化妆品	15%	单价为不含税价格
（四）贵重首饰及珠宝玉石	1.金银首饰、铂金首饰和钻石及钻石饰品	零售环节		5%	
	2.其他贵重首饰和珠宝玉石	生产环节		10%	
（五）鞭炮、烟火		生产环节		15%	
（六）成品油	1.汽油	生产环节		1.52元/升	烷基化油（异辛烷）按汽油征税
	2.柴油			1.20元/升	包括以柴油、柴油组分调和生产的生物柴油
	3.石脑油			1.52元/升	混合芳烃、重芳烃、混合碳八、稳定轻烃、轻油、轻质煤焦油按石脑油征税
	4.溶剂油			1.52元/升	（1）石油醚、粗白油、轻质白油、部分工业白油（5号、7号、10号、15号、22号、32号、46号）按溶剂油征税 （2）橡胶填充油、溶剂油原料属于溶剂油范围

续表

税目	子目	征税环节	计税标准	税率	备注
（六）成品油	5.润滑油	生产环节		1.52元/升	包括矿物性、植物性、动物性润滑油和化工原料合成润滑油
	6.燃料油			1.20元/升	包括用于电厂发电、船舶锅炉燃料、加热炉燃料、冶金和其他工业炉燃料的各类燃料油
	7.航空煤油			1.20元/升	航天煤油参照航空煤油缓征消费税
（七）摩托车		生产环节	气缸容量为250毫升	3%	
			气缸容量＞250毫升	10%	
（八）小汽车	1.乘用车	生产环节	（1）气缸容量≤1.0升	1%	①乘用车包括含驾驶员座位在内最多不超过9个座位（含） ②中轻型商用客车含驾驶员座位在内10至23座（含） ③电动汽车不属于本税目征收范围
			（2）气缸容量1.0＞1.5升（含）	3%	
			（3）气缸容量1.5＞2.0升（含）	5%	
			（4）气缸容量2.0＞2.5升（含）	9%	
			（5）气缸容量2.5＞3.0升（含）	12%	
			（6）气缸容量3.0＞4.0升（含）	25%	
			（7）气缸容量＞4.0	40%	
	2.中轻型商用车			5%	
	3.超豪华小轿车	生产环节	据以上气缸容量		指零售价每辆130万元（不含税）及以上的乘用车和中型商用车
		零售环节		10%	
（九）高尔夫球及球具		生产环节		10%	包括高尔夫球、高尔夫球杆及球包（袋）高尔夫球杆的杆头、杆身和握把等
（十）高档手表		生产环节		20%	指售价（不含税）每只1万元以上

续表

税目	子目	征税环节	计税标准	税率	备 注
（十一）游艇		生产环节		10%	艇身长度大于8米（含）小于90米（含），内置发动机
（十二）木制一次性筷子		生产环节		5%	包括未经打磨、倒角的木制一次性筷子
（十三）实木地板		生产环节		5%	包括未经涂饰的素板
（十四）电池		生产环节		4%	对无汞原电池、金属氢化物镍蓄电池、锂原电池、锂离子蓄电池、太阳能电池、燃料电池、全钒液流电池免征消费税
（十五）涂料		生产环节		4%	施工状态下发挥有机物含量低于420克/升（含）的涂料免征消费税

三、纳税环节与纳税义务发生时间的检查

（一）纳税环节		
（1）酒；高档化妆品；其他贵重首饰和珠宝玉石；鞭炮、烟火；成品油；摩托车；小汽车；高尔夫球及球具；高档手表；游艇；木制一次性筷子；实木地板；电池；涂料		生产、委托加工、进口环节
（2）卷烟		生产、委托加工、进口环节+批发环节
（3）金银首饰、铂金首饰和钻石及钻石饰品		零售环节
（4）超豪华小轿车		零售环节
（二）纳税义务发生时间		
按不同的销售结算方式	1.采取赊销和分期收款结算方式的	为合同约定的收款日期的当天，没有约定收款日期或者无书面合同的，为发出应税消费品的当天
	2.采取预收货款结算方式的	为发出应税消费品的当天
	3.采取托收承付和委托银行收款方式的	为发出应税消费品并办妥托收手续的当天
	4.采取其他结算方式的	为收讫销售款或者取得索取销售款凭据的当天

续表

（二）纳税义务发生时间		
特殊行为规定	1. 自产自用应税消费品的	为移送使用的当天
	2. 委托加工应税消费品的	为纳税人提货的当天
	3. 进口应税消费品的	为报关进口的当天

四、计税依据、应纳消费税税额的检查

（一）应纳税额计算		
（1）从价定率计税		应纳税额 = 销售额（不含税）× 比例税率
（2）从量定额计税	啤酒、黄酒、成品油	应纳税额 = 销售数量 × 定额税率
（3）复合计税	白酒、卷烟	应纳税额 = 销售额（不含税）× 比例税率 + 销售数量 × 定额税率
（二）计税依据		
1. 销售额	纳税人销售应税消费品向购买方收取的全部价款和价外费用	
2. 价外费用	价外向购买方收取的手续费、补贴、基金、集资费、返还利润、奖励费、违约金等	不包括符合条件的代垫运输费用和符合条件代为收取的政府性基金或者行政事业性收费
3. 包装物		
连同应税消费品一并销售的包装物		无论包装物是否单独计价，也不论在财务上如何核算，均并入销售额征消费税
包装物押金	一般应税消费品	不并入销售额中征税
		逾期未收回的包装物不再退还的和已收取1年以上的押金，并入销售额征消费税
	酒类产品（不包括啤酒、黄酒）	无论押金是否返还及会计上如何核算，均并入销售额征消费税
既作价销售，又另外收取押金		在规定的期限内不予退还的，均并入销售额征收消费税
4. 自产自用		
将自产自用应税消费品用于生产非应税消费品、在建工程、管理部门、非生产机构、提供劳务、馈赠、赞助、集资、广告、样品、职工福利、奖励等		按同类消费品的销售价格计算纳税，没有的按照组成计税价格计算纳税： 组成计税价格 =（成本 + 利润）÷（1– 比例税率） 实行复合计税公式： 组成计税价格 =（成本 + 利润 + 自产自用数量 × 定额税率）÷（1– 比例税率）
5. 视同销售		
（1）将应税消费品对外投资		按同类应税消费品的最高销售价格计算消费税
（2）将应税消费品抵偿债务		
（3）将应税消费品以物易物		

续表

（二）计税依据	
6.兼营	
纳税人兼营不同税率的应税消费品	未分别核算的，从高适用税率
7.混合销售	
混合销售应税、非应税消费品及不同税率成套礼盒包装的	按其中应税消费品适用的最高税率征税
8.委托加工	
委托加工的应税消费品，按受托方的同类消费品的售价计算纳税；没有的按组成计税价格计算纳税	组成计税价格 =（材料成本 + 加工费）÷（1- 比例税率） 组成计税价格 =（材料成本 + 加工费 + 委托加工数量 × 定额税率）÷（1- 比例税率）
9.价格明显偏低	
纳税人应税消费品的计税价格明显偏低并无正当理由的	由主管税务机关核定其计税价格
10.白酒最低计税价格规定	
（1）白酒生产企业销售给销售单位的白酒，生产企业消费税计税价格低于销售单位对外销售价格（不含税）60%以下的，税务机关应核定消费税最低计税价格（国税总函〔2017〕144号）	
（2）纳税人将委托加工收回的白酒销售给销售单位，消费税计税价格低于销售单位对外销售价格（不含税）60%以下的，属于计税价格明显偏低并无正当理由的情形（国家税务总局公告2015年第37号）	
（3）已核定最低计税价格的白酒，销售单位对外销售价格持续上涨或下降时间达到3个月以上，累计上涨或下降幅度在20%（含）以上的白酒，税务机关重新核定最低计税价格（国税函〔2009〕380号第十条）	

五、消费税税额的扣减

（一）外购已税消费品连续生产应税消费品	
外购已税消费品	连续生产的扣减范围
1.烟丝	以外购、进口或委托加工收回的已税烟丝为原料生产的卷烟
2.葡萄酒	以葡萄酒生产企业购进、进口葡萄酒为原料连续生产葡萄酒
3.高档化妆品	以外购、进口或委托加工收回的已税高档化妆品为原料生产的高档化妆品
4.珠宝玉石	以外购、进口或委托加工收回的已税珠宝玉石为原料生产的贵重首饰及珠宝玉石（不包括用已税珠宝玉石生产的金银首饰范围内的镶嵌首饰）
5.鞭炮、焰火	以外购、进口或委托加工收回的已税鞭炮、焰火为原料生产的鞭炮、焰火
6.摩托车	以外购、进口或委托加工收回的已税摩托车为原料生产的摩托车
7.杆头、杆身	以外购、进口或委托加工收回的已税杆头、杆身和握把为原料生产的高尔夫球杆
8.木制一次性筷子	以外购、进口或委托加工收回的已税木制一次性筷子为原料生产的木制一次性筷子
9.实木地板	以外购、进口或委托加工收回的已税实木地板为原料生产的实木地板

续表

<table>
<tr><th colspan="2">（一）外购已税消费品连续生产应税消费品</th></tr>
<tr><td>10.石脑油</td><td>以外购、进口或委托加工收回的已税石脑油为原料生产的应税消费品</td></tr>
<tr><td>11.润滑油</td><td>以外购或委托加工收回的已税润滑油为原料生产的应税消费品</td></tr>
<tr><td>12.燃料油</td><td>以外购、进口或委托加工收回的已税燃料油为原料生产的应税消费品</td></tr>
<tr><td>13.汽油、柴油</td><td>以外购、进口或委托加工收回的已税汽油、柴油为原料连续生产应税消费品</td></tr>
<tr><th colspan="2">（二）外购润滑油大包装改小包装、贴标等（财税〔2006〕125号）</th></tr>
<tr><td colspan="2">外购润滑油大包装经简单加工改成小包装或不经加工只贴商标的行为，视同应税消费品的生产行为，应当申报缴纳消费税，准予扣除外购润滑油已纳的消费税税款</td></tr>
<tr><th colspan="2">（三）啤酒生产集团间调拨啤酒液（国税函〔2003〕382号）</th></tr>
<tr><td colspan="2">1.啤酒生产集团内部企业间调拨销售啤酒液，应由啤酒液生产企业按现行规定申报缴纳消费税</td></tr>
<tr><td colspan="2">2.购入方企业应依据取得的销售方销售啤酒液所开具的增值税专用发票上记载的销售数量、销售额、销售单价确认销售方啤酒液适用的消费税单位税额，单独建立外购啤酒液购入使用台账，计算外购啤酒液已纳消费税税额</td></tr>
<tr><td colspan="2">3.购入方使用啤酒液连续灌装生产并对外销售的啤酒，应依据其销售价格确定适用单位税额计算缴纳消费税，但其外购啤酒液已纳的消费税税额，可以从其当期应纳消费税税额中抵减</td></tr>
<tr><th colspan="2">（四）用购进已税烟丝生产的出口卷烟（国税函〔1997〕306号）</th></tr>
<tr><td colspan="2">按照现行税法规定，国家对卷烟出口一律实行在生产环节免税的办法，即免征卷烟加工环节的增值税和消费税，而对出口卷烟所耗用的原辅材料已缴纳的增值税和消费税则不予退、免税。据此，为生产出口卷烟而购进的已税烟丝的已纳税款不能给予扣除</td></tr>
<tr><th colspan="2">（五）视同石脑油、燃料油的扣减（国家税务总局公告2013年第50号）</th></tr>
<tr><td colspan="2">下列产品准予按规定从消费税应纳税额中扣除其原料已纳的消费税税款，但可享受原料所含消费税退税政策的产品除外：</td></tr>
<tr><td colspan="2">1.以外购或委托加工收回的汽油、柴油、石脑油、燃料油、润滑油生产按规定视同石脑油、燃料油缴纳消费税的产品</td></tr>
<tr><td colspan="2">2.以外购或委托加工收回视同石脑油、燃料油缴纳消费税的产品为原料生产的应税消费品</td></tr>
<tr><td colspan="2">3.工业企业以外的单位和个人将外购的消费税低税率应税产品以高税率应税产品对外销售的，高税率应税消费品应视同生产销售缴纳消费税，低税率应税消费品按规定缴纳的消费税可以抵扣</td></tr>
<tr><th colspan="2">（六）电池、涂料的扣减（国家税务总局公告2015年第5号）</th></tr>
<tr><td colspan="2">纳税人委托加工收回电池、涂料，以高于受托方的计税价格出售的，应当按规定申报缴纳消费税，在计税时准予扣除受托方已代收代缴的消费税</td></tr>
<tr><td colspan="2">1.税款扣除凭证为《税收缴款书（代扣代收专用）》，纳税人应当将税款扣除凭证复印件按月装订备查</td></tr>
<tr><td colspan="2">2.纳税人应当建立《电池、涂料税款抵扣台账》，作为申报扣除委托加工收回应税消费品已纳消费税税款的备查资料</td></tr>
</table>

本章练习及答案解析

一、单项选择题

1.纳税人将自产的从价计征的应税消费品用于换取生产资料和消费资料，其消费税计税依据为（　　）。

A.组成计税价格=（成本+利润）÷（1-消费税税率）

B.同类应税消费品的平均售价

C.同类应税消费品的最高售价

D.由主管税务机关核定

【答案】C

【解析】根据国税发〔1993〕156号“纳税人用于换取生产资料和消费资料，投资入股和抵偿债务等方面的应税消费品，应当以纳税人同类应税消费品的最高销售价格作为计税依据计算消费税”。检查时要注意是否存在故意减少计税价格的情形。

2.随金银首饰销售单独计价的包装物，其包装物收入应缴纳的消费税，计入的会计科目是（　　）。

A.营业外支出　　B.销售费用　　C.其他业务支出　D.税金及附加

【答案】D

【解析】根据财会〔2011〕17号“随同商品出售但单独计价的包装物，按照税法规定应交纳的消费税，借记税金及附加，贷记应交消费税”。注意区分会计科目。

3.下列各项中不属于消费税纳税人的是（　　）。

A.卷烟批发企业

B.委托加工白酒的委托方

C.销售超豪华小汽车的4S店

D.进口金银首饰的单位

【答案】D

【解析】根据财税〔1994〕095号“经国务院批准，金银首饰消费税由生产销售环节征收改为零售环节征收”。注意金银首饰消费税征收环节。

4.下列商品属于消费税征收范围的是（　　）。

A.火药引线　　B.高尔夫车　　C.溶剂油原料　　D.酒精

【答案】C

【解析】根据财税〔2008〕167号“橡胶填充油、溶剂油原料，属于溶剂油征收范围”。注意熟记消费税征收范围。

5.下列成品油种类中，暂缓征收消费税的是（　）。

A.石脑油　　B.溶剂油　　C.航天煤油　　D.变压器油

【答案】C

【解析】根据财政部 税务总局公告2023年第11号“对航天煤油参照航空煤油暂缓征收消费税”。

6.下列消费品中，不属于消费税征税范围的有（　）。

A.果木酒　　B.药酒　　C.调味料酒　　D.复制酒

【答案】C

【解析】根据国税函〔2008〕742号“对调味料酒不再征收消费税”。检查时注意将适用消费税的产品变名为不适用消费税产品偷税的情形。

7.企业发生的下列经营行为中，应同时缴纳增值税和消费税的是（　）。

A.某企业将自产啤酒用于生产熟食制品

B.百货公司零售金基首饰

C.超市零售卷烟

D.汽车制造商销售大型商用客车

【答案】B

【解析】根据财税〔1994〕95号规定“改为零售环节征收消费税的金银首饰范围仅限于：金、银和金基、银基合金首饰，以及金、银和金基、银基合金的镶嵌首饰”。注意金银首饰的界定，金银首饰零售环节征收消费税的范围。

8.某高尔夫球具生产企业发生的下列业务中，应缴纳消费税的是（　）。

A.将自产高尔夫球杆赠送给客户用于市场推广

B.将外购高尔夫球包用于少年高尔夫球比赛奖励

C.将自产的高尔夫球杆握把用于生产高尔夫球杆

D.将外购的高尔夫球杆握把用于生产高尔夫球杆

【答案】A

【解析】根据财税〔2006〕33号“高尔夫球及球具征收范围包括高尔夫球、高尔夫球杆、高尔夫球包（袋）。高尔夫球杆的杆头、杆身和握把”。注意如无特殊要求，消费税的征收环节是生产销售环节。

9. 某卷烟批发企业甲2023年10月批发销售卷烟500箱（每箱5万支），其中批发给另一卷烟批发企业300箱、销售给卷烟零售专卖店100箱、销售给个体烟摊100箱。每箱不含税批发价格为13 000元。甲卷烟批发企业应缴纳的消费税为（　）元。

A. 840 000　　B. 504 000　　C. 336 000　　D. 756 000

【答案】C

【解析】根据财税〔2015〕60号“将卷烟批发环节从价税税率由5%提高至11%，并按0.005元/支加征从量税”；根据财税〔2009〕84号“纳税人销售给纳税人以外的单位和个人的卷烟于销售时纳税。纳税人之间销售的卷烟不缴纳消费税”，因此甲卷烟批发企业应缴纳的消费税=（100+100）× 50 000 × 0.005+（100+100）× 13 000 × 11%= 336 000（元）。注意卷烟企业之间互相批发不缴纳消费税。

10. 某地板生产企业为增值税一般纳税人，2023年5月销售自产实木地板两批：第一批800箱取得不含税收入100万元，第二批500箱取得不含税收入80万元；另将同型号地板200箱赠送福利院，300箱发给职工作为福利。该企业当月应缴纳的消费税为（　）万元。

A. 5.25　　B. 12.5　　C. 19.06　　D. 19.3

【答案】B

【解析】根据《消费税暂行条例》消费税税目税率附表规定“实木地板5%”，财税〔1994〕95号第六条、第十五条，平均计税价格=（100+80）÷（800+500）=0.14（万元），该企业当月应缴纳的消费税=［（200+300）× 0.14+100+80］× 5%=12.50（万元）。注意同类消费品的平均计税价格应用加权平均价格。

11. 甲企业为增值税一般纳税人，2023年10月外购一批木材，取得的增值税专用发票注明价款50万元、税额6.5万元；将该批木材运往乙企业委托其加工木制一次性筷子，委托加工收回时支付含税加工费6.5万元、含税代垫辅料金额1.41万元。假定乙企业无同类产品对外销售，木制一次性筷子消费税税率为5%。乙企业当月应代收代缴的消费税为（　）万元。

A. 2.87　　B. 2.75　　C. 3　　D. 2.93

【答案】C

【解析】根据《消费税暂行条例》第八条"委托加工的应税消费品，按照受托方的同类消费品的销售价格计算纳税；没有同类消费品销售价格的，按照组成计税价格计算纳税。实行从价定率办法计算纳税的组成计税价格计算公式：组成计税价格=（材料成本+加工费）÷（1-比例税率）；实行复合计税办法计算纳税的组成计税价格计算公式：组成计税价格=（材料成本+加工费+委托加工数量×定额税率）÷（1-比例税率）"。乙企业应代收代缴的消费税为=［50+（6.5+1.41）÷（1+13%）］÷（1-5%）×5%=3（万元）。

12.某贸易公司2022年10月从国外进口一批高档化妆品，经海关审定的关税完税价格为40万元。当月销售该批高档化妆品取得不含税收入55万元。该批高档化妆品关税税率为10%、消费税税率为15%。该公司当月应缴纳的消费税为（　　）万元。

A. 4.5　　B. 14.07　　C. 4.95　　D. 7.76

【答案】D

【解析】根据《消费税暂行条例》第九条"进口的应税消费品，按照组成计税价格计算纳税。实行从价定率办法计算纳税的组成计税价格计算公式：组成计税价格=（关税完税价格+关税）÷（1-消费税比例税率）；实行复合计税办法计算纳税的组成计税价格计算公式：组成计税价格=（关税完税价格+关税+进口数量×消费税定额税率）÷（1-消费税比例税率）"。该公司当月应缴纳的消费税为=（40+40×10%）÷（1-15%）×15%=7.76（万元），注意高档化妆品在零售时不缴纳消费税，只在生产销售环节和进口环节征收。

13.下列关于金银首饰消费税的说法中，符合现行消费税政策规定的是（　　）。

A.进口的钻石镶嵌首饰应该在进口环节缴纳消费税

B.经开采、打磨的玉石类珠宝首饰应该在开采环节从量计征消费税

C.铂金首饰应该在生产（出厂）环节缴纳消费税

D.零售商采取以旧换新方式销售铂金首饰，应按实际收取的不含增值税价款作为计税依据

【答案】D

【解析】根据〔1994〕财税字第95号"纳税人采用以旧换新（含翻新改制）方式销售的金银首饰，应按实际收取的不含增值税的全部价款确定计税依据征收消费税"。注意以旧换新方式销售金银首饰的计税依据。

14.某汽车生产企业为增值税一般纳税人，2023年1月销售10辆小汽车给4S店，

开具增值税专用发票上注明的价款为1 300万元，销售1辆小汽车给个人，开具增值税普通发票上注明的价税合计金额为150万元。已知该小汽车生产环节的消费税税率为40%，该企业1月就该项业务应缴纳的消费税为（　）万元。

A. 573.1　　B. 586.37　　C. 595　　D. 716.37

【答案】B

【解析】根据财税〔2016〕129号“自2016年12月1日起，对超豪华小汽车在零售环节加征10%的消费税。征收范围为每辆零售价格130万元（不含增值税）及以上的乘用车和中轻型商用客车”，因此该企业1月应缴纳的消费税=1 300×40%+150÷（1+13%）×（10%+40%）=586.37（万元）。

15. 某市一高尔夫球具生产企业2023年9月1日以分期收款方式销售一批球杆，价税合计金额为158.2万元，合同约定客户于9月5日、11月5日各支付50%价款，9月5日按照约定收到50%的价款，但并未给客户开具发票。已知高尔夫球具消费税税率为10%，该企业9月就该项业务应缴纳的消费税为（　）万元。

A. 6　　B. 12　　C. 7　　D. 6.78

【答案】C

【解析】根据《消费税暂行条例实施细则》第八条规定，消费税纳税义务发生时间，分列如下：（1）纳税人销售应税消费品的，按不同的销售结算方式分别为：①采取赊销和分期收款结算方式的，为书面合同约定的收款日期的当天，书面合同没有约定收款日期或者无书面合同的，为发出应税消费品的当天；②采取预收货款结算方式的，为发出应税消费品的当天；③采取托收承付和委托银行收款方式的，为发出应税消费品并办妥托收手续的当天；④采取其他结算方式的，为收讫销售款或者取得索取销售款凭据的当天。（2）纳税人自产自用应税消费品的，为移送使用的当天。（3）纳税人委托加工应税消费品的，为纳税人提货的当天。（4）纳税人进口应税消费品的，为报关进口的当天。

该项业务应缴纳的消费税=158.2÷（1+13%）÷2×10%=7（万元）。

检查时应注意是否存在达到纳税义务时间但未申报缴纳税款的情况。

16. 甲企业从境外进口一批高档化妆品，下列关于该批进口高档化妆品缴纳消费税的表述中，正确的是（　）。

A. 甲企业应向其机构所在地海关申报缴纳消费税

B. 甲企业应当自海关填发进口消费税专用缴款书之日起15日内缴纳税款

C.甲企业使用该进口已税高档化妆品连续生产应税高档化妆品，不准予扣除进口环节已纳消费税

D.消费税税目、税率的调整，由国家税务总局决定

【答案】B

【解析】根据《消费税暂行条例》第十三条“进口的应税消费品，应当向报关地海关申报纳税”；根据《消费税暂行条例》第十五条规定：“纳税人进口应税消费品，应当自海关填发海关进口消费税专用缴款书之日起15日内缴纳税款”；根据国家税务总局公告2016年第66号“高档化妆品消费税纳税人以外购、进口和委托加工收回的高档化妆品为原料继续生产高档化妆品，准予从高档化妆品消费税应纳税额中扣除外购、进口和委托加工收回的高档化妆品已纳消费税税款”；根据《消费税暂行条例》第二条规定“消费税税目、税率调整由国务院决定”。B项正确。

17.某石化企业为增值税一般纳税人，2023年3月销售柴油90 000升，其中包括以柴油调和而成的生物柴油10 000升，以及符合税法规定条件的纯生物柴油30 000升，且已分别核算，该企业2023年3月应缴纳消费税（　　）元（柴油消费税税率1.2元/升）。

A. 108 000　　B. 60 000　　C. 72 000　　D. 0

【答案】C

【解析】根据财税〔2010〕118号“符合条件的纯生物柴油免消费税”，应纳消费税=（90 000−30 000）×1.2=72 000（元）。

18.关于企业单独收取的包装物押金，下列消费税税务处理正确的是（　　）。

A.销售黄酒收取的包装物押金应并入当期销售额计征消费税

B.销售啤酒收取的包装物押金应并入当期销售额计征消费税

C.销售葡萄酒收取的包装物押金不并入当期销售额计征消费税

D.销售白酒收取的包装物押金并入当期销售额计征消费税

【答案】D

【解析】根据〔1995〕财税字53号“从1995年6月1日起，对酒类产品生产企业销售酒类产品而收取的包装物押金，无论押金是否返还与会计上如何核算，均需并入酒类产品销售额中，依酒类产品的适用税率征收消费税”。注意啤酒黄酒是从量计征，与销售额无关。

19.某酒厂为增值税一般纳税人，于2023年3月销售粮食白酒2吨，取得不含税收入200 000元，另收取品牌使用费11 300元和单独核算的包装物押金22 600元。当月没收1月份收取的销售白酒逾期包装物押金32 100元。则该酒厂当月上述业务应纳消费税（　　）元（白酒消费税税率20%，0.5元/斤）。

A. 48 000　　B. 44 000　　C. 40 200　　D. 30 200

【答案】A

【解析】根据〔1995〕财税字53号规定，啤酒、黄酒以外的酒类包装物押金应于收取时并入销售额征税，逾期时不再征税。销售货物收取的品牌使用费应作为价外费用并入销售额征税。应纳消费税=［200 000+（11 300+22 600）÷（1+13%）］×20%+2×2 000×0.5=48 000（元）。

20.某啤酒厂为增值税一般纳税人，2023年2月销售啤酒20吨，取得不含税销售额57 400元。另收取包装物押金3 500元（含供重复使用的塑料周转箱押金500元）并单独核算。该厂当月应缴纳消费税（　　）元（甲类啤酒消费税为250元/吨，乙类啤酒消费税为220元/吨）。

A. 4 400　　B. 5 000　　C. 4 800　　D. 4 000

【答案】B

【解析】根据《消费税暂行条例》税目税率表，啤酒分为甲类啤酒和乙类啤酒，每吨出厂价（含包装物及包装物押金）3 000元（含3 000元，不含增值税）以上的啤酒为甲类啤酒；每吨出厂价（含包装物及包装物押金）3 000元（不含增值税）以下的啤酒为乙类啤酒。根据财税〔2006〕20号“包装物押金不包括重复使用的塑料周转箱的押金”。每吨不含税出厂价=［57 400+（3 500−500）÷（1+13%）］÷20=3 002.74元＞3 000（元），因此，该酒厂销售的啤酒属于甲类啤酒，定额消费税税率为250元/吨。

该酒厂当月应缴纳消费税=20×250=5 000（元）。应注意是否存在故意降低销售价格从而适用低税率的情形，重点检查价格在临近或接近3 000元/吨的啤酒。

21.下列业务属于视同销售应税消费品，应当征收消费税的是（　　）。

A.商业企业将外购的应税消费品直接销售给消费者的

B.商业企业将外购的非应税消费品以应税消费品对外销售的

C.生产企业将自产的应税消费品用于连续生产应税消费品的

D.生产企业将自产的应税消费品用于应税消费品技术研发的

【答案】B

【解析】根据国家税务总局公告2012年第47号“工业企业以外的单位和个人的下列行为视为应税消费品的生产行为，按规定征收消费税。（1）将外购的消费税非应税产品以消费税应税产品对外销售的；（2）将外购的消费税低税率应税产品以高税率应税产品对外销售的”。注意发生视同销售行为未按规定申报缴纳消费税情形。

22.税务机关在税务检查中发现，甲企业委托异地个体户李某加工实木地板。甲企业已将实木地板收回并销售，但未入账，也不能出示消费税完税证明。下列说法中，正确的是（　）。

A.要求李某在李某所在地补缴税款　　B.要求甲企业在甲企业所在地补缴税款

C.要求甲企业在李某所在地补缴税款　　D.不应对李某处以罚款

【答案】B

【解析】国税发〔1994〕130号“对纳税人委托个体经营者加工的应税消费品，一律于委托方收回后在委托方所在地缴纳消费税”。

23.下列外购应税消费品已缴纳的消费税，准予从本企业应纳消费税税额中抵扣的是（　）。

A.用已税摩托车连续生产的摩托车

B.用已税白酒连续生产的白酒

C.用已税珠宝玉石连续生产的金银镶嵌首饰

D.用已税烟丝连续生产的卷烟

【答案】D

【解析】根据国税发〔1993〕156号，外购应税消费品已缴纳的消费税，准予从本企业应纳消费税税额抵扣的项目为正列举，包括用已税烟丝连续生产的卷烟，注意违规抵扣的检查。

24.某酒厂为增值税一般纳税人，2023年1月将1吨自制白酒无偿赠送客户，无同类白酒售价，已知成本35 000元/吨，成本利润率为10%。该酒厂上述业务当月应纳消费税（　）元（白酒消费税税率20%，0.5元/斤）。

A. 11 000　　B. 10 875　　C. 9 875　　D. 7 700

【答案】B

【解析】根据《消费税暂行条例》第七条，组成计税价格=［35 000×（1+10%）+2 000×0.5］÷（1−20%）=49 375（元），该酒厂当月应纳消费税=49 375×20%

+2 000×0.5=10 875（元）。重点检查是否存在用于无偿赠送但未按规定申报缴纳消费税的情形。

25.甲电子烟生产企业2023年1月生产销售自有品牌“A”电子烟产品20箱，另为乙企业代加工“B”品牌电子烟产品10箱，该品牌由乙企业持有。自有品牌和代加工电子烟共计取得不含税销售收入800万元，未分别核算。则甲企业当月应缴纳消费税（　）万元（电子烟生产环节消费税税率36%，批发环节消费税税率为11%）。

A. 22　　B. 33　　C. 72　　D. 288

【答案】D

【解析】根据财政部 海关总署 税务总局公告2022年第33号“通过代加工方式生产电子烟的，由持有商标的企业缴纳消费税。电子烟生产环节纳税人从事电子烟代加工业务的，应当分开核算持有商标电子烟的销售额和代加工电子烟的销售额；未分开核算的，一并缴纳消费税”。

甲企业应缴纳的消费税=800×36% =288（万元）。

26.企业下列出口业务，属于消费税出口不免税也不退税范围的是（　）。

A.出口企业视同出口适用增值税退（免）税的货物，属于购进出口的货物

B.出口企业出口适用增值税退（免）税的货物，属于自产出口的货物

C.出口企业出口适用增值税征税政策的货物

D.出口企业视同出口适用增值税免税政策的货物

【答案】C

【解析】根据财税〔2012〕39号“出口企业出口或视同出口适用增值税征税政策的货物，应按规定缴纳消费税，不退还其以前环节已征的消费税，且不允许在内销应税消费品应纳消费税款中抵扣”。

27.关于酒类产品消费税政策，下列说法正确的是（　）。

A.每吨不含增值税出厂价3 000元（不含包装物押金）以上的啤酒为甲类啤酒

B.配制酒按照黄酒税率征收消费税

C.饮食业利用啤酒生产设备生产啤酒销售，应当征收消费税

D.外购已税葡萄酒连续生产葡萄酒在计算消费税时不得扣除已纳消费税税额

【答案】C

【解析】根据《消费税暂行条例》税目规定，啤酒分为甲类啤酒和乙类啤酒，每吨出厂价（含包装物及包装物押金）3 000元（含3 000元，不含增值税）以上的啤酒为甲

类啤酒；根据国家税务总局公告2011年第53号“以蒸馏酒或食用酒精为酒基，同时符合一定条件的配制酒，按消费税税率表‘其他酒’10%适用税率征收消费税”；国家税务总局公告2015年第15号“纳税人从葡萄酒生产企业购进、进口葡萄酒连续生产应税葡萄酒的，准予从葡萄酒消费税应纳税额中扣除所耗用应税葡萄酒已纳消费税税款”。

28. 2023年3月，某商场首饰部销售业务如下：采用以旧换新方式销售金银首饰，该批首饰市场零售价14.04万元，旧首饰作价的含税金额为5.85万元，商场实际收到8.19万元；修理金银首饰取得含税收入2.34万元；零售镀金首饰取得收入7.02万元。该商场当月应纳消费税（　）万元（金银首饰消费税税率5%）。

A. 0.36　　B. 0.45　　C. 0.6　　D. 0.75

【答案】A

【解析】根据〔1994〕财税字95号规定，该商场当月应纳消费税=8.19÷（1+13%）×5%=0.36（万元）。注意金银首饰零售环节征收消费税的范围，不包括镀金首饰，消费税征收范围不包括修理、清洗金银首饰收入。

29. 下列关于卷烟的消费税计税规则，说法正确的是（　）。

A. 卷烟批发环节纳税人销售给纳税人的卷烟于销售时纳税

B. 卷烟批发企业在计算纳税时可以扣除已含的生产环节的消费税税款

C. 卷烟批发企业的机构所在地，总机构与分支机构不在同一地区的应分别纳税

D. 纳税人兼营卷烟批发和零售业务的，未分别核算批发和零售环节销售额、销售数量的，按照全部销售额、销售数量计征批发环节消费税

【答案】D

【解析】根据财税〔2009〕84号，卷烟批发环节纳税人销售给纳税人以外的单位和个人的卷烟于销售时纳税；卷烟批发企业在计算纳税时不得扣除已含的生产环节的消费税税款；卷烟批发企业的机构所在地，总机构与分支机构不在同一地区的，由总机构申报纳税。

30. 甲地板厂为增值税一般纳税人，2023年11月外购一批实木地板素板，取得的增值税专用发票注明素板金额50万元、税额6.5万元；支付运费取得增值税专用发票注明金额1万元、税额0.09万元。甲厂将外购素板40%加工成A型实木地板，当月对外销售并开具增值税专用发票注明销售金额40万元、税额5.2万元。甲厂当月应纳消费税为（　）万元（实木地板消费税税率5%）。

A. 1　　B. 2　　C. 3　　D. 4

【答案】A

【解析】根据财税〔2006〕33号规定“外购或委托加工收回的已税实木地板为原料生产的实木地板准予从消费税应纳税额中扣除原料已纳的消费税税款”，根据国税发〔1995〕94号“当期准予扣除的外购或委托加工收回的应税消费品的已纳消费税税款，应按当期生产领用数量计算”。应纳消费税=40×5%−50×5%×40%=1（万元）。注意应按生产领用数量扣除已纳的消费税税款，应重点关注是否存在尚未生产领用就全额扣除已纳消费税款的情形。

二、多项选择题

1.下列各项中，应征收消费税的有（　　）。

A.以人造宝石制作的珠宝玉石

B.影视化妆用的卸妆油

C.饮食业举办的啤酒屋利用啤酒设备生产的啤酒

D.以植物性基础油混合掺配而成的“混合性”润滑油

【答案】ACD

【解析】根据国税发〔1993〕153号“影视演员化妆用的上妆油、卸妆油、油彩、发胶和头发漂白剂等，不属于化妆品征收范围”，注意根据财税〔2008〕167号“以植物性、动物性和矿物性基础油（或矿物性润滑油）混合掺配而成的‘混合性’润滑油，不论矿物性基础油（或矿物性润滑油）所占比例高低，均属润滑油的征收范围”。

2.下列各项中，应同时征收增值税和消费税的有（　　）。

A.从事代加工电子烟产品业务的企业销售的电子烟

B.零售环节销售的金基合金首饰

C.进口的气缸容量为250毫升的摩托车

D.进口的厢式货车

【答案】BC

【解析】根据财税〔2014〕93号“取消气缸容量250毫升（不含）以下的小排量摩托车消费税。气缸容量250毫升和250毫升（不含）以上的摩托车继续分别按3%和10%的税率征收消费税”。应注意，在中华人民共和国境内生产（进口）、批发电子烟的单位和个人为消费税纳税人，因此从事代加工电子烟产品业务的企业销售的电子烟不是消费税纳税人。

3.下列货物中，采用从量定额方法计征消费税的有（　）。

A.黄酒　　B.游艇　　C.润滑油　　D.雪茄烟

【答案】AC

【解析】根据《消费税暂行条例》消费税税率表，注意消费税属于正列举征收的税种。

4.下列货物中，在批发环节计征消费税的有（　）。

A.白酒　　B.卷烟　　C.雪茄烟　　D.电子烟

【答案】BD

【解析】根据消费税税率表及财政部 海关总署 税务总局公告2022年第33号。注意：只有卷烟和电子烟在批发环节征消费税。

5.消费税应税消费品生产企业收取的下列款项中，应计入消费税计税依据的有（　）。

A.白酒品牌使用费　　B.购买方延期付款支付的利息

C.葡萄酒包装物押金　　D.随高档手表销售收取的包装盒费用

【答案】ABCD

【解析】根据国税发〔2002〕109号“白酒生产企业向商业销售单位收取的‘品牌使用费’是随着应税白酒的销售而向购货方收取的，属于应税白酒销售价款的组成部分，因此，不论企业采取何种方式或以何种名义收取价款，均应并入白酒的销售额中缴纳消费税”。注意品牌使用费的检查。

6.下列关于缴纳消费税适用计税依据的表述中，正确的有（　）。

A.委托加工应税消费品的计税依据首先以受托方同类消费品的销售价格确定

B.纳税人通过其自设的非独立核算的门市部销售的自产应税消费品，应按门市部对外销售额或者销售数量征收消费税

C.委托加工行为中，委托方将收回的应税消费品，以不高于受托方的计税价格出售的，应缴纳消费税，同时准予扣除受托方已代收代缴的消费税

D.换取消费资料的自产应税消费品应以纳税人同类消费品平均价格作为计税依据

【答案】AB

【解析】根据财法〔2012〕8号“委托方将收回的应税消费品，以不高于受托方的计税价格出售的，为直接出售，不再缴纳消费税”，根据国税发〔1993〕156号“换取

消费资料的自产应税消费品应以纳税人同类消费品最高价格作为计税依据”。应注意是否存在应适用最高价格但申报时申报平均计税价格从而少缴消费税的情形。

7.下列各项关于从量计征消费税计税依据确定方法的表述中，正确的有（　）。

A.销售应税消费品的，为应税消费品的销售数量

B.进口应税消费品的，为海关核定的应税消费品数量

C.以应税消费品投资入股的，为应税消费品移送使用数量

D.委托加工应税消费品的，为加工完成的应税消费品数量

【答案】ABC

【解析】根据《消费税暂行条例实施细则》第九条，销售数量是指应税消费品的数量。具体指：（1）销售应税消费品的，为应税消费品的销售数量；（2）自产自用应税消费品的，为应税消费品的移送使用数量；（3）委托加工应税消费品的，为纳税人收回的应税消费品数量；（4）进口应税消费品的，为海关核定的应税消费品进口征税数量。

8.下列关于缴纳消费税适用计税依据的表述中，正确的有（　）。

A.用于馈赠的自产应税消费品应以纳税人同类消费品平均价格作为计税依据

B.抵偿债务的自产应税消费品应以纳税人同类消费品最高价格作为计税依据

C.委托加工的应税消费品，由委托方自行缴纳

D.投资入股的自产应税消费品应以纳税人同类应税消费品最高售价作为计税依据

【答案】ABD

【解析】根据国税发〔1993〕156号，纳税人用于换取生产资料，投资入股和抵偿债务等方面的应税消费品，应当以纳税人同类应税消费品的最高销售价格作为计税依据计算消费税。

9.纳税人发生的下列行为中，应征收消费税的有（　）。

A.酒厂将自产的白酒赠送给客户

B.化妆品生产企业将委托加工收回的已税高档化妆品连续生产中档化妆品

C.实木地板厂家用自产的实木地板装修经理办公室

D.原油加工厂将自产的柴油用于调和生产生物柴油

【答案】AC

【解析】根据《消费税暂行条例》第四条，纳税人自产自用的应税消费品，用于

连续生产应税消费品的，不纳税；用于其他方面的，于移送使用时纳税。《消费税暂行条例实施细则》第六条，条例第四条所称用于其他方面，是指纳税人将自产自用应税消费品用于生产非应税消费品、在建工程、管理部门、非生产机构、提供劳务、馈赠、赞助、广告、样品、职工福利、奖励等方面。应注意，中档化妆品不属于消费税征收范围。

10.纳税人发生的下列行为中，应征收消费税的有（　）。

A.高尔夫球具厂商用自产的高尔夫球具套装赞助给某剧组

B.汽车制造厂将自产的小汽车用于工厂内部的行政部门

C.葡萄酒厂将自产的葡萄酒用于连续生产酒心巧克力

D.化妆品厂将自产的高档化妆品作为福利发给职工

【答案】ABCD

【解析】根据《消费税暂行条例》第四条和《消费税暂行条例实施细则》第六条规定。

11.下列产品中，在计算缴纳消费税时准许扣除外购应税消费品已纳消费税的有（　）。

A.外购已税鞭炮生产的鞭炮

B.外购已税白酒加香生产的白酒

C.外购已税手表镶嵌钻石生产的手表

D.外购已税木制一次性筷子为原料生产的木制一次性筷子

【答案】AD

【解析】根据财税〔2006〕33号，下列应税消费品准予从消费税应纳税额中扣除原料已纳的消费税税款：（1）以外购或委托加工收回的已税杆头、杆身和握把为原料生产的高尔夫球杆；（2）以外购或委托加工收回的已税木制一次性筷子为原料生产的木制一次性筷子；（3）以外购或委托加工收回的已税实木地板为原料生产的实木地板；（4）以外购或委托加工收回的已税石脑油为原料生产的应税消费品；（5）以外购或委托加工收回的已税润滑油为原料生产的润滑油。

根据国税发〔1993〕156号“1.外购已税烟丝生产的卷烟；2.外购已税酒精和白酒生产的酒（此项作废，财税〔2001〕84号）；3.外购已税化妆品生产的化妆品（指高档化妆品）；4.外购已税护肤护发品生产的护肤护发品（作废）；5.外购已税珠宝玉石生产的贵重首饰及珠宝玉石；6.外购已税鞭炮、焰火生产的鞭炮、焰火”。

12. 关于酒类消费税的计税依据，下列说法正确的有（　　）。

A. 白酒消费税实行最低计税价格核定征收办法

B. 进口白酒的计税价格由省级税务机关核定

C. 白酒生产企业收取品牌使用费应并入计税依据

D. 白酒的计税价格由国家税务总局核定，送财政部备案

【答案】ACD

【解析】根据《消费税暂行条例实施细则》第二十一条，应税消费品的计税价格核定权限如下：（一）卷烟、白酒和小汽车的计税价格由国家税务总局核定，送财政部备案；（二）其他应税消费品的计税价格由省、自治区和直辖市国家税务局核定；（三）进口的应税消费品的计税价格由海关核定。根据国税发〔2002〕109号，白酒生产企业向商业销售单位收取的“品牌使用费”是随着应税白酒的销售而向购货方收取的，属于应税白酒销售价款的组成部分，因此不论企业采取何种方式或以何种名义收取价款，均应并入白酒的销售额中缴纳消费税。

根据国税总函〔2017〕144号，自2017年5月1日起，白酒消费税最低计税价格核定比例由50%—70%统一调整为60%。

13. 关于白酒消费税最低计税价格的核定，下列说法正确的有（　　）。

A. 生产企业实际销售价格高于核定最低计税价格的，按实际销售价格申报纳税

B. 白酒消费税最低计税价格核定范围包括白酒批发企业销售给商场的白酒

C. 选择核定消费税计税价格的白酒，核定比例统一确定为20%

D. 白酒生产企业消费税计税价格高于销售单位对外销售价格60%的情形，税务机关暂不核定最低计税价格

【答案】AD

【解析】根据国税函〔2009〕380号“白酒生产企业销售给销售单位的白酒，生产企业消费税计税价格低于销售单位对外销售价格（不含增值税，下同）70%以下的，税务机关应核定消费税最低计税价格。销售单位是指，销售公司、购销公司以及委托境内其他单位或个人包销本企业生产白酒的商业机构。销售公司、购销公司是指，专门购进并销售白酒生产企业生产的白酒，并与该白酒生产企业存在关联性质。包销是指，销售单位依据协定价格从白酒生产企业购进白酒，同时承担大部分包装材料等成本费用，并负责销售白酒”。

根据国税总函〔2017〕144号，自2017年5月1日起，白酒消费税最低计税价格

核定比例由50%—70%统一调整为60%。注意最低计税价格核定比例变化。

14.纳税人发生的下列行为中，应征收消费税的有（　）。

A.白酒厂将自产的白酒赠送给客户

B.葡萄酒厂将自产的葡萄酒用于连续生产酒心巧克力

C.化妆品厂将自产的高档化妆品作为福利发给职工

D.汽车制造厂将自产的小汽车用于工厂内部的行政部门

【答案】ABCD

【解析】根据《消费税暂行条例实施细则》第六条，注意发生视同销售行为是否按规定缴纳消费税。

15.甲企业为增值税一般纳税人，2023年1月外购价值120万元的材料委托乙企业加工高档香水，支付加工费和辅料费均取得增值税专用发票，注明金额分别为35万元和15万元，甲企业当月收回全部加工的高档香水并销售50%部分，取得不含增值税的价款190万元，下列表述正确的有（　）（高档化妆品的消费税税率为15%）。

A.甲企业不需缴纳消费税　B.乙企业代收代缴消费税30万元

C.甲企业缴纳消费税13.5万元　　　　D.甲企业缴纳消费税28.5万元

【答案】BC

【解析】乙企业应代收代缴的消费税=（120+35+15）÷（1−15%）×15%=30（万元）；甲企业委托加工收回消费品50%部分的组成计税价格=（120+35+15）÷（1−15%）×50%=100（万元），销售价是190万元，属于加价销售。甲企业应缴纳消费税=190×15%−30×50%=13.5（万元）。

16.关于金银首饰零售环节征收消费税，下列说法正确的有（　）。

A.采用“以旧换新”销售金银首饰，应按实际收取的不含税全部价款确定计税依据

B.金银首饰与其他产品组成成套消费品销售的，应区别应税和非应税消费品分别征税

C.金银首饰连同包装物销售，能够分别核算的，包装物不并入销售额计征消费税

D.单位用于馈赠的金银首饰，没有同类销售价格的，按组成计税价格计算纳税

【答案】AD

【解析】根据国税发〔1994〕130号第（四）项，纳税人采取以旧换新（含翻新改

制）方式销售的金银首饰，应按实际收取的不含增值税的全部价款确定计税依据征收消费税；根据〔1994〕财税字95号规定“金银首饰与其他产品组成成套消费品销售的，应按销售额全额征收消费税”，“金银首饰连同包装物销售的，无论包装是否单独计价，也无论会计上如何核算，均应并入金银首饰的销售额，计征消费税”。

17. 某汽车贸易公司2023年5月从甲汽车制造厂购进汽缸容量为3.6升的小汽车20辆，不含税价格为40万元/辆。该贸易公司本月销售12辆，含税销售收入58.76万元/辆，以1辆小汽车抵偿乙企业的债务。根据债务重组合同规定，按贸易公司对外销售价格抵偿乙企业的债务，并开具增值税专用发票，乙企业将其作为管理部门接待用车。对上述业务的税务处理，正确的有（　　）（小汽车生产环节消费税税率25%）。

A. 甲汽车制造厂应纳消费税320万元

B. 乙企业债务重组取得的小汽车不缴纳消费税

C. 贸易公司销售小汽车（超豪华小汽车除外）不缴纳消费税

D. 贸易公司抵偿乙企业债务的小汽车应按照最高价计算缴纳消费税

【答案】BC

【解析】甲汽车制造厂销售小汽车应纳的消费税=20×40×25%=200（万元）。注意，小汽车在生产销售环节纳税，零售环节（超豪华小汽车除外）不需要缴纳消费税。

18. 下列情形中，可以扣除外购应税消费品已纳消费税的有（　　）。

A. 以已税烟丝生产的卷烟

B. 以已税白酒为原料生产的白酒

C. 以已税杆头为原料生产的高尔夫球杆

D. 以已税珠宝玉石生产贵重珠宝首饰

【答案】ACD

【解析】根据《财政部 税务总局关于调整酒类产品消费税政策的通知》（财税〔2001〕84号），以外购已税白酒为原料生产的白酒，不能扣除已纳消费税。

19. 下列单位属于消费税纳税人的有（　　）。

A. 委托加工应税消费品的单位

B. 进口应税消费品的单位

C. 受托加工应税消费品的单位

D. 生产销售应税消费品（金银首饰等除外）的单位

【答案】ABD

【解析】注意，受托加工应税消费品的单位是消费税的代收代缴义务人，不是消费税的纳税人。

20. 下列关于电子烟消费税征税规定的说法中，正确的有（　）。

A. 通过代加工方式生产电子烟的，由持有商标的企业缴纳消费税

B. 电子烟生产环节纳税人采用代销方式销售电子烟的，按照经销商（代理商）销售给电子烟批发企业的销售额计算纳税

C. 进口电子烟消费税计税依据为关税完税价格

D. 电子烟消费税一律从价计征

【答案】ABD

【解析】财政部 海关总署 税务总局公告2022年第33号“纳税人进口电子烟的，按照组成计税价格计算纳税”。

三、判断题

1. 消费税纳税人总分支机构在同一地级市但不同县的，由市级税务机关审批同意后汇总缴纳消费税。（　）

【答案】×

【解析】根据财税〔2012〕42号“纳税人的总机构与分支机构不在同一县（市），但在同一省（自治区、直辖市）范围内，经省（自治区、直辖市）财政厅（局）、国家税务局审批同意，可以由总机构汇总向总机构所在地的主管税务机关申报缴纳消费税”。

2. 纳税人批发电子烟的，按照批发电子烟的销售额，扣除购进电子烟的金额计算纳税。（　）

【答案】×

【解析】根据财政部 海关总署 税务总局公告2022年第33号“纳税人生产、批发电子烟的，按照生产、批发电子烟的销售额计算纳税”。注意，购进电子烟的金额不可扣除。

3. 电子烟生产环节纳税人采用代销方式销售电子烟的，按照经销商（代理商）销售给电子烟批发企业的销售额计算纳税。（　）

【答案】√

4. 电子烟进口环节纳税人，是指进口电子烟的单位和个人。（　）

【答案】√

5.委托加工应税消费品，除受托方为个人外，由受托方履行的消费税扣缴义务是代扣代缴。（　）

【答案】×

【解析】根据《消费税暂行条例》第四条，委托加工的应税消费品，除受托方为个人外，由受托方在向委托方交货时代收代缴税款。

6.委托加工的加工费包括代垫辅助材料的实际成本。（　）

【答案】√

【解析】根据《消费税暂行条例实施细则》第七条，委托加工的应税消费品，是指由委托方提供原材料和主要材料，受托方只收取加工费和代垫部分辅助材料加工的应税消费品。

7.金银首饰改在零售环节征税后，出口金银首饰不退消费税。（　）

【答案】√

【解析】根据〔1994〕财税字95号“金银首饰消费税改变征税环节后，经营单位进口金银首饰的消费税，由进口环节征收改为在零售环节征收；出口金银首饰由出口退税改为出口不退消费税”。

8.五金批发企业购进大包装电池改成小包装电池销售，应计算缴纳消费税。（　）

【答案】√

【解析】根据国家税务总局公告2015年第95号“外购电池、涂料大包装改成小包装或者外购电池、涂料不经加工只贴商标的行为，视同应税消费税品的生产行为。发生上述生产行为的单位和个人应按规定申报缴纳消费税”。检查五金批发企业时，应注意应缴纳消费税未缴纳的情形。

9.纳税人到外县（市）销售或委托外县（市）代销自产应税消费品的，于应税消费品销售后，向销售地主管税务机关申报纳税。（　）

【答案】×

【解析】根据《消费税暂行条例实施细则》第二十四条，纳税人到外县（市）销售或委托外县（市）代销自产应税消费品的，于应税消费品销售后，向机构所在地或居住地主管税务机关申报纳税。

10.集资款、白酒品牌使用费、未逾期的啤酒包装物押金属于价外费用，要并入计税依据计算消费税。（　）

【答案】×

【解析】根据《消费税暂行条例实施细则》第十三条，如果包装物不作价随同产品销售，而是收取押金，此项押金则不并入应税消费品的销售额中征税，但对于逾期未收回的包装物不再退还的或者已收取的时间超过12个月的押金，应并入应税消费品的销售额，按照应税消费品的适用税率缴纳消费税。注意啤酒从量计征消费税。

四、计算题

1.甲木制品厂为增值税一般纳税人，主要从事实木地板生产销售业务，2023年2月发生下列业务：

（1）外购一批实木地板，取得增值税专用发票注明金额120万元、税额15.6万元，另支付运费2万元，取得增值税普通发票。

（2）将上述外购已税地板30%连续生产A型实木地板，当月对外销售取得不含税销售额60万元。

（3）将上述外购已税地板30%委托乙厂加工B型实木地板，当月加工完毕全部收回，乙厂收取不含税加工费5万元，开具增值税专用发票，乙厂同类实木地板不含税售价为65万元。

（4）将外购的材料成本为48.8万元的原木移送丙厂，委托加工C型实木地板，丙厂收取不含税加工费8万元，开具增值税专用发票，丙厂无同类实木地板售价。当月加工完毕甲厂全部收回后，对外销售70%，取得不含税销售额70万元，其余30%留存仓库。

（5）主管税务机关3月初对甲厂进行税务检查时发现，乙厂已按规定计算代收代缴消费税，但丙厂未履行代收代缴消费税义务（实木地板的消费税税率是5%）。

根据上述资料，回答下列问题：

（1）业务（2）中，甲厂应缴纳消费税（　）万元。

A. 2.97　　B. 3　　C. 1.2　　D. 1.17

（2）乙厂应代收代缴消费税（　）万元。

A. 2.16　　B. 6.58　　C. 3.25　　D. 2.19

（3）甲厂销售C型实木地板应缴纳消费税（　）万元。

A. 1.99　　B. 3.5　　C. 2.09　　D. 1.8

（4）甲厂留存仓库的C型实木地板应缴纳消费税（　）万元。

A. 0　　B. 1.5　　C. 0.9　　D. 0.77

【答案】（1）C；（2）C；（3）B；（4）C。

【解析】

（1）业务（2）中，甲厂应缴纳消费税=60×5%－120×5%×30%=1.2（万元）

（2）乙厂应代收代缴消费税=65×5%=3.25（万元）

（3）甲厂销售C型实木地板应缴纳的消费税=70×5%=3.5（万元）

提示：因丙厂未履行扣缴义务，甲厂需自行纳税。

（4）甲厂留存仓库的30%C型实木地板应缴纳的消费税=（48.8+8）÷（1－5%）×5%×30%=0.90（万元）

2.某酒类股份有限公司为增值税一般纳税人，2023年2月发生以下业务：

（1）为某企业特制一批白酒，用自产原浆白酒500斤勾浆68°白酒980斤，无同类白酒的销售价格，68°白酒生产成本不含税金额为240元/斤。

（2）用外购已税原浆白酒勾兑56°白酒3 000斤，销售1 000斤，不含税出厂价250元/斤。

（3）销售给下属销售公司42°白酒500斤，不含税出厂价100元/斤，税务机关认为销售价格明显偏低，上月销售公司对外销售同类白酒的不含税平均价格为220元/斤。

（4）移送一批60°的白酒给自设的非独立核算门市部，同批次白酒不含税出厂价格260元/斤，门市部销售360斤，不含税价300元/斤。

（已知：白酒的成本利润率为10%，白酒消费税比例税率为20%，定额税率0.5元/斤。白酒消费税计税价格核定比例为60%。）

根据上述资料，回答下列问题：

（1）该公司业务（1）应缴纳消费税（　　）元。

A. 65 170　　B. 64 680　　C. 33 250　　D. 65 292.5

（2）该公司业务（2）应缴纳消费税（　　）元。

A. 151 500　　B. 50 000　　C. 0　　D. 50 500

（3）该公司业务（3）应缴纳消费税（　　）元。

A. 10 250　　B. 13 450　　C. 15 650　　D. 22 250

（4）该公司业务（4）应缴纳消费税（　　）元。

A. 18 720　　B. 18 900　　C. 21 600　　D. 21 780

【答案】（1）D；（2）D；（3）B；（4）D。

【解析】

（1）业务（1）应缴纳的消费税=［240×980×（1+10%）+980×0.5］÷（1-20%）×20% +980×0.5=65 292.5（元）

（2）业务（2）应缴纳的消费税=1 000×250×20% +1 000×0.5=50 500（元）

（3）业务（3）应缴纳的消费税=500×220×60% ×20% +500×0.5=13 450（元）

（4）业务（4）应缴纳的消费税=360×300×20% +360×0.5=21 780（元）

3.某首饰商城为增值税一般纳税人，金银首饰零售环节消费税税率5%，金银首饰的成本利润率6%。2023年8月发生以下业务：

（1）零售金银首饰与镀金首饰组成的套装礼盒，取得含税收入28.25万元，其中金银首饰含税收入20万元，镀金首饰含税收入8.25万元；

（2）采取“以旧换新”方式向消费者销售金项链2 000条，新项链零售价0.24万元/条，旧项链作价0.21万元/条，每条项链取得含税差价款0.03万元；

（3）接受消费者带料加工黄金首饰，消费者提供黄金成本不含税金额26万元，取得个人支付的含税加工费收入4.52万元（商城无同类首饰价格）；

（4）用300条银基项链抵偿债务，该批项链成本为39万元，当月最高零售价0.23万元/条，当月平均销售价格为0.22万元/条；

（5）外购金银首饰一批，取得的普通发票上注明的价款400万元；外购镀金首饰一批，取得增值税专用发票注明价款50万元、增值税6.5万元。

要求：根据资料，回答下列问题：

（1）业务（1）销售成套礼盒应缴纳的消费税为（　）万元。

A. 0.88　　B. 1　　C. 1.25　　D. 1.41

（2）业务（2）“以旧换新”销售金项链应缴纳的消费税为（　）万元。

A. 2.65　　B. 3　　C. 21.24　　D. 24

（3）业务（3）带料加工黄金首饰应缴纳的消费税为（　）万元。

A. 1.5　　B. 1.53　　C. 1.58　　D. 1.89

（4）业务（4）用银基项链抵偿债务应缴纳的消费税为（　）万元。

A. 2.07　　B. 2.18　　C. 3.05　　D. 3.39

（5）商城8月份应缴纳的增值税为（　）万元。

A. 11.77　　B. 12.00　　C. 14.97　　D. 15.35

【答案】（1）C；（2）A；（3）C；（4）C；（5）A。

【解析】

（1）销售成套礼盒应缴纳的消费税=28.25÷（1+13%）×5%=1.25（万元）

提示：应税首饰与非应税首饰组成成套消费品的，不论是否单独核算，一并计算缴纳消费税。

（2）“以旧换新”销售金项链，按照实际收取的不含增值税的全部价款计算消费税和增值税。“以旧换新”销售金项链应缴纳的消费税=2 000×0.03÷（1+13%）×5%=2.65（万元）

（3）带料加工黄金首饰应缴纳的消费税=［26+4.52÷（1+13%）］÷（1−5%）×5%=31.58×5%=1.58（万元）

（4）以物抵债应纳消费税=300×0.23÷（1+13%）×5%=3.05（万元）

（5）应纳增值税=［（28.25+2 000×0.03+4.52+300×0.22）÷（1+13%）］×13%−6.5=18.27−6.5=11.77（万元）

4.甲化妆品制造企业为增值税一般纳税人，2023年3月生产经营情况如下：

（1）从农业生产者购入其自产农产品一批，取得销售发票注明金额为30万元，当月用于高档化妆品的生产。

（2）将上月购入的化工原料发往乙企业（一般纳税人）加工高档化妆品，原料采购成本为3 000万元，取得乙企业开具增值税专用发票，注明加工费金额120万元、税额15.6万元。乙企业无同类化妆品销售价格，乙企业按规定代收代缴了消费税。

（3）将委托乙企业加工的高档化妆品收回后，其中5%用于继续加工成套化妆品；94%通过各直播带货平台（一般纳税人）销售，不含税销售额为6 000万元；1%作为带货主播直播时的试用样品。

（4）支付直播带货坑位费，取得增值税专用发票上注明金额80万元、税额4.8万元；支付销售提成，取得增值税专用发票上注明金额100万元、税额6万元。

（5）采用分期收款方式销售自产高档化妆品，销售额（不含税）9 000万元。合同约定本期收取货款总额的1/3。

（6）购进乘用车10辆用于经营管理（其中2辆为新能源汽车），机动车销售统一发票注明金额20万元/辆；购进中型商用客车5辆，机动车销售统一发票注明金额40万元/辆，其中3辆作为员工上下班专用车。

（7）租用一处写字楼，其中40%用作员工餐厅，支付半年租金（不含税）180万元，取得增值税专用发票注明的税率为9%。已知：该企业取得的相关票据符合规定，并于当月勾选抵扣进项税额。委托加工高档化妆品期初、期末库存均为零。

根据上述资料回答下列问题：

（1）乙企业应代收代缴消费税（　）万元。

A. 468　　B. 520　　C. 12.18　　D. 550.59

（2）甲企业当月可抵扣的进项税额（　）万元。

A. 76　　B. 82　　C. 66.90　　D. 71.70

（3）甲企业当月应缴纳增值税（　）万元。

A. 1 878.3　　B. 1 868　　C. 1 088　　D. 1 096.3

（4）甲企业当月自行申报缴纳消费税（　）万元。

A. 836.51　　B. 832.45　　C. 799.41　　D. 804.92

（5）甲企业当月应缴纳车辆购置税（　）万元。

A. 32　　B. 24　　C. 36　　D. 40

【答案】（1）D；（2）B；（3）D；（4）D；（5）C。

【解析】

（1）乙企业应代收代缴消费税=（3 000+120）÷（1−15%）×15% =550.59（万元）

（2）甲企业当月可抵扣的进项税额=30×10% +15.6+4.8+6+26+40×2×13% +180×9% =82（万元）

（注意：纳税人租入固定资产既用于一般计税方法计税项目，又用于简易计税方法计税项目、免征增值税项目、集体福利或个人消费的，其进项税额准予从销项税额中全额抵扣。财税〔2017〕90号）

（3）甲企业当月应纳增值税=6 000÷94% ×（94% +1%）×13% +9 000×13% ×1/3−82=1 096.3（万元）

（4）带货主播直播时的试用样品，委托加工环节已经缴纳了消费税，后续不再申报缴纳消费税。

自行申报缴纳的消费税=6 000×15% −550.59×94% −550.59×5% +9 000×15% ×1/3=804.92（万元）

（5）当月应缴纳车辆购置税=20×（10−2）×10% +40×5×10% =36（万元）

5.甲企业为增值税一般纳税人，主营鞭炮加工销售业务。2022年11月发生以下业务：

（1）受托为乙公司加工一批鞭炮，乙公司提供的原材料金额为60万元，甲收取了不含增值税的加工费8万元，甲企业无同类产品的市场价格，已按规定代收代缴了消费税。乙公司收回该批鞭炮后以不含增值税价100万元全部出售。

（2）从另一鞭炮企业丙处购入鞭炮一批，取得的增值税专用发票注明的价款为25万元。本月领用了80%用于继续加工组合礼花弹。

（3）本月销售鞭炮产品，共取得销售收入129.95万元。

（4）用100箱鞭炮和丁企业交换一台生产设备，已知此批鞭炮的平均不含税售价为25万元，最高不含税售价为30万元（鞭炮、焰火的消费税税率为15%）。

要求：根据上述资料，回答以下问题：

（1）业务（1）甲企业应代收代缴的消费税为（　）万元。

A. 12　　B. 13　　C. 15　　D. 18

（2）业务（1）甲企业应代收代缴的城建税为（　）万元。

A. 0.84　　B. 0.6　　C. 0.15　　D. 0.12

（3）业务（1）乙公司收回鞭炮后再销售应缴纳的消费税为（　）万元。

A. 15　　B. 12　　C. 3　　D. 0

（4）甲企业当月应缴纳的消费税为（　）万元（不含代收代缴部分）。

A. 21.75　　B. 18.75　　C. 14.25　　D. 17.25

【答案】（1）A；（2）A；（3）C；（4）B。

【解析】

（1）业务（1）组成计税价格=（60+8）÷（1−15%）=80（万元）

甲企业应代收代缴消费税=80×15%=12（万元）

（2）甲企业应代收代缴城建税=12×7%=0.84（万元）

（3）乙公司应纳消费税=100×15%−12=3（万元）

提示：收回已代收代缴消费税的消费品后，直接销售的不再征收消费税，加价销售的应计税，同时减除已被代收代缴的消费税。

（4）业务（2）可以抵扣的消费税=25×15%×80%=3（万元）

提示：外购的鞭炮属于已纳税消费品，用于连续生产鞭炮的可以按生产领用数量抵扣已纳消费税。

业务（3）应纳消费税=129.95÷（1+13%）×15%=17.25（万元）

业务（4）应纳消费税=30×15%=4.5（万元）

因此，甲企业当月应纳的消费税=17.25+4.5−3=18.75（万元）。

五、综合题

甲商城为增值税一般纳税人，2023年3月发生以下业务：

（1）珠宝部销售金银首饰取得销售收入189万元，销售珍珠、玉石首饰取得销售收入245万元；受托加工金银首饰，收取不含税加工费2万元，委托方提供的原料成本为6万元；“以旧换新”方式销售金银首饰，同类金银首饰的含税销售价格21万元，旧金银首饰作价6万元，实际取得收入15万元。

（2）商城的超市采取线上交易配送到家方式销售商品，零售额85万元；线下零售额181.6万元，其中销售米、面、食用植物油、水果取得含税销售额46万元。

（3）销售服装、家电取得销售收入1 695万元。

（4）商城开展科普活动，取得科普讲座门票收入5.3万元。

（5）由于2月销售的商品出现质量问题，与购货方协商后按照不含税金额200万元给予购货方20%折让，并按折让金额开具红字发票。

（6）商城内建设休闲区供顾客休息，购进桌椅等物品，取得增值税专用发票注明税额0.8万元；购进一批货物捐赠给目标脱贫地区的扶贫对象，取得增值税专用发票，注明金额50万元，税额6.5万元；商城超市从某农贸市场（小规模纳税人）购进水果，取得的增值税普通发票注明金额20万元；支付快递费，取得一般纳税人开具的增值税专用发票，注明金额0.5万元，税额0.03万元；从国内购进其他商品和服务，取得的增值税专用发票注明税额合计12.56万元。

（7）从境内某品牌家电供应商取得与销售额挂钩的平销返利收入3万元。

（8）由于保管不善，从一般纳税人购进一批服装发生丢失，该批服装的账面成本为13万元（已抵扣进项税额），其中包括一般纳税人提供运输的运费成本1万元。

已知：当月取得的相关票据均已申报抵扣，企业未放弃相关税收优惠。

根据上述业务，回答下列问题：

（1）业务（1）应缴纳消费税（　）万元。

A. 9.45　B. 9.71　C. 9.76　D. 20.29

（2）本月增值税销项税额合计（　）万元。

A. 271.33　B. 242.79　C. 271.19　D. 271.36

（3）业务（6）准予从销项税额中抵扣的进项税额（　）万元。

A. 21.66　B. 13.39　C. 19.06　D. 19.09

（4）本月应缴纳增值税（　）万元。

A. 259.8　B. 254.27　C. 225.77　D. 259.85

（5）关于甲商城本月业务的税务处理，下列说法正确的有（　）。

A. 开展科普讲座门票收入免征增值税

B.由于2月销售的商品出现质量问题而给予购货方的折让可以从本期计税销售额中扣除

C.为建设休闲区购进各类物品的进项税额不允许从当期销项税额中抵扣

D.为捐赠目标脱贫地区扶贫对象购进货物的进项税额不得从当期销项税额中抵扣

E.从境内供应商取得的返还收入应计提销项税额

【答案】（1）A；（2）C；（3）B；（4）A；（5）BD。

【解析】

（1）业务（1）应缴纳消费税=（189+15）÷（1+13%）×5%+（2+6）÷（1−5%）×5%=9.45（万元）

提示：委托加工（除另有规定外）、委托代销金银首饰的，受托方是纳税人。珍珠、玉石首饰纳税环节是生产销售环节，零售环节不纳税。

（2）业务（1）销项税额=（189+245+15）÷（1+13%）×13%+2×13%=51.91（万元）

业务（2）销项税额=（85+181.6−46）÷（1+13%）×13%+46÷（1+9%）×9%=29.18（万元）

业务（3）销项税额=1 695÷（1+13%）×13%=195（万元）

业务（4）销项税额=5.3÷（1+6%）×6%=0.3（万元）

业务（5）冲减销项税额=200×20%×13%=5.2（万元）

本月销项税额合计=51.91+29.18+195+0.3−5.2=271.19（万元）

（3）业务（6）准予从销项税额中抵扣的进项税额=0.8+0.03+12.56=13.39（万元）

提示：自2019年1月1日至2025年12月31日，对单位或者个体工商户将自产、委托加工或购买的货物通过公益性社会组织、县级及以上人民政府及其组成部门和直属机构，或直接无偿捐赠给目标脱贫地区的单位和个人，免征增值税。本题购进货物捐赠给目标脱贫地区的扶贫对象，免征增值税，免税项目对应的进项税额不得抵扣。

从小规模纳税人农贸市场购进农产品，取得增值税普通发票，不能计算抵扣进项税额。

（4）业务（7）冲减进项税额=3÷（1+13%）×13%=0.35（万元）

业务（8）进项税额转出=（13−1）×13%+1×9%=1.65（万元）

本月应缴纳增值税=271.19−（13.39−0.35−1.65）=259.8（万元）

（5）选项A，自2018年1月1日至2023年12月31日，对科普单位的门票收入，以及县级及以上党政部门和科协开展科普活动的门票收入，免征增值税。科普单位，是指科技馆、自然博物馆、对公众开放的天文馆（站、台）、气象台（站）、地震台（站），以及高等院校、科研机构对公众开放的科普基地。商城开展科普活动取得的科普讲座门票收入，应按规定计算缴纳增值税。选项C，为建设休闲区购进各类物品，属于用于经营管理，其进项税额可以抵扣。选项E，商业企业向供货方收取的与商品销售量、销售额挂钩的各种返还收入，均应按照平销返利行为的有关规定冲减当期增值税进项税额。

第十二章　企业所得税检查方法

本章导读

本章介绍企业所得税的检查内容及方法。主要包括收入总额的检查、扣除项目的检查、资产税务处理的检查、税收优惠的检查、应纳税所得额及应纳税额的检查。

学习指引

一、企业所得税的一般规定

（一）纳税人	1. 在中华人民共和国境内，企业和其他取得收入的组织为企业所得税的纳税人。分为居民纳税人和非居民纳税人 2. 个人独资企业、合伙企业不缴纳企业所得税
（二）扣缴义务人	1. 非居民企业取得《企业所得税法》第三条第三款规定的所得应缴纳的所得税，实行源泉扣缴，以支付人为扣缴义务人 2. 对非居民企业在中国境内取得工程作业和劳务所得应缴纳的所得税，税务机关可以指定工程价款或者劳务费的支付人为扣缴义务人
（三）征税对象	1. 居民企业应当就其来源于中国境内、境外的所得缴纳企业所得税 2. 非居民企业在中国境内设立机构、场所的，应当就其所设机构、场所取得的来源于中国境内的所得，以及发生在中国境外但与其所设机构、场所有实际联系的所得，缴纳企业所得税 3. 非居民企业在中国境内未设立机构、场所的，或者虽设立机构、场所但取得的所得与其所设机构、场所没有实际联系的，应当就其来源于中国境内的所得缴纳企业所得税
（四）适用税率	1. 企业所得税的税率为25%。符合条件的小型微利企业，减按20%的税率征收企业所得税 2. 非居民企业缴纳预提所得税的，适用税率为20%。《企业所得税法实施细则》第91条规定，减按10%的税率征收企业所得税
（五）纳税地点	1. 居民企业以企业登记注册地为纳税地点；但登记注册地在境外的，以实际管理机构所在地为纳税地点 2. 居民企业在中国境内设立不具有法人资格的营业机构的，应当汇总计算并缴纳企业所得税

续表

（五）纳税地点	3.非居民企业取得《企业所得税法》第三条第二款规定的所得，以机构、场所所在地为纳税地点。非居民企业在中国境内设立两个或者两个以上机构、场所，符合国务院税务主管部门规定条件的，可以选择由其主要机构、场所汇总缴纳企业所得税 4.非居民企业取得《企业所得税法》第三条第三款规定的所得，以扣缴义务人所在地为纳税地点
（六）纳税期限	按纳税年度计算，分月或者分季预缴，月份或者季度终了之日起15日内，向税务机关报送预缴企业所得税纳税申报表，预缴税款，年度终了之日起5个月内，向税务机关报送年度企业所得税纳税申报表，并汇算清缴

二、收入总额的检查

企业以货币形式和非货币形式从各种来源取得的收入，为收入总额。

（一）销售货物收入	指企业销售商品、产品、原材料、包装物、低值易耗品以及其他存货取得的收入 1.销售货物收入确认条件的检查 2.特殊销售方式下收入确认的检查
（二）提供劳务收入	是指企业从事建筑安装、修理修配、交通运输、仓储租赁、金融保险、邮电通信、咨询经纪、文化体育、科学研究、技术服务、教育培训、餐饮住宿、中介代理、卫生保健、社区服务、旅游、娱乐、加工以及其他劳务服务活动取得的收入 1.检查劳务收入确认的条件、金额、时限 2.检查下列劳务是否按规定确认收入：安装费、宣传媒介的收费、软件费、服务费、艺术表演、招待宴会和其他特殊活动的收费、会员费、特许权费 3.企业受托加工制造大型机械设备、船舶、飞机，以及从事建筑、安装、装配工程业务或者提供其他劳务等，持续时间超过12个月的，是否按规定确认收入
（三）转让财产收入	指企业转让固定资产、生物资产、无形资产、股权、债权等财产取得的收入 1. 检查财产转让收入的确认时限 2. 股权转让所得确认和计算 3. 从被投资企业撤回或减少投资的检查 4. 政策性搬迁或处置收入的检查
（四）股息、红利等权益性投资收益	指企业因权益性投资从被投资方取得的收入 1.股息、红利等权益性投资收益，除国务院财政、税务主管部门另有规定外，按照被投资方作出利润分配决定的日期确认收入的实现 2.产品分成方式取得收入的检查
（五）利息收入	指企业将资金提供他人使用但不构成权益性投资，或者因他人占用本企业资金取得的收入，包括存款利息、贷款利息、债券利息、欠款利息等收入 1.利息收入，按照合同约定的债务人应付利息的日期确认收入的实现 2.金融企业利息收入确认的检查
（六）租金收入	指企业提供固定资产、包装物或者其他有形资产的使用权取得的收入 1.租金收入，按照合同约定的承租人应付租金的日期确认收入的实现 2.提前一次性支付租金收入的确认

续表

（七）特许权使用费收入	是指企业提供专利权、非专利技术、商标权、著作权以及其他特许权的使用权取得的收入 特许权使用费收入，按照合同约定的特许权使用人应付特许权使用费的日期确认收入的实现
（八）接受捐赠收入	指企业接受的来自其他企业、组织或者个人无偿给予的货币性资产、非货币性资产。接受捐赠收入，按照实际收到捐赠资产的日期确认收入的实现
（九）其他收入	指企业取得的除《企业所得税法》第六条第（一）项至第（八）项规定的收入外的其他收入，包括企业资产溢余收入、逾期未退包装物押金收入、确实无法偿付的应付款项、已作坏账损失处理后又收回的应收款项、债务重组收入、补贴收入、违约金收入、汇兑收益等 1. 国税函〔2010〕79号规定，企业发生债务重组，应在债务重组合同或协议生效时确认收入的实现 2. 国家税务总局公告〔2010〕第19号规定，企业取得债务重组收入、无法偿付的应付款收入等，不论是以货币形式、还是非货币形式体现，除另有规定外，均应一次性计入确认收入的年度计算缴纳企业所得税
（十）视同销售收入	企业发生非货币性资产交换，以及将货物、财产、劳务用于捐赠、偿债、赞助、集资、广告、样品、职工福利或者利润分配等用途的，应当视同销售货物、转让财产或者提供劳务，但国务院财政、税务主管部门另有规定的除外 1. 视同销售情形的检查 2. 视同销售收入的确认 国税函〔2008〕828号规定，企业将资产移送他人的下列情形，因资产所有权属已发生改变而不属于内部处置资产，应按规定视同销售确定收入： （1）用于市场推广或销售；（2）用于交际应酬；（3）用于职工奖励或福利；（4）用于股息分配；（5）用于对外捐赠；（6）其他改变资产所有权属的用途
（十一）不征税收入	1. 不征税收入范围的检查 2. 不征税收入用于支出所形成的费用，不得在计算应纳税所得额时扣除；不征税收入用于支出所形成的资产，其计算的折旧、摊销不得在计算应纳税所得额时扣除 3. 专项用途财政资金的检查

三、扣除项目的检查

企业实际发生的与取得收入有关的、合理的支出，包括成本、费用、税金、损失和其他支出，准予在计算应纳税所得额时扣除。

（一）扣除原则	1. 权责发生制原则 2. 相关性原则 3. 合理性原则 4. 划分收益性支出和资本性支出原则
（二）扣除凭证	1. 税前扣除凭证按照来源分为内部凭证和外部凭证，在管理中遵循真实性、合法性、关联性原则 2. 企业发生支出，应取得税前扣除凭证，作为计算企业所得税应纳税所得额时扣除相关支出的依据 3. 企业应在当年度《企业所得税法》规定的汇算清缴期结束前取得税前扣除凭证

续表

（三）扣除项目范围	检查扣除项目的真实性、合理性以及票据的合法性；检查是否超过税法规定的比例 1.成本：指企业在生产经营活动中发生的销售成本、销货成本、业务支出以及其他耗费 2.费用：指企业在生产经营活动中发生的销售费用、管理费用和财务费用，已经计入成本的有关费用除外 3.税金：指企业发生的除企业所得税和允许抵扣的增值税以外的各项税金及其附加 4.损失：指企业在生产经营活动中发生的固定资产和存货的盘亏、毁损、报废损失，转让财产损失，呆账损失，坏账损失，自然灾害等不可抗力因素造成的损失以及其他损失 5.其他支出：指除成本、费用、税金、损失外，企业在生产经营活动中发生的与生产经营活动有关的、合理的支出
（四）主要扣除项目的标准与要求	1.合理工资薪金。企业按照股东大会、董事会、薪酬委员会或相关管理机构制订的工资薪金制度规定实际发放给员工的工资薪金
	2.三项经费。职工福利费支出，不超过工资薪金总额14%的部分，准予扣除；企业拨缴的工会经费，不超过工资薪金总额2%的部分，准予扣除；财税〔2018〕51号规定，企业发生的职工教育经费支出，不超过工资薪金总额8%的部分，准予扣除；超过部分，准予在以后纳税年度结转扣除
	3.劳动保护费。企业发生的合理的劳动保护支出，准予扣除
	4.五险一金。企业依照国务院有关主管部门或者省级人民政府规定的范围和标准为职工缴纳的基本养老保险费、基本医疗保险费、失业保险费、工伤保险费、生育保险费等基本社会保险费和住房公积金，准予扣除 财税〔2009〕27号规定，自2008年1月1日起，企业根据国家有关政策规定，为在本企业任职或者受雇的全体员工支付的补充养老保险费、补充医疗保险费，分别在不超过职工工资总额5%标准内的部分，在计算应纳税所得额时准予扣除；超过的部分，不予扣除
	5.财产保险。企业参加财产保险，按照规定缴纳的保险费，准予扣除
	6.其他商业保险。除企业依照国家有关规定为特殊工种职工支付的人身安全保险费和国务院财政、税务主管部门规定可以扣除的其他商业保险费外，企业为投资者或者职工支付的商业保险费，不得扣除
	7.借款费用。（1）企业在生产经营活动中发生的合理的不需要资本化的借款费用，准予扣除 企业为购置、建造固定资产、无形资产和经过12个月以上的建造才能达到预定可销售状态的存货发生借款的，在有关资产购置、建造期间发生的合理的借款费用，应当作为资本性支出计入有关资产的成本，并依照规定扣除 （2）企业在生产经营活动中发生的下列利息支出，准予扣除：①非金融企业向金融企业借款的利息支出、金融企业的各项存款利息支出和同业拆借利息支出、企业经批准发行债券的利息支出；②非金融企业向非金融企业借款的利息支出，不超过按照金融企业同期同类贷款利率计算的数额的部分 （3）财税〔2008〕121号规定，企业从其关联方接受的债权性投资与权益性投资的比例超过规定标准而发生的利息支出，不得在计算应纳税所得额时扣除 （4）国税函〔2009〕312号规定，凡企业投资者在规定期限内未缴足其应缴资本额的，该企业对外借款所发生的利息，相当于投资者实缴资本额与在规定期限内应缴资本额的差额应计付的利息，其不属于企业合理的支出，应由企业投资者负担，不得在计算企业应纳税所得额时扣除
	8.汇兑损益。企业在货币交易中，以及纳税年度终了时将人民币以外的货币性资产、负债按照期末即期人民币汇率中间价折算为人民币时产生的汇兑损失，除已经计入有关资产成本以及与向所有者进行利润分配相关的部分外，准予扣除

续表

（四）主要扣除项目的标准与要求	9.业务招待费。企业发生的与生产经营活动有关的业务招待费支出，按照发生额的60%扣除，但最高不得超过当年销售（营业）收入的5‰
	10.广告费和业务宣传费。企业发生的符合条件的广告费和业务宣传费支出，除国务院财政、税务主管部门另有规定外，不超过当年销售（营业）收入15%的部分，准予扣除；超过部分，准予在以后纳税年度结转扣除
	11.租赁费。以经营租赁方式租入固定资产发生的租赁费支出，按照租赁期限均匀扣除；以融资租赁方式租入固定资产发生的租赁费支出，按照规定构成融资租入固定资产价值的部分应当提取折旧费用，分期扣除
	12.公益性捐赠。企业通过获得公益性捐赠税前扣除资格的公益性社会团体或县级以上人民政府及其组成部门和直属机构，用于公益事业的捐赠支出，在年度利润总额12%以内的部分，准予在计算应纳税所得额时扣除 财综〔2024〕1号规定，公益事业捐赠票据可作为捐赠人对外捐赠并根据国家有关规定申请捐赠款项税前扣除的有效凭证
	13.资产损失。（1）国家税务总局公告2011年第25号规定，准予在企业所得税税前扣除的资产损失，是指企业在实际处置、转让资产过程中发生的合理损失，以及企业虽未实际处置、转让资产，但符合规定条件计算确认的损失。企业发生的资产损失，应按规定的程序和要求向主管税务机关申报后方能在税前扣除。未经申报的损失，不得在税前扣除 （2）国家税务总局公告2018年第15号规定，企业向税务机关申报扣除资产损失，仅需填报企业所得税年度纳税申报表《资产损失税前扣除及纳税调整明细表》，不再报送资产损失相关资料。相关资料由企业留存备查。企业应当完整保存资产损失相关资料，保证资料的真实性、合法性
	14.手续费及佣金支出。企业发生与生产经营有关的手续费及佣金支出，不超过以下规定计算限额以内的部分，准予扣除；超过部分，不得扣除 （1）保险企业发生与其经营活动有关的手续费及佣金支出，不超过当年全部保费收入扣除退保金等后余额的18%（含本数）的部分，在计算应纳税所得额时准予扣除；超过部分，允许结转以后年度扣除 （2）电信企业在发展客户、拓展业务等过程中（如委托销售电话入网卡、电话充值卡等），需向经纪人、代办商支付手续费及佣金的，其实际发生的相关手续费及佣金支出，不超过企业当年收入总额5%的部分，准予在企业所得税前据实扣除 （3）其他企业：按与具有合法经营资格中介服务机构或个人（不含交易双方及其雇员、代理人和代表人等）所签订服务协议或合同确认的收入金额的5%计算限额 检查时，注意： （1）企业应与具有合法经营资格中介服务企业或个人签订代办协议或合同，并按国家有关规定支付手续费及佣金。除委托个人代理外，企业以现金等非转账方式支付的手续费及佣金不得在税前扣除。企业为发行权益性证券支付给有关证券承销机构的手续费及佣金不得在税前扣除 （2）企业不得将手续费及佣金支出计入回扣、业务提成、返利、进场费等费用 （3）企业已计入固定资产、无形资产等相关资产的手续费及佣金支出，应当通过折旧、摊销等方式分期扣除，不得在发生当期直接扣除
	15.免税收入所对应的费用。国税函〔2010〕79号规定，企业取得的各项免税收入所对应的各项成本费用，除另有规定者外，可以在计算企业应纳税所得额时扣除
	16.非居民企业分摊的管理费用。非居民企业在中国境内设立的机构、场所，就其中国境外总机构发生的与该机构、场所生产经营有关的费用，能够提供总机构出具的费用汇集范围、定额、分配依据和方法等证明文件，并合理分摊的，准予扣除

续表

（四）主要扣除项目的标准与要求	17.专项资金。企业依照法律、行政法规有关规定提取的用于环境保护、生态恢复等方面的专项资金，准予扣除。上述专项资金提取后改变用途的，不得扣除。国家税务总局公告2011年第22号规定，油（气）田企业或合作各方企业应承担或者按投资比例承担设施废弃处置的责任和义务，其计提的弃置费，应依照规定作为环境保护、生态恢复等方面专项资金，并准予在计算企业年度应纳税所得额时扣除
	18.煤矿企业维简费和高危行业企业安全生产费用。国家税务总局公告2011年第26号规定，煤矿企业实际发生的维简费支出和高危行业企业实际发生的安全生产费用支出，属于收益性支出的，可直接作为当期费用在税前扣除；属于资本性支出的，应计入有关资产成本，并按企业所得税法规定计提折旧或摊销费用在税前扣除。企业按照有关规定预提的维简费和安全生产费用，不得在税前扣除
	19.母子公司之间的服务费。国税发〔2008〕86号规定： （1）母公司为其子公司（以下简称子公司）提供各种服务而发生的费用，应按照独立企业之间公平交易原则确定服务的价格，作为企业正常的劳务费用进行税务处理 （2）母公司向其子公司提供各项服务，双方应签订服务合同或协议，明确规定提供服务的内容、收费标准及金额等，凡按上述合同或协议规定所发生的服务费，母公司应作为营业收入申报纳税；子公司作为成本费用在税前扣除 （3）母公司向其多个子公司提供同类项服务，其收取的服务费可以采取分项签订合同或协议收取；也可以采取服务分摊协议的方式，即，由母公司与各子公司签订服务费用分摊合同或协议，以母公司为其子公司提供服务所发生的实际费用并附加一定比例利润作为向子公司收取的总服务费，在各服务受益子公司（包括盈利企业、亏损企业和享受减免税企业）之间按规定合理分摊 （4）母公司以管理费形式向子公司提取费用，子公司因此支付给母公司的管理费，不得在税前扣除 （5）子公司申报税前扣除向母公司支付的服务费用，应向主管税务机关提供与母公司签订的服务合同或者协议等与税前扣除该项费用相关的材料。不能提供相关材料的，支付的服务费用不得税前扣除
	20.政府性基金和行政事业性收费。财税〔2008〕151号规定，企业按照规定缴纳的、由国务院或财政部批准设立的政府性基金以及由国务院和省、自治区、直辖市人民政府及其财政、价格主管部门批准设立的行政事业性收费，准予在计算应纳税所得额时扣除 企业缴纳的不符合上述审批管理权限设立的基金、收费，不得在计算应纳税所得额时扣除
（五）不得扣除的支出	《企业所得税法》规定，在计算应纳税所得额时，下列支出不得扣除： 1.向投资者支付的股息、红利等权益性投资收益款项 2.企业所得税税款 3.税收滞纳金 4.罚金、罚款和被没收财物的损失 5.本法第九条规定以外的捐赠支出 6.赞助支出，指企业发生的与生产经营活动无关的各种非广告性质支出 7.未经核定的准备金支出，指不符合国务院财政、税务主管部门规定的各项资产减值准备、风险准备等准备金支出 8.与取得收入无关的其他支出

四、资产税务处理的检查

企业的各项资产，包括固定资产、生物资产、无形资产、长期待摊费用、投资资产、存货等，以历史成本为计税基础。历史成本，是指企业取得该项资产时实际发生的支出。

企业持有各项资产期间资产增值或者减值，除国务院财政、税务主管部门规定可以确认损益外，不得调整该资产的计税基础。

（一）固定资产	1.计税基础的检查。 （1）外购的固定资产，以购买价款和支付的相关税费以及直接归属于使该资产达到预定用途发生的其他支出为计税基础 （2）自行建造的固定资产，以竣工结算前发生的支出为计税基础 （3）融资租入的固定资产，以租赁合同约定的付款总额和承租人在签订租赁合同过程中发生的相关费用为计税基础，租赁合同未约定付款总额的，以该资产的公允价值和承租人在签订租赁合同过程中发生的相关费用为计税基础 （4）盘盈的固定资产，以同类固定资产的重置完全价值为计税基础 （5）通过捐赠、投资、非货币性资产交换、债务重组等方式取得的固定资产，以该资产的公允价值和支付的相关税费为计税基础 （6）改建的固定资产，除《企业所得税法》第十三条第（一）项和第（二）项规定的支出外，以改建过程中发生的改建支出增加计税基础 （7）国税函〔2010〕79号规定，企业固定资产投入使用后，由于工程款项尚未结清未取得全额发票的，可暂按合同规定的金额计入固定资产计税基础计提折旧，待发票取得后进行调整。但该项调整应在固定资产投入使用后12个月内进行 2.折旧范围的检查。 企业按照规定计算的固定资产折旧，准予扣除。下列固定资产不得计算折旧扣除： （1）房屋、建筑物以外未投入使用的固定资产 （2）以经营租赁方式租入的固定资产 （3）以融资租赁方式租出的固定资产 （4）已足额提取折旧仍继续使用的固定资产 （5）与经营活动无关的固定资产 （6）单独估价作为固定资产入账的土地 （7）其他不得计算折旧扣除的固定资产 3.折旧方法的检查。 固定资产按照直线法计算的折旧，准予扣除 企业应当自固定资产投入使用月份的次月起计算折旧；停止使用的固定资产，应当自停止使用月份的次月起停止计算折旧。企业应当根据固定资产的性质和使用情况，合理确定固定资产的预计净残值。固定资产的预计净残值一经确定，不得变更 4.折旧年限的检查。 除国务院财政、税务主管部门另有规定外，固定资产计算折旧的最低年限如下： （1）房屋、建筑物，为20年 （2）飞机、火车、轮船、机器、机械和其他生产设备，为10年 （3）与生产经营活动有关的器具、工具、家具等，为5年 （4）飞机、火车、轮船以外的运输工具，为4年 （5）电子设备，为3年

续表

（二）无形资产	1.计税基础的检查。 （1）外购的无形资产，以购买价款和支付的相关税费以及直接归属于使该资产达到预定用途发生的其他支出为计税基础 （2）自行开发的无形资产，以开发过程中该资产符合资本化条件后至达到预定用途前发生的支出为计税基础 （3）通过捐赠、投资、非货币性资产交换、债务重组等方式取得的无形资产，以该资产的公允价值和支付的相关税费为计税基础 2.摊销范围的检查。 企业按照规定计算的无形资产摊销费用，准予扣除。下列无形资产不得计算摊销费用扣除： （1）自行开发的支出已在计算应纳税所得额时扣除的无形资产 （2）自创商誉 （3）与经营活动无关的无形资产 （4）其他不得计算摊销费用扣除的无形资产 3.摊销方法的检查。 （1）无形资产按照直线法计算的摊销费用，准予扣除。无形资产的摊销年限不得低于10年 （2）作为投资或者受让的无形资产，有关法律规定或者合同约定了使用年限的，可以按照规定或者约定的使用年限分期摊销 （3）外购商誉的支出，在企业整体转让或者清算时，准予扣除
（三）生物资产	1.计税基础的检查。 （1）外购的生产性生物资产，以购买价款和支付的相关税费为计税基础 （2）通过捐赠、投资、非货币性资产交换、债务重组等方式取得的生产性生物资产，以该资产的公允价值和支付的相关税费为计税基础 生产性生物资产，是指企业为生产农产品、提供劳务或者出租等而持有的生物资产，包括经济林、薪炭林、产畜和役畜等 2.折旧方法的检查。 （1）生产性生物资产按照直线法计算的折旧，准予扣除 （2）企业应当自生产性生物资产投入使用月份的次月起计算折旧；停止使用的生产性生物资产，应当自停止使用月份的次月起停止计算折旧 （3）企业应当根据生产性生物资产的性质和使用情况，合理确定生产性生物资产的预计净残值。生产性生物资产的预计净残值一经确定，不得变更 3.折旧年限的检查。 生产性生物资产计算折旧的最低年限如下： 林木类生产性生物资产，为10年；畜类生产性生物资产，为3年
（四）长期待摊费用	1.长期待摊费用范围及摊销的检查。 企业发生的下列支出作为长期待摊费用，按照规定摊销的，准予扣除： （1）已足额提取折旧的固定资产的改建支出 固定资产的改建支出，是指改变房屋或者建筑物结构、延长使用年限等发生的支出。已足额提取折旧的固定资产的改建支出，按照固定资产预计尚可使用年限分期摊销 （2）租入固定资产的改建支出 租入固定资产的改建支出，按照合同约定的剩余租赁期限分期摊销。改建的固定资产延长使用年限的，除已足额提取折旧的固定资产的改建支出和租入固定资产的改建支出外，应当适当延长折旧年限

续表

（四）长期待摊费用	（3）固定资产的大修理支出 固定资产的大修理支出，按照固定资产尚可使用年限分期摊销 2.其他应当作为长期待摊费用的支出。 其他应当作为长期待摊费用的支出，自支出发生月份的次月起，分期摊销，摊销年限不得低于3年 国税函〔2009〕98号规定，新税法中开（筹）办费未明确列作长期待摊费用，企业可以在开始经营之日的当年一次性扣除，也可以按照新税法有关长期待摊费用的处理规定处理，但一经选定，不得改变
（五）投资资产	投资资产是指企业对外进行权益性投资和债权性投资形成的资产。企业在转让或者处置投资资产时，投资资产的成本，准予扣除 检查投资资产时，按照以下方法确定成本： 1.通过支付现金方式取得的投资资产，以购买价款为成本 2.通过支付现金以外的方式取得的投资资产，以该资产的公允价值和支付的相关税费为成本
（六）存货	存货是指企业持有以备出售的产品或者商品、处在生产过程中的在产品、在生产或者提供劳务过程中耗用的材料和物料等 1.存货成本的检查。 存货按照以下方法确定成本： （1）通过支付现金方式取得的存货，以购买价款和支付的相关税费为成本 （2）通过支付现金以外的方式取得的存货，以该存货的公允价值和支付的相关税费为成本 （3）生产性生物资产收获的农产品，以产出或者采收过程中发生的材料费、人工费和分摊的间接费用等必要支出为成本 2.成本计算方法的检查。 企业使用或者销售的存货的成本计算方法，可以在先进先出法、加权平均法、个别计价法中选用一种。计价方法一经选用，不得随意变更

五、税收优惠的检查

税法规定的企业所得税优惠形式包括免税收入、减计收入、加计扣除、加速折旧、减免税额、税额抵免等，检查时，可以依据企业所得税年度申报表中的优惠事项附表，核对账簿、凭证，检查企业享受税收优惠条件；享受税收优惠范围；享受优惠期限；享受优惠金额等内容。

（一）免税收入	1.国债利息收入 2. 一般股息红利等权益性投资收益 3.通过沪港通投资且连续持有H股满12个月取得的股息红利所得 4.通过深港通投资且连续持有H股满12个月取得的股息红利所得 5.持有创新企业CDR取得的股息红利所得 6.永续债利息收入免征企业所得税 7.符合条件的非营利组织的收入 8.中国清洁发展机制基金取得的收入

续表

（一）免税收入	9.投资者从证券投资基金分配中取得的收入 10.取得的地方政府债券利息收入 11.中国保险保障基金有限责任公司取得的保险保障基金等收入 12.中国奥委会取得北京冬奥组委支付的收入 13.中国残奥委会取得北京冬奥组委分期支付的收入 14.取得的基础研究收入
（二）减计收入	1.综合利用资源生产产品取得的收入，减按90%计入收入总额 2.金融机构取得的涉农贷款利息收入，减按90%计入收入总额 3.保险机构取得的涉农保费收入，减按90%计入收入总额 4.小额贷款公司取得的农户小额贷款利息收入，减按90%计入收入总额 5.取得铁路债券利息收入减半征收企业所得税 6.取得的社区家庭服务收入，减按90%计入收入总额
（三）加计扣除	1.企业开发新技术、新产品、新工艺发生的研究开发费用 2.企业为获得创新性、创意性、突破性的产品进行创意设计活动发生的相关费用 3.安置残疾人员所支付的工资加计扣除 4.企业投入基础研究支出（按100%加计扣除）
（四）加速折旧、摊销	1.重要行业固定资产加速折旧。制造业、信息传输、软件和信息技术服务业（简称“重要行业”）企业新购进的固定资产，可以由企业选择缩短折旧年限或采取加速折旧的方法 2.其他行业研发设备加速折旧。重要行业以外的其他行业企业新购进的专门用于研发的仪器、设备，单位值超过100万元的，可由企业选择缩短折旧年限或采取加折旧的方法 3.海南自由贸易港企业固定资产加速折旧。在海南自由贸易港设立的企业新购置（含自建）的固定资产，单位价值超过500万元的，可缩短折旧年限或采取加速折旧的方法 4.海南自由贸易港企业无形资产加速摊销。在海南自由贸易港设立的企业新购置（含自行开发）的无形资产，单位价值超过500万元的，可缩短摊销年限或采取加速摊销的方法 5.横琴粤澳深度合作区企业固定资产加速折旧。在横琴粤澳深度合作区设立的企业新购置（含自建）的固定资产，单位价值超过500万元的，可缩短折旧年限或采取加速折旧的方法 6.横琴粤澳深度合作区企业无形资产加速摊销。在横琴粤澳深度合作区设立的企业新购置（含自行开发）的无形资产，单位价值超过500万元的，可缩短摊销年限或采取加速摊销的方法
（五）资产一次性扣除	1. 500万元以下设备器具一次性扣除。企业新购进的设备、器具，单位价值不超过500万元的，允许一次性计入当期成本费用在计算应纳税所得额时扣除 2.海南自由贸易港企业固定资产一次性扣除。在海南自由贸易港设立的企业新购置（含自建）的固定资产，单位价值不超过500万元（含）的，允许一次性计入当期成本费用在计算应纳税所得额时扣除 3.海南自由贸易港企业无形资产一次性摊销。在海南自由贸易港设立的企业新购置（含自行开发）的无形资产单位价值不超过500万元（含）的，允许一次性计入当期本费用在计算应纳税所得额时扣除 4.横琴粤澳深度合作区企业固定资产一次性扣除。在横琴粤澳深度合作区设立的企业新购置（含自建）的固定资产，单位价值不超过500万元（含）的，允许一次性计入当期成本费用在计算应纳税所得额时扣除 5.横琴粤澳深度合作区企业无形资产一次性扣除。在横琴粤澳深度合作区设立的企业新购置（含自行开发）的无形资产，单位价值不超过500万元（含）的，允许一次性计入当期成本费用在计算应纳税所得额时扣除

续表

（六）所得减免优惠	1.从事农、林、牧、渔业项目的所得减免征收企业所得税（免税项目） 2.从事农、林、牧、渔业项目的所得减免征收企业所得税（减半项目） 3.从事国家重点扶持的公共基础设施项目（除农村饮水工程）投资经营的所得定期减免企业所得税 4.从事农村饮水工程新建项目投资经营的所得定期减免企业所得税 5.从事符合条件的环境保护、节能节水项目的所得定期减免企业所得税 6.符合条件的一般技术转让项目所得减免征收企业所得税 7.符合条件的中关村国家自主创新示范区特定区域技术转让项目所得减免征收企业所得税 8.实施清洁发展机制项目的所得定期减免企业所得税 9.符合条件的节能服务公司实施合同能源管理项目的所得定期减免企业所得税 10.线宽小于130纳米（含）的集成电路生产项目的所得减免企业所得税 11.线宽小于65纳米（含）或投资额超过150亿元的集成电路生产项目的所得减免企业所得税 12.国家鼓励的线宽小于130纳米（含）的集成电路生产项目的所得减免企业所得税 13.国家鼓励的线宽小于65纳米（含）的集成电路生产项目的所得减免企业所得税 14.国家鼓励的线宽小于28纳米（含）的集成电路生产项目的所得减免企业所得税
（七）减免所得税额	1.小微企业 符合条件的小型微利企业减免企业所得税 2.高新技术企业 （1）国家需要重点扶持的高新技术企业减按15%的税率征收企业所得税 （2）经济特区和上海浦东新区新设立的高新技术企业在区内取得的所得定期减免企业所得税 3.软件集成电路企业（原政策继续执行至到期） （1）线宽小于0.8微米（含）的集成电路生产企业减免企业所得税 （2）线宽小于0.25微米的集成电路生产企业减免企业所得税 （3）投资额超过80亿元的集成电路生产企业减免企业所得税 （4）新办集成电路设计企业减免企业所得税 （5）符合条件的软件企业减免企业所得税 （6）线宽小于130纳米（含）的集成电路生产企业减免企业所得税 （7）线宽小于65纳米（含）或投资额超过150亿元的集成电路生产企业减免企业所得税 4.软件、集成电路企业（新政策） （1）国家鼓励的线宽小于28纳米（含）集成电路生产企业减免企业所得税 （2）国家鼓励的线宽小于65纳米（含）集成电路生产企业减免企业所得税 （3）国家鼓励的线宽小于130纳米（含）集成电路生产企业减免企业所得税 （4）国家鼓励的集成电路设计企业减免企业所得税 （5）国家鼓励的重点集成电路设计企业减免企业所得税 （6）国家鼓励的集成电路装备企业减免企业所得税 （7）国家鼓励的集成电路材料企业减免企业所得税 （8）国家鼓励的集成电路封装、测试企业减免企业所得税 （9）国家鼓励的软件企业减免企业所得税 （10）国家鼓励的重点软件企业减免企业所得税 5.技术先进型服务企业 （1）技术先进型服务企业（服务外包类）减按15%的税率征收企业所得税 （2）技术先进型服务企业（服务贸易类）减按15%的税率征收企业所得税 6.特定类型企业 （1）动漫企业自主开发、生产动漫产品定期减免企业所得税

续表

（七）减免所得税额	（2）经营性文化事业单位转制为企业的免征企业所得税 （3）符合条件的生产和装配伤残人员专门用品企业免征企业所得税 （4）从事污染防治的第三方企业减按15%的税率征收企业所得税 7.区域性政策 （1）设在西部地区的鼓励类产业企业减按15%的税率征收企业所得税 （2）新疆困难地区新办企业定期减免企业所得税 （3）新疆喀什、霍尔果斯特殊经济开发区新办企业定期免征企业所得税 （4）福建平潭综合实验区鼓励类产业企业减按15%税率征收企业所得税 （5）深圳前海深港现代服务业合作区鼓励类产业企业减按15%税率征收企业所得税 （6）广东横琴粤澳深度合作区鼓励类产业企业减按15%税率征收企业所得税 （7）上海自贸试验区临港新片区的重点产业企业减按15%的税率征收企业所得税 （8）海南自由贸易港鼓励类企业减按15%税率征收企业所得税 （9）南沙先行启动区鼓励类产业企业减按15%税率征收企业所得税 8.专项政策 北京冬奥组委、北京冬奥会测试赛赛事组委会免征企业所得税

六、应纳税所得额及应纳税额的检查

（一）应纳税所得额	主要检查不征税收入是否符合政策规定；不征税收入用于支出所形成的费用或者财产折旧是否做了纳税调整；弥补亏损的年限、金额是否正确 1.企业每一纳税年度的收入总额，减除不征税收入、免税收入、各项扣除以及允许弥补的以前年度亏损后的余额，为应纳税所得额 2.收入总额中的下列收入为不征税收入：（1）财政拨款；（2）依法收取并纳入财政管理的行政事业性收费、政府性基金；（3）国务院规定的其他不征税收入 3.企业纳税年度发生的亏损，准予向以后年度结转，用以后年度的所得弥补，但结转年限最长不得超过五年 4.财税〔2018〕76号规定，自2018年1月1日起，当年具备高新技术企业或科技型中小企业资格（以下统称资格）的企业，其具备资格年度之前5个年度发生的尚未弥补完的亏损，准予结转以后年度弥补，最长结转年限由5年延长至10年 5.在计算应纳税所得额时，企业财务、会计处理办法与税收法律、行政法规的规定不一致的，应当依照税收法律、行政法规的规定计算
（二）应纳税额	主要检查计算应纳税额所适用的税率、减免税、税收抵免和所得税款的缴纳情况 企业的应纳税所得额乘以适用税率，减除依照税法关于税收优惠的规定减免和抵免的税额后的余额为应纳税额。应纳税额的计算公式为： 应纳税额=应纳税所得额×适用税率－减免税额－抵免税额

本章练习及答案解析

一、单项选择题

1.美国某公司在中国境内设立分支机构，该分支机构来源于中国境内的所得缴纳企业所得税的税率是（　）。

A. 20%　　B. 25%　　C. 30%　　D. 10%

【答案】B

【解析】非居民企业在中国境内设立机构、场所的，应当就其所设机构、场所取得的来源于中国境内的所得，以及发生在中国境外但与其所设机构、场所有实际联系的所得，缴纳企业所得税，适用税率是25%。

2. 美国某公司在中国境内设立分支机构，2023年6月取得来源于中国境内的与该分支机构没有实际联系的房产出租收入80万元，应减按（　）税率征收企业所得税。

A. 20%　　B. 25%　　C. 30%　　D. 10%

【答案】D

【解析】《企业所得税法》第三条第三款规定，非居民企业在中国境内未设立机构、场所的，或者虽设立机构、场所但取得的所得与其所设机构、场所没有实际联系的，应当就其来源于中国境内的所得缴纳企业所得税。

《企业所得税法实施条例》第九十一条规定，非居民企业取得企业所得税法第三条第三款规定的所得，减按10%的税率征收企业所得税。

3. 某小型微利企业2023年度纳税调整后的应纳税所得额为150万元，则2023年度应缴纳企业所得税（　）万元。

A. 30　　B. 15　　C. 7.5　　D. 5

【答案】C

【解析】财政部 税务总局公告2023年第12号规定，对小型微利企业减按25%计算应纳税所得额，按20%的税率缴纳企业所得税政策，延续执行至2027年12月31日。

4. 企业发生的公益性捐赠支出，在年度利润总额12%以内的部分，准予在计算应纳税所得额时扣除；超过年度利润总额12%的部分，准予结转以后（　）年内在计算应纳税所得额时扣除。

A. 2　　B. 3　　C. 4　　D. 5

【答案】B

【解析】《全国人民代表大会常务委员会关于修改〈中华人民共和国企业所得税法〉的决定》（中华人民共和国主席令第六十四号）将企业所得税法第九条修改为：

“企业发生的公益性捐赠支出，在年度利润总额12%以内的部分，准予在计算应纳税所得额时扣除；超过年度利润总额12%的部分，准予结转以后三年内在计算应纳税所得额时扣除。”

5.因对基础设施落后地段进行旧城区改建，东方钢管厂于2023年5月进行搬迁，被征用的土地原值1 000万元，已计算摊销300万元。采取土地置换方式换入开发区一宗工业用地，发生土地平整费等各项支出100万元，该换入土地的计税成本为（　）万元。

A. 1 000　　B. 800　　C. 700　　D. 600

【答案】B

【解析】1 000−300+100=800（万元），国家税务总局公告2012年第40号第十三条：企业搬迁中被征用的土地，采取土地置换的，换入土地的计税成本按被征用土地的净值，以及该换入土地投入使用前所发生的各项费用支出，为该换入土地的计税成本，在该换入土地投入使用后，按《企业所得税法》及其实施条例规定年限摊销。

6．企业固定资产投入使用后，由于工程款项尚未结清未取得全额发票的，可暂按合同规定的金额计入固定资产计税基础计提折旧，待发票取得后进行调整。但该项调整应在固定资产投入使用后（　）个月内进行。

A. 3　　B. 6　　C. 12　　D. 24

【答案】C

【解析】国税函〔2010〕79号第五条规定。

7.甲公司于2020年7月向乙公司投资500万元，持有该公司10%的股份。2023年12月，甲公司将其持有乙公司10%的股份进行撤资。撤资时乙公司账面累计未分配利润和累计盈余公积合计为1 500万元，甲公司实际收回700万元。则甲公司撤资应确认的投资资产转让所得为（　）万元。

A. 500　　B. 200　　C. 150　　D. 50

【答案】D

【解析】国家税务总局公告2011年第34号规定，投资企业从被投资企业撤回或减少投资，其取得的资产中，相当于初始出资的部分，应确认为投资收回；相当于被投资企业累计未分配利润和累计盈余公积按减少实收资本比例计算的部分，应确认为股息所得；其余部分确认为投资资产转让所得。

被投资企业发生的经营亏损，由被投资企业按规定结转弥补；投资企业不得调整减低其投资成本，也不得将其确认为投资损失。

首先，确认投资收回=500（万元），无企业所得税。

其次，确认股息所得=1 500×10%=150（万元），免征企业所得税。

最后，确认投资资产转让所得=700–500–150=50（万元），缴纳企业所得税。

8.某企业2023年1月购入年利率为2%的一年期国债1 000万元，未到期进行转让，转让价格1 030万元，持有时间300天，计算该业务的应纳税所得额（　　）万元。

A. 1 030　　B. 30　　C. 16.44　　D. 13.56

【答案】D

【解析】国债利息收入=1 000×（2%÷365）×300=16.44（万元）

国债利息收入免税，转让收入纳税，因此应纳税所得额=1 030–1 000–16.44=13.56（万元）。

9.甲企业2023年12月与乙公司达成债务重组协议，甲以一批库存商品抵偿所欠乙公司债务25.6万元，该批库存商品的账面成本为16万元，市场不含税销售价为20万元，该批商品的增值税税率为13%，该企业适用25%的企业所得税税率。假定城市维护建设税和教育费附加不予考虑。甲企业的该项重组业务应纳企业所得税是（　　）万元。

A. 1.75　　B. 0.75　　C. 1.0　　D. 0.5

【答案】A

【解析】甲企业的该项重组业务应确认财产转让所得和债务重组所得。财产转让所得=20–16=4（万元）；债务重组所得=25.6–20×（1+13%）=3；应纳企业所得税（4+3）×25%=1.75（万元）。

10.某企业为居民企业，2023年实际发生的工资、薪金支出为100万元，分别按14%、2%、8%计提三项经费24万元，其中福利费本期发生12万元，拨缴的工会经费为2万元，已经取得工会拨缴收据，实际发生职工教育经费7万元，该企业2023年计算应纳税所得额时，调增应纳税所得额为（　　）万元。

A. 2　　B. 3　　C. 0　　D. 1

【答案】B

【解析】福利费计提=100×14%=14（万元），实际发生12万元，调增2万元；工会经费扣除限额=100×2=2（万元），不用调整；教育经费计提=100×8%=8，实际发生7万元，调增1万元。

11.某企业2023年销售货物收入3 000万元，让渡专利使用权收入300万元，转让商标所有权收入200万元，包装物出租收入100万元，视同销售货物收入600万元，债务重组收益10万元，当年实际发生业务招待费40万元，该企业当年可在所得税前列支的业务招待费金额是（　）万元。

A. 20　　B. 18　　C. 24　　D. 30

【答案】A

【解析】企业在计算业务招待费、广告费和业务宣传费等费用扣除限额时，其销售（营业）收入额应包括主营业务收入、其他业务收入、视同销售（营业）收入额。

企业所得税年度报表的附表A101010《一般企业收入明细表》列举的“（一）主营业务收入”包括：①销售商品收入，②提供劳务收入，③建造合同收入，④让渡资产使用权收入；“（二）其他业务收入”包括：①销售材料收入，②出租固定资产收入，③出租无形资产收入，④出租包装物和商品收入。债务重组收益10万元、转让商标所有权收入200万元，属于营业外收入，不作为计算基数。

该企业计算基数=主营业务收入+其他业务收入+视同销售收入

=3 000+300+100+600=4 000（万元），4 000×0.5%=20（万元）

12.某化妆品制造销售企业2023年度销售收入6 000万元，发生销售费用1 720万元（其中广告费用1 500万元、业务宣传费用150万元），2022年超过扣除限额没有在税前扣除的广告费为280万元，计算2023年准予所得税前扣除的广告费及业务宣传费（　）万元。

A. 1 800　　B. 1 650　　C. 1 500　　D. 900

【答案】A

【解析】广告费用和业务宣传费用扣除限额=6 000×30% =1 800（万元）

实际发生广告费和业务宣传费用=1 500+150=1 650（万元），限额结余：1 800-1 650=150（万元），可以把2022年没有税前扣除的广告费中的150万元在2023年抵扣。2023年共可税前扣除广告费和业务宣传费1 800万元。

13.居民企业投资公共基础设施项目，该项目取得第一笔生产经营收入是指公共基础设施项目（　）后所取得的第一笔主营业务收入。

A.建成并投入运营（不包括试运营）

B.投入使用

C.建成并投入运营（包括试运营）

D.转做固定资产

【答案】C

【解析】国税发〔2009〕80号，对居民企业（以下简称企业）经有关部门批准，从事符合《公共基础设施项目企业所得税优惠目录》（以下简称《目录》）规定范围、条件和标准的公共基础设施项目的投资经营所得，自该项目取得第一笔生产经营收入所属纳税年度起，第一至第三年免征企业所得税，第四至第六年减半征收企业所得税。

本通知所称第一笔生产经营收入，是指公共基础设施项目建成并投入运营（包括试运营）后所取得的第一笔主营业务收入。

14.下列关于小型微利企业的表述，错误的是（　）。

A.企业设立不具有法人资格分支机构的，应当汇总计算总机构及其各分支机构的从业人数、资产总额、年度应纳税所得额，依据合计数判断是否符合小型微利企业条件

B.按照核定征收方式缴纳企业所得税的小型微利企业，不可以享受小型微利企业所得税优惠政策

C.小型微利企业在预缴和汇算清缴企业所得税时，通过填写纳税申报表，即可享受小型微利企业所得税优惠政策

D.企业预缴企业所得税时享受了小型微利企业所得税优惠政策，但在汇算清缴时发现不符合相关政策标准的，应当按照规定补缴企业所得税税款

【答案】B

【解析】选项B错误。国家税务总局公告2023年第6号规定，小型微利企业无论按查账征收方式或核定征收方式缴纳企业所得税，均可享受小型微利企业所得税优惠政策。

15.依据《企业所得税法》的规定，企业在年度中间终止经营活动的，向税务机关办理当期企业所得税汇算清缴的期限是自实际经营终止之日起（　）日内。

A. 60　　B. 90　　C. 120　　D. 150

【答案】A

【解析】《企业所得税法》第五十五条的规定。

16. 甲企业属于高新技术企业，2023年实现境内所得1 000万元，境外营业机构实现净利润200万元。境外营业机构的企业所得税率20%。该企业2023年度应当缴纳的企业所得税（　）万元。

A. 200　　B. 150　　C. 210　　D. 260

【答案】B

【解析】（1）将税后利润还原为税前所得=200÷（1–20%）=250（万元）。

（2）抵免限额=（1 000+250）×15%×250÷（1 000+250）=37.5（万元），小于在境外实际缴纳的所得税50万元。

（3）抵免税额=37.5万元。

（4）应纳所得税额=1 000×15%+（37.5–37.5）=150万元。

17. 房地产企业开发产品完工以后，企业可在（　）选择确定计税成本核算的终止日，不得滞后。

A. 完工年度结束之前

B. 完工年度结束之后

C. 完工年度企业所得税汇算清缴前

D. 完工年度企业所得税汇算清缴后

【答案】C

【解析】国税发〔2009〕31号第三十五条规定，开发产品完工以后，企业可在完工年度企业所得税汇算清缴前选择确定计税成本核算的终止日，不得滞后。凡已完工开发产品在完工年度未按规定结算计税成本，主管税务机关有权确定或核定其计税成本，据此进行纳税调整，并按《税收征收管理法》的有关规定对其进行处理。

18. 某企业注册资本为3 000万元。2023年按同期金融机构贷款利率从其关联方借款6 800万元，发生借款利息408万元。该企业在计算应纳税所得额时，准予扣除的利息金额为（　）万元。

A. 408　　B. 360　　C. 180　　D. 90

【答案】B

【解析】超过规定的债资比例的利息：408×（800/6 800）=48（万元）。

准予扣除的利息：408–48=360（万元）。

财税〔2008〕121号规定，在计算应纳税所得额时，企业实际支付给关联方的利息支出，不超过以下规定比例和税法及其实施条例有关规定计算的部分，准予扣除，超过的部分不得在发生当期和以后年度扣除。企业实际支付给关联方的利息支出，除符合本通知第二条规定外，其接受关联方债权性投资与其权益性投资比例为：（1）金融企业，为5∶1；（2）其他企业，为2∶1。

19.下列关于跨地区总分机构汇总纳税的检查，表述错误的是（　　）。

A.总机构所在地主管税务机关可以对企业自行实施税务检查，也可以与二级分支机构所在地主管税务机关联合实施税务检查

B.二级分支机构所在地主管税务机关应配合总机构所在地主管税务机关对其主管二级分支机构实施税务检查，也可以自行对该二级分支机构实施税务检查

C.二级分支机构所在地主管税务机关自行对其主管二级分支机构实施税务检查，可对查实项目按照《企业所得税法》的规定自行计算查增的应纳税所得额和应纳税额

D.二级分支机构所在地主管税务机关计算查增的应纳税所得额时，不允许弥补汇总纳税企业以前年度亏损

【答案】D

【解析】国家税务总局公告2012年第57号第二十八条规定，二级分支机构所在地主管税务机关自行对其主管二级分支机构实施税务检查，可对查实项目按照《企业所得税法》的规定自行计算查增的应纳税所得额和应纳税额。

计算查增的应纳税所得额时，应减除允许弥补的汇总纳税企业以前年度亏损；对于需由总机构统一计算的税前扣除项目，不得由分支机构自行计算调整。

20.下列关于房地产开发企业成本、费用扣除的税务处理，表述不正确的是（　　）。

A.企业发生的期间费用、已销开发产品计税成本、税金及附加、土地增值税准予当期按规定扣除

B.已销开发产品的计税成本，按当期已实现销售的可售面积和可售面积单位工程成本确认

C.企业对尚未出售的已完工开发产品和按照有关法律、法规或合同规定对已售开发产品（包括共用部位、共用设施设备）进行日常维护、保养、修理等实际发生的维修费用，准予在当期据实扣除

D.企业开发产品（以成本对象为计量单位）整体报废或毁损，其净损失不准予在税前扣除

【答案】D

【解析】国税发〔2009〕31号第二十三条规定，企业开发产品（以成本对象为计

量单位）整体报废或毁损，其净损失按有关规定审核确认后准予在税前扣除。

二、多项选择题

1.下列各类型企业，不属于企业所得税纳税人的有（ ）。

A.一人有限责任公司　　B.外商投资企业

C.个人独资企业　　D.合伙企业

【答案】CD

【解析】在中华人民共和国境内，企业和其他取得收入的组织（以下统称企业）为企业所得税的纳税人，企业分为居民企业和非居民企业。个人独资企业、合伙企业不适用《企业所得税法》。

2.下列关于居民企业和非居民企业的表述，正确的有（ ）。

A.美国某公司在中国开设的农场属于非居民企业

B.在中国境内未设立机构、场所，但有来源于中国境内所得的企业是非居民企业

C.境外注册中资控股企业应判定其为实际管理机构在中国境内的居民企业

D.依照外国法律成立，但实际管理机构在中国境内的企业是居民企业

【答案】ABD

【解析】企业分为居民企业和非居民企业。居民企业，是指依法在中国境内成立，或者依照外国（地区）法律成立但实际管理机构在中国境内的企业。非居民企业，是指依照外国（地区）法律成立且实际管理机构不在中国境内，但在中国境内设立机构、场所的，或者在中国境内未设立机构、场所，但有来源于中国境内所得的企业。

国税发〔2009〕82号规定，境外注册中资控股企业依据实际管理机构标准认定是否为居民企业。

3.根据《企业所得税法》规定的来源于中国境内、境外所得的判定原则，下列所得不属于境内所得的有（ ）。

A.某工业企业出口销售自产的服装所得

B.某建筑企业在美国提供建筑工程服务所得

C.某公司投资越南一家企业，占股比例20%，2023年分回红利100万元

D.某公司在香港购置一套房产，2023年取得出租收入30万元

【答案】BCD

【解析】《企业所得税法》第三条所称来源于中国境内、境外的所得，按照以下原

则确定：

（一）销售货物所得，按照交易活动发生地确定；

（二）提供劳务所得，按照劳务发生地确定；

（三）转让财产所得，不动产转让所得按照不动产所在地确定，动产转让所得按照转让动产的企业或者机构、场所所在地确定，权益性投资资产转让所得按照被投资企业所在地确定；

（四）股息、红利等权益性投资所得，按照分配所得的企业所在地确定；

（五）利息所得、租金所得、特许权使用费所得，按照负担、支付所得的企业或者机构、场所所在地确定，或者按照负担、支付所得的个人的住所地确定；

（六）其他所得，由国务院财政、税务主管部门确定。

4. 下列属于非居民企业在中国境内从事生产经营活动的机构、场所有（　　）。

A. 管理机构、营业机构、办事机构

B. 工厂、农场、开采自然资源的场所

C. 提供劳务的场所

D. 从事建筑、安装、装配、修理、勘探等工程作业的场所

【答案】ABCD

【解析】《企业所得税法实施条例》第五条规定，非居民企业在中国境内从事生产经营活动的机构、场所，包括：（1）管理机构、营业机构、办事机构；（2）工厂、农场、开采自然资源的场所；（3）提供劳务的场所；（4）从事建筑、安装、装配、修理、勘探等工程作业的场所；（5）其他从事生产经营活动的机构、场所。

5. 企业所得税收入总额的构成中属于不征税收入的有（　　）。

A. 财政拨款

B. 依法收取并纳入财政管理的行政事业性收费、政府性基金

C. 符合条件的非营利组织收入

D. 股息、红利等权益性投资收益

【答案】AB

【解析】《企业所得税法》第七条规定，收入总额中的下列收入为不征税收入：（1）财政拨款；（2）依法收取并纳入财政管理的行政事业性收费、政府性基金；（3）国务院规定的其他不征税收入。

6. 企业每一纳税年度的收入总额，减除（　　）后的余额，为应纳税所得额。

A.不征税收入　　　　　　　　　　　　B.免税收入

C.各项扣除　　　　　　　　　　　　　D.允许弥补的以前年度亏损

【答案】ABCD

【解析】《企业所得税法》第五条规定，企业每一纳税年度的收入总额，减除不征税收入、免税收入、各项扣除以及允许弥补的以前年度亏损后的余额，为应纳税所得额。

7.企业销售商品同时满足下列（　）条件的，应确认收入的实现。

A.商品销售合同已经签订，企业已将商品所有权相关的主要风险和报酬转移给购货方

B.企业对已售出的商品既没有保留通常与所有权相联系的继续管理权，也没有实施有效控制

C.收入的金额能够可靠地计量

D.已发生或将发生的销售方的成本能够可靠地核算

【答案】ABCD

【解析】国税函〔2008〕875号规定，除《企业所得税法》及实施条例另有规定外，企业销售收入的确认，必须遵循权责发生制原则和实质重于形式原则。企业销售商品同时满足下列条件的，应确认收入的实现：（1）商品销售合同已经签订，企业已将商品所有权相关的主要风险和报酬转移给购货方；（2）企业对已售出的商品既没有保留通常与所有权相联系的继续管理权，也没有实施有效控制；（3）收入的金额能够可靠地计量；（4）已发生或将发生的销售方的成本能够可靠地核算。

8.下列商品销售方式下，关于企业所得税收入实现时间的表述，正确的有（　）。

A.销售商品采用托收承付方式的，在办妥托收手续时确认收入

B.销售商品采取预收款方式的，在收到款时确认收入

C.销售商品需要安装和检验的，在购买方接受商品以及安装和检验完毕时确认收入

D.销售商品采用支付手续费方式委托代销的，在收到代销清单时确认收入

【答案】ACD

【解析】选项B错误。国税函〔2008〕875号规定，采取下列商品销售方式的，应按以下规定确认收入实现时间：销售商品采取预收款方式的，在发出商品时确认收入。

9.下列关于销售商品确认收入的表述正确的有（　）。

A.销售商品以旧换新的，销售商品应当按照销售商品收入确认条件确认收入，回收的商品作为购进商品处理

B.商品销售涉及商业折扣的，应当按照扣除商业折扣后的金额确定销售商品收入金额

C.销售商品涉及现金折扣的，应当按扣除现金折扣后的金额确定销售商品收入金额

D.企业已经确认销售收入的售出商品发生销售折让和销售退回，应当在确认销售收入的年度冲减销售商品收入

【答案】AB

【解析】国税函〔2008〕875号规定：（1）销售商品以旧换新的，销售商品应当按照销售商品收入确认条件确认收入，回收的商品作为购进商品处理。

（2）企业为促进商品销售而在商品价格上给予的价格扣除属于商业折扣，商品销售涉及商业折扣的，应当按照扣除商业折扣后的金额确定销售商品收入金额。

（3）债权人为鼓励债务人在规定的期限内付款而向债务人提供的债务扣除属于现金折扣，销售商品涉及现金折扣的，应当按扣除现金折扣前的金额确定销售商品收入金额，现金折扣在实际发生时作为财务费用扣除。

（4）企业因售出商品的质量不合格等原因而在售价上给的减让属于销售折让；企业因售出商品质量、品种不符合要求等原因而发生的退货属于销售退回。企业已经确认销售收入的售出商品发生销售折让和销售退回，应当在发生当期冲减当期销售商品收入。

10.企业在各个纳税期末，提供劳务交易的结果能够可靠估计的，应采用完工进度（完工百分比）法确认提供劳务收入。企业提供劳务完工进度的确定，可选用下列方法（　）。

A.已完工作的测量　　B.已提供劳务占劳务总量的比例

C.发生成本占总成本的比例　　D.已收款项占应收款项的比例

【答案】ABC

【解析】国税函〔2008〕875号规定，企业提供劳务完工进度的确定，可选用下列方法：

（1）已完工作的测量；（2）已提供劳务占劳务总量的比例；（3）发生成本占总成本的比例。

11. 下列提供劳务应按完工进度确认收入的有（　　）。

A. 安装费

B. 广告的制作费

C. 为特定客户开发软件的收费

D. 长期为客户提供重复的劳务收取的劳务费

【答案】ABC

【解析】国税函〔2008〕875号规定，下列提供劳务满足收入确认条件的，应按规定确认收入：（1）安装费。应根据安装完工进度确认收入。安装工作是商品销售附带条件的，安装费在确认商品销售实现时确认收入。

（2）宣传媒介的收费。应在相关的广告或商业行为出现于公众面前时确认收入。广告的制作费，应根据制作广告的完工进度确认收入。

（3）软件费。为特定客户开发软件的收费，应根据开发的完工进度确认收入。

（4）劳务费。长期为客户提供重复的劳务收取的劳务费，在相关劳务活动发生时确认收入。

12. 下列关于提供劳务确认收入的表述，正确的有（　　）。

A. 包含在商品售价内可区分的服务费，在提供服务的期间分期确认收入

B. 申请入会或加入会员，只允许取得会籍，所有其他服务或商品都要另行收费的，该会员费应在整个受益期内分期确认收入

C. 属于提供设备和其他有形资产的特许权费，在交付资产或转移资产所有权时确认收入

D. 艺术表演收费涉及几项活动的，预收的款项应合理分配给每项活动，分别确认收入

【答案】ACD

【解析】国税函〔2008〕875号规定，下列提供劳务满足收入确认条件的，应按规定确认收入：（1）服务费。包含在商品售价内可区分的服务费，在提供服务的期间分期确认收入。

（2）艺术表演、招待宴会和其他特殊活动的收费。在相关活动发生时确认收入。收费涉及几项活动的，预收的款项应合理分配给每项活动，分别确认收入。

（3）会员费。申请入会或加入会员，只允许取得会籍，所有其他服务或商品都要另行收费的，在取得该会员费时确认收入。申请入会或加入会员后，会员在会员期内不再付费就可得到各种服务或商品，或者以低于非会员的价格销售商品或提供服务

的，该会员费应在整个受益期内分期确认收入。

（4）特许权费。属于提供设备和其他有形资产的特许权费，在交付资产或转移资产所有权时确认收入；属于提供初始及后续服务的特许权费，在提供服务时确认收入。

13.企业下列处置资产情形，属于内部处置资产，不视同销售确认收入的有（　）。

A.服装厂用自产服装发放职工福利

B.房地产企业将开发的商品房转为办公楼自用

C.服装厂将部分产品调拨到设在甲市的分公司

D.汽车制造厂将自产汽车用于本企业管理部门

【答案】BCD

【解析】国税函〔2008〕828号规定，企业发生下列情形的处置资产，除将资产转移至境外以外，由于资产所有权属在形式和实质上均不发生改变，可作为内部处置资产，不视同销售确认收入，相关资产的计税基础延续计算。（1）将资产用于生产、制造、加工另一产品；（2）改变资产形状、结构或性能；（3）改变资产用途（如，自建商品房转为自用或经营）；（4）将资产在总机构及其分支机构之间转移；（5）上述两种或两种以上情形的混合；（6）其他不改变资产所有权属的用途。

14.企业下列处置资产情形，应按规定视同销售确定收入（　）。

A.服装厂用自产服装100件发放职工福利

B.服装厂将自产服装200件捐赠给东方小学

C.服装厂将自产服装300件抵偿欠甲公司的材料款

D.服装厂将自产服装10件作为样品赠送给客户

【答案】ABCD

【解析】国税函〔2008〕828号规定，企业将资产移送他人的下列情形，因资产所有权属已发生改变而不属于内部处置资产，应按规定视同销售确定收入。（1）用于市场推广或销售；（2）用于交际应酬；（3）用于职工奖励或福利；（4）用于股息分配；（5）用于对外捐赠；（6）其他改变资产所有权属的用途。

15.检查企业搬迁的涉税处理是否符合政策性搬迁的条件时，要审核其相关文件证明资料，是否属于下列政策性搬迁的需要（　）。

A.由政府组织实施的能源、交通、水利等基础设施的需要

B.由政府组织实施的保障性安居工程建设的需要

C.由政府依照《中华人民共和国城乡规划法》有关规定组织实施的对危房集中、基础设施落后等地段进行旧城区改建的需要

D.由政府组织实施的招商引资项目的需要

【答案】ABC

【解析】国家税务总局公告2012年第40号规定，企业政策性搬迁，是指由于社会公共利益的需要，在政府主导下企业进行整体搬迁或部分搬迁。企业由于下列需要之一，提供相关文件证明资料的，属于政策性搬迁：（1）国防和外交的需要；（2）由政府组织实施的能源、交通、水利等基础设施的需要；（3）由政府组织实施的科技、教育、文化、卫生、体育、环境和资源保护、防灾减灾、文物保护、社会福利、市政公用等公共事业的需要；（4）由政府组织实施的保障性安居工程建设的需要；（5）由政府依照《中华人民共和国城乡规划法》有关规定组织实施的对危房集中、基础设施落后等地段进行旧城区改建的需要；（6）法律、行政法规规定的其他公共利益的需要。

16.企业政策性搬迁取得的搬迁补偿收入，是指企业由于搬迁取得的货币性和非货币性补偿收入。具体包括（　）。

A.企业由于搬迁处置存货而取得的收入

B.因搬迁、安置而给予的补偿

C.对停产停业形成的损失而给予的补偿

D.资产搬迁过程中遭到毁损而取得的保险赔款

【答案】BCD

【解析】国家税务总局公告2012年第40号第六条：企业取得的搬迁补偿收入，是指企业由于搬迁取得的货币性和非货币性补偿收入。具体包括：（1）对被征用资产价值的补偿；（2）因搬迁、安置而给予的补偿；（3）对停产停业形成的损失而给予的补偿；（4）资产搬迁过程中遭到毁损而取得的保险赔款；（5）其他补偿收入。

第七条：企业搬迁资产处置收入，是指企业由于搬迁而处置企业各类资产所取得的收入。

企业由于搬迁处置存货而取得的收入，应按正常经营活动取得的收入进行所得税处理，不作为企业搬迁收入。

17.下列政策性搬迁支出，属于搬迁费用支出的项目有（　）。

A.安置职工实际发生的费用

B.临时存放搬迁资产而发生的费用

C.各类资产搬迁安装费用

D.变卖及处置各类资产的净值

【答案】ABC

【解析】D属于资产处置支出。国家税务总局公告2012年第40号第九条：搬迁费用支出，是指企业搬迁期间所发生的各项费用，包括安置职工实际发生的费用、停工期间支付给职工的工资及福利费、临时存放搬迁资产而发生的费用、各类资产搬迁安装费用以及其他与搬迁相关的费用。

第十条：资产处置支出，是指企业由于搬迁而处置各类资产所发生的支出，包括变卖及处置各类资产的净值、处置过程中所发生的税费等支出。企业由于搬迁而报废的资产，如无转让价值，其净值作为企业的资产处置支出。

18.下列关于政策性搬迁完成年度的表述，正确的有（　）。

A.从搬迁开始，5年内（包括搬迁当年度）任何一年完成搬迁的

B.从搬迁开始，搬迁时间满5年（包括搬迁当年度）的年度

C.从搬迁开始，主要生产设备搬迁完成的年度

D.从搬迁开始，土地、厂房购置（建设）完成的年度

【答案】AB

【解析】国家税务总局公告2012年第40号第十七条，下列情形之一的，为搬迁完成年度，企业应进行搬迁清算，计算搬迁所得：（1）从搬迁开始，5年内（包括搬迁当年度）任何一年完成搬迁的。（2）从搬迁开始，搬迁时间满5年（包括搬迁当年度）的年度。

19.下列关于政策性搬迁计算应税所得的规定，表述正确的有（　）。

A.企业在搬迁期间发生的搬迁收入和搬迁支出，可以暂不计入当期应纳税所得额，而在完成搬迁的年度，对搬迁收入和支出进行汇总清算

B.搬迁损失可在搬迁完成年度，一次性作为损失进行扣除

C.企业以前年度发生尚未弥补的亏损的，凡企业边搬迁、边生产的，从搬迁年度次年起，至搬迁完成年度前一年度止，从法定亏损结转弥补年限中减除

D.企业应在搬迁完成年度，将搬迁所得计入当年度企业应纳税所得额计算纳税

【答案】ABD

【解析】选项C错误。国家税务总局公告2012年第40号第二十一条规定，企业以前年度发生尚未弥补的亏损的，凡企业由于搬迁停止生产经营无所得的，从搬迁年度

次年起，至搬迁完成年度前一年度止，可作为停止生产经营活动年度，从法定亏损结转弥补年限中减除；企业边搬迁、边生产的，其亏损结转年度应连续计算。

20. 下列关于财政性资金的表述，正确的有（　）。

A. 企业取得的各类财政性资金，除属于国家投资和资金使用后要求归还本金的以外，均应计入企业当年收入总额

B. 对企业取得的由国务院财政、税务主管部门规定专项用途并经国务院批准的财政性资金，准予作为不征税收入，在计算应纳税所得额时从收入总额中减除

C. 财政性资金，是指企业取得的来源于政府及其有关部门的财政补助、补贴、贷款贴息，以及其他各类财政专项资金

D. 其他各类财政专项资金包括直接减免的增值税和即征即退、先征后退、先征后返的各种税收以及企业按规定取得的出口退税款

【答案】ABC

【解析】选项D错误。财税〔2008〕151号规定，财政性资金，是指企业取得的来源于政府及其有关部门的财政补助、补贴、贷款贴息，以及其他各类财政专项资金，包括直接减免的增值税和即征即退、先征后退、先征后返的各种税收，但不包括企业按规定取得的出口退税款。

21. 下列关于行政事业性收费、政府性基金有关企业所得税的表述，错误的有（　）。

A. 企业按照规定缴纳的、由设区的市人民政府及其财政、价格主管部门批准设立的行政事业性收费，准予在计算应纳税所得额时扣除

B. 企业收取的各种基金、收费，应计入企业当年收入总额

C. 企业的不征税收入用于支出所形成的资产，其计算的折旧、摊销不得在计算应纳税所得额时扣除

D. 对企业依照法律、法规及国务院有关规定收取的政府性基金和行政事业性收费，不论是否上缴财政，都可以在计算应纳税所得额时从收入总额中减除

【答案】AD

【解析】财税〔2008〕151号规定：（1）企业按照规定缴纳的、由国务院或财政部批准设立的政府性基金以及由国务院和省、自治区、直辖市人民政府及其财政、价格主管部门批准设立的行政事业性收费，准予在计算应纳税所得额时扣除。企业缴纳的不符合上述审批管理权限设立的基金、收费，不得在计算应纳税所得额时扣除。

（2）对企业依照法律、法规及国务院有关规定收取并上缴财政的政府性基金和行政事业性收费，准予作为不征税收入，于上缴财政的当年在计算应纳税所得额时从收入总额中减除；未上缴财政的部分，不得从收入总额中减除。

22.下列关于股息、红利等权益性投资收益收入确认问题的表述，正确的有（　）。

A.企业权益性投资取得股息、红利等收入，应以被投资企业股东会或股东大会作出利润分配的日期，确定收入的实现

B.企业权益性投资取得股息、红利等收入，应以被投资企业股东会或股东大会作出转股决定的日期，确定收入的实现

C.被投资企业将股权（票）溢价所形成的资本公积转为股本的，不作为投资方企业的股息、红利收入，投资方企业也不得增加该项长期投资的计税基础

D.被投资企业将股权（票）溢价所形成的资本公积转为股本的，可以作为投资方企业的股息、红利收入，投资方企业增加该项长期投资的计税基础

【答案】ABC

【解析】国税函〔2010〕79号：（1）企业权益性投资取得股息、红利等收入，应以被投资企业股东会或股东大会作出利润分配或转股决定的日期，确定收入的实现。

（2）被投资企业将股权（票）溢价所形成的资本公积转为股本的，不作为投资方企业的股息、红利收入，投资方企业也不得增加该项长期投资的计税基础。

23.企业全部资产的可变现价值或交易价格减除清算费用，（　）结清清算所得税、以前年度欠税等税款，清偿企业债务，按规定计算可以向所有者分配的剩余资产。

A.相关税费　　B.职工工资　　C.社会保险费用　　D.法定补偿金

【答案】ABCD

【解析】财税〔2009〕60号规定，企业全部资产的可变现价值或交易价格减除清算费用，职工的工资、社会保险费用和法定补偿金，结清清算所得税、以前年度欠税等税款，清偿企业债务，按规定计算可以向所有者分配的剩余资产。

被清算企业的股东分得的剩余资产的金额，其中相当于被清算企业累计未分配利润和累计盈余公积中按该股东所占股份比例计算的部分，应确认为股息所得；剩余资产减除股息所得后的余额，超过或低于股东投资成本的部分，应确认为股东的投资转让所得或损失。

24.在计算应纳税所得额时，企业发生的下列支出作为长期待摊费用，按照规定摊销的，准予扣除：(　　)。

A.已足额提取折旧的固定资产的改建支出

B.租入固定资产的改建支出

C.固定资产的大修理支出

D.其他应当作为长期待摊费用的支出

【答案】ABCD

【解析】《企业所得税法》第十三条规定，在计算应纳税所得额时，企业发生的下列支出作为长期待摊费用，按照规定摊销的，准予扣除：(1)已足额提取折旧的固定资产的改建支出；(2)租入固定资产的改建支出；(3)固定资产的大修理支出；(4)其他应当作为长期待摊费用的支出。

25.在计算应纳税所得额时，下列支出不得扣除：(　　)。

A.向投资者支付的股息、红利等权益性投资收益款项

B.企业所得税税款

C.税收滞纳金

D.企业发生的公益性捐赠支出

【答案】ABC

【解析】《企业所得税法》第十条规定，在计算应纳税所得额时，下列支出不得扣除：

(1)向投资者支付的股息、红利等权益性投资收益款项；(2)企业所得税税款；(3)税收滞纳金；(4)罚金、罚款和被没收财物的损失；(5)本法第九条规定以外的捐赠支出；(6)赞助支出；(7)未经核定的准备金支出；(8)与取得收入无关的其他支出。

26.在计算应纳税所得额时，下列不得计算折旧扣除的固定资产有(　　)。

A.以经营租赁方式租入的固定资产

B.已足额提取折旧仍继续使用的固定资产

C.单独估价作为固定资产入账的土地

D.停止使用的生产车间

【答案】ABC

【解析】《企业所得税法》第十一条规定，在计算应纳税所得额时，下列固定资产

不得计算折旧扣除：（1）房屋、建筑物以外未投入使用的固定资产；（2）以经营租赁方式租入的固定资产；（3）以融资租赁方式租出的固定资产；（4）已足额提取折旧仍继续使用的固定资产；（5）与经营活动无关的固定资产；（6）单独估价作为固定资产入账的土地；（7）其他不得计算折旧扣除的固定资产。

27. 在计算应纳税所得额时，下列不得计算摊销费用扣除的无形资产有（　）。

A. 企业购买的专利技术　　B. 企业自行研发的专利技术

C. 企业自创的商誉　　D. 与企业经营活动无关的无形资产

【答案】CD

【解析】《企业所得税法》第十二条规定，在计算应纳税所得额时，下列无形资产不得计算摊销费用扣除：（1）自行开发的支出已在计算应纳税所得额时扣除的无形资产；（2）自创商誉；（3）与经营活动无关的无形资产；（4）其他不得计算摊销费用扣除的无形资产。

28. 下列各项准予在计算应纳税所得额时扣除的有（　）。

A. 企业对外投资期间，投资资产的成本，准予计算应纳税所得额时扣除

B. 企业使用或者销售存货，按照规定计算的存货成本，准予在计算应纳税所得额时扣除

C. 企业转让资产，该项资产的净值，准予在计算应纳税所得额时扣除

D. 企业按照规定计算的无形资产摊销费用，准予在计算应纳税所得额时扣除

【答案】BCD

【解析】选项A错误。《企业所得税法》第十四条规定，企业对外投资期间，投资资产的成本在计算应纳税所得额时不得扣除。

29. 下列行业，不适用所得税前加计扣除政策的有（　）。

A. 烟草制造业　　B. 房地产业　　C. 批发和零售业　　D. 租赁和商务服务业

【答案】ABCD

【解析】财税〔2015〕119号规定，不适用所得税前加计扣除政策的行业有：（1）烟草制造业，（2）住宿和餐饮业，（3）批发和零售业，（4）房地产业，（5）租赁和商务服务业，（6）娱乐业，（7）财政部和国家税务总局规定的其他行业。

30. 特殊行业、特殊类型的纳税人和一定规模以上的纳税人不适用核定征收企业所得税。下列不适用核定征收企业所得税的纳税人有（　）。

A.专门从事股权（股票）投资业务的企业

B.汇总纳税企业

C.上市公司

D.金融资产管理公司

【答案】ABCD

【解析】国税函〔2009〕377号规定了不适用核定征收的“特定纳税人”。国家税务总局公告2012年第27号规定，专门从事股权（股票）投资业务的企业，不得核定征收企业所得税。

31.享受税收优惠政策的小型微利企业，是指从事国家非限制和禁止行业，且同时符合下列（　）条件的企业。

A.年度应纳税所得额不超过300万元

B.营业收入不超过3 000万元

C.从业人数不超过300人

D.资产总额不超过5 000万元

【答案】ACD

【解析】财政部 税务总局公告2023年第6号规定了小型微利企业的三个条件。

32.检查“管理费用——保险费”支出时，下列保险费可以税前扣除的有（　）。

A. 按照国务院有关主管部门或者省级人民政府规定的范围和标准为职工缴纳的基本养老保险费

B. 企业职工因公出差乘坐交通工具发生的人身意外保险费

C. 企业为职工支付的商业保险费

D. 企业依照有关规定为特殊工种职工支付的人身安全保险费

【答案】ABD

【解析】《企业所得税实施条例》第三十六条规定，除企业依照国家有关规定为特殊工种职工支付的人身安全保险费和国务院财政、税务主管部门规定可以扣除的其他商业保险费外，企业为投资者或者职工支付的商业保险费，不得扣除。国家税务总局公告2016年第80号规定，企业职工因公出差乘坐交通工具发生的人身意外保险费支出，准予企业在计算应纳税所得额时扣除。

33.下列关于广告费和业务宣传费支出税前扣除政策的表述，正确的有（　）。

A.烟草企业的烟草广告费和业务宣传费支出，一律不得在计算应纳税所得额时扣除

B.对签订广告费和业务宣传费分摊协议的关联企业，其中一方发生的不超过当年销售（营业）收入税前扣除限额比例内的广告费和业务宣传费支出可以在本企业扣除，也可以将其中的部分或全部按照分摊协议归集至另一方扣除

C.对化妆品制造或销售、医药制造和饮料制造（不含酒类制造）企业发生的广告费和业务宣传费支出，不超过当年销售（营业）收入15%的部分，准予扣除

D.企业发生的符合条件的广告费和业务宣传费支出，除国务院财政、税务主管部门另有规定外，不超过当年销售（营业）收入15%的部分，准予扣除；超过部分，准予在以后纳税年度结转扣除

【答案】ABD

【解析】选项C错误。财政部、税务总局公告2020年第43号规定，对化妆品制造或销售、医药制造和饮料制造（不含酒类制造）企业发生的广告费和业务宣传费支出，不超过当年销售（营业）收入30%的部分，准予扣除；超过部分，准予在以后纳税年度结转扣除。

34.下列关于企业所得税优惠政策事项办理办法的表述，正确的有（　　）。

A.企业享受优惠事项采取“自行判别、申报享受、相关资料留存备查”的办理方式

B.企业对优惠事项留存备查资料的真实性、合法性承担法律责任

C.企业享受优惠事项的，应当在完成年度汇算清缴后，将留存备查资料归集齐全并整理完成，以备税务机关核查

D.企业同时享受多项优惠事项或者享受的优惠事项按照规定分项目进行核算的，可以汇总归集留存备查资料

【答案】ABC

【解析】选项D错误。国家税务总局公告2018年第23号第七条规定，企业同时享受多项优惠事项或者享受的优惠事项按照规定分项目进行核算的，应当按照优惠事项或者项目分别归集留存备查资料。

35.下列属于房地产开发企业开发产品完工确认条件的有（　　）。

A.开发产品竣工证明材料已报房地产管理部门备案

B.开发产品已开始投入使用

C.开发产品已取得了初始产权证明

D.工程质量通过验收合格

【答案】ABC

【解析】国税发〔2009〕31号第三条规定。

36.下列研发活动不适用研发费加计扣除政策的有（　　）。

A.企业产品（服务）的常规性升级

B.企业在商品化后为顾客提供的技术支持活动

C.对现存产品、服务、技术、材料或工艺流程进行的重复或简单改变

D.市场调查研究、效率调查或管理研究

【答案】ABCD

【解析】财政部 税务总局公告2023年第7号规定，下列活动不适用税前加计扣除政策：

（1）企业产品（服务）的常规性升级；（2）对某项科研成果的直接应用，如直接采用公开的新工艺、材料、装置、产品、服务或知识等；（3）企业在商品化后为顾客提供的技术支持活动；（4）对现存产品、服务、技术、材料或工艺流程进行的重复或简单改变；（5）市场调查研究、效率调查或管理研究；（6）作为工业（服务）流程环节或常规的质量控制、测试分析、维修维护；（7）社会科学、艺术或人文学方面的研究。

37.企业使用或者销售的存货的成本计算方法，可以在（　　）中选用一种。计价方法一经选用，不得随意变更。

A.先进先出法　　B.加权平均法　　C.个别计价法　　D.后进先出法

【答案】ABC

【解析】《企业所得税法实施条例》第七十三条规定。

38.下列项目属于企业职工福利费范畴的包括（　　）。

A.福利部门工作人员的工资薪金、社会保险费、住房公积金、劳务费等

B.福利部门的设备、设施及维修保养费用

C.职工供养直系亲属医疗补贴、供暖费补贴

D.丧葬补助费、抚恤费、安家费、探亲假路费

【答案】ABCD

【解析】国税函〔2009〕3号规定,《企业所得税法实施条例》第四十条规定的企业职工福利费，包括以下内容:（1）尚未实行分离办社会职能的企业，其内设福利部门所发生的设备、设施和人员费用，包括职工食堂、职工浴室、理发室、医务所、托儿所、疗养院等集体福利部门的设备、设施及维修保养费用和福利部门工作人员的工资薪金、社会保险费、住房公积金、劳务费等。（2）为职工卫生保健、生活、住房、交通等所发放的各项补贴和非货币性福利，包括企业向职工发放的因公外地就医费用、未实行医疗统筹企业职工医疗费用、职工供养直系亲属医疗补贴、供暖费补贴、职工防暑降温费、职工困难补贴、救济费、职工食堂经费补贴、职工交通补贴等。（3）按照其他规定发生的其他职工福利费，包括丧葬补助费、抚恤费、安家费、探亲假路费等。

39.下列关于开（筹）办费的税务处理，表述正确的有（　　）。

A.企业可以在开始经营之日的当年一次性扣除，也可以按照税法有关长期待摊费用的规定处理

B.企业从事生产经营之前进行筹办活动期间发生的筹办费用支出，可以计算为当期的亏损

C.企业在筹建期间，发生的与筹办活动有关的业务招待费支出，可按实际发生额的60%计入企业筹办费，并按有关规定在税前扣除

D.企业在筹建期间，发生的广告费和业务宣传费，可按实际发生额计入企业筹办费，并按有关规定在税前扣除

【答案】ACD

【解析】选项B错误。国税函〔2010〕79号规定，企业自开始生产经营的年度，为开始计算企业损益的年度。企业从事生产经营之前进行筹办活动期间发生筹办费用支出，不得计算为当期的亏损。

40.下列关于企业资产损失扣除的相关规定中，正确的有（　　）。

A.企业实际资产损失，应当在其实际发生且会计上已作损失处理的年度申报扣除

B.企业向税务机关申报扣除按独立交易原则向关联企业转让资产而发生的损失，或向关联企业提供借款、担保而形成的债权损失时，需留存备查自行出具的有法定代表人、主要负责人和财务负责人签章证实有关损失的书面申明

C.企业因以前年度实际资产损失未在税前扣除而多缴的企业所得税税款，可在追补确认年度企业所得税应纳税款中予以抵扣，不足抵扣的，向以后年度递延抵扣

D.企业逾期3年以上的应收款项在会计上已作为损失处理的，应作为坏账损失

【答案】ABC

【解析】选项D错误。

国家税务总局公告2011年第25号第二十三条规定，企业逾期三年以上的应收款项在会计上已作为损失处理的，可以作为坏账损失，但应说明情况，并出具专项报告。

41.下列关于企业重组的表述，符合特殊性税务处理规定的有（　）。

A.被合并企业股东取得合并企业股权的计税基础，以其原持有的被合并企业股权的计税基础确定

B.被合并企业合并前的相关所得税事项由合并企业承继

C.被分立企业对分立出去资产应按公允价值确认资产转让所得或损失

D.被分立企业未超过法定弥补期限的亏损额可按分立资产占全部资产的比例进行分配，由分立企业继续弥补

【答案】ABD

【解析】选项C错误，属于一般性税务处理的规定。

三、判断题

1.中国境内企业和非居民企业签订与利息、租金、特许权使用费等所得有关的合同或协议，如果未按照合同或协议约定的日期支付上述所得款项，则不需要代扣代缴企业所得税。（　）

【答案】×

【解析】国家税务总局公告2011年第24号规定，中国境内企业（以下称为企业）和非居民企业签订与利息、租金、特许权使用费等所得有关的合同或协议，如果未按照合同或协议约定的日期支付上述所得款项，或者变更或修改合同或协议延期支付，但已计入企业当期成本、费用，并在企业所得税年度纳税申报中作税前扣除的，应在企业所得税年度纳税申报时按照企业所得税法有关规定代扣代缴企业所得税。

如果企业上述到期未支付的所得款项，不是一次性计入当期成本、费用，而是计入相应资产原价或企业筹办费，在该类资产投入使用或开始生产经营后分期摊入成本、费用，分年度在企业所得税前扣除的，应在企业计入相关资产的年度纳税申报时就上述所得全额代扣代缴企业所得税。

如果企业在合同或协议约定的支付日期之前支付上述所得款项的，应在实际支付时按照企业所得税法有关规定代扣代缴企业所得税。

2.非居民企业取得应源泉扣缴的所得为股息、红利等权益性投资收益的，相关应纳税款扣缴义务发生之日为股息、红利等权益性投资收益实际支付之日。（　）

【答案】√

【解析】国家税务总局公告2017年第37号规定。

3.企业在汇总计算缴纳企业所得税时，其境外营业机构的亏损不得抵减境内营业机构的盈利。（　）

【答案】√

4.企业以买一赠一等方式组合销售本企业商品的，赠送的商品按照视同销售确认企业所得税收入。（　）

【答案】×

【解析】国税函〔2008〕875号规定，企业以买一赠一等方式组合销售本企业商品的，不属于捐赠，应将总的销售金额按各项商品的公允价值的比例来分摊确认各项的销售收入。

5.政策性搬迁过程中涉及的搬迁收入，包括搬迁过程中从本企业以外（包括政府或其他单位）取得的搬迁补偿收入，不包括本企业搬迁资产处置收入。（　）

【答案】×

【解析】国家税务总局公告2012年第40号规定，企业的搬迁收入，包括搬迁过程中从本企业以外（包括政府或其他单位）取得的搬迁补偿收入，以及本企业搬迁资产处置收入等。

6.政策性搬迁中，企业发生的购置资产支出，不得从搬迁收入中扣除。（　）

【答案】√

7.企业在计算股权转让所得时，应扣除被投资企业未分配利润等股东留存收益中按该项股权所可能分配的金额。（　）

【答案】×

【解析】国税函〔2010〕79号规定，企业转让股权收入，应于转让协议生效且完成股权变更手续时，确认收入的实现。转让股权收入扣除为取得该股权所发生的成本后，为股权转让所得。企业在计算股权转让所得时，不得扣除被投资企业未分配利润等股东留存收益中按该项股权所可能分配的金额。

8.企业清算时，应当以整个清算期间作为一个纳税年度，依法计算清算所得及其应纳所得税。企业的全部资产可变现价值或交易价格，减除资产的计税基础、清算费用、相关税费，加上债务清偿损益等后的余额，为清算所得。（　）

【答案】√

9.核定企业所得税时，采用一种方法不足以正确核定应纳税所得额或应纳税额的，可以同时采用两种以上的方法核定。采用两种以上方法测算的应纳税额不一致时，可按测算的应纳税额从低核定。（　）

【答案】×

【解析】国税发〔2008〕30号规定，采用两种以上方法测算的应纳税额不一致时，可按测算的应纳税额从高核定。

10.公益事业捐赠票据可作为捐赠人对外捐赠并根据国家有关规定申请捐赠款项税前扣除的有效凭证。（　）

【答案】√

【解析】财综〔2024〕1号规定。

11. 2018年具备资格的高新技术企业，无论2013年至2017年是否具备资格，其2013年至2017年发生的尚未弥补完的亏损，均准予结转以后年度弥补，最长结转年限为10年。2018年以后年度具备资格的企业，依此类推，进行亏损结转弥补税务处理。（　）

【答案】√

【解析】国家税务总局公告2018年第45号的规定。

12.企业的高新技术企业资格期满当年，在通过重新认定前，其企业所得税暂按25%的税率预缴，在年底前取得高新技术企业资格的，应按规定退还相应期间的税款。（　）

【答案】×

【解析】国家税务总局公告2017年第24号规定，企业的高新技术企业资格期满当年，在通过重新认定前，其企业所得税暂按15%的税率预缴，在年底前仍未取得高新技术企业资格的，应按规定补缴相应期间的税款。

13.实际税负相同的境内关联方之间的交易，只要该交易没有直接或者间接导致国家总体税收收入的减少，原则上不作特别纳税调整。（　）

【答案】√

【解析】国家税务总局公告2017年第6号第三十八条规定。

14.房地产开发企业在结算计税成本时，其实际发生的支出应当取得但未取得合法凭据的，不得计入计税成本，以后实际取得合法凭据时，不再计入计税成本。（　）

【答案】×

【解析】国税发〔2009〕31号第三十四条规定，企业在结算计税成本时，其实际发生的支出应当取得但未取得合法凭据的，不得计入计税成本，待实际取得合法凭据时，再按规定计入计税成本。

15.企业发生的职工福利费，应该单独设置账册，进行准确核算。没有单独设置账册准确核算的，税务机关应责令企业在规定的期限内进行改正。逾期仍未改正的，税务机关可对企业发生的职工福利费进行合理的核定。（　）

【答案】√

【解析】国税函〔2009〕3号第四条规定。

16. 关联企业之间发生的非货币性资产投资行为，投资协议生效后12个月内尚未完成股权变更登记手续的，于投资协议生效时，确认非货币性资产转让收入的实现。（　）

【答案】√

【解析】国家税务总局公告2015年第33号第二条规定。

四、综合计算题

（一）某机械制造有限公司系2008年成立的企业，该企业执行新《企业会计准则》，其有关财务资料如下：

1. 2023年实现税前收入情况如下：

营业收入4 000万元，其中：（1）产品销售收入3 800万元、固定资产租金收入200万元；（2）营业外收入1 100万元，其中：出售固定资产取得收入300万元，该固定资产净值及相关费用200万元；技术转让收入（即出售无形资产收入）1 300万元，技术转让成本及相关费用300万元；（3）购买国债利息收入100万元（免税）。

2.除出售固定资产和无形资产相关成本费用外，企业按《企业所得税法》规定发生各项成本费用共计4 100万元，其中包括：（1）业务招待费40万元；（2）研究开发费用60万元，未形成无形资产；（3）当年发生广告宣传费支出580万元，以前年度累计结转的未扣除额30万元；（4）合理的工资薪金总额500万元，职工福利费80万元，职工教育经费22.50万元，工会经费10万元（有工会经费收入专用收据）；（5）税收滞纳金10万元，提取的各项准备金支出120万元，通过县政府向希望小学捐款200万元。

3.企业当年购置环境保护专用设备，增值税专用发票注明价款300万元，增值税39万元，合计339万元，购置完毕即投入使用。

4.该企业2020年亏损55万元、2021年盈利40万元、2022年亏损85万元，2023年实现会计利润1 100万元。除上述会计资料外，不考虑其他事项。

要求：根据上述资料，计算回答下列问题。

1.该企业2023年度计算业务招待费、广告费和业务宣传费支出扣除限额的基数为（　）万元。

A. 4 000　　B. 3 800　　C. 4 300　　D. 5 100

2.该企业2023年度的纳税调整增加额合计为（　）万元。

A. 232.5　　B. 238.5　　C. 228　　D. 234

3.该企业2023年度的纳税调整减少额合计为（　）万元。

A. 400　　B. 880　　C. 800　　D. 930

4.该企业2023年度的应纳税所得额为（　）万元。

A. 298　　B. 438　　C. 838　　D. 354

5.该企业2023年度实际应纳所得税额为（　）万元。

A. 38.5　　B. 44.5　　C. 84.5　　D. 79.5

【答案及解析】

1.【答案】A

【解析】计算业务招待费、广告费和业务宣传费支出的销售收入基数=主营业务收入+其他业务收入+视同销售收入=3 800+200=4 000（万元）

营业外收入不能作为广告费和业务宣传费支出、业务招待费支出等限额扣除的计算基数。

国税函〔2009〕202号规定，企业在计算业务招待费、广告费和业务宣传费等费用扣除限额时，其销售（营业）收入额应包括《企业所得税法实施条例》第二十五条规定的视同销售（营业）收入额。

2.【答案】C

【解析】（1）业务招待费支出按实际数的扣除标准=40×60%=24（万元）

业务招待费支出按销售收入的扣除标准=4 000×5‰=20（万元）

两者相比取其小，允许税前扣除的业务招待费支出是20万元，应当纳税调增40−20=20（万元）

（2）职工福利费扣除限额=500×14%=70（万元）

实际发生金额=80（万元），纳税调增=80−70=10（万元）

《企业所得税法实施条例》第四十条规定，企业发生的职工福利费支出，不超过工资薪金总额14%的部分，准予扣除。

（3）税收滞纳金不得扣除，应纳税调增10万元。

（4）提取的各项准备金支出纳税调增120万元。

《企业所得税法》第十条规定：未经核定的准备金支出，在计算应纳税所得额时不得扣除。

（5）公益性捐赠扣除限额=1 100×12%=132（万元）

实际发生额=200（万元），纳税调增=200−132=68（万元）

《企业所得税法实施条例》第五十三条规定，企业发生的公益性捐赠支出，不超过年度利润总额12%的部分，准予扣除。

（6）职工教育经费扣除限额=500×8%=40（万元），实际支出22.5万元，不需要调增。

财税〔2018〕51号规定，自2018年1月1日起，企业发生的职工教育经费支出，不超过工资薪金总额8%的部分，准予在计算企业所得税应纳税所得额时扣除；超过部分，准予在以后纳税年度结转扣除。

（7）工会经费扣除限额=500×2%=10（万元），实际支出10万元，不需要调整。

《企业所得税法实施条例》第四十一条规定，企业拨缴的工会经费，不超过工资薪金总额2%的部分，准予扣除。

（8）纳税调增额合计=20+10+10+120+68=228（万元）

3.【答案】D

【解析】（1）国债利息收入免征企业所得税，纳税调减100万元。

（2）研究开发费用按100%加计扣除，纳税调减=60×100%=60（万元）

《关于进一步完善研发费用税前加计扣除政策的公告》（财政部 税务总局公告2023年第7号）规定，企业开展研发活动中实际发生的研发费用，未形成无形资产计入当期损益的，在按规定据实扣除的基础上，自2023年1月1日起，再按照实际发生额的100%在税前加计扣除；形成无形资产的，自2023年1月1日起，按照无形资产成本的200%在税前摊销。

（3）广告宣传费支出扣除限额=4 000×15%=600（万元）

当年实际发生580万元低于扣除限额，准予全部扣除。另外，以前年度累计结转的未扣除额30万元，可以扣除20万元，应当纳税调减20万元。

《企业所得税法实施条例》第四十四条规定，发生的符合条件的广告费和业务宣传费支出，除国家财政、税收主管部门另有规定外，不超过当年销售收入15%的部分，准予扣除；超过部分，准予在以后纳税年度结转扣除。

（4）技术转让所得=1 300−300=1 000（万元）

《企业所得税法实施条例》第九十条规定："企业所得税法第二十七条第（四）项所称符合条件的技术转让所得免征、减征企业所得税，是指一个纳税年度内，居民企业技术转让所得不超过500万元的部分，免征企业所得税；超过500万元的部分，减半征收企业所得税。"

技术转让所得纳税调减=500+（1 000−500）×50%=750（万元）

（5）纳税调减合计=100+60+20+750=930

4.【答案】A

【解析】该企业截至2022年末未弥补亏损余额100万元。

2023年度的应纳税所得额=会计利润+纳税调整增加额−纳税调增减少额−未弥补的亏损额=1 100+228−930−100=298（万元）

5.【答案】B

【解析】购置环境保护专用设备可抵免所得税额=300×10%=30（万元）

《企业所得税法实施条例》第一百条规定："企业所得税法第三十四条所称税额抵免，是指企业购置并实际使用《环境保护专用设备企业所得税优惠目录》《节能节水专用设备企业所得税优惠目录》和《安全生产专用设备企业所得税优惠目录》规定的环境保护、节能节水、安全生产等专用设备的，该专用设备的投资额的10%可以从企业当年的应纳税额中抵免；当年不足抵免的，可以在以后5个纳税年度结转抵免应纳所得税额=298×25%−30=44.5（万元）

（二）某企业为居民企业，职工150人，固定资产原值为600万元，其中：机器设备为400万元，生产用房150万元，非生产用房50万元。2023年度企业会计报表的有关资料如下：

1. 企业按照国家统一会计制度计算的利润总额为300万元，其中：销售利润270万元，企业的产品销售收入为900万元，国库券的利息收入30万元。

2. 计入成本、费用的实发工资总额为391万元，拨缴职工工会经费7.82万元，已经取得工会经费收入专用收据，支出职工福利费58.65万元和职工教育经费11.73万元。

3. 业务招待费6万元。

4. 环保部门罚款10万元。

5. 向另一企业支付赞助费5万元。

6. 通过国家机关向教育事业捐款100万元。

7. 企业对600万元的固定资产一律按10%的年折旧率计提了折旧。

要求：根据上述资料，计算回答下列问题：

1. 计算职工工会经费、职工福利费和职工教育经费应调增的应纳税所得额为（　）万元。

A. 1.95　　B. 3.91　　C. 5.86　　D. 7.82

2. 计算业务招待费应调增的应纳税所得额（　）万元。

A. 2.4　　B. 3.6　　C. 4.5　　D. 6

3. 计算折旧费用应调整的应纳税所得额（　）万元。

A. 0　　B. 10　　C. 20　　D. 30

4. 计算所得税前准予扣除的捐赠额（　）万元。

A. 36　　B. 41　　C. 64　　D. 100

5. 计算该企业应纳税所得额（　）万元。

A. 339.26　　B. 365.31　　C. 392.26　　D. 397.26

【答案及解析】

1.【答案】B

【解析】工会经费扣除限额=391×2%=7.82（万元），实际支付7.82万元，不需要调整。

职工福利费扣除限额=391×14%=54.74（万元），实际支出58.65，纳税调增=58.65−54.74=3.91（万元）。

职工教育经费扣除限额=391×8%=31.28（万元），实际支出11.73万元，不需要调整。

三项经费需调增3.91万元。

2.【答案】A

【解析】业务招待费支出按实际数的扣除标准=6×60%=3.6（万元）

业务招待费支出按销售收入的扣除标准=900×5‰=4.5（万元）

两者相比取其小，允许税前扣除的业务招待费支出是3.6万元，应当纳税调增6-3.6=2.4（万元）

3.【答案】B

【解析】固定资产计算折旧的最低年限如下：（1）房屋、建筑物，为20年；（2）飞机、火车、轮船、机器、机械和其他生产设备，为10年；（3）与生产经营活动有关的器具、工具、家具等，为5年；（4）飞机、火车、轮船以外的运输工具，为4年；（5）电子设备，为3年。净残值没有规定，房屋年折旧率5%，机器设备年折旧率10%。

按照税法规定，房屋年折旧额=（150+50）×5%=10（万元），机器设备年折旧额=400×10%=40万元；企业实际扣除的房屋年折旧额=（150+50）×10%=20（万元），超多税法规定多扣除20-10=10（万元），应调增。

4.【答案】A

【解析】捐赠扣除限额=300×12%=36（万元），实际发生100万元，所得税前准予扣除的捐赠为36万元，纳税调增=100-36=64（万元）

5.【答案】B

【解析】国债利息收入免征企业所得税，纳税调减30万元。

10万元环保部门罚款和5万元企业赞助费，税前不得扣除，应纳税调增。

该企业应纳税所得额=300+3.91+2.4+10+64+10+5-30=365.31（万元）

（三）东方饮料制造有限公司执行现行财会制度和税收法规，资产总额4 000万元，会计利润102万元，职工人数30人，2023年经营情况如下：

损益表

2023年12月　　编制单位：东方饮料制造有限公司　　单位：元

项目	行次	本年累计数
一、主营业务收入	1	2 900 000.00
减：主营业务成本	2	1 500 000.00
税金及附加	4	100 000.00
二、主营业务利润	5	1 300 000.00
加：其他业务利润	6	400 000.00
其中：其他业务收入	7	400 000.00

续表

项目	行次	本年累计数
其他业务成本	8	0. 00
减：营业费用	3	520 000.00
管理费用	9	250 000.00
财务费用	10	20 000.00
三、营业利润	11	910 000.00
加：投资收益	12	100 000.00
补贴收入	13	
营业外收入	14	100 000.00
减：营业外支出	15	90 000.00
加：以前年度损益调整	16	
四、利润总额	17	1 020 000.00
减：所得税	18	
五、净利润	19	

说明：

（1）营业费用520 000元，其中广告、宣传费用500 000元。

（2）管理费用250 000元，其中业务招待费150 000元；2020年6月5日“固定资产”科目列支厂部办公室使用的空调1台，价款6 000元，会计上每年计提折旧计入“管理费用”（该资产在购入年度已经一次性在所得税前扣除，会计处理折旧年限按6年计算，不考虑残值）。

（3）财务费用20 000元，是从其他企业借周转金200 000元，年利率10%，已知银行贷款年利率为5%。

（4）营业外支出90 000元，其中税收滞纳金、罚款30 000元。

（5）投资收益100 000元，全为从子公司分回的股息。

要求：根据以上资料，计算并回答下列问题：

1. 该企业2023年广告、宣传费的扣除额为（　　）元。

A. 495 000　　B. 990 000　　C. 500 000　　D. 490 000

2. 该企业2023年业务招待费的扣除限额为（　　）元。

A. 16 500　　B. 90 000　　C. 133 500　　D. 150 000

3. 该企业2023年纳税调整增加额为（　　）元。

A. 62 000　　B. 135 500　　C. 174 500　　D. 179 000

4. 该企业2023年纳税调整减少额为（　　）元。

A. 90 000　　B. 100 000　　C. 130 000　　D. 133 500

5. 该企业2023年应纳企业所得税为（　　）元。

A. 54 725　　B. 273 625　　C. 249 750　　D. 299 750

【答案及解析】

1.【答案】C

【解析】财税〔2020〕43号规定，对化妆品制造或销售、医药制造和饮料制造（不含酒类制造）企业发生的广告费和业务宣传费支出，不超过当年销售（营业）收入30%的部分，准予扣除；超过部分，准予在以后纳税年度结转扣除。广告费扣除限额=（2 900 000+400 000）×30%=1 020 000（元）＞500 000元，不需调整，实际扣除额为500 000元。

2.【答案】C

【解析】业务招待费扣除限额=（2 900 000+400 000）×5‰=16 500（元），业务招待费的60%=150 000×60%=90 000（元），可以税前扣除的业务招待费为16 500元，超过限额150 000−16 500=133 500（元），应调增应纳税所得额。

3.【答案】C

【解析】企业新购进的设备、器具，单位价值不超过500万元的，允许一次性计入当期成本费用在计算应纳税所得额时扣除，不再分年度计算折旧，该政策自2018年1月1日延续执行至2027年12月31日。空调属于企业的固定资产，其可在购置年度一次性扣除，2023年度会计核算折旧金额为6 000÷（6×12）×12=1 000（元），须调增应纳税所得额1 000元。

财务费用：从其他企业借款的利息支出超过银行同期同类贷款利率计算的部分，不得扣除。调增额=20 000−200 000×5%=10 000（元）。

税收滞纳金、罚款30 000元，不得税前扣除，应调增应纳税所得额。

上述合计调增133 500+1 000+10 000+30 000=174 500（元）

4.【答案】B

【解析】投资收益100 000元，因属于从子公司分回的股息，属免税收入，调减应纳税所得额100 000元。

5.【答案】A

【解析】应纳税所得额=利润总额+调增项目−调减项目

=1 020 000+（133 500+1 000+10 000+30 000）−100 000

=1 094 500（元）

财政部、税务总局公告2023年第12号规定，对小型微利企业减按25%计算应纳税所得额，按20%的税率缴纳企业所得税政策，延续执行至2027年12月31日。

应纳所得税额=1 094 500×20% ×25%=54 725（元）

（四）某居民企业，2023年度生产经营情况如下：

1. 销售营业收入9 000万元；

2. 2023年利润表反映的内容如下：

①产品销售成本4 000万元；

②销售税金及附加200万元；

③销售费用2 200万元（其中广告费200万元）；财务费用300万元；

④“投资收益”50万元（持有国内某上市公司的股票10个月取得股息收益35万元，转让净收益为5万元；国债持有期间的利息收入10万元）；

⑤管理费用1 300万元（其中业务招待费80万元，新产品研究开发费30万元）；

⑥营业外支出900万元（其中通过省教育厅捐赠给某高校100万元；非广告性赞助支出50万元；存货盘亏损失50万元，留存了相关证明资料）。

3. 全年实际支付工资支出共计1 000万元，职工工会经费、职工教育经费分别按工资总额的2%、8%的比例提取。

4. 全年列支职工福利性支出150万元，职工教育费支出15万元，拨缴工会经费20万元，已经取得工会拨缴收据。

假设除资料所给内容外，无其他纳税调整事项。要求根据上述资料，计算回答下列问题：

1. 该企业2023年度的利润总额。

2. 销售费用项目纳税调整金额。

3. 投资收益项目的纳税调整金额。

4. 管理费用项目纳税调整金额。

5. 营业外支出项目纳税调整金额。

6. 三项经费（职工福利费、职工教育经费、工会经费）纳税调整金额。

7. 计算应纳税所得额。

8. 计算应缴纳的企业所得税。

【答案及解析】

1. 该企业2023年度利润总额=9 000（营业收入）+50（投资收益）−4 000（营业成

本）–200（营业税金）–2 200（销售费用）–300（财务费用）–1 300（管理费用）–900（营业外支出）=150（万元）

2. 销售费用项目调整金额0。

广告费扣除限额=9 000×15%=1 350（万元）＞200万元，广告费可据实扣除，不需要纳税调整。

根据《企业所得税法实施条例》（国务院令第512号）第四十四条规定："企业发生的符合条件的广告费和业务宣传费支出，除国务院财政、税务主管部门另有规定外，不超过当年销售（营业）收入15%的部分，准予扣除；超过部分，准予在以后纳税年度结转扣除。"

3. 投资收益项目应调减10万元。

持有上市公司不超过12个月股票，取得的股息、红利等权益性投资收益不是免税收入，35万元不需要调整。国债利息收入10万元为免税收入，应调减10万元。

4. 管理费用应调增5万元。

（1）业务招待费限额=9 000×5‰=45（万元）＜实际发生额的60%，即：80×60%=48（万元），可以税前扣除45万元，超过部分=80–45=35（万元），调增35万元。

（2）研发费用加计扣除30×100%=30（万元），调减30万元。

财政部 税务总局公告2023年第7号规定，企业开展研发活动中实际发生的研发费用，未形成无形资产计入当期损益的，在按规定据实扣除的基础上，自2023年1月1日起，再按照实际发生额的100%在税前加计扣除；形成无形资产的，自2023年1月1日起，按照无形资产成本的200%在税前摊销。

5. 营业外支出项目调增132万元。

（1）公益性捐赠支出扣除限额=150×12% =18（万元），捐赠支出调增100–18=82（万元）。

（2）非广告性赞助支出不得税前扣除，调增50万元。

（3）存货盘亏自行申报，可以税前扣除，不需要调整。

根据国家税务总局公告2018年第15号，企业向税务机关申报扣除资产损失，仅需填报企业所得税年度纳税申报表《资产损失税前扣除及纳税调整明细表》，不再报送资产损失相关资料。相关资料由企业留存备查。

6. 三项经费调增75万元。

（1）工会经费扣除限额=1 000×2% =20（万元），可以据实扣除。

《企业所得税法实施条例》第四十一条规定：企业拨缴的工会经费，不超过工资、薪金总额2%的部分，准予扣除。

（2）教育经费扣除限额=1 000×8% =80（万元），发生15万元，已经计提但是没有实际发生的教育经费不得扣除，调增80–15=65（万元）。

财税〔2018〕51号企业发生的职工教育经费支出，不超过工资薪金总额8%的部分，准予在计算企业所得税应纳税所得额时扣除；超过部分，准予在以后纳税年度结转扣除。

（3）福利费扣除限额=1 000×14% =140（万元），超过部分150–140=10（万元），调增10万元。

7.应纳税所得额=150（利润总额）–10（国债利息免税调减）+35（业务招待费调增）–30（研发费加计扣除调减）+82（公益捐赠调增）+50（非广告性赞助调增）+65（教育经费调增）+10（福利费的调增）=352（万元）。

8.应纳所得税额=352×25% =88（万元）。

（五）某企业2023年度会计报表上的利润总额为100万元，已累计预缴企业所得税25万元。该企业2023年度已经扣除的其他支出情况如下：

1.通过县级人民政府向目标脱贫地区的扶贫捐赠支出18万元。

2.开发新技术的研究开发费用支出20万元，没有形成无形资产。

3.直接向某足球队捐款39万元。

4.支付诉讼费2.3万元。

5.支付违反交通法规罚款2.8万元。

要求：

1.计算该企业公益性捐赠支出纳税调整额。

2.计算该企业研究开发费用纳税调整数额。

3.计算该企业2023年度应纳税所得额。

4.计算该企业2023年度应纳所得税税额。

5.计算该企业2023年度汇算清缴应补交的所得税税额。

（答案中的金额单位用万元表示）

【答案及解析】

1.扶贫捐赠支出18万元全额扣除，不做纳税调整。

财政部 税务总局 国务院扶贫办公告2019年第49号规定，自2019年1月1日至2022年12月31日，企业通过公益性社会组织或者县级（含县级）以上人民政府及其组成部门和直属机构，用于目标脱贫地区的扶贫捐赠支出，准予在计算企业所得税应纳税所得额时据实扣除。财政部 税务总局 人力资源社会保障部 国家乡村振兴局公告2021年第18号规定，扶贫捐赠支出全额扣除政策执行期限延长至2025年12月31日。

2. 研究开发费用所得税前扣除40万元，需纳税调减20万元。

该企业研究开发费用加计扣除额=20×100%=20（万元）；所得税前扣除数额=20+20=40（万元）。

《财政部 税务总局关于进一步完善研发费用税前加计扣除政策的公告》（财政部 税务总局公告2023年第7号）规定，企业开展研发活动中实际发生的研发费用，未形成无形资产计入当期损益的，在按规定据实扣除的基础上，自2023年1月1日起，再按照实际发生额的100%在税前加计扣除；形成无形资产的，自2023年1月1日起，按照无形资产成本的200%在税前摊销。

3. 该企业2023年度其他纳税调整项目：

①向某足球队捐款不得扣除，应调增应纳税所得额39万元；

②诉讼费可以据实扣除，不需纳税调整；

③支付违反交通法规罚款不得扣除，应调增应纳税所得额2.8万元。

该企业2023年度应纳税所得额=100−20（研发费加计扣除调减）+39（直接捐赠不能扣除调增）+2.8（罚款纳税调增）=121.8（万元）

4. 该企业2023年度应纳所得税税额=121.8×25%=30.45（万元）

5. 该企业2023年度汇算清缴应补交的所得税税额=30.45−25=5.45（万元）

（六）某印刷设备生产企业在2023年汇算清缴年度企业所得税时，对有关收支项目进行纳税调整后，将全年会计利润500万元按税法规定调整为全年应纳税所得额600万元。税务部门在税务检查时，发现该企业以下几项业务尚未进行调整：

1. 4月8日，该企业购入机器设备一台，购置总成本80万元，使用期为10年，残值比例按5%，支出全部计入当期费用。

2. 6月，该企业为解决职工子女上学问题，直接向某小学捐款40万元，在营业外支出中列支。

3. 7月，该企业将在建工程应负担的贷款利息20万元计入当年财务费用，该工程年末仍未完工。

4. 12月，该企业购进环境保护专用设备（符合设备抵免的相关规定）1台，购置价格300万元。

要求：根据上述资料计算1至4项的纳税调整金额并计算该企业当年应缴纳企业

所得税税额。

【答案及解析】

1.不需要纳税调整。

纳税人新购置的固定资产，允许一次性计入当期成本费用在计算应纳税所得额时扣除，不再分年度计算折旧，不需纳税调整，企业将全部支出计入当期费用，无税会差异，以后年度无须纳税调整。

2.直接向某小学捐款40万元，不得税前扣除，调增40万元。

3.在建工程应负担的贷款利息20万元，应当资本化，不得直接扣除，调增20万元。

《企业所得税法实施条例》第三十七条规定：企业为购置、建造固定资产、无形资产和经过12个月以上的建造才能达到预定可销售状态的存货发生借款的，在有关资产购置、建造期间发生的合理的借款费用，应当作为资本性支出计入有关资产的成本，并依照本条例的规定扣除。资本化的利息支出应计入资产的原始成本，而不应该计入费用类科目。

4.环境保护专用设备的投资额的10%可以从企业当年额应纳税额中抵免，抵免额为300×10% =30（万元）

《企业所得税法实施条例》第一百条规定，企业购置并实际使用《环境保护专用设备企业所得税优惠目录》《节能节水专用设备企业所得税优惠目录》和《安全生产专用设备企业所得税优惠目录》规定的环境保护、节能节水、安全生产等专用设备的，该专用设备的投资额的10%可以从企业当年的应纳税额中抵免；当年不足抵免的，可以在以后5个纳税年度结转抵免。

5.该企业当年度应缴纳企业所得税税额＝（600+40+20）×25%−30=135（万元）

（七）某国有企业2023年度应纳税所得额为1 000万元，已累计预缴企业所得税250万元，年终汇算清缴时，发现如下问题：

1.缴纳的房产税、城镇土地使用税、车船税、印花税等税金65万元已在管理费用中列支，但在计算应纳税所得额时又重复扣除。

2.因违法经营被工商部门罚款60.2万元，列入营业外支出中。

3. 9月1日以经营租赁方式租入1台机器设备，合同约定租赁期10个月，租赁费10万元，该企业未分期摊销这笔租赁费，而是一次性列入2023年度管理费用中扣除。

4.“应付职工薪酬”科目借方发生额中有向残疾人支付的工资12万元。

5.从境外取得税后利润20万元（境外缴纳所得税时适用的税率为20%），未补缴企业所得税。

要求：

1.计算该企业2023年度境内所得应缴纳的所得税税额。

2.计算该企业2023年度境外所得税应补交的所得税税额。

3.计算该企业2023年应补交的所得税税额。

【答案及解析】

1.企业所得税存在下列调整项目：

①《企业所得税法实施条例》第二十八条规定：除企业所得税法和本条例另有规定外，企业实际发生的成本、费用、税金、损失和其他支出，不得重复扣除。重复扣除的税金65万元，应做调增处理。

②违法经营罚款60.2万元，不得扣除，调增60.2万元。

③《企业所得税法实施条例》第四十七条规定：以经营租赁方式租入固定资产发生的租赁费支出，按照租赁期限均匀扣除。2023年可以扣除的租赁费=10÷10×4=4（万元）。调增10–4=6（万元）。

④《企业所得税法实施条例》第九十六条规定：企业所得税法第三十条第（二）项所称企业安置残疾人员所支付的工资的加计扣除，是指企业安置残疾人员的，在按照支付给残疾职工工资据实扣除的基础上，按照支付给残疾职工工资的100%加计扣除。工资、薪金调减12×100% =12（万元）。

调整后的境内应纳税所得额=1 000（应纳税所得税额）+65（税金重复扣除调增）+60.2（罚款支出纳税调增）+6（跨期费用调增）–12（残疾人工资加计扣除调减）=1 119.2（万元）。

境内所得应缴纳的所得税税额=1 119.2×25%=279.8（万元）

2.境外所得应纳税所得额=20÷（1–20%）=25（万元）

境外所得抵扣限额=25×25% =6.25（万元）

境外所得已缴纳的所得税额=25×20%=5（万元）

境外所得应补缴所得税额=6.25–5=1.25（万元）

企业取得来源于境外的股息、红利等权益性投资收益，因在境外缴纳的预提所得税适用直接抵免，因此，计算境外应纳税所得额时，应将取得的缴纳境外预提所得税税后的股息（红利）换算为境外预提所得税税前股息（红利），即：境外预提所得税税前股息（红利）所得=境外预提所得税税后股息（红利）所得÷（1–来源国股息适用的预提所得税税率）。

抵免限额的计算。《企业所得税法》及其实施条例规定，企业抵免境外已纳税款时，不得超过抵免限额。抵免限额应当按照分国（地区）不分项的原则计算。即：

某国（地区）所得税抵免限额=中国境内、境外所得依照《企业所得税法》及实施条例的规定计算的应纳税总额×来源于某国（地区）的应纳税所得额÷中国境内、境外应纳税所得总额

依据财税〔2009〕125号第八条对于计算应纳税总额时适用税率的规定，上述公式可进一步简化为：

某国（地区）所得税抵免限额=来源于某国（地区）的应纳税所得额×法定税率（25%）

3.该企业2008年应补交的所得税额=279.8+1.25−250=31.05（万元）

（八）大华公司为工业企业（增值税一般纳税人），年平均资产总额4 523.54万元，年平均职工人数310人，按照企业会计准则进行会计核算。2023年实现会计利润100万元，企业所得税适用税率为25%，已申报缴纳企业所得税25万元。税务人员检查后，认为有涉税疑点的业务及会计处理如下：

（1）2月8日，将自产产品用于发放管理部门职工福利，成本为30 000元，公允价格（不含税）为50 000元（不考虑对职工福利费、广告费和业务招待费扣除限额的影响）。

借：应付职工薪酬——职工福利　　36 500

　　贷：库存商品　　30 000

　　　　应交税费——应交增值税（销项税额）　　6 500

借：管理费用　　36 500

　　贷：应付职工薪酬——福利费　　36 500

（2）3月10日，因完成技改扩能获得政府给予的奖励200 000元。

借：银行存款　　200 000

　　贷：资本公积　　200 000

（3）3月31日，对租入办公用房改建完工，结算改建支出200 000元，改建完工后房屋的剩余租赁期为5年（分5年摊销）。

借：管理费用　　200 000

　　贷：银行存款　　200 000

（4）5月14日，被投资方明通公司作出利润分配决定，大华公司按照持股比例应分得税后利润300 000元（采用成本法核算该项投资，且明通公司2023年企业所得税

适用15%的税率）。

借：应收股利 300 000

贷：投资收益 300 000

（5）5月15日直接向某学校捐款120 000元。

借：营业外支出 120 000

贷：银行存款 120 000

请根据上述资料完成下列问题：

1.指出相应的会计处理是否正确，如不正确请写出正确的会计分录，同时根据该笔业务分析对当期应纳税所得额或应纳税额的影响。

2.计算该企业2023年度应补（退）的企业所得税。

【答案及解析】

（1）会计分录正确。在增值税、所得税上都属于视同销售，会计处理按照成本价减少库存商品，按照公允价计算销项税，在所得税方面的税会差异通过纳税调整体现。

所得税影响分析：根据《企业所得税法实施条例》第二十五条、国税函〔2008〕828号和国家税务总局公告2016年第80号，企业将货物用于职工福利应当视同销售货物，应按照被移送资产的公允价值确定销售收入。造成少计货物销售所得20 000元，少列支管理费用20 000元，应纳税所得额一增一减各20 000元，不需调整（视同销售收入等于视同销售成本）。

（2）会计分录不正确。

借：银行存款 200 000

贷：营业外收入 200 000

所得税影响分析：根据财税〔2008〕151号和财税〔2009〕87号，企业取得的政府奖励不属于不征税收入，应计入收入，造成应纳税所得额减少200 000元，应调增。

（3）会计分录不正确。

借：长期待摊费用 200 000

贷：银行存款 200 000

4—12月每月摊销额=200 000 ÷ 5 ÷ 12=3 333.33（元）

借：管理费用 3 333.33

贷：长期待摊费用 3 333.33

4—12月共摊销=3 333.33 × 9=30 000（元）

（或者：4—12月累计摊销）

借：管理费用　30 000

　贷：长期待摊费用　30 000）

所得税影响分析：根据《企业所得税法》第十三条以及相关政策，租入固定资产改建支出按照合同约定的剩余租赁期限分期摊销。装修支出一次性计入管理费用，造成2023年多列支出，减少应纳税所得额170 000元（200 000−200 000 ÷ 5 × 9/12=170 000元），应调增。

（4）会计分录正确。

所得税影响分析：根据《企业所得税法》第二十六条和《企业所得税法实施条例》第八十三条，大华公司分得的税后利润属于免税收入，应调减应纳税所得额300 000元。

（5）会计分录正确。

所得税影响分析：根据《企业所得税法》第九条及《企业所得税法实施条例》第五十三条，对某学校直接捐赠不可以扣除，应调增应纳税所得额120 000元。

调整后的应纳税所得额=1 000 000+200 000+170 000−300 000+120 000=1 190 000（元）

应纳企业所得税税额=1 190 000 × 25%=297 500（元）

应补缴企业所得税税额=297 500−250 000=47 500（元）

（九）某市税务局稽查局于2022年8月对长城电视机制造有限公司2021年1月1日至2021年12月31日的纳税情况进行稽查。长城公司为增值税一般纳税人，主要生产、销售各型号“长城”牌电视机。该公司每月已按照“应交增值税”明细账中金额计算申报缴纳增值税。2021年度企业所得税已于2022年5月30日汇算清缴完毕。

稽查人员进行检查时发现如下经济业务及相关资料，该公司汇缴未自行调整：

1.检查发现2021年7月，长城公司将生产的电视机作为福利发给职工，该批电视机市场含税售价565 000元，公司会计处理为：

借：应付职工薪酬——非货币性福利　565 000

　贷：库存商品　300 000

　　资本公积　265 000

经稽查人员核实该批电视机成本为30万元，则稽查人员检查该业务的正确处理是（　　）。

A.应查补增值税65 000元　　B.应查补增值税39 000元

C.应调增应纳税所得额200 000元　　D.应调增应纳税所得额0元

2.检查发现2021年12月，长城公司购进原材料运费60 000元，取得普通发票，计入销售费用。

借：销售费用　　60 000

　　贷：银行存款　　60 000

经稽查人员核实，这批材料已经全部用于生产，且当期全部完工，当期完工的三分之一已用于出售。则稽查人员检查该业务的正确处理是应调增应纳税所得额（　）元。

A. 40 000　　B. 0　　C. 20 000　　D. 60 000

3. 2021年12月2日，以本公司生产的400台“长城”电视机作价226万元（含税公允价格）向甲公司投资，取得甲公司10%的股权。公司账务处理为：

借：长期股权投资　　2 260 000

　　贷：库存商品——A设备　　1 200 000

　　　　资本公积　　1 060 000

经稽查人员核实该批400台“长城”电视机的成本为120万元。则稽查人员检查该业务的正确处理有（　）。

A.应查补增值税260 000元　　B.应查补增值税106 000元

C.应调增应纳税所得额2 200 000元　　D.应调增应纳税所得额800 000元

4. 2021年12月10日，长城公司与甲公司达成债务重组协议，以其生产的100台“长城”电视机作价56.5万元（含税公允价值）与欠甲公司的应付账款58.76万元抵债，公司账务处理为：

借：应付账款——甲公司　　587 600

　　贷：库存商品　　300 000

　　　　资本公积　　287 600

经查这批电视机成本为30万元。则稽查人员检查该业务的正确处理是（　）。

A.应查补增值税65 000元　　B.应查补增值税67 600元

C.应调增应纳税所得额222 600元　　D.应调增应纳税所得额200 000元

5. 2021年12月18日，取得广告费发票300 000元。公司账务处理为（　）。

借：销售费用——广告费　　300 000

　　贷：应付账款　　300 000

注：经稽查人员核实，该业务是预付的2022年度广告费，在汇缴前未调整，则稽查人员检查该业务的正确结果是（　）。

A.预提2022年度广告费，不得在2021年度税前扣除

B.应调增应纳税所得额300 000元

C.应调增应纳税所得额5 500 000元

D.应调增应纳税所得额250 000元

【答案及解析】

1.【答案】AD

【解析】将自产产品用于发放职工福利在增值税、企业所得税上都作视同销售处理。应查补增值税=500 000×13%=65 000（元）

企业所得税：不影响应纳税所得额。税务总局公告2019年第41号《纳税调整明细表》填报说明：第30行“（十七）其他”：填报其他因会计处理与税收规定有差异需纳税调整的扣除类项目金额，企业将货物、资产、劳务用于捐赠、广告等用途时，进行视同销售纳税调整后，对应支出的会计处理与税收规定有差异需纳税调整的金额填报在本行。即，视同销售收入与视同销售成本的差额做纳税调减，调减后应纳税所得额为0。

2.【答案】A

【解析】购入材料运费应计入原材料成本，随销售影响本年利润，不应直接费用化。调增企业所得税应纳税所得额：60 000×（1–1/3）=40 000（元）

借：原材料　　60 000

　　贷：银行存款　　60 000

根据《企业会计准则第1号——存货》第六条，存货的采购成本，包括购买价款、相关税费、运输费、装卸费、保险费以及其他可归属于存货采购成本的费用。

3.【答案】AD

【解析】将自产产品用于投资，属于增值税和企业所得税的视同销售。

应查补增值税=2 260 000÷1.13×0.13=260 000（元）

调增企业所得税应纳税所得额800 000元：视同销售收入2 000 000元–视同销售成本1 200 000=800 000（元）

4.【答案】AC

【解析】将自产产品用于“以货抵债”，应按照公允价值确认收入，公允价值与债务之间的差额确认为债务重组收益（损失）。应查补增值税=565 000÷1.13×0.13=65 000（元）。

调增企业所得税应纳税所得额=财产转让所得+债务重组所得=（500 000–300 000）+22 600=222 600（元）

5.【答案】AB

【解析】预付2022年广告费不可在2021年度扣除。调增企业所得税应纳税所得额：300 000元。

根据《企业所得税法实施条例》第九条，企业应纳税所得额的计算，以权责发生制为原则，属于当期的收入和费用，不论款项是否收付，均作为当期的收入和费用；不属于当期的收入和费用，即使款项已经在当期收付，均不作为当期的收入和费用。本条例和国务院财政、税务主管部门另有规定的除外。

第十三章　个人所得税检查方法

本章导读

本章主要介绍个人所得税纳税人和扣缴义务人的检查、征税范围的检查、计税依据的检查、税收优惠的检查和特殊计税方法的检查等内容。

学习指引

一、纳税人和扣缴义务人的检查

（一）纳税义务人	1.个人所得税纳税人身份确定 居民纳税义务人是指在中国境内有住所，或者无住所而一个纳税年度内在中国境内居住累计满183天的个人 非居民纳税义务人是指在中国境内无住所又不居住，或者无住所而一个纳税年度内在中国境内居住累计不满183天的个人 在中国境内有住所是指纳税人因户籍、家庭、经济利益关系而在中国境内习惯性居住 中国境内无住所的个人居住时间判定标准：无住所个人一个纳税年度内在中国境内累计居住天数，按照个人在中国境内累计停留的天数计算；在中国境内停留的当天满24小时的，计入中国境内居住天数，在中国境内停留的当天不足24小时的，不计入中国境内居住天数 2.居民纳税人和非居民纳税人纳税义务 居民个人从中国境内和境外取得的所得，依法规定缴纳个人所得税；在中国境内无住所的个人，在中国境内居住累计满183天的年度连续不满6年的，经向主管税务机关备案，其来源于中国境外且由境外单位或者个人支付的所得，免予缴纳个人所得税；在中国境内居住累计满183天的任一年度中有一次离境超过30天的，其在中国境内居住累计满183天的年度的连续年限重新起算 非居民个人从中国境内取得的所得，依照税法规定缴纳个人所得税 在中国境内无住所的个人，在一个纳税年度内在中国境内居住累计不超过90天的，其来源于中国境内的所得，由境外雇主支付并且不由该雇主在中国境内的机构、场所负担的部分，免予缴纳个人所得税 3.所得来源地判定 （1）个人取得下列所得，不论支付地点是否在中国境内，均为来源于中国境内的所得： ①因任职、受雇、履约等在中国境内提供劳务取得的所得 ②将财产出租给承租人在中国境内使用而取得的所得

续表

（一）纳税义务人	③许可各种特许权在中国境内使用而取得的所得 ④转让中国境内的不动产等财产或者在中国境内转让其他财产取得的所得 ⑤从中国境内企业、事业单位、其他组织以及居民个人取得的利息、股息、红利所得 （2）下列所得，为来源于中国境外的所得： ①因任职、受雇、履约等在中国境外提供劳务取得的所得 ②中国境外企业以及其他组织支付且负担的稿酬所得 ③许可各种特许权在中国境外使用而取得的所得 ④在中国境外从事生产、经营活动而取得的与生产、经营活动相关的所得 ⑤从中国境外企业、其他组织以及非居民个人取得的利息、股息、红利所得 ⑥将财产出租给承租人在中国境外使用而取得的所得 ⑦转让中国境外的不动产、转让对中国境外企业以及其他组织投资形成的股票、股权以及其他权益性资产或者在中国境外转让其他财产取得的所得。但转让对中国境外企业以及其他组织投资形成的权益性资产，该权益性资产被转让前三年（连续36个公历月份）内的任一时间，被投资企业或其他组织的资产公允价值50%以上直接或间接来自位于中国境内的不动产的，取得的所得为来源于中国境内的所得 ⑧中国境外企业、其他组织以及非居民个人支付且负担的偶然所得
（二）扣缴义务人	1.扣缴义务人向个人支付应税款项时，应当依照《个人所得税法》规定预扣或者代扣税款，按时缴库，并专项记载备查。居民个人取得综合所得，按年计算个人所得税；有扣缴义务人的，由扣缴义务人按月或者按次预扣预缴税款。纳税人取得利息、股息、红利所得，财产租赁所得，财产转让所得和偶然所得，按月或者按次计算个人所得税，有扣缴义务人的，由扣缴义务人按月或者按次代扣代缴税款 2.扣缴义务人应当按照国家规定办理全员全额扣缴申报

二、征税范围的检查

（一）综合所得征税范围	1.工资、薪金所得征税范围 工资、薪金所得是指个人因任职或者受雇取得的工资、薪金、奖金、年终加薪、劳动分红、津贴、补贴以及与任职或者受雇有关的其他所得 （1）出租汽车经营单位对出租车驾驶员采取单车承包或承租方式运营（车辆所有权不属于驾驶员），对出租车驾驶员从事客货运营取得的收入 （2）企业对商品营销活动中对营销业绩突出的雇员以培训班、研讨会、工作考察等名义组织旅游活动，通过免收差旅费、旅游费对个人实行的营销业绩奖励（包括实物、有价证券等），根据所发生费用的全额并入该营销人员当期的工资、薪金所得 （3）个人因公务用车和通讯制度改革而取得的公务用车、通信补贴收入，扣除一定标准的公务费用后 （4）任职、受雇于报刊、杂志等单位的记者、编辑等专业人员，因在本单位的报刊、杂志上发表作品取得的所得，属于因任职、受雇而取得的所得，与其当月工资收入合并 （5）退休人员再任职取得的收入 （6）员工超过1年未归还的借款 （7）个人取得不计人工资薪金所得的补贴津贴项目： ①独生子女补贴 ②执行公务员工资制度未纳入基本工资总额的补贴、津贴差额和家属成员的副食品补贴 ③托儿补助费 ④差旅费津贴、误餐补助 ⑤外国来华留学生，领取的生活津贴费、奖学金

续表

（一）综合所得征税范围	2.劳务报酬所得征税范围 劳务报酬所得是指个人从事劳务取得的所得，包括从事设计、装潢、安装、制图、化验、测试、医疗、法律、会计、咨询、讲学、翻译、审稿、书画、雕刻、影视、录音、录像、演出、表演、广告、展览、技术服务、介绍服务、经纪服务、代办服务以及其他劳务取得的所得 （1）在校学生因参与勤工俭学活动而取得属于《个人所得税法》规定的应税所得项目的所得 （2）个人担任董事、监事，且不在公司任职、受雇的，董事费、监事费 （3）企业对商品营销活动中营销业绩突出的非雇员以培训班、研讨会、工作考察等名义组织旅游活动，通过免收差旅费、旅游费对个人实行的营销业绩奖励（包括实物、有价证券等），按所发生费用的全额作为该营销人员当期的劳务收入 （4）个人兼职取得的收入
	3.稿酬所得征税范围 稿酬所得是指个人因其作品以图书、报刊等形式出版、发表而取得的所得 （1）除任职、受雇于报刊、杂志等单位的记者、编辑等专业人员以外，其他人员在本单位的报刊、杂志上发表作品取得的所得 （2）出版社的专业作者撰写、编写或翻译的作品，由本社以图书形式出版而取得的稿酬收入
	4.特许权使用费所得 特许权使用费所得是指个人提供专利权、商标权、著作权、非专利技术以及其他特许权的使用权取得的所得；提供著作权的使用权取得的所得，不包括稿酬所得 （1）作者将自己的文字作品手稿原件或复印件公开拍卖（竞价）取得的所得 （2）个人取得特许权的经济赔偿收入 （3）剧本作者从电影、电视剧的制作单位取得的剧本使用费
（二）经营所得征税范围	经营所得，是指个体工商户从事生产、经营活动取得的所得，个人独资企业投资人、合伙企业的个人合伙人来源于境内注册的个人独资企业、合伙企业生产、经营的所得；个人依法从事办学、医疗、咨询以及其他有偿服务活动取得的所得；个人对企业、事业单位承包经营、承租经营以及转包、转租取得的所得；个人从事其他生产、经营活动取得的所得 1.个人因从事彩票代销业务而取得的所得 2.出租车驾驶员从事客货运营取得的收入： （1）对从事个体出租车运营的出租车驾驶员取得的收入 （2）对出租车属于个人所有，但挂靠出租汽车经营单位或企事业单位，驾驶员向挂靠单位缴纳管理费的，出租车驾驶员从事客货运营取得的收入 3.个人独资企业、合伙企业的个人投资者以企业资金为本人、家庭成员及其相关人员支付与企业生产经营无关的消费性支出及购买汽车、住房等财产性支出，视为企业对个人投资者利润分配，并入投资者个人的生产经营所得 4.企事业单位承包所得、承租所得征税范围： （1）对企事业单位承包经营、承租经营后，对工登记商变更为个体的 （2）企事业单位承包经营、承租经营后，按合同（协议）的规定只向发包方出租人缴纳一定费用后，企业经营成果归其所有的

续表

（三）股息、利息、红利所得征税范围	利息、股息、红利所得，是指个人拥有债权、股权等而取得的利息、股息、红利所得 1.纳税年度内个人投资者从其投资企业（个人独资企业、合伙企业除外）借款，在该纳税年度终了后既不归还又未用于企业生产经营的，其未归还的借款可视为企业对个人投资者的红利分配 2.企业（不含个人独资企业、合伙企业）出资购买房屋及其他财产，将所有权登记为投资者个人、投资者家庭成员或企业其他人员的，不论所有权人是否将财产无偿或有偿交付企业使用，其实质均为企业对个人进行了实物性质的分配：视为企业对个人投资者的红利分配 3.工商户和从事生产、经营的个人，对取得与生产、经营活动无关的对外投资取得的股息所得 4.个人取得量化资产的分红（以股份形式取得企业量化资产参与企业分配而获得的股息、红利）
（四）财产租赁所得征税范围	财产租赁所得，是指个人出租不动产、机器设备、车船以及其他财产取得的所得 1.个人取得的财产转租收入 2.产权所有人死亡在未办理产权继承手续期间，出租该财产而有租金收入的
（五）财产转让所得征税范围	财产转让所得，是指个人转让有价证券、股权、合伙企业中的财产份额、不动产、机器设备、车船以及其他财产取得的所得 1.个人在实质上取得企业量化资产（以股份形式取得的拥有所有权的企业量化资产）暂缓征收个人所得税 2.个人转让量化资产所得
（六）偶然所得征税范围	偶然所得，是指个人得奖、中奖、中彩以及其他偶然性质的所得 1.个人为单位或其他个人提供担保所取得的收入 2.个人（除了法定免税的特定关系人外）无偿取得受赠财产所得 3.企业在业务宣传、广告等活动中，随机向本单位以外的个人赠送礼品，个人取得的礼品所得 4.企业在年会、座谈会、庆典以及其他活动中向本单位以外的个人赠送礼品，对个人取得的礼品所得（具有价格折扣或折让性质的消费券代金券、抵用券、优惠券等礼品除外） 5.企业对累积消费达到一定额度的顾客，给予额外抽奖机会，个人的获奖所得

三、计税依据的检查

（一）工资、薪金所得计税依据	1.居民工资、薪金所得计税依据 （1）年度汇算清缴计税依据： ①计税依据计算公式： 每年收入额–60 000元–专项扣除–专项附加扣除–依法确定的其他扣除每一纳税年度的收入额 ②每一纳税年度的收入额=工资、薪金所得全额计入年收入额+（1–20%）×劳务报酬、特许权使用费收入额+（1–20%）×（1–30%）×稿酬所得的收入额 ③专项扣除，包括居民个人按照国家规定的范围和标准缴纳的基本养老保险、基本医疗保险、失业保险等社会保险费和住房公积金等 ④专项附加扣除，包括3岁以下婴幼儿照护服务、子女教育、继续教育、大病医疗、住房贷款利息或者住房租金、赡养老人等支出

续表

（一）工资、薪金所得计税依据	⑤依法确定的其他扣除包括：个人缴付符合国家规定的企业年金、职业年金，个人购买符合国家规定的商业健康保险、税收递延型商业养老保险的支出，以及国务院规定可以扣除的其他项目 ⑥公益性捐赠项目。个人将其所得对教育、扶贫、济困等公益慈善事业进行捐赠，捐赠额未超过纳税人申报的应纳税所得额30%的部分，可以从其应纳税所得额中扣除；国务院规定对公益慈善事业捐赠实行全额税前扣除的，从其规定 A.个人通过非营利性的社会团体和政府部门，对公益性青少年活动场所（包括新建）的捐赠 B.个人通过非营利性的社会团体和国家机关（包括中国红十字会），向红十字事业的捐赠 C.个人通过非营利性的社会团体和政府部门，向福利性、非营利性的老年服务机构的捐赠 D.个人通过非营利的社会团体和国家机关，向农村义务教育的捐赠 E.个人向中华健康快车基金会和孙冶方经济科学基金会、中华慈善总会、中国法律援助基金会和中华见义勇为基金会的捐赠 F.个人通过宋庆龄基金会、中国福利会、中国残疾人福利基金会、中国扶贫基金会、中国煤矿尘肺病治疗基金会、中华环境保护基金会、中国老龄事业发展基金会、中国华文教育基金会、中国绿化基金会、中国妇女发展基金会、中国关心下一代健康体育基金会、中国生物多样性保护基金会、中国儿童少年基金会、中国光彩事业基金会、中国医药卫生事业发展基金会、中国教育发展基金会，用于公益救济性的捐赠 （2）工资薪金预扣预缴环节计税依据： 计税依据计算公式： 累计预扣预缴应纳税所得额=累计收入–累计免税收入–累计减除费用–累计专项扣除–累计专项附加扣除–累计依法确定的其他扣除 累计减除费用，按照5 000元/月乘以纳税人当年截至本月在本单位的任职受雇月份数计算
	2.非居民工资、薪金所得计税依据 非居民个人的工资、薪金所得，以每月收入额减除费用5 000元后的余额为应纳税所得额
（二）劳务报酬所得、特许权使用费所得税计税依据	1.居民纳税人劳务报酬所得、特许权使用费所得税计税依据 （1）预扣预缴环节计税依据： ①纳税人每次收入不超过4 000元的，计税依据=每次收入–800 ②每次收入超过4 000元的预扣预缴时，纳税人每次收入超过4 000元的计算公式：每次收入×（1–20%） （2）汇算清缴环节，计税依据为全年该项收入的80%，即扣除20%的费用后并入综合所得
	2.非居民纳税人劳务报酬所得、特许权使用费所得税计税依据计算公式： 每次收入×（1–20%）
（三）稿酬所得计税依据	1.居民纳税人稿酬所得计税依据 （1）预扣预缴环节计税依据 ①纳税人每次收入不超过4 000元的，计算公式： （每次收入–800）×（1–30%） ②每次收入超过4 000元的预扣预缴时，纳税人每次收入超过4 000元的计算公式： 每次收入×（1–20%）×（1–30%） （2）汇算清缴环节，计税依据为全年该项收入的56%，即扣除20%的费用后再减30%并入综合所得
	2.非居民纳税人稿酬所得计税依据 计算公式：每次收入×（1–20）×（1–30%）

续表

（四）经营所得计税依据	经营所得，以每一纳税年度的收入总额减除成本、费用以及损失后的余额，为应纳税所得额 1.收入总额：纳税人从事生产经营以及与生产经营有关的活动取得的货币形式和非货币形式的各项收入，为收入总额。包括：销售货物收入、提供劳务收入、转让财产收入、利息收入、租金收入、接受捐赠收入、其他收入 2.成本：成本是指纳税人在生产经营活动中发生的销售成本、销货成本、业务支出以及其他耗费 3.费用：费用是指纳税人在生产经营活动中发生的销售费用、管理费用和财务费用，已经计入成本的有关费用除外；个体工商户生产经营活动中，应当分别核算生产经营费用和个人、家庭费用。对于生产经营与个人、家庭生活混用难以分清的费用，其40%视为与生产经营有关费用，准予扣除 4.损失：损失是指生产、经营活动中发生的固定资产和存货的盘亏、毁损、报废损失，转让财产损失，坏账损失，自然灾害等不可抗力因素造成的损失以及其他损失 取得经营所得的个人，没有综合所得的，计算其每一纳税年度的应纳税所得额时，应当减除基本费用6万元、专项扣除、专项附加扣除以及依法确定的其他扣除；专项附加扣除在办理汇算清缴时减除 5.从事生产、经营活动，未提供完整、准确的纳税资料，不能正确计算应纳税所得额的，由主管税务机关核定应纳税所得额或者应纳税额
（五）财产租赁所得计税依据	财产租赁所得，每次收入不超过4 000元的，减除费用800元；4 000元以上的，减除20%的费用，其余额为应纳税所得额。个人出租财产取得的财产租赁收入，在计算缴纳个人所得税时，应依次扣除以下费用： （1）财产租赁过程中缴纳的税金、教育费附加等 （2）由纳税人负担的该出租财产实际开支的修缮费用 （3）允许扣除的修缮费用，以每次800元为限，一次扣除不完的，准予在下一次继续扣除，直到扣完为止
（六）财产转让所得计税依据	财产转让所得，以转让财产的收入额减除财产原值和合理费用后的余额，为应纳税所得额 1.个人转让有价证券所得计税依据 有价证券，为买入价以及买入时按照规定交纳的有关费用 （1）个人转让债券计税依据： 转让债券，采用加权平均法确定其应予减除的财产原值和合理费用 （2）个人转让上市公司限售股的所得计税依据： 计算公式：限售股转让收入-（限售股原值+合理税费） 2.建筑物，为建造费或者购进价格以及其他有关费用 3.土地使用权，为取得土地使用权所支付的金额、开发土地的费用以及其他有关费用 4.机器设备、车船，为购进价格、运输费、安装费以及其他有关费用 5.其他财产，参照前款规定的方法确定财产原值 纳税人未提供完整、准确的财产原值凭证，不能按照《个人所得税法实施条例》第十六条第一款规定的方法确定财产原值的，由主管税务机关核定财产原值 合理费用，是指卖出财产时按照规定支付的有关税费
（七）利息、股息、红利所得和偶然所得计税依据	利息、股息、红利所得和偶然所得，以每次收入额为应纳税所得额

四、税收优惠的检查

（一）法定免征个人所得税项目	下列各项个人所得，免征个人所得税： 1.省级人民政府、国务院部委和中国人民解放军军以上单位，以及外国组织、国际组织颁发的科学、教育、技术、文化、卫生、体育、环境保护等方面的奖金 2.国债和国家发行的金融债券利息 3.按照国家统一规定发给的补贴、津贴 4.福利费、抚恤金、救济金 5.保险赔款 6.军人的转业费、复员费、退役金 7.按照国家统一规定发给干部、职工的安家费、退职费、基本养老金或者退休费、离休费、离休生活补助费 8.依照有关法律规定应予免税的各国驻华使馆、领事馆的外交代表、领事官员和其他人员的所得 9.中国政府参加的国际公约、签订的协议中规定免税的所得 10.国务院规定的其他免税所得
（二）法定减征个人所得税的项目	有下列情形之一的，可以减征个人所得税，具体幅度和期限由省、自治区、直辖市人民政府规定，并报同级人民代表大会常务委员会备案： 1.残疾、孤老人员和烈属的所得 2.因自然灾害遭受重大损失的
（三）其他减免个人所得税的项目	暂免征收个人所得税的包括： 1.外籍个人以非现金形式或实报实销形式取得的住房补贴、伙食补贴、搬迁费、洗衣费 2.外籍个人按合理标准取得的境内、外出差补贴 3.外籍个人取得的探亲费、语言训练费、子女教育费等，经当地税务机关审核批准为合理的部分 4.个人举报、协查各种违法、犯罪行为而获得的奖金 5.个人办理代扣代缴税款手续，按规定取得的扣缴手续费 6.个人转让自用达5年以上并且是唯一的家庭生活用房取得的所得 7.达到离休、退休年龄，但确因工作需要，适当延长离休退休年龄的高级专家，其在延长离休退休期间的工资、薪金所得，视同退休工资、离休工资 8.外籍个人从外商投资企业取得的股息、红利所得 9.达到离休、退休年龄，但确因工作需要，适当延长离休、退休年龄的高级专家（指享受国家发放的政府特殊津贴的专家、学者），其在延长离休、退休期间的工资、薪金所得，视同离休费、退休费 10.自2008年10月9日起，对储蓄存款利息所得，暂免征收个人所得税 11.对法律援助人员按照《中华人民共和国法律援助法》规定获得的法律援助补贴 12.个人实际领（支）取原提存的基本养老保险金、基本医疗保险金、失业保险金和住房公积金时 13.生育妇女按照县级以上人民政府根据国家有关规定制定的生育保险办法，取得的生育津贴、生育医疗费或其他属于生育保险性质的津贴、补贴 14.对工伤职工及其近亲属按照《工伤保险条例》规定取得的工伤保险待遇 15.对退役士兵按照《退役士兵安置条例》规定取得的一次性退役金以及地方政府发放的一次性经济补助 16.对个人取得的2012年及以后年度发行的地方政府债券利息收入

续表

（三）其他减免个人所得税的项目	17.对个人投资者持有2019—2027年发行的铁路债券取得的利息收入，减按50%计入应纳税所得额计算征收个人所得税 18.职工从依照国家有关法律规定宣告破产的企业取得的一次性安置费收入 19.对个人转让境内上市公司的股票转让所得 20.自2018年11月1日（含）起，对个人转让全国中小企业股份转让系统（新三板）挂牌公司非原始股取得的所得 21.个体工商户或个人专营种植业、养殖业、饲养业、捕捞业；对进入各类市场销售自产农产品的农民取得的所得 22.自2022年10月1日至2025 年12月 31日对出售自有住房并在现住房出售后1年内在市场重新购买住房的纳税人，对其出售现住房已缴纳的个人所得税予以退税

五、特殊计税方法的检查

（一）工资薪金所得特殊计税方法	1.纳税人取得的全年一次性奖金计税方法： （1）居民个人取得全年一次性奖金，在2027年12月31日前，可选择不并入当年综合所得，以全年一次性奖金收入除以12个月得到的数额，按照按月换算后的综合所得税率表，确定适用税率和速算扣除数，单独计算纳税 居民个人取得全年一次性奖金在2027年12月31日前，也可以选择并入当年综合所得计算纳税 （2）实行年薪制和绩效工资的单位，居民个人取得年终兑现的年薪和绩效工资按上述方法执行 （3）居民个人取得除全年一次性奖金以外的其他各种名目奖金，如半年奖、季度奖、加班奖、先进奖、考勤奖等，一律与当月工资、薪金收入合并，按税法规定缴纳个人所得税 （4）在一个纳税年度内，对每一个纳税人，该计税方法只允许采用一次 2.从特定行业取得工资、薪金所得的计税方法： 一个纳税年度内在船航行时间累计满183天的远洋船员，其取得的工资薪金收入减按50%计入应纳税所得额，依法缴纳个人所得税 3.对个人取得的经济补偿金的计税方法： 个人与用人单位解除劳动关系取得一次性补偿收入（包括用人单位发放的经济补偿金、生活补助费和其他补助费），在当地上年职工平均工资3倍数额以内的部分，免征个人所得税；超过3倍数额的部分，不并入当年综合所得，单独适用综合所得税率表，计算纳税
（二）单位或个人为纳税人负担税款的计税方法	1.单位或个人为纳税义务人负担个人所得税税款，应将纳税义务人取得的不含税收入换算为应纳税所得额，计算征收个人所得税。计算公式： 应纳税所得额=（不含税收入额－费用扣除标准－速算扣除数）÷（1－税率） 应纳税额=应纳税所得额×适用税率－速算扣除数 2.雇主为雇员负担税款的计算方法： （1）雇主为其雇员定额负担税款的，应将雇员取得的工资、薪金所得换算成应纳税所得额后，计算征收个人所得税。计算公式： 应纳税所得额=雇员取得的工资+雇主代雇员负担的税款－费用扣除标准

续表

（二）单位或个人为纳税人负担税款的计税方法	（2）雇主为其雇员负担一定比例的工资应纳的税款或者负担一定比例的实际应纳税款的，应将国税发〔1994〕89号文件第十四条规定的不含税收入额计算应纳税所得额的公式中“不含税收入额”替换为“未含雇主负担的税款的收入额”，同时将速算扣除数和税率两项分别乘以上述的“负担比例”，按此调整后的公式，以其未含雇主负担的税款的收入额换算成应纳税所得额，计算应纳税款。即： 应纳税所得额=（未含雇主负担的税款的收入额－费用扣除标准－速算扣除数×负担比例）÷（1－税率×负担比例） 应纳税额=应纳税所得额×适用税率－速算扣除数
（三）应纳税额抵扣	1.居民个人应当依照《个人所得税法》及其实施条例规定，按照以下方法计算当期境内和境外所得应纳税额： （1）居民个人来源于中国境外的综合所得，应当与境内综合所得合并计算应纳税额 （2）居民个人来源于中国境外的经营所得，应当与境内经营所得合并计算应纳税额。居民个人来源于境外的经营所得，按照《个人所得税法》及其实施条例的有关规定计算的亏损，不得抵减其境内或他国（地区）的应纳税所得额，但可以用来源于同一国家（地区）以后年度的经营所得按中国税法规定弥补 （3）居民个人来源于中国境外的利息、股息、红利所得，财产租赁所得，财产转让所得和偶然所得（以下称其他分类所得），不与境内所得合并，应当分别单独计算应纳税额 2.居民个人在一个纳税年度内来源于中国境外的所得，依照所得来源国家（地区）税收法律规定在中国境外已缴纳的所得税税额允许在抵免限额内从其该纳税年度应纳税额中抵免 居民个人来源于一国（地区）的综合所得、经营所得以及其他分类所得项目的应纳税额为其抵免限额，按照下列公式计算： （1）来源于一国（地区）综合所得的抵免限额=中国境内和境外综合所得依照本公告[①]第二条规定计算的综合所得应纳税额×来源于该国（地区）的综合所得收入额÷中国境内和境外综合所得收入额合计 （2）来源于一国（地区）经营所得的抵免限额=中国境内和境外经营所得依照本公告第二条规定计算的经营所得应纳税额×来源于该国（地区）的经营所得应纳税所得额÷中国境内和境外经营所得应纳税所得额合计 （3）来源于一国（地区）其他分类所得的抵免限额=该国（地区）的其他分类所得依照本公告第二条规定计算的应纳税额 （4）来源于一国（地区）所得的抵免限额=来源于该国（地区）综合所得抵免限额+来源于该国（地区）经营所得抵免限额+来源于该国（地区）其他分类所得抵免限额 3.可抵免的境外所得税税额，是指居民个人取得境外所得，依照该所得来源国（地区）税收法律应当缴纳且实际已经缴纳的所得税性质的税额。可抵免的境外所得税额不包括以下情形： （1）按照境外所得税法律属于错缴或错征的境外所得税税额 （2）按照我国政府签订的避免双重征税协定以及内地与香港、澳门签订的避免双重征税安排（以下统称税收协定）规定不应征收的境外所得税税额 （3）因少缴或迟缴境外所得税而追加的利息、滞纳金或罚款 （4）境外所得税纳税人或者其利害关系人从境外征税主体得到实际返还或补偿的境外所得税税款 （5）按照我国《个人所得税法》及其实施条例规定，已经免税的境外所得负担的境外所得税税款

① 此处是指《关于境外所得有关个人所得税政策的公告》（财政部 税务总局公告 2020 年第 3 号）。

续表

（四）股票期权所得个人所得税	1.员工接受实施股票期权计划企业授予的股票期权时，除另有规定外，一般不作为应税所得 2.员工行权时，其从企业取得股票的实际购买价（施权价）低于购买日公平市场价（指该股票当日的收盘价，下同）的差额，是因员工在企业的表现和业绩情况而取得的与任职、受雇有关的所得，应按“工资、薪金所得”适用的规定计算缴纳个人所得税 对因特殊情况，员工在行权日之前将股票期权转让的，以股票期权的转让净收入，作为工资薪金所得征收个人所得税 员工行权日所在期间的工资薪金所得，应按下列公式计算工资薪金应纳税所得额：股票期权形式的工资薪金应纳税所得额=（行权股票的每股市场价－员工取得该股票期权支付的每股施权价）× 股票数量 3.员工将行权后的股票再转让时获得的高于购买日公平市场价的差额，是因个人在证券二级市场上转让股票等有价证券而获得的所得，应按照“财产转让所得”适用的征免规定计算缴纳个人所得税 4.员工因拥有股权而参与企业税后利润分配取得的所得，应按照“利息、股息、红利所得”适用的规定计算缴纳个人所得税

本章练习及答案解析

一、单项选择题

1.对个人所得税的检查，首先需要判定个人是居民纳税人还是非居民纳税人。下面关于个人所得税居民纳税人的判定标准，描述正确的是（　）。

A.居民纳税人是指在中国境内有固定住所的个人

B.居民纳税人仅需就其在中国境内取得的所得缴纳个人所得税

C.居民纳税人是指一个纳税年度内在中国居住累计满183天以上的个人

D.居民纳税人无论在何地取得所得，都应向中国缴纳个人所得税

【答案】D

【解析】根据《个人所得税法》的规定，居民纳税人是指在中国境内有住所，或者无住所而在一个纳税年度内在中国境内居住累计满183天的个人。居民纳税人负有全球纳税义务，即不论其所得来源于中国境内还是境外，都应向中国缴纳个人所得税。因此，选项D正确。

2.对个人所得税进行检查时，对非居民纳税义务人的检查重点是非居民纳税人的纳税情况，下列关于非居民纳税人的描述，正确的是（　）。

A.非居民纳税人是指在中国境内没有固定住所的个人

B.非居民纳税人只需对其在中国境内取得的工资薪金所得缴税

C.非居民纳税人是指一个纳税年度内在中国居住不满183天的个人

D.非居民纳税人从中国境外取得的所得，也需要向中国缴税

【答案】C

【解析】根据《个人所得税法》和《个人所得税法实施条例》规定，非居民纳税人是指在一个纳税年度内，在中国境内居住累计不满183天的个人，或者在境内无住所又不居住的个人。非居民纳税人承担有限纳税义务，仅需就其在中国境内取得的所得缴纳个人所得税。因此，选项C正确，而选项B和D错误。选项A不全面，因为没有考虑到居住时间的因素。

3.由于我国个人所得税制属于综合分类制，因此检查人员在检查个人所得税时，要对纳税人的所得项目进行判断归类。按照现行《个人所得税法》的规定，下列各项表述中正确的是（　）。

A.个人独资企业的投资者张先生用企业资金为其本人购买汽车，该财产购置支出应按“利息、股息、红利所得”项目计征个人所得税

B.个人对企事业单位承包、承租经营，无论采用何种形式经营，一律按“经营所得”项目征收个人所得税

C.个人经政府有关部门批准，取得执照从事办学、医疗等活动，应按“经营所得”项目征收个人所得税

D.任职、受雇于报纸、杂志等单位的记者、编辑等专业人员，因在本单位的报刊、杂志上发表作品取得的所得，应按照“稿酬所得”项目缴纳个人所得税

【答案】C

【解析】根据财税〔2003〕158号规定，选项A，个人独资企业的投资者张某以企业资金为其本人购买汽车和住房，该财产购置支出应按“经营所得”项目计征个人所得税；选项B，个人对企事业单位承包、承租经营，要分不同情况，分别按“工资、薪金所得”“企事业单位的承包经营、承租经营所得”项目征个人所得税；根据国税发〔1994〕89号文规定，选项D，任职、受雇于报纸、杂志等单位的记者、编辑等专业人员，因在本单位的报刊、杂志上发表作品取得的所得，属于因任职、受雇而取得的所得，应与其当月工资收入合并，按“工资、薪金所得”项目征收个人所得税。

4.某市税务稽查局开展个人房屋租赁所得个人所得税纳税情况专项检查时，下列关于财产租赁所得的说法，正确的是（　）。

A.在确定财产租赁所得的纳税人时，产权所有人死亡，在未办理产权继承手续期

间，该财产出租而有租金收入的，由主管税务机关根据实际情况确定

B.对租金收入计征的附加税费，允许从税前收入中扣除

C.在确认财产租赁所得的纳税人时，应以产权凭证为依据，对无产权凭证的，以领取租金的个人为纳税人

D.由纳税人负担的出租财产实际开支的修缮费用，不得从收入中扣除

【答案】B

【解析】根据《个人所得税法》和《个人所得税法实施条例》规定，选项A，是以领取租金的个人为纳税义务人；选项C，无产权凭证的，由主管税务机关根据实际情况确定；根据国税函〔2009〕639号规定，选项D，由纳税人负担的出租财产实际开支的修缮费用，准予从收入中扣除。

5.在对某上市公司个人所得税检查中发现：2022年1月某上市公司实施股权激励，员工于某以1元/股的价格取得该公司的限制性股票5万股，该股票在中国证券登记结算公司登记日收盘价为4元/股，2023年12月解禁股票3万股，解禁当日收盘价7元/股。暂不考虑交易环节发生的相关税费。于某本次解禁股票的应纳税所得额是（　）元。

A. 135 000　　B. 147 000　　C. 180 000　　D. 286 000

【答案】A

【解析】根据国税函〔2009〕461号文件规定，原则上应在限制性股票所有权归属于被激励对象时确认其限制性股票所得的应纳税所得额。即上市公司应以被激励对象限制性股票在中国证券登记结算公司（境外为证券登记托管机构）进行股票登记日期的股票市价和本批次解禁股票当日市价的平均价格，乘以本批次解禁股票份数，减去被激励对象本批次解禁股份数所对应的为获取限制性股票实际支付资金数额，其差额为应纳税所得额。具体计算公式为：应纳税所得额=（股票登记日股票市价+本批次解禁股票当日市价）÷2×本批次解禁股票份数−被激励对象实际支付的资金总额×（本批次解禁股票份数÷被激励对象获取的限制性股票总份数），应纳税所得额=（4+7）÷2×30 000−50 000×（30 000/50 000）=135 000（元）。

6.在对居民张先生个人所得税检查中发现，张先生购买“打包”债权实际支出为40万元，2023年3月处置该债权的40%，处置收入25万元，在债权处置过程中发生评估费用2万元。张先生处置“打包”债权应缴纳个人所得税是（　）万元。

A. 1.20　　B. 1.40　　C. 1.56　　D. 1.80

【答案】B

【解析】根据国税发〔1994〕89号规定，处置债权成本费用=个人购置“打包”债权实际支出×当次处置债权账面价值（或拍卖机构公布价值）；“打包”债权账面价值（或拍卖机构公布价值）、个人购买和处置债权过程中发生的拍卖招标手续费、诉讼费、审计评估费以及缴纳的税金等合理税费，在计算个人所得税时允许扣除。处置债权成本费用=40×40%=16（万元），应缴纳个人所得税=（25–16–2）×20%=1.4（万元）。

7.根据《个人所得税法》规定，居民个人应就其来源于中国境内、境外的所得缴纳个人所得税，非居民纳税人仅就来源于中国境内的所得缴纳个人所得税。下列关于中国境内所得表述正确的是（　）。

A.居民纳税人转让非专利技术在中国境外使用的所得

B.中国公民在境外取得的提供各种劳务的劳务报酬所得

C.将财产出租给承租人在中国境外使用而取得的所得

D.转让中国境内的建筑物给外国人取得的所得

【答案】D

【解析】根据《个人所得税法实施条例》规定，除国务院财政、税务主管部门另有规定外，下列所得，不论支付地点是否在中国境内，均为来源于中国境内的所得：

（1）因任职、受雇、履约等在中国境内提供劳务取得的所得；

（2）将财产出租给承租人在中国境内使用而取得的所得；

（3）许可各种特许权在中国境内使用而取得的所得；

（4）转让中国境内的不动产等财产或者在中国境内转让其他财产取得的所得；

（5）从中国境内企业、事业单位、其他组织以及居民个人取得的利息、股息、红利所得。因此选项A、选项B和选项C不正确，选项D正确。

8.在对上海某企业个人所得税检查时，发现员工汤姆是美国某公司派到我国企业工作，汤姆于2023年2月1日来华，工作时间3个月，于5月31日离开，后因技术问题，汤姆于2023年7月1日再次来华，于2024年3月1日离开，汤姆工资由美方支付，月工资合人民币30 000元，汤姆2023年应在我国缴纳的个人所得税是（　）元。

A. 0　　B. 58 080　　C. 45 180　　D. 31 080

【答案】D

【解析】根据财政部 税务总局公告2019年第34号、财政部 税务总局公告2019年第35号等文件规定，在境内居住满183天的年度连续不满6年的无住所个人，其取得的全部工资薪金所得，除归属于境外工作期间且由境外单位或者个人支付的工资薪金所得部分外，均应计算缴纳个人所得税。本题汤姆属于无住所居民个人，且2019年在境内居住满183天的年度连续不满6年。因此，汤姆1月份工资薪金收入额=30 000×（1−30 000/30 000×31/31）=0，2—5月份工资薪金收入额=30 000×（1−30 000/30 000×0/31）×4=120 000（元），6月工资薪金收入额=30 000×（1−30 000/30 000×30/30）=0，7—12月工资薪金收入额=30 000×（1−30 000/30 000×0/31）×6=180 000（元），全年合计工资薪金收入额=120 000+180 000=300 000（元），需在中国缴纳税款=（300 000−60 000）×20%−16 920=31 080（元）。

9.在检查孙先生个人所得税纳税情况时，了解到孙先生是中国居民，自由撰稿人。2023年出版著作一部取得稿酬200 000元，当年添加印数而追加稿酬30 000元，孙先生无其他收入也无符合规定的扣除项目。2023年孙先生关于稿酬应缴纳的个人所得税是（　　）元。

A. 25 760　　B. 4 360　　C. 10 360　　D. 0

【答案】B

【解析】根据国税发〔1994〕89号规定，个人每次以图书、报刊方式出版、发表同一作品（文字作品、书画作品、摄影作品以及其他作品），无论出版单位是预付还是分笔支付稿酬，或者加印该作品后再付稿酬，均应合并其稿酬所得按一次计征个人所得税。根据《个人所得税法》规定，2023年孙先生关于稿酬应缴纳个人所得税=［（200 000+30 000）×（1−20%）×（1−30%）−60 000］×10%−2 520=4 360（元）。

10.下面关于个人非货币性资产投资的所得税检查，表述不符合政策规定的是（　　）。

A.个人以非货币性资产投资，属于个人转让非货币性资产和投资同时发生，对个人转让非货币性资产的所得，应按照“财产转让所得”项目，依法计算缴纳个人所得税

B.个人以非货币性资产投资交易过程中取得现金补价的，应纳的个人所得税分5年均匀缴纳

C.个人以非货币性资产投资，应按评估后的公允价值确认非货币性资产转让收入

D.个人以非货币性资产投资，应于非货币性资产转让、取得被投资企业股权时，确认非货币性资产转让收入的实现

【答案】B

【解析】根据财税〔2015〕41号文规定："一、个人以非货币性资产投资，属于个人转让非货币性资产和投资同时发生。对个人转让非货币性资产的所得，应按照'财产转让所得'项目，依法计算缴纳个人所得税。二、个人以非货币性资产投资，应按评估后的公允价值确认非货币性资产转让收入。非货币性资产转让收入减除该资产原值及合理税费后的余额为应纳税所得额。个人以非货币性资产投资，应于非货币性资产转让、取得被投资企业股权时，确认非货币性资产转让收入的实现。三、个人应在发生上述应税行为的次月15日内向主管税务机关申报纳税。纳税人一次性缴税有困难的，可合理确定分期缴纳计划并报主管税务机关备案后，自发生上述应税行为之日起不超过5个公历年度内（含）分期缴纳个人所得税。四、个人以非货币性资产投资交易过程中取得现金补价的，现金部分应优先用于缴税；现金不足以缴纳的部分，可分期缴纳。"B选项表述不符合政策规定。

11.在对企业个人所得税进行检查时，关于个人股票期权所得的征税规定，对员工行权时，从企业取得股票的实际购买价（施权价）低于购买日公平市场价的差额，应按（　）计算缴纳个人所得税。

A.财产转让所得　　B.劳务报酬所得

C.工资、薪金所得　　D.利息、股息、红利所得

【答案】C

【解析】根据财税〔2005〕35号文"员工行权时，其从企业取得股票的实际购买价（施权价）低于购买日公平市场价（指该股票当日的收盘价，下同）的差额，是因员工在企业的表现和业绩情况而取得的与任职、受雇有关的所得，应按'工资、薪金所得'适用的规定计算缴纳个人所得税"规定，故C选项正确。

12.在对甲企业个人所得税检查时发现，职工李先生2024年1月工资薪金收入11 000元，符合扣除标准的"三险一金"为2 000元/月。2024年1月，甲企业统一给员工购买了每人每年3 000元符合规定的商业健康保险，则1月李先生应缴纳的个人所得税是（　）元。

A. 114　　B. 120　　C. 204　　D. 210

【答案】D

【解析】根据个人所得税法及实施条例、财税〔2015〕126号"单位统一组织为员工购买或者单位和个人共同负担购买符合规定的健康保险产品，单位负担部分应

当实名计入个人工资薪金明细清单，视同个人购买，并自购买产品次月起，在不超过200元/月的标准内按月扣除”，李先生1月应纳个人所得税=（11 000+3 000−5 000−2 000）×3%=210（元）。

13.在对某律师事务所个人所得税检查时发现：雇员律师张先生每月工资5 000元，同时与单位签订分成协议，每笔案件按收入的30%取得分成收入，2023年3月张律师成功办理了一个案件取得收入50 000元，在办理案件过程中支付了相关的交通费、资料费共计5 000元。2023年3月律师A应预扣预缴个人所得税税额是（　）元。

A. 2 340　　B. 1 970　　C. 315　　D. 2 350

【答案】C

【解析】根据国税发〔2000〕149号文“四、律师事务所支付给雇员（包括律师及行政辅助人员，但不包括律师事务所的投资者，下同）的所得，按‘工资、薪金所得’应税项目征收个人所得税。五、作为律师事务所雇员的律师与律师事务所按规定的比例对收入分成，律师事务所不负担律师办理案件支出的费用（如交通费、资料费、通信费及聘请人员等费用），律师当月的分成收入按本条第二款的规定扣除办理案件支出的费用后，余额与律师事务所发给的工资合并，按‘工资、薪金所得’应税项目计征个人所得税。律师从其分成收入中扣除办理案件支出费用的标准，由各省税务局根据当地律师办理案件费用支出的一般情况、律师与律师事务所之间的收入分成比例及其他相关参考因素，在律师当月分成收入的30%比例内确定”规定，因此，

累计预扣预缴应纳税所得额=5 000×3+50 000×30%×（1−30%）−5 000×3=10 500（元）

累计预扣预缴应纳税额=10 500×3%=315（元）

3月份应预扣预缴税额=315−0=315（元）

14.下列关于年金的个人所得税检查，表述正确的是（　）。

A.企业年金单位缴费部分，计入个人账户的，应视为个人1个月的工资缴纳个人所得税

B.按年缴纳年金的企业缴费部分，应按照全年一次性奖金的计税方法缴纳个人所得税

C.个人按本人缴费工资计税基数的5%缴纳的年金，在计算个人所得税时可全额扣除

D.企业根据国家有关政策规定的办法和标准，为本单位全体职工缴付的企业年金

单位缴费部分，在计入个人账户时，暂不缴纳个人所得税

【答案】D

【解析】根据财税〔2013〕103号“一、企业年金和职业年金缴费的个人所得税处理：1.企业和事业单位（以下统称单位）根据国家有关政策规定的办法和标准，为在本单位任职或者受雇的全体职工缴付的企业年金或职业年金（以下统称年金）单位缴费部分，在计入个人账户时，个人暂不缴纳个人所得税。2.个人根据国家有关政策规定缴付的年金个人缴费部分，在不超过本人缴费工资计税基数的4%标准内的部分，暂从个人当期的应纳税所得额中扣除。3.超过本通知第一条第1项和第2项规定的标准缴付的年金单位缴费和个人缴费部分，应并入个人当期的工资、薪金所得，依法计征个人所得税。税款由建立年金的单位代扣代缴，并向主管税务机关申报解缴。4.企业年金个人缴费工资计税基数为本人上一年度月平均工资。月平均工资按国家统计局规定列入工资总额统计的项目计算。月平均工资超过职工工作地所在设区城市上一年度职工月平均工资300%以上的部分，不计入个人缴费工资计税基数”，只有选项D正确。

15.某市稽查局在对甲企业个人所得税检查中发现，该企业2023年建造住宅楼一幢，建造成本每平方米4 000元，但是以每平方米3 400元的价格销售给本企业职工。该企业职工张某2023年5月购买的房屋面积是100平方米，张某5月应缴纳的个人所得税是（　）元。

A. 3 480　　B. 8 875　　C. 11 530　　D. 5 790

【答案】D

【解析】根据财税〔2007〕13号文第三条规定：不并入当年综合所得，按照全年一次性奖金征税的办法，计算征税个人所得税。即以差价收入除以12个月得到的数额，按照月度税率表确定适用税率和速算扣除数，单独计算纳税。计算公式为：应纳税额=职工实际支付的购房价款低于该房屋的购置或建造成本价格的差额×适用税率–速算扣除数，低价购买住房应纳税所得额=（3 000–2 400）×100=60 000（元），60 000÷12=5 000（元），适用的税率和速算扣除数分别为10%、210元。应纳税额=60 000×10%–210=5 790元。D选项正确。

16.在对个人所得税征税范围进行检查中，下列事项应按照“利息、股息、红利所得”缴纳个人所得税的是（　）。

A.出租汽车经营单位将出租车所有权转移给驾驶员的，出租车驾驶员从事客货运

营取得的收入

B.员工因拥有股权而参与企业税后利润分配取得的所得

C.单位为职工支付的超过规定标准的基本养老保险

D.非本单位报纸、杂志的专业人员在本单位的报刊、杂志上发表作品取得的所得

【答案】B

【解析】根据国税发〔1995〕50号第六条第三款规定，选项A，出租汽车经营单位将出租车所有权转移给驾驶员的，出租车驾驶员从事客货运营取得的收入，比照“经营所得”项目征税；根据财税〔2006〕10号第一条第二款“企事业单位和个人超过规定的比例和标准缴付的基本养老保险费、基本医疗保险费和失业保险费，应将超过部分并入个人当期的工资、薪金收入，计征个人所得税”，选项C应按“工资、薪金所得”缴纳个人所得税；根据个人所得税实施条例关于稿酬所得规定，选项D应按“稿酬所得”项目征收个人所得税，故B选项正确。

17.在关于量化资产个人所得税检查中，以下关于量化资产个人所得税方面政策的表述，正确的是（　　）。

A.职工个人以股份形式取得的拥有所有权的企业量化资产，征收个人所得税

B.职工个人将股份转让时，就其转让收入额，减除个人取得该股份时实际支付的费用支出和合理转让费用后的余额按“财产转让所得”项目计征个人所得税

C.职工个人以股份形式取得的企业量化资产参与企业分配获得股息，按取得“工资、薪金”项目征收个人所得税

D.对职工个人以股份形式取得的量化资产仅作为分红依据，不拥有所有权的企业量化资产，征收个人所得税

【答案】B

【解析】根据国税发〔2000〕60号“一、对职工个人以股份形式取得的仅作为分红依据，不拥有所有权的企业量化资产，不征收个人所得税。二、对职工个人以股份形式取得的拥有所有权的企业量化资产，暂缓征收个人所得税；待个人将股份转让时，就其转让收入额，减除个人取得该股份时实际支付的费用支出和合理转让费用后的余额，按‘财产转让所得’项目计征个人所得税。三、对职工个人以股份形式取得的企业量化资产参与企业分配而获得的股息、红利，应按‘利息、股息、红利’项目征收个人所得税”，只有选项B正确。

18.李某为苏州某中小高新技术企业股东，持有该公司股份50万股，2023年7月，

公司经股东大会决定以未分配利润、盈余公积、资本公积向个人股东转增股本，李某获得转增的股本20万元，李某应缴纳的个人所得税是（　）元。

A. 20 000　　B. 40 000　　C. 0　　D. 10 000

【答案】B

【解析】根据财税〔2015〕116号文的规定，自2016年1月1日起，全国范围内的中小高新技术企业以未分配利润、盈余公积、资本公积向个人股东转增股本时，个人股东获得转增的股本，应按照“利息、股息、红利所得”项目，适用20%税率征收个人所得税。李某应纳个人所得税=200 000×20%=40 000（元）。

19. 王先生2022年8月购买某上市公司的股票10 000股，该上市公司2021年度的利润方案为每10股送3股，并于2023年1月份实施，该股票的面值为每股1元。上市公司应扣缴王某的个人所得税是（　）元。

A. 300　　B. 600　　C. 1 500　　D. 3 000

【答案】A

【解析】根据财税〔2012〕85号文“个人从公开发行和转让市场取得的上市公司股票，持股期限在1个月以内（含1个月）的，其股息红利所得全额计入应纳税所得额；持股期限在1个月以上至1年（含1年）的，暂减按50%计入应纳税所得额；持股期限超过1年的，暂减按25%计入应纳税所得额”，王先生持有股票超过半年，不足一年，因此应缴个人所得税=10 000÷10×3×1×50%×20%=300（元）。

20. 在对合伙企业甲进行个人所得税检查中，发现甲的个人投资者以企业资金为子女购买汽车所发生的支出20万元，该项支出应计征个人所得税的项目是（　）。

A. 劳务报酬所得　　B. 工资、薪金所得

C. 个体工商户生产、经营所得　　D. 利息、股息、红利所得

【答案】C

【解析】根据财税〔2003〕158号第一条“对个人独资企业、合伙企业的个人投资者或其家庭成员取得的房屋或其他财产，视为企业对个人投资者的利润分配，按照‘个体工商户的生产、经营所得’项目计征个人所得税”，C选项正确。

21. 在个人所得税征税范围检查中，下列各项应按“经营所得”项目征税的是（　）。

A. 个人因从事彩票代销业务而取得的所得

B.个人因专利权被侵害获得的经济赔偿所得

C.法人企业的个人投资者以企业资金为本人购买的汽车

D.出租汽车经营单位对出租车驾驶员采取单车承包或承租方式运营，出租车驾驶员从事客货营运取得的所得

【答案】A

【解析】根据《个人所得税法实施条例》关于特许权使用费所得规定，选项B，个人因专利权被侵害获得的经济赔偿所得，按“特许权使用费所得”征收个人所得税；根据财税〔2003〕158号第一条第二款“除个人独资企业、合伙企业以外的其他企业的个人投资者，以企业资金为本人、家庭成员及其相关人员支付与企业生产经营无关的消费性支出及购买汽车、住房等财产性支出，视为企业对个人投资者的红利分配，依照‘利息、股息、红利所得’项目计征个人所得税”，选项C不正确；根据国税发〔1995〕50号第六条第三款“(一)出租汽车经营单位对出租车驾驶员采取单车承包或承租方式运营，出租车驾驶员从事客货运营取得的收入，按工资、薪金所得项目征税”规定，选项D不正确；根据国税函〔2002〕629号“个人因从事彩票代销业务而取得所得，应按照‘个体工商户的生产、经营所得’项目计征个人所得税”，A选项正确。

22. 2023年6月，在对甲个人独资企业个人所得税检查中，发现该企业投资人孙女士于2023年1月从甲企业借款100万元，用于儿子购买住房，在检查时仍未归还。关于该款项计算征收个人所得税，说法正确的是(　　)。

A.综合所得　　B.偶然所得

C.经营所得　　D.利息、股息、红利所得

【答案】C

【解析】根据财税〔2003〕158号“个人独资企业、合伙企业的个人投资者以企业资金为本人、家庭成员及其相关人员支付与企业生产经营无关的消费性支出及购买汽车、住房等财产性支出，视为企业对个人投资者的利润分配，并入投资者个人的生产经营所得，依照‘个体工商户的生产经营所得’项目计征个人所得税”，C选项正确。

23.在检查关于个体工商户税前扣除项目中，下列关于计算个人所得税应纳税所得额扣除项目的表述，正确的是(　　)。

A.个体工商户生产经营费用与其家庭生活费用无法划分，不得扣除

B.个体工商户业主及职工工资不得在税前扣除

C.企业年度内发生的业务招待费超出当年销售收入5‰的部分，可在以后纳税年度内扣除

D.用于个人和家庭的支出，不得扣除

【答案】D

【解析】根据国家税务总局令第35号第十六条"个体工商户生产经营活动中，应当分别核算生产经营费用和个人、家庭费用。对于生产经营与个人、家庭生活混用难以分清的费用，其40%视为与生产经营有关费用，准予扣除"，选项A错误；根据第二十一条"个体工商户实际支付给从业人员的、合理的工资薪金支出，准予扣除。个体工商户业主的工资薪金支出不得税前扣除"，选项B错误；根据第二十八条"个体工商户发生的与生产经营活动有关的业务招待费，按照实际发生额的60%扣除，但最高不得超过当年销售（营业）收入的5‰"规定，选项C错误；根据第十五条（六）"用于个人和家庭的支出不得扣除"规定，选项D正确。

24.在保险公司个人所得税检查中，发现该保险公司以免费旅游方式作为对营销人员（非企业雇员）的个人奖励，则计征个人所得税的税目是（　　）。

A.劳务报酬所得　　B.财产转让所得　　C.偶然所得　　D.工资薪金所得

【答案】A

【解析】根据财税〔2004〕11号文"对商品营销活动中，企业和单位对营销业绩突出人员以培训班、研讨会、工作考察等名义组织旅游活动，通过免收差旅费、旅游费对个人实行的营销业绩奖励（包括实物、有价证券等），应根据所发生费用全额计入营销人员应税所得，依法征收个人所得税，并由提供上述费用的企业和单位代扣代缴。其中，对企业雇员享受的此类奖励，应与当期的工资薪金合并，按照'工资、薪金所得'项目征收个人所得税；对其他人员享受的此类奖励，应作为当期的劳务收入，按照'劳务报酬所得'项目征收个人所得税"的规定，按照劳务报酬所得缴纳个人所得税，A选项正确。

25.在个人所得税所得项目检查中，关于下列收入项目中，根据个人所得税的相关规定，应按"劳务报酬所得"纳税的是（　　）。

A.来源于非任职公司的董事费收入　　B.退休人员再任职取得的收入

C.获取公司科技大赛奖励　　D.在任职公司担任监事的监事费收入

【答案】A

【解析】根据国税发〔1994〕89号文第八条"个人由于担任董事职务所取得的董

事费收入，属于劳务报酬所得性质，按照劳务报酬所得项目征收个人所得税”，A选项正确。个人在公司（包括关联公司）任职、受雇，同时兼任董事、监事的，应将董事费、监事费与个人工资收入合并，统一按工资、薪金所得项目缴纳个人所得税。

26.检查人员在税务检查中，发现某房地产开发企业与张先生签订商铺销售协议，约定将市场价格200万元的商铺以优惠价格150万元出售，张先生在5年内必须将购买的商铺无偿提供给房地产开发企业对外出租使用。根据《个人所得税法》及有关政策规定，对张先生少支出的购房价款50万元，以下表述正确的是（　　）。

A.不需要缴纳个人所得税

B.按照偶然所得项目缴纳个人所得税

C.按照财产转让所得项目缴纳个人所得税

D.按照财产租赁所得项目缴纳个人所得税

【答案】D

【解析】根据国税函〔2008〕576号文“房地产开发企业与商店购买者个人签订协议规定，房地产开发企业按优惠价格出售其开发的商店给购买者个人，但购买者个人在一定期限内必须将购买的商店无偿提供给房地产开发企业对外出租使用。其实质是购买者个人以所购商店交由房地产开发企业出租而取得的房屋租赁收入支付了部分购房价款。根据个人所得税法的有关规定精神，对上述情形的购买者个人少支出的购房价款，应视同个人财产租赁所得，按照‘财产租赁所得’项目征收个人所得税。每次财产租赁所得的收入额，按照少支出的购房价款和协议规定的租赁月份数平均计算确定”，D选项正确。

27.在对上海市民张先生个人所得税检查中，发现张先生有一件拍卖品，经文物部门认定为海外回流文物，财产原值凭证金额栏没有填写金额，拍卖收入为150万元，其应缴纳的个人所得税是（　　）万元。

A. 30　　B. 0　　C. 3　　D. 15

【答案】C

【解析】根据国税发〔2007〕38号“纳税人如不能提供合法、完整、准确的财产原值凭证，不能正确计算财产原值的，按转让收入额的3%征收率计算缴纳个人所得税；拍卖品为经文物部门认定是海外回流文物的，按转让收入额的2%征收率计算缴纳个人所得税”的规定，张先生拍卖品应缴纳的个人所得税=150×2%=3（万元）。

28.在检查财产转让所得个人所得税时，关于确定可扣除的财产原值，下列表述正确的是（　）。

A.拍卖受赠获得的物品，原值为该拍卖品的市场价值

B.拍卖通过拍卖行拍得的物品，原值为拍得该拍卖品实际支付的价款及缴纳的相关税费

C.拍卖祖传的藏品，原值为该拍卖品的评估价值

D.拍卖从画廊购买的油画，原值为该物品拍卖时的公允价值

【答案】B

【解析】国税发〔2007〕38号文“三、个人财产拍卖所得适用‘财产转让所得’项目计算应纳税所得额时，纳税人凭合法有效凭证（税务机关监制的正式发票、相关境外交易单据或海关报关单据、完税证明等），从其转让收入额中减除相应的财产原值、拍卖财产过程中缴纳的税金及有关合理费用。（一）财产原值，是指售出方个人取得该拍卖品的价格（以合法有效凭证为准）。具体为：1.通过商店、画廊等途径购买的，为购买该拍卖品时实际支付的价款；2.通过拍卖行拍得的，为拍得该拍卖品实际支付的价款及交纳的相关税费；3.通过祖传收藏的，为其收藏该拍卖品而发生的费用；4.通过赠送取得的，为其受赠该拍卖品时发生的相关税费；5.通过其他形式取得的，参照以上原则确定财产原值”，选项B正确。

29.澳大利亚籍露丝女士2021年1月20日受派来华工作，2022年3月17 日离境，2022年4月14日又入境，2022年9月26日再次离境，2022年10月9日再一次入境，2023年12月10日离华回国，则该纳税人（　）。

A. 2022年度为居民纳税人，2023年度为非居民纳税人

B. 2023年度为居民纳税人，2022年度为非居民纳税人

C. 2022、2023年度均为非居民纳税人

D. 2022、2023年度均为居民纳税人

【答案】D

【解析】根据《个人所得税法》第一条“在中国境内有住所，或者无住所而一个纳税年度内在中国境内居住累计满183天的个人，为居民个人。居民个人从中国境内和境外取得的所得，依照本法规定缴纳个人所得税。在中国境内无住所又不居住，或者无住所而一个纳税年度内在中国境内居住累计不满183天的个人，为非居民个人。非居民个人从中国境内取得的所得，依照本法规定缴纳个人所得税。纳税年度，自公历1月1日起至12月31日止”，澳大利亚籍露丝女士为2022年、2023年在中国境内居

住累计均已满183天的个人，为居民个人。D选项正确。

30.在对华阳建材公司个人所得税检查中，发现王先生2023年3月份开始承包经营华阳建材公司，在经营过程当中，工商登记仍为华阳建材公司，王先生与该公司签订承包合同，合同规定，王先生每月取得承包收入10 000元（至2023年12月已经取得承包收入100 000元），对公司的经营成果不拥有所有权。王先生没有其他所得，也没有符合条件的专项扣除和专项附加扣除。王先生2023年应缴纳个人所得税（　）元。

A. 2 500　　B. 9 500　　C. 1 480　　D. 3 080

【答案】C

【解析】根据国税发〔1994〕179号文“承包、承租人对企业经营成果不拥有所有权，仅是按合同（协议）规定取得一定所得的，其所得按工资、薪金所得项目征税”，王先生应缴纳个人所得税额=（100 000−60 000）×10%−2 520=1 480（元）

31.在计算个人所得税应纳税所得额扣除的商业健康保险产品检查中，对符合规定的商业健康保险产品，一个纳税年度内允许在税前扣除的限额是（　）。

A. 3 600元/年（300元/月）　　B. 2 400元/年（200元/月）

C. 1 200元/年（100元/月）　　D. 4 800元/年（400元/月）

【答案】B

【解析】根据财税〔2017〕39号第一条规定：自2017年7月1日起，将商业健康保险个人所得税试点政策推广到全国范围实施。对个人购买符合规定的商业健康保险产品的支出，允许在当年（月）计算应纳税所得额时予以税前扣除，扣除限额为2 400元/年（200元/月）。B选项正确。

32.在税务稽查中，出租车经营单位对出租车驾驶员采取单车承包或承租方式运营，出租车驾驶员从事客货运营取得的收入，征收个人所得税的项目是（　）。

A.工资、薪金所得

B.劳务报酬所得

C.对企事业单位的承包经营、承租经营所得

D.个体工商业户的生产、经营所得

【答案】A

【解析】依据是《国家税务总局关于印发〈机动出租车驾驶员个人所得税征收管

理暂行办法〉的通知》(国税发〔1995〕50号)第六条第一款的规定，出租车驾驶员从事出租车运营取得的收入，适用的个人所得税项目为：(一)出租汽车经营单位对出租车驾驶员采取单车承包或承租方式运营，出租车驾驶员从事客货运营取得的收入，按工资、薪金所得项目征税。

33. 在对个人所得税专项附加扣除项目专项检查中，关于纳税人填报3岁以下婴幼儿照护专项附加扣除政策，以下说法不正确的是（　　）。

A. 3岁以下婴幼儿的监护人，包括生父母继父母、养父母，父母之外的其他人担任未成年人的监护人

B. 非亲生父母不可以享受该项政策

C. 婴幼儿子女包括婚生子女、非婚生子女养子女、继子女等受到本人监护的3岁以下婴幼儿

D. 无论婴幼儿在国内还是国外出生，其父母都可以享受扣除

【答案】B

【解析】根据国家税务总局公告2022年第7号及《解读》规定，该项政策的扣除主体是3岁以下婴幼儿的监护人，包括生继父母、养父母，父母之外的其他人担任未成年人的父母、监护人的，可以比照执行。不是亲生父母也可以享受该项政策，但其应当是担任未成年人的监护人。婴幼儿子女包括婚生子女、非婚生子女、养子女、继子女等受到本人监护的3岁以下婴幼儿。无论婴幼儿在国内还是国外出生，其父母都可以享受扣除。选择B选项。

34. 检查人员在对居民个人张女士2023年个人所得税纳税情况检查中发现，张女士主要提供咨询培训服务，2023年全年获取咨询培训收入258 000元，个人按规定缴纳社保及医保共20 000元，有一对龙凤胎，年底已满2岁。根据个人所得税的相关规定，张女士2023年应缴纳个人所得税（　　）元。

A. 7 720　　B. 13 880　　C. 5 320　　D. 10 480

【答案】C

【解析】根据国发〔2023〕13号规定，自2023年1月1日起，3岁以下婴幼儿照护、子女教育专项附加扣除标准，由每个婴幼儿（子女）每月1 000元提高到2 000元。父母可以选择由其中一方按扣除标准的100%扣除，也可以选择由双方分别按50%扣除。根据《个人所得税法》及实施条例规定，张女士2023年应缴纳个人所得税额=［258 000×（1-20%）-60 000-20 000-2 000×12×2］×10%-2 520，C选项正确。

35.在检查某证券公司个人所得税时，证券经纪人王某2023年1月取得的佣金收入8 000元（不含税），则下列关于证券公司1月应扣缴王某个人所得税的计算公式当中，正确的是（　）。

A.[（不含增值税的佣金收入–地方税费）×（1–40%）]×（1–20%）–5 000

B.不含增值税的佣金收入×（1–20%）×（1–25%）–附加税费–5 000

C.[（不含增值税的佣金收入–地方税费）×（1–20%）]×（1–25%）–专项附加扣

D.不含增值税的佣金收入×（1–20%）×（1–40%）–附加税费–专项附加扣

【答案】B

【解析】根据财税〔2018〕164号“保险营销员、证券经纪人取得的佣金收入，属于劳务报酬所得，以不含增值税的收入减除20%的费用后的余额为收入额，收入额减去展业成本以及附加税费后，并入当年综合所得，计算缴纳个人所得税。保险营销员、证券经纪人展业成本按照收入额的25%计算。扣缴义务人向保险营销员、证券经纪人支付佣金收入时，应按照《个人所得税扣缴申报管理办法（试行）》（国家税务总局公告2018年第61号）规定的累计预扣法计算预扣税款”，B选项正确。

二、多项选择题

1.在个人所得税检查中，下列关于按年征税的所得选项中，正确的有（　）。

A.特许权使用费所得

B.利息、股息、红利所得

C.劳务报酬所得

D.经营所得

E.偶然所得

【答案】ACD

【解析】根据《个人所得税法》第十二条第二款规定，纳税人取得利息、股息、红利所得，财产租赁所得，财产转让所得和偶然所得，按月或者按次计算个人所得税，有扣缴义务人的，由扣缴义务人按月或者按次代扣代缴税款。故选项A和选项C属于综合所得应按年计税，选项D经营所得应按年计税。

2.对于上市公司个人所得税的检查，要注意公司采取激励机制为员工发予股票期权的个人所得税税务处理是否正确，下列处理正确的有（　）。

A.员工接受股票期权时，除另有规定外，一般不作为应税所得征税

B.员工在行权日之前，因特殊情况转让的，以股票期权的转让净收入，作为财产转让所得缴纳个人所得税

C.员工行权时，从企业取得股票的实际购买价低于购买日公平市场价的差额，可按“工资、薪金所得”缴纳个人所得税

D.员工将行权之后的股票再转让，获得的高于购买日公平市场价的差额，应按照“财产转让所得”征免个人所得税

E.员工因拥有股权而参与企业税后利润分配的所得，应免征个人所得税

【答案】ACD

【解析】根据财税〔2005〕35号“二、关于股票期权所得性质的确认及其具体征税规定：（一）员工接受实施股票期权计划企业授予的股票期权时，除另有规定外，一般不作为应税所得征税。（二）员工行权时，其从企业取得股票的实际购买价（施权价）低于购买日公平市场价（指该股票当日的收盘价，下同）的差额，是因员工在企业的表现和业绩情况而取得的与任职、受雇有关的所得，应按‘工资、薪金所得’适用的规定计算缴纳个人所得税。对因特殊情况，员工在行权日之前将股票期权转让的，以股票期权的转让净收入，作为工资薪金所得征收个人所得税。员工行权日所在期间的工资薪金所得，应按下列公式计算工资薪金应纳税所得额：股票期权形式的工资薪金应纳税所得额=（行权股票的每股市场价－员工取得该股票期权支付的每股施权价）×股票数量。（三）员工将行权后的股票再转让时获得的高于购买日公平市场价的差额，是因个人在证券二级市场上转让股票等有价证券而获得的所得，应按照‘财产转让所得’适用的征免规定计算缴纳个人所得税。（四）员工因拥有股权而参与企业税后利润分配取得的所得，应按照‘利息、股息、红利所得’适用的规定计算缴纳个人所得税”，选项BE错误，选项ACD正确。

3.在检查个人所得税税前扣除的公益捐赠支出时，要根据捐赠用途与途径等，核查所扣除数额是否符合政策规定。下面关于公益性捐赠支出的描述，正确的有（　　）。

A.个人只有通过中华人民共和国境内公益性社会组织、县级以上人民政府及其部门等国家机关，向教育、扶贫、济困等公益慈善事业的捐赠，可以按照个人所得税法有关规定在计算应纳税所得额时扣除

B.个人通过中华人民共和国境内公益性社会组织、县级以上人民政府及其部门等国家机关，向青少年活动场所的捐赠可以100%扣除

C.个人通过中华人民共和国境内公益性社会组织、县级以上人民政府及其部门等国家机关，向教育事业的捐赠以100%扣除

D.个人通过中华人民共和国境内公益性社会组织、县级以上人民政府及其部门等

国家机关，向青少年活动场所的捐赠可以扣除应纳税所得额的30%

E.个人通过中华人民共和国境内公益性社会组织、县级以上人民政府及其部门等国家机关，向教育事业的捐赠可以扣除应纳税所得额的30%

【答案】BC

【解析】根据财政部 税务总局公告2020年第9号“二、企业和个人直接向承担疫情防治任务的医院捐赠用于应对新型冠状病毒感染的肺炎疫情的物品，允许在计算应纳税所得额时全额扣除”，选项A错误；根据财税〔2000〕21号“一、对公益性青少年活动场所暂免征收企业所得税；对企事业单位、社会团体和个人等社会力量，通过非营利性的社会团体和国家机关对公益性青少年活动场所（其中包括新建）的捐赠，在缴纳企业所得税和个人所得税前准予全额扣除”，选项B正确，选项D错误；根据财税〔2004〕39号“纳税人通过中国境内非营利的社会团体、国家机关向教育事业的捐赠，准予在企业所得税和个人所得税前全额扣除”，选项C正确，选项E错误。

4.在检查综合所得个人所得税年度汇算清缴申报情况时，对纳税人在2023年已依法预缴个人所得税且符合下列情形之一的，无需办理汇算清缴，正确的说法包括（　）。

A.汇算需补税但综合所得收入全年不超过12万元的

B.汇算需补税金额不超过500元的

C.已预缴税额与汇算应纳税额一致的

D.汇算需补税但综合所得收入全年超过12万元的

E.符合汇算退税条件但不申请退税的

【答案】ACE

【解析】根据国家税务总局公告2024年第2号“纳税人在2023年已依法预缴个人所得税且符合下列情形之一的，无需办理汇算：（1）汇算需补税但综合所得收入全年不超过12万元的；（2）汇算需补税金额不超过400元的；（3）已预缴税额与汇算应纳税额一致的；（4）符合汇算退税条件但不申请退税的”，选项ACE正确，选项BD错误。

5.对创投企业个人所得税的检查，要注意创投企业投资基金的核算方式，企业选择按单一投资基金核算的，关于股权转让所得个人所得税的处理，下列说法正确的有（　）。

A.允许一个纳税年度内不同投资项目的所得和损失相互抵减

B.余额大于或等于零的，确认为该基金的年度股权转让所得

C.余额小于零的，按零计算且不能跨年结转

D.不允许扣除基金管理人管理费等费用支出

E.由创投企业在次月15日前代扣代缴个人所得税

【答案】ABCD

【解析】根据财政部 税务总局 国家发展改革委 中国证监会公告2023年第24号"（一）股权转让所得。单个投资项目的股权转让所得，按年度股权转让收入扣除对应股权原值和转让环节合理费用后的余额计算，股权原值和转让环节合理费用的确定方法，参照股权转让所得个人所得税有关政策规定执行；单一投资基金的股权转让所得，按一个纳税年度内不同投资项目的所得和损失相互抵减后的余额计算，余额大于或等于零的，即确认为该基金的年度股权转让所得；余额小于零的，该基金年度股权转让所得按零计算且不能跨年结转。个人合伙人按照其应从基金年度股权转让所得中分得的份额计算其应纳税额，并由创投企业在次年3月31日前代扣代缴个人所得税"，选项ABCD正确，选项E错误。

6.在关于大病医疗扣除项目的检查中，检查人员对下列有关大病医疗支出扣除的叙述，正确的有（　）。

A.未成年子女的大病医疗支出由父母按比例分摊扣除

B.纳税人的大病医疗支出可以由本人和配偶按比例分摊扣除

C.未成年子女的大病医疗支出由父母一方扣除

D.纳税人的大病医疗支出可以由本人扣除

E.纳税人的大病医疗支出可以由配偶扣除

【答案】CDE

【解析】根据国发〔2018〕41号"第十一条 在一个纳税年度内，纳税人发生的与基本医保相关的医药费用支出，扣除医保报销后个人负担（指医保目录范围内的自付部分）累计超过15 000元的部分，由纳税人在办理年度汇算清缴时，在80 000元限额内据实扣除。第十二条 纳税人发生的医药费用支出可以选择由本人或者其配偶扣除；未成年子女发生的医药费用支出可以选择由其父母一方扣除。纳税人及其配偶、未成年子女发生的医药费用支出，按本办法第十一条规定分别计算扣除额"，选项CDE正确，选项A和B错误。

7.在个人所得税中检查中，非居民纳税人取得的下列所得，应依法缴纳个人所得

税的有（　　）。

A.受雇于中国境内的公司而取得工资、薪金所得

B.在中国境内从事生产、经营活动而取得的生产经营所得

C.购买外国债券、股票而取得的所得

D.转让中国境内的房屋而取得的财产转让所得

E.因任职、受雇、履约等在中国境外提供各种劳务取得的劳务报酬所得

【答案】ABD

【解析】根据《个人所得税法》第一条“非居民个人从中国境内取得的所得，依照本法规定缴纳个人所得税”和财政部 税务总局公告2020年第3号“一、下列所得，为来源于中国境外的所得：

（一）因任职、受雇、履约等在中国境外提供劳务取得的所得；

（二）中国境外企业以及其他组织支付且负担的稿酬所得；

（三）许可各种特许权在中国境外使用而取得的所得；

（四）在中国境外从事生产、经营活动而取得的与生产、经营活动相关的所得；

（五）从中国境外企业、其他组织以及非居民个人取得的利息、股息、红利所得；

（六）将财产出租给承租人在中国境外使用而取得的所得；

（七）转让中国境外的不动产、转让对中国境外企业以及其他组织投资形成的股票、股权以及其他权益性资产（以下称权益性资产）或者在中国境外转让其他财产取得的所得。但转让对中国境外企业以及其他组织投资形成的权益性资产，该权益性资产被转让前三年（连续36个公历月份）内的任一时间，被投资企业或其他组织的资产公允价值50%以上直接或间接来自位于中国境内的不动产的，取得的所得为来源于中国境内的所得；

（八）中国境外企业、其他组织以及非居民个人支付且负担的偶然所得；

（九）财政部、税务总局另有规定的，按照相关规定执行。”

选项C和E不属于从我国境内取得的所得，不缴纳个人所得税，选项ABD正确。

8.在检查中，对在下列各情形中，税务机关有权按照合理方法进行纳税调整或核定的有（　　）。

A.个人与其非关联方之间的业务往来不符合独立交易原则而减少本人或者其关联方应纳税额，且无正当理由

B.居民个人和居民企业共同控制的设立在实际税负明显偏低的国家（地区）的企

业，无合理经营需要，对应当归属于居民个人的利润不作分配

C.股权转让中申报的股权转让收入低于初始投资成本或低于取得该股权所支付的价款及相关税费的

D.个人实施其他不具有合理商业目的的安排而未获取不当税收利益的交易

E.将股权无偿让渡给其能提供具有法律效力身份关系兄弟姐妹以及对转让人承担直接赡养义务的养子

【答案】ABD

【解析】根据《个人所得税法》第八条“有下列情形之一的，税务机关有权按照合理方法进行纳税调整：（一）个人与其关联方之间的业务往来不符合独立交易原则而减少本人或者其关联方应纳税额，且无正当理由；（二）居民个人控制的，或者居民个人和居民企业共同控制的设立在实际税负明显偏低的国家（地区）的企业，无合理经营需要，对应当归属于居民个人的利润不作分配或者减少分配；（三）个人实施其他不具有合理商业目的的安排而获取不当税收利益。税务机关依照前款规定作出纳税调整，需要补征税款的，应当补征税款，并依法加收利息”，选项ABD正确。

9.在检查个人与任职有关的收入中，可按全年一次性奖金的计税方法计算缴纳个人所得税的项目有（　）。

A.年终加薪

B.与单位解除劳动关系而取得的一次性补偿收入

C.实行年薪制而兑现的年薪

D.实行绩效工资办法兑现的绩效工资

E.机关单位的年终双薪

【答案】ACDE

【解析】根据国税发〔2005〕9号“五、雇员取得除全年一次性奖金以外的其他各种名目奖金，如半年奖、季度奖、加班奖、先进奖、考勤奖等，一律与当月工资、薪金收入合并，按税法规定缴纳个人所得税”，选项ACDE正确。根据选项财税〔2018〕164号“（一）个人与用人单位解除劳动关系取得一次性补偿收入（包括用人单位发放的经济补偿金、生活补助费和其他补助费），在当地上年职工平均工资3倍数额以内的部分，免征个人所得税；超过3倍数额的部分，不并入当年综合所得，单独适用综合所得税率表，计算纳税”，B选项错误。

10.下列各项个人所得税检查项目中，检查人员对“次”的表述正确的有（　）。

A.劳务报酬所得、稿酬所得、特许权使用费所得，属于一次性收入的，以取得该项收入为一次

B.劳务报酬所得、稿酬所得、特许权使用费所得，属于同一事项连续取得收入的，以每次支付收入为一次

C.特许权使用费所得，以某项使用权的一次转让所取得的收入为一次

D.财产租赁所得，以一个月内取得的收入为一次

E.财产租赁所得，以一年内取得的收入为一次

【答案】ACD

【解析】根据《个人所得税法实施条例》“第十四条　个人所得税法第六条第一款第二项、第四项、第六项所称每次，分别按照下列方法确定：

（一）劳务报酬所得、稿酬所得、特许权使用费所得，属于一次性收入的，以取得该项收入为一次；属于同一项目连续性收入的，以一个月内取得的收入为一次。

（二）财产租赁所得，以一个月内取得的收入为一次。

（三）利息、股息、红利所得，以支付利息、股息、红利时取得的收入为一次。

（四）偶然所得，以每次取得该项收入为一次”，选项ACD正确。

11. 2024年3月，在检查张先生个人所得税缴纳情况中，发现张先生于2024年2月已经退休。3月从银行领取个人养老金资金账户里的资金30 000元，下列说法正确的有（　　）。

A.领取个人养老金资金账户里的资金30 000元不并入综合所得，应单独按照3%的税率计算缴纳个人所得税

B.领取个人养老金资金账户里的资金30 000元并入综合所得，计算缴纳个人所得税

C.领取个人养老金缴纳的个人所得税税款计入“工资、薪金所得”项目

D.领取个人养老金缴纳的个人所得税税款计入“利息、股息、红利所得”项目

E.计入个人养老金资金账户的投资收益暂不征收个人所得税

【答案】ACE

【解析】根据财政部 税务总局公告2022年第34号“一、自2022年1月1日起，对个人养老金实施递延纳税优惠政策。在缴费环节，个人向个人养老金资金账户的缴费，按照12 000元/年的限额标准，在综合所得或经营所得中据实扣除；在投资环节，计入个人养老金资金账户的投资收益暂不征收个人所得税；在领取环节，个人领取的个人养老金，不并入综合所得，单独按照3%的税率计算缴纳个人所得税，其缴纳的

税款计入‘工资、薪金所得’项目”，选项ACE正确。

12. 2023年度，居民纳税人张某取得的下列利息收入中，属于免征个人所得税的选项包括（　）。

A. 个人股票账户证券交易结算资金孳生的利息收入

B. 国债利息收入

C. 国家金融债券利息收入

D. 教育储蓄存款利息收入

E. 企业债券利息收入

【答案】ABCD

【解析】证券市场个人投资者的证券交易结算资金在2008年10月9日后（含10月9日）生的利息所得，暂免征收个人所得税：故A选项正确。国债和国家发行的金融债券利息免征个人所得税，故B、C选项正确。对个人取得的教育储蓄存款利息所得以及国务院财政部门确定的其他专项储蓄存款或储蓄型专项基金存款的利息所得，免征个人所得税。故D选项正确。

13. 根据2023年度个人所得税综合所得汇算清缴的规定，某纳税人在2023年已依法预缴个人所得税。下列情形中，需要办理年度汇算的选项有（　）。

A. 纳税人年度汇算需补税但年度综合所得收入不超过20万元的

B. 纳税人年度汇算可退税600元，但纳税人放弃退税的

C. 纳税人已预缴税额与年度应纳税额一致的

D. 纳税人已预缴税额与年度应纳税额不一致，但需补税500元的

E. 纳税人综合所得收入超过12万元，但汇算需要补税金额为300元的

【答案】AD

【解析】根据国家税务总局公告2024年第2号“三、需要办理汇算的情形。符合下列情形之一的，纳税人需办理汇算：（一）已预缴税额大于汇算应纳税额且申请退税的；（二）2023年取得的综合所得收入超过12万元且汇算需要补税金额超过400元的。因适用所得项目错误或者扣缴义务人未依法履行扣缴义务，造成2023年少申报或者未申报综合所得的，纳税人应当依法据实办理汇算”，选项AD正确。

14. 在对居民纳税人钱女士2023年个人所得税综合所得汇算清缴情况检查中，对钱女士下列扣除事项中，符合居民个人综合所得专项附加扣除标准的选项有（　）。

A. 子女教育支出每个子女每月可扣除2 000元

B.失业保险每月可扣除限额1 000元

C. 3岁以下婴幼儿照护服务每月可扣除2 000元

D.赡养老人支出每月可扣除限额2 500元

E.学历学位继续教育支出每月可扣除400元

【答案】ACE

【解析】根据国发〔2023〕13号“自2023年1月1日起，一、3岁以下婴幼儿照护专项附加扣除标准，由每个婴幼儿每月1 000元提高到2 000元。二、子女教育专项附加扣除标准，由每个子女每月1 000元提高到2 000元。三、赡养老人专项附加扣除标准，由每月2 000元提高到3 000元”，选项AC正确，选项D错误，根据国发〔2018〕41号文“第八条 纳税人在中国境内接受学历（学位）继续教育的支出，在学历（学位）教育期间按照每月400元定额扣除。同一学历（学位）继续教育的扣除期限不能超过48个月。纳税人接受技能人员职业资格继续教育、专业技术人员职业资格继续教育的支出，在取得相关证书的当年，按照3 600元定额扣除”，选项E正确，选项B错误。

15.在对居民换购住房个人所得税退税事项检查中，发现范先生2023年10月享受了换购住房个人所得税退税优惠政策。关于支持居民换购住房有关个人所得税的税收优惠政策，下列说法正确的有（　　）。

A.范先生出售现住房的时间，以不动产权证载明的登记时间为准

B.如果范先生因新购住房的房屋交易合同解除撤销或无效等原因导致不再符合退税政策享受条件的，应当在合同解除、撤销或无效等情形发生的次月7日内向主管税务机关主动缴回已退税款

C.范先生现住房转让金额为该房屋转让的市场成交价格

D.范先生新购住房为新房的，购房金额为范先生在住房城乡建设部门网签备案的购房合同中注明的成交价格

E.范先生新购住房为二手房的，购房金额为房屋的成交价格

【答案】CDE

【解析】根据财政部 税务总局公告2022年第30号“二、所称现住房转让金额为该房屋转让的市场成交价格。新购住房为新房的，购房金额为纳税人在任房城乡建设部网签备案的购房中注明的成交价格：新购住房为二手房的，购房金额为房屋的成交价格”和国家税务总局公告2022年第21号“三、出售现住房的时间以纳税人出售住

房时个人所得税完税时间为准。七、纳税人因新购住房的房屋交易合同解除、撤销或无效等原因导致不再符合退税政策享受条件的，应当在合同解除、撤销或无效等情形发生的次月15日内向主管税务机关主动缴回已退税款”等，选项CDE正确。

三、判断题

1.检查个体工商户的生产、经营所得，以每一纳税年度的收入总额，减除成本、费用以及损失后的余额，为应纳税所得额。但是，个体工商户业主的工资不得扣除。（　）

【答案】√

【解析】根据《个人所得税法实施条例》的规定，经营所得，以每一纳税年度的收入总额减除成本、费用以及损失后的余额，为应纳税所得额。

2.检查某企业个人所得税时，发现职工张某属于法律人士，除了工资薪金收入外，还按照《中华人民共和国法律援助法》规定获得法律援助补贴，该补贴免征个人所得税。（　）

【答案】√

【解析】根据财政部 税务总局公告2022年第25号第一条的规定：对法律援助人员按照《中华人民共和国法律援助法》规定获得的法律援助补贴，免征个人所得税。

3.在企业改组改制过程中，对职工个人以股份形式取得的仅作为分红依据，不拥有所有权的企业量化资产，暂缓征收个人所得税。（　）

【答案】√

【解析】符合国税发〔2000〕60号文“对职工个人以股份形式取得的仅作为分红依据，不拥有所有权的企业量化资产，暂缓征收个人所得税”规定。

4.运动员杜某参加世锦赛获得冠军，其户籍所在地市级政府为其颁发体育荣誉奖章，并发奖金5万元，另某房地产开发商奖励其一套价值120万元的房产，均是免税所得。（　）

【答案】×

【解析】根据《个人所得税法》第四条“下列各项个人所得，免征个人所得税：（一）省级人民政府、国务院部委和中国人民解放军军以上单位，以及外国组织、国际组织颁发的科学、教育、技术、文化、卫生、体育、环境保护等方面的奖金”规定，地市级政府和房地产公司的奖励不符合免税条件。

5.某报社的行政管理人员在本单位的报社发表作品取得的所得，应按“工资、薪金所得”项目征收个人所得税。（　）

【答案】×

【解析】根据国税函〔2002〕146号文“报刊、杂志、出版等单位的职员在本单位的刊物上发表作品、出版图书取得所得征税的问题：（一）任职、受雇于报刊、杂志等单位的记者、编辑等专业人员，因在本单位的报刊、杂志上发表作品取得的所得，属于因任职、受雇而取得的所得，应与其当月工资收入合并，按‘工资、薪金所得’项目征收个人所得税。除上述专业人员以外，其他人员在本单位的报刊、杂志上发表作品取得的所得，应按‘稿酬所得’项目征收个人所得税”，某报社的行政管理人员在本单位的报社发表作品取得的所得，应按“工资、薪金所得”项目征收个人所得税不正确。

6.某个人独资企业2023年种植并销售水果1 000万元，按现行规定，对其业主取得的所得按经营所得缴纳个人所得税。（　）

【答案】×

【解析】根据财税〔2010〕96号文，“对个人独资企业和合伙企业从事种植业、养殖业、饲养业和捕捞业，其投资者取得的‘四业’所得暂不征收个人所得税”，个人独资企业2023年种植并销售水果所得暂不征收个人所得税。

7.某实行查账征税方式的个人独资企业2023年1月改为核定征税方式，该企业2021年、2022年发生的亏损未弥补完的，允许从2023年起3年内进行弥补，3年内未弥补完的部分，不得再继续弥补。（　）

【答案】×

【解析】根据财税〔2000〕91号“第十四条 企业的年度亏损，允许用本企业下一年度的生产经营所得弥补，下一年度所得不足弥补的，允许逐年延续弥补，但最长不得超过5年”，题中3年亏损弥补期限错误。

8.李女士购物取得的发票中奖，获得奖金5 000元，不需要缴纳个人所得税。（　）

【答案】×

【解析】根据财税〔2007〕34号“一、个人取得单张有奖发票奖金所得不超过800元（含800元）的，暂免征收个人所得税；个人取得单张有奖发票奖金所得超过800

元的，应全额按照个人所得税法规定的‘偶然所得’目征收个人所得税”，李女士购物取得的发票中奖5 000元，应按照“偶然所得”项目计算缴纳个人所得税。

9.编剧从电视剧的制作单位取得的剧本使用费，不再区分剧本的使用方是否为其任职单位，统一按“特许权使用费所得”项目征收个人所得税。（　）

【答案】√

【解析】国税发〔2002〕52号“对于剧本作者从电影、电视剧的制作单位取得的剧本使用费，不再区分剧本的使用方是否为其任职单位，统一按特许权使用费所得项目计征个人所得税”。

10.小张在2023年取得了两本继续教育证书，则他当年可扣除继续教育专项附加扣除7 200元。（　）

【答案】×

【解析】根据国发〔2018〕41号“第八条 纳税人在中国境内接受学历（学位）继续教育的支出，在学历（学位）教育期间按照每月400元定额扣除。同一学历（学位）继续教育的扣除期限不能超过48个月。纳税人接受技能人员职业资格继续教育、专业技术人员职业资格继续教育的支出，在取得相关证书的当年，按照3 600元定额扣除”，该项目不论每年考出多少资质证书，每年扣除限额为3 600元。

11.某股份制商业银行职员，其兼职为财经杂志社的特约评论员，其在财经杂志发表的作品取得的所得，应按“劳务报酬所得”项目征收个人所得税。（　）

【答案】×

【解析】根据《个人所得税法实施条例》的规定，稿酬所得是指个人因其作品以图书、报刊等形式出版、发表而取得的所得。

12.在境内无住所的外籍个人，连续或累计居住满五年，从第六年开始，来自于境内外的工资薪金收入，均需缴纳个人所得税。如果该国与我国签订避免双重征税协定，来源于境外并由境外企业支付的工资薪金所得在境外已纳税额，可以在抵免限额内据实抵扣。（　）

【答案】√

【解析】符合财政部 税务总局公告2019年第35号“二、关于无住所个人工资薪金所得收入额计算：（二）无住所个人为居民个人的情形……2.无住所居民个人在境内居住累计满183天的年度连续满六年的情形。在境内居住累计满183天的年度连续满六年后，不符合实施条例第四条优惠条件的无住所居民个人，其从境内、境外取得的全部工资薪金所得均应计算缴纳个人所得税。按照我国政府签订的避免双重征税协定、内地与香港、澳门签订的避免双重征税安排（以下称税收协定）居民条款规定为缔约对方税收居民的个人（以下称对方税收居民个人），可以按照税收协定及财政部、税务总局有关规定享受税收协定待遇，也可以选择不享受税收协定待遇计算纳税”。

13.工资、薪金所得是属于独立个人劳务活动，即在机关、团体、学校、部队、企事业单位及其他组织中任职、受雇而得到的报酬；劳务报酬所得则是个人非独立从事各种技艺、提供各项劳务取得的报酬。两者的主要区别在于，前者存在雇佣与被雇佣关系，后者则不存在这种关系。(　　)

【答案】×

【解析】根据国税发〔1994〕89号文第十九条规定：“工资、薪金所得是属于非独立个人劳务活动，即在机关、团体、学校、部队、企事业单位及其他组织中任职、受雇而得到的报酬；劳务报酬所得则是个人独立从事各种技艺、提供各项劳务取得的报酬。两者的主要区别在于，前者存在雇佣与被雇佣关系，后者则不存在这种关系”。

14.出版社的专业作者撰写、编写或翻译的作品，由本社以图书形式出版而取得的稿费收入，应按“工资薪金所得”项目计算缴纳个人所得税。(　　)

【答案】×

【解析】根据国税函〔2002〕146号“出版社的专业作者撰写、编写或翻译的作品，由本社以图书形式出版而取得的稿费收入，应按‘稿酬所得’项目计算缴纳个人所得税”，出版社的专业作者撰写、编写或翻译的作品，由本社以图书形式出版而取得的稿费收入，按“工资薪金所得”项目计算缴纳个人所得税是错误的。

15.纳税人刘某在上海工作，无自有住房，通过中介机构承租肖某的住房，并与其签订租赁合同，考虑刘某的妻子工资较高，选择由妻子扣除住房租金专项附加扣除项目。(　　)

【答案】×

【解析】根据国发〔2018〕41号文第六章“第十七条 纳税人在主要工作城市没有自有住房而发生的住房租金支出，可以按照以下标准定额扣除……纳税人的配偶在纳税人的主要工作城市有自有住房的，视同纳税人在主要工作城市有自有住房。第十九条　住房租金支出由签订租赁住房合同的承租人扣除”，题中租金支出只能由刘某扣除。

16.金先生是越南来华工作居民个人，他在计算个人所得税时，可以选择享受个人所得税专项附加扣除，也可以选择按照相关规定享受住房补贴、语言训练费、子女教育费等津补贴免税优惠政策，但不得同时享受。外籍个人一经选择，不得变更。（　）

【答案】×

【解析】根据财政部 税务总局公告2023年第29号“外籍个人符合居民个人条件的，可以选择享受个人所得税专项附加扣除，也可以选择按照相关规定享受住房补贴、语言训练费、子女教育费等津补贴免税优惠政策，但不得同时享受。外籍个人一经选择，在一个纳税年度内不得变更”。

17.民办高等学校科技人员取得职务科技成果转化现金奖励，可减按50%计入科技人员当月“工资、薪金所得”，依法缴纳个人所得税。（　）

【答案】√

【解析】根据财税〔2018〕58号“一、依法批准设立的非营利性研究开发机构和高等学校（以下简称非营利性科研机构和高校）根据《中华人民共和国促进科技成果转化法》规定，从职务科技成果转化收入中给予科技人员的现金奖励，可减按50%计入科技人员当月‘工资、薪金所得’，依法缴纳个人所得税”，题中说法正确。

18.张先生和王女士共同为甲公司完成一个咨询项目，所得报酬总计80 000元。按照两人工作量和难易程度，双方协商张先生分得50 000元，王女士分得30 000元。甲公司对二人分别扣缴10 000元、5 200元个人所得税后，将余款付给二人。（　）

【答案】√

【解析】根据《个人所得税法实施条例》第十八条“两个以上的个人共同取得同一项目收入的，应当对每个人取得的收入分别按照个人所得税法的规定计算纳税”，甲应扣缴张先生劳务报酬所得个人所得税额=50 000×（1−20%）×30%−2 000=10 000（元）；应扣缴王女士劳务报酬所得个人所得税额=30 000×（1−20%）×30%−2 000=5 200（元）。

19. 2019年1月1日后，非居民个人取得工资薪金所得，以每月收入额减除费用5 000元、专项附加扣除后的余额为应纳税所得额，适用月度税率表计税。（　）

【答案】×

【解析】根据《个人所得税法》第六条 “应纳税所得额的计算：（二）非居民个

人的工资、薪金所得，以每月收入额减除费用五千元后的余额为应纳税所得额；劳务报酬所得、稿酬所得、特许权使用费所得，以每次收入额为应纳税所得额”，非居民应纳税所得额的计算，不允许扣除专项附加扣除，故错误。

20.居民个人在发生的公益捐赠支出当期，既有财产租赁所得、财产转让所得、利息股息红利所得、偶然所得，又有综合所得和经营所得的，由纳税人选择在哪类所得项目中扣除，一经选择不得变更，在当期一个所得项目扣除不完的公益捐赠支出，不得在其他所得项目中继续扣除，但可以结转在所选项目中扣除。（　）

【答案】×

【解析】根据财政部 税务总局公告2019年第99号“居民个人发生的公益捐赠支出可以在财产租赁所得、财产转让所得、利息股息红利所得、偶然所得（以下统称分类所得）、综合所得或者经营所得中扣除。在当期一个所得项目扣除不完的公益捐赠支出，可以按规定在其他所得项目中继续扣除”，题目表述错误。

四、案例分析题

1.某市税务稽查局在对甲公司个人所得税检查中，发现高级工程师王某2023年每月工资12 400元，1—12月份已按规定预缴了个人所得税，12月份另有四笔收入：一是领取了全年奖金收入84 000元，选择按一次性奖金纳税；二是一次取得建筑工程设计费40 000元（增值税等相关税费不予考虑），从中拿出10 000元通过民政局捐赠；三是取得单位集资利息收入5 000元；四是取得省人民政府颁发的科技奖20 000元。

请根据以上资料与个人所得税法规的规定回答下列有关问题：

（1）下列所得项目中，免税的为（　）。

A. 12个月的奖金8 400元　　B.集资利息5 000元

C.设计费40 000元　　D.科技奖20 000元

【答案】D

【解析】根据《个人所得税法》第四条规定，下列各项个人所得，免征个人所得税：（一）省级人民政府、国务院部委和中国人民解放军军以上单位，以及外国组织、国际组织颁发的科学、教育、技术、文化、卫生、体育、环境保护等方面的奖金……，选项D正确。

（2）全年一次性奖金应纳税额为（　）。

A. 8 190元　　B. 13 050元　　C. 60元　　D. 4 400元

【答案】A

【解析】84 000/12=7 000，全年一次性奖金应纳税额=84 000×10%−210=8 190（元）。

（3）允许扣除的捐赠额为（　）元。

A. 12 000　　B. 10 000　　C. 9 600　　D. 15 000

【答案】C

【解析】允许扣除的捐赠额=40 000×（1−20%）×30%=9 600（元）。

（4）劳务报酬所得应纳税额为（　）元。

A. 4 720　　B. 4 800　　C. 4 000　　D. 4 600

【答案】A

【解析】劳务报酬所得应纳税额=［40 000×（1−20%）−9 600］×30%−2 000=4 720（元）。

（5）集资利息应纳税额为（　）元。

A. 1 000　　B. 960　　C. 600　　D. 440

【答案】A

【解析】利息所得应纳税额=5 000×20%=1 000（元）。

2.某市税务稽查局在检查甲个人独资企业时，发现该企业系中国公民杨某注册成立，2023年杨某未申报缴纳个人所得税。甲企业2023年生产经营情况如下：

（1）营业收入240万元；

（2）营业成本112.7万元；

（3）税金及附加26万元；

（4）销售费用23万元，其中广告费13万元，业务宣传费用2.1万元；

（5）管理费用31万元，其中业务招待费3万元；有一辆小汽车由企业和家庭共同使用，2023年发生修理费和加油费共计1.8万元，全部计入管理费用中，税务机关核定个人独资企业该项费用分摊比例为45%；

（6）财务费用2.7万元，其中从某企业借款25万元资金周转，偿付利息2.5万元，银行同期贷款利率为9%；

（7）计入成本费用的工资总额为31.6万元，其中杨某工资为8.4万元，按规定为职工交纳基本社会保险和住房公积金2.3万元，发生的工会经费、职工福利费和职工教育经费合计5.6万元；

（8）杨某以个人独资名义对某企业投资100万元，2023年取得利润分配8.3万元；

（9）营业外支出5万元，其中税收滞纳金2万元，行政罚款0.5万元，赞助支出2.5万元。请根据以上资料，以此回答下列问题。

（1）计算允许税前扣除的管理费用、销售费用、财务费用支出；

（2）计算允许税前扣除的工资和三项经费支出；

（3）2023年杨某应缴纳的个人所得税。

【答案】（1）业务招待费扣除限额=240×0.5%=1.2（万元），实际发生额3万元的60%=3×60%=1.8（万元），税前准予扣除1.2万元，应调增应纳税所得额=3−1.2=1.8（万元）。

由个人独资企业和家庭共同使用固定资产费用，应调增应纳税所得额=1.8−1.8×45%=0.99（万元）。

税前允许扣除的管理费用=31−1.2−0.99=28.81（万元）。

广告费和业务宣传费扣除限额=240×15%=36（万元），实际发生额=13+2.1=15.1（万元），可以据实扣除，税前允许扣除的销售费用为23万元。

财务费用扣除限额=25×9%=2.25（万元），实际发生2.5万元，税前准予扣除2.25万元，应调增应纳税所得额=2.5−2.25=0.25（万元），税前准予扣除的财务费用=2.7−0.25=2.45（万元）。

（2）杨某的工资不得扣除，员工实际发生的合理工资据实扣除，三项经费扣除限额=（31.6−8.4）×（14%+2%+2.5%）=4.292（万元），实际发生额5.6万元，税前准予扣除4.292万元。应调增应纳税所得额=5.6−4.292=1.308（万元）。

一共纳税调整所得额=8.4+1.308=9.708（万元），允许税前扣除的工资和三项经费=（31.6−8.4）+4.292=27.492（万元）。

（3）个人独资企业和合伙企业对外投资分回的利息，不并入企业的收入，而应单独作为投资者个人取得的利息、股息、红利所得，按“利息、股息、红利所得”应税项目计算缴纳个人所得税。

税收滞纳金2万元，行政罚款0.5万元，赞助支出2.5万元均不得税前扣除，应调增应纳税所得额5万元。

调整前应纳税所得额=240−112.7−26−23−31−2.7−5=39.6（万元）

调整后应纳税所得额=39.6+1.8+0.99+0.25+9.708+5−6=51.348（万元）

个人取得经营所得应缴纳个人所得税=51.348×10 000×35%−65 500=114 218（元）

个人取得对外投资分回的利息应纳个人所得税=8.3×10 000×20%=16 600（元）

2023年杨某应缴纳的个人所得税=114 218+16 600=130 818（元）

五、综合题

1.某市税务稽查局接到举报信：举报史先生2023年少缴个人所得税。根据举报情况，稽查局对史先生个人所得税纳税情况进行立案检查。史先生是中国公民，自2019年开始担任北京甲上市公司副总兼董秘，2023年取得以下所得：

（1）每月工资薪金收入19 000元，按规定每月个人负担“三险一金”3 600元，每季度最后一个月取得30 000元季度考核奖收入。

（2）1月，上市公司为史先生购买符合规定的商业健康保险产品支出3 600元，保期2023年2月—2024年1月。

（3)3月对外提供咨询服务，取得税后收入3 000元，出版小说取得稿酬40 000元，此小说获得优秀文学作品奖金5 000元。

（4）4月，购买的某上市公司股票（2022年11月份以每股5元价格购买10 000股）宣布发放上年红利，并于当月取得红利0.6元/股。取得红利后直接对外进行转让，转让价为5.3元/股。

（5）5月，收到投资新三板挂牌公司（2021年5月投资境内某股份有限公司，投资150万元，该公司注册资本1 000万元，投资占注册资本10%，2022年10月在北京全国中小企业股份转让系统中挂牌，挂牌后以100万价格通过交易市场购买5%的股份）发放的红利，每股0.2元。

（6）6月取得某工程设计收入30 000元，特许权使用费收入2 000元。

（7）7月，将自己拥有一套位于天津住房，以不含增值税380万元的价格出售（该套住房是2020年10月史先生祖父赠送给史先生，办理过户手续发生税费11万元，该套住房是史先生祖父通过50万元购买的），本次转让过程中已经缴纳除个人所得税、增值税以外的税费合计12万元，上述税费均能提供有关部门出具的有效凭证。

（8）10月将投资新三板公司15%的股权对外进行转让，取得收入400万元。

（9）12月取得全年一次性奖金120 000元。

（10）公司于2021年实行股票期权计划。2021年1月11日史先生获得公司授予的股票期权10 000份（该期权不可公开交易），授予价格为每份5元。当日公司股票的收盘价为7.68元。公司规定的股票期权行权期限是2023年1月10日至9月10日。史先生于2023年2月13日对6 000份股票期权实施行权，当日公司股票的收盘价为9.6元。7月9日史先生对剩余的股票期权全部实施行权，当日股票收盘价10.8元。2023年10月，再次实行股权激励，10月22日史先生获得公司授予的股票期权10 000份（该期权可公开交易），授予价格为每份8元，当日公司股票的收盘价为11.50元。公司规定的股票期权行权期限是2025年2月1日至9月30日。

（11）史先生家庭基本情况如下：①史先生的妻子患重病，无收入来源。全年与基本医保相关的医药费用支出，扣除医保报销后个人支付30 000元；②史先生的父母、岳父母都健在，有3人年龄超过60岁，史先生是独生子女；③女儿上小学三年级，9月升至四年级；儿子2021年6月6日出生，2023年9月上幼儿园；④4月，史先生取得经济技术专业资格证（注册会计师）；⑤5月，在石家庄市新购买一套房屋，享受首套住房贷款利息支出每月4 000元，贷款期10年；⑥史先生一家一直租房居住，每月房租3 000元，租房协议是由史先生签订的；⑦从2022年9月开始，史先生攻读博士研究生学位。

根据上述资料，回答下列问题：

（1）计算1月份、3月份史先生工资、薪金所得预扣预缴应纳税额。

（2）计算史先生全年工资、薪金所得预扣预缴应纳税额。

（3）计算史先生4月份、5月份取得上市公司红利、新三板挂牌公司分红应纳个人所得税。

（4）计算史先生3月份、6月份取得劳务报酬、稿酬、特许权使用费所得应预扣预缴个人所得税。

（5）计算史先生转让上市公司股票、新三板挂牌公司股权应纳个人所得税。

（6）计算史先生转让住房应纳个人所得税。

（7）计算2月份、7月份、10月份史先生实施股票期权行权应缴纳的个人所得税。

（8）全年一次性奖金不并入综合所得纳税情况及汇算清缴情况。

【答案及解析】

（1）计算1月份史先生工资、薪金所得预扣预缴应纳税额：

①专项附加扣除：赡养老人扣除3 000元，子女教育扣除2 000元，婴幼儿照护专项扣除2 000元，租房扣除1 500元，接受博士继续教育每月扣除400元，1月专项附加扣除合计=3 000+2 000+2 000+1 500+400=8 900（元）。

②“三险一金”=3 600（元）。

③企业为员工购买商业健康保险视同个人购买，增加工资薪金所得3 600元，购买保险次月起，每月最高扣除200元。

④1月累计预扣预缴应纳税所得额=累计收入–累计免税收入–累计基本减除

费用－累计专项扣除－累计专项附加扣除－累计依法确定的其他扣除=19 000+3 600－5 000－3 600－8 900=5 100（元），对应税率为3%。

⑤1月应预扣预缴税额=5 100×3%=153（元）。

3月份史先生工资、薪金所得预扣预缴应纳税额：

①专项附加扣除：2月专项附加同1月合计扣除=8 900（元）。

②“三险一金”=3 600（元）。

③2月起，商业健康保险每月最高扣除200（元）。

④1—2月累计预扣预缴应纳税所得额=19 000×2+3 600－5 000×2－3 600×2－8 900×2－200=6 400（元），对应税率为3%。

3月累计预扣预缴应纳税所得额=19 000×3+3 600+30 000－5 000×3－3 600×3－8 900×3－200×2=37 700（元），对应税率为10%。

⑤3月应预扣预缴税额=37 700×10%－2 520－6 400×3%=1 058（元）。

（2）计算史先生全年工资、薪金所得预扣预缴应纳税额：

①专项附加扣除：1—12月赡养老人扣除每月3 000元，1—12月子女教育扣除每月2 000元，幼儿照护专项附加扣除每月2 000元，1—12月租房每月扣除1 500元（租房每月可扣除1 500元，全年可扣除18 000元（但住房租金和贷款利息不能同时享受扣除，按照最有利于史先生的选择，选择全年可扣除住房租金支出18 000元，贷款利息支出不扣除），1—12月接受博士继续教育每月扣除400元，取得经济技术专业资格（注册会计师）考试资格证，定额扣除3600元，1—12月专项附加扣除合计=3 000×12+2 000×12×2+1 500×12+400×12+3 600=110 400（元）。

②“三险一金”全年=3 600×12=43 200（元）。

③企业为员工购买商业健康保险视同个人购买，增加工资薪金所得3 600元，购买保险次月起，每月最高扣除200元，全年扣除=200×11=2 200（元）。

④全年累计预扣预缴应纳税所得额=19 000×12+3 600+30 000×4－5 000×12－43 200－110 400－2 200=135 800（元），对应税率为10%。

⑤全年累计预扣预缴税额=135 800×10%－2 520=11 060（元）。

（3）计算4月份史先生取得上市公司红利应纳个人所得税：

持股时间超过1个月未超过1年，减按50%征收个人所得税，利息、股息、红利所得应纳个人所得税=0.6×10 000×20%×50%=600（元）。

计算5月份史先生取得新三板挂牌公司分红应纳个人所得税：

新三板挂牌是2022年10月，史先生持有新三板挂牌公司股票时间从挂牌开始，持股时间超过1个月未超过1年，减按50%征收个人所得税，史先生取得新三板挂牌公司分红应纳个人所得税=0.2×1 000×10 000×15%×20%×50%=30 000（元）。

史先生4月份、5月份取得上市公司、新三板挂牌公司红利应纳个人所得税=600+30 000=30 600（元）。

（4）计算史先生3月份、6月份取得劳务报酬、稿酬、特许权使用费所得应预扣预缴个人所得税：

①3月对外提供咨询服务，取得税后收入3 000元，则应预扣预缴个人所得税=（3 000–800）÷（1–20%）×20%=550（元）。

②6月取得劳务报酬所得应预扣预缴个人所得税=30 000×（1–20%）×30%–2 000=5 200（元）。

③劳务报酬所得预扣预缴个人所得税=550+5 200=5 750（元）。

④稿酬所得预扣预缴个人所得税=（40 000+5 000）×（1–20%）×70%×20%=5 040（元）。

⑤特许权使用费所得预扣预缴个人所得税=（2 000–800）×20%=240（元）。

（5）计算史先生转让上市公司股票、新三板挂牌公司股权应纳个人所得税：

上市公司股票转让暂免征收个人所得税，转让上市公司股票应纳税0元。

从2018年11月1日起，对新三板挂牌公司非原始股转让，暂免个人所得税，原始股按财产转让所得征收个人所得税。

转让新三板公司应纳个人所得税=（400÷15%×10%–150）×20%=23.33（万元）。

（6）计算史先生转让住房应纳个人所得税：

转让房产取得所得应缴纳的个人所得税=（380–50–11–12）×20%=61.4（万元）。

（7）计算2月份、7月份、10月份史先生实施股票期权行权应缴纳的个人所得税：

2月史先生实施股票期权行权应缴纳的个人所得税计算：行权取得的所得额=6 000×（9.6–5）=27 600（元），应缴纳的个人所得税=27 600×3%=828（元）。

7月份史先生实施股票期权行权应缴纳的个人所得税，7月第2次行权所得额=4 000×（10.8–5）=23 200（元），7月实施股票期权行权应缴纳的个人所得税=［（27 600+23 200）×10%–2 520］–828=1 732（元）。

10月份，获得可公开交易的股票期权，在取得股票期权时计税，10月股票期权应缴纳的个人所得税=［（11.5–8）×10 000+27 600+23 200］×10%–2 520–828–1 732=3 500（元）。

（8）发放全年一次性奖金不并入综合所得纳税情况及汇算清缴情况：

汇算清缴时可以扣除专项附加扣除配偶重大疾病可以扣除15 000元以上部分，即30 000−15 000=15 000（元）。

全年一次性奖金不并入综合所得：

每月奖金=120 000 ÷ 12=10 000（元），适用税率10%和速算扣除数210，全年一次奖金应纳个人所得税=120 000 × 10%−210=11 790（元）。

全年综合所得收入额=19 000 × 12+30 000 × 4+3 600+（3 000+550+30 000）×（1−20%）+（40 000+5 000）×（1−20%）× 70%+2 000 ×（1−20%）= 405 240（元）。

全年综合所得汇算清缴应纳税额=（405 240−60 000−43 200−15 000−110 400−2 200）× 20%−16 920=17 968（元）,实际预缴所得税额=11 060+5 750+5 040+240=22 090（元）。

次年需要退个人所得税=22 090−17 968=4 122（元）。

2.基本案情：某市税务稽查局在上市公司A公司公告中发现，2022年5月10日，A公司向刘波、张洋、李斌、李莉定向增发股票（限售期1年，发行价20元/股）及支付现金购买其合计持有的B股份有限公司90%的股权，交易对价为90 000万元。合同约定：若B股份有限公司2022年实现净利润达到1亿元，A公司承诺根据增发股票数量向刘波、张洋、李斌、李莉每股补偿1元。股票发行及现金对价情况如下（见股票发行及现金对价情况表）。

股票发行及现金对价情况表

序号	交易对方	对价总额（万元）	现金对价（万元）	股份对价（万元）	发行股份数量（万股）
1	刘波	40 000	6 000	34 000	1 700
2	张洋	24 000	4 000	20 000	1 000
3	李斌	20 000	1 000	19 000	950
4	李莉	6 000	200	5 800	290

经进一步调查，核实了如下情况：

（1）B股份有限公司成立于2017年3月，注册资本4 000万元，刘波出资2 000万元，占50%，张伟出资1 200万元，占30%，万里有限公司出资800万元，占20%。

（2）2019年4月，李斌出资3 000万元增资B股份有限公司。至此，各股东持股比例变更为：刘波40%，李伟24%，李斌20%，万里有限公司16%。

（3）2020年1月，张伟死亡，其拥有的B股份有限公司股权全部由其儿子张洋继承，变更登记日股权公允价值5 000万元。

（4）2021年5月，万里有限公司将B股份有限公司6%股权转让给李莉，转让价格1 500万元，由于李莉没有按时付款，支付万里有限公司延迟付款违约金100万元。

（5）2022年3月，B股份有限公司以资本公积（股票溢价）2 000万元转增股本。

（6）2022年12月，李斌在深交所买入A公司股票10万股，每股22元。

（7）2023年2月，因B股份有限公司2022年实现净利润1.5亿元，A公司按合同约定向刘波、张洋、李斌、李莉支付补偿款。

（8）2023年2月，李斌在深交所卖出A公司股票5万股，每股28元。

（9）2023年3月，A公司每10股现金分红20元（含税）。

（10）2023年7月，李莉在深交所卖出A公司股票20万股，每股30元。

（11）刘波、张洋、李斌、李莉均确定最有利的分期缴纳计划并报主管税务机关备案。

注：不考虑交易过程中发生的其他费用。

要求：根据以上资料，回答以下问题：

1. 2022年5月，张洋应缴纳个人所得税（　　）万元。

2. 2023年2月，刘波应缴纳个人所得税（　　）万元。

3. 2023年3月，李斌应缴纳个人所得税（　　）万元。

4. 2023年7月，李莉应缴纳个人所得税（　　）万元。

【答案】1. 2022年5月，张洋应缴纳个人所得税（4 000）万元。

2. 2023年2月，刘波应缴纳个人所得税（1 700）万元。

3. 2023年3月，李斌应缴纳个人所得税（950）万元。

4. 2023年7月，李莉应缴纳个人所得税（488）万元。

【解析】1. 2022年5月，张洋应缴个税：（24 000−1 200）×20%=4 560（万元），其取得现金对价4 000万元，应将现金优先用于缴纳个税4 000万元，欠560万元。

2. 2023年2月，刘波因为2022年B股份有限公司利润达标，每股取得1元补偿，共1 700万元，应缴个税1 700×20%=340（万元），加上2022年5月尚欠的1 600万元=（40 000−2 000）×20%−6 000万元现金对价，共应缴个税1 600+340=1 940（万元）。其2023年2月应将取得的1 700万元现金补偿用于缴纳个税，故刘波2023年2月应缴个税1 700万元，仍欠240万元。

3. 2023年2月，李斌在深交所卖出上市公司股票5万股，属于在二级市场买卖股票（定向增发的股份未过限售期），按规定不缴个税；现金分红暂不缴个税。因为2022年B股份有限公司利润达标，每股取得1元补偿，共950万元，应缴个税

950×20%=190（万元），加上2022年5月尚欠的2 400万元［（20 000–3 000）×20%–1 000］，所得950万元优先缴税。故2023年3月李斌应缴个税为950万元。

4. 李莉2022年5月因定向增发产生的应缴个税（6 000–1 600）×20%=880（万元），其取得现金对价200万元已用于缴纳个税，尚欠680万元未缴。另其因2022年B股份有限公司利润达标，每股取得1元补偿，共290万元，应缴个税290×20%=58（万元），优先缴税，共欠缴个税680+58–290=448（万元）。

2023年7月，李莉在深交所卖出解禁限售股票取得现金600万元，按规定优先用于缴纳个税448万元，另卖出解禁限售股票应缴个税为（600–20×20）×20%=40（万元），共计488万元。

第十四章　其他主要税种的检查方法

本章导读

本章主要介绍资源税、环境保护税、城市维护建设税、土地增值税、房产税、城镇土地使用税、耕地占用税、契税、车辆购置税、车船税、印花税等税种的纳税人、征税范围、适用税率、计税依据、应纳税额的计算、税收优惠、税收征收管理和常见涉税问题及检查方法等内容。

一、资源税的检查方法

学习指引

纳税义务人	在中华人民共和国领域和中华人民共和国管辖的其他海域开发应税资源的单位和个人，为资源税的纳税人
征税范围	应税资源的具体范围，由《资源税税目税率表》确定，包括能源矿产、金属矿产、非金属矿产、水气矿产和盐五大类计164个税目
税率	资源税的税率，依照《税目税率表》执行 《税目税率表》中规定实行幅度税率的，其具体适用税率由省、自治区、直辖市人民政府统筹考虑该应税资源的品位、开采条件以及对生态环境的影响等情况，在《税目税率表》规定的税率幅度内提出，报同级人民代表大会常务委员会决定，并报全国人民代表大会常务委员会和国务院备案 《税目税率表》中规定征税对象为原矿或者选矿的，应当分别确定具体适用税率
计税依据	资源税按照《税目税率表》实行从价计征或者从量计征 1.实行从价计征的，计税依据为应税资源产品的销售额 2.实行从量计征的，计税依据为应税产品的销售数量 《税目税率表》中规定可以选择实行从价计征或者从量计征的，具体计征方式由省、自治区、直辖市人民政府提出，报同级人民代表大会常务委员会决定，并报全国人民代表大会常务委员会和国务院备案 应税产品为矿产品的，包括原矿和选矿产品

续表

应纳税额的计算	1.实行从价计征的，应纳税额=应税产品的销售额 × 适用税率 2.实行从量计征的，应纳税额=应税产品的销售数量 × 适用税率
税收优惠	1.有下列情形之一的，免征资源税：（1）开采原油以及在油田范围内运输原油过程中用于加热的原油、天然气；（2）煤炭开采企业因安全生产需要抽采的煤成（层）气 2.有下列情形之一的，减征资源税：（1）从低丰度油气田开采的原油、天然气，减征百分之二十资源税；（2）高含硫天然气、三次采油和从深水油气田开采的原油、天然气，减征百分之三十资源税；（3）稠油、高凝油减征百分之四十资源税；（4）从衰竭期矿山开采的矿产品，减征百分之三十资源税。根据国民经济和社会发展需要，国务院对有利于促进资源节约集约利用、保护环境等情形可以规定免征或者减征资源税，报全国人民代表大会常务委员会备案 3.有下列情形之一的，省、自治区、直辖市可以决定免征或者减征资源税：（1）纳税人开采或者生产应税产品过程中，因意外事故或者自然灾害等原因遭受重大损失；（2）纳税人开采共伴生矿、低品位矿、尾矿。免征或者减征资源税的具体办法，由省、自治区、直辖市人民政府提出，报同级人民代表大会常务委员会决定，并报全国人民代表大会常务委员会和国务院备案 纳税人的免税、减税项目，应当单独核算销售额或者销售数量；未单独核算或者不能准确提供销售额或者销售数量的，不予免税或者减税
征收管理	1.纳税人销售应税产品，纳税义务发生时间为收讫销售款或者取得索取销售款凭据的当日；自用应税产品的，纳税义务发生时间为移送应税产品的当日 2.纳税人应当向应税产品开采地或者生产地的税务机关申报缴纳资源税 3.资源税按月或者按季申报缴纳；不能按固定期限计算缴纳的，可以按次申报缴纳 4.纳税人按月或者按季申报缴纳的，应当自月度或者季度终了之日起十五日内，向税务机关办理纳税申报并缴纳税款；按次申报缴纳的，应当自纳税义务发生之日起十五日内，向税务机关办理纳税申报并缴纳税款

本章练习及答案解析

（一）单项选择题

1.下列单位和个体工商户中，不属于资源税纳税人的是（　　）。

A.开采原煤的国有企业

B.进口铁矿石的民营钢铁企业

C.开采砂石的个体工商户

D.中外合作开采陆上、海上石油资源的企业

【答案】B

【解析】根据《资源税税目税率表》规定，原煤、原油、铁矿石、砂石都属于应税产品，根据《资源税法》第一条规定，在中华人民共和国领域和中华人民共和国管

辖的其他海域开发应税资源的单位和个人，为资源税的纳税人，所以进口铁矿石的民营钢铁企业不属于资源税的纳税人。

2.下列应税产品，不属于选择实行从价计征或者从量计征的是（　）。

A.石灰岩　　B.天然气水合物　　C.天然卤水　　D.地热

【答案】B

【解析】根据《资源税税目税率表》规定，可选择实行从价计征或者从量计征的，主要是地热、矿泉水、石灰岩、砂石、其他粘土和天然卤水。天然气水合物实行从价计征。

3.从量计征资源税的应税矿产品，其销售额为（　）。

A.开采数量　　B.加工数量　　C.实际产量　　D.销售数量

【答案】D

【解析】根据《资源税法》第三条第三款规定，实行从量计征的，应纳税额按照应税产品的销售数量乘以具体适用税率计算。

4.《税目税率表》中规定征税对象为原矿或者选矿的，由省、自治区、直辖市人民政府同级人民代表大会常务委员会决定分别确定的具体适用税率。下列应税产品，征税对象为原矿或者选矿的是（　）。

A.原油　　B.天然气　　C.砂石　　D.钠盐

【答案】C

【解析】根据《税目税率表》的规定，原油、天然气的征税对象为原矿，钠盐的征税对象为选矿，矿物类、岩石类（包括砂石）、玉石类非金属矿产等的征税对象为原矿或者选矿。

5.下列各项关于资源税的表述，正确的是（　）。

A.开采页岩气不征收资源税

B.对出口的应税产品退还已纳的资源税税款

C.对进口的应税产品在进口环节征收资源税

D.免征煤炭开采企业因安全生产需要抽采的煤成（层）气的资源税

【答案】D

【解析】选项A：根据《税目税率表》的规定，页岩气在资源税征税范围内。根据财政部 税务总局公告2023年第46号规定，在2027年12月31日之前，继续对页岩气资源税（按6%的规定税率）减征30%。选项BC：根据《财政部 税务总局关于资源税有关问题执行口径的公告》（财政部 税务总局公告2020年第34号）第十条规定，纳税人应当在矿产品的开采地或者海盐的生产地缴纳资源税，进口环节不征税，出口环节不涉及退税。选项D：根据《资源税法》第六条第（二）项的规定，煤炭开采企业因安全生产需要抽采的煤成（层）气免征资源税。

6.某石灰岩厂（增值税小规模纳税人）2023年10月开采石灰岩2 000立方米，对外销售1 600立方米，当地石灰岩资源税税率为6元/立方米。该厂10月份应纳资源税（　）元。

A. 4 800　　B. 6 000　　C. 9 600　　D. 12 000

【答案】A

【解析】根据《资源税法》第三条规定，资源税按照《税目税率表》实行从价计征或者从量计征。实行从量计征的，应纳税额按照应税产品的销售数量乘以具体适用税率计算。根据《关于进一步支持小微企业和个体工商户发展有关税费政策的公告》（财政部 税务总局公告2023年第12号）第二条的规定，自2023年1月1日至2027年12月31日，对增值税小规模纳税人、小型微利企业和个体工商户减半征收资源税（不含水资源税）、城市维护建设税、房产税、城镇土地使用税、印花税（不含证券交易印花税）、耕地占用税和教育费附加、地方教育附加。该厂10月份应纳资源税=1 600×6×50%=4 800（元）。

（二）多项选择题

1.纳税人的下列行为中，应当依法缴纳资源税的有（　）。

A.将开采的原煤用于抵债的

B.将开采的地热用于本企业独立核算的电厂发电的

C.将开采的富含矿物质的地下水生产瓶装矿泉水的

D.将生产的钾盐直接销售的

【答案】ABD

【解析】根据《资源税法》第五条规定，纳税人开采或者生产应税产品自用的，应当依法缴纳资源税；但是，自用于连续生产应税产品的，不缴纳资源税。根据《财政部 税务总局关于资源税有关问题执行口径的公告》（财政部 税务总局公告2020年第34号）第二条规定，纳税人以应税产品用于非货币性资产交换、捐赠、偿债、赞助、集资、投资、广告、样品、职工福利、利润分配或者连续生产非应税产品等应当缴纳资源税。

2.下列应税产品，实行固定税率的有（　　）。

A.原油　　B.中重稀土　　C.钨　　D.天然气

【答案】ABCD

【解析】根据《资源税税目税率表》规定，对原油、天然气、中重稀土、钨、钼等战略资源实行固定税率，由税法直接确定。其他应税资源实行幅度税率，由税法确定幅度，并授权省级人民政府提出本地区的具体适用税率，报同级人大常委会决定。

3.下列关于资源税计税依据的表述，正确的有（　　）。

A.资源税应税产品的销售额，按照纳税人销售应税产品向购买方收取的全部价款确定，不包括增值税税款

B.计入销售额中的相关运杂费用，凡取得增值税发票或者其他合法有效凭据的，准予从销售额中扣除

C.纳税人以外购选矿产品与自产选矿产品混合为选矿产品销售的，在计算应税产品销售额或者销售数量时，不允许扣减外购原矿或者外购选矿产品的购进金额或者购进数量

D.纳税人以外购原矿与自采原矿混合为原矿销售，在计算应税产品销售额或者销售数量时，直接扣减外购原矿或者外购选矿产品的购进金额或者购进数量

【答案】ABD

【解析】选项AB：根据《财政部 税务总局关于资源税有关问题执行口径的公告》（财政部 税务总局公告2020年第34号）第一条规定，资源税应税产品的销售额，按照纳税人销售应税产品向购买方收取的全部价款确定，不包括增值税税款。计入销售额中的相关运杂费用，凡取得增值税发票或者其他合法有效凭据的，准予从销售额中扣除。相关运杂费用是指应税产品从坑口或者洗选（加工）地到车站、码头或者购买方指定地点的运输费用、建设基金以及随运销产生的装卸、仓储、港杂费用。选项CD：根据《国家税务总局关于资源税征收管理若干问题的公告》（国家税务总局公告2020年第14号）第一条规定，纳税人以外购原矿与自采原矿混合为原矿销售，或者以外购选矿产品与自产选矿产品混合为选矿产品销售的，在计算应税产品销售额或者销售数量时，直接扣减外购原矿或者外购选矿产品的购进金额或者购进数量。

4.下列关于资源税税收优惠的表述，正确的有（　　）。

A.开采原油以及在油田范围内运输原油过程中用于加热的原油、天然气免征资

源税

B.纳税人开采或者生产应税产品过程中，因意外事故或者自然灾害等原因遭受重大损失，免征资源税

C.低丰度油气田开采的原油、天然气，减征百分之二十资源税

D.对充填开采置换出的煤炭，资源税减征50%

【答案】AC

【解析】选项AC:《资源税法》第六条第一款第（一）项规定，开采原油以及在油田范围内运输原油过程中用于加热的原油、天然气免征资源税；第二款第（一）项规定，从低丰度油气田开采的原油、天然气，减征百分之二十资源税。选项B：根据《资源税法》第七条第（一）项规定，纳税人开采或者生产应税产品过程中，因意外事故或者自然灾害等原因遭受重大损失的，省、自治区、直辖市可以决定免征或者减征资源税。选项D：根据《财政部 税务总局关于延续对充填开采置换出来的煤炭减征资源税优惠政策的公告》（财政部 税务总局公告2023年第36号）规定，自2023年9月1日至2027年12月31日，对充填开采置换出来的煤炭，资源税减征50%。

5.下列关于资源税税收征管的表述，正确的有（ ）。

A.纳税人应当向应税产品开采地或者生产地的税务机关申报缴纳资源税

B.纳税人自用应税产品的，纳税义务发生时间为移送使用应税产品的当日

C.资源税按月或者按季申报缴纳；不能按固定期限计算缴纳的，可以按次申报缴纳

D.按次申报缴纳的，应当自月度终了之日起十五日内，向税务机关办理纳税申报并缴纳税款

【答案】AC

【解析】选项A：根据《资源税法》第十一条规定，纳税人应当向应税产品开采地或者生产地的税务机关申报缴纳资源税。选项B：根据《资源税法》第十条规定，纳税人销售应税产品，纳税义务发生时间为收讫销售款或者取得索取销售款凭据的当日；自用应税产品的，纳税义务发生时间为移送应税产品的当日。选项CD：根据《资源税法》第十二条规定，资源税按月或者按季申报缴纳；不能按固定期限计算缴纳的，可以按次申报缴纳。纳税人按月或者按季申报缴纳的，应当自月度或者季度终了之日起十五日内，向税务机关办理纳税申报并缴纳税款；按次申报缴纳的，应当自纳税义务发生之日起十五日内，向税务机关办理纳税申报并缴纳税款。

6.下列表述中，符合现行资源税政策规定的有（　　）。

A.纳税人开采或者生产不同税目应税产品的，未分别核算或者不能准确提供不同税目应税产品的销售额或者销售数量的，从高适用税率

B.纳税人的免税、减税项目，未单独核算或者不能准确提供销售额或者销售数量的，不予免税或者减税

C.纳税人开采或者生产同一税目下适用不同税率应税产品的，未分别核算或者不能准确提供不同税率应税产品的销售额或者销售数量的，从高适用税率

D.纳税人开采或者生产同一应税产品，其中既有享受减免税政策的，又有不享受减免税政策的，不予免税或者减税

【答案】ABC

【解析】选项A：根据《资源税法》第四条规定，纳税人开采或者生产不同税目应税产品的，应当分别核算不同税目应税产品的销售额或者销售数量；未分别核算或者不能准确提供不同税目应税产品的销售额或者销售数量的，从高适用税率。选项B：根据《资源税法》第八条规定，纳税人的免税、减税项目，应当单独核算销售额或者销售数量；未单独核算或者不能准确提供销售额或者销售数量的，不予免税或者减税。选项C：根据财政部 税务总局公告2020年第34号第六条规定，纳税人开采或者生产同一税目下适用不同税率应税产品的，应当分别核算不同税率应税产品的销售额或者销售数量；未分别核算或者不能准确提供不同税率应税产品的销售额或者销售数量的，从高适用税率。选项D：根据财政部 税务总局公告2020年第34号第八条规定，纳税人开采或者生产同一应税产品，其中既有享受减免税政策的，又有不享受减免税政策的，按照免税、减税项目的产量占比等方法分别核算确定免税、减税项目的销售额或者销售数量。

（三）判断题

1.纳税人申报的应税产品销售额明显偏低且无正当理由的，主管税务机关可以直接按应税产品组成计税价格确定其销售额计征资源税，组成计税价格=成本×（1+成本利润率）÷（1−资源税税率）。（　　）

【答案】×

【解析】根据财政部 税务总局公告2020年第34号第三条规定，纳税人申报的应税产品销售额明显偏低且无正当理由的，或者有自用应税产品行为而无销售额的，主

管税务机关可以按下列方法和顺序确定其应税产品销售额：（一）按纳税人最近时期同类产品的平均销售价格确定；（二）按其他纳税人最近时期同类产品的平均销售价格确定；（三）按后续加工非应税产品销售价格，减去后续加工环节的成本利润后确定；（四）按应税产品组成计税价格确定，组成计税价格=成本×（1+成本利润率）÷（1−资源税税率）；（五）按其他合理方法确定。

2.纳税人外购应税产品与自采应税产品混合销售或者混合加工为应税产品销售的，在计算应税产品销售额或者销售数量时，准予扣减外购应税产品的购进金额或者购进数量。纳税人未准确核算外购应税产品的购进金额或者购进数量的，一并计算缴纳资源税。（　）

【答案】√

【解析】根据财政部 税务总局公告2020年第34号第五条规定，纳税人外购应税产品与自采应税产品混合销售或者混合加工为应税产品销售的，在计算应税产品销售额或者销售数量时，准予扣减外购应税产品的购进金额或者购进数量；当期不足扣减的，可结转下期扣减。纳税人应当准确核算外购应税产品的购进金额或者购进数量，未准确核算的，一并计算缴纳资源税。

3.纳税人享受资源税优惠政策，实行"自行判别、申报享受、有关资料留存备查"的办理方式，另有规定的除外。纳税人对资源税优惠事项留存材料的真实性和合法性承担法律责任。（　）

【答案】√

【解析】根据《国家税务总局关于资源税征收管理若干问题的公告》（国家税务总局公告2020年第14号）第三条规定，纳税人享受资源税优惠政策，实行"自行判别、申报享受、有关资料留存备查"的办理方式，另有规定的除外。纳税人对资源税优惠事项留存材料的真实性和合法性承担法律责任。

二、环境保护税的检查方法

学习指引

纳税义务人	在中华人民共和国领域和中华人民共和国管辖的其他海域，直接向环境排放应税污染物的企业事业单位和其他生产经营者为环境保护税的纳税人
征税范围	应税污染物，是指《环境保护税税目税额表》《应税污染物和当量值表》规定的大气污染物、水污染物、固体废物和噪声

续表

税率	对大气污染物、水污染物适用幅度定额税率，固体废物和工业噪声实行定额税率 应税大气污染物和水污染物的具体适用税额的确定和调整，由省、自治区、直辖市人民政府统筹考虑本地区环境承载能力、污染物排放现状和经济社会生态发展目标要求，在《环境保护税税目税额表》规定的税额幅度内提出，报同级人民代表大会常务委员会决定，并报全国人民代表大会常务委员会和国务院备案
计税依据	应税污染物的计税依据，按照下列方法确定： 1.应税大气污染物按照污染物排放量折合的污染当量数确定 2.应税水污染物按照污染物排放量折合的污染当量数确定 3.应税固体废物按照固体废物的排放量确定 4.应税噪声按照超过国家规定标准的分贝数确定
应纳税额的计算	应纳税额按照下列方法计算： 1.应税大气污染物的应纳税额为污染当量数乘以具体适用税额 2.应税水污染物的应纳税额为污染当量数乘以具体适用税额 3.应税固体废物的应纳税额为固体废物排放量乘以具体适用税额 4.应税噪声的应纳税额为超过国家规定标准的分贝数对应的具体适用税额
税收优惠	下列情形，暂予免征环境保护税： 1.农业生产（不包括规模化养殖）排放应税污染物的 2.机动车、铁路机车、非道路移动机械、船舶和航空器等流动污染源排放应税污染物的 3.依法设立的城乡污水集中处理、生活垃圾集中处理场所排放相应应税污染物，不超过国家和地方规定的排放标准的 4.纳税人综合利用的固体废物，符合国家和地方环境保护标准的 5.国务院批准免税的其他情形，由国务院报全国人民代表大会常务委员会备案 纳税人排放应税大气污染物或者水污染物的浓度值低于国家和地方规定的污染物排放标准百分之三十的，减按百分之七十五征收环境保护税；排放应税大气污染物或者水污染物的浓度值低于国家和地方规定的污染物排放标准百分之五十的，减按百分之五十征收环境保护税
征收管理	1.纳税义务发生时间为纳税人排放应税污染物的当日 2.纳税人应当向应税污染物排放地税务机关申报缴纳环境保护税 3.环境保护税按月计算，按季申报缴纳。不能按固定期限计算缴纳的，可以按次申报缴纳 4.纳税人按季申报缴纳的，应当自季度终了之日起十五日内，向税务机关办理纳税申报并缴纳税款。纳税人按次申报缴纳的，应当自纳税义务发生之日起十五日内，向税务机关办理纳税申报并缴纳税款

本章练习及答案解析

（一）单项选择题

1.下列情形中，应缴纳环境保护税的是（　　）。

A.企业向依法设立的污水集中处理场所排放应税污染物

B.个体户向依法设立的生活垃圾集中处理场所排放应税污染物

C.事业单位在符合国家和地方环境保护标准的设施储存固体废物

D.达到省级人民政府确定的规模标准并且有污染物排放口的畜禽养殖场

【答案】D

【解析】选项ABC：根据《环境保护税法》第四条规定，有下列情形之一的，不属于直接向环境排放污染物，不缴纳相应污染物的环境保护税：（一）企业事业单位和其他生产经营者向依法设立的污水集中处理、生活垃圾集中处理场所排放应税污染物的；（二）企业事业单位和其他生产经营者在符合国家和地方环境保护标准的设施、场所贮存或者处置固体废物的。选项D：根据《环境保护税法实施条例》第四条规定，达到省级人民政府确定的规模标准并且有污染物排放口的畜禽养殖场，应当依法缴纳环境保护税。

2.下列各种噪音中，属于环境保护税征税范围的是（　　）。

A.建筑噪声　　B.工业噪声　　C.交通噪声　　D.生活噪声

【答案】B

【解析】根据《环境保护税税目税额表》规定，涉及的噪声仅指工业噪声。

3.下列以应税污染物排放量为环境保护税计税依据的是（　　）。

A.应税大气污染物

B.应税水污染物

C.应税固体废物

D.应税噪声

【答案】C

【解析】根据《环境保护税法》第七条规定，应税污染物的计税依据，按照下列方法确定：（一）应税大气污染物按照污染物排放量折合的污染当量数确定；（二）应税水污染物按照污染物排放量折合的污染当量数确定；（三）应税固体废物按照固体废物的排放量确定；（四）应税噪声按照超过国家规定标准的分贝数确定。

4.征收环境保护税的禽畜养殖场，是指规模分别大于50头牛、（　　）头猪、5 000羽鸡鸭等的禽畜养殖场。

A. 100　　B. 200　　C. 300　　D. 500

【答案】D

【解析】根据《环境保护税法》规定，规模化养殖企业应按规定缴纳环境保护税，不得享受环境保护税的减免税优惠。根据《环境保护税法》附表二有关规定，规模化养殖是指从事猪、牛、羊、鸡、鸭、鹅的养户，且规模分别大于50头牛、500头猪、5 000羽鸡鸭等的禽畜养殖场。

5.医院病床数大于（　　）张的应当依法缴纳环境保护税。

A. 20　　　　B. 30　　　　C. 40　　　　D. 60

【答案】A

【解析】根据《环境保护税法》《应税污染物和当量值表》规定，医院病床数大于20张的按照本表计算污染当量，并据以征收环境保护税。

6.某养殖场2021年2月养牛平均存栏量为100头，污染当量值为0.1头，假设当地水污染物适用税额为每污染当量2.8元，当月应纳环保税税额为（　　）元。

A. 0　　　　B. 28　　　　C. 280　　　　D. 2 800

【答案】D

【解析】根据《环境保护税法》第十一条规定，应税水污染物的应纳税额为污染当量数乘以具体适用税额。第八条规定，应税大气污染物、水污染物的污染当量数，以该污染物的排放量除以该污染物的污染当量值计算。

禽畜养殖业水污染当量数=月均存栏量÷污染当量数

水污染物污染当量数=100÷0.1=1 000

应纳税额=1 000×2.8=2 800（元）

7.某企业2023年6月产生尾矿1 200吨，其中综合利用的尾矿700吨（符合国家相关规定），在符合国家和地方环境保护标准的设施储存300吨。尾矿环保税适用税额为每吨15元，该企业当月尾矿应缴纳的环境保护税税额为（　　）元。

A. 3 000　　　　B. 7 500　　　　C. 13 500　　　　D. 18 000

【答案】A

【解析】根据《环境保护税法》第十一条第（三）项规定，应税固体废物的应纳税额为固体废物排放量乘以具体适用税额；《环境保护税法实施条例》第五条规定，应税固体废物的计税依据，按照固体废物的排放量确定。固体废物的排放量为当期应税固体废物的产生量减去当期应税固体废物的贮存量、处置量、综合利用量的余额。固体废物的贮存量、处置量，是指在符合国家和地方环境保护标准的设施、场所贮存或者处置的固体废物数量；固体废物的综合利用量，是指按照国务院发展改革、工业和信息化主管部门关于资源综合利用要求以及国家和地方环境保护标准进行综合利用的固体废物数量。

该企业当月尾矿应缴纳的环境保护税税额=（1 200−700−300）×15=3 000（元）

8.某企业2023年9月向大气直接排放二氧化硫、氟化物各120千克，一氧化碳180千克，氯化氢150千克。假设当地大气污染物每污染当量1.2元，二氧化硫、氟化物、一氧化碳、氯化氢的污染当量值分别为0.95、0.87、16.7、10.75（单位：千克），该企业只有1个排放口。该企业当月应纳环境保护税税额为（　）元。

A. 118.35　　B. 239.12　　C. 333.84　　D. 412.59

【答案】C

【解析】根据《环境保护税法》第十一条第（一）项规定，应税大气污染物的应纳税额为污染当量数乘以具体适用税额。第八条规定，应税大气污染物的污染当量数，以该污染物的排放量除以该污染物的污染当量值计算。第九条规定，每一排放口或者没有排放口的应税大气污染物，按照污染当量数从大到小排序，对前三项污染物征收环境保护税。

第一步：计算各污染物的污染当量数。

污染当量数=该污染物排放量÷该污染物的污染当量值

二氧化硫污染当量数=120/0.95=126.32

氟化物污染当量数=120/0.87=137.93

一氧化碳污染当量数=180/16.7=10.78

氯化氢污染当量数=150/10.75=13.95

第二步：按污染当量数给4项污染物排序，对大气污染物确定排序前三项的污染物。

该企业只有一个排放口，排序选取计税前三项污染物为：氟化物、二氧化硫、氯化氢。

第三步：就排序的前三项污染物的污染当量数之和乘以规定的定额税率计算应纳税额。

应税大气污染物的应纳税额=污染当量数×单位税额

应纳税额=（126.32+137.93+13.95）×1.2=333.84（元）

9.某工业企业厂界长度超过100米，有两处以上噪声源，昼间噪声标准限值为65

分贝，夜间噪声标准限值为55分贝。经检测，其四月份噪声超标准天数为10天，昼间最高分贝为74.6，夜间最高分贝为60。该企业4月份噪声污染应缴纳的环境保护税税额为（　）。

A. 1 700　　B. 2 400　　C. 3 500　　D. 7 000

【答案】C

【解析】根据《环境保护税法》第十一条第（四）项规定，应税噪音的应纳税额为超标分贝数对应的具体适用税额。有两处以上噪音超标，按两个单位计算应纳税额。根据《财政部 税务总局 生态环境部关于环境保护税有关问题的通知》（财税〔2018〕23号）第四条规定，声源1个月内超标不足15天的减半计算。该企业4月噪声超标10天，应减半计算应纳税额。

昼间超标值：74.6−65=9.6（分贝），取10分贝

夜间超标值：60−55=5（分贝）

该企业4月份应纳环境保护税税额 =（2 800+700）× 50% × 2 =3 500（元）

（二）多项选择题

1. 下列排放物中，属于环境保护税征税范围的是（　）。

A. 危险废物　　B. 氮氧化物　　C. 二氧化碳　　D. 一氧化碳

【答案】ABD

【解析】根据《环境保护税税目税额表》规定，固体废料税目含半固态、液态废物。根据《应税污染物和当量值表》规定，大气污染物中包括氮氧化物和一氧化碳，但不包括温室气体二氧化碳。

2. 环境保护税的税目中，由省、自治区、直辖市人民政府统筹考虑后在规定的税额幅度内按规定程序确定具体适用税额的有（　）。

A. 大气污染物　　B. 水污染物　　C. 固体废物　　D. 噪音

【答案】AB

【解析】根据《环境保护税法》第六条第二款规定，应税大气污染物和水污染物的具体适用税额的确定和调整，由省、自治区、直辖市人民政府统筹考虑本地区环境承载能力、污染物排放现状和经济社会生态发展目标要求，在本法所附《环境保护税税目税额表》规定的税额幅度内提出，报同级人民代表大会常务委员会决定，并报全国人民代表大会常务委员会和国务院备案。

3.下列应当缴纳环境保护税的噪声有（　）。

A.建筑施工噪声　B.织布机噪声　C.机动车噪声　D.鼓风机噪声

【答案】BD

【解析】环境保护税应税噪声仅指工业噪声，是指工厂在生产过程中由于机械震动、摩擦撞击及气流扰动产生的噪声，具体包括机械性噪声、空气动力性噪声和电磁性噪声。建筑施工噪声和机动车噪声不属于工业噪声。

4.下列关于应税污染物排放地的表述，正确的是（　）。

A.应税大气污染物、水污染物排放口所在地

B.应税固体废物产生地

C.应税固体废物处置地

D.应税噪声产生地

【答案】ABD

【解析】根据《环境保护税法实施条例》第十七条规定，环境保护税法所称应税污染物排放地是指：（一）应税大气污染物、水污染物排放口所在地；（二）应税固体废物产生地；（三）应税噪声产生地。

5.下列关于环境保护税税收征管的表述，正确的有（　）。

A.纳税义务发生时间为纳税人排放应税污染物的当日

B.纳税人应当向机构所在地的税务机关申报缴纳环境保护税

C.环境保护税按月计算，按季申报缴纳

D.纳税人按季申报缴纳的，应当自季度终了之日起十五日内，向税务机关办理纳税申报并缴纳税款

【答案】ACD

【解析】选项A：根据《环境保护税法》第十六条规定，纳税义务发生时间为纳税人排放应税污染物的当日。选项B：根据《环境保护税法》第十七条规定，纳税人应当向应税污染物排放地的税务机关申报缴纳环境保护税。选项C：根据《环境保护税法》第十八条规定，环境保护税按月计算，按季申报缴纳。不能按固定期限计算缴纳的，可以按次申报缴纳。选项D：根据《环境保护税法》第十九条规定，纳税人按季申报缴纳的，应当自季度终了之日起十五日内，向税务机关办理纳税申报并缴纳税款。纳税人按次申报缴纳的，应当自纳税义务发生之日起十五日内，向税务机关办理纳税申报并缴纳税款。

（三）判断题

1.在中华人民共和国境内向环境排放应税污染物的企业事业单位和其他生产经营者，均应申报缴纳环境保护税（　　）。

【答案】×

【解析】根据《环境保护税法》第二条规定，在中华人民共和国领域和中华人民共和国管辖的其他海域，直接向环境排放应税污染物的企业事业单位和其他生产经营者为环境保护税的纳税人，应当依照本法规定缴纳环境保护税。企业直接向环境排放应税污染物，缴纳环境保护税；不直接向环境排放应税污染物的，不缴纳环境保护税。

2.为工业园区、开发区等工业聚集区域内的企业事业单位和其他生产经营者提供污水处理服务的场所，不属于《环境保护税法》规定的依法设立的城乡污水集中处理场所。（　　）

【答案】√

【解析】根据《环境保护税法税法实施条例》第三条规定，《环境保护税法》第五条第一款、第十二条第一款第三项规定的城乡污水集中处理场所，是指为社会公众提供生活污水处理服务的场所，不包括为工业园区、开发区等工业聚集区域内的企业事业单位和其他生产经营者提供污水处理服务的场所，以及企业事业单位和其他生产经营者自建自用的污水处理场所。

3.纳税人跨区域排放应税污染物，税务机关对税收征收管辖有争议的，报请共同的上级税务机关决定。（　　）。

【答案】×

【解析】根据《环境保护税法实施条例》第十八条规定，纳税人跨区域排放应税污染物，税务机关对税收征收管辖有争议的，由争议各方按照有利于征收管理的原则协商解决；不能协商一致的，报请共同的上级税务机关决定。

4.纳税人通过暗管、渗井、渗坑、灌注或者稀释排放等方式排放应税污染物的，以其当期应税大气污染物、水污染物的产生量作为污染物的排放量。（　　）

【答案】√

【解析】根据《环境保护税法实施条例》第七条第（四）项规定，通过暗管、渗井、渗坑、灌注或者稀释排放以及不正常运行防治污染设施等方式违法排放应税污染物的，以其当期应税大气污染物、水污染物的产生量作为污染物的排放量。

5.纳税人排放应税大气污染物或者水污染物的浓度值低于国家和地方规定的污染物排放标准百分之三十的，减按百分之五十征收环境保护税。（　）

【答案】×

【解析】根据《环境保护税法》第十三条规定，纳税人排放应税大气污染物或者水污染物的浓度值低于国家和地方规定的污染物排放标准百分之三十的，减按百分之七十五征收环境保护税。纳税人排放应税大气污染物或者水污染物的浓度值低于国家和地方规定的污染物排放标准百分之五十的，减按百分之五十征收环境保护税。

三、城市维护建设税的检查方法

学习指引

纳税义务人	在中华人民共和国境内缴纳增值税、消费税的单位和个人，为城市维护建设税的纳税人
征税范围	征税范围包括城市、县城、建制镇及税法规定的其他地区 对进口货物或者境外单位和个人向境内销售劳务、服务、无形资产缴纳的增值税、消费税税额，不征收城市维护建设税
税率	1.纳税人所在地在市区的，税率为百分之七 2.纳税人所在地在县城、镇的，税率为百分之五 3.纳税人所在地不在市区、县城或者镇的，税率为百分之一
计税依据	城市维护建设税以纳税人依法实际缴纳的增值税、消费税税额为计税依据。计税依据应当按照规定扣除期末留抵退税退还的增值税税额
应纳税额的计算	应纳税额按照计税依据乘以具体适用税率计算
税收优惠	根据国民经济和社会发展的需要，国务院对重大公共基础设施建设、特殊产业和群体以及重大突发事件应对等情形可以规定减征或者免征城市维护建设税，报全国人民代表大会常务委员会备案
征收管理	1.城市维护建设税的纳税义务发生时间与增值税、消费税的纳税义务发生时间一致，分别与增值税、消费税同时缴纳 2.负有增值税、消费税扣缴义务的单位和个人，在扣缴增值税、消费税的同时扣缴城市维护建设税 3.采用委托代征、代扣代缴、代收代缴、预缴、补缴等方式缴纳两税的，应当同时缴纳城建税

本章练习及答案解析

（一）单项选择题

1.甲企业在A县县城注册成立，但其具体的生产经营主要集中在临县B县县城。随着城镇化推进，A县撤县设区，纳入市区统一规划建设，则甲企业的“纳税人所在地”的确定方法是（　）。

A.按照注册地确定

B.按照主要生产经营地确定

C.在生产经营地预缴税款，回注册地进行申报纳税

D.由省、自治区、直辖市确定

【答案】D

【解析】根据《城市维护建设税法》第四条规定，纳税人所在地，是指纳税人住所地或者与纳税人生产经营活动相关的其他地点，具体地点由省、自治区、直辖市确定。

2.某生产企业为增值税一般纳税人（位于市区），主要经营内销和进出口业务，2023年6月实际向税务机关缴纳增值税56万元。另外，进口应税消费品缴纳增值税18万元、消费税32万元。该企业2023年6月应缴纳城建税（　）万元。

A. 3.5　　B. 3.92　　C. 5.18　　D. 7.42

【答案】B

【解析】根据《城市维护建设税法》第二条规定，城市维护建设税以纳税人依法实际缴纳的增值税、消费税税额为计税依据。第三条规定，对进口货物或者境外单位和个人向境内销售劳务、服务、无形资产缴纳的增值税、消费税税额，不征收城市维护建设税。第四条第（一）项规定，纳税人所在地为市区的，适用税率为7%。该企业应纳的城建税税额=56×7%=3.92（万元）。

3.位于某市市区的甲企业（城建税适用税率为7%），2023年9月收到增值税留抵退税200万元。2023年10月申报期，申报缴纳增值税120万元（其中按照一般计税方法100万元，按照简易计税方法20万元），该企业10月应申报缴纳的城建税为（　）万元。

A. 0　　B. 1.4　　C. 7　　D. 8.4

【答案】B

【解析】根据国家税务总局公告2021年第26号第一条规定，纳税人自收到留抵

退税额之日起，应当在下一个纳税申报期从城建税计税依据中扣除。留抵退税额仅允许在按照增值税一般计税方法确定的城建税计税依据中扣除。当期未扣除完的余额，在以后纳税申报期按规定继续扣除。该企业10月应申报缴纳的城建税税额=（100−100）×7%+20×7%=1.4（万元）。

4.位于甲省某市的甲地板厂2023年3月购进一批木材，取得增值税专用发票注明不含税价款950 000元，当月委托位于乙省县城的乙工厂加工成实木地板，支付不含税加工费190 000元。乙工厂4月交付40%的实木地板，5月完工交付剩余部分。已知实木地板消费税税率为5%，乙工厂5月应代收代缴的城市维护建设税为（　）元。

A. 1 710　　B. 1 800　　C. 2 520　　D. 3 000

【答案】B

【解析】根据《消费税暂行条例》第八条规定，委托加工的应税消费品，按照受托方的同类消费品的销售价格计算纳税；没有同类消费品销售价格的，按照组成计税价格计算纳税。实行从价定率办法计算纳税的组成计税价格计算公式：组成计税价格=（材料成本+加工费）÷（1−比例税率）。第四条第二款规定，委托加工的应税消费品，除受托方为个人外，由受托方在向委托方交货时代收代缴税款。根据《关于城市维护建设税征收管理有关事项的公告》（国家税务总局公告2021年第26号）第五条规定，采用委托代征、代扣代缴、代收代缴、预缴、补缴等方式缴纳两税的，应当同时缴纳城建税。同时缴纳是指在缴纳两税时，应当在两税同一缴纳地点、同一缴纳期限内，一并缴纳对应的城建税。应代收代缴的城建税税额=（950 000+190 000）÷（1−5%）×60%×5%×5%=1 800（元）。

5.某企业地处县城，为增值税小规模纳税人。2023年3月被税务机关查补增值税56 000元，加收滞纳金3 000元，被处罚款28 000元。该企业应补缴的城市维护建设税税额为（　）元。

A. 1 400　　B. 2 800　　C. 3 920　　D. 6 090

【答案】A

【解析】城市维护建设税的计税依据是实际缴纳的增值税、消费税税额，不包括加收的滞纳金及罚款。根据《财政部 税务总局关于进一步实施小微企业“六税两费”减免政策的公告》（财政部 税务总局公告2022年第10号）规定，由省、自治区、直辖市人民政府根据本地区实际情况，以及宏观调控需要确定，对增值税小规模纳税人、小型微利企业和个体工商户可以在50%的税额幅度内减征资源税、城市维护建设税、房产税、城镇土地使用税、印花税（不含证券交易印花税）、耕地占用税和教育费附加、地方教育附加。因此城建税的应纳税额=56 000×5%×50%=1 400（元）。

（二）多项选择题

1.依据城市维护建设税的有关规定，以下说法中正确的有（　）。

A.海关对进口产品代征增值税、消费税的，不代征城建税

B.对出口产品退还增值税、消费税的，不退还已缴纳的城建税

C.对即征即退办法退还增值税、消费税的，退还已缴纳的城建税

D.对实行增值税期末留抵退税的纳税人，允许其从城市维护建设税计税依据中扣除退还的增值税税额

【答案】ABD

【解析】选项A：根据《城市维护建设税法》第三条规定，对进口货物或者境外单位和个人向境内销售劳务、服务、无形资产缴纳的增值税、消费税税额，不征收城市维护建设税。选项B：城建税具有受益税性质，进口不征，出口不退。选项C：根据国家税务总局公告2021年第26号第六条规定，两税实行先征后返、先征后退、即征即退的，除另有规定外，不予退还随两税附征的城建税。选项D：根据财税〔2018〕80号规定，对实行增值税期末留抵退税的纳税人，允许其从城市维护建设税、教育费附加和地方教育附加的计税（征）依据中扣除退还的增值税税额。

2.根据国民经济和社会发展的需要，针对一些情形，国务院可以规定减征或者免征城市维护建设税，报全国人民代表大会常务委员会备案。这些可以规定减征或者免征城市维护建设税的情形包括（　）。

A.重大公共基础设施建设　　B.特殊产业

C.特殊群体　　D.重大突发事件应对

【答案】ABCD

【解析】根据《城市维护建设税法》第六条规定，根据国民经济和社会发展的需要，国务院对重大公共基础设施建设、特殊产业和群体以及重大突发事件应对等情形可以规定减征或者免征城市维护建设税，报全国人民代表大会常务委员会备案。

3.自2019年1月1日至2025年12月31日，实施支持和促进重点群体创业就业城市维护建设税减免。这里的重点群体包括以下人员（　）。

A.纳入全国扶贫开发信息系统的建档立卡贫困人口

B.零就业家庭、享受城市居民最低生活保障家庭劳动年龄内的登记失业人员

C.毕业年度内高校毕业生

D.自主就业退役士兵

【答案】ABC

【解析】根据财税〔2019〕22号规定，享受税收优惠的重点群体人员具体包括：（1）纳入全国扶贫开发信息系统的建档立卡贫困人口；（2）在人力资源社会保障部门公共就业服务机构登记失业半年以上的人员；（3）零就业家庭、享受城市居民最低生活保障家庭劳动年龄内的登记失业人员；（4）毕业年度内高校毕业生。高校毕业生是指实施高等学历教育的普通高等学校、成人高等学校应届毕业的学生；毕业年度是指毕业所在自然年，即1月1日至12月31日。

4.对城市维护建设税适用税率进行检查时，下列说法符合现行政策规定的是（　）。

A.由受托方代扣代缴、代收代缴增值税、消费税的单位和个人，其代扣代缴、代收代缴的城建税按受托方所在地适用税率执行

B.流动经营等无固定纳税地点的单位和个人，其城建税的缴纳按注册地适用税率执行

C.纳税人跨地区提供建筑服务、销售和出租不动产的，其城建税的缴纳按建筑服务发生地、不动产所在地适用税率执行

D.城建税纳税人所在地行政区划变更的，自变更完成当月起适用新行政区划对应的城建税税率

【答案】AD

【解析】选项AB：城市维护建设税的纳税人按所在地在市区、县城、镇和不在上述区域适用不同税率，但下列两种情形，其城市维护建设税按缴纳增值税、消费税所在地的规定税率就地缴纳：（1）由受托方代扣代缴、代收代缴增值税、消费税的单位和个人，其代扣代缴、代收代缴的城市维护建设税按受托方所在地适用税率执行；（2）流动经营等无固定纳税地点的单位和个人在经营地缴纳增值税、消费税的，其城市维护建设税的缴纳按经营地适用税率执行。选项C：根据财税〔2016〕74号规定，纳税人跨地区提供建筑服务、销售和出租不动产的，应在建筑服务发生地、不动产所在地预缴增值税时，以预缴增值税税额为计税依据，并按预缴增值税所在地的城市维护建设税适用税率和教育费附加征收率就地计算缴纳城市维护建设税和教育费附加。

预缴增值税的纳税人在其机构所在地申报缴纳增值税时，以其实际缴纳的增值税税额为计税依据，并按机构所在地的城市维护建设税适用税率和教育费附加征收率就地计算缴纳城市维护建设税和教育费附加。选项D：根据国家税务总局公告2021年第26号第四条规定，城建税纳税人按所在地在市区、县城、镇和不在上述区域适用不同税率。市区、县城、镇按照行政区划确定。行政区划变更的，自变更完成当月起适用新行政区划对应的城建税税率，纳税人在变更完成当月的下一个纳税申报期按新税率申报缴纳。

5.对城市维护建设税税收优惠政策适用情况进行检查时，下列表述符合现行政策规定的有（　　）。

A.对黄金交易所会员单位通过黄金交易所销售且发生实物交割的标准黄金，免征城市维护建设税

B.对国家重大水利工程建设基金免征城市维护建设税

C.对上海期货交易所会员和客户通过上海期货交易所销售且发生实物交割并已出库的标准黄金，免征城市维护建设税

D.实施扶持自主就业退役士兵创业就业城市维护建设税减免

【答案】ABCD

【解析】根据《财政部 税务总局关于继续执行的城市维护建设税优惠政策的公告》（财政部 税务总局公告2021年第27号）规定，（1）对黄金交易所会员单位通过黄金交易所销售且发生实物交割的标准黄金，免征城市维护建设税。（2）对上海期货交易所会员和客户通过上海期货交易所销售且发生实物交割并已出库的标准黄金，免征城市维护建设税。（3）对国家重大水利工程建设基金免征城市维护建设税。根据《关于进一步扶持自主就业退役士兵创业就业有关税收政策的公告》（财政部 税务总局 退役军人事务部公告2023年第14号）规定，实施扶持自主就业退役士兵创业就业城市维护建设税减免。

（三）判断题

1.因纳税人多缴发生的增值税、消费税退税，同时退还已缴纳的城建税。（　　）

【答案】√

【解析】根据国家税务总局公告2021年第26号第六条规定，因纳税人多缴发生的两税退税，同时退还已缴纳的城建税。

2.城建税的纳税义务发生时间与增值税、消费税的纳税义务发生时间一致，分别与两税在同一缴纳地点、同一缴纳期限内，一并缴纳对应的城建税。（　）

【答案】√

【解析】根据国家税务总局公告2021年第26号第五条规定，城建税的纳税义务发生时间与两税的纳税义务发生时间一致，分别与两税同时缴纳。同时缴纳是指在缴纳两税时，应当在两税同一缴纳地点、同一缴纳期限内，一并缴纳对应的城建税。

3.行政区划变更的，自变更完成之次月起适用新行政区划对应的城建税税率。（　）

【答案】×

【解析】根据《国家税务总局关于城市维护建设税征收管理有关事项的公告》（国家税务总局公告2021年第26号），行政区划变更的，自变更完成当月起适用新行政区划对应的城建税税率，纳税人在变更完成当月的下一个纳税申报期按新税率申报缴纳。

四、土地增值税检查方法

学习指引

土地增值税的一般规定

纳税人	转让国有土地使用权、地上的建筑物及其附着物（以下简称转让房地产）并取得收入的单位和个人，为土地增值税的纳税义务人
征税范围	凡转让国有土地使用权、地上的建筑物及其附着物并取得收入的行为都应缴纳土地增值税 1.仅对转让国有土地使用权的征收，对转让集体土地使用权的不征税 2.只对转让的房地产征收土地增值税，不转让的不征税。如，房地产的出租 3.对转让房地产并取得收入的征税，对发生转让行为，而未取得收入的不征税（如，通过继承、赠与方式转让房地产）
免征范围	1.一方出地，一方出资金，双方合作建房，建成后按比例分房自用的，暂免征收土地增值税；建成后转让的，应征收土地增值税（财税字〔1995〕048号） 2.对个人之间互换自有居住用房地产的，经当地税务机关核实，可以免征土地增值税（财税字〔1995〕048号） 3.纳税人建造普通标准住宅出售，增值额未超过扣除项目金额20%的免征土地增值税；因国家建设需要依法征用、收回的房地产免征土地增值税（《土地增值税暂行条例》第八条） 4.对个人销售住房暂免征收土地增值税（财税〔2008〕137号） 5.继续实施的企业改制重组有关土地增值税政策（财政部 税务总局公告2023年第51号） 6.房地产开发企业将开发的部分房地产转为企业自用或用于出租等商业用途时，如果产权未发生转移，不征收土地增值税，在税款清算时不列收入，不扣除相应的成本和费用（国税发〔2006〕187号）

续表

收入及扣除项目	1.纳税人转让房地产所取得的收入，包括货币收入、实物收入和其他收入（无形资产等） 2.计算增值额的扣除项目包括：（1）取得土地使用权所支付的金额；（2）开发土地的成本、费用；（3）新建房及配套设施的成本、费用，或者旧房及建筑物的评估价格；（4）与转让房地产有关的税金；（5）财政部规定的其他扣除项目
税率	土地增值税实行四级超率累进税率： 1.增值额未超过扣除项目金额50%的部分，税率为30% 2.增值额超过扣除项目金额50%、未超过扣除项目金额100%的部分，税率为40% 3.增值额超过扣除项目金额100%、未超过扣除项目金额200%的部分，税率为50% 4.增值额超过扣除项目金额200%的部分，税率为60%
征收管理	1.纳税人应当自转让房地产合同签订之日起七日内向房地产所在地主管税务机关办理纳税申报，并在税务机关核定的期限内缴纳土地增值税 2.纳税人未按照条例缴纳土地增值税的，土地管理部门、房产管理部门不得办理有关的权属变更手续

从事房地产开发的纳税人预征及清算后尾盘销售的检查

预征的检查	纳税人在项目全部竣工结算前转让房地产取得的收入，由于涉及成本确定或其他原因，而无法据以计算土地增值税的，可以预征土地增值税，待该项目全部竣工、办理结算后再进行清算，多退少补。预征土地增值税主要是检查预征率是否正确；预征的计税依据是否正确 1.除保障性住房外，东部地区省份预征率不得低于2%，中部和东北地区省份不得低于1.5%，西部地区省份不得低于1%，各地要根据不同类型房地产确定适当的预征率（国税发〔2010〕53号） 因此，检查普通住宅、非普通住宅、其他类型等不同类型房地产的预征率是否正确 2.为方便纳税人，简化土地增值税预征税款计算，房地产开发企业采取预收款方式销售自行开发的房地产项目的，可按照以下方法计算土地增值税预征计征依据：土地增值税预征的计征依据=预收款－应预缴增值税税款 （国家税务总局公告2016年第70号） 因此，检查预收账款是否全部申报，是否挂在“其他应付款”“应付账款”等账户不如实预缴申报 3.纳税人将开发产品用于职工福利、奖励、对外投资、分配给股东或投资人、抵偿债务、换取其他单位和个人的非货币性资产等，发生所有权转移时应视同销售房地产，其收入应按照国税发〔2006〕187号第三条规定执行。 因此，视同销售的房地产在发生所有权转移时是否按照规定的预征率预缴土地增值税
尾盘销售的检查	在土地增值税清算时未转让的房地产，清算后销售或有偿转让的，纳税人应按规定进行土地增值税的纳税申报，扣除项目金额按清算时的单位建筑面积成本费用乘以销售或转让面积计算 单位建筑面积成本费用=清算时的扣除项目总金额÷清算的总建筑面积（国税发〔2006〕187号）

非从事房地产开发的纳税人转让房地产的检查

收入的检查	营改增后，纳税人转让房地产的土地增值税应税收入不含增值税。适用增值税一般计税方法的纳税人，其转让房地产的土地增值税应税收入不含增值税销项税额；适用简易计税方法的纳税人，其转让房地产的土地增值税应税收入不含增值税应纳税额（国家税务总局公告2016年第70号）
扣除项目的检查	1.旧房转让时的扣除计算问题 （1）财税〔2006〕21号规定，纳税人转让旧房及建筑物，凡不能取得评估价格，但能提供购房发票的，经当地税务部门确认，《土地增值税暂行条例》第六条第（一）项、第（三）项规定的扣除项目的金额，可按发票所载金额并从购买年度起至转让年度止每年加计5%计算。对纳税人购房时缴纳的契税，凡能提供契税完税凭证的，准予作为“与转让房地产有关的税金”予以扣除，但不作为加计5%的基数 对于转让旧房及建筑物，既没有评估价格，又不能提供购房发票的，地方税务机关可以根据《税收征收管理法》第35条的规定，实行核定征收 （2）国税函〔2010〕220号规定，计算扣除项目时“每年”按购房发票所载日期起至售房发票开具之日止，每满12个月计1年；超过1年，未满12个月但超过6个月的，可以视同为1年 （3）营改增后关于旧房转让时的扣除计算问题，按照国家税务总局公告2016年第70号规定执行 2.与转让房地产有关的税金扣除问题 国家税务总局公告2016年第70号规定：（1）营改增后，计算土地增值税增值额的扣除项目中“与转让房地产有关的税金”不包括增值税。（2）营改增后，房地产开发企业实际缴纳的城市维护建设税（以下简称“城建税”）、教育费附加，凡能够按清算项目准确计算的，允许据实扣除。凡不能按清算项目准确计算的，则按该清算项目预缴增值税时实际缴纳的城建税、教育费附加扣除。（3）其他转让房地产行为的城建税、教育费附加扣除比照上述规定执行

本章练习及答案解析

（一）单项选择题

1.下列各项行为中，应当征收土地增值税的是（ ）

A.企业与企业之间的房地产交换

B.房地产评估增值

C.个人之间互换自有居住用房地产

D.因国家收回国有土地使用权而使房地产权属发生转让

【答案】A

【解析】企业与企业之间的房地产交换属于换取其他单位和个人的非货币性资产，是视同销售行为，应征收土地增值税。

2.我国土地增值税采用（ ）

A.四级超率累进税率　　　　B.超额累进税率

C.比例税率　　　　D.定额税率

【答案】A

【解析】《土地增值税暂行条例》第四条规定。

3.土地增值税核定征收必须严格依照税收法律法规规定的条件进行，核定征收率原则上不得低于（　），各省级税务机关要结合本地实际，区分不同房地产类型制定核定征收率。

A. 1%　　B. 2%　　C. 5%　　D. 10%

【答案】C

【解析】国税发〔2010〕53号的规定。

4.在土地增值税清算时未转让的房地产，清算后销售或有偿转让的，纳税人应按规定进行土地增值税的纳税申报，扣除项目金额按（　）计算。

A.实际发生的扣除项目金额

B.销售或转让面积分摊应纳税款

C.清算时的销售单价乘以销售或转让面积

D.清算时的单位建筑面积成本费用乘以销售或转让面积

【答案】D

【解析】国税发〔2006〕187号的规定。

5.旧房及建筑物的评估价格，指在转让已使用的房屋及建筑物时，由政府批准设立的房地产评估机构评定的（　）乘以成新度折扣率后的价格。

A.评估价格　　B.重置成本价　　C.销售价格　　D.视同销售价

【答案】B

【解析】《土地增值税暂行条例实施细则》第七条的规定。

6.个人因工作调动或改善居住条件而转让原自用住房，居住未满（　）年的，按规定计征土地增值税。

A. 1　　B. 2　　C. 3　　D. 5

【答案】C

【解析】根据《土地增值税暂行条例实施细则》第十二条规定，个人因工作调动或改善居住条件而转让原自用住房，经向税务机关申报核准，凡居住满五年或五年以上的，免予征收土地增值税；居住满三年未满五年的，减半征收土地增值税；居住未满三年的，按规定计征土地增值税。

（二）多项选择题

1.下列关于企业改制重组有关土地增值税政策的规定，表述正确的是（　）。

A.某食品制造企业与某添加剂生产企业按照合同约定，合并为一个企业，且原企业投资主体存续的，对食品制造企业将房地产转移、变更到合并后的企业，暂不征收土地增值税

B.某服装厂按照合同约定，分设为两个与原企业投资主体相同的企业，对原服装厂将房地产转移、变更到分立后的企业，暂不征收土地增值税

C.某房地产企业在改制重组时以房地产作价入股进行投资，对其将房地产转移、变更到被投资的企业，暂不征收土地增值税

D.某酒厂按照《中华人民共和国公司法》有关规定整体改制，由有限责任公司变更为股份有限公司，将国有土地使用权变更到改制后的股份有限公司，暂不征收土地增值税

【答案】ABD

【解析】选项C错误。根据财政部　税务总局公告2023年第51号规定，改制重组有关土地增值税政策不适用于房地产转移任意一方为房地产开发企业的情形。

2.计算土地增值税增值额时的扣除项目包括（　）。

A.取得土地使用权所支付的金额

B.开发土地的成本、费用

C.新建房及配套设施的成本、费用，或者旧房及建筑物的评估价格

D.与转让房地产有关的税金

【答案】ABCD

【解析】《土地增值税暂行条例》第六条的规定。

3.与转让房地产有关的税金，是指在转让房地产时缴纳的（　）。

A.增值税

B.营业税

C.城市维护建设税

D.教育费附加

【答案】BCD

【解析】根据《土地增值税暂行条例实施细则》第七条规定，与转让房地产有关的税金，是指在转让房地产时缴纳的营业税、城市维护建设税、印花税。因转让房地

产交纳的教育费附加，也可视同税金予以扣除。

4.下列关于转让旧房及建筑物的规定，正确的是（　）。

A.对于个人购入房地产再转让的，其在购入时已缴纳的契税，在计征土地增值税时，应作为“与转让房地产有关的税金”予以扣除

B.转让旧房的，应按房屋及建筑物的评估价格、取得土地使用权所支付的地价款和按国家统一规定交纳的有关费用以及在转让环节缴纳的税金作为扣除项目金额计征土地增值税

C.纳税人转让旧房及建筑物时因计算纳税的需要而对房地产进行评估，其支付的评估费用允许在计算增值额时予以扣除

D.纳税人隐瞒、虚报房地产成交价格等情形而按房地产评估价格计算征收土地增值税所发生的评估费用，不允许在计算土地增值税时予以扣除

【答案】BCD

【解析】选项A错误。根据财税字〔1995〕48号规定，对于个人购入房地产再转让的，其在购入时已缴纳的契税，在旧房及建筑物的评估价中已包括了此项因素，在计征土地增值税时，不另作为“与转让房地产有关的税金”予以扣除。

5.营改增后，纳税人转让旧房及建筑物，凡不能取得评估价格，但能提供购房发票的，在计算扣除旧房及建筑物的评估价格时，下列表述正确的是（　）。

A.提供的购房凭据为营改增前取得的营业税发票的，按照发票所载金额（不扣减营业税）并从购买年度起至转让年度止每年加计5%计算

B.提供的购房凭据为营改增后取得的增值税普通发票的，按照发票所载价税合计金额从购买年度起至转让年度止每年加计5%计算

C.提供的购房发票为营改增后取得的增值税专用发票的，按照发票所载不含增值税金额加上不允许抵扣的增值税进项税额之和，并从购买年度起至转让年度止每年加计5%计算

D.提供的购房发票为营改增后取得的增值税专用发票的，按照发票所载不含增值税金额从购买年度起至转让年度止每年加计5%计算

【答案】ABC

【解析】根据国家税务总局公告2016年第70号规定，选项D错误，应为：按照发票所载不含增值税金额加上不允许抵扣的增值税进项税额之和，并从购买年度起至转让年度止每年加计5%计算。

（三）判断题

1.对于一方出地，一方出资金，双方合作建房，建成后按比例分房自用的，暂免征收土地增值税；建成后转让的，应征收土地增值税。（　）

【答案】√

2.对企业之间互换自有居住用房地产的，经当地税务机关核实，可以免征土地增值税。（　）

【答案】×

【解析】根据财税字〔1995〕48号规定，对个人之间互换自有居住用房地产的，经当地税务机关核实，可以免征土地增值税。

3.对依法不得转让的成品油零售特许经营权作价或评估作价不应从转让加油站整体资产的收入金额中扣除。（　）

【答案】√

【解析】税总函〔2017〕513号的规定。

4.企业按规定对开发项目进行土地增值税清算后，当年企业所得税汇算清缴出现亏损且有其他后续开发项目的，该亏损应按照税法规定向以后年度结转，用以后年度所得弥补。（　）

【答案】√

【解析】国家税务总局公告2016年第81号的规定。

五、房产税的检查方法

学习指引

纳税义务人	1.房产税由产权所有人缴纳 2.产权属于全民所有的，由经营管理的单位缴纳；产权出典的，由承典人缴纳；产权所有人、承典人不在房产所在地的或者产权未确定及租典纠纷未解决的，由房产代管人或者使用人缴纳
征税范围	房产税在城市、县城、建制镇和工矿区征收
税率	房产税的税率，依照房产余值计算缴纳的，税率为1.2%；依照房产租金收入计算缴纳的，税率为12%
计税依据	房产税依照房产原值一次减除10%至30%后的余值计算缴纳。没有房产原值作为依据的，由房产所在地税务机关参考同类房产核定 房产出租的，以房产租金收入为房产税的计税依据

续表

应纳税额的计算	应纳税额=计税依据×适用税率
税收优惠	下列房产免纳房产税： 1.国家机关、人民团体、军队自用的房产 2.由国家财政部门拨付事业经费的单位自用的房产 3.宗教寺庙、公园、名胜古迹自用的房产 4.个人所有非营业用的房产 5.经财政部批准免税的其他房产
征收管理	1.房产税按年征收、分期缴纳。纳税期限由省、自治区、直辖市人民政府规定 2.房产税由房产所在地的税务机关征收

本章练习及答案解析

（一）单项选择题

1.下列房产及建筑物中，属于房产税征税范围的是（　　）。

A.加油站罩棚　　　　B.建在室外的露天游泳池

C.位于市区的经营性房产　　　　D.农村的居住用房

【答案】C

【解析】根据《财政部税务总局关于房产税和车船使用税几个业务问题的解释与规定》（财税地字（1987）第3号）规定，（一）关于‘房产’的解释：房屋是指有屋面和围护结构（有墙或两边有柱），能够遮风避雨，可供人们在其中生产、工作、学习、娱乐、居住或储藏物资的场所。《房产税暂行条例》第一条规定，房产税在城市、县城、建制镇和工矿区征收，选项C正确。

2.下列经营性房产中，应从租计征房产税的是（　　）。

A.以融资租赁方式出租的房产

B.参与投资利润分红且共担联营风险的对外投资房产

C.收取固定收入，不承担风险的对外投资联营房产

D.居民住宅内业主共有从事自营业务的经营性房产

【答案】C

【解析】选项A：根据《财政部 国家税务总局关于房产税城镇土地使用税有关问题的通知》（财税〔2009〕128号）规定，融资租赁的房产，由承租人自融资租赁合同约定开始日的次月起依照房产余值缴纳房产税；合同未约定开始日的，由承租人自合

同签订的次月起依照房产余值缴纳房产税。选项BC：根据《国家税务总局关于安徽省若干房产税业务问题的批复》，投资联营的房产，应根据投资联营的具体情况，在计征房产税时予以区别对待。对于以房产投资联营的，投资者参与投资利润分红且共担联营风险的，按房产原值计征房产税；对于以房产投资联营，收取固定收入，不承担联营风险的，实际上是以联营名义取得房产的租金收入，因此由出租方按租金收入计缴房产税。选项D：根据《财政部 国家税务总局关于房产税、城镇土地使用税有关政策的通知》（财税〔2006〕186号）第一条规定，对居民住宅区内业主共有的经营性房产，由实际经营（包括自营和出租）的代管人或使用人缴纳房产税。其中自营的，依照房产原值减除10%至30%后的余值计征。

3.下列关于房产税的表述中，不符合现行税法规定的是（　　）。

A.无租使用其他单位房产的应税单位依照房产余值缴纳房产税

B.产权出典的房产，由承典人依照房产余值缴纳房产税

C.融资租赁的房产，由承租人依照房产余值缴纳房产税

D.对依照房产原值计税的房产，不论是否记载在会计账簿固定资产科目中，均应按照房屋原价计算缴纳房产税

【答案】A

【解析】选项ABC：根据《财政部 国家税务总局关于房产税城镇土地使用税有关问题的通知》（财税〔2009〕128号）规定，一、无租使用其他单位房产的应税单位和个人，依照房产余值代缴纳房产税。二、产权出典的房产，由承典人依照房产余值缴纳房产税。三、融资租赁的房产，由承租人自融资租赁合同约定开始日的次月起依照房产余值缴纳房产税。合同未约定开始日的，由承租人自合同签订的次月起依照房产余值缴纳房产税。选项D：根据《财政部 国家税务总局关于房产税城镇土地使用税有关问题的通知》（财税〔2008〕152号）第一条规定，对依照房产原值计税的房产，不论是否记载在会计账簿固定资产科目中，均应按照房屋原价计算缴纳房产税。房屋原价应根据国家有关会计制度规定进行核算。对纳税人未按国家会计制度规定核算并记载的，应按规定予以调整或重新评估。

4.下列各项中，符合现行房产税政策规定的有（　　）。

A.房屋修缮期间免征房产税

B.毁损不堪居住的房屋和危险房屋免征房产税

C.基建工地的临时性工棚在施工期间免征房产税

D.商业综合体地下的停车场免征房产税

【答案】C

【解析】选项A：根据《国家税务总局关于房产税部分行政审批项目取消后加强后续管理工作的通知》（国税函〔2004〕839号）规定，纳税人因房屋大修导致连续停用半年以上的，在房屋大修期间免征房产税。选项B：根据《财政部 税务总局关于房产税若干具体问题的解释和暂行规定》（〔1986〕财税地字第8号）第十六条的规定：经有关部门鉴定，对毁损不堪居住的房屋和危险房屋，在停止使用后，可免征房产税。选项C：根据《财政部 税务总局关于房产税若干具体问题的解释和暂行规定》的规定，凡是在基建工地为基建工地服务的各种工棚、材料棚、休息棚和办公室、食堂、茶炉房、汽车房等临时性房屋，在施工期间，一律免征房产税。选项D：根据《财政部 国家税务总局关于具备房屋功能的地下建筑征收房产税的通知》（财税〔2005〕181号）第二条规定，对于与地上房屋相连的地下建筑，如房屋的地下室、地下停车场、商场的地下部分等，应将地下部分与地上房屋视为一个整体按照地上房屋建筑的有关规定计算征收房产税。

5.甲企业与乙商贸企业签订房屋租赁合同，将一栋原值5 800万元的写字楼整体出租给乙商贸企业使用，租期3年，自2021年8月1日起至2024年7月31日止。2021年8月和9月免租，以后每月租金为30万元（不含增值税）。则甲企业在2021年应缴纳的房产税为（　　）万元。（当地的房产税原值减除比例为30%）

A. 36.54　　B. 47.34　　C. 48.12　　D. 69.6

【答案】B

【解析】根据《财政部 国家税务总局关于安置残疾人就业单位城镇土地使用税等政策的通知》（财税〔2010〕121号）第二条规定，对出租房产，租赁双方签订的租赁合同约定有免收租金期限的，免收租金期间由产权所有人按照房产原值缴纳房产税。甲企业2021年应缴纳的房产税税额=5 800×（1−30%）×1.2%÷12×9+30×3×12%=47.34（万元）。

6. 2021年甲企业花费8 000万元购入12万平方米的A地块，投资12 000万元自建办公楼一栋，其中地上18层面积50 000平方米，地下两层面积5 000平方米，2023年年底竣工验收。对该企业征收房产税的房产原值是（　　）。

A. 12 000　　B. 15 666.65　　C. 19 333.3　　D. 20 000

【答案】C

【解析】根据《财政部 国家税务总局关于安置残疾人就业单位城镇土地使用税等政策的通知》（财税〔2010〕121号）第三条规定，对按照房产原值计税的房产，无论会计上如何核算，房产原值均应包含地价，包括为取得土地使用权支付的价款、开发土地发生的成本费用等。宗地容积率低于0.5的，按房产建筑面积的2倍计算土地面积并据此确定计入房产原值的地价。根据《财政部 国家税务总局关于具备房屋功能的地下建筑征收房产税的通知》（财税〔2005〕181号）文件规定，不同类型的地下建筑以不同的比例计算应税房产原值。工业用途房产以房屋原价的50%~60%作为应税房产原值，商业和其他用途房产以房屋原价的70%~80%作为应税房产原值。对于与地上房屋相连的地下建筑，应将地下部分与地上房屋视为一个整体，按照地上房屋建筑的有关规定计算征收房产税。出租的地下建筑，按照出租地上房屋建筑的有关规定计算征收房产税。

宗地容积率为（50 000+5 000）÷120 000=0.4583

该企业计入房产原值的地价=8 000/12×（50 000+5 000）×2=73 333 333.3（元）=7 333.3（万元）

对该企业征收房产税的房产原值=12 000+7 333.3=19 333.3（万元）

（二）多项选择题

1.下列情形中，应由房产代管人或者使用人缴纳房产税的有（　　）。

A.产权出典的　　B.产权未确定的

C.租典纠纷未解决的　　D.产权所有人不在房产所在地的

【答案】BCD

【解析】根据《房产税暂行条例》第二条规定，房产税由产权所有人缴纳。产权属于全民所有的，由经营管理的单位缴纳；产权出典的，由承典人缴纳；产权所有人、承典人不在房产所在地的，或者产权未确定及租典纠纷未解决的，由房产代管人或者使用人缴纳。

2.下列附属设备或配套设施，应当计入房产原值计征房产税的有（　　）。

A.给水排水管道　　B.暖气煤气设备

C.电梯　　D.电力、电讯、电缆导线

【答案】ABCD

【解析】根据《财政部 税务总局关于房产税和车船使用税几个业务问题的解释与

规定》((1987)财税地字第3号)规定，房产原值应包括与房屋不可分割的各种附属设备或一般不单独计算价值的配套设施。主要有：暖气、卫生、通风、照明、煤气等设备；各种管线，如蒸气、压缩空气、石油、给水排水等管道及电力、电讯、电缆导线；电梯、升降机、过道、晒台等。属于房屋附属设备的水管、下水道、暖气管、煤气管等从最近的探视井或三通管算起。电灯网、照明线从进线盒联接管算起。

3.下列关于房产税税收优惠政策的表述，符合现行政策规定的有(　　)。

A.国家机关、人民团体、军队的房产免征房产税

B.居民委员会、村民委员会拥有的体育场馆免征房产税

C.对高校学生公寓免征房产税

D.对房地产开发企业建造的商品房，在售出前免征房产税

【答案】BC

【解析】选项A：根据《房产税暂行条例》第五条第(一)项规定，国家机关、人民团体、军队自用的房产免征房产税。选项B：根据《财政部 国家税务总局关于体育场馆房产税和城镇土地使用税政策的通知》(财税〔2015〕130号)第一条规定，国家机关、军队、人民团体、财政补助事业单位、居民委员会、村民委员会拥有的体育场馆，用于体育活动的房产、土地，免征房产税和城镇土地使用税。选项C：根据《财政部 税务总局关于高校学生公寓房产税 印花税政策的通知》(财税〔2019〕14号)第一条规定，对高校学生公寓免征房产税。选项D：根据《国家税务总局关于房产税城镇土地使用税有关政策规定的通知》(国税发〔2003〕89号)第一条规定，对房地产开发企业建造的商品房，在售出前，不征收房产税；但对售出前房地产开发企业已使用或出租、出借的商品房应按规定征收房产税。

4.下列关于房产税、城镇土地使用税纳税义务发生时间的表述，正确的有(　　)。

A.购置新建商品房，自房屋交付使用之次月起计征房产税和城镇土地使用税

B.购置存量房，自办理房屋权权属转移、变更登记手续，房地产权属登记机关签发房屋权属证书之次月起计征房产税和城镇土地使用税

C.出租、出借房产，自交付出租、出借房产之次月起计征房产税和城镇土地使用税

D.房地产开发企业自用、出租、出借本企业建造的商品房，自房屋使用或交付之次月起计征房产税和城镇土地使用税

【答案】ABCD

【解析】根据《国家税务总局关于房产税城镇土地使用税有关政策规定的通知》

（国税发〔2003〕89号）第二条规定，（一）购置新建商品房，自房屋交付使用之次月起计征房产税和城镇土地使用税。（二）购置存量房，自办理房屋权权属转移、变更登记手续，房地产权属登记机关签发房屋权属证书之次月起计征房产税和城镇土地使用税。（三）出租、出借房产，自交付出租、出借房产之次月起计征房产税和城镇土地使用税。（四）房地产开发企业自用、出租、出借本企业建造的商品房，自房屋使用或交付之次月起计征房产税和城镇土地使用税。

5.下列关于公共租赁住房税收优惠政策的表述，正确的有（　　）。

A.对公租房免征房产税

B.对公租房经营管理单位购买住房作为公租房，免征契税、印花税

C.对公租房建设期间用地及公租房建成后占地，免征城镇土地使用税

D.对经营公租房所取得的租金收入，免征增值税

【答案】ABCD

【解析】根据《财政部 税务总局关于继续实施公共租赁住房税收优惠政策的公告》（财政部 税务总局公告2023年第33号）规定，一、对公租房建设期间用地及公租房建成后占地，免征城镇土地使用税。在其他住房项目中配套建设公租房，按公租房建筑面积占总建筑面积的比例免征建设、管理公租房涉及的城镇土地使用税。二、对公租房经营管理单位免征建设、管理公租房涉及的印花税。在其他住房项目中配套建设公租房，按公租房建筑面积占总建筑面积的比例免征建设、管理公租房涉及的印花税。三、对公租房经营管理单位购买住房作为公租房，免征契税、印花税；对公租房租赁双方免征签订租赁协议涉及的印花税。四、对企事业单位、社会团体以及其他组织转让旧房作为公租房房源，且增值额未超过扣除项目金额20%的，免征土地增值税。七、对公租房免征房产税。对经营公租房所取得的租金收入，免征增值税。公租房经营管理单位应单独核算公租房租金收入，未单独核算的，不得享受免征增值税、房产税优惠政策。

（三）判断题

1.对企事业单位、社会团体以及其他组织向个人、专业化规模化住房租赁企业出租住房的，减按4%的税率征收房产税。（　　）

【答案】√

【解析】根据《财政部 税务总局 住房城乡建设部关于完善住房租赁有关税收政策的公告》（财政部 税务总局 住房城乡建设部公告2021年第24号）第二条规定，对企事业单位、社会团体以及其他组织向个人、专业化规模化住房租赁企业出租住房

的，减按4%的税率征收房产税。

2.企业自有房产出租给员工应当依法缴纳房产税。（ ）

【答案】×

【解析】根据《财政部 国家税务总局关于调整住房租赁市场税收政策的通知》（财税〔2000〕125号）规定，对按政府规定价格出租的公有住房和廉租住房，包括企业和自收自支事业单位向职工出租的单位自有住房；房管部门向居民出租的公有住房；落实私房政策中带户发还产权并以政府规定租金标准向居民出租的私有住房等，暂免征收房产税、营业税。

3.房地产开发企业出租地下的人防车位应当依法缴纳房产税。（ ）

【答案】√

【解析】根据《财政部 国家税务总局关于具备房屋功能的地下建筑征收房产税的通知》（财税〔2005〕181号）规定，凡在房产税征收范围内的具备房屋功能的地下建筑，包括与地上房屋相连的地下建筑以及完全建在地面以下的建筑、地下人防设施等，均应当依照有关规定征收房产税。

六、城镇土地使用税的检查方法

学习指引

纳税义务人	在城市、县城、建制镇、工矿区范围内使用土地的单位和个人，为城镇土地使用税的纳税人。包括国有企业、集体企业、私营企业、股份制企业、外商投资企业、外国企业以及其他企业和事业单位、社会团体、国家机关、军队以及其他单位；所称个人，包括个体工商户以及其他个人
征税范围	城市、县城、建制镇、工矿区
税率	土地使用税每平方米年税额如下： 1.大城市1.5元至30元 2.中等城市1.2元至24元 3.小城市0.9元至18元 4.县城、建制镇、工矿区0.6元至12元 省、自治区、直辖市人民政府，应当在《城镇土地使用税暂行条例》第四条规定的税额幅度内，根据市政建设状况、经济繁荣程度等条件，确定所辖地区的适用税额幅度。市、县人民政府应当根据实际情况，将本地区土地划分为若干等级，在省、自治区、直辖市人民政府确定的税额幅度内，制定相应的适用税额标准，报省、自治区、直辖市人民政府批准执行
计税依据	纳税人实际占用的土地面积
应纳税额的计算	应纳税额=纳税人实际占用的土地面积×规定税额

续表

税收优惠	下列土地免缴土地使用税： 1.国家机关、人民团体、军队自用的土地 2.由国家财政部门拨付事业经费的单位自用的土地 3.宗教寺庙、公园、名胜古迹自用的土地 4.市政街道、广场、绿化地带等公共用地 5.直接用于农、林、牧、渔业的生产用地 6.经批准开山填海整治的土地和改造的废弃土地，从使用的月份起免缴土地使用税5年至10年 7.由财政部另行规定免税的能源、交通、水利设施用地和其他用地
征收管理	1.土地使用税按年计算、分期缴纳。缴纳期限由省、自治区、直辖市人民政府确定 2.新征收的土地，依照下列规定缴纳土地使用税： （1）征收的耕地，自批准征收之日起满1年时开始缴纳土地使用税 （2）征收的非耕地，自批准征收次月起缴纳土地使用税 3.土地使用税由土地所在地的税务机关征收

本章练习及答案解析

（一）单项选择题

1.下列用地中，应缴纳城镇土地使用税的是（　　）。

A.公园内茶社用地　　B.养殖业专业用地

C.部队训练用地　　D.盐矿的盐井用地

【答案】A

【解析】选项A：根据国家税务局关于发布《关于土地使用税若干具体问题的解释和暂行规定》的通知（国税地字〔1988〕15号）第十条的规定，公园、名胜古迹自用的土地，是指供公共参观游览的用地及其管理单位的办公用地，以上单位的生产、营业用地和其他用地，不属于免税范围，应按规定缴纳土地使用税。选项BCD：根据《城镇土地使用税暂行条例》第六条规定，军队自用的土地及直接用于农、林、牧、渔业的生产用地免缴土地使用税。

2.某企业2018年拥有市郊的一宗地块，其地上面积为10 000平方米，单独建造的地下建筑占地面积为4 000平方米（已取得地下土地使用权证）。该市规定的城镇土地使用税税率为2元/平方米。该企业2018年度就此地块应缴纳的城镇土地使用税为（　　）元。

A. 10 000　　B. 20 000　　C. 24 000　　D. 28 000

【答案】C

【解析】财政部 国家税务总局《关于房产税城镇土地使用税有关问题的通知》（财税〔2009〕128号）第四条规定，对在城镇土地使用税征税范围内单独建造的地下建筑用地，按规定征收城镇土地使用税。其中，已取得地下土地使用权证的，按土地使用权证确认的土地面积计算应征税款；未取得地下土地使用权证或地下土地使用权证上未标明土地面积的，按地下建筑垂直投影面积计算应征税款。对上述地下建筑用地暂按应征税款的50%征收城镇土地使用税。该企业2018年度就此地块应缴纳的城镇土地使用税=10 000×2+4 000×2×50%=24 000（元）。

3.经省、自治区、直辖市人民政府批准，经济落后地区土地使用税的适用税额标准可以适当降低，但降低额不得超过规定最低税额的（　）。

A. 30%　　B. 40%　　C. 50%　　D. 60%

【答案】A

【解析】《城镇土地使用税暂行条例》第五条第三款规定，经省、自治区、直辖市人民政府批准，经济落后地区土地使用税的适用税额标准可以适当降低，但降低额不得超过本条例第四条规定最低税额的30%。经济发达地区土地使用税的适用税额标准可以适当提高，但须报经财政部批准。

4.下列土地中，免征城镇土地使用税的是（　）。

A.营利性医疗机构自用的土地

B.公园内便利店使用的土地

C.生产企业无偿使用海关部门的免税土地

D.军队无偿使用铁路企业的应税土地

【答案】D

【解析】选项A：根据《财政部 国家税务总局关于医疗卫生机构有关税收政策的通知》（财税〔2000〕42号）第一条第（五）项规定，对非营利性医疗机构自用的房产、土地、车船免征房产税、城镇土地使用税和车船使用税。第二条第（一）项规定，对营利性医疗机构取得的收入，直接用于改善医疗卫生条件的，自其取得执业登记之日起，3年内给予下列优惠：对营利性医疗机构自用的房产、土地、车船免征房产税、城镇土地使用税和车船使用税，3年免税期满后恢复征税。选项B：根据《国家税务局关于印发〈关于土地使用税若干具体问题的解释和暂行规定〉的通知》（国税地字〔1988〕15号）第十五条规定，公园、名胜古迹中附设的营业单位，如影剧院、饮食部、茶社、照相馆等使用的土地，应征收土地使用税。选项CD：根据《国家税务局关于印发〈关于土地使用税若干具体问题的补充规定〉的通知》第一条规定，对免税单位无偿使用纳税单位的土地（如公安、海关等单位使用铁路、民航等单位的土地），免征土地使用税；对纳税单位无偿使用免税单位的土地，纳税单位应照章缴纳土地使用税。

5.某企业2018年初占用土地20 000平方米，其中幼儿园占地400平方米，职工活动健身中心占地600平方米，其余为生产经营用地；6月购置一栋办公楼，占地300平方米。该企业所在地城镇土地使用税年税额为6元/平方米。该企业2018年应缴纳的城镇土地使用税为（　）元。

A. 114 000　　B. 114 900　　C. 118 500　　D. 119 400

【答案】C

【解析】根据《财政部 国家税务总局关于教育税收政策的通知》（财税〔2004〕39号）第二条规定，对国家拨付事业经费和企业办的各类学校、托儿所、幼儿园自用的房产、土地，免征房产税、城镇土地使用税。该企业2018年应缴纳的城镇土地使用税=（20 000−400）×6+300×6÷12×6=117 600+900=118 500（元）。

（二）多项选择题

1.在征税范围内的下列用地依法应当缴纳城镇土地使用税的有（　）。

A.利用林场土地兴建度假村等休闲娱乐场所的，其经营、办公用地

B.直接用于采摘、观光的种植、养殖、饲养的土地

C.城镇内的集贸市场（农贸市场）用地

D.棚户区改造安置住房建设用地

【答案】AC

【解析】选项A：根据《财政部 国家税务总局关于房产税、城镇土地使用税有关政策的通知》（财税〔2006〕186号）第四条规定，在城镇土地使用税征收范围内，利用林场土地兴建度假村等休闲娱乐场所的，其经营、办公和生活用地，应按规定征收城镇土地使用税。选项B：根据财税〔2006〕186号第三条规定，在城镇土地使用税征收范围内经营采摘、观光农业的单位和个人，其直接用于采摘、观光的种植、养殖、饲养的土地，免征城镇土地使用税。选项C：根据《国家税务局关于印发〈关于土地使用税若干具体问题的补充规定〉的通知》（国税地字〔1989〕140号）第五条规定，城镇内的集贸市场（农贸市场）用地，按规定应征收土地使用税。为了促进集贸

市场的发展及照顾各地的不同情况，各省、自治区、直辖市税务局可根据具体情况自行确定对集贸市场用地征收或者免征土地使用税。选项D：根据《财政部 国家税务总局关于棚户区改造有关税收政策的通知》（财税〔2013〕101号）第一条规定，对改造安置住房建设用地免征城镇土地使用税。

2.下列关于城镇土地使用税纳税义务发生时间的表述，符合现行政策规定的有（　）。

A.单位购置新建商品房，自房屋交付使用之次月起计征城镇土地使用税

B.通过招标、拍卖、挂牌方式取得的建设用地，从合同约定交付土地时间满一年时缴纳城镇土地使用税

C.征收的耕地，自批准征收之日起满1年时开始缴纳土地使用税

D.以出让或转让方式有偿取得土地使用权的，由受让方从合同约定交付土地时间的次月起缴纳城镇土地使用税

【答案】ACD

【解析】选项A：根据《国家税务总局关于房产税城镇土地使用税有关政策规定的通知》（国税发〔2003〕89号）第二条第（一）项规定，购置新建商品房，自房屋交付使用之次月起计征房产税和城镇土地使用税。选项B：根据《国家税务总局关于通过招拍挂方式取得土地缴纳城镇土地使用税问题的公告》（国家税务总局公告2014年第74号）规定，按照《财政部 国家税务总局关于房产税 城镇土地使用税有关政策的通知》（财税〔2006〕186号）第二条规定，从合同约定交付土地时间的次月起缴纳城镇土地使用税；合同未约定交付土地时间的，从合同签订的次月起缴纳城镇土地使用税。选项C：根据《城镇土地使用税暂行条例》第九条第（一）项规定，征收的耕地，自批准征收之日起满1年时开始缴纳土地使用税。选项D：根据财税〔2006〕186号第二条规定，以出让或转让方式有偿取得土地使用权的，应由受让方从合同约定交付土地时间的次月起缴纳城镇土地使用税；合同未约定交付土地时间的，由受让方从合同签订的次月起缴纳城镇土地使用税。

3.下列关于城镇土地使用税的表述中，符合现行政策规定的有（　）。

A.企业范围内荒山、林地、湖泊等占地按应纳税额减半征收城镇土地使用税

B.纳税单位与免税单位共同使用共有使用权土地上的多层建筑，对纳税单位可按其占用的建筑面积占建筑总面积的比例计征土地使用税

C.对企业的铁路专用线、公路等用地在厂区以外、与社会公用地段未加隔离的，暂免征收土地使用税

D.对企业厂区（包括生产、办公及生活区）以内的绿化用地，免征城镇土地使用税

【答案】BC

【解析】选项A：根据《财政部 国家税务总局关于企业范围内荒山 林地 湖泊等占地城镇土地使用税有关政策的通知》（财税〔2014〕1号）规定，对已按规定免征城镇土地使用税的企业范围内荒山、林地、湖泊等占地，自2014年1月1日至2015年12月31日，按应纳税额减半征收城镇土地使用税；自2016年1月1日起，全额征收城镇土地使用税。选项B：根据《国家税务局关于印发〈关于土地使用税若干具体问题的补充规定〉的通知》（国税地字〔1989〕140号）第二条规定，纳税单位与免税单位共同使用共有使用权土地上的多层建筑，对纳税单位可按其占用的建筑面积占建筑总面积的比例计征土地使用税。选项C：根据国税地字〔1989〕140号第十一条规定，对企业的铁路专用线、公路等用地，除另有规定者外，在企业厂区（包括生产、办公及生活区）以内的，应照章征收土地使用税；在厂区以外、与社会公用地段未加隔离的，暂免征收土地使用税。选项D：根据国税地字〔1989〕140号第十三条规定，对企业厂区（包括生产、办公及生活区）以内的绿化用地，应照章征收土地使用税，厂区以外的公共绿化用地和向社会开放的公园用地，暂免征收土地使用税。

4.下列土地中，属于法定免缴城镇土地使用税是有（　　）。

A.名胜古迹自用土地

B.个人所有的居住房屋及院落用地

C.保障性住房项目建设用地

D.市政街道、广场、绿化地带等公共用地

【答案】ACD

【解析】选项AD：根据《土地使用税暂行条例》第六条规定，下列土地免缴土地使用税：一是国家机关、人民团体、军队自用的土地；二是由国家财政部门拨付事业经费的单位自用的土地；三是宗教寺庙、公园、名胜古迹自用的土地；四是市政街道、广场、绿化地带等公共用地；五是直接用于农、林、牧、渔业的生产用地等。选项B：根据《国家税务局关于印发〈关于土地使用税若干具体问题的解释和暂行规定〉的通知》（国税地字〔1988〕15号）第十八条规定，个人所有的居住房屋及院落用地由省、自治区、直辖市税务局确定征免税。选项C：根据《财政部 税务总局 住房城乡建设部关于保障性住房有关税费政策的公告》（财政部 税务总局 住房城乡建设部公告2023年第70号）第一条规定，对保障性住房项目建设用地免征城镇土地使用税。

5.下列各项中，可由省、自治区、直辖市税务局确定减免城镇土地使用税的有（　）。

A.免税单位职工家属的宿舍用地

B.集体和个人办的各类学校用地

C.民政部门举办的安置残疾人占一定比例的福利工厂用地

D.经批准开山填海整治的土地和改造的废弃土地，从使用的月份起免缴土地使用税5年至10年

【答案】ABC

【解析】选项ABC：根据《国家税务局关于印发〈关于土地使用税若干具体问题的解释和暂行规定〉的通知》（国税地字〔1988〕15号）第十八条规定，下列土地的征免税，由省、自治区、直辖市税务局确定：1.个人所有的居住房屋及院落用地；2.房产管理部门在房租调整改革前经租的居民住房用地；3.免税单位职工家属的宿舍用地；4.民政部门举办的安置残疾人占一定比例的福利工厂用地；5.集体和个人办的各类学校、医院、托儿所、幼儿园用地。选项D：根据《土地使用税暂行条例》第六条第（六）项规定，经批准开山填海整治的土地和改造的废弃土地，从使用的月份起免缴土地使用税5年至10年。

6.税务稽查部门检查社区养老服务企业享受税费优惠政策情况时，下列表述符合政策规定的有（　）。

A.提供社区养老服务取得的收入，免征增值税

B.提供社区养老服务取得的收入，免征企业所得税

C.承受房屋、土地用于提供社区养老服务的，免征契税

D.为社区提供养老服务的机构自有的房产、土地，免征房产税、城镇土地使用税

【答案】AC

【解析】根据《财政部 税务总局 发展改革委 民政部 商务部 卫生健康委关于养老、托育、家政等社区家庭服务业税费优惠政策的公告》（财政部 税务总局 发展改革委 民政部 商务部 卫生健康委公告2019年第76号）规定，为社区提供养老、托育、家政等服务的机构，按照以下规定享受税费优惠政策：（一）提供社区养老、托育、家政服务取得的收入，免征增值税。（二）提供社区养老、托育、家政服务取得的收入，在计算应纳税所得额时，减按90%计入收入总额。（三）承受房屋、土地用于提供社区养老、托育、家政服务的，免征契税。二、为社区提供养老、托育、家政等服务的机构自有或其通过承租、无偿使用等方式取得并用于提供社区养老、托育、家政服务

的房产、土地，免征房产税、城镇土地使用税。

（三）判断题

1. 自2023年1月1日起至2027年12月31日止，对物流企业自有的办公、生活区用地及其大宗商品仓储设施用地，减按所属土地等级适用税额标准的50%计征城镇土地使用税。（　）

【答案】×

【解析】根据《财政部 税务总局关于继续实施物流企业大宗商品仓储设施用地城镇土地使用税优惠政策的公告》（财政部 税务总局公告2023年第5号）第一条规定，自2023年1月1日起至2027年12月31日止，对物流企业自有（包括自用和出租）或承租的大宗商品仓储设施用地，减按所属土地等级适用税额标准的50%计征城镇土地使用税。第三条规定，物流企业的办公、生活区用地及其他非直接用于大宗商品仓储的土地，应按规定征收城镇土地使用税。

2. 对农产品批发市场、农贸市场专门用于经营农产品的房产、土地，暂免征收房产税和城镇土地使用税。（　）

【答案】√

【解析】根据《财政部 税务总局关于继续实施农产品批发市场和农贸市场房产税、城镇土地使用税优惠政策的公告》（财政部 税务总局公告2023年第50号）第一条规定，对农产品批发市场、农贸市场（包括自有和承租，下同）专门用于经营农产品的房产、土地，暂免征收房产税和城镇土地使用税。

3. 纳税人跨地区使用的土地，由各省、自治区、直辖市人民政府确定纳税地点。（　）

【答案】×

【解析】根据《国家税务局关于印发〈关于土地使用税若干具体问题的解释和暂行规定〉的通知》（国税地字〔1988〕15号）第十四条规定，纳税人使用的土地不属于同一省（自治区、直辖市）管辖范围的，应由纳税人分别向土地所在地的税务机关缴纳土地使用税。在同一省（自治区、直辖市）管辖范围内，纳税人跨地区使用的土地，如何确定纳税地点，由各省、自治区、直辖市税务局确定。

七、耕地占用税的检查方法

学习指引

纳税义务人	在中华人民共和国境内占用耕地建设建筑物、构筑物或者从事非农业建设的单位和个人，为耕地占用税的纳税人
征税范围	1.对占用耕地建设建筑物、构筑物或者从事非农业建设的行为，征收耕地占用税。占用耕地建设农田水利设施的，不缴纳耕地占用税 2.占用园地、林地、草地、农田水利用地、养殖水面、渔业水域滩涂以及其他农用地建设建筑物、构筑物或者从事非农业建设的，依法缴纳耕地占用税 3.纳税人因建设项目施工或者地质勘查临时占用耕地，应当依法缴纳耕地占用税。纳税人在批准临时占用耕地期满之日起1年内依法复垦，恢复种植条件的，全额退还已经缴纳的耕地占用税
税率	耕地占用税采用地区差别定额税率 以县、自治县、不设区的市、市辖区为单位，按人均占有耕地面积的多少，参照经济发展情况，将全国划分为四类不同地区，按照每平方米土地设置幅度税额
计税依据	耕地占用税以纳税人实际占用的耕地面积为计税依据，包括经批准占用的耕地面积和未经批准占用的耕地面积
应纳税额的计算	耕地占用税实行一次性征收，应纳税额为纳税人实际占用的耕地面积（平方米）（应税土地面积）乘以适用税额
税收优惠	1.军事设施、学校、幼儿园、社会福利机构、医疗机构占用耕地，免征耕地占用税。铁路线路、公路线路、飞机场跑道、停机坪、港口、航道、水利工程占用耕地，减按每平方米2元的税额征收耕地占用税 2.农村居民在规定用地标准以内占用耕地新建自用住宅，按照当地适用税额减半征收耕地占用税；其中农村居民经批准搬迁，新建自用住宅占用耕地不超过原宅基地面积的部分，免征耕地占用税 3.农村烈士遗属、因公牺牲军人遗属、残疾军人以及符合农村最低生活保障条件的农村居民，在规定用地标准以内新建自用住宅，免征耕地占用税 根据国民经济和社会发展的需要，国务院可以规定免征或者减征耕地占用税的其他情形，报全国人民代表大会常务委员会备案
征收管理	1.纳税人占用应税耕地，应当在农用地转用环节纳税 2.纳税人占用应税耕地，应当在耕地所在地申报纳税 3.耕地占用税的纳税义务发生时间为纳税人收到自然资源主管部门办理占用耕地手续的书面通知的当日 4.纳税人应当自纳税义务发生之日起30日内申报缴纳耕地占用税

本章练习及答案解析

（一）单项选择题

1.临时占用耕地，是指经自然资源主管部门批准，在一般不超过（　　）年内临时使用耕地并且没有修建永久性建筑物的行为。

A. 0.5　　B. 1　　C. 2　　D. 3

【答案】C

【解析】根据《耕地占用税法实施办法》第十八条规定，临时占用耕地，是指经自然资源主管部门批准，在一般不超过2年内临时使用耕地并且没有修建永久性建筑物的行为。

2. 在人均耕地低于（　）亩的地区，省、自治区、直辖市可以根据当地经济发展情况，适当提高耕地占用税的适用税额，但提高的部分不得超过耕地占用税法确定的适用税额的百分之五十。

A. 0.5　　B. 1　　C. 2　　D. 3

【答案】A

【解析】根据《耕地占用税法》第五条规定，在人均耕地低于0.5亩的地区，省、自治区、直辖市可以根据当地经济发展情况，适当提高耕地占用税的适用税额，但提高的部分不得超过《耕地占用税法》第四条第二款确定的适用税额的50%。

3. 下列项目占用耕地，可以直接免征耕地占用税的是（　）。

A. 军事设施　　B. 公路线路　　C. 机场跑道　　D. 港口码头

【答案】A

【解析】根据《耕地占用税法》第七条规定，军事设施、学校、幼儿园、社会福利机构、医疗机构占用耕地，免征耕地占用税。

4. 以下耕地，减按每平方米2元的税额征收耕地占用税的是（　）。

A. 学校内教职工住房占用耕地

B. 城区内机动车道占用耕地

C. 铁路线路占用耕地

D. 农田水利设施占用耕地

【答案】C

【解析】选项AB均按当地适用税额缴纳耕地占用税。选项D属于农业用途，不缴纳耕地占用税。根据《耕地占用税法》第七条第二款规定，铁路线路、公路线路、飞机场跑道、停机坪、港口、航道、水利工程占用耕地，减按每平方米2元的税额征收耕地占用税。

5.因土地规模化耕种需要，农村居民李某经批准搬迁，搬迁前住宅占用耕地240平方米，搬迁后在规定用地标准内新建自用住宅占用耕地280平方米，当地耕地占用税税额为每平方米25元。李某应缴纳耕地占用税（　）元。

A. 0　　B. 500　　C. 1 000　　D. 3 500

【答案】B

【解析】农村居民在规定用地标准以内占用耕地新建自用住宅，按照当地适用税额减半征收耕地占用税。其中农村居民经批准搬迁，新建自用住宅占用耕地不超过原宅基地面积的部分，免征耕地占用税。李某应缴纳耕地占用税=（280−240）×25×50%=500（元）。

6.某单位经批准占用基本农田18 000平方米，其中3 000平方米建造养老院，2 000平方米建造医院，1 800平方米建造老年人大学，其余用于建造购物中心。当地耕地占用税税额每平方米20元。该单位应缴纳耕地占用税税额为（　）元。

A. 224 000　　B. 26 000　　C. 336 000　　D. 39 000

【答案】C

【解析】《耕地占用税法》第七条规定，军事设施、学校、幼儿园、社会福利机构、医疗机构占用耕地，免征耕地占用税。第六条规定，占用基本农田的加按150%征收。

应缴纳耕地占用税=（18 000−3 000−2 000−1 800）×20×150%=336 000（元）。

7.某农户有一处果园，占地面积1 500平方米，2023年将其中的1 200平方米改造为花圃，100平方米建造为储存农用机具和苗木的仓库，其余200平方米建造为自用住宅（在规定用地标准内）。当地耕地占用税税额为每平方米20元。则该农户应缴纳的耕地占用税为（　）元。

A. 2 000　　B. 3 000　　C. 4 000　　D. 6 000

【答案】A

【解析】果园改造为花圃仍属于农业用途，不属于耕地占用税的征税范围；储存农用机具和苗木的仓库属于直接为农业生产服务的生产设施，不缴纳耕地占用税；农村居民在规定用地标准以内占用耕地新建自用住宅，按照当地适用税额减半征收耕地占用税。应缴纳耕地占用税=200×20×50%=2 000（元）。

8.纳税人改变原占地用途，不再属于免征或减征情形的，应自改变用途之日起

（　）日内申报补缴税款。

A. 15　　B. 30　　C. 60　　D. 90

【答案】B

【解析】根据《耕地占用税实施办法》第十七条规定，纳税人改变原占地用途，不再属于免征或减征情形的，应自改变用途之日起30日内申报补缴税款，补缴税款按改变用途的实际占用耕地面积和改变用途时当地适用税额计算。

（二）多项选择题

1. 对征税范围进行检查时，下列行为依法应当缴纳耕地占用税的是（　）

A. 因建设项目施工或者地质勘查临时占用耕地的

B. 占用耕地建设农田水利设施的

C. 因挖损、采矿塌陷、压占、污染等损毁耕地的

D. 占用园地建设农业生产者从事农业生产必需的食宿设施的

【答案】AC

【解析】选项A：根据《耕地占用税法》第十一条规定，纳税人因建设项目施工或者地质勘查临时占用耕地，应当依照本法的规定缴纳耕地占用税。选项B：根据《耕地占用税法》第二条第二款规定，占用耕地建设农田水利设施的，不缴纳耕地占用税。选项C：根据《耕地占用税法实施办法》第十九条规定，因挖损、采矿塌陷、压占、污染等损毁耕地属于税法所称的非农业建设，应依照税法规定缴纳耕地占用税。选项D：根据《耕地占用税法》第十二条第三款规定，占用规定的农用地建设直接为农业生产服务的生产设施的，不缴纳耕地占用税。《耕地占用税法实施办法》第二十六条规定，直接为农业生产服务的生产设施，是指直接为农业生产服务而建设的建筑物和构筑物，具体包括：储存农用机具和种子、苗木、木材等农业产品的仓储设施；培育、生产种子、种苗的设施；畜禽养殖设施；木材集材道、运材道；农业科研、试验、示范基地；野生动植物保护、护林、森林病虫害防治、森林防火、木材检疫的设施；专为农业生产服务的灌溉排水、供水、供电、供热、供气、通信基础设施；农业生产者从事农业生产必需的食宿和管理设施；其他直接为农业生产服务的生产设施。

2. 下列表述，符合现行耕地占用税政策规定的有（　）。

A. 未经批准占用耕地的，纳税人为实际用地人

B.纳税人占用应税耕地，应当在耕地所在地申报纳税

C.纳税人占用应税耕地，应当在农用地转用环节纳税

D.纳税人应当自纳税义务发生之日起30日内申报缴纳耕地占用税

【答案】ABCD

【解析】选项A：根据《耕地占用税法实施办法》第二条规定，经批准占用耕地的，纳税人为农用地转用审批文件中标明的建设用地人；农用地转用审批文件中未标明建设用地人的，纳税人为用地申请人，其中用地申请人为各级人民政府的，由同级土地储备中心、自然资源主管部门或政府委托的其他部门、单位履行耕地占用税申报纳税义务。未经批准占用耕地的，纳税人为实际用地人。选项B：根据《耕地占用税法实施办法》第二十八条规定，纳税人占用耕地，应当在耕地所在地申报纳税。选项C：根据《耕地占用税法实施办法》第二十九条规定，在农用地转用环节，用地申请人能证明建设用地人符合税法第七条第一款规定的免税情形的，免征用地申请人的耕地占用税。选项D：根据《耕地占用税法》第十条规定，耕地占用税的纳税义务发生时间为纳税人收到自然资源主管部门办理占用耕地手续的书面通知的当日。纳税人应当自纳税义务发生之日起30日内申报缴纳耕地占用税。

3.下列关于耕地占用税纳税义务发生时间的表述，正确的有（　　）。

A.经批准占用耕地的，为纳税人收到自然资源主管部门办理占用耕地手续的书面通知的当日

B.未经批准占用耕地的，为自然资源主管部门认定的纳税人实际占用耕地的当日

C.因挖损、采矿塌陷、压占、污染等损毁耕地的纳税义务发生时间为自然资源、农业农村等相关部门认定损毁耕地的当日

D.经批准改变占地用途需要补缴耕地占用税的，纳税义务发生时间为纳税人收到批准文件的当日

【答案】ABCD

【解析】选项A：《耕地占用税法》第十条规定，耕地占用税的纳税义务发生时间为纳税人收到自然资源主管部门办理占用耕地手续的书面通知的当日。选项BC：根据《耕地占用税法实施办法》第二十七条规定，未经批准占用耕地的，耕地占用税纳税义务发生时间为自然资源主管部门认定的纳税人实际占用耕地的当日。因挖损、采矿塌陷、压占、污染等损毁耕地的纳税义务发生时间为自然资源、农业农村等相关部门认定损毁耕地的当日。选项D：根据国家税务总局公告2019年第30号第四条规定，

纳税人改变原占地用途，需要补缴耕地占用税的，其纳税义务发生时间为改变用途当日，具体为：经批准改变用途的，纳税义务发生时间为纳税人收到批准文件的当日；未经批准改变用途的，纳税义务发生时间为自然资源主管部门认定纳税人改变原占地用途的当日。

4.某市人民政府教育行政部门批准成立的学历性职业教育学校，其下列占用耕地中免征耕地占用税的有（　　）。

A.学校教学楼　　B.学校图书馆

C.学校内教职工住房　　D.学校内超市

【答案】AB

【解析】根据《耕地占用税法实施办法》第六条规定，免税的学校具体范围包括县级以上人民政府教育行政部门批准成立的大学、中学、小学，学历性职业教育学校和特殊教育学校，以及经省级人民政府或其人力资源社会保障行政部门批准成立的技工院校。学校内经营性场所和教职工住房占用耕地的，按照当地适用税额缴纳耕地占用税。

5. 2022年7月开始兴建的某民用机场，当月经批准征用耕地6.5万平方米，其中2万平方米用于机场跑道建设，3万平方米用于停机坪建设，0.5万平方米用于职工宿舍建设，1万平方米用于办公楼建设，在7月31日收到自然资源主管部门办理占用耕地手续的书面通知。当地耕地占用税税额为每平方米25元，则下列说法正确的有（　　）。

A.该机场耕地占用税的纳税义务发生时间为2022年7月31日

B.该机场应当在8月30日前缴纳耕地占用税

C.该机场应纳耕地占用税税额为375 000元

D.该机场的耕地占用税的纳税人是农用地转用审批文件中标明的建设用地人

【答案】AD

【解析】选项AB：根据《耕地占用税法》第十条规定，耕地占用税的纳税义务发生时间为纳税人收到自然资源主管部门办理占用耕地手续的书面通知的当日。纳税人应当自纳税义务发生之日起30日内申报缴纳耕地占用税。选项A正确，B错误（应在8月29日前）。选项C：根据《耕地占用税法》第七条第二款规定，铁路线路、公路线路、飞机场跑道、停机坪、港口、航道、水利工程占用耕地，减按每平方米2元的税额征收耕地占用税。应纳耕地占用税税额=（20 000+30 000）×2+（5 000+10 000）×25=475 000（元）。选项D：根据《耕地占用税法实施办法》第二条规定，经批准占用耕地的，纳税人为农用地转用审批文件中标明的建设用地人；农用地转用审批文件中未标明建设用地人的，纳税人为用地申请人，其中用地申请人为各级人民政府的，由同级土地储备中心、自然资源主管部门或政府委托的其他部门、单位履行耕地占用税申报纳税义务。

6.县级以上地方人民政府自然资源、农业农村、水利、生态环境等相关部门向税务机关提供的农用地转用、临时占地等信息，包括（ ）。

A.改变原占地用途信息　　B.土地复垦信息

C.土壤污染信息　　D.渔业养殖权证发放信息

【答案】ABCD

【解析】根据《耕地占用税法实施办法》第三十条规定，县级以上地方人民政府自然资源、农业农村、水利、生态环境等相关部门向税务机关提供的农用地转用、临时占地等信息，包括农用地转用信息、城市和村庄集镇按批次建设用地转而未供信息、经批准临时占地信息、改变原占地用途信息、未批先占农用地查处信息、土地损毁信息、土壤污染信息、土地复垦信息、草场使用和渔业养殖权证发放信息等。

（三）判断题

1.纳税人在批准临时占用耕地期满之日起2年内依法复垦，恢复种植条件的，全额退还已经缴纳的耕地占用税。（ ）

【答案】×

【解析】根据《耕地占用税法》第十一条规定，纳税人因建设项目施工或者地质勘查临时占用耕地，应当依照本法的规定缴纳耕地占用税。纳税人在批准临时占用耕地期满之日起1年内依法复垦，恢复种植条件的，全额退还已经缴纳的耕地占用税。

2.符合农村最低生活保障条件的农村居民，在规定用地标准以内新建自用住宅，免征耕地占用税。（ ）

【答案】√

【解析】根据《耕地占用税法》第七条第四款规定，农村烈士遗属、因公牺牲军人遗属、残疾军人以及符合农村最低生活保障条件的农村居民，在规定用地标准以内新建自用住宅，免征耕地占用税。

3.依照免征或者减征耕地占用税后，纳税人改变原占地用途，不再属于免征或者

减征耕地占用税情形的，应当按照当地适用税额补缴耕地占用税。（　）

【答案】√

【解析】根据《耕地占用税法》第八条规定，依照本法第七条第一款、第二款规定免征或者减征耕地占用税后，纳税人改变原占地用途，不再属于免征或者减征耕地占用税情形的，应当按照当地适用税额补缴耕地占用税。

4.耕地占用税减免优惠实行“自行判别、申报享受、有关资料留存备查”办理方式。纳税人根据政策规定自行判断是否符合优惠条件，符合条件的，纳税人申报享受税收优惠，并将有关资料留存备查。纳税人对留存材料的真实性和合法性承担法律责任。（　）

【答案】√

【解析】根据《国家税务总局关于耕地占用税征收管理有关事项的公告》（国家税务总局公告2019年第30号）第九条规定，耕地占用税减免优惠实行“自行判别、申报享受、有关资料留存备查”办理方式。纳税人根据政策规定自行判断是否符合优惠条件，符合条件的，纳税人申报享受税收优惠，并将有关资料留存备查。纳税人对留存材料的真实性和合法性承担法律责任。

八、契税的检查方法

学习指引

纳税义务人	在中华人民共和国境内转移土地、房屋权属，承受的单位和个人为契税的纳税人
征税范围	转移土地、房屋权属的行为，包括土地使用权出让、土地使用权转让、房屋买卖、赠与、互换等。以作价投资（入股）、偿还债务、划转、奖励等方式转移土地、房屋权属的，应当依法征收契税
税率	契税税率为百分之三至百分之五 省、自治区、直辖市可以依照规定程序对不同主体、不同地区、不同类型的住房的权属转移确定差别税率
计税依据	1.土地使用权出让、出售，房屋买卖，为土地、房屋权属转移合同确定的成交价格，包括应交付的货币以及实物、其他经济利益对应的价款 2.土地使用权互换、房屋互换，为所互换的土地使用权、房屋价格的差额 3.土地使用权赠与、房屋赠与以及其他没有价格的转移土地、房屋权属行为，为税务机关参照土地使用权出售、房屋买卖的市场价格依法核定的价格 4.纳税人申报的成交价格、互换价格差额明显偏低且无正当理由的，由税务机关依照《中华人民共和国税收征收管理法》的规定核定

续表

应纳税额的计算		契税的应纳税额按照计税依据乘以具体适用税率计算
税收优惠	**法定免税的情形**	1.国家机关、事业单位、社会团体、军事单位承受土地、房屋权属用于办公、教学、医疗、科研、军事设施 2.非营利性的学校、医疗机构、社会福利机构承受土地、房屋权属用于办公、教学、医疗、科研、养老、救助 3.承受荒山、荒地、荒滩土地使用权用于农、林、牧、渔业生产 4.婚姻关系存续期间夫妻之间变更土地、房屋权属 5.法定继承人通过继承承受土地、房屋权属 6.依照法律规定应当予以免税的外国驻华使馆、领事馆和国际组织驻华代表机构承受土地、房屋权属 根据国民经济和社会发展的需要，国务院对居民住房需求保障、企业改制重组、灾后重建等情形可以规定免征或者减征契税，报全国人民代表大会常务委员会备案
	省、自治区、直辖市可以决定免征或者减征契税的情形	1.因土地、房屋被县级以上人民政府征收、征用，重新承受土地、房屋权属 2.因不可抗力灭失住房，重新承受住房权属 免征或者减征契税的具体办法，由省、自治区、直辖市人民政府提出，报同级人民代表大会常务委员会决定，并报全国人民代表大会常务委员会和国务院备案
征收管理		1.契税的纳税义务发生时间，为纳税人签订土地、房屋权属转移合同的当日，或者纳税人取得其他具有土地、房屋权属转移合同性质凭证的当日 2.纳税人应当在依法办理土地、房屋权属登记手续前申报缴纳契税 3.契税由土地、房屋所在地的税务机关负责征收管理

本章练习及答案解析

（一）单项选择题

1.下列行为中，应计算缴纳契税的是（　　）。

A.婚姻关系存续期间夫妻之间变更土地、房屋权属

B.企业以自有房产投资于另一企业并取得相应股权

C.企业以自有房产等价交换另一企业的房产

D.个人将自有房产划转至本人独自经营的企业

【答案】B

【解析】选项A：根据《契税法》第六条第（四）项规定，婚姻关系存续期间夫妻之间变更土地、房屋权属免征契税。选项B：根据《契税法》第二条第二款规定，以作价投资（入股）、偿还债务、划转、奖励等方式转移土地、房屋权属的，应当依

法征收契税。选项C：根据《契税法》第四条第（二）项规定，土地使用权互换、房屋互换，为所互换的土地使用权、房屋价格的差额。选项D：根据《财政部 税务总局关于继续实施企业、事业单位改制重组有关契税政策的公告》（财政部 税务总局公告2023年第49号）规定，同一自然人与其设立的个人独资企业、一人有限公司之间土地、房屋权属的划转，免征契税。

2. 甲企业2月份受让一宗土地，土地出让合同记载土地出让金15 000万元、拆迁补偿费4 000万元、市政建设配套费1 800万元、青苗补偿费700万元。该企业受让土地使用权应缴纳契税（　　）万元。（当地适用的契税税率为3%）

A. 450　　B. 570　　C. 624　　D. 645

【答案】D

【解析】根据财政部 税务总局公告2021年第23号第二条第（五）项规定，土地使用权出让的，计税依据包括土地出让金、土地补偿费、安置补助费、地上附着物和青苗补偿费、征收补偿费、城市基础设施配套费、实物配建房屋等应交付的货币以及实物、其他经济利益对应的价款。该企业受让土地使用权应缴纳契税=（15 000+4 000+1 800+700）×3%=645（万元）

3. 2023年10月，A企业因无力偿还B企业已到期的债务1 500万元，经法院判决以该企业临街商铺抵偿该笔债务。该商铺由A企业2019年购入，现市场评估价格为1 600万元（含增值税），B企业向A企业支付了差价款100万元，双方办理了产权过户手续。则B企业应缴纳的契税税额为（　　）万元。（当地适用的契税税率为3%）

A. 3　　B. 45　　C. 48　　D. 44.0367

【答案】D

【解析】根据财税〔2016〕43号第一条规定，计征契税的成交价格不含增值税。以房抵债的，由产权承受人按房屋现值缴纳契税。B企业应缴纳的契税税额=1 600÷（1+9%）×3%=44.0367（万元）。

4. 某市甲企业，因生产经营需要，将其闲置的厂房（公允价值1 500万元）与乙企业的某土地使用权（公允价值1 320万元）互换，由乙企业支付差价款180万元。则乙企业应缴纳的契税税额为（　　）万元。（以上价款均不含增值税，当地规定的契税税率为4%。）

A. 7.2　　B. 52.8　　C. 60　　D. 75

【答案】A

【解析】根据财政部 税务总局公告2021年第23号第二条第（八）项规定，土地使用权互换、房屋互换，互换价格相等的，互换双方计税依据为零；互换价格不相等的，以其差额为计税依据，由支付差额的一方缴纳契税。乙企业应缴纳的契税=180×4%=7.2（万元）。

5.山东省某市居民李先生和太太2023年6月以120万元（不含税）购买一套118平方米的住房作为结婚新房（家庭唯一住房），应缴纳契税（　　）万元。（当地适用的契税税率为3%）

A. 0　　　　B. 1.2　　　　C. 1.8　　　　D. 3.6

【答案】C

【解析】根据《财政部 国家税务总局 住房城乡建设部关于调整房地产交易环节契税 营业税优惠政策的通知》（财税〔2016〕23号）第一条第（一）项规定，对个人购买家庭唯一住房（家庭成员范围包括购房人、配偶以及未成年子女），面积为90平方米及以下的，减按1%的税率征收契税；面积为90平方米以上的，减按1.5%的税率征收契税。

应缴纳契税=120×1.5%=1.8（万元）

（二）多项选择题

1.下列转移土地、房屋权属的行为，应当依法征收契税的有（　　）。

A.土地使用权出让　　　　B.土地经营权的转移

C.土地使用权的划转　　　　D.个人房屋互换

【答案】ACD

【解析】根据《契税法》第二条规定，转移土地、房屋权属是指下列行为：（一）土地使用权出让；（二）土地使用权转让，包括出售、赠与、互换；土地使用权转让，不包括土地承包经营权和土地经营权的转移。以作价投资（入股）、偿还债务、划转、奖励等方式转移土地、房屋权属的，应当依照本法规定征收契税。

2.税务机关检查时发现下列发生土地、房屋权属转移的情形，承受方应当依法缴纳契税的有（　　）。

A.因共有不动产份额变化的

B.因共有人增加的

C.因共有人减少的

D.因人民法院、仲裁委员会的生效法律文书或者监察机关出具的监察文书等因素，发生土地、房屋权属转移的

【答案】ABCD

【解析】根据财政部 税务总局公告2021年第23号第一条第（二）项规定，下列情形发生土地、房屋权属转移的，承受方应当依法缴纳契税：1.因共有不动产份额变化的；2.因共有人增加或者减少的；3.因人民法院、仲裁委员会的生效法律文书或者监察机关出具的监察文书等因素，发生土地、房屋权属转移的。

3.对契税的计税依据进行检查时，下列表述正确的有（　　）。

A.购买的房屋为成交价格

B.房屋赠与为税务机关参照房屋买卖的市场价格依法核定的价格

C.以作价投资（入股）、偿还债务等应交付经济利益的方式转移土地、房屋权属的，参照土地使用权出让、出售或房屋买卖确定契税的计税依据

D.纳税人申报的成交价格明显偏低且无正当理由的，由税务机关依照《中华人民共和国税收征收管理法》的规定核定

【答案】ABCD

【解析】根据《契税法》第四条规定，契税的计税依据（一）土地使用权出让、出售，房屋买卖，为土地、房屋权属转移合同确定的成交价格，包括应交付的货币以及实物、其他经济利益对应的价款；（三）土地使用权赠与、房屋赠与以及其他没有价格的转移土地、房屋权属行为，为税务机关参照土地使用权出售、房屋买卖的市场价格依法核定的价格。纳税人申报的成交价格、互换价格差额明显偏低且无正当理由的，由税务机关依照《中华人民共和国税收征收管理法》的规定核定。根据《国家税务总局关于契税纳税服务与征收管理若干事项的公告》（国家税务总局公告2021年第25号）第二条规定，以作价投资（入股）、偿还债务等应交付经济利益的方式转移土地、房屋权属的，参照土地使用权出让、出售或房屋买卖确定契税适用税率、计税依据等。

4.下列关于契税计税依据的表述，正确的有（　　）。

A.契税的计税依据不包括增值税

B.承受已装修房屋的，应将包括装修费用在内的费用计入承受方应交付的总价款

C.房屋附属设施（包括停车位、机动车库、非机动车库、顶层阁楼、储藏室及

其他房屋附属设施）与房屋为不同不动产单元的，计税依据为转移合同确定的成交价格，并适用与房屋相同的税率计税

D.土地使用权及所附建筑物、构筑物等（包括在建的房屋、其他建筑物、构筑物和其他附着物）转让的，计税依据为承受方应交付的总价款

【答案】ABD

【解析】根据财政部 税务总局公告2021年第23号第二条规定，（四）土地使用权及所附建筑物、构筑物等（包括在建的房屋、其他建筑物、构筑物和其他附着物）转让的，计税依据为承受方应交付的总价款；（六）房屋附属设施（包括停车位、机动车库、非机动车库、顶层阁楼、储藏室及其他房屋附属设施）与房屋为同一不动产单元的，计税依据为承受方应交付的总价款，并适用与房屋相同的税率；房屋附属设施与房屋为不同不动产单元的，计税依据为转移合同确定的成交价格，并按当地确定的适用税率计税；（七）承受已装修房屋的，应将包括装修费用在内的费用计入承受方应交付的总价款；（九）契税的计税依据不包括增值税。所以选项ABD正确，选项C错误。

5.下列关于契税纳税义务发生时间的表述，正确的有（　　）。

A.契税的纳税义务发生时间，为纳税人签订土地、房屋权属转移合同的当日，或者纳税人取得其他具有土地、房屋权属转移合同性质凭证的当日

B.因人民法院、仲裁委员会的生效法律文书或者监察机关出具的监察文书等发生土地、房屋权属转移的，纳税义务发生时间为法律文书等生效当日

C.因改变土地、房屋用途等情形应当缴纳已经减征、免征契税的，纳税义务发生时间为改变有关土地、房屋用途等情形的当日

D.因改变土地性质、容积率等土地使用条件需补缴土地出让价款，应当缴纳契税的，纳税义务发生时间为改变土地使用条件当日

【答案】ABCD

【解析】根据选项A：根据《契税法》第九条规定，契税的纳税义务发生时间，为纳税人签订土地、房屋权属转移合同的当日，或者纳税人取得其他具有土地、房屋权属转移合同性质凭证的当日。选项BCD：根据财政部 税务总局公告2021年第23号第四条规定，（一）因人民法院、仲裁委员会的生效法律文书或者监察机关出具的监察文书等发生土地、房屋权属转移的，纳税义务发生时间为法律文书等生效当日；（二）因改变土地、房屋用途等情形应当缴纳已经减征、免征契税的，纳税义务发生时间为改

变有关土地、房屋用途等情形的当日；（三）因改变土地性质、容积率等土地使用条件需补缴土地出让价款，应当缴纳契税的，纳税义务发生时间为改变土地使用条件当日。

6.下列情形，直接免征契税的是（　　）。

A.房屋产权所有人将房屋无偿转给子女的

B.因不可抗力灭失住房，重新承受住房权属

C.夫妻因离婚分割共同财产发生土地、房屋权属变更的

D.养子女通过继承承受土地、房屋权属的

【答案】CD

【解析】选项A：根据《契税法》第二条第（三）项规定，房屋买卖、赠与、互换应当缴纳契税。选项B：根据《契税法》第七条第（二）项规定，因不可抗力灭失住房，重新承受住房权属的，由省、自治区、直辖市决定免征或者减征契税。选项C：根据《关于契税法实施后有关优惠政策衔接问题的公告》（财政部 税务总局公告2021年第29号）规定，夫妻因离婚分割共同财产发生土地、房屋权属变更的，免征契税。选项D：根据《契税法》第六条第（五）项规定，法定继承人通过继承承受土地、房屋权属免征契税。根据《中华人民共和国民法典》规定，法定继承人第一顺序继承人包括配偶、子女、父母，其中子女的范围包括婚生子女、非婚生子女、养子女以及有扶养关系的继子女。

7.下列关于企业改制重组契税政策的表述，正确的有（　　）。

A.公司依照法律规定、合同约定分立为两个或两个以上的公司，对分立后公司承受原公司土地、房屋权属，免征契税

B.母公司以土地、房屋权属向其全资子公司增资，视同划转，免征契税

C.以出让方式或国家作价出资（入股）方式承受原改制重组企业、事业单位划拨用地的，免征契税

D.在股权（股份）转让中，单位、个人承受公司股权（股份），公司土地、房屋权属不发生转移，不征收契税

【答案】BD

【解析】根据《财政部 税务总局关于继续实施企业、事业单位改制重组有关契税政策的公告》（财政部 税务总局公告2023年第49号）第四条规定，公司依照法律规定、合同约定分立为两个或两个以上与原公司投资主体相同的公司，对分立后公司承受原公司土地、房屋权属，免征契税。第六条第三款规定，母公司以土地、房屋权属

向其全资子公司增资，视同划转，免征契税。第八条规定，以出让方式或国家作价出资（入股）方式承受原改制重组企业、事业单位划拨用地的，不属上述规定的免税范围，对承受方应按规定征收契税。第九条规定，在股权（股份）转让中，单位、个人承受公司股权（股份），公司土地、房屋权属不发生转移，不征收契税。

（三）判断题

1.先以划拨方式取得土地使用权，后经批准转让房地产，划拨土地性质改为出让的，承受方应以房地产权属转移合同确定的成交价格为计税依据缴纳契税。（　）

【答案】×

【解析】根据财政部 税务总局公告2021年第23号第二条第（二）项规定，先以划拨方式取得土地使用权，后经批准转让房地产，划拨土地性质改为出让的，承受方应分别以补缴的土地出让价款和房地产权属转移合同确定的成交价格为计税依据缴纳契税。

2.契税申报以不动产单元为基本单位。（　）

【答案】√

【解析】根据国家税务总局公告2021年第25号第一条规定，契税申报以不动产单元为基本单位。

3.纳税人缴纳契税后因人民法院判决导致土地、房屋权属转移行为被撤销的，已纳的契税税款不予退还。（　）

【答案】×

【解析】根据财政部 税务总局公告2021年第23号第五条第（四）项规定，纳税人缴纳契税后因人民法院判决或者仲裁委员会裁决导致土地、房屋权属转移行为无效、被撤销或者被解除，且土地、房屋权属变更至原权利人的，可依照有关法律法规申请退税。

九、车辆购置税的检查方法

学习指引

纳税义务人	在中华人民共和国境内购置汽车、有轨电车、汽车挂车、排气量超过一百五十毫升的摩托车（以下统称应税车辆）的单位和个人，为车辆购置税的纳税人。购置，是指以购买、进口、自产、受赠、获奖或者其他方式取得并自用应税车辆的行为

续表

征税范围	汽车、有轨电车、汽车挂车、排气量超过一百五十毫升的摩托车
税率	车辆购置税的税率为百分之十
计税依据	应税车辆的计税价格，按照下列规定确定： 1.纳税人购买自用应税车辆的计税价格，为纳税人实际支付给销售者的全部价款，不包括增值税税款 2.纳税人进口自用应税车辆的计税价格，为关税完税价格加上关税和消费税 3.纳税人自产自用应税车辆的计税价格，按照纳税人生产的同类应税车辆的销售价格确定，不包括增值税税款 4.纳税人以受赠、获奖或者其他方式取得自用应税车辆的计税价格，按照购置应税车辆时相关凭证载明的价格确定，不包括增值税税款 纳税人申报的应税车辆计税价格明显偏低，又无正当理由的，由税务机关依照《中华人民共和国税收征收管理法》的规定核定其应纳税额 纳税人以外汇结算应税车辆价款的，按照申报纳税之日的人民币汇率中间价折合成人民币计算缴纳税款
应纳税额的计算	车辆购置税的应纳税额按照应税车辆的计税价格乘以税率计算
税收优惠	下列车辆免征车辆购置税： 1.依照法律规定应当予以免税的外国驻华使馆、领事馆和国际组织驻华机构及其有关人员自用的车辆 2.中国人民解放军和中国人民武装警察部队列入装备订货计划的车辆 3.悬挂应急救援专用号牌的国家综合性消防救援车辆 4.设有固定装置的非运输专用作业车辆 5.城市公交企业购置的公共汽电车辆 根据国民经济和社会发展的需要，国务院可以规定减征或者其他免征车辆购置税的情形，报全国人民代表大会常务委员会备案
征收管理	1.车辆购置税实行一次性征收。购置已征车辆购置税的车辆，不再征收车辆购置税 2.购置应税车辆的纳税人，应当到下列地点申报纳税： （1）需要办理车辆登记的，向车辆登记地的主管税务机关申报纳税 （2）不需要办理车辆登记的，单位纳税人向其机构所在地的主管税务机关申报纳税，个人纳税人向其户籍所在地或者经常居住地的主管税务机关申报纳税 3.车辆购置税的纳税义务发生时间为纳税人购置应税车辆的当日。纳税人应当自纳税义务发生之日起六十日内申报缴纳车辆购置税。纳税义务发生时间，按照下列情形确定：（1）购买自用应税车辆的为购买之日，即车辆相关价格凭证的开具日期。（2）进口自用应税车辆的为进口之日，即《海关进口增值税专用缴款书》或者其他有效凭证的开具日期。（3）自产、受赠、获奖或者以其他方式取得并自用应税车辆的为取得之日，即合同、法律文书或者其他有效凭证的生效或者开具日期 4.纳税人应当在向公安机关交通管理部门办理车辆注册登记前，缴纳车辆购置税。免税、减税车辆因转让、改变用途等原因不再属于免税、减税范围的，纳税人应当在办理车辆转移登记或者变更登记前缴纳车辆购置税 5.车辆购置税由税务机关负责征收

本章练习及答案解析

（一）单项选择题

1.下列车辆，不属于车辆购置税征税范围的是（　）。

A.有轨电车　　B.汽车挂车　　C.电动摩托车　　D.公共汽车

【答案】C

【解析】根据《车辆购置税法》第一条规定，在中华人民共和国境内购置汽车、有轨电车、汽车挂车、排气量超过一百五十毫升的摩托车的单位和个人，为车辆购置税的纳税人，应当依法缴纳车辆购置税。根据《财政部 税务总局关于车辆购置税有关具体政策的公告》（财政部 税务总局公告2019年第71号）第一条规定，地铁、轻轨等城市轨道交通车辆，装载机、平地机、挖掘机、推土机等轮式专用机械车，以及起重机（吊车）、叉车、电动摩托车，不属于应税车辆。

2.下列单位和个人中，属于车辆购置税纳税人的是（　）。

A.应税车辆的出口者　　B.应税车辆的销售者

C.应税车辆的承租者　　D.应税车辆的受赠者

【答案】D

【解析】在中华人民共和国境内购置应税车辆的单位和个人，为车辆购置税的纳税人。购置，是指以购买、进口、自产、受赠、获奖或者其他方式取得并自用应税车辆的行为。

3.免税、减税车辆因转让、改变用途等原因不再属于免税、减税范围的，纳税人应当在办理车辆转移登记或者变更登记前缴纳车辆购置税。这里的纳税人是指（　）。

A.转让人　　B.受让人　　C.管理人　　D.使用人

【答案】B

【解析】根据财政部 税务总局公告2019年第71号第七条规定，已经办理免税、减税手续的车辆因转让、改变用途等原因不再属于免税、减税范围的，发生转让行为的，受让人为车辆购置税纳税人；未发生转让行为的，车辆所有人为车辆购置税纳税人。

4.车辆购置税的纳税义务发生时间为纳税人购置应税车辆的当日。纳税人应当自纳税义务发生之日起（　）日内申报缴纳车辆购置税。

A. 15　　B. 30　　C. 60　　D. 90

【答案】C

【解析】根据《车辆购置税法》第十二条规定，车辆购置税的纳税义务发生时间为纳税人购置应税车辆的当日。纳税人应当自纳税义务发生之日起60日内申报缴纳车辆购置税。

5. 下列关于车辆购置税减免税的说法，不符合现行政策规定的是（　）。

A. 回国服务的在外留学人员用现汇购买1辆个人自用国产小汽车免征车辆购置税

B. 对购置挂车减半征收车辆购置税

C. 城市公交企业购置的公共汽电车辆免征车辆购置税

D. 对购置日期在2024年1月1日至2025年12月31日期间的新能源汽车全额免征车辆购置税

【答案】D

【解析】选项A：根据《财政部 税务总局关于继续执行的车辆购置税优惠政策的公告》（财政部 税务总局公告2019年第75号）第一条规定，回国服务的在外留学人员用现汇购买1辆个人自用国产小汽车和长期来华定居专家进口1辆自用小汽车免征车辆购置税。选项B：根据《财政部 税务总局 工业和信息化部关于继续对挂车减征车辆购置税的公告》（财政部 税务总局 工业和信息化部公告2023年第47号）第一条规定，继续对购置挂车减半征收车辆购置税。选项C：根据《车辆购置税法》第九条第（五）项规定，城市公交企业购置的公共汽电车辆免征车辆购置税。选项D：根据《财政部 税务总局 工业和信息化部关于延续和优化新能源汽车车辆购置税减免政策的公告》（财政部 税务总局 工业和信息化部公告2023年第10号）第一条规定，对购置日期在2024年1月1日至2025年12月31日期间的新能源汽车免征车辆购置税，其中，每辆新能源乘用车免税额不超过3万元；对购置日期在2026年1月1日至2027年12月31日期间的新能源汽车减半征收车辆购置税，其中，每辆新能源乘用车减税额不超过1.5万元。

6. 2023年12月李某从汽车4S店（增值税一般纳税人）购置了一辆排气量为2.0升的乘用车，支付购车款（含增值税）316 400元，取得“机动车销售统一发票”，支付该车装饰费用5 198元并取得4S店开具的票据，支付保险费等7 180元取得保险公司开具的票据。李某应缴纳的车辆购置税为（　）元。

A. 28 000　　B. 31 640　　C. 32 600　　D. 32 159.8

【答案】A

【解析】车辆购置税的应纳税额按照应税车辆的计税价格乘以税率计算。《车辆购置税法》第六条第（一）项规定，纳税人购买自用应税车辆的计税价格，为纳税人实际支付给销售者的全部价款，不包括增值税税款。根据财政部 税务总局公告2019年第71号第二条规定，纳税人购买自用应税车辆实际支付给销售者的全部价款，依据纳税人购买应税车辆时相关凭证载明的价格确定，不包括增值税税款。车辆装饰费用和保险费用不属于购车价款范畴。李某应缴纳的车辆购置税=316 400÷（1+13%）×10%=28 000（元）。

（二）多项选择题

1.以下列方式取得的车辆中，应缴纳车辆购置税的有（　　）。

A.购置的二手车辆

B.进口自用的汽车

C.自产自用的汽车

D.以获奖方式取得的自用汽车

【答案】BCD

【解析】根据《车辆购置税法》第二条规定，购置，是指以购买、进口、自产、受赠、获奖或者其他方式取得并自用应税车辆的行为。第三条规定，车辆购置税实行一次性征收。购置已征车辆购置税的车辆，不再征收车辆购置税。（二手车辆属于已征车辆购置税的车辆）

2.下列关于应税车辆的计税价格确定的表述，正确的有（　　）。

A.纳税人购买自用应税车辆的计税价格，为纳税人实际支付给销售者的全部价款，不包括增值税税款

B.纳税人进口自用应税车辆的计税价格，为关税完税价格加上关税和消费税

C.纳税人自产自用应税车辆的计税价格，按照组成计税价格确定

D.纳税人以受赠、获奖或者其他方式取得自用应税车辆的计税价格，按照购置应税车辆时相关凭证载明的价格确定，不包括增值税税款

【答案】ABD

【解析】根据《车辆购置税法》第六条规定，应税车辆的计税价格，按照下列规定确定：（一）纳税人购买自用应税车辆的计税价格，为纳税人实际支付给销售者的全部价款，不包括增值税税款；（二）纳税人进口自用应税车辆的计税价格，为关税完税价格加上关税和消费税；（三）纳税人自产自用应税车辆的计税价格，按照纳税

人生产的同类应税车辆的销售价格确定，不包括增值税税款；（四）纳税人以受赠、获奖或者其他方式取得自用应税车辆的计税价格，按照购置应税车辆时相关凭证载明的价格确定，不包括增值税税款。

3.下列车辆免征车辆购置税的有（　　）。

A.国际组织驻华机构及其有关人员自用的车辆

B.中国人民解放军列入装备订货计划的车辆

C.悬挂应急救援专用号牌的国家综合性消防救援车辆

D.设有固定装置的非运输专用作业车辆

【答案】ABCD

【解析】根据《车辆购置税法》第九条规定，下列车辆免征车辆购置税：（一）依照法律规定应当予以免税的外国驻华使馆、领事馆和国际组织驻华机构及其有关人员自用的车辆；（二）中国人民解放军和中国人民武装警察部队列入装备订货计划的车辆；（三）悬挂应急救援专用号牌的国家综合性消防救援车辆；（四）设有固定装置的非运输专用作业车辆；（五）城市公交企业购置的公共汽电车辆。

4.下列关于车辆购置纳税义务发生时间的表述中，正确的有（　　）。

A.购买自用应税车辆的为购买之日，即车辆相关价格凭证的开具日期

B.进口自用应税车辆的为进口之日，即《海关进口增值税专用缴款书》或者其他有效凭证的开具日期

C.自产、受赠、获奖或者以其他方式取得并自用应税车辆的为取得之日，即合同、法律文书或者其他有效凭证的生效或者开具日期

D.已经办理免税、减税手续的车辆由于转让原因不再属于免税、减税范围的，为车辆转让情形发生之日

【答案】ABCD

【解析】选项ABC：根据《国家税务总局关于车辆购置税征收管理有关事项的公告》（国家税务总局公告2019年第26号）第四条规定，购买自用应税车辆的为购买之日，即车辆相关价格凭证的开具日期；进口自用应税车辆的为进口之日，即《海关进口增值税专用缴款书》或者其他有效凭证的开具日期；自产、受赠、获奖或者以其他方式取得并自用应税车辆的为取得之日，即合同、法律文书或者其他有效凭证的生效或者开具日期。选项D：根据财政部 税务总局公告2019年第71号第七条规定第（二）项规定，已经办理免税、减税手续的车辆由于转让、改变用途等原因不再属于免税、

减税范围的，纳税义务发生时间为车辆转让或者用途改变等情形发生之日。

5. 下列关于车辆购置税的表述中，符合现行政策规定的有（　　）。

A. 车辆购置税实行一车一申报制度

B. 纳税人购置应税车辆，应当向车辆登记地的主管税务机关申报缴纳车辆购置税

C. 纳税人应当在向公安机关交通管理部门办理车辆注册登记前，缴纳车辆购置税

D. 纳税人将已征车辆购置税的车辆退回车辆生产企业的，已纳税款不予退还

【答案】AC

【解析】选项A：根据国家税务总局公告2019年第26号第一条规定，车辆购置税实行一车一申报制度。选项B：根据《车辆购置税法》第十一条规定，纳税人购置应税车辆，应当向车辆登记地的主管税务机关申报缴纳车辆购置税；购置不需要办理车辆登记的应税车辆的，应当向纳税人所在地的主管税务机关申报缴纳车辆购置税。选项C：根据《车辆购置税法》第十三条规定，纳税人应当在向公安机关交通管理部门办理车辆注册登记前，缴纳车辆购置税。选项D：根据《车辆购置税法》第十五条规定，纳税人将已征车辆购置税的车辆退回车辆生产企业或者销售企业的，可以向主管税务机关申请退还车辆购置税。

十、车船税的检查方法

学习指引

纳税义务人与扣缴义务人	在中华人民共和国境内属于车船税法规定的车辆、船舶（以下简称车船）的所有人或者管理人，为车船税的纳税人 从事机动车第三者责任强制保险业务的保险机构为机动车车船税的扣缴义务人，应当在收取保险费时依法代收车船税，并出具代收税款凭证
征税范围	《车船税税目税额表》规定的车辆、船舶。包括依法应当在车船登记管理部门登记的机动车辆和船舶，也包括依法不需要在车船登记管理部门登记的在单位内部场所行驶或者作业的机动车辆和船舶。其中：车辆包括乘用车、商用车、挂车、其他车辆和摩托车；船舶包括机动船舶和游艇
税率（税额）	应税车船实行定额税率。车船的适用税额依照《车船税税目税额表》执行 车辆的具体适用税额由省、自治区、直辖市人民政府依照《车船税税目税额表》规定的税额幅度和国务院的规定确定。船舶的具体适用税额由国务院在《车船税税目税额表》规定的税额幅度内确定
计税单位	车船税计税单位包括“每辆”“整备质量每吨”“净吨位每吨”“艇身长度每米”
应纳税额的计算	应税乘用车应纳税额＝适用税额 × 辆数 应税机动船舶应纳税额＝适用税额 × 净吨位

续表

税收优惠	下列车船免征车船税： 1.捕捞、养殖渔船 2.军队、武装警察部队专用的车船 3.警用车船 4.悬挂应急救援专用号牌的国家综合性消防救援车辆和国家综合性消防救援专用船舶 5.依照法律规定应当予以免税的外国驻华使领馆、国际组织驻华代表机构及其有关人员的车船 对节约能源、使用新能源的车船可以减征或者免征车船税；对受严重自然灾害影响纳税困难以及有其他特殊原因确需减税、免税的，可以减征或者免征车船税。具体办法由国务院规定，并报全国人民代表大会常务委员会备案 省、自治区、直辖市人民政府根据当地实际情况，可以对公共交通车船，农村居民拥有并主要在农村地区使用的摩托车、三轮汽车和低速载货汽车定期减征或者免征车船税
征收管理	1.车船税的纳税地点为车船的登记地或者车船税扣缴义务人所在地。依法不需要办理登记的车船，车船税的纳税地点为车船的所有人或者管理人所在地 2.车船税纳税义务发生时间为取得车船所有权或者管理权的当月 3.车船税按年申报缴纳。具体申报纳税期限由省、自治区、直辖市人民政府规定 4.车船税由税务机关负责征收

本章练习及答案解析

（一）单项选择题

1.下列车辆，不征收车船税的是（　　）。

A.双燃料乘用车　　B.纯电动乘用车

C.纯电动商用车　　D.重型商用车

【答案】B

【解析】根据《车船税税目税额表》规定，按排气量分档的乘用车和商用车都属于车船税的征税范围，应当依法征收车船税。根据《财政部 税务总局 工业和信息化部 交通运输部关于节能 新能源车船享受车船税优惠政策的通知》（财税〔2018〕74号）第二条第（一）项规定，纯电动乘用车和燃料电池乘用车不属于车船税征税范围，对其不征车船税。

2.下列关于车船税计税单位确认的表述中，正确的是（　　）。

A.货车按“净吨位每吨”作为计税单位

B.专用作业车按“整备质量每吨”作为计税单位

C.乘用车按“排气量每辆”作为计税单位

D.机动船舶按“艇身长度每米”作为计税单位

【答案】B

【解析】根据《车船税税目税额表》规定，货车、专用作业车均按“整备质量每吨”作为计税单位，乘用车按“每辆”、机动船舶按“净吨位每吨”作为计税单位。

3.下列车船，免征车船税的是（　）。

A.机动船舶　　B.客货两用汽车

C.纯天然气动力帆船　　D.混凝土搅拌运输车

【答案】C

【解析】根据财税〔2018〕74号第二条第（三）项的规定，主推进动力装置为纯天然气发动机的新能源船舶免征车船税。

4.减半征收车船税的节能乘用车，其排量应为（　）升以下（含）。

A. 1.4　　B. 1.5　　C. 1.6　　D. 1.8

【答案】C

【解析】根据财税〔2018〕74号第一条第（一）项规定，减半征收车船税的节能乘用车应同时符合以下标准：1.获得许可在中国境内销售的排量为1.6升以下（含1.6升）的燃用汽油、柴油的乘用车（含非插电式混合动力、双燃料和两用燃料乘用车）；2.综合工况燃料消耗量应符合标准。

5.某生产企业2021年拥有货车3辆，每辆货车的整备质量为1.499吨；挂车1辆，其备车质量为1.2吨；小汽车2辆。当地货车车船税税率为整备质量每吨年基准税额16元，小汽车车船税税率为每辆年基准税额360元。该企业2021年度应纳车船税为（　）元。

A. 441.6　　B. 792　　C. 801.55　　D. 811.2

【答案】C

【解析】根据《车船税税目税额表》规定，挂车按货车税额的50%计算年基准税额。该企业2021年度应纳车船税=1.499×3×16+1.2×16×50%+360×2=801.55（元）［注：根据《国家税务总局关于车船税征管若干问题的公告》（国家税务总局公告2013年第42号）第三条规定，《车船税法》及其实施条例涉及的整备质量、净吨位、艇身长度等计税单位，有尾数的一律按照含尾数的计税单位据实计算车船税应纳税额。计算得出的应纳税额小数点后超过两位的可四舍五入保留两位小数。］

6.某船运公司2023年拥有机动船6艘，每艘净吨位为3 000吨；拖船2艘，发动机功率为1 500千瓦；游艇一艘，船身长56米。机动船舶车船税年基准税额为：净吨位超过200吨但不超过2 000吨的，每吨4元；净吨位超过2 000吨但不超过10 000吨的，每吨5元。游艇车船税年基准税额为艇身长度每米2 000元。该船舶公司2023年应缴纳车船税（　）。

A. 188 020　　B. 192 040　　C. 206 020　　D. 210 040

【答案】C

【解析】根据《车船税税目税额表》规定，拖船和非机动船舶分别按照机动船舶税额的50%计算。根据《车船税法实施条例》第四条规定，拖船按照发动机功率每1千瓦折合净吨位0.67吨计算征收车船税。该船舶公司2023年应纳车船税=3 000×5×6+1 500×0.67×4×50%×2+2 000×56=90 000+4 020+112 000=206 020（元）。

（二）多项选择题

1.下列车船，属于车船税征税范围的有（　）。

A.非机动驳船　　B.摩托车　　C.拖拉机　　D.三轮汽车

【答案】ABD

【解析】根据《车船税税目税额表》规定，“其他车辆”税目不包括拖拉机。

2.下列各项中，符合车船税政策规定的有（　）。

A.购置的新车船，购置当年的应纳税额自纳税义务发生的当月起按月计算

B.已缴纳车船税的车船在同一纳税年度内办理转让过户的，不另纳税，也不退税

C.车船税按年申报，按年计算，一次性缴纳

D.车船税的纳税地点为车船的所有人或者管理人所在地

【答案】AB

【解析】选项A：根据《车船税法实施条例》第十九条规定，购置的新车船，购置当年的应纳税额自纳税义务发生的当月起按月计算。应纳税额为年应纳税额除以12再乘以应纳税月份数。选项B：根据《车船税法实施条例》第二十条规定，已缴纳车船税的车船在同一纳税年度内办理转让过户的，不另纳税，也不退税。选项C：根据《车船税法实施条例》第二十三条规定，车船税按年申报，分月计算，一次性缴纳。选项D：根据《车船税法》第七条规定，车船税的纳税地点为车船的登记地或者车船税扣缴义务人所在地。依法不需要办理登记的车船，车船税的纳税地点为车船的所有

人或者管理人所在地。

3. 根据车船税相关规定，下列说法正确的有（　）。

A. 从事机动车第三者责任强制保险业务的保险机构为机动车车船税的扣缴义务人

B. 纳税人没有按照规定期限缴纳车船税的，扣缴义务人在代收代缴税款时，可以一并代收代缴欠缴税款的滞纳金

C. 已完税的车船被盗抢、报废、灭失的，纳税人已纳的车船税税款不予退还

D. 依法不需要在车船登记管理部门登记的车船不缴纳车船税

【答案】AB

【解析】选项A：根据《车船税法》第六条规定，从事机动车第三者责任强制保险业务的保险机构为机动车车船税的扣缴义务人，应当在收取保险费时依法代收车船税，并出具代收税款凭证。选项B：根据《车船税法实施条例》第十四条规定，纳税人没有按照规定期限缴纳车船税的，扣缴义务人在代收代缴税款时，可以一并代收代缴欠缴税款的滞纳金。选项C：根据《车船税法实施条例》第十九条第二款规定，在一个纳税年度内，已完税的车船被盗抢、报废、灭失的，纳税人可以凭有关管理机关出具的证明和完税凭证，向纳税所在地的主管税务机关申请退还自被盗抢、报废、灭失月份起至该纳税年度终了期间的税款。选项D：根据《车船税法》第一条规定，在中华人民共和国境内属于《车船税税目税额表》规定的车辆、船舶的所有人或者管理人，为车船税的纳税人，应当依法缴纳车船税。根据《车船税法实施条例》第二条的规定，车船税法第一条所称车辆、船舶，包括依法不需要在车船登记管理部门登记的在单位内部场所行驶或者作业的机动车辆和船舶。

4. 下列各项表述中，符合车船税政策规定的有（　）。

A. 机场、港口、铁路站场内部行驶或者作业的车船免征车船税

B. 境内单位和个人租入外国籍船舶的，不征收车船税

C. 客货两用车按“货车”税目计征车船税

D. 已经缴纳车船税的车船，因质量原因，车船被退回生产企业或者经销商的，纳税人可以向纳税所在地的主管税务机关申请退还已纳的车船税税款

【答案】BC

【解析】选项A：根据《车船税法实施条例》第二十五条规定，依法不需要在车船登记管理部门登记的机场、港口、铁路站场内部行驶或者作业的车船，自《车船税法》实施之日起5年内免征车船税。选项B：根据《国家税务总局关于车船税征管若干

问题的公告》（国家税务总局公告2013年第42号）第七条规定，境内单位和个人租入外国籍船舶的，不征收车船税。境内单位和个人将船舶出租到境外的，应依法征收车船税。选项C：根据国家税务总局公告2013年第42号第二条的规定，客货两用车依照货车的计税单位和年基准税额计征车船税。选项D：根据《国家税务总局关于发布》〈车船税管理规程（试行）〉的公告》（国家税务总局公告2015年第83号）第十九条规定，已经缴纳车船税的车船，因质量原因，车船被退回生产企业或者经销商的，纳税人可以向纳税所在地的主管税务机关申请退还自退货月份起至该纳税年度终了期间的税款，退货月份以退货发票所载日期的当月为准。

5.进行车船税检查时，纳税人的下列车辆按专用作业车计征车船税的有（　　）。

A.汽车起重机　　B.混凝土泵车

C.救护车　　D.清障车

【答案】ABD

【解析】根据《国家税务总局关于车船税征管若干问题的公告》（国家税务总局公告2013年第42号）第一条规定，对于在设计和技术特性上用于特殊工作，并装置有专用设备或器具的汽车，应认定为专用作业车，如汽车起重机、消防车、混凝土泵车、清障车、高空作业车、洒水车、扫路车等。以载运人员或货物为主要目的的专用汽车，如救护车，不属于专用作业车。

十一、印花税的检查方法

学习指引

纳税义务人	在中华人民共和国境内书立应税凭证、进行证券交易的单位和个人，为印花税的纳税人，应当依照本法规定缴纳印花税
征税范围	包括11类合同及产权转移书据、营业账簿、证券交易三类征税项目
税率	印花税的税目、税率，依照本法所附《印花税税目税率表》执行
计税依据	1.应税合同的计税依据，为合同所列的金额，不包括列明的增值税税款 2.应税产权转移书据的计税依据，为产权转移书据所列的金额，不包括列明的增值税税款 3.应税营业账簿的计税依据，为账簿记载的实收资本（股本）、资本公积合计金额 4.证券交易的计税依据，为成交金额
应纳税额的计算	印花税的应纳税额按照计税依据乘以适用税率计算

续表

税收优惠	下列凭证免征印花税： 1.应税凭证的副本或者抄本 2.依照法律规定应当予以免税的外国驻华使馆、领事馆和国际组织驻华代表机构为获得馆舍书立的应税凭证 3.中国人民解放军、中国人民武装警察部队书立的应税凭证 4.农民、家庭农场、农民专业合作社、农村集体经济组织、村民委员会购买农业生产资料或者销售农产品书立的买卖合同和农业保险合同 5.无息或者贴息借款合同、国际金融组织向中国提供优惠贷款书立的借款合同 6.财产所有权人将财产赠与政府、学校、社会福利机构、慈善组织书立的产权转移书据 7.非营利性医疗卫生机构采购药品或者卫生材料书立的买卖合同 8.个人与电子商务经营者订立的电子订单 自2023年8月28日起，证券交易印花税实施减半征收 根据国民经济和社会发展的需要，国务院对居民住房需求保障、企业改制重组、破产、支持小型微型企业发展等情形可以规定减征或者免征印花税，报全国人民代表大会常务委员会备案
征收管理	1.纳税人为单位的，应当向其机构所在地的主管税务机关申报缴纳印花税；纳税人为个人的，应当向应税凭证书立地或者纳税人居住地的主管税务机关申报缴纳印花税。不动产产权发生转移的，纳税人应当向不动产所在地的主管税务机关申报缴纳印花税 2.印花税的纳税义务发生时间为纳税人书立应税凭证或者完成证券交易的当日。证券交易印花税扣缴义务发生时间为证券交易完成的当日 3.印花税按季、按年或者按次计征。实行按季、按年计征的，纳税人应当自季度、年度终了之日起十五日内申报缴纳税款；实行按次计征的，纳税人应当自纳税义务发生之日起十五日内申报缴纳税款

本章练习及答案解析

（一）单项选择题

1.下列单位和个人，不属于印花税的纳税人是（　　）。

A.在中国境内书立应税凭证的单位和个人

B.在中国境内进行证券转让的单位和个人

C.在中国境外书立应税凭证的单位和个人

D.在中国境外书立、在境内使用应税凭证的单位和个人

【答案】C

【解析】《印花税法》第一条规定，在中华人民共和国境内书立应税凭证、进行证券交易的单位和个人，为印花税的纳税人，应当依照本法规定缴纳印花税。在中华人民共和国境外书立在境内使用的应税凭证的单位和个人，应当依照本法规定缴纳印花税。

2.下列合同中，应按“买卖合同”税目征收印花税的是（　）。

A.广告合同

B.商标权转让合同

C.企业之间签订的土地使用权转让合同

D.发电厂与电网之间之间书立的购售电合同

【答案】D

【解析】选项ABC：根据《印花税法》所附《印花税税目税率表》列明的合同规定，广告合同属于“加工承揽合同”，商标权转让合同、企业之间签订的土地使用权转让合同属于“产权转移书据”。选项D：根据《财政部 税务总局关于印花税若干事项政策执行口径的公告》（财政部 税务总局公告2022年第22号）第二条第（三）项规定，发电厂与电网之间、电网与电网之间书立的购售电合同，应当按买卖合同税目缴纳印花税。

3.某大型商贸公司委托甲服装公司定制工作服一批，合同约定布料由商贸公司提供，价值60万元，另向服装公司支付加工费15万元（其中辅料费3万元）。则甲服装公司该项合同应缴纳的印花税税额为（　）元。

A. 45　　B. 75　　C. 225　　D. 375

【答案】A

【解析】根据《印花税法》所附《印花税税目税率表》规定，承揽合同按报酬的万分之三计算纳税。甲服装公司该项合同应纳印花税=150 000×0.3‰=45（元）。

4.甲企业与运输公司签订货物运输合同，记载装卸费20万元，保险费10万元，运输费30万元，则甲企业按“运输合同”税目计算缴纳印花税的计税依据为（　）万元。

A. 30　　B. 40　　C. 50　　D. 60

【答案】A

【解析】根据《印花税税目税率表》规定，运输合同的计税依据为运输费用，不包括所运货物的金额、装卸费和保险费。

5.某钢铁公司与某水运公司签订一份运输保险合同，合同载明的费用金额为500 000元（运输和保险费未分别列明），注明的增值税税额为45 000元。该项合同双方各自应缴纳的印花税税额为（　）元。（运输合同印花税税率0.5‰，保管合同印花税税率1‰）

A. 250　　B. 272.5　　C. 500　　D. 545

【答案】C

【解析】根据《印花税法》第五条第（一）项规定，应税合同的计税依据，为合同所列的金额，不包括列明的增值税税款；第九条规定，同一应税凭证载有两个以上税目事项并分别列明金额的，按照各自适用的税目税率分别计算应纳税额；未分别列明金额的，从高适用税率。该项合同双方各自应缴纳的印花税税额=500 000×1‰=500（元）。

6. 某建筑公司与甲企业签订一份建筑安装工程承包合同，合同金额8 000万元。该建筑公司将其中价值1 200万元的安装工程分包给乙企业，并签订分包合同。该建筑公司此项业务应缴纳印花税（　　）元。（以上金额均不包括列明的增值税税款）

A. 3 600　　B. 24 000　　C. 27 600　　D. 46 000

【答案】C

【解析】该建筑公司签订了两份合同，一份建筑安装工程承包合同，另一份安装工程分包合同，应分别计算缴纳印花税。根据《印花税税目税率表》规定，建筑工程合同按价款的万分之三计算缴纳印花税。应纳印花税税额=8 000×0.3‰+1 200×0.3‰=27 600（元）。

7. 纳税人乙按季申报缴纳印花税，2022年第三季度书立财产保险合同100万份，合同所列保险费（不包括列明的增值税税款）共计100 000万元。纳税人乙2022年10月纳税申报期应缴纳印花税（　　）万元。

A. 10　　B. 30　　C. 50　　D. 100

【答案】D

【解析】纳税人乙2022年10月纳税申报期应缴纳的印花税=100 000×1‰=100（万元）。

8. 下列关于证券交易印花税的说法，不符合政策规定的是（　　）。

A. 证券交易印花税对证券交易的出让方和受让方征收

B. 证券登记结算机构为证券交易印花税的扣缴义务人，应当向其机构所在地的主管税务机关申报解缴税款以及银行结算的利息

C. 证券交易印花税扣缴义务发生时间为证券交易完成的当日

D. 证券交易印花税按周解缴

【答案】A

【解析】选项A：根据《印花税法》第三条第二款规定，证券交易印花税对证券交易的出让方征收，不对受让方征收。选项BCD：根据《印花税法》第十四条第二款规定，证券登记结算机构为证券交易印花税的扣缴义务人，应当向其机构所在地的主管税务机关申报解缴税款以及银行结算的利息。第十五条第二款规定，证券交易印花税扣缴义务发生时间为证券交易完成的当日。第十六条第二款规定，证券交易印花税按周解缴。

（二）多项选择题

1.对印花税的征税范围进行检查时，下列应税凭证应当缴纳印花税的有（　　）。

A.合同　　B.营业账簿

C.权利、许可证照　　D.产权转移书据

【答案】ABD

【解析】根据《印花税法》第二条规定，应税凭证，是指《印花税税目税率表》列明的合同、产权转移书据和营业账簿。

2.下列应税凭证，应当依法缴纳印花税的有（　　）。

A.在境外书立在境内使用的应税凭证标的为中国居民企业股权的

B.在境外书立在境内使用的应税凭证的标的为服务的，其提供方或者接受方在境内

C.企业之间书立的确定买卖关系、明确买卖双方权利义务的订单、要货单等单据，且未另外书立买卖合同的

D.总公司与分公司、分公司与分公司之间书立的作为执行计划使用的凭证

【答案】AC

【解析】根据《财政部 税务总局关于印花税若干事项政策执行口径的公告》（财政部 税务总局公告2022年第22号）第二条第（一）项规定，在中华人民共和国境外书立在境内使用的应税凭证，应当按规定缴纳印花税。包括以下几种情形：1.应税凭证的标的为不动产的，该不动产在境内；2.应税凭证的标的为股权的，该股权为中国居民企业的股权；3.应税凭证的标的为动产或者商标专用权、著作权、专利权、专有技术使用权的，其销售方或者购买方在境内，但不包括境外单位或者个人向境内单位或者个人销售完全在境外使用的动产或者商标专用权、著作权、专利权、专有技术

使用权；4.应税凭证的标的为服务的，其提供方或者接受方在境内，但不包括境外单位或者个人向境内单位或者个人提供完全在境外发生的服务。选项A正确，选项B错误。第二条第（二）项规定，企业之间书立的确定买卖关系、明确买卖双方权利义务的订单、要货单等单据，且未另外书立买卖合同的，应当按规定缴纳印花税，选项C正确。第二条第（四）项规定，总公司与分公司、分公司与分公司之间书立的作为执行计划使用的凭证，不属于印花税征收范围，选项D错误。

3.下列合同中，应按“产权转移书据”税目缴纳印花税的有（　　）。

A.股权转让合同　　B.商品房销售合同

C.土地承包经营权转让合同　　D.非专利技术转让合同

【答案】AB

【解析】根据《印花税税目税率表》列明的合同、产权转移书据的规定，股权转让合同、商品房销售合同均属于“产权转移书据”税目，但不包括土地承包经营权和土地经营权转移，所以选项AB正确，选项C错误。非专利技术转让合同属于“技术合同”税目，选项D错误。

4.下列合同中，应按“技术合同”税目缴纳印花税的有（　　）。

A.技术咨询合同　　B.专利申请权转让合同

C.专利实施许可合同　　D.法律咨询合同

【答案】AB

【解析】根据《民法典》合同编第二十章规定，技术合同是当事人就技术开发、转让、许可、咨询或者服务订立的确立相互之间权利和义务的合同。其中，技术转让合同是合法拥有技术的权利人，将现有特定的专利、专利申请、技术秘密的相关权利让与他人所订立的合同，包括专利权转让、专利申请权转让、技术秘密转让等合同；技术许可合同是合法拥有技术的权利人，将现有特定的专利、技术秘密的相关权利许可他人实施、使用所订立的合同，包括专利实施许可、技术秘密使用许可等合同。根据《印花税税目税率表》列明的合同、产权转移书据的规定，“技术合同”税目不包括专利权、专有技术使用权转让书据；“产权转移书据”税目包括商标权、著作权、专利权、专有技术使用权转让书据。所以选项AB正确，选项C错误。技术咨询合同是当事人一方以技术知识为对方就特定技术项目提供可行性论证、技术预测、专题技术调查、分析评价报告等所订立的合同，一般的法律、法规、会计、审计等方面的咨询不属于技术咨询，不属于《印花税税目税率表》列明的合同，其所立合同不贴印花，选项D错误。

5.甲企业将货物卖给乙企业，双方签订了购销合同，丙企业作为合同的担保人，丁企业作为鉴定人，则该合同印花税的纳税人为（　）。

A.甲企业　　B.乙企业　　C.丙企业　　D.丁企业

【答案】AB

【解析】根据财政部 税务总局公告2022年第22号第一条第（一）项规定，书立应税凭证的纳税人，为对应税凭证有直接权利义务关系的单位和个人。合同的纳税义务人是立合同人，即对应税合同有直接权利义务的单位和个人，不包括合同的担保人和鉴定人。

6.下列关于印花税计税依据、补税和退税的表述，正确的有（　）。

A.应税合同所列的金额与实际结算金额不一致，以所列金额为计税依据

B.纳税人转让股权的印花税计税依据，按照产权转移书据所列的金额确定

C.未履行的应税合同、产权转移书据，已缴纳的印花税不予退还及抵缴税款

D.应税凭证金额为人民币以外的货币的，应当按照凭证书立当日的人民币汇率中间价折合人民币确定计税依据

【答案】CD

【解析】根据《财政部 税务总局关于印花税若干事项政策执行口径的公告》（财政部 税务总局公告2022年第22号）第三条第（二）项规定，应税合同、应税产权转移书据所列的金额与实际结算金额不一致，不变更应税凭证所列金额的，以所列金额为计税依据；变更应税凭证所列金额的，以变更后的所列金额为计税依据。已缴纳印花税的应税凭证，变更后所列金额增加的，纳税人应当就增加部分的金额补缴印花税；变更后所列金额减少的，纳税人可以就减少部分的金额向税务机关申请退还或者抵缴印花税。故选项A错误。根据第三条第（四）项规定，纳税人转让股权的印花税计税依据，按照产权转移书据所列的金额（不包括列明的认缴后尚未实际出资权益部分）确定。故选项B错误。根据第三条第（五）项规定，应税凭证金额为人民币以外的货币的，应当按照凭证书立当日的人民币汇率中间价折合人民币确定计税依据。第（七）项规定，未履行的应税合同、产权转移书据，已缴纳的印花税不予退还及抵缴税款。故选项CD正确。

7.我国运输企业甲与国外运输企业乙根据我国境内托运方丙的要求签订了1份国际货运合同，合同规定由甲负责起运，乙负责境外运输，甲乙丙分别持有全程运费结

算凭证。下列关于计算印花税的表述中正确的有（　）。

A.甲按本程运费计算缴纳印花税

B.乙按本程运费计算缴纳印花税

C.乙按全程运费计算缴纳印花税

D.丙按全程运费计算缴纳印花税

【答案】AD

【解析】根据《财政部 税务总局关于印花税若干事项政策执行口径的公告》（财政部 税务总局公告2022年第22号）第三条第（六）项规定，境内的货物多式联运，采用在起运地统一结算全程运费的，以全程运费作为运输合同的计税依据，由起运地运费结算双方缴纳印花税；采用分程结算运费的，以分程的运费作为计税依据，分别由办理运费结算的各方缴纳印花税。甲乙联运，甲按本程运费计算缴纳印花税，丙作为托运方按全程运费计算缴纳印花税，故选项AD正确。根据《财政部 税务总局关于印花税若干事项政策执行口径的公告》（财政部 税务总局公告2022年第22号）第二条第（一）项第4目规定，应税凭证的标的为服务的，其提供方或者接受方在境内，但不包括境外单位或者个人向境内单位或者个人提供完全在境外发生的服务。乙不属于我国印花税纳税人，不纳印花税，故选项BC错误。

8.下列关于印花税减免的表述，正确的有（　）。

A.农业保险合同免征印花税

B.个人与电子商务经营者订立的电子订单免征印花税

C.对与高校学生签订的高校学生公寓租赁合同，免征印花税

D.证券交易印花税减半征收

【答案】ABCD

【解析】选项AB：根据《印花税法》第十二条第（四）项规定，农民、家庭农场、农民专业合作社、农村集体经济组织、村民委员会购买农业生产资料或者销售农产品书立的买卖合同和农业保险合同免征印花税；第（八）项规定，个人与电子商务经营者订立的电子订单免征印花税。选项C：根据《财政部 税务总局关于继续实施高校学生公寓房产税、印花税政策的公告》（财政部 税务总局公告2023年第53号）规定，对与高校学生签订的高校学生公寓租赁合同免征印花税。选项D：根据《财政部 税务总局关于减半征收证券交易印花税的公告》（财政部 税务总局公告2023年第39号）规定，自2023年8月28日起，证券交易印花税实施减半征收。

9.居民甲将其拥有的一处房产转让给居民乙，双方于2013年6月5日签订房屋权属转移合同后，按规定办理了房屋产权过户手续。下列关于印花税的表述中，正确的有（　）。

A.印花税的计税依据为房屋权属转移合同中确定的房产成交价格

B.印花税的纳税义务发生时间为甲乙双方书立房屋权属转移合同的当日

C.甲乙双方应当在6月20日内申报缴纳税款

D.甲乙双方应当向房屋所在地的主管税务机关申报缴纳印花税

【答案】BD

【解析】选项A：根据《印花税法》第五条规定，应税产权转移书据的计税依据，为产权转移书据所列的金额，不包括列明的增值税税款。选项B：根据《印花税法》第十五条规定，印花税的纳税义务发生时间为纳税人书立应税凭证或者完成证券交易的当日。选项C：根据《印花税法》第十六条规定，印花税按季、按年或者按次计征。实行按季、按年计征的，纳税人应当自季度、年度终了之日起十五日内申报缴纳税款；实行按次计征的，纳税人应当自纳税义务发生之日起十五日内申报缴纳税款。选项D：根据《印花税法》第十三条第二款规定，不动产产权发生转移的，纳税人应当向不动产所在地的主管税务机关申报缴纳印花税。

10.纳税人丙按季申报缴纳印花税，2022年8月25日书立钢材买卖合同1份，合同列明了买卖钢材数量，并约定在实际交付钢材时，以交付当日市场报价确定成交价据以结算，2022年10月12日按合同结算买卖钢材价款100万元，2023年3月7日按合同结算买卖钢材价款300万元。下列关于丙纳税人印花税申报缴纳的说法，正确的有（　）。

A.在书立合同时不需要进行纳税申报

B.纳税申报期分别为2023年1月、2023年4月

C.纳税申报期分别为2022年10月、2023年1月、2023年4月

D.2023年4月月纳税申报期应缴纳印花税税额为900元

【答案】CD

【解析】根据《国家税务总局关于实施〈中华人民共和国印花税法〉等有关事项的公告》（国家税务总局公告2022年第14号）第一条第（二）项规定，应税合同、产权转移书据未列明金额，在后续实际结算时确定金额的，纳税人应当于书立应税合同、产权转移书据的首个纳税申报期申报应税合同、产权转移书据书立情况，在实际

结算后下一个纳税申报期，以实际结算金额计算申报缴纳印花税。纳税人丙2023年4月纳税申报期应缴纳印花税=3 000 000×0.3‰=900（元）。

（三）判断题

1.采用委托贷款方式书立的借款合同，印花税的纳税人为委托人、受托人和借款人。（ ）

【答案】×

【解析】根据《财政部 税务总局关于印花税若干事项政策执行口径的公告》（财政部 税务总局公告2022年第22号）第一条第（二）项规定，采用委托贷款方式书立的借款合同纳税人，为受托人和借款人，不包括委托人。

2.按买卖合同或者产权转移书据税目缴纳印花税的拍卖成交确认书纳税人，为拍卖标的的产权人和买受人，不包括拍卖人。（ ）

【答案】√

【解析】根据《财政部 税务总局关于印花税若干事项政策执行口径的公告》（财政部 税务总局公告2022年第22号）第一条第（三）项规定，按买卖合同或者产权转移书据税目缴纳印花税的拍卖成交确认书纳税人，为拍卖标的的产权人和买受人，不包括拍卖人。

3.境外单位或者个人的境内代理人向其机构所在地（居住地）主管税务机关申报解缴税款。（ ）

【答案】√

【解析】根据《国家税务总局关于实施〈中华人民共和国印花税法〉等有关事项的公告》（国家税务总局公告2022年第14号）第一条第（四）项规定，纳税人为境外单位或者个人，在境内有代理人的，以其境内代理人为扣缴义务人。境外单位或者个人的境内代理人应当按规定扣缴印花税，向境内代理人机构所在地（居住地）主管税务机关申报解缴税款。

4.已缴纳印花税的营业账簿，以后年度记载的实收资本（股本）、资本公积合计金额比已缴纳印花税的实收资本（股本）、资本公积合计金额增加的，按照增加部分计算应纳税额。（ ）

【答案】√

【解析】根据《印花税法》第十一条规定，已缴纳印花税的营业账簿，以后年度记载的实收资本（股本）、资本公积合计金额比已缴纳印花税的实收资本（股本）、资本公积合计金额增加的，按照增加部分计算应纳税额。

5.同一应税合同、应税产权转移书据中涉及两方以上纳税人，且未列明纳税人各自涉及金额的，各房纳税人均以应税凭证所列金额全额（不包括列明的增值税税款）确定计税依据。（　）

【答案】×

【解析】根据《财政部 税务总局关于印花税若干事项政策执行口径的公告》（财政部 税务总局公告2022年第22号）第三条第（一）项规定，同一应税合同、应税产权转移书据中涉及两方以上纳税人，且未列明纳税人各自涉及金额的，以纳税人平均分摊的应税凭证所列金额（不包括列明的增值税税款）确定计税依据。

第十五章　出口退（免）税检查方法

本章导读

本章主要介绍出口企业在从事出口经营活动中所出现的涉税风险、表现形式及检查方法，包括对出口退税通用的检查方法、对外贸企业、生产企业的检查项目及检查方法、防范出口退税风险应对措施。

学习指引

一、出口退（免）税共性涉税风险及检查方法

（一）出口退（免）税备案、变更及撤回	出口退（免）税备案： 1.出口退（免）税备案时间 2.出口退（免）税备案资料
	出口退（免）税备案变更： 1.出口退（免）税备案变更时间：《出口退（免）税备案表》中的内容发生变更的，出口企业或其他单位须自变更之日起30日内，向主管税务机关提供相关资料，办理备案内容的变更 2.变更退（免）税办法：出口企业或其他单位需要变更“退（免）税方法”的，主管税务机关应按规定结清退（免）税款后办理变更，经主管税务机关批准变更的次月起按照变更后的退（免）税办法申报退（免）税，企业应将批准变更前全部出口货物按变更前退（免）税办法申报退（免）税，变更后不得申报变更前出口货物退（免）税 （1）原执行免退税办法的企业，在批准变更次月的增值税纳税申报期内可将原计入出口库存账的且未申报免退税的出口货物向主管税务机关申请开具《出口转内销证明》 （2）原执行免抵退税办法的企业，应将批准变更当月的《免抵退税申报汇总表》中“当期应退税额”填报在批准变更次月的《增值税纳税申报表》“免、抵、退应退税额”栏中 （3）退（免）税办法由免抵退税变更为免退税的，批准变更前已通过认证的增值税专用发票或取得的海关进口增值税专用缴款书，出口企业或其他单位不得作为申报免退税的原始凭证
	出口退（免）税备案撤回： 1.出口退（免）税备案撤回的节点 2.出口退（免）税备案撤回的关键点

续表

（二）出口退（免）税货物范围	1.不予退（免）税货物混入退（免）税货物办理退（免）税 2.不符合特准退（免）税规定的货物办理了退（免）税 3.错误使用出口货物的商品代码，将低退税率货物申报为高退税率货物 4.出口不退税货物未视同内销征税	
（三）出口退税备案单证	1.出口退税备案单证种类	（1）出口企业的购销合同（包括：出口合同、外贸综合服务合同、外贸企业购货合同、生产企业收购非自产货物出口的购货合同等） （2）出口货物的运输单据（包括：海运提单、航空运单、铁路运单、货物承运单据、邮政收据等承运人出具的货物单据，出口企业承付运费的国内运输发票、出口企业承付费用的国际货物运输代理服务费发票等） （3）出口企业委托其他单位报关的单据（包括：委托报关协议、受托报关单位为其开具的代理报关服务费发票等）
	2.出口退税备案单证间基本要素逻辑关系核查	（1）根据各备案单证日期，核对其形成时间先后顺序是否依次为购货合同、出口企业委托其他单位报关的单据、提运单 （2）根据各备案单证商品名称、数量，核对名称是否相符、数量是否匹配。主要单证形成时间是否符合外贸经营常规，备案单证数量是否存在不合理差异，商品是否相同等问题
	3.备案单证与增值税专用发票以及出口货物报关单逻辑关系核查	（1）购货合同与增值税专用发票核对，确定增值税专用发票、购货合同供货者是否一致，商品名称、数量是否匹配。注意是否存在增值税专用发票开具单位与购货合同供货者不一致，增值税专用发票与购货合同商品不相符或数量存在不合理差异等问题 （2）备案单证与出口货物报关单核对：①出口货物报关单“国内货源地”与购货合同供货者地址；②出口货物报关单与备案单证的商品名称、数量、重量；③出口货物报关单“随附单证”栏内容与备案单证种类；④出口货物报关单“运输方式”栏与备案单证种类、性质；⑤出口货物报关单“提运单号”栏与提运单号码；⑥出口货物报关单“最终目的国（地区）”“指运港”与装货单、提运单的目的港。注意是否存在商品不相符，数量存在不合理差异，出口国别（地区）不符，备案单证种类、性质、数量与出口货物报关单标注不符等问题
	4.出口退税备案单证核查的主要内容	（1）购货合同：号码、签订各方名称、时间、商品名称、数量；有无约定涉及不得申报出口退税条款 （2）提运单： ①海运提单：提单号码（B/L No.）、卸货港（Port of Discharge）、货名（Description of Goods）、毛重量（Cross Weight）、签发地点和日期（Place and date of issue）、承运人签字（Signed for the Carrier）②航空运单：提单号码（Air Waybill No.）、目的地（Airport of Destination）、货物品名数量（Nature and Quantity of Goods）、毛重量（Actual Cross Weight）、签发日期和地点及签章（Carrier Execution Box）③铁路运单：号码、到站、货物名称、共计重量、发货人签章、发运日期。其他提运单参考上述提运单确定核查要素
（四）视同内销征税出口货物	适用增值税征税政策的出口货物劳务是否按规定视同内销征税	

续表

（五）出口收汇	1.申报退税时必须收汇的企业	（1）出口退（免）税管理类别为四类的纳税人，在申报出口退（免）税时，应当向税务机关报送收汇材料 （2）纳税人在退（免）税申报期截止之日后申报出口货物退（免）税的，应当在申报退（免）税时报送收汇材料 （3）纳税人被税务机关发现收汇材料为虚假或冒用的，应自税务机关出具书面通知之日起24个月内，在申报出口退（免）税时报送收汇材料
	2.不得办理退税及追回退税情形	纳税人申报退（免）税的出口货物，具有下列情形之一，税务机关未办理出口退（免）税的，不得办理出口退（免）税；已办理出口退（免）税的，应在发生相关情形的次月用负数申报冲减原退（免）税申报数据，当期退（免）税额不足冲减的，应补缴差额部分的税款： （1）因出口合同约定全部收汇最终日期在退（免）税申报期截止之日后的，未在合同约定收汇日期前完成收汇 （2）未在规定期限内收汇，且不符合视同收汇规定 （3）未按规定留存收汇材料

二、生产企业免抵退税涉税风险及检查方法

（一）出口销售收入	1.少记、漏记、瞒报出口销售收入 2.“运保佣”未按规定冲减出口销售收入 3.出口货物记账汇率适用错误 4.退运的出口货物未冲减出口销售收入
（二）进料加工	1.实际进口料件与进口报关单上注明的商品名称、数量、价值不相符，存在高报、多报等情况 2.进口料件流向不符合海关有关管理规定。核销申报的边角料、剩余料件和残次品、副产品耗用的进口料件金额与实际发生不一致 3.对实际单耗低于报关核销单耗标准的，多余进口料件未如实申报 4.进口料件的转入、转出未如实申报 5.外发加工运回的边角料、剩余料件、残次品、副产品等未如实申报，将加工贸易货物转卖给承揽企业
（三）视同自产产品	生产企业视同自产产品包括： 1.持续经营以来从未发生骗取出口退税、虚开增值税专用发票或农产品收购发票、接受虚开增值税专用发票（善意取得虚开增值税专用发票除外）行为且同时符合下列条件的生产企业出口的外购货物，可视同自产货物适用增值税退（免）税政策： （1）已取得增值税一般纳税人资格 （2）已持续经营2年及2年以上 （3）纳税信用等级A级 （4）上一年度销售额5亿元以上 （5）外购出口的货物与本企业自产货物同类型或具有相关性 2.持续经营以来从未发生骗取出口退税、虚开增值税专用发票或农产品收购发票、接受虚开增值税专用发票（善意取得虚开增值税专用发票除外）行为但不能同时符合本附件第一条规定的条件的生产企业，出口的外购货物符合下列条件之一的，可视同自产货物申报适用增值税退（免）税政策：

续表

（三）视同自产产品	（1）同时符合下列条件的外购货物： ①与本企业生产的货物名称、性能相同 ②使用本企业注册商标或境外单位或个人提供给本企业使用的商标 ③出口给进口本企业自产货物的境外单位或个人 （2）与本企业所生产的货物属于配套出口，且出口给进口本企业自产货物的境外单位或个人的外购货物，符合下列条件之一的： ①用于维修本企业出口的自产货物的工具、零部件、配件 ②不经过本企业加工或组装，出口后能直接与本企业自产货物组合成成套产品的货物 （3）经集团公司总部所在地的地级以上国家税务局认定的集团公司，其控股（按照《公司法》第二百一十七条规定的口径执行）的生产企业之间收购的自产货物以及集团公司与其控股的生产企业之间收购的自产货物 （4）同时符合下列条件的委托加工货物： ①与本企业生产的货物名称、性能相同，或者是用本企业生产的货物再委托深加工的货物 ②出口给进口本企业自产货物的境外单位或个人 ③委托方与受托方必须签订委托加工协议，且主要原材料必须由委托方提供，受托方不垫付资金，只收取加工费，开具加工费（含代垫的辅助材料）的增值税专用发票 （5）用于本企业中标项目下的机电产品 （6）用于对外承包工程项目下的货物 （7）用于境外投资的货物 （8）用于对外援助的货物 （9）生产自产货物的外购设备和原材料（农产品除外）

三、外贸企业免退税涉税风险及检查方法

（一）出口不规范业务	出口企业或其他单位具有以下情形之一的出口货物劳务，不予退免税，并视同内销征税： 1.将空白的出口货物报关单、出口收汇核销单等退（免）税凭证交由除签有委托合同的货代公司、报关行，或由境外进口方指定的货代公司（提供合同约定或者其他相关证明）以外的其他单位或个人使用的 2.以自营名义出口，其出口业务实质上是由本企业及其投资的企业以外的单位或个人借该出口企业名义操作完成的 3.以自营名义出口，其出口的同一批货物既签订购货合同，又签订代理出口合同（或协议）的 4.出口货物在海关验放后，自己或委托货代承运人对该笔货物的海运提单或其他运输单据等上的品名、规格等进行修改，造成出口货物报关单与海运提单或其他运输单据有关内容不符的 5.以自营名义出口，但不承担出口货物的质量、收款或退税风险之一的，即出口货物发生质量问题不承担购买方的索赔责任（合同中有约定质量责任承担者除外）；不承担未按期收款导致不能核销的责任（合同中有约定收款责任承担者除外）；不承担因申报出口退（免）税的资料、单证等出现问题造成不退税责任的 6.未实质参与出口经营活动、接受并从事由中间人介绍的其他出口业务，但仍以自营名义出口的

续表

（二）异地货源、异地报关	异地货源、异地报关行为是指体现出口企业所在地、出口货物购买地与报关口岸相差甚远，通常指一些大宗出口货物在办理出口手续的过程中，有违常理，不计成本
（三）骗税高风险货物	外贸企业出口骗税高风险货物主要有三种类型：一是从商贸企业购进一些体积小价值高的电子产品（如CPU、手表、手机、照相机等）、最终消费商品等；二是从生产企业购进的出口货物，此出口货物经过简单加工后又可以恢复到原来的实物状态（如黄金、铂金、白银等贵金属）；三是以农产品等为原料加工的工业制成品（如毛皮制品、木制品、小五金产品等）
（四）换汇成本异常	出口货物换汇成本是指：商品出口净收入每美元所需要的人民币总成本，即用多少人民币换回一美元。计算公式为：出口货物换汇成本＝购进货物所需总成本（人民币）/出口销售净收入（美元）

四、外贸综合服务企业涉税风险及检查方法

生产企业出口货物，同时符合以下条件的，可由综服企业代办退税	1.出口货物为生产企业的自产货物或视同自产货物 2.生产企业为增值税一般纳税人并已按规定办理出口退（免）税备案 3.生产企业已与境外单位或个人签订出口合同 4.生产企业已与综服企业签订外贸综合服务合同（协议），约定由综服企业提供包括报关报检、物流、代办退税、结算等在内的综合服务，并明确相关法律责任 5.生产企业向主管税务机关提供代办退税的开户银行和账号

五、防范出口退税风险应对措施

（一）出口适用免税政策	出口企业购进货物的供货纳税人有属于办理税务登记2年内被税务机关认定为非正常户或被认定为增值税一般纳税人2年内注销税务登记，且符合下列情形之一的，自主管其出口退税的税务机关书面通知之日起，在24个月内出口的适用增值税退（免）税政策的货物劳务服务，改为适用增值税免税政策 1.外贸企业使用上述供货纳税人开具的增值税专用发票申报出口退税，在连续12个月内达到200万元以上（含本数，下同）的，或使用上述供货纳税人开具的增值税专用发票，连续12个月内申报退税额占该期间全部申报退税额30%以上的 2.生产企业在连续12个月内申报出口退税额达到200万元以上，且从上述供货纳税人取得的增值税专用发票税额达到200万元以上或占该期间全部进项税额30%以上的 3.外贸企业连续12个月内使用3户以上上述供货纳税人开具的增值税专用发票申报退税，且占该期间全部供货纳税人户数20%以上的 4.生产企业连续12个月内有3户以上上述供货纳税人，且占该期间全部供货纳税人户数20%以上的
（二）出口适用征税政策	1.被停止出口退税权的纳税人在停止出口退税权期间，如果变更《税务登记证》纳税人名称或法定代表人担任新成立企业的法定代表人的企业，在被停止出口退税权的纳税人停止出口退税权期间出口的货物劳务服务，实行增值税征税政策 2.出口企业或其他单位存在下列情况之一的，其出口适用增值税退（免）税政策的货物劳务服务，一律适用增值税免税政策： （1）法定代表人不知道本人是法定代表人的 （2）法定代表人为无民事行为能力人或限制民事行为能力人的

续表

（三）停止享受优惠及农产品抵扣政策	1.享受增值税即征即退或者先征后退优惠政策的纳税人，自税务机关行政处罚决定或审判机关判决或裁定生效的次月起36个月内，暂停其享受上述增值税优惠政策。纳税人自恢复享受增值税优惠政策之月起36个月内再次发生增值税违法行为的，自税务机关行政处罚决定或审判机关判决或裁定生效的次月起停止其享受增值税即征即退或者先征后退优惠政策 2.以农产品为原料生产销售货物的纳税人发生增值税违法行为的，自税务机关行政处罚决定生效的次月起，按50%的比例抵扣农产品进项税额；违法情形严重的，不得抵扣农产品进项税额

本章练习及答案解析

一、单项选择题

1.《出口退（免）税备案表》中的内容发生变更的，出口企业或其他单位须自变更之日起（　）日内，向主管税务机关提供相关资料，办理备案内容的变更。

A. 15　　B. 20　　C. 30　　D. 1个月

【答案】C

【解析】根据国家税务总局公告2015年第56号第三条规定，《出口退（免）税备案表》中的内容发生变更的，出口企业或其他单位须自变更之日起30日内，向主管税务机关提供相关资料，办理备案内容的变更。

2.需要出口收汇才能办理退（免）税的出口企业包括（　）。

A.出口退（免）税管理类别为四类的纳税人

B.被外汇管理部门列为C、D类企业的

C.出口退（免）税管理类别为三类的纳税人

D.被外汇管理部门列为A类以下企业的

【答案】A

【解析】根据国家税务总局公告2022年第9号第八条规定，出口退（免）税管理类别为四类的纳税人，在申报出口退（免）税时，应当向税务机关报送收汇材料。

3.出口货物适用汇率可以采用（　）。

A.以销售额发生当月1日或销售额发生当日的外汇牌价计算入账，但在一个年度内不得调整

B.以收到外汇当月1日或收到外汇当日的外汇牌价计算入账，但在一个年度内不得调整

C.以入账时间当月1日或入账时间当日的外汇牌价计算入账，但在一个年度内不得调整

D.以销售额发生当月1日或销售额发生当日的外汇牌价计算入账，在一个年度内可以调整

【答案】A

【解析】根据《增值税暂行条例实施细则》第十五条。

4.出口退（免）税备案时间应为（　）。

A.出口企业应在办理对外贸易经营者备案登记或签订首份委托出口协议之日起30日内，到主管税务机关办理出口退（免）税备案

B.出口企业或其他单位应于首次申报出口退（免）税时，向主管税务机关办理出口退（免）税备案手续

C.出口企业应在办理对外贸易经营者备案登记或签订首份委托出口协议之日起15日内，到主管税务机关办理出口退（免）税备案

D.出口企业或其他单位应于首笔出口业务后，向主管税务机关办理出口退（免）税备案手续

【答案】B

【解析】根据国家税务总局公告2015年第56号第三条规定，出口企业或其他单位应于首次申报出口退（免）税时，向主管税务机关提供相关资料，办理出口退（免）税备案手续，申报退（免）税。

5.发现以自营名义出口，其出口业务实质上是由本企业及其投资的企业以外的单位或个人借该出口企业名义操作完成的业务应（　）。

A.不予退免税，可以免税　　　　B.可以退免税

C.企业提供担保后，可以退免税　　　　D.不予退免税，并视同内销征税

【答案】D

【解析】根据财税〔2012〕39号第七条的规定。

6.出口企业A实行免抵退税办法，原2023年10月出口的1万美元货物（已申报免抵退税）在2024年1月发生退运，当月10日主管税务机关向A公司出具了《已补税（未退税）证明》，则以下说法中正确的是（　）。

A.全额补缴退运货物原免抵退税款

B.在2月申报期进行免抵退申报时用负数冲减原免抵退税申报数据

C.在1月申报期进行免抵退申报时用负数冲减原免抵退税申报数据

D.将该笔税款从当期的应退税额中全额追回

【答案】B

【解析】根据国家税务总局公告2013年第12号第二条的规定，已申报免抵退税的出口货物发生退运，及需改为免税或征税的，应在上述情形发生的次月增值税纳税申报期内用负数申报冲减原免抵退税申报数据，并按现行会计制度的有关规定进行相应调整。因此，选项B正确。

7. A公司为增值税一般纳税人，2023年3月1日取得一张增值税专用发票被列入异常凭证范围，则以下处理中正确的是（　）。

A.尚未申报抵扣增值税进项税额的，暂不允许抵扣。已经申报抵扣增值税进项税额的，一律作进项税额转出处理

B.适用免抵退税办法的已经办理出口退税的，应将发票上注明的增值税税款追回

C.适用免退税办法的已经办理出口退税的，应将该发票对应的已退税款追回

D.尚未申报出口退税或者已申报但尚未办理出口退税的，暂不允许办理出口退税

【答案】C

【解析】根据国家税务总局公告2019年第38号第三条的规定，增值税一般纳税人取得的增值税专用发票列入异常凭证范围的，应按照以下规定处理：（1）尚未申报抵扣增值税进项税额的，暂不允许抵扣。已经申报抵扣增值税进项税额的，除另有规定外，一律作进项税额转出处理。A选项错误。（2）尚未申报出口退税或者已申报但尚未办理出口退税的，除另有规定外，暂不允许办理出口退税。D选项错误。适用增值税免抵退税办法的纳税人已经办理出口退税的，应根据列入异常凭证范围的增值税专用发票上注明的增值税额作进项税额转出处理；B选项错误。适用增值税免退税办法的纳税人已经办理出口退税的，税务机关应按照现行规定对列入异常凭证范围的增值税专用发票对应的已退税款追回。因此，选项C正确。

8.对于出口企业因涉嫌骗取出口退税被税务机关稽查部门立案查处未结案的，以下税务处理描述正确的是（　）。

A.暂停为该企业办理出口退（免）税

B.暂不办理该企业当月申报的出口退税

C.稽查涉及的该笔业务暂不办理出口退（免）税

D.暂停该企业出口退（免）税的办理，待稽查结束再根据稽查结果进行处理

【答案】C

【解析】根据国家税务总局公告2013年第12号第五条第（五）项的规定，主管税务机关发现出口企业或其他单位的出口业务有因涉嫌骗取出口退税被税务机关稽查部门立案查处未结案的，该笔出口业务暂不办理出口退（免）税。已办理的，主管税务机关可按照所涉及的退税额对该企业其他已审核通过的应退税款暂缓办理出口退（免）税，无其他应退税款或应退税款小于所涉及退税额的，可由出口企业提供差额部分的担保。待税务机关核实排除相应疑点后，方可办理退（免）税或解除担保。因此，选项C正确。

9.出口企业或其他单位发生增值税违法行为，下列表述中正确的是（ ）。

A.出口企业或其他单位发生增值税违法行为对应的出口货物劳务服务，适用增值税免税政策（骗取出口退税的按查处骗税的规定处理）

B.出口企业或其他单位发生增值税违法行为对应的出口货物劳务服务，视同内销，按规定征收增值税（骗取出口退税的按查处骗税的规定处理）

C.出口企业或其他单位在财税〔2013〕112号文生效后发生2次增值税违法行为的，自税务机关行政处罚决定或审判机关判决或裁定生效之日的次日起，其对应的出口货物劳务服务，适用增值税免税政策

D.出口企业或其他单位在财税〔2013〕112号文生效后发生2次增值税违法行为的，自税务机关行政处罚决定或审判机关判决或裁定生效之日的次日起，其出口的所有适用出口退（免）税政策的货物劳务服务，一律改为适用增值税征税政策

【答案】B

【解析】财税〔2013〕112号“第一条...（二）出口企业或其他单位发生增值税违法行为对应的出口货物劳务服务，视同内销，按规定征收增值税（骗取出口退税的按查处骗税的规定处理）。出口企业或其他单位在本通知生效后发生2次增值税违法行为的，自税务机关行政处罚决定或审判机关判决或裁定生效之日的次日起，其出口的所有适用出口退（免）税政策的货物劳务服务，一律改为适用增值税免税政策。纳税人如果已被停止出口退税权的，适用增值税免税政策的起始时间为停止出口退税权期满后的次日。”

10.关于代理出口货物，下面说法正确的是（ ）。

A.委托代理出口货物在委托方办理出口退免税

B.委托代理出口货物在受托方办理出口退免税

C.委托代理出口货物在委托方或受托方都可办理出口退免税

D.委托代理出口货物不能办理出口退免税

【答案】A

【解析】根据财税〔2012〕39号第九条，“出口货物劳务增值税和消费税政策的其他规定。（一）认定和申报。2.经过认定的出口企业及其他单位，应在规定的增值税纳税申报期内向主管税务机关申报增值税退（免）税和免税、消费税退（免）税和免税。委托出口的货物，由委托方申报增值税退（免）税和免税、消费税退（免）税和免税。”

11.下列适用增值税免税政策的是（　　）。

A.列名生产企业出口的非视同自产货物

B.外贸企业取得进口增值税专用缴款书的出口货物

C.特殊区域内的企业为境外的单位或个人提供加工修理修配劳务

D.增值税小规模纳税人出口的取消退税货物

【答案】C

【解析】根据《财政部 国家税务总局关于出口货物劳务增值税和消费税政策的通知》（财税〔2012〕39号），选项A，列名生产企业出口的非视同自产货物适用出口退税政策，选项B，外贸企业取得进口增值税专用缴款书的出口货物适用出口退税政策，选项C，特殊区域内的企业为境外的单位或个人提供加工修理修配劳务适用出口免税政策，选项D，增值税小规模纳税人出口的取消退税货物适用出口征税政策。

二、多项选择题

1.生产企业视同自产产品规定同时符合下列条件的是委托加工货物（　　）。

A.与本企业生产的货物名称、性能相同，或者是用本企业生产的货物再委托深加工的货物

B.出口给进口本企业自产货物的境外单位或个人

C.委托方与受托方必须签订委托加工协议，且主要原材料必须由受托方提供，委托方不垫付资金，只收取加工费，开具加工费（含代垫的辅助材料）的增值税专用发票

D.委托方与受托方必须签订委托加工协议，且主要原材料必须由委托方提供，受托方不垫付资金，只收取加工费，开具加工费（含代垫的辅助材料）的增值税专用

发票

E.生产自产货物的外购设备和原材料（农产品除外）

【答案】ABD

【解析】根据财税〔2012〕39号附件四第二条第（四）次规定，选项ABD符合，选项C中受托方和委托方颠倒，选项E不属于委托加工。

2.出口企业或其他单位存在（　）之一的，其出口适用增值税退（免）税政策的货物劳务服务，一律适用增值税免税政策。

A.法定代表人不知道本人是法定代表人的

B.未实质参与出口经营活动、接受并从事由中间人介绍的其他出口业务，但仍以自营名义出口的

C.法定代表人为无民事行为能力人或限制民事行为能力人的

D.以自营名义出口，其出口的同一批货物既签订购货合同，又签订代理出口合同（或协议）的

E.以自营名义出口，其出口业务实质上是由本企业及其投资的企业以外的单位或个人借该出口企业名义操作完成的

【答案】AC

【解析】根据财税〔2012〕39号第七条规定，选项BDE属于视同内销征税情形，根据财税〔2013〕112号第六条规定，选项AC适用增值税免税政策。

3.出口企业购进货物的供货纳税人有属于办理税务登记2年内被税务机关认定为非正常户或被认定为增值税一般纳税人2年内注销税务登记，且符合下列情形之一的，自主管其出口退税的税务机关书面通知之日起，在24个月内出口的适用增值税退（免）税政策的货物劳务服务，改为适用增值税免税政策（　）。

A.外贸企业使用上述供货纳税人开具的增值税专用发票申报出口退税，在连续12个月内达到200万元以上（含本数）的，或使用上述供货纳税人开具的增值税专用发票，连续12个月内申报退税额占该期间全部申报退税额30%以上的

B.生产企业在连续12个月内申报出口退税额达到200万元以上（含本数），且从上述供货纳税人取得的增值税专用发票税额达到200万元以上（含本数）或占该期间全部进项税额30%以上的

C.外贸企业连续12个月内使用3户以上上述供货纳税人开具的增值税专用发票申报退税，且占该期间全部供货纳税人户数20%以上的

D.生产企业连续12个月内有3户以上上述供货纳税人，且占该期间全部供货纳税人户数20%以上的

E.生产企业在连续12个月内申报出口退税额达到100万元以上（含本数），且从上述供货纳税人取得的增值税专用发票税额达到100万元以上（含本数）或占该期间全部进项税额30%以上的

【答案】ABCD

【解析】根据财税〔2013〕112号第二条的规定。

4.出口企业或其他单位具有以下情形之一的出口货物劳务，不予退免税，并视同内销征税（　　）。

A.超过出口退免税申报期限收汇的出口货物

B.将空白的出口货物报关单、出口收汇核销单等退（免）税凭证交由除签有委托合同的货代公司、报关行，或由境外进口方指定的货代公司（提供合同约定或者其他相关证明）以外的其他单位或个人使用的

C.以自营名义出口，其出口业务实质上是由本企业及其投资的企业以外的单位或个人借该出口企业名义操作完成的

D.以自营名义出口，其出口的同一批货物既签订购货合同，又签订代理出口合同（或协议）的

E.出口货物在海关验放后，自己或委托货代承运人对该笔货物的海运提单或其他运输单据等上的品名、规格等进行修改，造成出口货物报关单与海运提单或其他运输单据有关内容不符的

【答案】BCDE

【解析】根据财税〔2012〕39号第七条规定，选项BCDE属于不予退免税，并视同内销征税情形，根据国家税务总局公告2022年第9号第八条规定，纳税人已按规定处理的出口货物，待收齐收汇材料、退（免）税凭证及相关电子信息后，即可申报办理出口退（免）税。

5. 纳税人应在申报出口退（免）税后15日内，将下列备案单证妥善留存，并按照申报退（免）税的时间顺序，制作出口退（免）税备案单证目录，注明单证存放方式，以备税务机关核查（　　）。

A.出口企业的购销合同（包括：出口合同、外贸综合服务合同、外贸企业购货合同、生产企业收购非自产货物出口的购货合同等）

B.出口货物装货单

C.出口货物装箱单

D.出口货物明细单

E.出口货物运输单据

【答案】AE

【解析】根据国家税务总局公告2022年第9号第二条的规定。

6.持续经营以来从未发生骗取出口退税等违法行为的生产企业，同时符合特定条件时出口外购货物的可视同自产货物，适用增值税退（免）税政策的，该特定条件包括（　　）。

A.已取得增值税一般纳税人资格

B.已持续经营两年及两年以上

C.纳税信用等级为B级及以上

D.上一年度销售额3亿元以上

E.外购出口的货物与本企业自产的货物同类型或具有相关性

【答案】ABE

【解析】根据财税〔2012〕39号附件4规定，C选项纳税信用等级为A级，D选项上一年度销售额为5亿元以上。

7.出口企业或其他单位存在下列情况之一的，其出口适用增值税退（免）税政策的货物劳务，一律适用增值税征税政策（　　）。

A.销售给特殊区域内的生活消费用品和交通运输工具

B.法定代表人不知道自己是法定代表人

C.提供虚假备案单证的

D.增值税退（免）税凭证有伪造或内容不实的货物

E.以自营名义出口，其出口的同一批货物既签订购货合同，又签订代理出口合同（或协议）的

【答案】ACDE

【解析】根据财税〔2012〕39号文件第七条，适用增值税征税政策的出口货物劳务包括：（1）出口企业或其他单位销售给特殊区域内的生活消费用品和交通运输工具；（2）出口企业或其他单位提供虚假备案单证的货物；（3）出口企业或其他单位增值税退（免）税凭证有伪造或内容不实的货物；（4）以自营名义出口，其出口的

同一批货物既签订购货合同，又签订代理出口合同（或协议）的。同时，依据财税〔2013〕112号，出口企业或其他单位存在下列情况之一的，其出口适用增值税退（免）税政策的货物劳务服务，一律适用增值税免税政策：（一）法定代表人不知道本人是法定代表人的……

8.以下出口应税消费品，消费税实行免税不退税的有（　）。

A.外贸企业从生产企业收购后出口的应税消费品

B.外商投资生产企业自营出口自产应税消费品

C.生产企业委托加工收回视同自产的应税消费品

D.生产企业委托外贸企业出口自产应税消费品

E.无进出口权的商贸企业委托外贸企业出口自产应税消费品

【答案】BDE

【解析】B、D均为生产企业，其出口应税消费税免征生产环节消费税，也从未负担过消费税，故出口不退消费税；A外贸企业从生产企业购入应税消费品的价格中，包含消费税，故出口退还其采购环节负担的消费税，C生产企业委托加工收回视同自产价格中包含消费税享受退税，E无进出口权的商贸企业委托外贸企业出口自产应税消费品不退税按免税。

9.中华人民共和国境内的单位和个人销售服务和无形资产，下列适用增值税零税率的有（　）。

A.向境外提供广播影视节目（作品）制作服务

B.向境外提供播影视节目（作品）发行服务

C.向境外提供广播影视节目（作品）播映服务

D.向境外提供广播影视宣传设计服务

E.向境外提供广播影视设备的测试服务

【答案】ABDE

【解析】根据《财政部 国家税务总局关于全面推开营业税改征增值税试点的通知》（财税〔2016〕36号）附件四，中华人民共和国境内（以下称境内）的单位和个人销售的下列服务和无形资产，适用增值税零税率：（1）国际运输服务；（2）航天运输服务；（3）向境外单位提供的完全在境外消费的下列服务：①研发服务，②合同能源管理服务，③设计服务，④广播影视节目（作品）的制作和发行服务，⑤软件服务，⑥电路设计及测试服务，⑦信息系统服务，⑧业务流程管理服务，⑨离岸服务外包业务。

10.生产企业出口货物时，可由外贸综合服务企业代办退税的需要同时符合的条件包括（　）。

A.出口货物为生产企业的自产货物

B.生产企业为增值税一般纳税人并已按规定办理出口退（免）税备案

C.外贸综合服务企业已与境外单位或个人签订购货合同

D.生产企业已与综服企业签订外贸综合服务合同（协议），约定由综服企业提供包括报关报检、物流、代办退税、结算等在内的综合服务，并明确相关法律责任

E.生产企业向主管税务机关提供代办退税的开户银行和账号

【答案】BDE

【解析】《国家税务总局关于调整完善外贸综合服务企业办理出口货物退（免）税有关事项的公告》（国家税务总局公告2017年第35号）第2条规定："生产企业出口货物，同时符合以下条件的，可由综服企业代办退税：（1）出口货物为生产企业的自产货物或视同自产货物；（2）生产企业为增值税一般纳税人并已按规定办理出口退（免）税备案；（3）生产企业已与境外单位或个人签订出口合同；（4）生产企业已与综服企业签订外贸综合服务合同（协议），约定由综服企业提供包括报关报检、物流、代办退税、结算等在内的综合服务，并明确相关法律责任；（5）生产企业向主管税务机关提供代办退税的开户银行和账号（以下简称代办退税账户）。因此，正确答案是BDE。

三、判断题

1.出口货物换汇成本=出口销售净收入（美元）/购进货物所需总成本（人民币）。（　）

【答案】×

【解析】出口货物换汇成本，是指商品出口净收入每美元所需要的人民币总成本，即用多少人民币换回1美元。计算公式为：出口货物换汇成本=购进货物所需总成本（人民币）/出口销售净收入（美元）。

2.根据现行退税规定，2015年5月1日以后报关出口的货物（以出口货物报关单上的出口日期为准），除另有规定以外，出口企业或其他单位申报出口退（免）税提供的出口货物报关单上的第一计量单位、第二计量单位，及出口企业申报的计量单位，至少有一个应同与其匹配的增值税专用发票上的计量单位相符，且上述出口货物报关单、增值税专用发票上的商品名称须相符，否则不得申报出口退（免）税。（　）

【答案】×

【解析】根据国家税务总局公告2013年第12号第二条规定：2013年5月1日以后报关出口的货物（以出口货物报关单上的出口日期为准），出口企业或其他单位申报出口退（免）税提供的出口货物报关单上的第一计量单位、第二计量单位，及出口企业申报的计量单位，至少有一个应同与其匹配的增值税专用发票上的计量单位相符，且上述出口货物报关单、增值税专用发票上的商品名称须相符，否则不得申报出口退（免）税。

3.以农产品为原料生产销售货物的纳税人发生增值税违法行为的，自税务机关行政处罚决定生效的次月起，按30%的比例抵扣农产品进项税额；违法情形严重的，不得抵扣农产品进项税额。（　）

【答案】×

【解析】根据财税〔2013〕112号第一条规定：以农产品为原料生产销售货物的纳税人发生增值税违法行为的，自税务机关行政处罚决定生效的次月起，按50%的比例抵扣农产品进项税额；违法情形严重的，不得抵扣农产品进项税额。

4.生产企业外购的不经过本企业加工或组装，出口后能直接与本企业自产货物组合成成套设备的货物，如配套出口给进口本企业自产货物的境外单位或个人，可作为视同自产货物申报退（免）税。（　）

【答案】×

【解析】根据国家税务总局公告2013年第65号第七条规定：生产企业外购的不经过本企业加工或组装，出口后能直接与本企业自产货物组合成成套产品的货物，如配套出口给进口本企业自产货物的境外单位或个人，可作为视同自产货物申报退（免）税。

5.被停止出口退税权的纳税人在停止出口退税权期间，如果变更《税务登记证》纳税人名称或法定代表人担任新成立企业的法定代表人的企业，在被停止出口退税权的纳税人停止出口退税权期间出口的货物劳务服务，实行增值税免税政策。（　）

【答案】×

【解析】根据财税〔2013〕112号第四条规定：被停止出口退税权的纳税人在停止出口退税权期间，如果变更《税务登记证》纳税人名称或法定代表人担任新成立企业的法定代表人的企业，在被停止出口退税权的纳税人停止出口退税权期间出口的货物劳务服务，实行增值税征税政策。

6.适用增值税免税政策的出口货物劳务，其进项税额不得抵扣和退税，应当转入成本。（　）

【答案】√

【解析】根据财税〔2012〕39号第六条第二项，适用增值税免税政策的出口货物劳务，其进项税额不得抵扣和退税，应当转入成本。

7.外贸企业出口委托加工修理修配货物的增值税应退税额=委托加工修理修配的增值税退（免）税计税依据×出口货物退税率。（　）

【答案】√

【解析】财税〔2012〕39号第五条第（二）项第2目规定，外贸企业出口委托加工修理修配货物的增值税应退税额=委托加工修理修配的增值税退（免）税计税依据×出口货物退税率。

8.生产企业发生本年度退运的，在当期用负数冲减原免抵退税申报数据；发生跨年度退运的，应全额补缴原免抵退税款，并按现行会计制度的有关规定进行相应调整。（　）

【答案】×

【解析】根据国家税务总局公告2013年第12号第二条规定，已申报免抵退税的出口货物发生退运，及需改为免税或征税的，应在上述情形发生的次月增值税纳税申报期内用负数申报冲减原免抵退税申报数据，并按现行会计制度的有关规定进行相应调整。以上判断项属于国家税务总局2012年第24号公告第四条第（五）项的内容，该部分的规定已被国家税务总局公告2013年第12号废止，不再执行。

9.某出口企业在2016年6月放弃适用退（免）税政策，自2019年6月1日起恢复适用退（免）税政策，则该公司可以在2020年3月1日后向主管税务机关声明，对其2019年4月1日至5月31日期间出口的全部货物劳务恢复适用退（免）税政策。（　）

【答案】√

【解析】国家税务总局公告2020年第5号第六条规定，出口货物劳务的增值税税率或出口退税率在2020年3月1日前发生变化的，已放弃适用出口退（免）税政策的纳税人，无论是否已恢复退（免）税，均可以向主管税务机关声明，对其自2019年4月1日起的全部出口货物劳务，恢复适用出口退（免）税政策。

10.对跨境电子商务综合试验区出口未取得有效进货凭证的货物，不适用增值税、消费税免税政策。（　）

【答案】×

【解析】根据财税〔2018〕103号规定，对综试区电子商务出口企业出口未取得有效进货凭证的货物，同时符合下列条件的，试行增值税、消费税免税政策：（一）电子商务出口企业在综试区注册，并在注册地跨境电子商务线上综合服务平台登记出口日期、货物名称、计量单位、数量、单价、金额。（二）出口货物通过综试区所在地海关办理电子商务出口申报手续。（三）出口货物不属于财政部和税务总局根据国务院决定明确取消出口退（免）税的货物。

四、案例分析（单项选择题）

A供应链有限公司为外贸综合服务企业，于2022年11月注册成立，注册资本3 100万元。登记注册类型：有限责任公司；经营范围：企业供应链管理服务；货物劳务及服务进出口贸易；信息咨询等。该单位为增值税一般纳税人。

请根据给出条件，回答下列问题：

1.代办退税的出口业务有按规定应予追回退税款情形的，由（　　）进行追缴。

A.生产企业主管税务机关向生产企业

B.综服企业主管税务机关向生产企业

C.生产企业主管税务机关向综服企业

D.综服企业主管税务机关向综服企业

【答案】A

【解析】根据国家税务总局公告2017年第35号第十五条的规定。

2.该企业以自营出口方式出口国内采购商贸企业货物，经税务人员检查发现该批货物的购货合同及代理出口合同，申报退税额3 548.99万元，已退税额3 056.39万元，已申报未退税额492.6万元。应如何处理（　　）？

A.应追缴已退税款3 056.39万元，已申报退税未办理退库的492.6万元不再办理退库

B.应追缴已退税款3 056.39万元，已申报退税未办理退库的492.6万元不再办理退库；并可以免税

C.应追缴已退税款3 056.39万元，已申报退税未办理退库的492.6万元不再办理退库；并视同内销征税

D.若经核实出口业务为真实的，则不需处理

【答案】C

【解析】根据财税〔2012〕39号第七条第（一）款的规定。

3. A供应链有限公司以综服业务方式出口一批货物，为B生产企业代办退税，经税务人员调查取证发现其提供的备案单证为虚假的，申报退税额438.5万元，已退税额300.5万元，已申报未退税额138万元。应如何处理（ ）

A. 由A供应链有限公司补缴已退税额300.5万元，已申报退税未办理退库的138万元不再办理退库

B. 由A供应链有限公司补缴已退税额300.5万元，已申报退税未办理退库的138万元不再办理退库；并视同内销征税

C. 由B生产企业补缴已退税额300.5万元，已申报退税未办理退库的138万元不再办理退库

D. 由B生产企业补缴已退税额300.5万元，已申报退税未办理退库的138万元不再办理退库；并视同内销征税

【答案】D

【解析】根据财税〔2012〕39号第七条、国家税务总局公告2017年第35号第十五条规定。

4. A供应链有限公司2018年1月至3月收上游供货企业代理出口服务费1 228.4万元，应计提补缴增值税（ ）万元。

A. 69.5　　B. 73.7　　C. 36.9　　D. 35.8

【答案】A

【解析】$1\ 228.4 \div 1.06 \times 0.06 = 69.5$（万元）。根据国家税务总局公告2017年第35号第二十条规定。

5. 该企业以自营出口方式出口一批货物，其增值税专用发票已被供货方税务机关证实虚开，经税务机关核实该企业为善意取得，应（ ）。

A. 不申报退税，予以免税

B. 应视同内销征税，对应的进项税可以抵扣

C. 应视同内销征税，对应的进项税不能抵扣

D. 处理完供货企业后，视情况可以退税

【答案】C

【解析】根据国家税务总局公告2013年第12号第五条第（九）项、《增值税暂行条例》第九条的规定。

第十六章　电子查账知识

本章导读

本章介绍稽查常用电子查账软件的主要功能和基本使用方法。主要包括稽查常见电子查账软件的总体介绍、数据采集与导入、财务总账模块、会计凭证模块和对比分析。

学习指引

一、电子查账软件总体介绍

电子查账软件主要用来辅助税务稽查人员快速、高效地完成对企业涉税电子数据的分析检查。

（一）电子查账软件定位	电子查账软件是一套数字化税务稽查辅助工具，面对企业采用不同种类记账软件、数据形式多样以及数据量庞大的情况，将税务稽查方法与计算机信息处理技术相结合，辅助税务稽查人员完成检查
（二）查账系统业务流程	通过对企业涉税电子数据及征管申报数据的采集、加工和处理形成税务稽查数据中心，采用多种方法对涉税数据进行分析检查，得到企业涉税疑点，最后通过涉税疑点的确认生成工作底稿、汇总表等稽查文书，完成税务稽查实施过程
（三）系统应用架构	电子查账软件一般由“数据采集软件”和“电子查账软件”两个模块组成
（四）主要功能介绍	1.企业涉税电子数据的采集：采集企业涉税电子数据并导入“电子查账软件” 2.数据的加工处理：对采集的数据进行标准化处理 3.涉税电子数据的分析检查：通过智能分析、税种检查和账务检查功能，辅助稽查人员更为快速地实施检查过程 4.涉税疑点的确认以及稽查文书的制作

二、数据的采集与导入

（一）数据采集前的准备工作	在去企业实地采集数据的时候，先了解企业财务软件的名称、版本，财务软件的运作模式是网络版还是单机版，以及企业服务器存放位置是在当地还是外地，这样能对数据采集的完整性和有效性起到一定的帮助
（二）采集的操作流程	“数据采集软件”的操作流程主要分成以下几个方面： 1.携带“数据采集专用采集器”或者存储有“数据采集软件”的U盘，到企业准备采集数据之前最好确认一下没有病毒 2.如果企业使用单机版财务软件或服务器在当地的情况，将“数据采集专用采集器”或者存储有“数据采集软件”的U盘插入计算机（服务器），运行“数据采集软件”；服务器在外地的情况，需要询问企业信息技术人员，取得权限后远程采集 3.根据“数据采集软件”自动识别的财务软件接口进行数据采集，如未自动识别，可以手动选择 4.采集完成后查看日志，初步判断采集有效后，将采集到的数据拷贝到U盘
（三）导入	运行“电子查账软件”，把采集到的财务数据、存货数据、固定资产和工资数据导入查账软件

三、财务总账模块

在财务总账模块中，稽查人员可以进行穿透式阅账，从总账穿透到明细账再到凭证，穿透阅账中结合该模块提供的多种工具，如项目账、关联分析等，对数据进行检索、排序等操作，使稽查人员能更快、更方便地掌握被检查的账套信息，并从中找到涉税疑点。

（一）明细账查看	选择对应的会计科目后，点击【明细账】按钮，可查阅该科目的明细账或者双击该科目也可以进入明细账
（二）项目账查看	带有项目核算性质的科目，点击【项目账】，可以查阅该科目的项目明细账，在项目账中可以对名称、金额进行查找和过滤
（三）关联分析	1.可以对选中的两个或多个科目依据其存在的科目间的横向关系和纵向关系，通过图形化的界面进行检查分析 2.产生的图形也可以右键导出再加工
（四）综合分析	对选中的科目进行具体分析，一般适用于存在多项下级科目的一级科目，稽查人员可以通过使用“综合分析”来了解此一级科目由哪些下级科目组成，这些下级科目的金额分别占了总额的百分比，同时当我们导入多个年度的账套信息时，还可以进行多年度的同期对比

四、会计凭证模块

稽查人员通过“账务检查——会计凭证”模块中提供的【查找】【过滤】【业务查询】工具可以快速查找定位目标凭证。

（一）查找、过滤工具的使用	1.查找、过滤的作用是根据用户输入的条件，检索企业凭证，常用的有：科目代码（模糊查询）、会计期间、摘要、项目核算名称 2.查找与过滤的区别是操作范围，“查找”的对象是所有的企业凭证，而“过滤”的对象正是来自于检索的结果
（二）业务查询	1.业务查询的作用是根据会计分录核算的特点，把各种经济业务进行分类，如把涉及产品销售收入增加（贷方发生），应收账款增加（借方发生）的所有业务过滤出来，就可以在主条件中会计科目选择应收账款，比较内容选择借方，比较关系“大于”，比较金额为“0”，然后在并列条件中产品销售收入，比较内容选择贷方，比较关系“大于”，比较金额为“0” 2.在主条件中如果选择多个会计科目则表示所有选择的会计科目需同时满足 3.在并列条件中如果选择多个会计科目则表示所有选择的会计科目中只需要满足其中一条即可

五、对比分析

电子查账软件不仅是阅账工具，与财务软件最大的区别在于包含多种税务分析模型，比如自产、委托加工的货物用于促销等经营活动未计提销项税额、开发项目简易征收是否有进项税抵扣、以现金或报销的形式给予员工各种补贴、补助等，在每个模型后有相应疑点凭证数，点击可以查看可能有问题的会计凭证，在使用前如果模型没有数据，需点击“运算”按钮后得出相应模型的计算结果。

（一）指标分析	系统依照规模、行业设置了对应的指标模型，并内置了对应的行业指标参数，通过这些指标模型的运算，可与行业参数进行比对，也可以从指标直接穿透到总账、明细账，或者选择相应的指标结果显示图表
（二）分录对比	利用业务查询和查找等功能把企业一些较常见的问题和分录做成数据模型，进行自动比对

本章练习及答案解析

一、单项选择题

1.检查人员在（　　）采集操作下，采集SQL Server数据库时可以绕过用户名和密码？

A.客户端采集　　B.服务器采集　　C.导表采集　　D.客户端远程采集

【答案】B

【解析】直接在SQL Server数据库服务器上进行电子账套数据采集效率最高，因为SQL Server数据库默认是windows登录机制，因此只要打开服务器桌面，插上采集工具，即可绕过用户名和密码直接读取数据。

2.检查人员在下户数据采集时，如果怀疑企业有账外信息，我们可以通过（　）工具搜索相应的文档？

A.智能搜索　　B.手工搜索　　C.文档搜索　　D.数据备份

【答案】C

【解析】采集工具中集成的“文档搜索”可以搜索各种格式的文件，可以有效发现微信、QQ等即时聊天工具传输过的文件和电脑上存储的数据库备份等。

3.如果企业同一台电脑有A、B两套账的，采集软件可以看到哪个账套？

A. A账套　　B.两个账套都可以看到

C.两个账套都看不到　　D. B账套

【答案】B

【解析】采集软件可以读取财务账套所在电脑上的账套列表，因此两个账套都可以看到，还能看到每个账套所属年度。

4.查账软件中，在使用智能分析功能时，应当先使用（　）功能。

A.存货对应　　B.科目对应　　C.数据验证　　D.指标分析

【答案】B

【解析】所有的模型都是建立在“标准科目”这一基础上的，所以“科目对应”的正确与否，直接影响各种模型分析的结果。在“企业科目”与“标准科目”之间的“科目对应”是让计算机读懂账簿，做好标准化，为下一步自动分析打好基础。

5.在查账软件财务总账中要对企业的往来业务进行查看需要用到以下哪个工具？

A.综合分析　　B.流向分析　　C.项目账　　D.明细账

【答案】C

【解析】“项目账”工具可以查看企业账套中带有项目核算性质的科目。

6.检查人员在采集时遇到服务器地理位置在异地的情况，如需远程连接直接采集，下列哪项不是必须项？

A.和服务器所在地的VPN网络

B.需要企业提供相应的连接参数信息

C.企业防火墙允许通过

D.采集电脑必须安装数据库程序

【答案】D

【解析】在数据采集的时候，如果发现企业的服务器在外地，例如集团公司常用的SAP系统，需要VPN网络的支持，需要企业提供连接参数信息，例如拥有导出权限的账号、密码、端口号和服务器IP地址，还要防止防火墙拦截，插入采集器的电脑只要安装了SAP系统的客户端即可，不是必须安装数据库程序。

7.在查账软件中，以下哪一个模块不需要做科目对应？

A.指标分析　　B.账户检测　　C.财务总账　　D.会计报表

【答案】C

【解析】查账软件在处理指标分析、账户检测和会计报表的时候，都是建立在“标准科目”这一基础上的，“科目对应”的正确与否，对结果有影响，只有C选项直接使用采集的数据，不需要科目对应。

8.在查账软件财务总账中，哪个工具可以查找退换货的业务进行查询？

A.流向分析　　B.关联分析　　C.红字分析　　D.综合分析

【答案】C

【解析】使用查账软件查找企业退换货的业务，可以通过红字分析来查询。

二、多项选择题

1.检查人员在完成采集工作之后需要做的工作有（　）。

A.确认财务软件可以正常使用

B.采集数据一式两份封存

C.建立采集数据和文件清单

D.向企业递交送达回执

【答案】ABC

【解析】完成采集工作后，建议让企业确认财务软件正常运行，同时将采集数据一式两份，封存其中的一份，日后有争议了用于验证数据；建立好采集数据和文件清单，安全规范地做好采集数据的保管和使用。

2.采集软件可以采集的数据有（　）。

A.财务数据　　B.固定资产数据　　C.工资数据　　D.存货数据

【答案】ABCD

【解析】采集工具可以采集到财务数据、固定资产数据、工资数据和存货数据，采集完成后，可以通过采集日志查看采集到的数据类型和条数。

3.在企业采集过程中，遇到没法连接数据库的情况下，采用导表还原采集时，需要企业提供的表格有（ ）。

A.科目余额表 B.凭证表 C.资产负债表 D.利润表

【答案】AB

【解析】遇到无法识别接口或者不能连接数据库的情况下，需要制作手工账，通过导出科目余额表和凭证表（或者叫序时账）组成一个最小化的账套。

4.采集软件能采集（ ）数据。

A.财务数据 B.业务数据 C.文档资料 D.数据库文件

E.压缩文件

【答案】ABCDE

【解析】采集软件可采集的数据类型多种多样：财务数据、进销存业务数据、Office文档资料等。

5.在电子查账软件中，财务总账下的分析工具包括（ ）。

A.流向分析 B.综合分析 C.红字分析 D.波动分析

E.关联分析

【答案】ABCDE

【解析】上述5种分析是电子查账软件财务总账模块中常见的几种分析工具。

6.采集软件的特点有（ ）。

A.绿色免安装

B.自动识别财务软件和账套信息

C.财务、存货工资、固定资产等全面采集

D.压缩、加密处理保证数据安全

【答案】ABCD

【解析】“数据采集软件”是一套智能化的绿色产品软件，无须安装，可以自动识别企业使用的财务软件类别和版本，采集内容如存货数据、工资数据、固定资产卡片数据、财务数据等，为了保证数据的安全性，采用了压缩和加密技术。

7. Oracle数据库类型的财务软件，能够通过局域网连接，采集需要的参数有（ ）。

A.服务器的IP或域名　　　　B.实例名

C.端口号　　　　D.数据库用户名、密码

【答案】ABCD

【解析】Oracle数据库是甲骨文公司开发的一款著名的数据库产品，比其他数据库产品复杂，采集工具要通过局域网进行采集，需要向企业了解数据库服务器的IP地址或域名，因为采用的是SID连接，因此需要实例名，还需要服务器的端口号以及连接数据库的用户名、密码，一般需要企业信息技术人员协助我们采集并导出数据。

8.下列模块中，在使用时可以标记疑点的有（　　）。

A.科目对应　　B.指标分析　　C.财务总账　　D.会计凭证

【答案】BCD

【解析】科目对应只是为了标准化，指标分析、财务总账和会计凭证模块在使用中可能会产生涉税疑点，因此，BCD选项正确。

附录1

综合测试题及答案解析一

税务稽查业务知识考试测试题一（含答案解析）

（时间150分钟，总分100分）

一、单项选择题（下列答案中只有一个是正确的，请将正确答案填在对应题号内。本大题20小题，每小题1分，共20分）

1.《中华人民共和国税收征收管理法》规定，纳税人逃避、拒绝、阻挠税务机关检查，税务机关有权采取的措施是（　）。

A.责令改正并可处以罚款　　B.查封账簿

C.冻结纳税人在银行的存款　　D.移送司法机关

【答案】A

【解析】根据《中华人民共和国税收征收管理法》第七十条规定，纳税人扣缴义务人逃避、拒绝或者以其他方式阻挠税务机关检查的，由税务机关责令改正，可处以1万元以下的罚款；情节严重的，处1万元以上5万元以下的罚款。

2.行政执法机关对现场执法、调查取证、举行听证、留置送达和公告送达等容易引发争议的行政执法过程，要根据实际情况进行（　）。

A.文字记录　　B.录音记录　　C.录像记录　　D.音像记录

【答案】D

【解析】根据国办发〔2018〕118号文件第三条第八项规定，对现场执法、调查取证、举行听证、留置送达和公告送达等容易引发争议的行政执法过程，要根据实际情况进行音像记录。

3. 重大税务案件审理中，因未按规定提交资料被要求补正材料，或者因案件事实不清、证据不足被退回补充调查的，审理部门应当通知检查部门按规定时限进行补正或者补充调查。稽查局补充调查一般不应超过（　），有特殊情况的，经稽查局局长批准可以适当延长，但延长期限最多不超过（　）。

A. 15日，30日　　B. 30日，30日　　C. 30日，60日　　D. 60日，60日

【答案】B

【解析】稽查局补充调查不应超过30日，有特殊情况的，经稽查局局长批准可以适当延长，但延长期限最多不超过30日。

4. 在对某企业进行检查时，企业的下列行为不属于虚开发票行为的是（　）。

A. 要求某商场开具发票时将“服装”变更为“办公用品”

B. 企业某供销人员因公出差个人取得的本人姓名的车票

C. 企业供销人员因公出差时要求用餐的酒店将“餐饮费”变更为“住宿费”开具发票

D. 要求某商店将烟酒礼品的发票开具成宣传用品的发票

【答案】B

【解析】任何单位和个人不得有下列虚开发票行为：为他人、为自己开具与实际经营业务情况不符的发票；让他人为自己开具与实际经营业务情况不符的发票；介绍他人开具与实际经营业务情况不符的发票。

5. 公民、法人或者其他组织认为行政行为侵犯其合法权益的，可以自知道或者应当知道该行政行为之日起（　）日内提出行政复议申请；但是法律规定的申请期限超过60日的除外。

A. 15　　B. 30　　C. 45　　D. 60

【答案】D

【解析】公民、法人或者其他组织认为行政行为侵犯其合法权益的，可以自知道或者应当知道该行政行为之日起六十日内提出行政复议申请；但是法律规定的申请期限超过六十日的除外。

6. 甲电子烟生产企业（持有电子烟商标A）在2023年1月接受乙企业（持有电子烟商标B）委托，为乙企业代加工生产电子烟B。以下选项中，表述正确的是（　）。

A. 甲企业作为电子烟生产企业，应申报缴纳电子烟B的消费税

B. 电子烟消费税征税对象为电子烟产品，包括烟弹、烟具以及烟弹与烟具组合销售的电子烟产品

C. 电子烟在生产（进口）环节、批发、零售环节征收消费税

D.电子烟全国平均成本利润率暂定为20%

【答案】B

【解析】根据财政部 海关总署 税务总局公告2022年第33号、国家税务总局公告2022年第22号规定，自2022年11月1日起，将电子烟纳入消费税征收范围在烟税目下增设电子烟子目。通过代加工方式生产电子烟的，由持有商标的企业申报缴纳消费税。选项A错误。电子烟在生产（进口）、批发环节征收消费税，零售环节不征收消费税。选项C错误。电子烟全国平均成本利润率暂定为10%。选项D错误。

7.在税务稽查中，对于委托加工应税消费品，受托方没有按规定代收代缴税款的，下列说法正确的是（　）。

A.受托方代委托方补缴税款

B.委托方补缴税款

C.按受托方同类消费品价格补缴税款

D.一律按组成计税价格补缴税款

【答案】B

【解析】根据《国家税务总局关于加强委托加工应税消费品征收管理的通知》（国税发〔1995〕122号）第二条规定，对于受托方未按规定代扣代缴税款，并经委托方所在地税务机关发现的，则应由委托方所在地税务机关对委托方补征税款，受托方所在地税务机关不得重复征税。

8.甲电子烟生产企业2023年1月生产销售自有品牌“A”电子烟产品20箱，另为乙企业代加工“B”品牌电子烟产品10箱，该品牌由乙企业持有。自有品牌和代加工电子烟共计取得不含税销售收入800万元，未分别核算。则甲企业当月应缴纳消费税（　）万元。（电子烟生产环节消费税税率36%，批发环节消费税税率为11%）

A. 22　　B. 33　　C. 72　　D. 288

【答案】D

【解析】根据财政部 海关总署 税务总局公告2022年第33号“通过代加工方式生产电子烟的，由持有商标的企业缴纳消费税。电子烟生产环节纳税人从事电子烟代加工业务的，应当分开核算持有商标电子烟的销售额和代加工电子烟的销售额；未分开核算的，一并缴纳消费税”。甲企业应缴纳的消费税=800×36%=288（万元）。

9.自2023年1月1日至2027年12月31日，对生产销售先进工业母机主机、关键功能部件、数控系统的增值税一般纳税人，允许按当期可抵扣进项税额加计（　）抵减企业应纳增值税税额。

A. 10%　　B. 5%　　C. 15%　　D. 20%

【答案】C

【解析】根据财税〔2023〕25号“自2023年1月1日至2027年12月31日，对生产销售先进工业母机主机、关键功能部件、数控系统的增值税一般纳税人，允许按当期可抵扣进项税额加计15%抵减企业应纳增值税税额”。

10. 检查人员在检查甲企业业务招待费扣除情况时，取得如下数据：2023年度取得货物销售收入为4 000万元，房产租赁收入100万元，政府补助收入200万元，实际发生的与经营活动有关的业务招待费为100万元，该企业2023年度允许税前扣除的业务招待费是（　）万元。

A. 60　　B. 20　　C. 20.5　　D. 21.5

【答案】C

【解析】企业发生的与生产经营活动有关的业务招待费支出，按照发生额的60%扣除，但最高不得超过当年销售（营业）收入的5‰。

计算业务招待费的基数=主营业务收入+其他业务收入+视同销售收入=4 000+100=4 100（万元）

扣除限额=4 100×5‰=20.5（万元），业务招待费支出发生额的60%，100×60%=60（万元）。因此，允许税前扣除限额为20.5万元。

11. 甲与乙是关联企业，2023年度甲企业应纳税所得额200万元，所得税税率为15%；乙企业应纳税所得额150万元，所得税税率为25%。税务人员在检查中发现2023年甲企业向乙企业借款500万元，无偿使用6个月（一年期银行贷款利率4%），那么，2023年度乙企业应调增应纳税所得额（　）万元。

A. 50　　B. 20　　C. 10　　D. 0

【答案】C

【解析】根据《企业所得税法》第四十一条规定，企业与其关联方之间的业务往来，不符合独立交易原则而减少企业或者其关联方应纳税收入或者所得额的，税务机关有权按照合理方法调整。

乙企业应确认利息收入500×4%÷12×6=10（万元），调增应纳税所得额10万元。

12. 2024年7月，税务人员在检查甲公司2023年度企业所得税纳税情况时，发现该企业2023年6月发生投资撤回业务，收回款项1 000万元，账务处理为：

借：银行存款　　　　　　　　　　　　　　　　　　　　　1 000

　　贷：长期股权投资　　　　　　　　　　　　　　　　　　　600

　　　　投资收益　　　　　　　　　　　　　　　　　　　　　400

经核实，该企业2020年7月向乙公司投资600万元，持有乙公司20%的股份，2023年6月撤资时乙公司账面累计未分配利润1 500万元，甲公司将投资收益400万元全部作为免税的投资收益处理，未申报缴纳企业所得税。假设甲公司企业所得税税率25%，甲公司该撤资业务应补交企业所得税（　）万元。

A. 0　　　B. 25　　　C. 100　　　D. 250

【答案】B

【解析】根据国家税务总局公告2011年第34号规定，该企业确认投资收回600万元，无企业所得税；确认股息所得=1 500 × 20%=300（万元），免征企业所得税；确认投资资产转让所得=1 000−600−300=100（万元），应补缴企业所得税100 × 25%=25（万元）。

13. 某外籍个人2021年1月20日受派来华工作，2022年1月11 日离境，2022年4月14日又入境，2022年9月26日再次离境，2022年12月16日再一次入境，2023年12月10日离华回国，则该纳税人（　）。

A. 2022年度为居民纳税人，2023年度为非居民纳税人

B. 2023年度为居民纳税人，2022年度为非居民纳税人

C. 2022、2023年度均为非居民纳税人

D. 2022、2023年度均为居民纳税人

【答案】D

【解析】根据《个人所得税法》的规定，居民纳税人是指在中国境内有住所，或者无住所而一个纳税年度内在中国境内居住累计满183天的个人。居民纳税人负有全球纳税义务，即无论其所得来源于中国境内还是境外，都应向中国缴纳个人所得税。因此，选项D正确。

14. 王某2023年3月份开始承包经营华阳建材公司，在经营过程当中，工商登记仍为华阳建材公司，王某与该公司签订承包合同，合同规定，王某每月取得承包收入12 000元（至2023年12月已经取得承包收入120 000元），对公司的经营成果不拥有所有权。假设王某缴纳的社保与医保为15 000元，有一个2岁女儿，父母均已去世，

岳父母已经70周岁，与王某夫妇同住。王某2023年应缴纳个人所得税为（　）元。

A. 13 500　　B. 4 500　　C. 630　　D. 0

【答案】C

【解析】根据国税发〔1994〕179号"承包、承租人对企业经营成果不拥有所有权，仅是按合同（协议）规定取得一定所得的，其所得按工资、薪金所得项目征税。"

王某2023年计算应纳税所得额可以扣除的项目为基本费用60 000元、专项扣除15 000元、专项附加扣除24 000元，故王某2023年应缴纳个人所得税=（120 000–60 000–15 000–24 000）×3%=630（元）。

15. 在对个人所得税进行检查时，个人取得下列所得中，应按劳务报酬所得缴纳个人所得税的是（　）。

A. 个人发表论文取得的报酬

B. 个人发表书画作品取得的收入

C. 将国外的作品翻译出版取得的所得

D. 受出版社委托进行审稿取得的报酬

【答案】D

16. 税务稽查机关对某企业2013年第四季度印花税纳税情况进行检查时，取得以下相关资料：购销合同3份，合同金额480万元，列明的增值税额合计62.4万元；借款合同1份，合同金额200万元；专利技术使用权转让合同1份，合同金额100万元；技术咨询合同1份，合同金额20万元；法律咨询合同一份，合同金额10万元。审核该企业财产和行为税纳税申报表，发现印花税纳税申报栏填列了购销合同申报应纳税额1 440元，借款合同申报应纳税额94.34元。则该企业应补缴印花税（　）元。

A. 360　　B. 365.66　　C. 390　　D. 395.66

【答案】B

【解析】该企业2013年第四季度应申报缴纳的印花税

=480×0.3‰+200×0.05‰+100×0.3‰+20×0.3‰

=1 440+100+300+60=1 900（元）

应补缴的印花税金额为365.66元（1 900–1 440–94.34）。

17. 某市税务稽查机关对辖区内甲化工厂进行检查时，发现该企业仅有一个污水排放口且直接向河流排放污水，已安装使用符合国家规定和检测规范的污染物自动检测设备。检测数据显示，该排放口2023年3月共排放污水3万吨（折合3万立方米），应税污染物为六价铬，浓度为0.5mg/L。该厂未进行环境保护税法纳税申报。则该厂3月份应补缴的环境保护税税额为（ ）元。（该厂所在省的水污染物税率为3.8元/污染当量，六价铬的污染当量值为0.02千克）

A. 750　　B. 1 500　　C. 2 850　　D. 3 500

【答案】C

【解析】（1）计算污染当量数：应税水污染物的污染当量数，以该污染物的排放量除以该污染物的污染当量值计算。

六价铬污染物的排放量=污水排放总量×浓度值=30 000×1 000×0.5÷1 000 000=15（千克）。

六价铬污染当量数=污染物排放量÷污染当量值=15÷0.02=750。

（2）应补缴的环境保护税税额=污染当量数×适用税额=750×3.8=2 850（元）。

18.下列情形计征资源税的说法，不符合现行政策规定的是（ ）。

A.纳税人以自采玉石原矿加工为玉石吊坠销售的，按玉石原矿计征资源税

B.纳税人将自采的原煤加工成洗选煤销售的，按照洗选煤计征资源税

C.纳税人开采轻稀土销售的，按照选矿计征资源税

D.纳税人开采地热对外销售的，按原矿计征资源税

【答案】A

【解析】根据《财政部 税务总局关于资源税有关问题执行口径的公告》（财政部 税务总局公告2020年第34号）第七条规定，纳税人以自采原矿洗选加工为选矿产品（通过破碎、切割、洗选、筛分、磨矿、分级、提纯、脱水、干燥等过程形成的产品，包括富集的精矿和研磨成粉、粒级成型、切割成型的原矿加工品）销售，或者将选矿产品自用于应当缴纳资源税情形的，按照选矿产品计征资源税，在原矿移送环节不缴纳资源税，选项A不符合规定，选项B符合规定。根据《资源税税目税率表》规定，选项CD符合规定。

19.下列明确规定了稽查局检查人员案件检查时限的文书是（ ）。

A.税务稽查立案审批表　　B.税务稽查项目书

C.税务稽查案源审批表　　D.税务稽查任务通知书

【答案】D

【解析】根据《国家税务总局关于发布〈税务稽查执法文书式样〉的公告》（国税

发〔2011〕122号）的规定，《税务稽查任务通知书》为选案部门通知检查部门对经稽查局局长批准立案检查的稽查对象实施检查的内部文书，文书中明确填写稽查对象、检查时限等。

20.检查人员到企业进行数据采集时，发现企业的财务系统服务器在异地，以下哪种方式可以应对？

A.远程采集：将采集软件发送至服务器所在地，指导采集

B.备份采集：让企业提供数据库备份文件，进行恢复采集

C.万能采集：从企业财务软件中导出表格（标准格式要求）

D.以上都对

【答案】D

【解析】以上几种方法是检查人员在企业进行取数的时候遇到服务器在异地常用的几种方式。

二、多项选择题（下列答案中至少有两个是正确的，请将正确答案填在对应题号内，多选、少选、错选均不得分。本大题20小题，每小题1.5分，共30分）

1.根据《税收违法行为检举管理办法》，检举人进行实名举报可采取的形式包括（　）。

A.来电　　B.来访　　C.来信　　D.网络

【答案】BCD

【解析】以电话形式要求实名检举的，税务机关应当告知检举人采取以来访、来信、网络、传真形式实名检举。

2.稽查局实施检查时出现了（　）致使检查暂时无法进行的，经稽查局局长批准后，中止检查。

A.当事人被有关机关依法限制人身自由的

B.账簿、记账凭证及有关资料被其他国家机关依法调取且尚未归还的

C.被查对象死亡或者被依法宣告死亡或者依法注销，且有证据表明无财产可抵缴税款或者无法定税收义务承担主体的

D.被查对象税收违法行为均已超过法定追究期限的

【答案】AB

【解析】稽查局实施检查出现了下列情形之一，致使检查暂时无法进行的，经稽查局局长批准后，中止检查：当事人被有关机关依法限制人身自由的；账簿、记账凭证及有关资料被其他国家机关依法调取且尚未归还的；与税收违法行为直接相关的事实需要人民法院或者其他国家机关确认的；法律、行政法规或者国家税务总局规定的其他可以中止检查的。

3.行政行为有（ ）情形之一的，行政复议机关决定变更该行政行为。

A.主要事实不清、证据不足

B.事实清楚，证据确凿，程序合法，但是未正确适用依据

C.事实不清、证据不足，经行政复议机关查清事实和证据

D.适用的依据不合法

【答案】BC

【解析】行政行为有下列情形之一的，行政复议机关决定变更该行政行为：事实清楚，证据确凿，适用依据正确，程序合法，但是内容不适当；事实清楚，证据确凿，程序合法，但是未正确适用依据；事实不清、证据不足，经行政复议机关查清事实和证据。行政复议机关不得作出对申请人更为不利的变更决定，但是第三人提出相反请求的除外。

4.某企业起诉了某稽查局，诉讼期间，有（ ）情形的，人民法院裁定停止执行。

A.某稽查局认为需要停止执行的

B.某企业申请停止执行，人民法院认为该行政行为的执行会造成难以弥补的损失，并且停止执行不损害国家利益、社会公共利益的

C.人民法院认为该行政行为的执行会给国家利益、社会公共利益造成重大损害的

D.法律、法规、规章规定停止执行的

【答案】ABC

【解析】诉讼期间，不停止行政行为的执行。但有下列情形之一的，裁定停止执行：被告认为需要停止执行的；原告或者利害关系人申请停止执行，人民法院认为该行政行为的执行会造成难以弥补的损失，并且停止执行不损害国家利益、社会公共利益的；人民法院认为该行政行为的执行会给国家利益、社会公共利益造成重大损害的；法律、法规规定停止执行的。

5.稽查局在实施税务行政处罚时，（ ）体现了执法的公示制度。

A.行政处罚裁量基准应当向社会公布

B.行政处罚的实施机关、立案依据、实施程序和救济渠道等信息应当公示

C.涉及重大公共利益的，在行政机关负责人作出行政处罚的决定之前，应当由从事行政处罚决定法制审核的人员进行法制审核

D.具有一定社会影响的行政处罚决定应当依法公开

【答案】ABD

【解析】C，重大执法决定的法制审核制度。

6.关于提供不动产经营租赁服务的增值税政策，下列说法正确的有（　　）。

A.纳税人以经营租赁方式将土地出租给他人使用，按照销售无形资产缴纳增值税

B.住房租赁企业中的增值税小规模纳税人向个人出租住房，按照5%的征收率减按1.5%计算缴纳增值税

C.个人出租不动产，均按照5%的征收率计算应纳税额

D.其他个人出租不动产，可向不动产所在地主管税务机关申请代开增值税专用发票

E.出租不动产，租赁合同中约定免租期的不属于视同销售服务

【答案】BDE

【解析】根据财税〔2016〕47号规定，纳税人以经营租赁方式将土地出租给他人使用，按照不动产经营租赁服务缴纳增值税。A选项错误。根据财政部 税务总局 住房城乡建设部公告2021年第24号，住房租赁企业中的增值税一般纳税人向个人出租住房取得的全部出租收入，可以选择适用简易计税方法，按照5%的征收率减按1.5%计算缴纳增值税，或适用一般计税方法计算缴纳增值税。住房租赁企业中的小规模纳税人向个人出租住房，按照5%的征收率减按1.5%计算缴纳增值税。住房租赁企业向个人出租住房适用上述简易计税方法并进行预缴的，减按1.5%预征率预缴增值税。故B选项正确。

根据财税〔2016〕36号附件二规定，个人出租住房，应按照5%的征收率减按1.5%计算应纳税额。C选项错误。根据国家税务总局公告2016年第16号，其他个人出租不动产，可向不动产所在地主管税务机关申请代开增值税发票。D选项正确。

根据国家税务总局公告2016年第86号规定，纳税人出租不动产，租赁合同中约定免租期的，不属于财税〔2016〕36号文第十四条规定的视同销售服务。E选项正确。

7.关于酒类消费税的计税依据，下列说法正确的有（　　）。

A.白酒消费税实行最低计税价格核定征收办法

B.最低计税价格由白酒生产企业自行申报，税务机关核定

C.白酒生产企业收取品牌使用费应并入计税依据

D.进口白酒的计税价格由省级税务机关核定

E.自设非独立核算门市部销售白酒，按最低销售价格计税

【答案】ABC

【解析】根据国税函〔2009〕380号规定，白酒消费税最低计税价格由白酒生产企业自行申报，税务机关核定。为保全税基，对计税价格偏低的白酒核定消费税最低计税价格。根据国税发〔2002〕109号规定，白酒生产企业向商业销售单位收取的“品牌使用费”是随着应税白酒的销售而向购货方收取的，属于应税白酒销售价款的组成部分，因此，无论企业采取何种方式或以何种名义收取价款，均应并入白酒的销售额中缴纳消费税。根据《消费税暂行条例实施细则》规定，进口的应税消费品的计税价格由海关核定。根据国税发〔1993〕156号，纳税人通过自设的非独立核算门市部销售的自产应税消费品，按照门市部对外销售价格征收消费税。

8.根据现行增值税相关规定，下列选项中，属于在境内销售的情形有（　　）。

A.境外单位销售境内的不动产

B.境外单位出租境内的不动产

C.境外单位向境内单位或者个人提供的会议展览地点在境外的会议展览服务

D.境外单位向境内单位销售完全在境外发生的服务

E.境外单位向境内单位出租完全在境外使用的有形动产

【答案】AB

【解析】根据财税〔2016〕36号第十二条规定，在境内销售服务、无形资产或者不动产是指:（一）服务（租赁不动产除外）或者无形资产（自然资源使用权除外）的销售方或者购买方在境内;（二）所销售或者租赁的不动产在境内;（三）所销售自然资源使用权的自然资源在境内。A、B选项正确。根据第十三条规定，下列情形不属于在境内销售服务或者无形资产:（一）境外单位或者个人向境内单位或者个人销售完全在境外发生的服务;（二）境外单位或者个人向境内单位或者个人销售完全在境外使用的无形资产;（三）境外单位或个人向境内单位或者个人出租完全在境外使用的有形动产。D、E选项错误。根据国家税务总局公告2016年第53号第一条规定，境外单位或者个人发生的下列行为不属于在境内销售服务或者无形资产:（一）为出

境的函件、包裹在境外提供的邮政服务、收派服务；（二）向境内单位或者个人提供的工程施工地点在境外的建筑服务、工程监理服务；（三）向境内单位或者个人提供的工程、矿产资源在境外的工程勘察勘探服务；（四）向境内单位或者个人提供的会议展览地点在境外的会议展览服务。C选项错误。

9.根据消费税现行政策规定，下列选项中属于消费税纳税人的有（　　）。

A.钻石的进口商

B.高档化妆品的生产商

C.电子烟的批发商

D.银首饰的零售商

E.涂料的生产商

【答案】BCDE

【解析】根据国税发〔1993〕153号规定，金银珠宝首饰包括：凡以金、银、白金、宝石珍珠、钻石、翡翠、珊瑚、玛瑙等高贵稀有物质以及其他金属、人造宝石等制作的各种纯金银首饰及镶嵌首饰（含人造金银、合成金银首饰等）；财税字〔1994〕第095号，自1995年1月1日起，金银首饰消费税由生产销售环节征收改为零售环节征收。改为零售环节征收消费税的金银首饰范围仅限于：金、银和金基、银基合金首饰，以及金、银和金基、银基合金的镶嵌首饰 。金银首饰的范围不包括镀金（银）、包金（银）首饰以及镀金（银）、包金（银）的首饰。选项A不正确，D选项正确。

根据《消费税暂行条例》第四条规定，纳税人生产的应税消费品，于纳税人销售时纳税。纳税人自产自用的应税消费品，用于连续生产应税消费品的，不纳税，用于其他方面的，于移送使用时纳税。B选项正确。

根据财政部 税务总局 海关总署公告2022年第33号第二条规定，在中国境内生产（进口）、批发电子烟的单位和个人为消费税纳税人。C选项正确。根据财税〔2015〕16号，自2015年2月1日起对电池、涂料征收消费税。

10.在检查企业应纳税所得额时，下列不得计算折旧扣除的固定资产有（　　）。

A.以经营租赁方式租入的固定资产

B.以融资租赁方式租出的固定资产

C.未投入使用的房屋、建筑物

D.与经营活动无关的固定资产

【答案】ABD

【解析】选项C不符合题意。根据《企业所得税法》第十一条规定，在计算应纳税所得额时，下列固定资产不得计算折旧扣除：（一）房屋、建筑物以外未投入使用的固定资产。

11.享受税收优惠政策的小型微利企业，是指从事国家非限制和禁止行业，且同时符合下列（　）条件的企业。

A.年度应纳税所得额不超过300万元

B.营业收入不超过5 000万元

C.从业人数不超过300人

D.资产总额不超过5 000万元

【答案】ACD

【解析】根据财政部 税务总局公告2023年第6号规定，ACD符合小型微利企业条件。

12.检查“管理费用——保险费”支出时，下列保险费可以税前扣除的有（　）。

A.企业参加雇主责任险、公众责任险等责任保险，按照规定缴纳的保险费

B.企业职工因公出差乘坐交通工具发生的人身意外保险费

C.企业为职工支付的商业保险费

D.企业依照有关规定为特殊工种职工支付的人身安全保险费

【答案】ABCD

【解析】根据《企业所得税法实施条例》第三十六条、国家税务总局公告2016年第80号、国家税务总局公告2018年第52号的相关规定，上述保险费支出都可以税前扣除。

13.税务稽查人员在个人所得税检查中，关于股权激励个人所得税处理错误的有（　）。

A.对上市公司授予本公司员工的股票期权，符合规定条件的，经向主管税务机关备案，可实行递延纳税政策

B.在纳税年度内两次以上取得股票期权所得的，应分别计算扣缴个人所得税

C.上市公司授予个人的股票期权、限制性股票和股权奖励，经向主管税务机关备案，个人可自股票期权行权、限制性股票解禁或取得股权奖励之日起，在不超过12个月的期限内缴纳个人所得税

D.取得股票期权后在行权日之前将股票期权转让的，应以股票期权的转让净收入作为工资薪金所得计算扣缴个人所得税

【答案】BD

【解析】根据财税〔2016〕101号第一条规定，A正确，第二条规定，选项C正确；根据财税〔2018〕164号第二条规定，选项B错误；根据财税〔2005〕35号第二条规定，选项D错误，故选BD。

14.检查下列所得中，应按“特许权使用费所得”应税项目计算缴纳个人所得税的有（ ）。

A.电影制片厂向作者征稿而支付给作者的报酬

B.个人拍摄的艺术照片被用来制作广告宣传路牌而取得的所得

C.个人取得的经济赔偿收入

D.个人转让采矿权时一并转让矿井取得的收入

【答案】AB

【解析】根据《个人所得税法实施条例》第六条第四款规定，选项AB正确，根据财政部 国家税务总局公告2019年第74号规定，选项C不征收个人所得税，根据《个人所得税法实施条例》第六条第七款规定，选项D属于财产转让所得。

15.下列各项个人所得税检查项目中，对“次”表述正确的是（ ）。

A.只有一次性收入的，以取得该项收入为一次

B.属于同一事项连续取得收入的，以每次支付收入为一次

C.特许权使用费所得，以某项使用权的一次转让所取得的收入为一次

D.财产租赁所得，以一个月内取得的收入为一次

【答案】ACD

【解析】根据《个人所得税法实施条例》第十四条规定，选项ACD正确。

16.下列关于财产和行为税相关政策的表述，正确的有（ ）。

A.房地产企业销售商品房在计算土地增值税时，其转让商品房缴纳的印花税准予作为“与转让房地产有关的税金”列入扣除项目金额

B.新征用的耕地，自批准征用次月起缴纳城镇土地使用税

C.母公司以土地、房屋权属向其全资子公司增资，视同划转，免征契税

D.增值税、消费税实行先征后返、先征后退、即征即退的，一律不得退还随增值税、消费税附征的城市维护建设税

【答案】CD

【解析】选项A：根据财税〔1995〕48号第九条规定，《中华人民共和国土地增值

税暂行条例实施细则》中规定允许扣除的印花税，是指在转让房地产时缴纳的印花税。房地产开发企业按照《施工、房地产开发企业财务制度》的有关规定，其缴纳的印花税列入管理费用，已相应予以扣除。其他的土地增值税纳税义务人在计算土地增值税时允许扣除在转让时缴纳的印花税。选项B：根据《土地使用税暂行条例》第九条第（一）项规定，征收的耕地，自批准征收之日起满1年时开始缴纳土地使用税。

17.下列说法，符合我国现行税收政策规定的有（ ）。

A.纳税人购买车辆未缴纳车辆购置税的，公安机关交通管理部门不予办理车辆注册登记

B.纳税人未取得耕地占用税完税凭证或者免税凭证的，自然资源主管部门不得发放建设用地批准书

C.个人转让股权办理股权变更登记，未按规定缴纳个人所得税的，市场监管部门不予办理自然人股东股权变更登记

D.纳税人办理土地、房屋权属登记，未按照规定缴纳契税的，不动产登记机构不予办理土地、房屋权属登记

【答案】ABD

【解析】选项C：国家财税主管部门没有明确规定。

18.对骗取国家出口退税款的，骗税情形与停止出口退（免）税资格时间的对应关系符合规定的有（ ）。

A.骗取国家出口退税款不满5万元的，可以停止为其办理出口退税半年以上一年以下

B.骗取国家出口退税款5万元以上不满50万元的，可以停止为其办理出口退税一年以上一年半以下

C.骗取国家出口退税款50万元以上不满250万元的，停止为其办理出口退税一年半以上两年以下

D.因骗取出口退税行为受过行政处罚、两年内又骗取国家出口退税款数额在30万元以上不满150万元的，停止为其办理出口退税一年半以上两年以下

【答案】ABCD

【解析】根据国家税务总局公告2012年第24号第十二条规定，对骗取国家出口退税款的，由省级以上（含本级）税务机关批准，按下列规定停止其出口退（免）税资格：

（1）骗取国家出口退税款不满5万元的，可以停止为其办理出口退税半年以上一年以下。

（2）骗取国家出口退税款5万元以上不满50万元的，可以停止为其办理出口退税一年以上一年半以下。

（3）骗取国家出口退税款50万元以上不满250万元，或因骗取出口退税行为受过行政处罚、两年内又骗取国家出口退税款数额在30万元以上不满150万元的，停止为其办理出口退税一年半以上两年以下。

（4）骗取国家出口退税款250万元以上，或因骗取出口退税行为受过行政处罚、两年内又骗取国家出口退税款数额在150万元以上的，停止为其办理出口退税两年以上三年以下。

（5）停止办理出口退税的时间以省级以上（含本级）税务机关批准后作出的《税务行政处罚决定书》的决定之日为起始日。

19.查账软件中凭证模块查找管理费用支出大于10 000元的业务时应设置哪些条件?

A.科目代码类似管理费用科目代码　　B.科目名称等于管理费用

C.借方金额大于10 000　　D.贷方金额大于10 000

【答案】AC

【解析】凭证模块中的业务查询作用是根据会计分录核算的特点，把各种经济业务进行分类，如要查找管理费用支出大于10 000元的业务时，在主条件中会计科目选择为管理费用，支持模糊查询，因此为了防止遗漏，A选项正确，B选项属于精确查询，比较内容选择借方，比较关系选择大于，比较金额为10 000元，C选项正确。

20.某市局稽查局向同级公安局移送涉税犯罪案件，下列哪些资料属于移送范围（　）。

A.《关于案件的调查报告》　　B.《税务处理决定书》复制件

C.《税务稽查报告》复制件　　D.《税务稽查审理报告》复制件

E.《税务行政处罚决定书》原件

【答案】AB

【解析】根据《国家税务总局关于修订部分税务执法文书的公告》（2021年第23号）规定，税务机关移送公安机关涉税犯罪案件附送的资料包括：《关于案件的调查报告》以及《税务处理决定书》《税务行政处罚决定书》的复制件，涉嫌犯罪的主要证据材料复制件，其他有关涉嫌犯罪的材料。用于证明税务处理、处罚等税收执法行为的证据材料原件不得移送。《税务稽查报告》《税务稽查审理报告》《税收违法案件集体审理纪要》等税务机关内部研究相关材料不得移送。

三、判断题（本题共10题，每题1分，共10分）

1.稽查局采取直接送达、留置送达、委托送达、邮寄送达和公告送达应当制作《税务文书送达回证》。（　）

【答案】×

【解析】根据《税收征管法实施细则》，直接送达、留置送达和委托送达应当制作《税务文书送达回证》。

2.在税务检查时，被查对象被检举涉嫌存在虚开发票等违法行为的，可以不必预先通知。（　）

【答案】√

【解析】检查前，稽查局应当告知被查对象检查时间、需要准备的资料等，但预先通知有碍检查的除外。

3.对金融机构向小型企业、微型企业及个体工商户发放小额贷款取得的利息收入，免征增值税。（　）

【答案】√

【解析】根据财政部 税务总局公告2023年第13号第一条规定，对金融机构向小型企业、微型企业及个体工商户发放小额贷款取得的利息收入，免征增值税。小额贷款指单户授信小于100万元（含本数）的小型企业、微型企业或个体工商户贷款；没有授信额度的，是指单户贷款合同金额且贷款余额在100万元（含本数）以下的贷款。

4.纳税人转让土地使用权，适用6%税率计算增值税。（　）

【答案】×

【解析】根据财税〔2016〕36号，纳税人转让土地使用权适用9%税率。

5.企业在境内发生的支出项目不属于应税项目的，对方为单位的，以对方开具的发票以外的其他外部凭证作为税前扣除凭证。（　）

【答案】√

【解析】根据国家税务总局公告2018年第28号的规定。

6.对签订广告费和业务宣传费分摊协议的关联企业，其中一方发生的不超过当年销售（营业）收入税前扣除限额比例内的广告费和业务宣传费支出只可以在本企业扣除，不可以按照分摊协议归集至另一方扣除。

【答案】×

【解析】根据财政部 税务总局公告2020年第43号规定，其中一方发生的不超过当年销售（营业）收入税前扣除限额比例内的广告费和业务宣传费支出可以在本企业扣除，也可以将其中的部分或全部按照分摊协议归集至另一方扣除。

7.个体工商户的生产、经营所得，以每一纳税年度的收入总额，减除成本、费用以及损失后的余额，为应纳税所得额。但是，个体工商户业主的工资不得扣除。（　）

【答案】√

【解析】根据《个人所得税法》第六条第三款规定和国家税务总局令第35号第二十一条规定，题目表述正确。

8.依法设立的生活垃圾焚烧发电厂、生活垃圾填埋场、生活垃圾堆肥厂，属于生活垃圾集中处理场所，其排放应税污染物依法予以免征环境保护税。（　）

【答案】×

【解析】根据《财政部 税务总局 生态环境部关于明确环境保护税应税污染物适用等有关问题的通知》第二条规定，依法设立的生活垃圾焚烧发电厂、生活垃圾填埋场、生活垃圾堆肥厂，属于生活垃圾集中处理场所，其排放应税污染物不超过国家和地方规定的排放标准的，依法予以免征环境保护税。

9.某市稽查局检查人员小张和小王在对H加油站实施检查时，发现了其账外隐匿收入的违法事实，应该在《税务稽查工作底稿（一）》中进行详细记录。（　）

【答案】×

【解析】根据《国家税务总局关于发布〈税务稽查执法文书式样〉的公告》（国家税务总局公告2012年第2号）的规定，《税务稽查工作底稿（一）》主要用于记录从被查对象的账簿凭证资料中摘录的内容；《税务稽查工作底稿（二）》主要用于记录案件具体事实。

10.稽查人员在使用电子查账软件时，可以将阅账过程中发现的可能存在涉税问题的记录作为“疑点”保存下来，供税款计算或出具相关文档时查阅。（　）

【答案】√

【解析】在电子查账软件的操作界面或者是鼠标右键菜单，都有疑点选项，方便检查人员在阅账过程中随时进行疑点问题标注。

四、稽查业务计算分析题（本题共2题，每题6分，共12分）

（一）甲市税务局稽查局检查一股于2022年5月11日向审理股移交了一户稽查案卷，审理股指定审理人员小李开始审理，经审理，发现检查人员（老刘和小黄）认定违法事实的证据不足，于2022年5月20日向检查一股移交了《补充调查（补正）通知书》，检查人员于2022年5月26日完成补充调查并再次提交审理，小李于2022年6月8日完成审理并提出审理意见，因被查单位非善意接受虚开的增值税专用发票，并向税务机关申报抵扣税款，需对其进行行政处罚，审理股制作了《税务行政处罚事项告知书》，于2022年6月10日（周五），由检查一股检查人员向被查单位送达并签收了《税务行政处罚事项告知书》，该单位提出听证要求，甲市稽查局依法组织了听证，后稽查局移交甲市税务局进行重大案件审理，本案达到了重案审理标准，2022年7月12日甲市税务局重大税务案件审理委员会认为证据不足，退回补充调查。

1.老刘、小黄对于重大税务案件补充调查时间不超过（　）日，有特殊情况的，经（　）批准可以适当延长，但延长期限最多不超过（　）日。

A. 30，稽查局局长，30　　B. 30，稽查局局长，15

C. 30，税务局局长，30　　D. 30，税务局局长，15

【答案】A

【解析】重大税务案件补充调查时间不超过30日，有特殊情况的，经稽查局局长批准可以 适当延长，但延长期限最多不超过30日。

2.送达《税务行政处罚事项告知书》人员正确的是（　）。

A.审理股的小李和老陈

B.审理股小李

C.审理股小李和检查一股检查人员老刘

D.检查一股的老刘和小黄

【答案】A

【解析】审理拟对被查对象或者其他涉税当事人作出税务行政处罚的，应当向其送达《税务行政处罚事项告知书》，告知其依法享有陈述、申辩及要求听证的权利。

3.关于听证，下列选项中不符合相关规定的有（　）。

A.被查单位于2022年6月15日向税务机关书面提出听证

B.审理股应当在收到被查单位听证要求后7日内举行听证，并在举行听证的3日前将《税务行政处罚听证通知书》送达当事人

C.审理股股长指定了审理人员小李主持本次听证会

D.举行听证时，老刘和小黄无正当理由不参加听证，听证应当予以终止

【答案】ABCD

【解析】要求听证的当事人，应当在《税务行政处罚事项告知书》送达后5个工作日内向税务机关书面提出听证；逾期不提出的、视为放弃听证权利。税务机关应当在收到当事人听证要求后15日内举行听证，并在举行听证的7日前将《税务行政处罚听证通知书》送达当事人……税务行政处罚的听证，由税务机关负责人指定的非本案调查机构的人员主持，当事人、本案调查人员及其他有关人员参加。当事人或者其代理人应当按照税务机关的通知参加听证，无正当理由不参加的，视为放弃听证权利。听证应当予以终止。本案调查人员有前款规定情形的，不影响听证的进行。

4.如果该案件已达到重大税务案件审理标准，以下说法正确的有（　　）。

A.稽查局应当在内部审理程序终结后5日内，将重大税务案件提请审理委员会审理

B.重大税务案件审理提请书不用写明拟处理意见，所认定的案件事实应当标明证据指向

C.稽查局应当移交证据目录和可以移交的证据材料

D.审理委员会办公室收到稽查局提请审理的案件材料后，应当在重大税务案件审理案卷交接单上注明接收部门和收到日期，并由接收人签名

【答案】AD

【解析】稽查局应当在内部审理程序终结后5日内，将重大税务案件提请审理委员会审理。重大税务案件审理提请书应当写明拟处理意见，所认定的案件事实应当标明证据指向。证据材料应当制作证据目录。稽查局应当完整移交证据目录所列全部证据材料，不能当场移交的应当注明存放地点。审理委员会办公室收到稽查局提请审理的案件材料后，应当在重大税务案件审理案卷交接单上注明接收部门和收到日期，并由接收人签名。

5.对于被查单位非善意接受虚开的增值税专用发票的，甲市稽查局应（　　）。

A.依法追缴税款

B.依法处偷税数额50%以上5倍以下的罚款

C.不加收滞纳金

D.加收滞纳金

【答案】ABD

【解析】受票方利用他人虚开的专用发票，向税务机关申报抵扣税款进行偷税的，应当依照《税收征收管理法》及有关法规追缴税款，处以偷税数额50%以上5倍以下的罚款；进项税额大于销项税额的，还应当调减其留抵的进项税额。利用虚开的专用发票进行骗取出口退税的，应当依法追缴税款，处以骗税数额5倍以下的罚款。

（二）某市税务稽查局检查人员在对甲会计事务所纳税情况检查时，发现以下情况：

员工张先生系本市人，每月到账税后工资为8 180元，公司每月按规定代扣代缴其个人所得税。除工资外，2023年张先生取得如下收入：

1. 1月10日，张先生与单位解除了聘用合同（已任职8年），取得了一次性补偿金100 000元（该公司所在地上年度职工平均工资为20 000元）。张先生认为，自己取得的上述补偿金为补偿性质的收入，不应该缴纳个人所得税，单位也未代扣代缴个人所得税。

2. 6月8日，张先生取得技术咨询报酬50 000元，将其中16 000元通过国家机关捐赠给受灾地区，单位计算扣缴申报的个人所得税是（50 000–16 000）×（1–20%）×20%=5 440元。

3. 6月1日—12月31日张先生将自有住房按市场价格出租给个人居住，月租金3 000元，单位计算扣缴申报的个人所得税是［（3 000–800）×20%］×7=3 080元（不考虑其他税费）；

4. 6月20日张先生购入某企业债券40 000份，每份的买入价格4.3元，支付有关税费645元，12月20日转让其中的20 000份，每份转让价格5.1元，转让时支付有关税费383元，张先生认为取得的转让收入为20 000×5.1–383=101 617元，支付购进价款为40 000×4.3+645=172 645元，没有收益，所以不用缴纳个人所得税，单位也未进行扣缴。

5. 9月18日，张先生庆祝生日，请朋友聚餐庆祝，索取有奖发票一张，中奖1 000元。张先生认为有奖发票未超过1 600元，所以不征个人所得税，酒店也未代扣个人所得税。

你作为税务检查人员，请根据上述情况，结合《个人所得税法》及相关政策规定，分析判断张先生各月获取相关所得时，所计算的个人所得税是否有误？如有误请说明理由，并计算出正确的应纳税额。

【答案及解析】

1.有误。根据税法规定，个人解除劳务合同取得的一次性经济补偿金，如果在当地上年职工平均工资的3倍数额以内的部分，免征个人所得税；超过了3倍数额部分的，不并入当年综合所得，单独适用综合所得税率表，计算纳税。

张先生取得的一次性经济补偿金是100 000元，高于上年职工平均工资（20 000元）的3倍，对于超过的部分，应计算缴纳个人所得税。

应缴纳的个人所得税=（100 000–20 000×3）×10% –2 520=1 480（元）。

2.有误。根据《个人所得税法》的规定，个人取得劳务报酬，如果应纳税所得额超过了20 000元但没有超过50 000元的，预扣率为30%的税款，所以预扣个人所得税时适用的税率有误。

捐赠扣除限额=50 000×（1–20%）×30% =12 000（元），实际捐赠16 000元，应按12 000元在税前扣除。

应缴纳的个人所得税=［50 000×（1–20%）–12 000］×30% –2 000=6 400（元）。

3.有误。按照规定，对个人出租住房取得的所得减按10%的税率征收个人所得税。

应缴纳的个人所得税=（3 000–800）×10% ×7=1 540（元）。

4.有误。按照规定，个人买卖债券应按照财产转让所得缴纳个人所得税，计算个人出售债券收益时，扣除的成本应为出售的债券所对应的成本，而不是全部债券的成本。

张先生出售债券取得的收益=20 000×（5.1–4.3）–645÷2–383=15 294.50（元）。

应缴纳的个人所得税=15 294.50×20% =3 058.90（元）。

5.有误。税法规定，对个人购买福利彩票、赈灾彩票、体育彩票，一次中奖收入在1万元以下的（含1万元），暂免征收个人所得税；超过1万元的应全额征收个人所得税。个人取得单张有奖发票奖金所得不超过800元（含800元）的，暂免征收个人所得税；个人取得单张有奖发票奖金所得超过800元的，应全额按《个人所得税法》规定的“偶然所得”项目征收个人所得税。所以，张先生福利彩票中奖所得是免税的，但有奖发票所中奖金应纳个人所得税1 000×20%=200（元）。

五、法律综合运用（本题10分）

A省B市（设区市）税务局稽查局根据群众举报（B市税务局的办公地址在佳佳区，B市（设区市）税务局稽查局办公地点在乐乐区），经选案部门制作《税务稽查立案审批表》后，依法经过审批，对检查部门下达《税务稽查任务通知书》，检查部门安排甲、乙和丙三位（其中甲是组长）稽查干部到本市乐嘉有限公司（以下简称乐嘉公司）实施税务稽查。

2022年4月10日，稽查人员向被查对象送达《税务检查通知书》并出示检查证，同时经批准，向被查对象送达了《调取账簿资料通知书》，调取企业2021年全年及2022年第一季度全部会计账册，以便实施调账检查。

2022年6月1日，三位稽查人员经过检查，基本调查清楚该企业税务违法情况，制作了《税务稽查报告》，初步确认企业至少偷税20万元以上。

2022年6月10日，检查部门将《税务稽查报告》《税务稽查工作底稿》及相关证据材料移交审理部门审理，并办理交接手续。

2022年6月20日，审理部门经审理，出具《税务稽查审理报告》，由于该企业确有违法行为，于是拟制了《税务行政处罚事项告知书》，乐嘉公司在规定期间内未提出听证要求，然后市稽查局作出《税务处理决定书》和《税务行政处罚决定书》，乐嘉公司均不服。

1.调取企业2021年全年及2022年第一季度全部会计账册，需经过（　）批准。

A.市税务局稽查局局长　　B.B市税务局局长

C.A省税务局局长　　D.B市税务局稽查局分管领导

【答案】B

【解析】稽查局调取账簿资料，经县以上税务局（分局）局长批准，可以将纳税人、扣缴义务人以前会计年度的账簿、记账凭证、报表和其他有关资料调回税务机关检查，但是税务机关必须向纳税人、扣缴义务人开付清单，并在3个月内完整退还；有特殊情况的，经设区的市、自治州以上税务局局长批准，税务机关可以将纳税人、扣缴义务人当年的账簿、记账凭证、报表和其他有关资料调回检查，但是税务机关必须在30日内退还。

2.乐嘉公司不服税务处理、处罚决定，想申请复议，应向（　）提出。

A.B市人民政府　　B.A省税务局

C.B市税务局　　D.B市人民政府或B市税务局

【答案】C

【解析】对税务所（分局）、各级税务局的稽查局的具体行政行为不服的，向其所属税务局申请行政复议。

3.审理部门对检查部门移交的《税务稽查报告》及其他资料进行审查，审查内容包括（　）。

A.税收违法事实是否清楚，证据是否充分，数据是否准确，资料是否齐全

B.税务处理、处罚建议是否适当

C.是否符合法定程序

D.被查对象是否准确

【答案】ABCD

【解析】稽查案件审理应当着重审核以下内容：（1）执法主体是否正确；（2）被查对象是否准确；（3）税收违法事实是否清楚，证据是否充分，数据是否准确，资料是否齐全；（4）适用法律、行政法规、规章及其他规范性文件是否适当，定性是否正确；（5）是否符合法定程序；（6）是否超越或者滥用职权；（7）税务处理、处罚建议是否适当；（8）其他应当审核确认的事项或者问题。

4.关于乐嘉公司的救济说法，正确的是（　）。

A.对于税务处理决定不服必须先申请复议

B.对于处理决定不服，申请复议前缴纳税款或者提供纳税担保

C.对于税务处罚决定不服，必须先缴纳罚款才能申请复议

D.对于税务处罚决定不服，可以直接提起行政诉讼

【答案】ABD

【解析】申请人对税务处理决定不服的，应当先向行政复议机关申请行政复议；对行政复议决定不服的，可以向人民法院提起行政诉讼。申请人按照前款规定申请行政复议的，必须依照税务机关根据法律、法规确定的税额、期限，先行缴纳或者解缴税款和滞纳金，或者提供相应的担保，才可以在缴清税款和滞纳金以后或者所提供的担保得到作出具体行政行为的税务机关确认之日起60日内提出行政复议申请。

5.乐嘉公司对于税务处罚决定直接提起诉讼，管辖法院是（　）。

A. B市中级人民法院

B. A省高级人民法院

C.佳佳区基层人民法院

D.乐乐区基层人民法院

【答案】D

【解析】B市税务稽查局的行政案件，由最初作出行政行为的行政机关所在地基层人民法院管辖。经复议的案件，也可以由复议机关所在地人民法院管辖。

六、稽查综合实务题（本题18分）

东方龙酒业股份有限公司（增值税一般纳税人）成立于2015年，位于东州市经济开发区，主要生产经营粮食白酒，现有职工420人。2023年7月东州市税务局稽查局对该公司2022年度税收申报缴纳情况进行了全面检查。

（一）企业基本情况

1.2022年主要经营指标

实现销售收入2 500万元；利润379万元。

2. 主要产品

52°浓香型白酒。

3. 销售机构

2016年该公司设立非独立核算的门市部对外经营，为开拓市场2020年5月成立独立核算的子公司东升酒业销售公司。

4. 购进农产品进项税计提方法

实行农产品核定扣除投入产出法计提每月进项税额，执行本省公布的投入产出指标。本省公布的该企业生产白酒的农产品单耗数量：生产1吨白酒耗用高粱2.48吨。

（二）已知条件

企业所得税适用25%税率；白酒消费税税率为20%，0.5元/斤或500毫升；成本利润率10%；城市维护建设税税率7%。

（三）考试要求

1. 根据下列在检查中获取的相关资料及检查发现的疑点，判断企业是否存在涉税问题（不考虑教育费附加、地方教育附加和印花税），若存在涉税问题，请根据每条资料按步骤计算该公司应补缴的税款；

2. 按税种汇总检查结果，并计算应补缴的企业所得税。

（四）获取的相关资料及发现的疑点

1.2022年1月转账23号凭证，摘要：赠送某大酒店42°白酒一批。

借：其他业务支出　　20 000

　　贷：库存商品——42°白酒　　20 000

查阅凭证所附《领料审批单》，同时发现该公司当年无42°白酒的销售记录。

领 料 审 批 单

成品库：

产品名称	领用数量（斤）	单位成本（元/斤）	生产成本（元）	用 途
42°白酒	2 000	10	20 000	赞助
合 计	2 000		20 000	

经办人：　　财务审核：　　公司负责人：　　仓库保管：

2.检查发现，2022年1月1日至12月31日，该公司移送给附设的门市部52°白酒共计50吨，财务部已按出厂价作销售收入处理并计提了增值税、消费税及城建税。门市部已将该批白酒全部售出，货款全部上交给公司财务部。统计表如下：

产品名称	数量（吨）	出厂价（不含税）	门市部平均售价（不含税）
52°浓香型	50	15元/斤	30元/斤

3.检查发现，2022年1月1日至12月31日，销售给东升酒业销售公司52°白酒共计100吨。财务部已按出厂价作销售收入处理并计提了增值税、消费税及城建税，按出厂价向东升酒业销售公司开具了增值税专用发票。统计表如下：

产品名称	数量（吨）	出厂价（不含税）	东升公司平均售价（不含税）
52°浓香型	100	15元/斤	30元/斤

4.2022年3月银收17号凭证，摘要：某粮油公司返利120 000元。

借：银行存款　　120 000

　　贷：其他应付款——某粮油公司　　120 000

稽查人员询问了公司相关人员了解详细情况，证实情况属实，并制作了《询问笔录》。

5.稽查人员发现如下凭证：

（1）2022年4月转账57号凭证，摘要：装卸中损毁酒瓶一批，成本55 000元。

借：待处理财产损溢——包装物（酒瓶）　　55 000

　　其他应收款——罚款　　5 000

　　贷：包装物——酒瓶　　55 000

　　　　营业外收入——罚款　　5 000

附件:《东方龙酒业股份有限公司关于对装卸公司相关责任人员进行处罚的通报》

……

二、鉴于装卸公司管理制度不健全，对员工管理松散,造成损毁酒瓶一批，给公司造成经济损失。经公司总经理办公会研究决定，对装卸公司经理李某处罚3 000元，副经理陈某处罚2 000元。

……

（2）2022年10月转账45号凭证，摘要：结转损失。

借：营业外支出　　55 000

　　贷：待处理财产损溢——包装物（酒瓶）　　55 000

6.2022年6月转账12号凭证，摘要:（空白）

借：应付职工薪酬——职工福利费　　90 000

　　应付账款——某印刷厂　　130 000

　　贷：库存商品——52° 白酒　　140 000

　　　　资本公积　　80 000

稽查人员查阅了凭证所附《领料审批单》，同时查阅公司当年同类白酒最高售价为35元/斤（不含税）。

领料审批单

成品库

产品名称	领用数量（斤）	生产成本（元）	不含税单价(元/斤)	金额（元）	用途
52° 白酒	3 000	60 000	30	90 000	发放职工福利
52° 白酒	4 000	80 000	30	120 000	抵某印刷厂账务
合 计	7 000	140 000		210 000	

经办人：　　财务审核：　　公司负责人：　　仓库保管：

7.2022年12月转账12号凭证，摘要：计提当月原材料进项税。

借：应交税费——应交增值税（进项税）　　19 686.37

　　贷：原材料——高粱　　19 686.37

附件：《12月投入产出法核定农产品增值税进项税额计算表》

12月投入产出法核定农产品增值税进项税额计算表

序号	产品名称	耗用农产品名称	核定的单耗数量（吨）	期初库存农产品数量（吨）	期初平均买价（元/吨）	当期购进农产品数量（吨）	当期买价（元/吨）	平均购买单价（元/吨）	当期销售货物数量（吨）	扣除率（%）	当期允许抵扣农产品进项税额（元）
			L1	L2	L3	L4	L5	L6=（L2×L3+L4×L5）÷（L2+L4）	L7	L8	L9=L7×L1×L6×L8÷（1+L8）
1	白酒	高粱	2.48	25	1 800	100	2 050	2 000	34.5	13%	19 686 37

制表人：　　　　　　　　　　　　财务部负责人：

稽查人员审查了《12月销售白酒数量统计表》和原始的《产成品过磅单》等资料。深入现场检查，发现该公司2022年12月统计的白酒销售数量共计34.5吨，其中包含酒瓶和纸盒、纸箱数量8.6吨。当场按办案程序制作了《现场勘验笔录》和《询问笔录》。

8.2022年9月转账191号凭证，摘要：9月销售52°白酒8.3吨，核算收入及税金。

（1）收入及计提增值税

借：银行存款　　300 000

　　应收账款　　325 000

　　贷：产品销售收入　　500 000

　　　　应交税费——应交增值税（销项税额）　　65 000

　　　　其他应付款——包装物押金　　32 000

　　　　其他应付款——品牌使用费　　28 000

（2）计提消费税

借：税金及附加　　120 431

贷：应交税费——应交消费税　　108 300
　　应交税费——城建税　　12 131

【资料1参考答案】

（1）消费税组成计税价格＝［20 000×（1+10%）+1×2 000×0.5］÷（1–20%）＝28 750（元），应补缴消费税＝28 750×20% +1×2 000×0.5＝6 750（元）

（2）增值税组成计税价格＝［20 000×（1+10%）+1×2 000×0.5］÷（1–20%）＝28 750（元），应补交增值税＝28 750×13%＝3 737.5（元）

（3）应补缴城建税＝（6 750+3 737.5）×7%＝734.13（元）

（4）赠送大酒店白酒支出不得在企业所得税税前扣除，故调增应纳税所得额＝20 000–6 750–734.13＝12 515.87（元）。

【资料2参考答案】

（1）由于门市部属于该公司非独立核算的部门，消费税和增值税计税依据应按门市部对外售价计算。提示：由于东方龙公司已按出厂价和出厂数量计提了消费税、增值税，门市部已将50吨白酒全部售出，故该公司需补缴差价部分的消费税、增值税和城建税，并对未计入销售收入部分调增应纳税所得额。

① 52°浓香型白酒应补缴消费税＝（30–15）×50×2 000×20%＝300 000（元）

② 52°浓香型白酒应补缴增值税＝（30–15）×50×2 000×13%＝195 000（元）

③ 应补缴城建税＝（300 000+195 000）×7%＝34 650（元）

（2）应调增应纳税所得额＝（30–15）×50×2 000–300 000–34 650＝1 165 350（元）

【资料3参考答案】

（1）52°浓香型白酒最低计税价格＝30×60%＝18（元/斤）＞15（元/斤）

因此，52°浓香型白酒应补缴消费税＝（18–15）×100×2　000×20%＝120 000（元）。

（2）应补缴城建税＝120 000×7%＝8 400（元）

（3）应调减应纳税所得额＝120 000+8 400＝128 400（元）

【资料4参考答案】

（1）收到销售返利应转出进项税额，应补缴增值税＝120 000/（1+13%）×13%＝13 805.31（元）

（2）应补缴城建税＝13 805.31 × 7% ＝ 966.37（元）

（3）应调增应纳税所得额＝120 000–13 805.31–966.37 ＝ 105 228.32（元）

【资料5参考答案】

（1）属非正常损失，应转出增值税＝55 000 × 13% ＝ 7 150（元）

（2）应补缴城建税＝7 150 × 7% ＝ 500.50（元）

（3）应调减应纳税所得额＝7 150+500.50 ＝ 7 650.5（元）

【资料6参考答案】

（1）52° 白酒用于职工福利应视同销售计提增值税、消费税、城建税；

① 应补缴增值税＝90 000 × 13% ＝ 11 700（元）

② 应补缴消费税＝90 000 × 20%+3 000 × 0.5 ＝ 19 500（元）

③ 应补缴城建税＝（11 700+19 500）× 7% ＝ 2 184（元）

（2）52° 白酒用于抵账，应视同销售计提增值税，以最高售价计提消费税，计提城建税。

① 应补缴增值税＝120 000 × 13% ＝ 15 600（元）

② 应补缴消费税＝4 000 × 35 × 20%+4 000 × 0.5 ＝ 30 000（元）

③ 应补缴城建税＝（15 600+30 000）× 7% ＝ 3 192（元）

（3）以非货币资产清偿债务，应当分解为转让相关非货币性资产、按非货币性资产公允价值清偿债务两项业务，确认相关资产的所得或损失。

① 应确认转让所得＝120 000–80 000 ＝ 40 000（元）

② 应确认债务重组收益＝130 000–120 000 ×（1+13%）＝ –5 600（元）

③ 以货抵账应调增应纳税所得额＝40 000–5 600 ＝ 34 400（元）

（4）应调增应纳税所得额＝（90 000–60 000）+34 400–(19 500+2 184+30 000+3 192) ＝ 30 000+34 400–54 876 ＝ 9 524（元）

【资料7参考答案】

投入产出法计算公式中当期销售数量为白酒当期的实际销售数量，不包含包装物的数量，否则将导致包装物当作农产品进行二次抵扣进项税。

（1）12月应转出进项税＝8.6 × 2.48 × 2 000 × 13% ÷（1+13%）＝ 4 907.33（元）

（2）应补缴城建税＝4 907.33 × 7% ＝ 343.51（元）

（3）应调减应纳税所得额＝343.51（元）

【资料8参考答案】

销售52° 白酒收取的包装物押金，按政策应并入销售额计提增值税和消费税；收取的品牌使用费属于价外收费应并入销售额计提增值税和消费税；

（1）应补缴增值税＝（32 000+28 000）÷（1+13%）×13%＝6 902.65（元）

（2）应补缴消费税＝（32 000+28 000）÷（1+13%）×20%＝10 619.47（元）

（3）应补缴城建税＝（6 902.65+10 619.47）×7%＝1 226.55（元）

（4）应调增应纳税所得额＝（32 000+28 000）÷（1+13%）−10 619.47−1 226.55＝41 251.33（元）

【问题汇总】

经检查，该公司2022年1—12月应补缴税款情况：

（1）应补缴增值税＝3 737.5+195 000+13 805.31+7 150+11 700+15 600+4 907.33+6 902.65＝258 802.79（元）；

（2）应补缴消费税＝6 750+300 000+120 000+19 500+30 000+10 619.47＝486 869.47（元）；

（3）应补缴城建税＝734.13+34 650+8 400+966.37+500.50+2 184+3 192+343.51+1 226.55＝52 197.06（元）；

（4）应补缴企业所得税＝（12 515.87+1 165 350−128 400+105 228.32−7 650.5+9 524−343.51+41 251.33）×25%＝1 197 475.51×25%＝299 368.88（元）。

附录2

综合测试题及答案解析二

税务稽查业务知识考试测试题二（含答案解析）

（时间150分钟，总分100分）

一、单项选择题（下列答案中，只有一个是正确的，请将正确答案填在对应题号内。本大题20小题，每小题1分，共20分）

1.在检查中需要提取证据材料原件的，检查人员应当向当事人出具并签章确认的是（　）。

A.提取证据专用收据　　B.发票换票证

C.调研空白发票收据　　D.调取账簿资料通知书

【答案】A

【解析】需要提取证据材料原件的，应当向当事人出具《提取证据专用收据》，由当事人核对后签章确认。对需要退还的证据材料原件，检查结束后应当及时退还，并履行相关签收手续。

2.违反税收法律、行政法规应当给予行政处罚的行为，在规定时间内未被发现的，不再给予行政处罚。这里的规定时间指（　）年内。

A. 2　　B. 3　　C. 5　　D. 10

【答案】C

【解析】根据《税收征收管理法》第八十六条规定，违反税收法律、行政法规应当给予行政处罚的行为，在五年内未被发现的，不再给予行政处罚。

3.当事人对稽查局的行政处罚决定逾期不申请复议也不向人民法院起诉、又不履行的，作出处罚决定的稽查局（　）。

A.只能申请人民法院强制执行

B.可依法采取强制执行措施，也可申请人民法院强制执行

C.可依法采取税收保全措施

D.应移送公安机关处理

【答案】B

【解析】当事人对税务机关的处罚决定逾期不申请行政复议也不向人民法院起诉、又不履行的，作出处罚决定的税务机关可以采取《税收征收管理法》第四十条规定的强制执行措施，或者申请人民法院强制执行。

4.税务复议机关审理行政复议案件涉及款额（　）元以下可以适用简易程序。

A. 3 000　　B. 1 000　　C. 2 000　　D. 5 000

【答案】A

【解析】行政复议机关审理下列行政复议案件，认为事实清楚、权利义务关系明确、争议不大的，可以适用简易程序：被申请行政复议的行政行为是当场作出；被申请行政复议的行政行为是警告或者通报批评；案件涉及款额三千元以下；属于政府信息公开案件。

5. 人民法院不受理公民、法人或者其他组织对（　）事项提起的诉讼。

A.某税务稽查局的行政处罚

B.某税务局的强制执行

C.某税务局的停止出口退税权

D.法律规定由行政机关最终裁决的行政行为

【答案】D

【解析】人民法院不受理公民、法人或者其他组织对下列事项提起的诉讼：国防、外交等国家行为；行政法规、规章或者行政机关制定、发布的具有普遍约束力的决定、命令；行政机关对行政机关工作人员的奖惩、任免等决定；法律规定由行政机关最终裁决的行政行为。

6.下列项目，允许纳税人抵扣增值税进项税额的是（　）。

A.道路通行费增值税电子普通发票

B.用于个人消费的购进货物

C.购进的娱乐服务

D.支付的贷款利息

【答案】A

【解析】根据财政部 税务总局 海关总署公告2019年第39号第六条，购进的国内旅客运输服务，其进项税额允许从销项税额中抵扣。纳税人取得增值税电子普通发票的，为发票上注明的税额；根据《增值税暂行条例》第十条，购进货物用于个人消费，不得抵扣进项税；根据财税〔2016〕36号第二十七条，购进贷款服务、娱乐服务，不得抵扣进项税。

7.一般纳税人购进货物发生下列情况，其进项税额不得从销项税额中抵扣的是（　）。

A.用于分配给股东　B.用于集体福利　C.用于对外投资　D.发生正常损失

【答案】B

【解析】根据《增值税暂行条例》第十条的规定。

8.甲企业发生的下列行为中，不属于虚开增值税专用发票的是（　）。

A.未在A公司购进货物，通过他人让A公司开具增值税专用发票

B.购买用于职工福利的西服让商场将货物名称开具为劳保用品

C.购进小规模纳税人货物，取得B公司开具的增值税专用发票

D.其他个人为本企业提供装卸搬运服务，取得税务机关代开的增值税专用发票

【答案】D

【解析】根据《发票管理办法》第二十一条规定，虚开增值税发票包括：（1）为他人、为自己开具与实际经营业务不符的发票；（2）让他人为自己开具与实际经营业务不符的发票；（3）介绍他人开具与实际经营业务不符的发票。

9.甲企业与乙企业同为某集团下属两家企业，丙企业与某集团不存在关联关系，下列选项中免征增值税的是（　）。

A.甲企业无偿借款给乙企业使用

B.甲企业借款给乙企业使用（未签订统借统还协议），并按市场利率收取利息

C.甲企业无偿借款给丙企业使用

D.甲企业借款给丙企业使用，并按市场利率收取利息

【答案】A

【解析】根据财税〔2019〕20号"对企业集团内单位（含企业集团之间）的资金无偿借贷行为，免征增值税"。注意文件规定的是企业集团内单位的无偿借贷行为，非企业集团内部无偿借贷资金，应按规定缴纳增值税。

10.汇算清缴期结束后，税务人员在检查中发现某企业存在应当取得而未取得发

票的情形，并且告知了该企业。那么，企业应当自被告知之日起（　）日内补开、换开符合规定的发票。

A. 90　　B. 60　　C. 30　　D. 10

【答案】B

【解析】根据国家税务总局公告2018年第28号的规定。

11. 某医药制造企业2023年度销售收入6 000万元，发生广告及业务宣传费用2 000万元，2022年超过扣除限额没有在税前扣除的广告费为250万元，计算2023年准予所得税前扣除的广告及业务宣传费（　）万元。

A. 1 800　　B. 2 000　　C. 2 050　　D. 2 250

【答案】A

【解析】广告及业务宣传费用扣除限额=6 000×30%=1 800（万元）。

实际发生广告及业务宣传费用2 000万元超过限额200万元，结转下年扣除，上年结转的250万元继续结转下年。

12. 税务人员在检查甲企业2023年度固定资产折旧扣除情况时，发现下列资产计算折旧扣除：（1）新建车间未投入使用，提取折旧20万元；（2）2011年购买的机器设备已足额提取折旧，因继续使用提取折旧10万元；（3）以经营租赁方式向乙企业租入1台机器设备，支付租金120万元，对该设备提取折旧扣除10万元；（4）新购置1台设备未投入使用，提取折旧5万元。对于上述折旧扣除情况，按照《企业所得税法》规定，应调增应纳税所得额（　）万元。

A. 45　　B. 40　　C. 35　　D. 25

【答案】D

【解析】根据《企业所得税法》第十一条规定，新建车间未投入使用可以计算折旧扣除，其余（2）（3）（4）项不得计算折旧扣除，应调增应纳税所得额25万元。

13. 在居民个人综合所得扣除项目检查中，下列选项中不属于居民个人综合所得个人所得税专项附加扣除的是（　）。

A. 生育保险　　B. 婴幼儿照护服务　　C. 赡养老人　　D. 住房贷款利息

【答案】A

【解析】根据国家税务总局公告2022年第7号规定，纳税人专项附加扣除包括子女教育、继续教育、大病医疗、住房贷款利息或者住房租金、养老人、3岁以下婴幼儿照护等事项。故A选项符合题意。

14.在检查个人所得税时，对综合所得确认收入额的确定，下列说法错误的是（　）。

A.劳务报酬所得以收入额减除20%的费用后的余额为收入额

B.特许权使用费所得所得以收入额减除20%的费用后的余额为收入额

C.稿酬所得以收入全额扣除56%后的余额为收入额

D.稿酬所得以收入全额扣除70%后的余额为收入额

【答案】D

【解析】根据《个人所得税法》规定，劳务报酬所得、稿酬所得、特许权使用费所得以收入减除20%的费用后的余额为收入额。稿酬所得的收入额减按70%计算。稿酬所得最终计算结果为按56%计入收入额。

15.税务稽查人员在对A有限责任公司进行检查时，发现股东发生了变化，2023年5月，王某以4 500万元购买了该公司100%股权，该公司账面所有者权益5 000万元（其中股本3 000万元、盈余积累2 000万元）。8月，该公司以盈余积累900万元转增股本。12月，王某将该公司100%股权转让，转让价格5 800万元。王某8月和12月分别需缴纳的个人所得税是（　）万元。

A. 80、180　　B. 0 、260　　C. 180、80　　D. 100、160

【答案】D

【解析】计算过程：8月应纳个税［2 000-（4 500-3 000）］×20%=100（万元），12月应纳个税（5 800-4 500-500）×20%=160（万元）。

16.位于某市市区的甲企业，2023年10月申报期，享受直接减免增值税优惠后申报缴纳增值税50万元，9月已核准增值税免抵税额10万元（其中涉及出口货物6万元，涉及增值税零税率应税服务4万元），9月收到增值税留抵退税额5万元，该企业10月应申报缴纳的城建税为（　）万元。

A. 3.15　　B. 3.5　　C. 3.85　　D. 4.2

【答案】C

【解析】根据《国家税务总局关于城市维护建设税征收管理有关事项的公告》（国家税务总局公告2021年第26号）第一条规定，城建税以纳税人依法实际缴纳的增值税、消费税税额为计税依据。该企业10月应申报缴纳的城建税税额=（50+6+4-

5）× 7%=3.85（万元）。

17.纳税人甲按季申报缴纳印花税，2022年第三季度书立买卖合同5份，合同所列价款（不包括列明的增值税税款）共计100万元，书立建筑工程合同1份，合同所列价款（不包括列明的增值税税款）共计1 000万元，书立产权转移书据1份，合同所列价款（不包括列明的增值税税款）共计500万元。纳税人甲2022年10月纳税申报期应缴纳印花税（　）元。

A. 4 800　　B. 5 200　　C. 5 800　　D. 8 000

【答案】C

【解析】纳税人甲2022年10月纳税申报期应缴纳印花税=100万元 × 0.3‰ +1 000万元 × 0.3‰ +500万元 × 0.5‰ =5 800（元）。

18.税务稽查部门对某矿业企业进行检查时，发现该企业2023年5月购入原煤一批，取得增值税专用发票上注明的价款200万元，增值税税额26万元，与自采的原煤混合一并对外销售，销售额为1 130万元。该笔业务企业未申报缴纳资源税。该矿业企业5月应补缴的资源税为（　）万元。（当地资源税以原矿为征税对象，原煤适用的资源税税率为4%）

A. 32　　B. 36.16　　C. 40　　D. 45.2

【答案】A

【解析】根据国家税务总局公告2020年第14号第一条规定，纳税人以外购原矿与自采原矿混合为原矿销售，或者以外购选矿产品与自产选矿产品混合为选矿产品销售的，在计算应税产品销售额或者销售数量时，直接扣减外购原矿或者外购选矿产品的购进金额或者购进数量。根据财政部 税务总局公告2020年第34号第一条规定，资源税应税产品的销售额，按照纳税人销售应税产品向购买方收取的全部价款确定，不包括增值税税款。该矿业企业5月应补缴的资源税=［1 130 ÷（1+13%）−200］× 4%=32（万元）。

19.稽查局检查人员依法对辖区内某电子公司开展实地检查工作，应当向该公司出示税务检查证和（　），并与税务文书送达回证一并使用。

A.税务事项通知书　　B.税务协助检查通知书

C.询问（调查）通知书　　D.税务检查通知书

【答案】D

【解析】根据《国家税务总局关于修订部分税务执法文书的公告》（国家税务总局公告2021年第23号）的规定，税务检查人员在依法对纳税人、扣缴义务人实施税务检查时，应当向被查对象出示税务检查证和税务检查通知书，并有责任为被检查人保守秘密；未出示税务检查证和税务检查通知书的，被检查人有权拒绝检查。税务检查通知书与《税务文书送达回证》一并使用。

20.分析企业某一年管理费用率最高的月份［管理费用÷（主营业务收入+其他业务收入］，应该使用电子查账软件中财务总账模块中的哪一种分析工具？（　）

A.流向分析　　B.综合分析　　C.波动分析　　D.关联分析

【答案】D

【解析】关联分析：可以对选中的两个或多个科目依据其存在的科目间的横向或纵向关系，通过图形化的界面进行检查分析，D选项正确。

二、多项选择题（下列答案中至少有两个是正确的，请将正确答案填在对应题号内，多选、少选、错选均不得分。本大题20小题，每小题1.5分，共30分）

1.税务处理决定书、税务行政处罚决定书、不予税务行政处罚决定书、税务稽查结论引用的（　）及其他规范性文件，应当注明文件全称、文号和有关条款。

A.法律　　B.行政法规　　C.规章　　D.地方性法规

【答案】ABC

【解析】税务处理决定书、税务行政处罚决定书、不予税务行政处罚决定书、税务稽查结论引用的法律、行政法规、规章及其他规范性文件，应当注明文件全称、文号和有关条款。

2. 行政复议机关受理行政复议申请后，依照《行政复议法》适用（　）者进行审理。行政复议机构应当指定行政复议人员负责办理行政复议案件。

A.普通程序　　B.听证程序　　C.听取意见程序　　D.简易程序

【答案】AD

【解析】行政复议机关受理行政复议申请后，依照《行政复议法》适用普通程序或者简易程序进行审理。行政复议机构应当指定行政复议人员负责办理行政复议案件。

3.人民法院审理某稽查局的行政诉讼案件，（　）以及稽查局行使法律、法规规定的自由裁量权的案件可以调解。

A.加收滞纳金　　B.税收征收　　C.行政补偿　　D.行政赔偿

【答案】CD

【解析】人民法院审理行政案件，不适用调解。但是，行政赔偿、补偿以及行政机关行使法律、法规规定的自由裁量权的案件可以调解。

4.当事人同意并签订确认书的，稽查局可以采用（　）等方式，将行政处罚决定书等送达当事人。

A.传真　　B.公告　　C.委托　　D.电子邮件

【答案】AD

【解析】当事人同意并签订确认书的，行政机关可以采用传真、电子邮件等方式，将行政处罚决定书等送达当事人。

5.收集、提取电子数据，检查人员（　）。

A.应当制作现场笔录

B.笔录中注明电子数据的来源、事由、证明目的或者对象，提取时间、地点、方法、过程，原始存储介质的存放地点以及对电子数据存储介质的签封情况等

C.进行数据压缩的，应当在笔录中注明压缩方法和完整性校验值

D.可以制作现场笔录

【答案】ABC

【解析】收集、提取电子数据，检查人员应当制作现场笔录，注明电子数据的来源、事由、证明目的或者对象，提取时间、地点、方法、过程，原始存储介质的存放地点以及对电子数据存储介质的签封情况等。进行数据压缩的，应当在笔录中注明压缩方法和完整性校验值。

6.下列行为在计算增值税销项税额时，可以按照差额确定销售额的是（　）。

A.商业银行提供贷款服务

B.企业逾期未收回包装物不再退还押金

C.转让金融商品

D.直销员将从直销企业购买的货物销售给消费者

E.银行业金融机构、金融资产管理公司中的增值税一般纳税人处置抵债不动产

【答案】CE

【解析】根据财税〔2016〕36号规定，贷款服务，以提供贷款服务取得的全部利息及利息性质的收入为销售额。A选项不正确。转让金融商品，按照卖出价扣除买入价后的余额为销售额。C选项正确。

根据国税发〔1993〕154号第二条规定，纳税人为销售货物而出租出借包装物收取的押金，单独记账核算的，不并入销售额征税。但对因逾期未收回包装物不再退还的押金，应按所包装货物的适用税率征收增值税。B选项不正确。

根据国家税务总局公告2013年第5号规定，货物销售给直销员，直销员再将货物销售给消费者的，直销企业的销售额为其向直销员收取的全部价款和价外费用。直销员将货物销售给消费者时，应按照现行规定缴纳增值税。D选项不正确。

根据财政部 税务总局公告2022年第31号第一条规定，银行业金融机构、金融资产管理公司中的增值税一般纳税人处置抵债不动产，可选择以取得的全部价款和价外费用扣除取得该抵债不动产时的作价为销售额，适用9%税率计算缴纳增值税。E选项正确。

7.下列各项中，应同时征收增值税和消费税的有（　　）。

A.从事代加工电子烟产品业务的企业销售的电子烟

B.零售环节销售的金基合金首饰

C.进口的气缸容量为250毫升的摩托车

D.进口的厢式货车

【答案】BC

【解析】根据财税〔2014〕93号规定，“取消气缸容量250毫升（不含）以下的小排量摩托车消费税。气缸容量250毫升和250毫升（不含）以上的摩托车继续分别按3%和10%的税率征收消费税”。应注意，在中国境内生产（进口）、批发电子烟的单位和个人为消费税纳税人，因此，从事代加工电子烟产品业务的企业销售的电子烟不是消费税纳税人。

8.增值税一般纳税人开具增值税专用发票后，发生下列情形可以按照规定开具增值税红字专用发票的有（　　）。

A.销售折让

B.销售退回，且不符合发票作废条件

C.开票有误，且不符合发票作废条件

D.应税服务中止，且不符合发票作废条件

E.增值税专用发票未在增值税发票综合服务平台进行信息确认

【答案】ABCD

【解析】增值税一般纳税人开具增值税专用发票后，发生销售退回、开票有误、应税服务中止等情形但不符合发票作废条件，或因销货部分退回及发生销售折让，需要开具红字专用发票的，可以开具红字专用发票。

9.一般纳税人发生下列应税行为，可以选择简易计税方法计税的有（　　）。

A.人力资源外包服务

B.收派服务

C.公交客运服务

D.物业管理服务

E.以包清工方式提供建筑服务

【答案】ABCE

【解析】根据财税〔2016〕36号相关规定，一般纳税人提供的人力资源外包服务、收派服务、公交客运服务、以包清工方式提供建筑服务、电影放映服务、仓储服务、装卸搬运服务、教育辅助服务和文化体育服务，可以选择按照简易计税方法计算缴纳增值税。

10.依据相关证据材料检查确认非货币性资产损失金额时，下列说法正确的是（　　）。

A.存货盘亏损失，为其盘亏金额扣除责任人赔偿后的余额

B.存货报废、毁损或变质损失，为其计税成本扣除残值及责任人赔偿后的余额

C.存货被盗损失，为其计税成本扣除保险理赔以及责任人赔偿后的余额

D.企业由于未能按期赎回抵押资产，使抵押资产被拍卖或变卖，其变卖价值大于账面净值的差额，可认定为资产损失

【答案】ABC

【解析】选项D错误。根据国家税务总局公告2011年第25号第三十七条规定，企业由于未能按期赎回抵押资产，使抵押资产被拍卖或变卖，其账面净值大于变卖价值的差额，可认定为资产损失。

11. 100%直接控制的母子公司之间，母公司向子公司按账面净值划转其持有的

股权或资产，母公司获得子公司100%的股权支付。那么，下列涉税处理正确的是（　）。

A.母公司按增加长期股权投资处理，子公司按接受投资（包括资本公积）处理

B.母公司按冲减实收资本（包括资本公积）处理，子公司按接受投资处理

C.母公司应按被划转股权或资产的原计税基础，相应调减持有子公司股权的计税基础

D.母公司获得子公司股权的计税基础以划转股权或资产的原计税基础确定

【答案】AD

【解析】根据国家税务总局公告2015年第40号第一条规定。

12.税务稽查人员2024年6月对某水泥制品企业2023年的纳税情况进行检查时发现，企业在2023年3月将销售水泥制品收取的价外收费22 600元计入了“其他应付款”账户的贷方，税务机关要求其补交增值税、企业所得税（企业所得税税率25%，不考虑城建税及地方教育附加）并作账务调整，那么该企业调账补税的会计处理应包括（　）。

A.借：其他应付款　　22 600
　　贷：以前年度损益调整　　20 000
　　　　应交税费——增值税检查调整　　2 600

B.借：以前年度损益调整　　20 000
　　贷：应交税费——应交所得税　　5 000
　　　　利润分配——未分配利润　　15 000

C.借：其他应付款　　22 600
　　贷：应交税费——增值税检查调整　　2 600
　　　　利润分配——未分配利润　　20 000

D.借：应交税费——增值税检查调整　　2 600
　　　　应交税费——应交所得税　　5 000
　　贷：银行存款　　7 600

【答案】ABD

【解析】选项C错误。检查以前年度纳税情况，应将调整收入补交的增值税、企业所得税扣除后转到利润分配——未分配利润。以前年度的价外收费未作收入，通过以前年度损益调整科目调账，损益类科目的变动会影响到企业所得税和利润分配——未分配利润。增值税检查后的账务调整，应通过“应交税费——增值税检查调整”科

目调整，调整后计算补交企业所得税。

13.检查个人独资企业和合伙企业投资者的个人所得税时，下列说法正确的是（ ）。

A.个人独资企业以投资者为纳税义务人，合伙企业以每一个合伙人为纳税义务人

B.投资者兴办两个或两个以上企业的，年度终了时，应汇总从所有企业取得的应纳税所得额，据此确定适用税率并计算缴纳应纳税款

C.投资者及其家庭发生的生活费用与企业生产经营费用混合在一起，并且难以划分的，全部视为投资者个人及其家庭发生的生活费用，不允许在税前扣除

D.个人独资企业和合伙企业向其从业人员实际支付的合理的工资、薪金支出，允许在税前据实扣除

【答案】ABCD

【解析】根据财税〔2008〕159号第二条规定，A正确；根据国税函〔2001〕84号第一条规定，选项B正确；根据财税〔2000〕91号第六条第三款规定，选项C正确；根据财税〔2008〕65号第二条规定，选项D正确。

14. 2023年5月，张某在A公司打工兼职取得3 600元收入，以下说法正确的有（ ）。

A.兼职收入以2 880元计入年综合所得

B.兼职收入以2 800元计入年综合所得

C. A公司应预扣张某个人所得税额为560元

D. A公司应预扣张某个人所得税额为576元

【答案】AC

15.对个人所得税进行检查时，下列各项个人所得，免征个人所得税的是（ ）。

A.根据国家有关规定，企业从提留的福利费或者工会经费中支付给困难职工的生活补助费

B.外籍个人以现金形式取得的住房补贴、伙食补贴、搬迁费、洗衣费

C.办税人员取得的单位奖励的个人所得税代扣代缴手续费

D.个人取得的企业颁发的“见义勇为”奖金或奖品

【答案】AC

16.税务稽查人员对甲企业进行的资产重组纳税情况进行检查时，发现该企业分

立为A、B两个企业，原股东均成为了A、B两个企业的股东，甲公司已注销。下列关于该企业分立适用的税收政策的表述，正确的有（　）。

A.企业A、B均暂不缴纳企业所得税

B. A、B两个企业承受甲企业土地、房屋权属，免征契税

C.对甲企业将房地产转移、变更到分立后的A、B企业，暂不征土地增值税

D. A、B两个企业新启用的资金账簿记载的资金，未贴花的部分和以后新增加的资金按规定贴花

【答案】BD

【解析】选项A：根据财税〔2009〕59号文第六条第（五）项规定，被分立企业所有股东按原持股比例取得分立企业的股权，分立企业和被分立企业均不改变原来的实质经营活动，且被分立企业股东在该企业分立发生时取得的股权支付金额不低于其交易支付总额的85%的，可以暂不缴纳企业所得税。选项C：根据财政部 税务总局公告2023年第51号第三条规定，按照法律规定或者合同约定，企业分设为两个或两个以上与原企业投资主体相同的企业，对原企业将房地产转移、变更到分立后的企业，暂不征收土地增值税。根据第五条规定，上述改制重组有关土地增值税政策不适用于房地产转移任意一方为房地产开发企业的情形。

17.下列情形，暂予免征环境保护税的有（　）。

A.农业生产（不包括规模化养殖）排放应税污染物的

B.机动车、铁路机车、船舶等流动污染源排放应税污染物的

C.依法对畜禽养殖废弃物进行综合利用和无害化处理的

D.纳税人综合利用的固体废物，符合国家和地方环境保护标准的

【答案】ABD

【解析】选项C：根据《环境保护税法实施条例》第四条规定，依法对畜禽养殖废弃物进行综合利用和无害化处理的，不属于直接向环境排放污染物，不缴纳环境保护税。

18.关于有关综服企业代办退税的出口业务，叙述正确的（　）。

A.综服企业对代办退税的出口业务，应参照外贸企业自营出口业务有关备案单证的规定进行单证备案

B.综服企业主管税务机关应按照综服企业的出口企业管理类别审核办理其代办退税

C.代办退税的出口业务有按规定应予追回退税款情形的，由生产企业主管税务机关向生产企业进行追缴

D.综服企业主管税务机关应将核准通过的代办退税款退还至生产企业提供的代办退税账户，并在办结代办退税后，向综服企业反馈退还给每户生产企业的税款明细

【答案】ABCD

【解析】根据国家税务总局公告2017年第35号规定。

19.稽查局实施下列（　）税务执法行为时，需要使用内部审批文书《税务行政执法审批表》。

A.检查存款账户　　B.税收保全措施　　C.调取账簿资料　　D.税务检查

【答案】ABC

【解析】根据《国家税务总局关于印发〈全国统一税收执法文书式样〉的通知》（国税发〔2005〕179号）的规定，《税务行政执法审批表》适用于税务机关内部审批税收执法行为时使用，税收执法行为是指拟采取的具体税务执法行为，如调取账簿、检查存款账户、税收保全措施、税收强制执行措施等需要由税务局局长审批的执法行为。

20.在电子查账软件中，检查人员通过会计凭证模块设置怎样的逻辑条件能找到所有满足“现金”贷方大于100 000的凭证，和借方小于–100 000的凭证？

A.（贷方金额>100 000或者借方金额<–100 000）并且会计科目为现金

B.会计科目为现金并且（贷方金额>100 000或者借方金额<–100 000）

C.会计科目为现金并且贷方金额>100 000或者借方金额<–100 000

D.贷方金额>100 000或者借方金额<–100 000并且会计科目为现金

【答案】AB

【解析】在逻辑运算中“并且”比“或者”运算级别高，需要搭配括号进行逻辑复合运算。满足上题中的条件需求，我们按照一定的逻辑关系组合条件就可以表达：（贷方金额>100 000或者借方金额<–100 000）并且会计科目为现金，上述逻辑条件也可以表述为：会计科目为现金并且（贷方金额>100 000或者借方金额<–100 000）。AB选项正确。

三、判断题（本题共10题，每题1分，共10分）

1.对走逃（失联）企业涉嫌虚开增值税专用发票进行检查时，可以免于送达各类

税务执法文书。（　）

【答案】×

【解析】对走逃（失联）企业，在其他送达方式无法送达的情况下，税务机关应通过公告送达方式送达各类执法文书。

2. 被查对象对某市跨区域稽查局的行政行为不服的，向市稽查局申请复议。（　）

【答案】×

【解析】应当向所属税务局申请复议。

3. 研发机构采购国产设备，全额退还增值税。应退税额为增值税专用发票上注明的税额。已抵扣的，不得申报退税；已退税的，不得用于进项税额抵扣。（　）

【答案】√

【解析】根据国家税务总局公告2023年第20号的规定。

4. 自2023年1月1日至2023年12月31日，允许生活性服务业纳税人按照当期可抵扣进项税额加计15%抵减应纳税额。（　）

【答案】×

【解析】根据财政部 税务总局公告2023年第1号，自2023年1月1日至2023年12月31日，允许生活性服务业纳税人按照当期可抵扣进项税额加计10%抵减应纳税额。

5. 企业在2024年1月1日至2027年12月31日期间新购进的设备、器具，单位价值不超过500万元的，允许一次性计入当期成本费用在计算应纳税所得额时扣除，不再分年度计算折旧。（　）

【答案】√

【解析】根据财政部 税务总局公告2023年第37号的规定。

6. 企业获得高新技术企业资格后，自高新技术企业证书注明的发证时间所属季度起申报享受税收优惠，并按规定向主管税务机关办理备案手续。（　）

【答案】×

【解析】根据国家税务总局公告2017年第24号规定，企业获得高新技术企业资格后，自高新技术企业证书注明的发证时间所在年度起申报享受税收优惠。

7. 居民个人控制的，或者居民个人和居民企业共同控制的设立在实际税负明显偏低的国家（地区）的企业，无合理经营需要，应当归属于居民个人的利润不作分配或

者减少分配的税务机关有权按照合理方法进行纳税调整。(　　)

【答案】√

【解析】根据《个人所得税法第八条第二款》的规定，题目表述正确。

8. 2022年11月李某从汽车4S店购置了一辆小轿车自用，当月缴纳了车辆购置税28 000元并办理了车辆挂牌手续。2024年5月，因该车辆存在严重质量问题，李某与厂家协商退货，并向主管税务机关申请车辆购置税的退税。李某可得到的退税金额为28 000元。(　　)

【答案】×

【解析】根据财政部 税务总局公告2019年第71号第八条规定，已征车辆购置税的车辆退回车辆生产或销售企业，纳税人申请退还车辆购置税的，应退税额计算公式如下：应退税额=已纳税额×(1−使用年限×10%)。

使用年限取整计算，不满1年的不计算在内。

李某可得到的车辆购置税退税金额=28 000×(1−1×10%)=25 200(元)。

9.纳税人占用蔬菜生产基地建设建筑物、构筑物或者从事非农业建设的，依法加按百分之一百五十征收耕地占用税。(　　)

【答案】√

【解析】根据《耕地占用税法》第六条的规定。

10.在查账软件中，科目对应的正确与否不会影响智能分析中各种模型分析的结果。(　　)

【答案】×

【解析】查账软件是依照标准会计科目来搭建模型，因此，科目对应的精准程度会直接影响查账系统智能分析模块的分析结果。

四、稽查业务计算分析题（本题共2题，每题6分，共12分）

（一）2022年6月6日，某稽查局的税务干部小李午饭后着便服来到宏达有限责任公司，见到了平时比较熟悉的该公司经理洪某，小李讲现在正在对你们这个行业专项检查，今天下午要看一下宏达公司的账，洪某开玩笑地对小李讲：查账可以，但你得掏一下你的《税务检查证》，小李听后非常不悦，恰巧小李又没有带《税务检查证》，于是小李扭头就朝稽查局走，洪某等人上前拦阻未成。下午3点多，小李一人持《税务检查证》来到宏达公司，对宏达公司2021年度增值税缴纳情况进行了检查。经查，宏达公司2021年度通过虚列支出少缴增值税15 500元。6月7日稽查局立案，并向宏达公司送达《税务事项通知书》，对公司拟罚款3倍46 500元。宏达公司进行了申辩，并要求听证。

7月8日稽查局对宏达公司作出了补缴增值税15 500元的税务处理决定、罚款4倍62 000元的税务行政处罚决定，并于当日同时送达宏达公司，限期7月20日前缴纳。宏达公司对罚款部分不服，于7月10日向某市税务局申请复议。

1.本案稽查局的税务检查行为存在的错误是（　　）。

A.一个税务人员单独实施税务检查

B.立案前实施了检查

C.税务人员未出示《税务检查通知书》

D.税务人员未实施调账检查

【答案】AC

【解析】检查应当由两名以上具有执法资格的检查人员共同实施，并向被查对象出示税务检查证件、出示或者送达税务检查通知书，告知其权利和义务。

2.本案稽查局处罚过程不符合法定程序的做法主要有（　　）。

A.未告知宏达公司税务机关有权收缴其发票

B.处罚告知以《税务事项通知书》形式下达

C.未举行听证听取宏达公司意见

D.宏达公司陈述申辩后税务机关加重处罚

【答案】BCD

【解析】稽查局拟对被查对象或者其他涉税当事人作出税务行政处罚的，应当向其送达《税务行政处罚事项告知书》，告知其依法享有陈述、申辩及要求听证的权利。被查对象或者其他涉税当事人可以书面或者口头提出陈述、申辩意见。对当事人口头提出陈述、申辩意见，应当制作陈述申辩笔录，如实记录，由陈述人、申辩人签章。应当充分听取当事人的陈述、申辩意见；经复核，当事人提出的事实、理由或者证据成立的，应当采纳。被查对象或者其他涉税当事人按照法律、法规、规章要求听证的，应当依法组织听证。不得因申辩而加重处罚。

3.本案《税务行政处罚决定书》应当告知宏达公司（　　）。

A. 15日内到指定银行缴纳罚款（自6月7日起算）

B. 15日内到指定银行缴纳罚款（自6月8日起算）

C. 7月20日前到指定银行缴纳罚款

D. 自接到税务行政处罚决定书之日起15日内到指定银行缴纳罚款

【答案】D

【解析】当事人应当自收到行政处罚决定书之日起15日内，到指定的银行或者通过电子支付系统缴纳罚款。银行应当收受罚款，并将罚款直接上缴国库。

4. 本案稽查局对纳税人的偷税行为（　）。

A. 从税款滞纳之日起，应当按法律规定加收万分之五的滞纳金

B. 不得加收滞纳金

C. 应当按法律规定加收千分之二的滞纳金

D. 应当按法律规定加收万分之五的滞纳金，自全部纳税义务发生之日起计算

【答案】A

【解析】纳税人未按照规定期限缴纳税款的，扣缴义务人未按照规定期限解缴税款的，税务机关除责令限期缴纳外，从滞纳税款之日起，按日加收滞纳税款万分之五的滞纳金。

5. 税务局如果认为纳税人提出的复议申请不符合法定条件，应当（　）。

A. 作出《不予受理复议裁决书》

B. 作出《不予受理决定书》

C. 受理后作出《驳回复议申请决定书》

D. 受理后作出《驳回复议申请裁决书》

【答案】BC

【解析】对不符合条件的行政复议申请，行政复议机关应当在审查期限内决定不予受理并说明理由。

（二）2023年6月10日，某稽查局排检查人员赵阳和胡胜对A企业（增值税一般纳税人）2021年1月1日至2022年12月31日期间的涉税情况进行检查，按照法定程序出示《税务检查证》《税务协助检查通知书》和《调取账簿资料通知书》，A企业财务负责人王某在《税务文书送达回证》上签字盖章并注明了时间，检查人员赵阳代胡胜在《税务文书送达回证》上签了字，填写《调取账簿资料清单》时，2021年至2022年的账簿资料和记账凭证等汇总填列、未区分具体年度，调取和退还时均只有赵阳一

人签字。

6月25日，赵阳电话通知A企业财务负责人王某、法定代表人唐某到稽查局办公楼约谈室，对地下商业房产的处置事宜分别接受了税务询问，制作了《询问（调查）笔录》，被询问（调查）人按规定进行签章押印，赵阳在询问（调查）人处签字，胡胜在记录人处签字。

最后，检查发现A企业2022年12月20日对外处置了一处位于地下的商业用途房产（房产原值560万元），并且自2021年7月份以来未申报缴纳房产税。当地政府规定房产税减除比例为30%，商业用途地下建筑房产以原价的70%作为应税房产原值。

根据上述资料，回答下列问题：

1.指出本案中错误的地方。

2.计算A企业2021年、2022年应补缴房产税。

1.（1）【答案】使用《税务协助检查通知书》，错误。

【解析】本题考核《税务检查通知书》的适用范围。根据《国家税务总局关于修订部分税务执法文书的公告》（国家税务总局公告2021年第23号）的规定，税务检查人员在依法对纳税人A企业实施税务检查时应使用《税务检查通知书》。

（2）【答案】赵阳代胡胜在《税务文书送达回证》上签字，错误。

【解析】本题考核《税务文书送达回证》的使用要求。根据《国家税务总局关于修订部分税务执法文书的公告》（国家税务总局公告2021年第23号）的规定，送达人两名以上，不得相互代签。

（3）【答案】《调取账簿资料清单》的填写，调取账簿资料和记账凭证等汇总填写和未区分具体年度，均错误；调取和退还时只有赵阳一人签字，错误。

【解析】本题考核《调取账簿资料清单》的填写规定。根据《国家税务总局关于印发〈全国统一税收执法文书式样〉的通知》（国税发〔2005〕179号）的规定，《调取账簿资料清单》的被调账簿资料名称应按账簿资料分项（类）详细填列，被调取账簿资料的所属期间应按所调取账簿资料的所属时间填列，调取和归还账簿资料时，税务稽查人员应当二人以上。

（4）【答案】稽查人员电话通知A企业财务负责人王某、法定代表人唐某到稽查局接受询问，错误。

【解析】本题考核税务询问（调查）的文书使用。根据《国家税务总局关于印发

〈全国统一税收执法文书式样〉的通知》(国税发〔2005〕179号)的规定，询问应当由两名以上检查人员实施。除在被查对象生产、经营、办公场所询问外，应当向被询问人送达该文书，与《税务文书送达回证》一并使用。

(5)【答案】询问(调查)人处只有赵阳一人签字，错误。

【解析】本题考核《询问(调查)笔录》的使用规定。根据《国家税务总局关于印发〈全国统一税收执法文书式样〉的通知》(国税发〔2005〕179号)的规定，询问(调查)人、记录人要逐页签署日期并签名，不得相互代签名；检查人员可以同时担任询问(调查)人和记录人，但应当分别签名；询问(调查)人签字处应当由2名以上检查人员签名。

2.【答案】2021年应补缴房产税16 464元，2022年应补缴企业所得税32 928元。

【解析】本题考核房产税的计算。

A企业2021年应补缴房产税=560×70%×(1−30%)×1.2%×10 000×6/12=16 464(元)。

A企业2022年应补缴房产税=560×70%×(1−30%)×1.2%×10 000×12/12=32 928(元)。

五、综合法律运用题(本题10分)

某省甲市税务局稽查局接到总局稽查局督办案源，推送到跨区域稽查局开展检查。经跨区域稽查局的检查，发现如下涉税问题：

ABC贸易有限公司(以下简称ABC公司)的法定代表人赵某某为牟取非法利益，伙同他人在没有实际货物交易的情况下，虚构ABC公司与LF金某公司、LF兴某公司、RS超某公司、L县恒某厂存在贸易关系，并以采购合同、送货单、资金支付等资料进行假报出口。同时，被告人赵某某操控ABC公司接受上述四家公司虚开的增值税专用发票共计930份，并提供虚假资料、持上述虚开的增值税专用发票中的900份向税务部门申报出口退税，赵某某按照出口金额每美元收取人民币0.03元至0.05元的手续费。经核计，被告人赵某某操控被告单位ABC公司合计涉及骗取退税额人民币13 982 187.38元，其中已经退税人民币10 256 301.61元。

跨区域稽查局检查人员收集的证据有：购货合同、报关单、发票、银行流水资料等书证，证人张某2、赵某1、张某1、李某1、周某等人的证言，赵某某的供述和辩解等证据。检查人员经过检查初步认定被告单位ABC公司，以假报出口的手段，骗取国家出口退税款10 256 301.61元，未退税款暂停退税。

因涉嫌骗取出口退税，跨区域稽查局将此案作为重大案件移交给甲市税务局稽查局进行审理。

甲市税务局稽查局经审理查明：被告单位ABC公司为外贸企业，具有进出口经营权和出口退税权，被告人赵某某任该公司法定代表人，为该公司的实际负责人。2018年，经与刘某1、孙某2商议，被告人赵某某同意刘某1、孙某2挂靠被告单位ABC公司从事服装出口业务，由被告单位ABC公司负责提供加盖公章的空白采购合同和报关单给林某1、张某2，由林某1、张某2自行负责组织货源和自行报关出口，被告单位ABC公司在收到刘某1、孙某2提供的出口合同、报关单证及发票等资料后，再向税务部门申请退税，并按照出口金额每美元收取人民币0.03元至0.05元的比例收取手续费。2018年10月至2019年11月，被告单位ABC公司通过上述方式共接收刘某1、赵某2提供的由LF金某公司、LF兴某公司、RS超某公司、L县恒某厂四家公司开具的增值税专用发票930份，并持其中的900份发票向税务部门申报出口退税，共计申请退税款人民币13 982 187.38元，其中已经实际退税人民币10 256 301.61元，所申请的退税款扣除应收取的挂靠费后，余款均汇入赵某某指定的账户。

经过甲市税务局稽查局集体审理后，认可检查意见，拟处以骗取出口退税款1倍的罚款，向ABC公司送达《税务行政处罚事项告知书》。ABC公司收到告知书后，提请听证并提交了书面陈述申辩意见。

因案情重大且复杂，甲市税务局稽查局提请甲市税务局重案审理委员会进行审理，重案审理会后作出处罚决定，依法送达，ABC公司不服。因涉嫌刑事责任，移交公安机关。

1.甲市税务局稽查局的《税务行政处罚事项告知书》的内容应当包括（　　）。

A.当事人依法享有的权利　　B.税务行政处罚的履行方式和期限

C.税务机关名称及印章　　D.拟作出的税务行政处罚

【答案】ACD

【解析】《税务行政处罚事项告知书》应当包括以下内容：（1）被查对象或者其他涉税当事人姓名或者名称、有效身份证件号码或者统一社会信用代码、地址。没有统一社会信用代码的，以税务机关赋予的纳税人识别号代替；（2）认定的税收违法事实和性质；（3）适用的法律、行政法规、规章及其他规范性文件；（4）拟作出的税务行政处罚；（5）当事人依法享有的权利；（6）告知书的文号、制作日期、税务机关名称及印章；（7）其他相关事项。

2.甲市税务局稽查局举行税务行政处罚听证的说法中正确的有（　）。

A.决定举行听证的，由稽查局局长指定检查部门人员担任听证主持人

B.对不公开听证的案件，应当宣布不公开听证的理由

C.税务行政处罚听证一律公开进行

D.对驳回申请回避的决定，听证申请人可以申请复核一次

【答案】BD

【解析】税务行政处罚的听证，由税务机关负责人指定的非本案调查机构的人员主持，对驳回申请回避的决定，当事人可以申请复核一次。税务行政处罚听证应当公开进行。但是涉及国家秘密、商业秘密或者个人隐私的，听证不公开进行。对不公开听证的案件，应当宣布不公开听证的理由。

3. ABC公司缴纳税款后，实施假报出口手段骗取出口退税。骗取税款数额超过其缴纳的税款部分，涉嫌构成的罪名是（　）。

A.逃税罪和骗取出口退税　　B.骗取出口退税罪

C.逃避追缴欠税　　D.逃避缴纳税款罪

【答案】B

【解析】纳税人缴纳税款后，采取假报出口或者其他欺骗手段，骗取国家出口退税款，骗取所缴纳的税款的，依照逃税罪定罪处罚；骗取税款超过所缴纳的税款部分，依照骗取出口退税罪处罚。

4.稽查局填制涉嫌犯罪案件移送书，经（　）批准后，依法移送公安机关。

A.甲市税务局局长　　B.甲市税务局稽查局局长

C.甲市税务局重案审理委员会　　D.甲市税务局

【答案】A

【解析】税收违法行为涉嫌犯罪的，填制涉嫌犯罪案件移送书，经税务局局长批准后，依法移送公安机关。

5. ABC公司不服税务处罚决定，向复议机关申请行政复议，被申请人是（　）。

A.甲市税务局　　B.甲市税务局稽查局

C.甲市税务局重案审理委员会　　D.国家税务总局

【答案】A

【解析】申请人对经重大税务案件审理程序作出的决定不服的，审理委员会所在

税务机关为被申请人。

六、稽查综合实务题（本大题16小题，共18分）

某市黄河房地产开发有限公司（以下简称“黄河公司”），增值税一般纳税人，开发建设“美丽家园”居住小区项目，2021年1月通过招拍挂取得土地，土地面积8万平方米，支付土地出让金6 000万元，拆迁补偿费2 000万元，城市基础设施配套费2 440万元；开发产品可售面积为12万平方米，无普通标准住宅，其中地下设施面积2万平方米（无产权，不计容）。2021年6月取得房屋预售许可证，2022年11月30日开发产品完工，开始结转主营业务成本。会计核算按照权责发生制原则确认。当地主管税务机关规定开发商品房企业所得税预计计税毛利率为15%，土地增值税预征率3%，企业所得税税率25%。

2021年会计核算资料如下：

（1）取得预售房款30 000万元（含税）；（2）实际缴纳且在会计核算中未计入当期损益的土地增值税等税金及附加980万元；（3）当年发生销售费用5 700万元，其中广告费4 800万元；（4）当年发生管理费用、财务费用总计750万元；（5）营业外支出50万元，其中：以现金进行公益性捐赠20万元。

2022年会计核算资料如下：

（1）当年取得预售房款50 000万元（含税），年末将预售房款结转主营业务收入，另取得现房销售收入20 000万元（含税）；（2）当年12月结转实现销售的开发产品9.8万平方米（其中地下设施1.6万平方米），并将上年预收款结转营业收入30 000万元；（3）当年发生管理费用820万元，其中业务招待费220万元；（4）当年发生销售费用5 000万元，其中广告费3 400万元；（5）营业外支出143.74万元，其中符合条件的公益性捐赠30万元。

要求：2023年7月，税务检查人员对该企业进行检查，发现疑点问题以及需要重新计算确认的事项，请根据给定资料计算回答下列问题，并将正确答案填列在对应题号内。

1. 黄河公司2021年取得土地使用权申报缴纳契税300万元（契税税率5%），税务检查人员认为其计税依据错误，按照契税相关规定，该公司应补交契税（　）万元。

A. 0　　B. 100　　C. 222　　D. 224.5

2. 黄河公司2021年应预缴增值税（　）万元。

A. 900　　B. 825.69　　C. 1 376.15　　D. 2 477.06

3. 黄河公司2021年共预缴土地增值税825万元，应补缴土地增值税（ ）万元。

A. 74.31 B. 50.23 C. 48.10 D. 0

4. 填报第四季度预缴所得税报表时，黄河公司2021年累计实际利润额是（ ）万元。

A. −3 351.56 B. −3 331.56 C. −2 371.56 D. 2 000

5. 黄河公司2022年11月30日开发产品完工，确定开发产品完工的条件有（ ）。

A. 开发产品竣工证明材料已报房地产管理部门备案

B. 开发产品已开始投入使用

C. 开发产品已取得了初始产权证明

D. 已发生或将发生的成本能够可靠地核算

6. 黄河公司2022年10月举办营销活动，对看房客户抽奖赠送小型电暖器100台，取得增值税专用发票上注明价格为8 000元，增值税额为1 040元，当月全部送完。会计处理如下：

借：销售费用——促销费 8 000

应交税费——应交增值税（进项税额） 1 040

贷：银行存款 9 040

对于该赠送业务，以下说法正确的是（ ）。

A. 应视同销售，补交增值税1 040元

B. 应作进项税额转出，补交增值税1 040元

C. 应扣缴个人所得税1 600元

D. 应扣缴个人所得税1 808元

7. 黄河公司2022年计算销售额时允许扣除的土地价款为（ ）万元。

A. 4 920 B. 6 560 C. 8 560.8 D. 8 847.8

8. 黄河公司2022年10月与通达汽车销售公司签订车辆购买合同，采购3辆小轿车供办公室使用，未缴纳印花税。合同金额70万元，列明的增值税税额9.1万元，价税合计79.1万元，该合同应补缴印花税（ ）元。

A. 210 B. 237.3 C. 350 D. 395.5

9. 2022年10月黄河公司与利民超市签订房屋租赁合同，将其1 200平方米临街商铺出租，并预收2022年11月1至2023年10月31日房租120万元。会计处理如下：

10月

借：银行存款 1 200 000

贷：预收账款 1 200 000

11月及以后月份

借：预收账款　100 000

　贷：其他业务收入　91 743.12

　　应交税费——应交增值税（销项税额）　8 256.88

对于该租赁业务，下列说法正确的是（　）。

A.应补交增值税9.08万元　B.应补交增值税8.26万元

C.计算企业所得税时，预收房租在租赁期内可以分期均匀计入相关年度收入

D.计算企业所得税时，预收房租应计入收到当年的收入，不可以分期确认收入

10.黄河公司2022年公益性捐赠可税前扣除金额为（　）万元。

A. 30　B. 50　C. 53.9　D. 53.45

11.黄河公司2022年2月与合家房产中介公司签订销售合同，将写字楼委托给其销售，约定销售一套房支付5万元佣金，截至年底合家房产中介公司共销售10套，房款总额982万元。企业所得税年度汇算清缴时扣除销售佣金50万元，根据企业所得税的规定应调增应纳税所得额（　）万元。

A. 0　B. 50　C. 0.9　D. 4.7

12.黄河公司2022年计算业务招待费和广告宣传费扣除限额的基数是（　）万元。

A. 82 542.26　B. 64 720.98　C. 64 220.98　D. 64 193.63

13. 2022年度广告及业务宣传费可扣除金额为（　）万元。

A. 3 400.00　B. 4 071.56　C. 8 200　D. 8 260.98

14.该项目2022年年底开发成本账面金额合计为73 200万元，并结转到完工产品成本，其中，出包合同总金额为61 200万元，发生出包合同以外的开发成本12 000万元。出包工程未最终办理结算只取得部分发票，按照发票不足金额6 300万元预提开发成本，汇算清缴时未作调整。

合同金额与取得发票金额明细如下　金额：元

工程名称	合同（结算）金额	发票金额	未取得发票金额
主体工程	306 000 000.00	285 000 000.00	21 000 000.00
门窗工程	122 400 000.00	100 000 000.00	22 400 000.00
外墙工程	61 200 000.00	55 000 000.00	6 200 000.00
绿化工程	91 800 000.00	81 000 000.00	10 800 000.00
配套工程	30 600 000.00	28 000 000.00	2 600 000.00
合计	612 000 000.00	549 000 000.00	63 000 000.00

则出包工程允许扣除的预提成本总金额是（ ）万元。

A. 6 300.00　　B. 6 120　　C. 5 490　　D. 5 114

15. 根据上述基本资料及第14题资料，计算已销开发产品的计税成本是（ ）万元。

A. 59 780　　B. 58 811.47　　C. 50 020　　D. 59 048.2

16. 检查2022年度汇缴情况时，预提开发成本费用应调增应纳税所得额（ ）万元。

A. 0　　B. 1 186　　C. 147　　D. 968.57

【参考答案】

1.【答案】C

【解析】根据财政部 税务总局公告2021年第23号第二条第五款规定，土地使用权出让的，计税依据包括土地出让金、土地补偿费、安置补助费、地上附着物和青苗补偿费、征收补偿费、城市基础设施配套费、实物配建房屋等应交付的货币以及实物、其他经济利益对应的价款。

应缴纳契税额：（6 000+2 000+2 440）×0.05=522（万元）

应补交契税额：522–300=222（万元）

2.【答案】B

【解析】根据国家税务总局公告2016年第18号第十条规定，一般纳税人采取预收款方式销售自行开发的房地产项目，应在收到预收款时按照3%的预征率预缴增值税。

预缴增值税=30 000/（1+9%）×0.03=825.69（万元）

3.【答案】B

【解析】根据国家税务总局公告2016年第70号规定，房地产开发企业采取预收款方式销售自行开发的房地产项目的，可按照以下方法计算土地增值税预征计征依据：

土地增值税预征的计征依据=预收款–应预缴增值税税款

计税依据：30 000–825.69=29 174.31（万元）

应预缴土地增值税：29 174.31×0.03=875.23（万元）

应补缴土地增值税：875.23–825=50.23（万元）

4.【答案】A

【解析】根据季度预缴报表，实际利润额=利润总额+预计毛利额–未计入当期损益的税金及附加=（–5 700–750–50）+30 000÷（1+9%）×15%–980=–6 500+4 128.44–980=–3 351.56（万元）

企业亏损不能税前扣除的公益性捐赠，季度预缴不调整，在年度汇缴时调整。

5.【答案】ABC

【解析】根据国税发〔2009〕31号第三条的规定。

6.【答案】AC

【解析】抽奖活动进行的赠送属于无偿赠送，应视同销售缴纳增值税。

企业所得税作视同销售处理，但是不影响应纳税所得额。

根据财政部 税务总局公告2019年第74号规定，企业在业务宣传、广告等活动中，随机向本单位以外的个人赠送礼品以及企业在年会、座谈会、庆典以及其他活动中向本单位以外的个人赠送礼品，个人取得的礼品收入，按照“偶然所得”项目计算缴纳个人所得税。

根据财税〔2011〕50号规定，企业赠送的礼品是自产产品（服务）的，按该产品（服务）的市场销售价格确定个人的应税所得；是外购商品（服务）的，按该商品（服务）的实际购置价格确定个人的应税所得。

扣缴个人所得税=8 000×20%=1 600（元）

正确的会计分录：

购入商品

借：库存商品　　8 000

　　应交税费——应交增值税（进项税额）　　1 040

　　贷：银行存款　　9 040

赠送：

借：销售费用——促销费　　9 040

　　贷：库存商品　　8 000

　　　　应交税费——应交增值税（销项税额）　　1 040

7.【答案】B

【解析】根据国家税务总局公告2016年第86号规定，房地产开发企业向政府部门支付的土地价款，以及向其他单位或个人支付的拆迁补偿费用，按照财税〔2016〕140号规定，允许在计算销售额时扣除。

根据国家税务总局公告2016年第18号规定，当期允许扣除的土地价款=（当期销售房地产项目建筑面积÷房地产项目可供销售建筑面积）×支付的土地价款

根据国家税务总局公告2016年第86号规定，“当期销售房地产项目建筑面积”“房地产项目可供销售建筑面积”，是指计容积率地上建筑面积，不包括地下车位

建筑面积。

支付的土地价款=6 000+2 000=8 000（元）（支付的配套费、契税未列入土地价款扣除）

当期销售房地产项目建筑面积=9.8–1.6=8.2（万平方米）

房地产项目可供销售建筑面积=12–2=10（万平方米）

当期允许扣除的土地价款：（当期销售房地产项目建筑面积 ÷ 房地产项目可供销售建筑面积）× 支付的土地价款=（8.2 ÷ 10）×（6 000+2 000）=6 560（万元）

8.【答案】B

【解析】根据印花税法第五条规定，应税合同的计税依据，为合同所列的金额，不包括列明的增值税税款。应纳印花税：700 000 × 0.03%=210（元）。

9.【答案】BC

【解析】根据财税〔2016〕36号规定，纳税人提供租赁服务采取预收款方式的，增值税纳税义务发生时间为收到预收款的当天。

根据国税函〔2010〕79号规定，如果交易合同或协议中规定租赁期限跨年度，且租金提前一次性支付的，根据《实施条例》第九条规定的收入与费用配比原则，出租人可对上述已确认的收入，在租赁期内，分期均匀计入相关年度收入。

收到款项时确认增值税收入计算销项税额：1 200 000/（1+9%）× 9%=99 082.57（元）。

补交增值税税额：99 082.57–8 256.88–8 256.88=82 568.81（元）。

10.【答案】B

【解析】2021年会计利润小于0，不能扣除的公益性捐赠20万元可转入下年，2022年符合条件的捐赠支出30万元，可扣除金额20+30=50（万元），未超过利润总额的12%。

11.【答案】C

【解析】根据财税〔2009〕29号规定，按与具有合法经营资格中介服务机构或个人（不含交易双方及其雇员、代理人和代表人等）所签订服务协议或合同确认的收入金额的5%计算限额。销售佣金限额=982 × 5%=49.1（万元），调增应纳税所得额=50–49.1=0.9（万元）。

12.【答案】C

【解析】2022年主营业务收入100 000万元（2021年预收30 000万元转收入，2022年预收50 000万元转收入，现房收入20 000万元），销售未完工产品的收入50 000万元，未完工产品转完工产品确认的销售收入80 000万元，视同销售收入0.8万元。

业务招待费和广告宣传费扣除限额的基数：营业收入+销售未完工产品的收入−销售未完工产品转完工产品确认的销售收入+视同销售（营业）收入=100 000 ÷ 1.09+50 000 ÷ 1.09−（30 000 ÷ 1.09+50 000 ÷ 1.09）+0.8=91 743.12+45 871.56−（27 522.94+45 871.56）+0.8=64 220.98（万元）

13.【答案】B

【解析】2021年广告宣传费扣除限额金额：30 000 ÷ 1.09 × 0.15=4 128.44（万元）

结转2022年广告宣传费金额：4 800−4 128.44=671.56（万元）

2022年广告宣传费可扣除限额：64 220.98 × 0.15=9 633.15（万元）

2022年广告宣传费可扣除金额：3 400+671.56=4 071.56（万元）。

14.【答案】D

【解析】根据国税发〔2009〕31号规定，出包工程未最终办理结算而未取得全额发票的，在证明资料充分的前提下，其发票不足金额可以预提，但最高不得超过合同总金额的10%。

允许扣除的预提成本 金额：元

工程名称	合同（预算）金额	发票金额	允许扣除预提成本金额
主体工程	306 000 000.00	285 000 000.00	21 000 000.00
门窗工程	122 400 000.00	100 000 000.00	12 240 000.00
外墙工程	61 200 000.00	55 000 000.00	6 120 000.00
绿化工程	91 800 000.00	81 000 000.00	9 180 000.00
配套工程	30 600 000.00	28 000 000.00	2 600 000.00
合计	612 000 000.00	549 000 000.00	51 140 000.00

每个出包合同分别计算允许扣除的预提成本，允许扣除预提成本总金额是5 114万元。

15.【答案】B

【解析】根据国税发〔2009〕31号第十四条规定，已销开发产品的计税成本，按当期已实现销售的可售面积和可售面积单位工程成本确认。可售面积单位工程成本和已销开发产品的计税成本按下列公式计算确定：可售面积单位工程成本=成本对象总成本 ÷ 成本对象总可售面积。

已销开发产品的计税成本=已实现销售的可售面积 × 可售面积单位工程成本。

调整后的成本对象总成本=73 200-（6 300-5 114）=73 200-1 186=72 014（万元）。

可售面积单位工程成本=72 014/120 000=6 001.17（元/平米）。

已销开发产品的计税成本=6 001.17×9.8=58 811.47（万元）。

16.【答案】D

【解析】已售面积占可售面积比=9.8/12。

2022年按根据有关合同预提开发成本金额：61 200-54 900=6 300（万元）。

允许扣除预提成本总金额是5 114万元。

2022年纳税调增金额：（6 300-5 114）×9.8/12=968.57（万元）。